Prof. Dr. Bernhard Nagel

Wirtschaftsrecht der Europäischen Union

Eine Einführung

3. aktualisierte Auflage

Nomos Verlagsgesellschaft
Baden-Baden

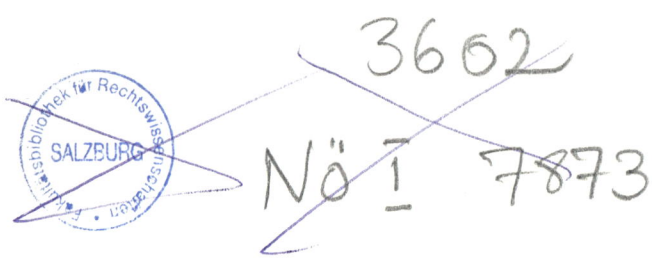
Die Deutsche Bibliothek – CIP-Einheitsaufnahme

Ein Titeldatensatz für diese Publikation ist bei
Der Deutschen Bibliothek erhältlich. (http://www.ddb.de)

ISBN 3-7890-7480-2

3. aktualisierte Auflage 2001

Vorwort zur 3. Auflage

Gängige deutschsprachige Lehrbücher des Europarechts sind aus der Perspektive des Öffentlichen Rechts geschrieben. Verfassungs-, verwaltungs- und völkerrechtliche Fragen stehen im Vordergrund. Die Verknüpfung von europarechtlichen mit privatrechtlichen Fragestellungen wird erst neuerdings stärker ins Blickfeld einbezogen. Hier sind vor allem die Lehrbücher von Nicolaysen (Europarecht II, das Wirtschaftsrecht im Binnenmarkt) und Kilian (Europäisches Wirtschaftsrecht) zu nennen. Wenn hier ein weiteres Lehrbuch, und das schon in dritter Auflage, vorgelegt wird, so hat dies vor allem zwei Gründe: Erstens sollen die Vertragsänderungen berücksichtigt werden, die auf den Regierungskonferenzen von Amsterdam und Nizza beschlossen wurden. Für Nizza gilt dies, obwohl die Änderungen von den Mitgliedstaaten noch nicht ratifiziert wurden. Zweitens soll die »genetische« Sicht des europäischen Wirtschaftsrechts in den Vordergrund gerückt werden, dh. die Darstellung der Entwicklung von Rechtssetzung und Rechtsauslegung, vor allem auch an Hand von Fällen aus der Rechtsprechung. Das Europarecht hat sich innerhalb verhältnismäßig kurzer Zeit im Zusammenspiel von Vertragsstaaten, Rechtssetzungsorganen der Gemeinschaft und Europäischem Gerichtshof zu einer umfangreichen Rechtsmaterie entwickelt, die tief in die Entscheidungskompetenzen der Mitgliedstaaten eingreift. Die Dynamik, die in dieser Entwicklung steckt, soll aufgezeigt werden. Hierbei wurden die Fälle so ausgewählt, dass sie das Verständnis für diese Entwicklung vertiefen.

Nach einer sehr kurzen Einführung wird zuerst die Rechtsprechung dargestellt, die zum heute unbestrittenen Vorrang des Gemeinschaftsrechts gegenüber den Rechtsordnungen der Mitgliedstaaten geführt hat. Danach wird die Entwicklung der Grundrechte in der Rechtsprechung zum Gemeinschaftsrecht skizziert. Die wirtschaftsrechtlichen Schwerpunkte der Darstellung liegen auf dem Recht der Marktöffnung (Warenverkehrsfreiheit, Arbeitnehmerfreizügigkeit, Niederlassungsfreiheit, Dienstleistungsfreiheit und Kapitalverkehrsfreiheit), dem Wettbewerbsrecht, dem Recht der Wirtschafts- und Währungsunion, dem Außenwirtschaftsrecht und der Harmonisierung des wirtschaftlich relevanten Rechts der Mitgliedstaaten. Daneben werden kurz das Umweltrecht, das Arbeits- und Sozialrecht sowie (sehr kurz) das Recht der Forschungs- und Technologieförderung dargestellt.

Mein ursprüngliches Ziel war, die Darstellung auf 200 Seiten zu begrenzen, um den Charakter einer Einführung zu betonen. Dieses Ziel habe ich nicht ganz erreicht. Mit dieser Zielsetzung rechtfertige ich allerdings einen »Mut zur Lücke«, der dazu geführt hat, dass beispielsweise das Landwirtschaftsrecht nur kursorisch dargestellt wurde und andere wirtschaftlich relevante Politikbereiche der Gemeinschaft fast gänzlich fehlen.

Für ihre Hilfe danke ich Jacques Bourgeois, Roman Jaich, Michael Kittner, Alper Köklü, Raimund Raith, Alexander Roßnagel, Hans-Jürgen Treutler und vielen anderen. Das Entscheidungsverzeichnis hat Sebastian Haslinger erstellt, die Zitate und Fußnoten der Vorauflagen hat Thomas Krüger durchgesehen. Die Schreibarbeiten hat (außer mir selbst) Antje Scholz-Maaß besorgt. Ihnen allen schulde ich Dank. Für Anregungen und Kritik bin ich dankbar. Meine Anschrift: Fachbereich 10 der Universität/Gesamthochschule Kassel, Nora-Platiel-Str. 5, 34109 Kassel. Tel. 0561/804-3126, Fax 0561/804-3738, e-mail nagel@hrz.uni-kassel.de

Kassel, im Mai 2001   *Bernhard Nagel*

Inhaltsverzeichnis

Abkürzungsverzeichnis

a.F.	alte Fassung
aaO	am angegebenen Ort
Abl.	Amtsblatt
ABlEG	Amtsblatt der EG
Abs.	Absatz
Abschn.	Abschnitt
AG	Die Aktiengesellschaft (Zeitschrift)
AJIL	American Journal of International Law
AKP-Staaten	Staaten des afrikanischen, karibischen und pazifischen Raums
AöR	Archiv des öffentlichen Rechts
AuR	Arbeit und Recht
Art.	Artikel
Aufl.	Auflage
Bd.	Band
BALM	Bundesanstalt für landwirtschaftliche Marktordnung
BB	Betriebsberater
BFH	Bundesfinanzhof
BGBl.	Bundesgesetzblatt
BGH	Bundesgerichtshof
BGHZ	Entscheidungen des Bundesgerichtshofs in Zivilsachen
BImschG	Bundesimmissionsschutzgesetz
BT-Drs.	Bundestagsdrucksache
Bull.BReg.	Bulletin des Presse- und Informationsamtes der Bundesregierung
BVerfG	Bundesverfassungsgericht
BVerwG	Bundesverwaltungsgericht
BVerfGE	Entscheidungen des Bundesverfassungsgerichts
BVerwGE	Entscheidungen des Bundesverwaltungsgerichts
bzw.	beziehungsweise
CDE	Cahiers de Droit Européen
CMLRev.	Common Market Law Review
CR	Computer und Recht
DB	Der Betrieb
d.h.	das heißt
ders.	derselbe
dies.	dieselbe (n)
DÖV	Die Öffentliche Verwaltung
DStR	Deutsches Steuerrecht
DVBl.	Deutsches Verwaltungsblatt
EA	Europa Archiv
EAG	Europäische Atomgemeinschaft
EAGFL	Europäischer Ausrichtungs- und Garantiefonds für die Landwirtschaft
EAGV	Vertrag zur Gründung der Europäischen Atomgemeinschaft

ECU	European Currency (Europäische Währungseinheit)
Ed	edition
EFTA	European Free Trade Association (Europäische Freihandelsassozia- tion)
EG	Europäische Gemeinschaft(en)
	auch: Vertrag zur Gründung der Europäischen Gemeinschaft
EGKS	Europäische Gemeinschaft für Kohle und Stahl
EGKSV	Vertrag über die Gründung der Europäischen Gemeinschaft für Kohle und Stahl
EGMR	Europäischer Gerichtshof für Menschenrechte
EGV	Vertrag über die Gründung der Europäischen Gemeinschaft bis zur Regierungskonferenz von Amsterdam
E.L.Rev.	European Law Review
EMRK	Europäische Menschenrechtskonventionen (Konvention zum Schutze der Menschenrechte und Grundfreiheiten)
EU	Europäische Union
ESZB	Europäisches System der Zentralbanken
EuG bzw. EuGI.	Europäisches Gericht erster Instanz
EuGH	Gerichtshof der Europäischen Gemeinschaften
EuGRZ	Europäische Grundrechte-Zeitschrift
EuR	Europarecht
EuGVÜ	Europäisches Gerichtsstand- und Vollstreckungsübereinkommen
Euratom	Europäische Atomgemeinschaft
EUV	Vertrag über die Europäische Union vom 7. Februar 1992
EuZW	Europäische Zeitschrift für Wirtschaftsrecht
EVG-Vertrag	Vertrag über die Europäische Verteidigungsgemeinschaft
EWG	Europäische Wirtschaftsgemeinschaft
EWGV	Vertrag z. Gründung der Europäischen Wirtschaftsgemeischaft
EWI	Europäisches Währungsinstitut
EWR	Europäischer Wirtschaftsraum
EWS	Europäisches Währungssystem
EWS	Europäisches Wirtschafts- und Steuerrecht
EZB	Europäische Zentralbank
f. (ff.)	folgende (fortfolgende)
FAO	Food and Agriculture Organisation (Ernährungs- und Landwirt- schaftsorganisation
F. N.	Fußnote
GASP	Gemeinsame Außen- und Sicherheitspolitik
GATS	General Agreement on Trade in Services (Allgemeines Abkommen über den Handel mit Dienstleistungen)
GATT	General Agreement on Tariffs and Trade (Allgemeines Zoll- und Handelsabkommen)
gem.	gemäß
GG	Grundgesetz
GKG	Gerichtskostengesetz
GMBl.	Gemeinsames Ministerialblatt
GO	Geschäftsordnung
GOEP	Geschäftsordnung des Europäischen Parlaments

16

GRUR	Gewerblicher Rechtsschutz und Urheberrecht
GRUR int	Gewerblicher Rechtsschutz und Urheberrecht international
GTE	Groeben/Thiesing/Ehlermann, Kommentar zum EUV/EGV 5. Aufl. 1997-1999
GWB	Gesetz gegen Wettbewerbsbeschränkungen
HRLJ	Human Rights Law Journal
Hg. oder Hrsg.	Herausgeber
i.S.v.	im Sinne von
i.V.m.	in Verbindung mit
ILM	International Legal Materials
IWF	Internationaler Währungsfonds
JCMSt.	Journal of Common Market Studies
JuS	Juristische Schulung
JWTL	Journal of World Trade Law
JZ	Juristenzeitung
KartellVO	Kartellverordnung
KSchG	Kündigungsschutzgesetz
Komm.	Kommission (EG)
KSZE	Konferenz über Sicherheit und Zusammenarbeit in Europa
lit	littera (Buchstabe)
m. Anm.	mit Anmerkung
m. E.	meines Erachtens
mwN.	mit weiteren Nachweisen
n. F.	neue Fassung
NATO	North Atlantic Treaty Organisation
NJW	Neue Juristische Wochenschrift
Nr.	Nummer
NVwZ	Neue Zeitschrift für Verwaltungsrecht
NZA	Neue Zeitschrift für Arbeitsrecht und Sozialrecht
OECD	Organisation for Economic Co-operation and Development (Organisation für wirtschaftliche Zusammenarbeit und Entwicklung)
OEEC	Organisation for European Economic Co-operation
OLG	Oberlandesgericht
OSZE	Organisation für Sicherheit und Zusammenarbeit in Europa
RdA	Recht der Arbeit
RDV	Recht der Datenverarbeitung
R.G.D.I.P.	Revue Générale de Droit International Public
RIW	Recht der internationalen Wirtschaft
Rs.	Rechtssache
RevMC	Revue du marché commun
RTDeur	Revue trimestrielle de droit européen
Rz.	Randziffer
S.	Seite
s.	siehe
Ser	Serie; Series
Slg.	Sammlung des Europäischen Gerichtshofs
sog.	sogenannt(e, er, es)
st. Rechtsspr	ständige Rechtssprechung
str.	strittig

TRIMS-Abkommen	Trade-Related Investment Measures – Abkommen
TRIPS-Abkommen	Trade-Related Aspects of Intellectual Property Rights-Abkommen
Tz	Textziffer
u.a.	und andere
UN	United Nations
UN-Charta	Charta der Vereinten Nationen
UPR	Umwelt- und Planungsrecht (Zeitschrift)
verb. Rs.	verbundene Rechtssache
VGH	Verwaltungsgerichtshof
vgl	vergleiche
VVDStRL	Veröffentlichungen der Vereinigung Deutscher Staatsrechtler
VwGO	Verwaltungsgerichtsordnung
VwVfG	Verwaltungsverfahrensgesetz
WEU	WestEuropäische Union
WTO	World Trade Organisation (Welthandelsorganisation)
WuW	Wirtschaft und Wettbewerb
YBEL	Yearbook of European Law
ZaöRV	Zeitschrift für ausländisches öffentliches Recht und Völkerrecht
ZEuP	Zeitschrift für Europäisches Privatrecht
ZHR	Zeitschrift für das gesamte Handelsrecht und Wirtschaftsrecht
Ziff.	Ziffer
ZIP	Zeitschrift für Wirtschaftsrecht und Insolvenzpraxis
ZLR	Zeitschrift für Lebensmittelrecht
ZNER	Zeitschrift für Neues Energierecht
ZPO	Zivilprozessordnung
ZRP	Zeitschrift für Rechtspolitik
ZUM	Zeitschrift für Urheber- und Medienrecht
ZUR	Zeitschrift für Umweltrecht

Literatur

1. Lehrbücher (Auswahl)

H.-W. Arndt, Europarecht, 2. Aufl. 1995

Bermann, G.A., u.a., Cases and Materials on European Community Law, St. Paul, Minn., USA, 1993

B. Beutler/R. Bieber/J. Pipkorn/J. Streil, Die Europäische Union, 4. Aufl. 1993

A. Bleckmann, Europarecht, 6. Aufl. 1997

K.-D. Borchardt, Die rechtlichen Grundlagen der Europäischen Union, 1996

S. Breitenmoser, Praxis des Europarechts, 1996

F. Emmert, Europarecht, 1996

R. Folsom, European Union Law in a Nutshell, 2nd ed. 1995

D.G. Goyder, EC-Competition Law, 2. Aufl., Oxford 1993

E. Grabitz/A.V. Bogdandy/M. Nettesheim (Hrsg.), Europäisches Wirtschaftsrecht, 1994

W. Hakenberg, Grundzüge des Europäischen Gemeinschaftsrechts, 2000

M. Herdegen, Internationales Wirtschaftsrecht, 2. Aufl. 1995

M. Herdegen, Europarecht, 3. Aufl. 2001

M. Huber, Recht der Europäischen Integration, 1996

H.P. Ipsen, Europäisches Gemeinschaftsrecht, 1972

W. Kilian, Europäisches Wirtschaftsrecht, 1996

Ch. Koenig/A. Haratsch, Europarecht, 3. Aufl. 2000

Ch. Koenig/M. Pechstein, Die Europäische Union, 3. Aufl. 2000

V. Korah, An Introductory Guide to EEC Competition Law and Practice, 4. Aufl., Oxford 1990

H. Lecheler, Einführung in das Europarecht, 2000

G. Nicolaysen, Europarecht I, 1991; Europarecht II, Das Wirtschaftsrecht im Binnenmarkt, 1996

T. Oppermann, Europarecht, 2. Aufl. 1999

M. Schweitzer/W. Hummer, Europarecht, 5. Aufl. 1996 mit Nachtrag 1999

R. Streinz, Europarecht, 4. Aufl. 1999

S. Weatherhill/P. Beaumont, EC Law, 3. Aufl. 1999

2. Kommentare/Handbücher

M. Dauses (Hrsg.), Handbuch des EG-Wirtschaftsrechts (Stand: 2000)

R. Geiger, EUV/EGV, 3. Aufl. 2000

A. Gleiss und M. Hirsch, Kommentar zum EG-Kartellrecht Bd. 1, 4. Aufl. 1993

E. Grabitz/M. Hilf (Hrsg.), Kommentar zur Europäischen Union (Stand: 2000)

H. v.d. Groeben/J. Thiesing/C.-D. Ehlermann (Hrsg.), Kommentar zum EWG-Vertrag, 5. Aufl. 1997, 1999

K. Hailbronner/E. Klein/S. Magiera/P. Müller-Graff, Handkommentar zum Vertrag über die Europäische Union (EUV/EG), 1991 ff.

O. Lenz (Hrsg.), EG-Vertrag 2. Aufl. 1999
J. Schwappach, EU-Rechtshandbuch für die Wirtschaft, 2. Aufl. 1996
J. Schwarze (Hg.), Kommentar zum EU-Vertrag, 2000
H. Smit/P. Herzog, The Law of the European Economic Community, 6 Bde. (1976 ff., Stand: November 1995)
R. Zäch, Wettbewerbsrecht der Europäischen Union: Praxis von Kommission und Gerichtshof, Bern und München 1994

3. Entscheidungs- und Materialsammlungen

Sammlung der Rechtssprechung des Gerichtshofs der Europäischen Gemeinschaften (Teil I: Entscheidungen des Gerichtshofs; Teil II: Entscheidungen des Gerichts erster Instanz)
Sammlung der Rechtssprechung des Europäischen Gerichtshofs für Menschenrechte (Série A/Series A)
C. Godzierz/G. Odendahl, Europarecht, Sammlung höchstrichterlicher Rechtsprechung, Neuwied 1997
W. Hummer/B. Simma/Ch. Vedder/F. Emmert, Europarecht in Fällen, 2. Aufl. 1994
F. Emmert, European Union Law – Cases, 2000

4. Zeitschriften und Jahrbücher

Cahiers de droit européen
Common Market Law Review
Europarecht
Europäische Grundrechte-Zeitschrift
Europäische Zeitschrift für Wirtschaftsrecht
European Law Journal
European Law Review
Recht der Internationalen Wirtschaft
Revue du marché commun et de l'Union Européenne
Revue trimestrielle de droit européen
Yearbook of European Law
Zeitschrift für ausländisches öffentliches Recht und Völkerrecht

I. Einführung in das europäische Gemeinschaftsrecht

1. Die europäische Einigung bis zur Regierungskonferenz von Nizza

Im Jahre 1950 schlugen der damalige französische Außenminister Robert Schuman und sein Mitstreiter Jean Monnet vor, die Gesamtheit der deutsch-französischen Produktion von Kohle und Stahl unter die Aufsicht einer supranationalen Organisation zu stellen. Hintergrund dieses sogenannten Schuman-Plans waren die Erfahrungen aus zwei Weltkriegen zwischen den Nachbarstaaten, aus denen die beiden französischen Politiker die Erkenntnis zogen, dass man Deutschland politisch und wirtschaftlich in eine festgefügte europäische Gemeinschaft einbinden müsse. Am 18. April 1951 wurde in Paris der Gründungsvertrag der Europäischen Gemeinschaft für Kohle und Stahl (EGKS), auch Montanunion genannt, abgeschlossen. Die sechs Gründerstaaten waren Belgien, die Bundesrepublik Deutschland, Frankreich, Italien, Luxemburg und die Niederlande. Großbritannien beteiligte sich an diesem Einigungsprojekt nur fördernd, nicht aber als Mitglied der Gemeinschaft.

Entgegen den Wünschen der Gründungsväter ging von diesem Einigungsprojekt kein erfolgreicher Schub für eine Europäische Verteidigungsgemeinschaft (EVG) aus, mit der Deutschland auch militärisch in eine übernationale Gemeinschaft eingebunden worden wäre. Zwar wurde 1952 der sog. EVG-Vertrag zwischen den sechs bereits in der Montanunion vereinigten Staaten abgeschlossen. Im August 1954 lehnte die französische Nationalversammlung die EVG jedoch ab, nicht zuletzt deshalb, weil sie den nationalen Souveränitätsverlust Frankreichs im Rahmen eines solchen Projekts nicht hinnehmen wollte.

Im Jahre 1955 wurde ein neuer Versuch zur europäischen Einigung gestartet, diesmal war das Ziel eine Wirtschaftsgemeinschaft, insbesondere eine Zollunion zwischen den sechs Ländern. Für alle Beteiligten bot die Mitgliedschaft in dieser europäischen Wirtschaftsgemeinschaft die willkommene Gelegenheit, ihre Industrien auf einen größeren, Gemeinsamen Markt auszurichten. Insbesondere das sehr exportabhängige Deutschland musste an einer solchen Entwicklung interessiert sein. Hinzu kamen die Interessen Frankreichs, neue Absatzmärkte für seine Agrarprodukte zu gewinnen. Die beteiligten sechs Länder waren auch daran interessiert, ihre Atomwirtschaft gemeinsam zu entwickeln. Im Jahre 1956 legte ein Ausschuss unter dem Vorsitz des belgischen Außenministers Spaak einen Bericht vor, der als Grundlage für die im März 1957 in Rom erfolgreich abgeschlossenen Verhandlungen zur Europäischen Wirtschaftsgemeinschaft (EWG) diente. Der Vertrag über diese Gemeinschaft, kurz EWG-Vertrag genannt, von dem ein eigener Vertrag über die Atomgemeinschaft (EURATOM) abgetrennt wurde, trat am 1. Januar 1958 in Kraft. Wesentlicher Inhalt des Vertrages war die Vereinbarung einer Zollunion, die abschnittweise verwirklicht werden sollte. Hinzu kam ein Instrumentarium zur Schaffung eines europäischen Binnenmarktes, das u. a. mit den Artikeln 85 und 86 des damaligen EWG-Vertrages auch die wettbewerbspolitischen Instrumente des Kartellverbots und eines Missbrauchsverbots enthielt.

Insbesondere auf Betreiben von Großbritannien bildete sich neben der EWG alsbald eine Freihandelszone (EFTA), in der zwar die Zölle zwischen den Mitgliedern abgebaut werden sollten, die Autonomie des Handelns gegenüber Drittländern aber nicht beeinträchtigt werden sollte. An dieser Freihandelszone nahmen neben Großbritannien auch Dänemark, Norwegen, Island, Österreich, Portugal und die Schweiz teil. Die Sogwirkung der Europäischen Wirtschaftsgemeinschaft führte aber rasch dazu, dass sich Großbritannien anschließen wollte. Dieser Wunsch scheiterte jedoch am Widerstand des französischen Staatspräsidenten Charles de Gaulle. Betroffen waren auch die ebenfalls beitrittswilligen Länder Irland, Dänemark und Norwegen. Erst nach dem Rücktritt de Gaulles konnten die Beitrittsverträge mit diesen Ländern im Januar 1972 unterzeichnet werden. Der bereits vereinbarte Beitritt Norwegens scheiterte aber an einem negativen Votum im Osloer Parlament. Nach der Überwindung seiner Obristendiktatur stellte 1975 Griechenland einen Beitrittsantrag, hinzu kamen 1977 Portugal und Spanien. Griechenland wurde 1981, Portugal und Spanien wurden 1986 Mitglieder der Europäischen Gemeinschaft.

In der Zwischenzeit waren wesentliche Einigungsziele bereits erreicht, so die Zollunion zum 1. Juli 1968, die Finanzierung des Haushalts durch eigene Mittel der Gemeinschaft zum 21. April 1970 und die Schaffung einer Kompetenz zur gemeinsamen Handelspolitik der Gemeinschaft zum 1. Januar 1973. Seit 1979 gibt es ein direkt gewähltes Europäisches Parlament.

Wesentliche Veränderungen des Vertrages brachte am 28. Februar 1986 die Unterzeichnung der »Einheitlichen Europäischen Akte« in Den Haag, mit der die Kompetenzen der Gemeinschaft und die Rolle des Parlaments verstärkt wurden. Die Einheitliche Europäische Akte wurde zum großen Teil in den EWG-Vertrag eingefügt. Der Versuch, darüber hinaus 1989 eine Sozialcharta zu verabschieden und damit gemeinschaftsweit soziale Grundrechte einzuführen, missglückte. Großbritannien stimmte nicht zu. Die Sozialcharta bleibt daher bis heute lediglich eine politische Resolution ohne rechtliche Bindung.

Im Dezember 1991 wurde in Maastricht der Vertrag über die Europäische Union (EU) abgeschlossen; er wurde am 7. Februar 1992 unterzeichnet. In Wahrheit handelt es sich um ein Bündel von Verträgen, das u. a. sehr bedeutsame Änderungen des EWG-Vertrages beinhaltet, der seitdem EG-Vertrag heißt. Nachdem bereits die Einheitliche Europäische Akte neue Kompetenzen für die Gemeinschaft im Umweltrecht und im Bereich von Forschung und technischer Entwicklung gebracht hatte, führten die Verträge von Maastricht einen genauen Fahrplan für eine Währungsunion, die Unionsbürgerschaft, das Kommunalwahlrecht aller EG-Bürger, eine Verbesserung der Position des Parlaments bei der Verabschiedung von Verordnungen und Richtlinien, die Zustimmungsbefugnis des Parlaments bei Neuberufungen der Kommission, das Subsidiaritätsprinzip und einen »Kohäsionsfonds« für die EG-Südstaaten ein. Die Festlegung der EU auf die Währungsunion wurde für die Integration der Mitgliedstaaten besonders bedeutsam, da sie mit der Klammer der einheitlichen Währung auch einen Zwang zur Abstimmung der Wirtschaftspolitik nach sich zog. Großbritannien setzte allerdings durch, dass es der Währungsunion fernbleiben durfte, und machte von dieser Option später auch prompt Gebrauch. Das 1991 in Art. 3b des EG-Vertrages, heute Art. 5 EG, verankerte Subsidiaritätsprinzip ist zwar sehr allgemein gefasst, stellt aber immerhin einen ersten nennenswerten regulatorischen Versuch dar, die Zentralisierungstendenzen innerhalb der EG einzudämmen. Die Gemeinschaftsorgane sollen jetzt nur noch dann tätig werden, wenn die Ziele auf der Ebene der Mitgliedstaaten nicht ausreichend erreicht werden können. Der Versuch, 1991 die Kompetenzen der Gemeinschaft im sozialpolitischen Bereich ebenfalls zu erweitern, scheiterte am Veto von Großbritannien. Deshalb verständigten sich die übrigen EG-Mitgliedstaaten (damals 11) auf eine partikuläre Angleichung der Sozialstandards untereinander, jedoch unter Nutzung des institutionellen Systems der Europäischen Gemeinschaft. Rechtstechnisch wurde dies durch das sog. Sozialprotokoll und das Sozialabkommen bewerkstelligt, dem alle Mitgliedstaaten, auch Großbritannien, zustimmten. Das Protokoll wurde integraler Bestandteil des Vertrages über die Europäische Union und des EG-Vertrages (vgl. Art. 311 EG).

Zum geänderten Vertrag über die Europäische Gemeinschaft, der auch als »erste Säule« bezeichnet wird, kommen seit Maastricht als »zweite Säule« die Vorschriften des Vertrages über die Europäische Union zur Außen- und Verteidigungspolitik und als »dritte Säule« die (ebenfalls rudimentären) Vereinbarungen über die Innen- und Sicherheitspolitik. Zum Teil sind die Aufgaben der »dritten Säule« wirtschaftsrechtlich relevant. Dazu gehören die justizielle Zusammenarbeit und die Vereinheitlichung der Visa sowie des Schutzes der Außengrenzen; auf beides wird unten einzugehen sein.

Beim Kampf um die Ratifizierung des Maastrichter Vertrages in den Mitgliedstaaten gab es zum Teil dramatische Auseinandersetzungen. In Dänemark scheiterte 1992 eine Volksabstimmung; sie musste 1993 wiederholt werden, diesmal mit Erfolg. Allerdings waren die anderen Vertragsparteien damit einverstanden, dass sich Dänemark wie Großbritannien nicht an der

Währungsunion beteiligen musste. Während in Frankreich und Irland erfolgreiche Volksabstimmungen durchgeführt wurden, hielten die maßgeblichen politischen Parteien in der Bundesrepublik Deutschland eine Volksabstimmung nicht für erforderlich. Eine Verfassungsbeschwerde mit dem Ziel einer solcher Volksabstimmung wurde vom Bundesverfassungsgericht Ende 1993 abgewiesen.[1] Erst danach konnte die Bundesrepublik die Vertragsurkunde hinterlegen, und der Vertrag trat Ende 1993 in Kraft. Seit Maastricht heißt der »Staatenverbund« – so bezeichnet das Bundesverfassungsgericht dieses Gebilde – »Europäische Union«. Dieser Name wird in einer zusätzlichen Vereinbarung zur Außen- und Verteidigungspolitik gebraucht, die aber keine neuen Institutionen schafft. Er hat sich allmählich für das gesamte »Gebilde« durchgesetzt. Streng genommen stehen die Institutionen der Europäischen Union neben denen der Europäischen Gemeinschaft.

Im Vertrag von Amsterdam verständigten sich die Staats- und Regierungschefs der Europäischen Union am 16. und 17. Juni 1997 auf einen Stabilitätspakt, der einen Richtwert für das höchstzulässige Defizit in den Staatshaushalten der EG-Mitgliedstaaten aufstellt. Der Vertrag wurde von allen Mitgliedstaaten ratifiziert und trat am 1. 5. 1999 in Kraft. Im Rat wird jetzt auch in Fragen der Kultur-, Forschungs- und Umweltpolitik, im Niederlassungsrecht, bei der Koordinierung der Rechts- und Verwaltungsvorschriften und in einigen arbeitsrechtlichen Bereichen mit qualifizierter Mehrheit entschieden. Die Rechte des Parlaments wurden nur geringfügig ausgeweitet. Die Stellung des Kommissionspräsidenten wurde etwas gestärkt. Das Sozialprotokoll wurde jetzt auch von Großbritannien akzeptiert und konnte in den Vertragstext integriert werden. Die gemeinsame Außen- und Sicherheitspolitik (GASP) wurde u. a. durch die Schaffung des Amtes eines GASP-Generalsekretärs (Art. 26 EUV) verbessert. Mit qualifizierter Mehrheit kann der Rat der Mehrheit der Mitgliedstaaten eine engere Kooperation auf bestimmten Gebieten erlauben, an der sich die anderen nicht beteiligen müssen (»Europa der zwei Geschwindigkeiten«). Dazu kommen einige Maßnahmen zur Außenpolitik sowie zu den Bereichen Innere Sicherheit und Asyl. Da man auf der Grundlage eines Beschlusses der Regierungskonferenz die Verträge auch vollständig neu nummerierte, wurde für die Abkürzung der neu nummerierten Vorschriften des EU-Vertrages und des EG-Vertrages »EG« und »EU« als Kürzel festgelegt, während für die bislang geltenden Vertragstexte weiter die Abkürzungen »EU-Vertrag« oder »EUV« bzw. »EG-Vertrag« oder »EGV« verwendet werden.

Trotz der bei vielen Menschen zu beobachtenden »Euroskepsis«, die u. a. auch mit dem spektakulären Misserfolg der Europäer bei der Bewältigung des Jugoslawienkrieges zusammenhängt, wurde die EU 1995 auf 15 Mitglieder

---

1   BVerfGE 89, 155

erweitert. Österreich, Schweden und Finnland traten bei. Der Beitritt Norwegens missglückte, denn das Volk stimmte mehrheitlich mit »nein«, während entsprechende Volksabstimmungen in Österreich und Schweden ein »ja« zum Beitritt ergaben. Norwegen ist aber ebenso wie einige andere Länder (Island, Liechtenstein) Mitglied des Europäischen Wirtschaftsraums. Dies bedeutet, dass es die Normen der EU praktisch gleichlautend übernehmen muss. In der Schweiz verhinderte 1992 eine Volksabstimmung auch den Beitritt zu diesem Wirtschaftsraum mit der Folge, dass die Schweiz jetzt bilaterale Verträge mit der EU abschließen muss.

Nach einer langwierigen Übergangsphase trat die Währungsunion zum 1. 1. 1999 in Kraft. Ihr gehörten anfangs elf, seit dem Beitritt Griechenlands zum 1. 1. 2001 zwölf Mitgliedstaaten an. Der Wirtschafts- und Währungsverbund dieser zwölf wird »Euroland« genannt. In Dänemark scheiterte im September 2000 eine Volksabstimmung über die Einführung des Euro. Die »outs«, d. h. Großbritannien, Schweden und Dänemark, sind in Währungsfragen nicht stimmberechtigt. Damit ist ein Europa der unterschiedlichen Geschwindigkeiten Wirklichkeit geworden, das dem Geist der Römischen Verträge von 1957 widerspricht. Wenn 2002 die gemeinsamen Münzen und Banknoten in Umlauf gesetzt werden, wird die Spaltung der EU für jedermann offensichtlich sein, falls nicht die drei »outs« zuvor doch noch ihre Ablehnung der gemeinsamen Währung revidieren sollten.

In der Nacht vom 10. auf 11. Dezember 2000 einigten sich die Staats- und Regierungschefs der EU auf der Konferenz von Nizza auf mehrere Vertragsänderungen, die unter anderem die Erweiterung der EU auf 27 Mitglieder ermöglichen sollen. Durch die Einigung von Nizza werden schon vorab die Stimmengewichtung im Rat und die Zusammensetzung des Parlaments festgelegt, und zwar für die bisherigen Mitgliedstaaten und schon vorab für die zwölf ausgewählten Aufnahmekandidaten Polen, Rumänien, Tschechien, Ungarn, Bulgarien, Slowakei, Litauen, Lettland, Estland, Slowenien, Zypern und Malta. Damit werden die Aufnahmeverhandlungen mit diesen Beitrittsstaaten erst realistisch. Sie sollen bis 2004 abgeschlossen sein. Frankreich nutzte in Nizza seine Stellung als ratsvorsitzendes Land, um die Verhandlungen im Stile eines »chicken game« zu führen. Bei einem Scheitern der Verhandlungen wäre die gemeinsame Währung der Mitglieder von »Euroland« von den Finanzmärkten abgestraft worden. Vordergründig gelang es Frankreich bei der Stimmengewichtung im Rat, die Gleichheit mit Deutschland zu erhalten. Dieser symbolische, aus der Perspektive eines alten Nationalstaats errungene »Erfolg« wird jedoch dadurch konterkariert, dass ein Vetorecht eingebaut wurde, wonach jeder Mitgliedstaat einen Ratsbeschluss blockieren kann, wenn durch ihn nicht 62 % der Bevölkerung der EU repräsentiert werden. Dadurch wird dem Gewicht der größeren Bevölkerungszahl Deutschlands auch gegenüber Frankreich Rechnung getragen. In der Kommission wird nach

Nizza jeder Mitgliedstaat mit einem Kommissar vertreten sein; der zweite Kommissar für die fünf Mitgliedstaaten mit der größten Bevölkerung (Deutschland, Großbritannien, Frankreich, Italien und Spanien) wird nach und nach entfallen. Wenn die EU mehr als 27 Mitgliedstaaten zählt, wird ein Rotationsverfahren eingeführt; dadurch soll ein Ansteigen der Zahl der Kommissionsmitglieder auf über 27 verhindert werden. Die Repräsentation der EU-Bürger im Parlament wird nach Nizza schrittweise an die realen Einkommenszahlen der Mitgliedstaaten angepasst. Die Obergrenze der Zahl der Parlamentsmitglieder wird auf 732 festgesetzt. Der Kommissionspräsident und der GASP-Generalsekretär werden in Zukunft mit qualifizierter Mehrheit bestellt; unrühmliche Blockadeaktionen einzelner Mitgliedstaaten sollen damit vereitelt werden. Die Stellung des Parlaments konnte gegenüber den bislang übermächtigen Organen Rat und Kommission nur unwesentlich verbessert werden. Das gemeinsame Ziel, die Entscheidungsfähigkeit der EU zu verbessern und die Bürokratisierung abzubauen, wurde aus den Augen verloren. Ein Silberstreif am Horizont ist der Perspektivbeschluss, im Jahre 2004 eine Kompetenzabgrenzung zwischen der Zentralgewalt und den Mitgliedstaaten zu vereinbaren. Auf einer derartigen Abgrenzung hatten insbesondere die deutschen Bundesländer bestanden. Fast unbeachtet wegen des Streits um Stimmengewichte und Vetorechte blieben zwei Erfolge der Regierungskonferenz: Zum einen wurde eine gemeinsame militärische Eingreiftruppe geschaffen, zum andern wurde eine Grundrechtscharta verabschiedet, in der die gemeinsamen rechtlichen Überzeugungen der Mitgliedstaaten, immerhin programmatisch, wenn auch (noch) nicht als unmittelbar geltendes Recht, festgehalten wurden. Die Möglichkeiten, ein Europa der unterschiedlichen Geschwindigkeiten zu entwickeln, wurden in Nizza noch erweitert. Das Instrumentarium der verstärkten Zusammenarbeit wurde ausgebaut. Im Hintergrund stehen fundamentale Differenzen zwischen Ländern wie Frankreich und Deutschland einerseits, die auf mehr Integration hinarbeiten, und Ländern wie Großbritannien andererseits, denen die bisherige Integration schon zu weit geht. Die Vertragsänderungen von Nizza müssen noch durch die Mitgliedstaaten ratifiziert werden. Ein Referendum in Irland scheiterte im Juni 2001.

Weiterführende Hinweise

Bieber/Schwarze (Hg.), Verfassungsentwicklung in der Europäischen Gemeinschaft, 1984; *Bleckmann,* Der Vertrag über die Europäische Union, DVBl. 1992, 335 ff.; *K. Fischer,* Der Vertrag von Nizza, Text und Kommentar, 2001; *v. d. Groeben,* Aufbaujahre der Europäischen Gemeinschaft, 1982; *Küsters,* Die Gründung der Europäischen Wirtschaftsgemeinschaft, 1982; *Oppermann,* Europarecht, 2. Aufl. 1999, 1-27; *Siegler,* Europäische politische Einigung, Dokumentation von Vorschlägen und Stellungnahmen 1949-1968, 1968; *Stolleis,* Europa – seine historischen Wurzeln und seine künftige Verfassung, 1997; *Weidenfeld/Wessels*, Jahrbuch der Europäischen Integration, 1980 ff. (jährlich)

2. Die Institutionen der Europäischen Union

Nach Art. 7 werden die der Gemeinschaft zugewiesenen Aufgaben durch folgende Organe wahrgenommen:
ein Europäisches Parlament in Straßburg,
einen Rat in Brüssel,
eine Kommission in Brüssel,
einen Gerichtshof in Luxemburg,
eine Europäische Zentralbank in Frankfurt/M. und
einen Rechnungshof in Luxemburg.

Diese Institutionen sind nicht nur für die Europäische Gemeinschaft, sondern auch für Kohle und Stahl (EGKS, Montanunion) und für die Atomgemeinschaft (EURATOM) zuständig. Sehr vergröbernd kann man die Kompetenzen der Organe so abgrenzen: Die Kommission macht die Vorschläge, der Rat fasst die Beschlüsse, das Parlament kann Vetorechte und in einigen Bereichen Zustimmungsrechte ausüben. Die Kommission führt die Beschlüsse aus. Der Gerichtshof entwickelt das Recht der Europäischen Union. Die Europäische Zentralbank ist für die Geldpolitik zuständig.

a) Rat

Die wichtigste Institution der Europäischen Union ist der Rat. In ihm sind die Regierungen aller Mitgliedstaaten vertreten. Der Rat trifft seine Entscheidungen grundsätzlich in der Zusammensetzung der Fachminister. Grundlegende Entscheidungen treffen die Staatspräsidenten bzw. Ministerpräsidenten selbst. Der Rat handelt auf Initiative der Kommission. Er kann eine Initiative der Kommission anfordern. Er fasst die Beschlüsse, die zur Erreichung der Vertragsziele notwendig sind. Der Rat verabschiedet die Verordnungen und Richtlinien, mit denen die Europäische Union von ihrer Rechtssetzungskompetenz Gebrauch macht. Daneben legt der Rat den Haushaltsplan fest. Die Minister bzw. Ministerpräsidenten oder Staatspräsidenten vertreten im Rat einerseits die Interessen ihrer jeweiligen Mitgliedstaaten, andererseits sind sie zugleich auf die Ziele der Europäischen Union im Ganzen verpflichtet.
Ursprünglich galt im Rat das Prinzip der Mehrheitsentscheidungen. Damit konnten auch große Mitgliedstaaten im Konfliktfall überstimmt werden. Als Frankreich im Jahre 1965 eine Beeinträchtigung seiner Interessen bei der Finanzierung der gemeinsamen Agrarpolitik befürchtete, betrieb de Gaulle

mehr als sechs Monate lang eine Politik des leeren Stuhls. Durch die »Luxemburger Vereinbarung« vom 29. 1. 1966 wurde festgelegt, dass sich der Ministerrat bei Beschlüssen, die sehr wichtige Interessen eines oder mehrerer Partner berühren, innerhalb eines angemessenen Zeitraums um Lösungen bemüht, die von allen Mitgliedern des Rats unter Wahrung ihrer gegenseitigen Interessen und der Interessen der Gemeinschaft angenommen werden können. Die französische Delegation legte in diesem Zusammenhang Wert auf die Feststellung, dass die Erörterung in diesen Fällen solange fortgesetzt werden müsse, bis ein einstimmiges Einvernehmen erzielt sei. Für den Fall, dass auch dies einmal nicht möglich ist, sieht die Luxemburger Vereinbarung keine Lösung vor. Damit hat praktisch jeder Mitgliedstaat noch heute grundsätzlich ein Vetorecht.

Erst durch die Einheitliche Europäische Akte von 1986 wurde für bestimmte Bereiche das Einstimmigkeitsprinzip durchbrochen. Ein Konsens muss nur noch über die Grundlinien der einzuschlagenden Politik erzielt werden. Bei der Konkretisierung dieser Politik kann der Rat mit qualifizierter Mehrheit beschließen. Dies galt anfangs vor allem für die Vorschriften zur Vollendung des gemeinsamen Binnenmarkts; die qualifizierte Mehrheit wurde dann nach und nach für andere Politikbereiche eingeführt.

Der Ratsvorsitz wechselt derzeit nach einem im Voraus festgelegten Plan alle sechs Monate. Der Rat wird durch ein Generalsekretariat und durch einen Ausschuss der ständigen Vertreter der Regierungen der Mitgliedstaaten unterstützt. Der Ausschuss ist unter seiner französischen Bezeichnung »COREPER« bekannt.

Ein Ratsbeschluss bedarf erstens einer einfachen Mehrheit bei Entscheidungen auf Vorschlag der Kommission, sonst einer Zweidrittelmehrheit, zweitens einer qualifizierten Mehrheit der Mitgliedstaaten, wenn nicht Einstimmigkeit festgelegt ist. Nach Nizza hat drittens jeder Mitgliedstaat in den Fällen, in denen das Erfordernis der qualifizierten Mehrheit besteht, ein Vetorecht, wenn diese Mehrheit nicht mindestens 62 % der Gesamtbevölkerung der Union repräsentiert. Die qualifizierte Mehrheit beträgt nach der derzeitigen Fassung von Art. 205 EG 62 von 87 Stimmen, sie soll nach Nizza 169 von 237 Stimmen betragen. Stimmengewichte heute und nach dem Erweiterungsprotokoll von Nizza (in Klammern):

Belgien	5	(12)	Italien	10	(29)
Dänemark	3	(7)	Luxemburg	2	(4)
Deutschland	10	(29)	Niederlande	5	(13)
Finnland	3	(7)	Österreich	4	(10)
Frankreich	10	(29)	Portugal	5	(12)
Griechenland	5	(12)	Schweden	4	(10)
Großbritannien	10	(29)	Spanien	8	(27)
Irland	3	(7)			

Für die Beitrittsstaaten sind nach Nizza folgende Stimmengewichte vorgesehen:

Polen	27
Rumänien	14
Tschechien	12
Ungarn	12
Bulgarien	10
Slowakei	7
Litauen	7
Lettland	4
Estland	4
Slowenien	4
Zypern	4
Malta	3

Nach Abschluss der Beitritte beträgt die qualifizierte Mehrheit 258 von 345 Stimmen im Rat.

In Nizza wurde das Prinzip der Einstimmigkeit in einer Reihe von Punkten beseitigt, entweder durch das Prinzip der Mitentscheidung des Parlaments (vgl. unten) oder durch das Prinzip der qualifizierten Ratsmehrheit. Hierzu zählen beispielsweise die Bestellung des Kommissionspräsidenten nach Art. 214 Abs. 1 EG, des GASP-Generalsekretärs nach Art. 207 Abs. 2 EG, eines GASP-Sonderbeauftragten nach Art. 23 EUV, die in Art. 24 genannten GASP-Bereiche, das Verfahren der Einrichtung von Kammern in der europäischen Gerichtsbarkeit nach Art. 225a EG, die Ernennung der Mitglieder des Rechnungshofs nach Art. 247 EG, der Beschluss über die Haushaltsordnung ab 1. 1. 2007 nach Art. 279 EG, Fragen der Währungsunion nach Maßgabe von Art. 123 Abs. 4 EG, Detailfragen des Umweltschutzes nach Maßgabe von Art. 175 Abs. 3 EG, die Geschäftsordnung des Parlaments nach Art. 190 Abs. 5 EG und die Vertretung der Gemeinschaft nach Art. 11 Abs. 4 EG.[2] In einigen Fällen, z. B. in Fragen der Einwanderung, soll der Übergang stufenweise erfolgen.[3]

b) *Kommission*

Die Kommission schlägt der Legislative, d. h. dem Rat und dem Parlament, Verordnungen und Richtlinien vor. Nach Verabschiedung der Entwürfe übt sie die Befugnisse aus, welche ihr von der Legislative verliehen wurden. Sie ist also auch oberste Verwaltungsbehörde.

2 Komplette Aufzählung bei K. Fischer, Der Vertrag von Nizza, 2001, S. 74, F. N. 171
3 Vgl. K. Fischer, a. a. O., S. 74, F. N. 172

Die Kommission besteht bisher aus 20 Mitgliedern, darunter einem Kommissionspräsidenten, dem eine Richtlinienkompetenz zukommt. Deutschland, Frankreich, Großbritannien, Italien und Spanien stellen je zwei Mitglieder, die anderen Länder je eines. Der Kommissionspräsident wird bisher von den Regierungen der Mitgliedstaaten nach Anhörung des Europäischen Parlaments im gegenseitigen Einvernehmen benannt (Art. 214 Abs. 2 S.1 EG). Die übrigen Kommissionsmitglieder werden in Konsultation mit dem benannten Präsidenten von den jeweiligen Regierungen benannt (Art. 214 Abs. 2 S. 2 EG). Das Parlament muss dem Kollegium zustimmen, ehe es von den Regierungen der Mitgliedstaaten im gegenseitigen Einvernehmen ernannt werden kann. Die Amtszeit beträgt seit 1995 fünf Jahre. Die Mitgliedstaaten dürfen auf die Kommissionsmitglieder bei der Erfüllung ihrer Aufgaben keinen Einfluss nehmen (Art. 213 Abs. 2 S. 2 EG). Es gibt ein Amtsenthebungsverfahren nach Art. 216 EG, bei dem der Gerichtshof entscheidet. Daneben kann das Parlament mit der doppelten Mehrheit von zwei Dritteln der abgegebenen Stimmen und der Mehrheit seiner Mitglieder der Kommission als Ganzes das Misstrauen aussprechen und dadurch die Wahl von Nachfolgern erzwingen (Art. 201 Abs. 2 EG). Ein derartiges Misstrauensvotum scheiterte im Frühjahr 1999; die damalige Kommission war aber durch Korruptionsvorwürfe gegen zwei Mitglieder derart in Bedrängnis geraten, dass sie insgesamt zurücktrat. Das 1999 neu gewählte Parlament hatte dann eine neue Kommission zu bestätigen.

Die Kommission ist Motor und Exekutive der Gemeinschaft. Sie bezeichnet sich selbst als Hüterin der Gemeinschaftsinteressen. Nach der Regierungskonferenz von Nizza soll aber dem Gedanken, dass hier rudimentär eine Art Unionsregierung vorgeformt ist, insofern keine Rechnung getragen werden, als nach wie vor jeder Mitgliedstaat in der Kommission durch ein Mitglied repräsentiert sein soll. Mit dem Beitritt neuer Staaten sollen nach und nach die fünf größten Mitgliedstaaten Spanien, Italien, Frankreich, Großbritannien und Deutschland auf »ihren« zweiten Kommissar verzichten. Wenn die EU auf mehr als 27 Mitgliedstaaten anwachsen sollte, sieht Nizza die Einführung eines Rotationsverfahrens vor. Über dieses Verfahren muss aber noch einstimmig im Rat entschieden werden (vgl. Art. 4 des Protokolls von Nizza über die Erweiterung der EU).

Nach Nizza wird der Kommissionspräsident vom Rat mit qualifizierter Mehrheit bestellt (Art. 214 Abs. 1 EG). Er soll in Zukunft nach mehrheitlicher Billigung durch das Kollegium die Vizepräsidenten ernennen und einzelne Kommissionsmitglieder zum Rücktritt zwingen können (Art. 217 EG).

c) Parlament

Das Parlament, das erst seit 1979 direkt von den Bürgern der Mitgliedstaaten gewählt wird, ist Teil der Legislative und übt dort je nach Themenbereich beratende, mitarbeitende oder sogar mitentscheidende Funktionen aus (vgl. unten). Das Parlament kann vor allem auch sein umfassendes Fragerecht gegenüber der Kommission nutzen und die Zustimmungskompetenz zum Haushalt als Druckmittel einsetzen. Schließlich kann es im Extremfall die Kommission als Ganze abwählen (vgl. oben). Die direkte Wahl zum Parlament findet nach einem Verfahren statt, das jeder Mitgliedstaat selbst bestimmen kann. Bei der Verteilung der Parlamentssitze ergibt sich bisher eine krasse Benachteiligung der deutschen Wähler und eine Bevorzugung der Wähler aus kleinen Mitgliedstaaten. Nach Nizza sollen die Stimmen aller EG-Bürger – jedenfalls annähernd – das gleiche Gewicht haben. Es soll sich nur noch eine Bevorzugung der Bürger in den kleinen Mitgliedstaaten, vor allem Luxemburg, ergeben. Der Übergang zum annähernd gleichen Stimmrecht soll sich in kleinen Schritten vollziehen. Nach jedem Beitritt wird die Zahl der Abgeordneten angepasst. Die Höchstzahl der Abgeordneten wurde in Nizza auf 732 festgesetzt.

Die Parlamentssitze verteilen sich auf die Mitgliedstaaten wie folgt (in Klammern die Sitzzahl nach Nizza, rechts außen zum Vergleich die Einwohnerzahl):

Bundesrepublik Deutschland	99 Sitze	(99)	81,7 Mio Einw.
Großbritannien	87	(72)	58,6 Mio
Frankreich	87	(72)	58,2 Mio
Italien	87	(72)	57,3 Mio
Spanien	64	(50)	39,2 Mio
Niederlande	31	(25)	15,5 Mio
Griechenland	25	(22)	10,5 Mio
Belgien	25	(22)	10,1 Mio
Portugal	25	(22)	9,9 Mio
Schweden	22	(18)	8,8 Mio
Österreich	21	(17)	8,0 Mio
Dänemark	16	(13)	5,2 Mio
Finnland	16	(13)	5,1 Mio
Irland	15	(12)	3,6 Mio
Luxemburg	6	(6)	0,4 Mio
Summe	626 Sitze		372,1 Mio Einw.[4]

Für die Beitrittsstaaten sind nach Nizza folgende Sitzzahlen vorgesehen:

Polen	50	38,7 Mio Einw.
Rumänien	33	22,5 Mio
Ungarn	20	10,0 Mio
Tschechien	20	10,3 Mio
Bulgarien	17	8,2 Mio
Slowakei	13	5,4 Mio
Litauen	12	3,7 Mio
Lettland	8	2,4 Mio
Slowenien	7	2,0 Mio
Estland	6	1,4 Mio
Zypern	6	0,8 Mio
Malta	5	0,4 Mio
Summe alt und neu nach Nizza	732	482,9 Mio Einw.

Die Position des Parlaments gegenüber Kommission und Rat wurde seit 1986 verbessert. Das Verfahren der Zusammenarbeit, das 1993 eingeführt wurde, hat bisher trotz seiner Komplexität gut funktioniert. Es wurde in Maastricht um das Verfahren der Mitentscheidung mit einem Vetorecht des Parlaments erweitert; die Prozedur wurde in Amsterdam in einer Reihe von Punkten vereinfacht. Die Entscheidung fällt nicht mehr an den Rat zurück, wenn der Vermittlungsausschuss einen gemeinsamen Text nicht gebilligt hat. Dies soll das Parlament mit zusätzlicher Stärke versehen. Es ist interessant, dass der Anwendungsbereich des Mitentscheidungsverfahrens nicht nur in den Bereichen ausgeweitet wurde, in denen vor Amsterdam das Verfahren der Zusammenarbeit gegolten hatte, sondern auch in anderen Bereichen, zum Beispiel bei der Beschäftigungs- und Sozialpolitik, bei der öffentlichen Gesundheit und bei der Zusammenarbeit im Bereich der Zölle.
Auch nach der Konferenz von Nizza gibt es noch wichtige Politikbereiche, in denen das Einstimmigkeitsprinzip nicht beseitigt werden konnte. Dies gilt vor allem für die Steuerpolitik, den Sozialbereich, Kernfragen des Asylrechts und den Handel mit kulturellen und audiovisuellen Dienstleistungen. In einer Reihe von Punkten konnte die Einstimmigkeit aber abgeschafft und das Verfahren der Mitentscheidung eingeführt werden (vgl. unten).
In den Ergebnissen der Regierungskonferenzen von Maastricht und Amsterdam manifestiert sich eine Entwicklung, die man als langsame Parlamentarisierung der Gemeinschaft bezeichnen könnte. Das Parlament entwickelt sich

4   Quelle: EU-Informationen »Amsterdam 17. Juni 1997: Ein neuer Vertrag für Europa«, 2. Aufl. 1997

neben dem Rat zu einer zweiten Kammer im Gesetzgebungsprozess. Es kann aber immer noch nicht für sich in Anspruch nehmen, Gesetzgeber der Europäischen Union zu sein. Das Schwergewicht des Gesetzgebungsprozesses liegt nach wie vor bei Kommission und Rat. Es bleibt abzuwarten, ob der Prozess der Parlamentarisierung nach Nizza weitergeht, oder durch eine stärkere Orientierung an Ratsbeschlüssen und Regierungskonferenzen abgelöst wird.

d) Gerichtshof, Rechtsschutz

Der Gerichtshof wahrt das Recht bei der Auslegung und Anwendung des Gemeinschaftsrechts. Dazu gehören nicht nur die Vertragswerke, also der EU- und der EG-Vertrag, der EURATOM- und der EGKS-Vertrag, sondern auch das sogenannte sekundäre Gemeinschaftsrecht aus, also die Verordnungen und die Richtlinien, soweit diese von den Mitgliedstaaten umgesetzt wurden.

Der Gerichtshof besteht zur Zeit aus 15 Richtern, einem pro Mitgliedstaat. Nach Art. 225 EG ist ihm ein Gericht erster Instanz (EuG I) beigeordnet, gegen dessen Entscheidungen in bestimmten Fragen nur noch ein auf Rechtsfragen beschränktes Rechtsmittel (Revision) beim Gerichtshof eingelegt werden kann. Dieses erstinstanzliche Gericht ist im Wesentlichen für die Klagen von Privaten (vor allem im Wettbewerbsrecht), für die Streitigkeiten zwischen der EG und ihren Bediensteten und für die Streitigkeiten im Bereich von Kohle und Stahl zuständig.

Der Gerichtshof kann von der Kommission angerufen werden, wenn sie geltend macht, ein Mitgliedstaat habe gegen eine Verpflichtung aus dem EG-Vertrag verstoßen (Art. 226 EG). Er kann aber auch von jedem Mitgliedstaat mit der Rüge angerufen werden, ein anderer Mitgliedstaat habe den Vertrag verletzt (Art. 227 Abs. 1 EG). Ferner ist der Gerichtshof für sogenannte Organklagen zwischen den Organen und Institutionen der Union zuständig (vgl. Art. 230 EG). Die meisten Streitsachen vor dem Gerichtshof sind sog. Vorabentscheidungen, die sich auf Art. 234 EG gründen. Danach kann ein Gericht eines Mitgliedstaates eine Vorabentscheidung des Gerichtshofs über die Auslegung des EG-Vertrages, die Gültigkeit und die Auslegung der Handlungen der Organe der Gemeinschaft und der Europäischen Zentralbank sowie über die Auslegung der Satzungen der durch den Rat geschaffenen Einrichtungen verlangen. Für derartige Vorabentscheidungen ist der Gerichtshof erster Instanz nicht zuständig, sie gehen gleich beim Europäischen Gerichtshof (EuGH) selbst ein. Schließlich kann nach Art. 230 Abs. 4 EG jede natürliche oder juristische Person unter den gleichen Voraussetzungen gegen die an sie ergangenen Entscheidungen sowie gegen die Entscheidungen klagen, welche, obwohl sie als Verordnung oder als eine an eine andere Person gerichtete Entscheidung ergangen sind, sie unmittelbar und direkt betreffen. Diese Vorschrift gewährt nicht nur dem Adressaten einer Entscheidung Rechtsschutz, sondern auch Personen, die wegen bestimmter persönlicher Eigenschaften oder besonderer, sie aus dem Kreis aller übrigen Personen heraushebender Umstände berührt sind.[5] Sie ermöglicht auch die sog. Konkurrentenklage (vgl. unten).

Mit der Vertragsänderung von Maastricht wurde dem EuGH die Möglichkeit verschafft, seine Entscheidungen mit Zwangsgeldern zu sanktionieren. Das erste Zwangsgeld nach Art. 228 EG wurde im Sommer 2000 gegen Griechenland verhängt, weil es entgegen einem Urteil des EuGH nicht die erforderlichen Maßnahmen zur Beseitigung von Abfällen in einer Wildbachschlucht ergriffen hatte.[6] Die Höhe des Zwangsgeldes bemisst sich nach der Schwere und Dauer des Verstoßes, der Zahlungsfähigkeit des Mitgliedstaates und danach, wie dringlich er zur Beachtung seiner Verpflichtung veranlasst wurde.

Der Gerichtshof wird von acht Generalanwälten[7] unterstützt, die in völliger Unabhängigkeit zu den vor dem Gerichtshof verhandelten Rechtssachen Schlussanträge stellen. Muster für diese Regelung ist die Einrichtung des »commissaire du gouvernement« beim französischen Conseil d'Etat.

Nach Nizza soll die Gerichtsbarkeit insofern gestärkt werden, als sogenannte Kammern eingeführt werden, die das EuG I entlasten. Die Zuständigkeiten des EuG I sind jetzt in Art. 224 EG verankert. Praktisch am bedeutsamsten sind die Zuständigkeiten in Wettbewerbs- und Beamtensachen. Nach Art. 225a EG können durch einstimmigen Ratsbeschluss sogenannte Kammern gebildet werden. Sie sind für Entscheidungen im ersten Rechtszug über bestimmte Kategorien von Klagen zuständig, die in besonderen Sachgebieten erhoben werden.

e) *Kompetenzen und Interaktion*

In der Europäischen Union gibt es vier legislative Verfahren, die Alleinentscheidung des Rats, die Verfahren der Anhörung des Parlaments, der Zusammenarbeit von Rat und Parlament und der Mitentscheidung des Parlaments. Hinzu kommt, dass der Rat in einigen Fällen einstimmig, in einigen mit qualifizierter Mehrheit und in einigen mit einfacher Mehrheit entscheidet. Praktisch bedeutsam sind nur die qualifizierte Mehrheit und die Einstimmigkeit im Rat.

Alleine entscheidet der Rat bisher z. B. nach Art. 133 EG bei der Durchsetzung der gemeinsamen Handelspolitik nach einheitlichen Grundsätzen; dies

---

5   EuGH Slg. 1963, 214, Rs. 25/62 – Plaumann
6   EuGH EuZW 2000, 531 = ZUR 2001, 42, Rs. C-387/97 – Zwangsgeld 1
7   Bis 6. 10. 2000 neun Generalanwälte, vgl. Art. 222 EG

gilt insbesondere für die Änderung von Zollsätzen, den Abschluss von Zoll- und Handelsabkommen, die Vereinheitlichung der Liberalisierungsmaßnahmen, die Ausfuhrpolitik und die handelspolitischen Schutzmaßnahmen (z. B. bei Dumping und Subventionen). In all diesen Fällen hat die Kommission ein Vorschlagsrecht, das Parlament wird nicht beteiligt.

Neben diesem Alleinentscheidungsrecht des Rats gibt es Fälle, in denen der Rat das Parlament anhören muss. Hierzu gehört z. B. nach Art. 308 EG der Fall, dass der Rat ein Tätigwerden der Union auf einem neuen Gebiet für notwendig hält. Er handelt hier einstimmig auf Vorschlag der Kommission und nach Anhörung des Parlaments; im Konfliktfall kann das Parlament die Entscheidung lediglich verzögern, nicht aber inhaltlich beeinflussen.

Wesentlich weiter gehen die Mitwirkungsrechte des Parlaments im Verfahren der sogenannten Zusammenarbeit zwischen Rat und Parlament. Es wurde durch die Einheitliche Europäische Akte von 1986 eingefügt und ist heute in Art. 252 EG verankert. Danach muss der Rat mit qualifizierter Mehrheit auf Vorschlag der Kommission und nach Stellungnahme des Europäischen Parlaments einen gemeinsamen Standpunkt festlegen. Lehnt das Parlament diesen ab, so kann der Rat in zweiter Lesung nur noch einstimmig etwas Abweichendes beschließen. Dies gilt z. B. nach Art. 138 Abs. 2 EG für Maßnahmen zur Verbesserung der Arbeitsumwelt, um die Sicherheit und die Gesundheit der Arbeitnehmer zu schützen.

Schließlich gibt es nach Art. 251 EG das Verfahren der Mitentscheidung. Es gilt z. B. nach Art. 95 EG für Maßnahmen zur Herstellung des gemeinsamen Binnenmarkts. Ein legislatives Vorhaben der Kommission scheitert, wenn es nach Durchlaufen mehrerer Vermittlungsverfahren nicht von beiden Kammern angenommen wird, und zwar vom europäischen Parlament mit absoluter Mehrheit der abgegebenen Stimmen und vom Rat mit qualifizierter Mehrheit. Das Parlament hat also ein echtes Vetorecht. Der Anwendungsbereich dieses Verfahrens wurde in Amsterdam erheblich ausgeweitet. Auf der Regierungskonferenz von Nizza wurden zusätzliche Ausweitungen beschlossen, u. a. bei Diskriminierungen nach Art. 13 EG, in Fragen der Bewegungsfreiheit nach Art. 18 EG, uneingeschränkt im Bereich der justiziellen Zusammenarbeit in Zivilsachen und eingeschränkt in Fragen des Asylrechts nach Art. 63 EG, ferner in Fragen der Industriepolitik nach Art. 157 EG, der Kohäsion nach Art. 159 Abs. 3 EG, der Parteienfinanzierung und ihres Statuts nach Art. 191 EG.[8]

Für die Praxis der Zusammenarbeit zwischen Kommission, Rat und Parlament bedeutsam ist, dass der Vorsitz im Rat alle sechs Monate nach einem bestimm-

---

8   Alle Angelegenheiten, in denen im Rat mit qualifizierter Mehrheit entschieden werden kann, wenn Nizza ratifiziert ist, zählen Pache/Schorkopf, NJW 2001, 1377, 1382/1383, auf.

ten Modus wechselt (vgl. Art. 203 EG). Der Mitgliedstaat, der jeweils dem Rat vorsitzt, schnürt spätestens zum Ende seiner sechs Monate-Periode ein Gesamtpaket, in dem für jeden Mitgliedstaat etwas enthalten ist. Hierbei muss er seit der Verabschiedung der Einheitlichen Europäischen Akte (1986) und der Verträge von Maastricht (1992) das Europäische Parlament berücksichtigen. In diesem Zusammenhang ist bemerkenswert, dass sich das Parlament als ausgabefreudig erwiesen hat und insbesondere in den Bereichen der Zusammenarbeit eine Erhöhung der Haushaltsansätze durchgesetzt hat. Wichtig und vielfach nachteilig ist dies insbesondere für die Bundesrepublik Deutschland, die der weitaus größte Nettozahler der Europäischen Union ist.

Nach der Ratifikation der Vertragsänderungen von Nizza können Maßnahmen im Bereich der justiziellen Zusammenarbeit in Zivilsachen mit grenzüberschreitenden Bezügen, insbesondere zur Verbesserung und Vereinfachung des Systems für die grenzüberschreitende Zustellung gerichtlicher und außergerichtlicher Schriftstücke, der Zusammenarbeit bei der Erhebung von Beweismitteln sowie der Anerkennung und Vollstreckung gerichtlicher und außergerichtlicher Entscheidungen in Zivil- und Handelssachen nach dem Verfahren der Mitentscheidung (Art. 251 EG) mit qualifizierter Mehrheit im Rat beschlossen werden. Die Bedeutung dieser Kompetenzausweitung ist noch nicht absehbar.

Einer der bemerkenswerten Aspekte der Europäischen Gemeinschaft ist, dass ihr Rechtssystem bundesstaatliche Züge hat, ihr Entscheidungsprozess weitgehend einem Staatenbund ähnelt und ihre Verfassung im Wege internationaler Verträge verändert wird. Zwei ihrer Institutionen, nämlich das Parlament und die Kommission, sind an der Konzeption der Vertragsänderungen, d. h. der »Verfassungsänderungen«, beteiligt. Eine große faktische Bedeutung für die europäische »Verfassungsentwicklung« kommt dem Europäischen Gerichtshof zu, der über die Reichweite der Geltung des Gemeinschaftsrechts entscheidet.

Es bleibt abzuwarten, ob der Subsidiaritätsgrundsatz, der durch die Verträge von Maastricht in Art. 5 EG eingefügt wurde, zu einem Abebben der Verordnungs- und Richtlinienflut aus Brüssel führen wird.[9] Es fragt sich ferner, ob die verstärkte Position des Europäischen Parlaments zu häufigen Blockaden zwischen den zwei Kammern Rat und Parlament führen wird und ob sich hierdurch die Stellung des Europäischen Gerichtshofs verstärkt.[10]

Der Kommission wird häufig vorgeworfen, dass sie ihre Rechtssetzungskompetenzen überziehe. Dieser Vorwurf mag für einige Bereiche zutreffen, in

9   Die Probleme der Anwendung des Subsidiaritätsgrundsatzes werden unten am Beispiel des Umweltschutzes diskutiert.
10 Cooter, R./Drexl, J.: The Logic of Power in the Emerging European Constitution: Game Theory and the Division of Powers, Beitrag zur 11. Jahreskonferenz der European Association of Law and Economics, Leuven 1994

denen sich in der Tat eine ständige »Landnahme« der Kommission beobachten lässt, etwa für die Kontrolle der staatlichen Beihilfen, in der die Kommission in die Rolle einer »Superkontrollinstanz« der Wirtschaftspolitik in den Mitgliedstaaten zu schlüpfen versucht hat (vgl. unten). Nicht korrekt ist es aber, die Frage nach Kompetenzüberschreitungen nur in Richtung Kommission zu stellen. Ein Beispiel ist das umfassende Verbot für Tabakwerbung in der Richtlinie 98/43[11], die 1998 vom Rat und vom Parlament verabschiedet wurde. Es wurde vor allem im Rat mit der Kompetenz zur Herstellung des gemeinsamen Binnenmarktes aus Art. 95 EG gerechtfertigt, während es in Wahrheit auf gesundheitspolitische Erwägungen gestützt wurde. Auf eine Nichtigkeitsklage der Bundesrepublik Deutschland, die im Rat überstimmt worden war, erklärte der EuGH die Richtlinie für nichtig, da sie nicht durch die Kompetenz aus Art. 95 EG getragen werde. Ein großer Teil der Werbung, etwa auf Plakaten oder im Kino, sei nicht grenzüberschreitend. Die Richtlinie diene nicht der Waren- oder Dienstleistungsfreiheit. Eine gesundheitspolitische Rechtssetzungskompetenz habe die EG nicht. Bemerkenswert ist, dass es einer Klage vor dem Europäischen Gerichtshof bedurfte, um eine offensichtlich rechtswidrige Richtlinie zu beseitigen.

f) Rechnungshof

Die Kompetenzen des Rechnungshofs wurden durch die Verträge von Maastricht zusammengefasst (jetzt in den Artikeln 246-248 EG). Der Rechnungshof ist ein Organ der Europäischen Union (vgl. Art. 7 Abs. 1 EG). Seine zwölf Mitglieder werden vom Rat nach Anhörung des Europäischen Parlaments bisher einstimmig auf sechs Jahre ernannt. Sie können wiederernannt werden. Sie prüfen die Rechnung über alle Einnahmen und Ausgaben der Gemeinschaft. Hierbei haben sie nicht nur die Rechtmäßigkeit, sondern auch die Ordnungsmäßigkeit zu überprüfen und sich von der Wirtschaftlichkeit der Haushaltsführung zu überzeugen (Art. 248 Abs. 2 EG). Hierzu erhalten sie jede erforderliche Unterlage oder Information von den anderen Organen der Gemeinschaft und den einzelstaatlichen Rechnungsprüfungsorganen. Schon heute kritisiert der Rechnungshof regelmäßig den Schlendrian und die Betrügereien, welche bei der Verteilung und Verwaltung der EG-Mittel, vor allem in der Struktur- und Agrarpolitik, auftreten. Die Bedeutung des Rechnungshofs dürfte in dem Maße steigen, in dem das Haushaltsvolumen der Europäischen Union anwächst. In Nizza wurde für die Ernennung der Mitglieder des Rechnungshofs das Prinzip der qualifizierten Mehrheit im Rat (Art. 247 EG) vereinbart.

---

11 Richtlinie 98/43 zum Verbot der Tabakwerbung vom 6. 7. 1998, ABlEG L 213/9

g) Finanzen

Zu Beginn finanzierte sich die EWG aus den Beiträgen der Mitgliedstaaten. In den siebziger Jahren wurde allmählich eine Eigenfinanzierung eingeführt. Seit einer grundlegenden Neuordnung im Jahre 1985[12] finanziert sich die EG vollständig aus eigenen Mitteln. Es gibt im Wesentlichen vier Finanzquellen:

1. Der Anteil am Mehrwertsteueraufkommen,
2. Die Zölle,
3. Die Agrarabschöpfungen,
4. Die sogenannte vierte Quelle (vgl. unten).

Dazu kommen u. a. Einnahmen und Steuern der EG-Bediensteten. Die wichtigste Einnahmequelle mit etwa der Hälfte der Gesamteinnahmen ist der EG-Anteil am Mehrwertsteueraufkommen der Mitgliedstaaten. Er beträgt z. Zt. 1,4 %; die Bemessungsgrundlage ist freilich auf 55 % des jeweiligen Bruttosozialprodukts begrenzt. Über 15 % der Einnahmen stammen von den Zöllen, welche die Gemeinschaft gegenüber Drittländern erhebt. Der Beitrag der Agrarabschöpfungen an den Außengrenzen der Gemeinschaft zur Finanzierung des Budgets liegt unter 3 %. Aus einem Erhebungssatz, der jedes Jahr aus dem Bruttosozialprodukt jedes Mitgliedstaates errechnet wird, ergibt sich die sog. vierte Quelle, die über 30 % aller EG-Einnahmen ausmacht.[13]

Über die Hälfte der Ausgaben der Gemeinschaft fließen in die Landwirtschaft, genauer gesagt, dorthin, wo die Mittel der Landwirtschaftsförderung fließen (vgl. unten). Knapp ein Drittel fließt in Strukturmaßnahmen, vor allem in die Regionalpolitik, aber seit Maastricht auch in einen sog. Kohäsionsfonds; dieser ist Resultat eines Kompromisses, mit dem die Zustimmung südlicher EG-Mitgliedstaaten zu Maastricht »erkauft« wurde. Über 10 % der Ausgaben fließen in die Forschungs- und Technologiepolitik, immerhin knapp 5 % in die Verwaltung und in den Dienstbetrieb, der sich wiederum zu einem großen Teil mit der Landwirtschaft befasst.

Die Bundesrepublik Deutschland ist mit weitem Abstand der größte Nettozahler, wenn man die Einnahmen und die Zahlungen der EG, bezogen auf die Mitgliedstaaten, betrachtet. Die Negativsalden werden von der Deutschen Bundesbank regelmäßig erfasst. Sie überstiegen schon 1995 20 Mrd. DM. Mit weitem Abstand folgen Großbritannien und die Niederlande. Anzumerken bleibt, dass die britische Premierministerin Thatcher vor Jahren einen »Rabatt« für Großbritannien in Höhe von mehreren Milliarden DM erzwungen hat, der noch heute gewährt wird. Nettoprofiteure sind nicht nur südliche EG-Mitgliedstaaten, sondern auch Dänemark, Irland und vor allem Luxemburg.

---

12 Vgl. Ratsbeschl. v. 24. 6. 1988, ABlEG L 185/24
13 Quelle: Europäische Kommission, Haushaltsvademecum 1996

h) Sonstiges

Der *Wirtschafts- und Sozialausschuss* in Brüssel wird in Art. 7 EG nicht als Organ der Gemeinschaft genannt. Seine Anhörung in wirtschaftlichen und sozialen Fragen ist teils obligatorisch, teils fakultativ. Darüber hinaus hat er auch Initiativrechte (vgl. Art. 262 Abs. 1 S. 3 EG und Art. 227 Abs. 1 S. 3 des EURATOM-Vertrages). Ihm gehören eine Gruppe der Arbeitgeber, eine Gruppe der Arbeitnehmer und eine Gruppe der »verschiedenen Interessen« an. Seine praktische Bedeutung darf nicht überschätzt werden.

Der *Ausschuss der Regionen* in Brüssel ist ebenfalls kein Organ der Gemeinschaft. Seine Aufgaben beratender Art sind in Art. 263-265 EG geregelt. Auch seine Anhörung ist teils obligatorisch, teils nicht. Ähnlich wie der Wirtschafts- und Sozialausschuss hat er in einigen Fällen ein Selbstbefassungsrecht (vgl. Art. 265 Abs. 4 EG). Man darf ihn nicht mit einer Länderkammer wie dem deutschen Bundesrat verwechseln. Seine praktische Bedeutung dürfte wachsen, weil er eine Koordination von Region zu Region unterhalb der Ebene der Mitgliedstaaten ermöglicht und dadurch die Aufspaltung Europas in Nationalstaaten, die in dieser Ausprägung erst im 19. Jahrhundert stattfand, durchbricht.

Die *Europäische Investitionsbank* mit Sitz in Luxemburg fördert – im Wesentlichen durch Kredite – die Ziele der EG, vor allem in den Bereichen der Strukturpolitik (vgl. unten). Träger der Bank sind die EG-Mitgliedstaaten.

i) Die Vertragsänderungen von Nizza und der Zusammenhalt der Europäischen Union

Die Hauptziele von Nizza waren, die Vertiefung der Zusammenarbeit in der Union zu fördern und ihre Erweiterung zu ermöglichen. Das zweite Ziel der Erweiterung wurde insofern erreicht, als alle Stimmengewichte und Sitzzahlen neu festgelegt und damit die Voraussetzungen für den Beitritt geschaffen wurden. Die politischen und finanziellen Voraussetzungen für den Beitritt müssen aber noch geschaffen bzw. verbessert werden. Dazu ist es erforderlich, die Agrarpolitik gründlich zu reformieren, ein Ziel, dessen Erreichung in Nizza erst gar nicht versucht wurde. Das erste Ziel der Vertiefung der Zusammenarbeit wurde nur teilweise erreicht. Zwar wurde die militärische Zusammenarbeit erheblich erbessert, indem eine Eingreiftruppe geschaffen wurde. Die Entscheidungsverfahren nach dem EU- und dem EG-Vertrag wurden jedoch nicht grundlegend verbessert. Das Prinzip der Einstimmigkeit im Rat gilt nach wie vor in wichtigen Politikbereichen; das Prinzip der qualifizierten Mehrheit wurde weiter kompliziert; die Stellung des Parlaments gegenüber dem Rat und der Kommission wurde nicht wesentlich verbessert. Die Institutionen der EG dürften größte Schwierigkeiten haben, ihre bisherige Fehler, die Bürgerferne, die Ineffizienz der Kompetenzverteilung, die häufigen Entscheidungsblockaden, eine schwerfällige und öffentlichkeitsscheue Bürokratie und die undurchsichtigen Entscheidungsprozesse im Rat, zu beseitigen. Noch lasten Korruptionsskandale schwer auf der Reputation der Kommission. Es ist nicht abzusehen, ob die Beitritte neuer Mitgliedstaaten die Union schwächen oder stärken werden. Die Mitgliedstaaten können sich wohl auch in Zukunft wegen der weiterbestehenden Informationsdefizite hinter dem Rücken des Rats verstecken, der anstelle der nationalen Regierung für unliebsame Entscheidungen verantwortlich gemacht werden kann.

Die Perspektiven für die Zukunft der Union sind ungeklärt. Ein Protokoll der Regierungskonferenz von Amsterdam, das den Subsidiaritätsgrundsatz erläutert und präzisiert, kann je nach der politischen Entwicklung zur Untätigkeit der Kommission in wichtigen Bereichen führen, in denen eine Regulierung nötig wäre, während umgekehrt wegen der Schwerfälligkeit der EG-Entscheidungsprozesse bereits regulierte Bereiche, die dereguliert werden müssten, unangetastet bleiben. Deshalb war es unumgänglich, in Nizza eine Regierungskonferenz für das Jahr 2004 zu vereinbaren, in der die Kompetenzen zwischen Union und Mitgliedstaaten abgegrenzt werden sollen. Man spricht von den Hypotheken von Nizza, die spätestens bis 2004 abzutragen sind. Die Wahrscheinlichkeit, dass dies für alle Mitgliedstaaten gleichzeitig gelingt, ist nicht hoch.

Der Vertrag über die Europäische Union ermöglicht schon seit Amsterdam ein Europa der unterschiedlichen Geschwindigkeiten. Ein Mitgliedstaat, der in Fragen der gemeinsamen Außen- und Sicherheitspolitik in der Minderheit geblieben ist, kann sich von der Entscheidung zurückziehen (*konstruktive Enthaltung*) und den anderen Mitgliedstaaten erlauben, miteinander im Namen der Europäischen Union voranzuschreiten (*verstärkte Zusammenarbeit*). Die »konstruktive Enthaltung« ist aber nicht möglich, wenn die Mitgliedsstaaten, die sich enthalten haben, mehr als ein Drittel der gewichteten Stimmen repräsentieren (Art. 23 EU). Zur konstruktiven Enthaltung kommt eine weitere Möglichkeit: Der Rat kann internationale Vereinbarungen abschließen. Macht ein Staat geltend, dass er sich den Vorschriften seiner eigenen Verfassungsgerichtsbarkeit konform verhalten muss, dann kann er herausoptieren; die Vereinbarung ist für ihn nicht bindend (Art. 24 EU). Es ist seit Amsterdam möglich, dass eine Mehrheit von Mitgliedstaaten mit der Zusammenarbeit vorangeht. Diese »schnelleren« Mitgliedstaaten können an einer Vertiefung ihrer Zusammenarbeit nicht durch die anderen Mitgliedstaaten gehindert werden, die sich daran nicht beteiligen wollen. Sie dürfen aber bestimmte Grundprinzipien nicht verletzen.

Es gibt drei Rechtsgrundlagen der *verstärkten Zusammenarbeit*, und zwar Generalklauseln in den allgemeinen Bestimmungen des Vertrags über die Europäische Union, spezielle Klauseln im EG-Vertrag und spezielle Klauseln in den Bereichen Justiz und Innenpolitik. *Verfahrensrechtlich gilt:* Die engere Zusammenarbeit muss nach Art. 40 EU vom Rat akzeptiert werden, und zwar mit einer qualifizierten Mehrheit, nachdem die Kommission ihre Meinung abgegeben hat und das Europäische Parlament informiert wurde. Ein Mitgliedstaat kann aus wichtigen Überlegungen des nationalen Interesses ein Veto einlegen; in diesem Fall geht die Sache an den Rat zurück. Dieses Vetorecht erinnert an den Luxemburger Kompromiss von 1966.

Die *allgemeinen Klauseln* beziehen sich auf materiellrechtliche und verfahrensrechtliche Themen. Materiellrechtlich müssen die Länder, die verstärkt zusammen arbeiten wollen, die Ziele der Europäischen Union verfolgen, die Prinzipien der Verträge beachten und eine Mehrheit der Mitgliedstaaten umfassen, wobei sie nicht die übereinstimmenden Interessen der Gemeinschaft verletzen, irgendwelche Nichtteilnehmer beeinträchtigen oder sich gegenüber Nichtteilnehmern abschotten dürfen. Es gibt keine verstärkte Zusammenarbeit in der Außen- und Sicherheitspolitik.

Alle Mitgliedstaaten können an den Beratungen des Rats teilnehmen. Nur die Mitgliedstaaten, welche sich an der verstärkten Zusammenarbeit beteiligen, haben Stimmrecht. Im Falle des opt-out stellen *spezielle Klauseln* in Art. 11 des EG-Vertrages sicher, dass gewisse Ziele und Grundprinzipien der EG-Politik nicht beeinträchtigt werden. Die verstärkte Zusammenarbeit darf nicht Gebiete berühren, die unter ausschließlicher EG-Kompetenz stehen, sie darf allgemein nicht die EG-Politik beeinträchtigen, sie darf ferner nicht zwischen Bürgern von Mitgliedstaaten diskriminieren, den Handel zwischen Mitgliedstaaten beeinträchtigen oder die Bedingungen des Wettbewerbs verzerren.

Bei der Auslegung der Vertragsbestimmungen ergeben sich erhebliche Probleme: In welchen Bereichen hat die Gemeinschaft ausschließliche Kompetenzen? Unter welchen Voraussetzungen geht eine Handlung über die Kompetenzen der EG hinaus? Auch muss man fragen, inwieweit Aktionen eines Teils der Mitgliedstaaten den Handel zwischen den Teilnehmern und den übrigen Mitgliedstaaten beeinträchtigen und den Wettbewerb verringern können. Im Übrigen fällt auf, dass der alte Luxemburg-Kompromiss (vgl. oben) in wichtigen Entscheidungen zurückkehrt.

Der Europäische Gerichtshof hat keine Entscheidungskompetenz über die allgemeinen Vorschriften der verstärkten Zusammenarbeit. Es ist unklar, ob er die Entscheidungskompetenz über die spezifischen Klauseln der engeren Zusammenarbeit ausüben kann.

Nach Nizza soll die verstärkte Zusammenarbeit unter erleichterten Bedingungen ermöglicht werden. Nach Art. 40a EG bedarf es zu einer entsprechenden Ermächtigung einer qualifizierten Mehrheit im Rat. Es müssen (nur noch) mindestens acht Mitgliedstaaten beteiligt sein. Eine verstärkte Zusammenarbeit ist nach Nizza auch in Fragen der Außen- und Verteidigungspolitik möglich. Betrifft das Vorhaben einer verstärkten Zusammenarbeit einen Bereich, in dem das Parlament nach dem Mitentscheidungsverfahren des Art. 251 EG beteiligt ist, muss es der verstärkten Zusammenarbeit zustimmen. Die Wahrscheinlichkeit, dass es zu einer verstärkten Zusammenarbeit in ausgewählten Politikbereichen kommt, nimmt mit wachsender Mitgliederzahl der EU zu. Das Gebilde der EU kann sehr kompliziert werden, wenn in unterschiedlichen Politikbereichen unterschiedliche Gruppen von Mitgliedstaaten eine verstärkte Zusammenarbeit vereinbaren.

k) Weiterführende Hinweise

Allkemper, Der Rechtsschutz des einzelnen nach dem EG-Vertrag, 1995; *Brandt,* Der Europäische Gerichtshof und das Europäische Gericht erster Instanz – Aufbau, Funktionen und Befugnisse, JuS 1994, 300 ff.; *Dreher,* Transparenz und Publizität bei Ratsentscheidungen, EuZW 1996, 487 ff.; *Drexl/Kreuzer/Scheuing/Sieber* (Hg.), Europäische Demokratie, 1999; *Duff,* The Treaty of Amsterdam, Text and Commentary, London 1997; *K. Fischer,* Der Vertrag von Nizza, 2001; *Griller/Droutsas/Falkner/Forgó/ Neutwich,* The Treaty of Amsterdam, 2000; *Hilf und Pache,* Der Vertrag von Amsterdam, NJW 1998, 705 ff.; *Kirschner,* Das Gericht erster Instanz der Europäischen Gemeinschaft, 1995; *Kluth* (Hg.), Die Europäische Union nach dem Amsterdamer Vertrag, 2000; *Lenz,* Rechtsschutz im Binnenmarkt, NJW 1994, 2063 ff.; *Pache/Schorkopf,* Der Vertrag von Nizza, NJW 2001, 1377; *Pedersen,* European Union and the Efta Countries, Enlargement and Integration, London 1994; *Revue trimestrielle de droit Européen 4/1997,* la traite d' Amsterdam; *Ries,* Die Finanzkontrolle des Europäischen Rechnungshofs, DÖV 1992, 293 ff.; *Saalfrank,* Funktion und Befugnisse des Europäischen Parlaments, 1995; *Sack,* Zur künftigen europäischen Gerichtsbarkeit nach Nizza, EuZW 2001, 77-80; *Theato/Graf,* Das Europäische Parlament und der Haushalt der Europäischen Gemeinschaft, 1994; *Wiedemann,* Der Ausschuss der Regionen nach dem Vertrag von Amsterdam, EuR 1999, 49.

3. Union und Mitgliedstaaten

a) Rechtssetzungskompetenzen der EG und Subsidiaritätsprinzip

Nach Art. 249 des EG-Vertrages unterscheidet man Verordnungen, Richtlinien, Entscheidungen, Empfehlungen und Stellungnahmen.
Die *Verordnung* hat allgemeine Geltung, ist in allen ihren Teilen verbindlich und gilt unmittelbar in jedem Mitgliedstaat. Die Verordnung wirkt wie ein supranationales Gesetz. Verordnungen werden nach Art. 249 EG von der Kommission und vom Rat erlassen.
Die *Richtlinie* ist eine Gesetzgebungsanweisung an die EG-Mitgliedstaaten. Sie muss von ihnen erst noch in nationales Recht umgesetzt werden. Die Form

und Mittel der Umsetzung bleiben dem Mitgliedstaat vorbehalten. Bei nicht fristgerechter Umsetzung einer Richtlinie kann sich der Bürger eines Mitgliedstaates gegenüber allen innerstaatlichen, nicht richtlinienkonformen Vorschriften auf die Bestimmungen dieser Richtlinie berufen, wenn sie inhaltlich hinreichend genau ausgeführt sind. Dies gilt insbesondere auch, wenn er Rechte gegenüber dem Staat geltend machen will.

Rat und Kommission können auch *Entscheidungen im Einzelfall* treffen. Dies gilt insbesondere für das Kartellrecht der EG. Entscheidungen sind Rechtsakte, denn sie entfalten eine Außenwirkung gegenüber Dritten. Die Rechtsmittel gegen diese Entscheidungen sind vor dem Europäischen Gerichtshof bzw. dem Gericht erster Instanz einzulegen.

Empfehlungen der EG sind keine Rechtsakte; sie sind juristisch nicht verbindlich, haben aber eine politische Wirkung, die in Einzelfällen groß sein kann. Stellungnahmen, in der Regel der Kommission, sind lediglich Meinungsäußerungen. Auch sie sind juristisch unverbindlich.

Die Rechtssetzungskompetenzen der Gemeinschaft stehen seit den Verträgen von Maastricht unter dem Vorbehalt einer *Subsidiaritätsklausel*. In Art. 5 Abs. 2 EG heißt es:

>»In den Bereichen, die nicht in ihre ausschließliche Zuständigkeit fallen, wird die Gemeinschaft nach dem Subsidiaritätsprinzip nur tätig, sofern und soweit die Ziele der in Betracht gezogenen Maßnahmen auf Ebene der Mitgliedstaaten nicht ausreichend erreicht werden können und daher wegen ihres Umfangs oder ihrer Wirkungen besser auf Gemeinschaftsebene erreicht werden können.«

Und in Art. 5 Abs. 3 EG wird eine Art Verhältnismäßigkeitsprinzip angefügt:

>»Die Maßnahmen der Gemeinschaft gehen nicht über das für die Erreichung der Ziele dieses Vertrags erforderliche Maß hinaus.«

Beide Klauseln beschränken den politischen Handlungsspielraum der Organe der Gemeinschaft.

Auf der Regierungskonferenz von Amsterdam wurde zusätzlich ein Protokoll verabschiedet, das die Grundsätze der Subsidiarität und Verhältnismäßigkeit präzisieren soll. Subsidiarität wird darin als »dynamisches Prinzip« bezeichnet. Wenn die Umstände es erfordern, könne die Tätigkeit der Gemeinschaft im Rahmen ihrer Befugnisse erweitert werden; wenn sie nicht mehr gerechtfertigt sei, könne eine Tätigkeit auch eingeschränkt oder eingestellt werden. Das Protokoll stellt Leitlinien auf. Erstens sollte ein zu regelnder Bereich transnationale Aspekte aufweisen, die durch Maßnahmen der Mitgliedstaaten nicht ausreichend geregelt werden können. Zweitens sollten Wettbewerbsverzerrungen, verschleierte Handelsbeschränkungen oder Beeinträchtigungen des Zusammenhalts oder sonstiger Interessen der Mitgliedstaaten verhindert werden. Drittens sollten die Maßnahmen der Gemeinschaft gegenüber nationalen Maßnahmen deutliche Vorteile mit sich bringen. Diese Präzisierungen lösen das politische Problem nicht, dem sich die Gemeinschaft bei unterschiedlichen Interessen und vielschichtigen Problemen stellen muss. Klargestellt ist lediglich, dass das Subsidiaritätsprinzip in Zukunft justiziabel sein soll. Dies könnte dazu führen, dass politische Entscheidungen, wie häufig in Deutschland vor dem Bundesverfassungsgericht, noch in einer »zweiten Runde« vor dem Europäischen Gerichtshof verhandelt werden.

In einer aufsehenerregenden Entscheidung über die sogenannte Tabakrichtlinie zog der EuGH[14] im Jahre 2000 Grenzen der Rechtssetzungskompetenzen der Gemeinschaft. Das in der Richtlinie enthaltene Verbot der Tabakwerbung sei mangels Rechtsgrundlage nichtig. Es handle sich um eine Maßnahme des Gesundheitsschutzes, wofür die Gemeinschaft keine Kompetenz besitze, nicht aber wie angegeben um eine Maßnahme zur Herstellung des gemeinsamen Binnenmarkts (Art. 95 EG) oder zur Durchsetzung der Marktfreiheiten (vgl. unten). Auf dieser Grundlage könnte in Zukunft auch das Subsidiaritätsprinzip operationalisiert werden.

b) Vorrang des EG-Rechts

Die erste Frage, die nach dem Abschluss der Römischen Verträge von 1957 geklärt werden musste, war, ob die darin enthaltenen Verpflichtungen der Mitgliedstaaten nur im Verhältnis der Staaten zueinander gültig sind oder ob sie unmittelbar geltendes Recht darstellen, auf das sich ihre Bürger berufen können. Es ging um die Wirkungen des sogenannten primären Gemeinschaftsrechts, d. h. der Vertragsbestimmungen selbst.

aa) Die Römischen Verträge als unmittelbar geltendes Recht

Die berühmteste Entscheidung des EuGH zur Wirkung des Gemeinschaftsrechts wurde 1963 im Falle des niederländischen Importeurs *Van Gend en Loos*[15] gefällt. Dieser hatte Chemieprodukte aus Deutschland eingeführt. Die niederländischen Behörden verlangten hierfür einen besonderen Zoll, den der Gesetzgeber nach Abschluss der Römischen Verträge eingeführt hatte. Der EuGH bejahte zum ersten Mal die direkte Anwendbarkeit des Gemeinschaftsrechts, den sogenannten »effet direct«, und zwar des Art. 25 EG, wonach die Mitgliedstaaten sich verpflichten, untereinander keine neuen Zölle mehr einzuführen. Die Vorschrift wurde nicht nur als rechtlich unverbindlicher Programmsatz, sondern als unmittelbar geltendes Recht in den Mitgliedstaaten

---

14 EuGH EuZW 2000, 694 m. Anm. Wägenbaur, Rs. C-376/98 – Tabakrichtlinie
15 EuGH Slg. 1963, 1, Rs. 26/62 – Van Gend en Loos

interpretiert. Aus Art. 25 EG folgt demnach eine Unterlassungspflicht eines jeden Mitgliedstaats, zu deren Vollzug es keines Umsetzungsakts des nationalen Gesetzgebers mehr bedarf. Gegen die Verletzung dieser Unterlassungspflicht kann der Bürger des Mitgliedstaats gerichtlich vorgehen.

bb) Vorrang des EG-Vertragsrechts gegenüber einem bestehenden nationalen Gesetz

Schon 1964 hatte der EuGH erneut Gelegenheit, im Fall *Costa-ENEL* zu der Frage Stellung zu nehmen, ob primäres Gemeinschaftsrecht nationalem Recht eines Mitgliedstaats vorgeht. Ein italienischer Rechtsanwalt namens Costa hatte sich geweigert, Elektrizitätsgebühren an die verstaatlichte Stromgesellschaft ENEL zu bezahlen. Er behauptete, das italienische Gesetz über die Verstaatlichung der Stromgesellschaft verstoße gegen Gemeinschaftsrecht (Art. 31, 53, 93 und 102 EG), da es u. a. bestimmte Abnehmer diskriminiere, eine unzulässige Beihilfe darstelle und eine unzulässige Wettbewerbsverzerrung zur Folge habe. Das zuständige Gericht legte dem EuGH die Frage nach der Vereinbarkeit mit dem EG-Vertragsrecht (primären Gemeinschaftsrecht) zur Vorabentscheidung vor. Der EuGH[16] bejahte sowohl seine Entscheidungskompetenz als auch den Vorrang des primären Gemeinschaftsrechts vor dem entgegenstehenden nationalen Recht der Mitgliedstaaten. Im Kern ging es um den Vorrang von Art. 31 Abs. 2 EG, wonach staatliche Monopolunternehmen so umzuformen waren, dass eine Diskriminierung in den Versorgungs- und Absatzbedingungen zwischen den Angehörigen von Mitgliedstaaten ausgeschlossen ist. Der EuGH sieht den EG-Vertrag als autonome, eigenständige Rechtsquelle. Es besteht demnach eine autonome Gemeinschaftsrechtsordnung, die bewusst von den Mitgliedstaaten unter Aufgabe bestimmter Souveränitätsrechte akzeptiert wurde. Diese Gemeinschaftsrechtsordnung hat Vorrang vor der innerstaatlichen Gesetzgebung, denn es würde eine Gefahr für die Verwirklichung der Vertragsziele bedeuten, wenn das Gemeinschaftsrecht von einem Staat zum andern verschiedene Geltung haben könnte. Nationales Recht, das dem Gemeinschaftsrecht widerspricht, muss daher im Einzelfall unangewendet bleiben.

cc) Durchsetzung des Vorrangs des Gemeinschaftsrechts gegenüber einem nachfolgenden nationalen Gesetz

Im Jahre 1978 entschied der EuGH im Fall *Simmenthal II*[17] über die Wirksamkeit eines italienischen Gesetzes, das nach einer entgegenstehenden ge-

---

16 EuGH Slg 1964, 1251, Rs. 6/64 – Costa-ENEL
17 EuGH Slg. 1978, 629, Rs. 106/77 – Simmenthal II

meinschaftsrechtlichen Regelung ergangen war. Italien hatte Gesundheitskontrollen für Rindfleisch eingeführt, nachdem solche Kontrollen durch eine gemeinschaftsrechtliche Regelung untersagt worden waren. Der italienische Verfassungsgerichtshof hatte sich die Entscheidung über die Nichtanwendbarkeit nationalen Rechts wegen Verstoßes gegen Gemeinschaftsrecht vorbehalten. Der EuGH hielt fest, dass die italienischen Gerichte auch spätere, dem EG-Recht entgegenstehende Bestimmungen des nationalen Rechts aus eigener Entscheidungsbefugnis unangewendet lassen müssten, ohne auf den Gesetzgeber zu warten oder die Frage dem nationalen Verfassungsgericht vorzulegen. Jeder im Rahmen seiner staatlichen Zuständigkeit angerufene Richter ist verpflichtet, das Gemeinschaftsrecht uneingeschränkt anzuwenden und die Rechte, die es den einzelnen Personen verleiht, zu schützen, indem er jede möglicherweise entgegenstehende Bestimmung des nationalen Rechts, gleichgültig ob sie früher oder später als die Gemeinschaftsnorm ergangen ist, unangewendet lässt.[18] Die Anwendung des Gemeinschaftsrechts kann zu Rückerstattungsansprüchen führen, wenn nationale Abgaben hiergegen verstoßen.[19]

dd) Effektiver Rechtsschutz gegen gemeinschaftswidriges Recht eines Mitgliedstaates

Im Jahre 1990 hatte der EuGH im Fall *Factortame I*[20] über Beschränkungen bei der Registrierung im britischen Fischereifahrzeugregister zu befinden, die sich gegen den Zugang spanischer Fischereigesellschaften zu diesem Register und damit gegen die »Ausplünderung« der britischen Fangquoten durch unter britischer Flagge fahrende spanische Gesellschaften richteten. Nach britischem Recht gab es gegen die Krone und deren Minister keine Einstweiligen Verfügungen. Der EuGH ließ eine Einstweilige Verfügung einer spanischen Gesellschaft zu, die sich gegen eine Diskriminierung aus Gründen der Staatsangehörigkeit wandte. Es gehe hier um das Gebot der effektiven Anwendung des Gemeinschaftsrechts. Die entgegenstehende nationale Vorschrift habe zurückzustehen. Zum Vorrang des Gemeinschaftsrechts gehört demnach auch, dass die nationalen Gerichte effektiven Rechtsschutz – hier: Einstweilige Anordnung – gegen gemeinschaftswidriges nationales Recht bieten.

---

18 Alle Staatsorgane sind gebunden; vgl. dazu EuGH Slg. 1995, I-2189 = ZUR 1995, 258, Rs. C-431/92 – Groß-Krotzenburg
19 EuGH Slg. 1998, I-6307 = NJW 1999, 201, Rs. C-10/97 bis 22/97 – Srl
20 EuGH Slg. 1990, I-2433, Rs. C-213/89 – Factortame I

ee) Vorrang einer Verordnung als sekundäres Gemeinschaftsrecht

Wenn Verordnungen der Gemeinschaft unmittelbar geltendes Recht in den einzelnen Mitgliedstaaten sein sollen, so muss ein etwaiger Konflikt zum nationalen Recht gelöst werden. Der Vertrag über die Europäische Wirtschaftsgemeinschaft hat eine gemeinsame Organisation der Mitgliedstaaten geschaffen, die zu einem Stück Staatlichkeit auf supranationaler Ebene geführt hat. Auf den staatsrechtlichen Charakter dieses Gebildes ist nicht weiter einzugehen. Es genügt, festzuhalten, dass dieses Gebilde nach dem Willen der Vertragsparteien Recht setzen darf. Zu fragen ist allerdings, welche Qualität ein Rechtssetzungsakt der Gemeinschaft gegenüber dem nationalen Recht der Mitgliedstaaten genießt. Ein außenstehender Beobachter, der die Effektivität und Effizienz der Rechtssetzung und Rechtsanwendung innerhalb der EG sichern will, könnte folgende Lösung des Problems vorschlagen: Die gesetzten Verordnungen und Richtlinien können nur dann sinnvoll angewendet werden, wenn die Mitgliedstaaten keine Maßnahmen ergreifen oder aufrecht erhalten dürfen, welche die praktische Wirksamkeit des Vertrages (primäres Gemeinschaftsrecht), der Verordnungen und Entscheidungen (sekundäres Gemeinschaftsrecht) beeinträchtigen können. Die Geltungskraft des europäischen Rechts darf nicht von Staat zu Staat divergieren, es sei denn, diese Divergenz ist von einer Richtlinie selbst gestattet, etwa, wenn den Mitgliedstaaten verschiedene Optionen eröffnet werden, zwischen denen sie bei der Umsetzung der Richtlinie wählen können.
Um nun eine Beeinträchtigung dieser Rechtsordnung zu verhindern oder zu korrigieren, muss der Europäische Gerichtshof (EuGH) Normenkonflikte zwischen Gemeinschafts- und innerstaatlichem Recht zugunsten des Gemeinschaftsrechts lösen können. Eine solche Kompetenz ist ihm wie erwähnt durch Art. 234 EG eröffnet, wonach die Gerichte aus den Mitgliedstaaten, Fragen des europäischen Rechts, auf die es nach ihrer Auffassung für eine Entscheidung ankommt, dem EuGH zur Vorabentscheidung vorlegen können. Eine zweite Möglichkeit eröffnet Art. 226 EG, wonach die Kommission ein sogenanntes Vertragsverletzungsverfahren gegen einen Mitgliedstaat vor dem EuGH einleiten kann. Nach Art. 228 EG ist die Entscheidung des EuGH für den Mitgliedstaat bindend. Die Normenkonflikte müssen, jedenfalls wenn man die Position eines außenstehenden Beobachters einnimmt, der die Effektivität und Effizienz der Rechtssetzung und Rechtsanwendung innerhalb der EG sichern will, zugunsten des Gemeinschaftsrechts gelöst werden.
Der EuGH hatte 1972 und 1973 über derartige Normenkonflikte zu entscheiden. Im Fall *Leonesio*[21] aus dem Jahre 1972 wurde einer italienischen Bäuerin

---

21 EuGH Slg. 1972, 287, Rs. 93/71 – Leonesio

namens Leonesio, die fünf Milchkühe schlachten ließ und dafür eine EG-Abschlachtprämie erhalten wollte, die Prämie mit der Begründung verweigert, hierfür gebe es im italienischen Recht keine Grundlage. Die Prämie war in einer EG-Verordnung niedergelegt. Der EuGH berief sich auf Art. 249 EG, wonach eine Verordnung in allen ihren Teilen verbindlich ist und unmittelbar in jedem Mitgliedstaat gilt. Frau Leonesio könne sich unmittelbar auf die Wirkung der Verordnung berufen und die Zahlung der Prämie durch die italienischen Behörden durchsetzen.

Im Jahre 1973 hatte der EuGH im Fall *Variola Spa*[22] über die Vorlage eines Gerichts aus dem italienischen Triest zu entscheiden. Die italienischen Zollbehörden hatten den Bürgern gewisse Verwaltungspflichten und Pflichten zur Aufstellung von Statistiken auferlegt, obwohl zuvor der Rat Verordnungen verabschiedet hatte, wonach derartige Pflichten wegen der Verpflichtung der Mitgliedstaaten zur Herstellung der Zollunion (Art. 23 und 25 EG) abzuschaffen seien. Der EuGH sollte die Verordnungen interpretieren und über ihre direkte Anwendung entscheiden. Er berief sich wieder auf den Wortlaut von Art. 249 EG, wonach eine Verordnung in allen ihren Teilen verbindlich ist und unmittelbar in jedem Mitgliedstaat gilt. Die Verordnung habe unmittelbare Wirkung und statte die Privatpersonen mit Rechten aus, die von den nationalen Gerichten zu schützen seien. Der EuGH erweiterte die Rechtsprechung zum Vorrang des Gemeinschaftsrechts auch auf Sachverhalte, in denen ein Mitgliedstaat nachträglich Recht schaffen will, das dem Gemeinschaftsrecht zuwiderläuft.

ff)   Anwendungsvorrang des Gemeinschaftsrechts am Beispiel des EG-Wettbewerbsrechts

Die Frage, ob und inwieweit ein Konflikt zwischen Gemeinschaftsrecht und nationalem Recht eines Mitgliedstaates besteht, kann im Einzelfall schwer zu beantworten sein. Ein Beispiel ist das Wettbewerbs- und Kartellrecht. Das deutsche Gesetz gegen Wettbewerbsbeschränkungen aus dem Jahre 1957 ist in seinem Anwendungsbereich nicht deckungsgleich mit den Vorschriften des EG-Wettbewerbsrechts, die zum Teil als primäres Gemeinschaftsrecht in Art. 81 und 82 EG enthalten sind, zum Teil als sekundäres Gemeinschaftsrecht aus Verordnungen des Rats oder der Kommission folgen. Die Möglichkeit, im Rahmen der sog. Zwei-Schranken-Theorie die Bereiche der Normanwendung nach Schutzzwecken zu trennen und insbesondere im Wettbewerbsrecht durch eine derartige Trennung eine Kollision zwischen mitgliedstaatlichem und europäischem Wettbewerbsrecht zu vermeiden,[23] hat der Europäische

---

22   EuGH Slg. 1973, 981, Rs. 34/73 – Variola Spa
23   Sogenannte Zweischrankentheorie begründet von Norbert Koch, BB 1959, 241 f.

Gerichtshof verworfen. Trotz und manchmal gerade wegen der Verschiedenheit der Schutzzwecke sind Konflikte zwischen mitgliedstaatlichem und europäischem Recht nicht ausgeschlossen. Man kann sich das an einer Wettbewerbsbeschränkung verdeutlichen, die sowohl nationales als auch europäisches Wettbewerbsrecht verletzen kann, wenn sie den Handel zwischen den Mitgliedstaaten beeinträchtigt. Der EuGH entscheidet sich hier für den sogenannten *Anwendungsvorrang des Gemeinschaftsrechts*[24]. Das nationale Recht wird nicht durch das Gemeinschaftsrecht »gebrochen«. Dies würde bedeuten, dass es auch im Verhältnis zu Staaten, welche nicht der EG angehören, nicht mehr zu beachten wäre. Das nationale Recht kann im Verhältnis zum Gemeinschaftsrecht aber nicht mehr angewendet werden. Der EuGH geht also nicht von einer generellen Vorrangigkeit des Gemeinschaftsrechts, sondern nur von einer Verdrängung des mitgliedstaatlichen Rechts im konkreten Fall aus[25]. Diese Rechtsprechung findet die goldene Mitte zwischen einer unzulässigen staatsrechtlichen Hierarchisierung der verschiedenen Rechtsbereiche, mit der die gegenwärtige Integration im Rahmen der Europäischen Union überschätzt würde, und einer bloßen Auslegungsregel für den EWG-Vertrag, die der fortgeschrittenen Institutionalisierung der Europäischen Union nicht Rechnung tragen würde.

c)   *Rechtsfolgen der nicht rechtzeitigen Umsetzung einer Richtlinie*

aa)   Ausgangspunkt: Vertragsverletzungsverfahren

Wenn Richtlinien Gesetzgebungsanweisungen an die Mitgliedstaaten sein sollen, so muss das Problem gelöst werden, dass Mitgliedstaaten bei der Umsetzung der Richtlinien säumig sein oder sogar ein der Richtlinie entgegenstehendes Recht in Kraft setzen können. Werden die Fristen zur Umsetzung, die in der Richtlinie genannt sind, nur geringfügig überzogen, so ergibt sich kein praktisches Bedürfnis, gegen den säumigen Mitgliedstaat Sanktionen zu verhängen. Anders ist dies, wenn der Mitgliedstaat jahrelang säumig ist. Die Kommission wird dann ein Vertragsverletzungsverfahren nach Art. 226 EG einleiten. Urteilt der Europäische Gerichtshof, dass in der Tat eine vertragliche Verpflichtung verletzt wurde, so kann der Mitgliedstaat auch dieses Urteil ignorieren. In erster Linie ist es nach Art. 228 Abs. 1 EG seine Angelegenheit, die erforderlichen Maßnahmen zur Umsetzung des Urteils zu ergreifen. Ohne eine wirksame Sanktionsdrohung wäre der EuGH auf den guten Willen des Mitgliedstaates angewiesen. Dies ist zu wenig. Nach den Verträ-

---

24   Vgl. EuGH Slg. 1969, 1/14-Farbenhersteller; Slg. 1980, 2321, Rs. 273/78 u. 1-3/79 = WuW/EWG/MUV 490, 491-Wettbewerb-Parfums-Guerlain
25   Vgl. EuGH Slg. 1964, 1251 – Costa/ENEL; 1969, 1, Rs. 14/68 – Walt Wilhelm; 1980, 2327, Rs. 273/76 -Wettbewerb – Parfums Guerlain, und 1987, 2354, Rs. 249/85 – Albako

gen von Maastricht ist deshalb in Art. 228 EG ein Abs. 2 hinzugefügt worden, wonach die Kommission, wenn der betreffende Mitgliedstaat das Gerichtsurteil nicht umgesetzt und eine von ihr gesetzte Frist überschritten hat, den Gerichtshof anrufen und dort die Zahlung eines Pauschalbetrags oder Zwangsgelds verlangen kann.

bb)   Direktwirkung einer Richtlinie

Der einzelne Bürger ist nur indirekt geschützt, wenn er auf ein Vertragsverletzungsverfahren warten muss, das viele Jahre dauern kann. Von daher bietet sich eine schnellere rechtliche Abhilfe an: Die Säumigkeit eines Mitgliedstaats kann auch in der Weise sanktioniert werden, dass die Richtlinie für *direkt wirksam* erklärt wird. Der EuGH wählt diese Lösung in Ausnahmefällen, wenn die Richtlinie hinreichend genau und unbedingt, also anwendungsfähig, ist, der Mitgliedstaat sie nicht fristgerecht oder nur unzulänglich umgesetzt hat und die Verletzung nicht von einer Privatperson gegenüber einer anderen (Horizontalverhältnis), sondern im sogenannten Vertikalverhältnis, d. h. im Verhältnis zwischen Bürger und Staat, geltend gemacht wird[26]. Bekannt geworden sind die Fälle Ratti und Foster.
1979 bejahte der EuGH im Fall *Ratti*[27] erstmals die Direktwirkung einer Richtlinie. Es ging um Kennzeichnungsvorschriften für gefährliche Stoffe. Eine entsprechende Richtlinie der EG war von Italien nicht rechtzeitig umgesetzt worden. Herr Ratti wurde nach einer Vorschrift des italienischen Rechts bestraft, die strengere Erfordernisse als die Richtlinie aufstellte. Der EuGH bejahte die Direktwirkung der nicht rechtzeitig in nationales Recht umgesetzten Richtlinie, weil sie unbedingt sei und einen hinreichend genauen Inhalt habe. Die italienische Vorschrift wurde für unanwendbar erklärt.
Noch weiter ging der EuGH im Fall *Foster* [28]. Frau Foster, die bei der britischen Gas-Gesellschaft, einer öffentlich-rechtlichen Körperschaft, beschäftigt war, fühlte sich gegenüber ihren männlichen Kollegen diskriminiert, weil sie mit 60 Jahren in Pension geschickt wurde, während die Männer erst mit 63 Jahren pensioniert wurden. Sie klagte gegen eine entsprechende Regelung, weil diese gegen die Richtlinie 76/207/EWG verstoße, die u. a. eine Ungleichbehandlung zwischen männlichen und weiblichen Arbeitnehmern in Rentenfragen verbietet. Großbritannien hatte die Richtlinie nicht rechtzeitig umgesetzt. Der EuGH erklärte die Richtlinie für unmittelbar anwendbar. Der Staat müsse auch in seiner Rolle als Arbeitgeber hiervon betroffen sein. Der EuGH

---

26   EuGH-Slg. 1974, 1337, Rs. 41/79 – van Duyn; Slg. 1982, 53, Rs. 8/81 – Becker; Slg. 1987, 3969, Rs. 80/86 – Kolpinghuis
27   EuGH Slg. 1979, 1629, Rs. 148/78 – Ratti
28   EuGH Slg. 1990, I-3313, Rs. C-188/89 – Foster

verneinte einen Anspruch, bis zum 63. Lebensjahr beschäftigt zu werden. Er wählte eine andere Lösung: Frau Foster erhielt Schadensersatz von ihrem (öffentlichen) Arbeitgeber.

Im Fall »*Italienische Mastrinder*«[29] bestätigte der EuGH seine Rechtsprechung. Die italienischen Zollbehörden hatten nachträglich von Mastrindimporteuren Einfuhrzölle abgeschöpft, weil diese ihre Meldepflichten nicht rechtzeitig erfüllt hatten. Eine EG-Richtlinie, die Italien nicht umgesetzt hatte, bestimmte, dass die Zollschuld gleichwohl nicht entsteht, wenn die Nichteinhaltung der Verfahrensvorschriften keine Auswirkungen gehabt hat. Der EuGH erklärte die Richtlinie für direkt anwendbar. Das Besondere der Entscheidung liegt darin, dass der EuGH die direkte Anwendbarkeit auch für den Fall bejaht, dass die (nicht umgesetzte) Richtlinie gegen eine zuvor erlassene EG-Verordnung verstoßen sollte.

Der EuGH verneint einen sogenannten »effet direct horizontal«, d. h. eine Direktwirkung einer Richtlinie, die nicht rechtzeitig umgesetzt wurde, im Rechtsverkehr zwischen Privatpersonen. Der EuGH verlangt statt dessen eine »richtlinienkonforme« Auslegung der nationalen Vorschriften eines Mitgliedstaats, soweit dies möglich ist.[30] Diese Rechtsauffassung wurde 1996 im Fall *El Corte Inglés/ Blázquez Rivero* bestätigt[31]. Frau Blázquez Rivero machte die Finanzierungsgesellschaft El Corte Inglés für die Nichterfüllung eines Reisevertrages verantwortlich, den sie mit einem anderen Unternehmen des Konzerns, der Viaje El Corte Inglés, abgeschlossen hatte. Wäre die EG-Verbraucherrichtlinie von 1986[32] von Spanien rechtzeitig umgesetzt worden, so hätte Frau Blázquez Rivero von der Finanzierungsgesellschaft Schadensersatz fordern können. Der EuGH hielt fest, dass sich Bürger von EG-Mitgliedstaaten nicht im Rahmen von privatrechtlichen Streitigkeiten auf die unmittelbare Wirkung nicht umgesetzter Richtlinien berufen können.

cc) Schadensersatz bei fehlender Direktwirkung einer nicht umgesetzten Richtlinie

Wenn eine Richtlinie noch nicht umgesetzt ist, kann sich der Bürger im Privatrechtsverkehr zwar nicht auf sie berufen. Da sich aber der Staat, der die Umsetzungsfrist verstreichen ließ, nicht nur gegenüber Brüssel, sondern auch gegenüber seinen Bürgern nicht korrekt verhalten hat, stellt sich das Problem der Staatshaftung. Dieses Problem hatte der EuGH 1991 im Fall *Francovich*[33]

---

29 EuGH Slg. 1996, I-4373, verb. Rs. C-246 bis 249/94 – ital. Mastrinder
30 EuGH Slg. 1990, I-4135, Rs. C-106/89 – Marleasing; Slg. 1994, I-3325, Rs. 91/92 – Faccini Dori
31 EuGH v. 7. 3. 1996, Slg. 1996, I-1281, Rs. C-192/94 – El Corte Inglés/Blázquez Rivero
32 Richtlinie 87/102/EWG, ABlEG 1987 L 42/48
33 EuGH Slg. I, 1991, 5347, 5403, verb. Rs. C 6 und 9/90 – Francovich I

zu bewältigen. Zwei Arbeitnehmer hatten den Mitgliedstaat Italien auf Schadensersatz verklagt, weil er die Richtlinie 80/987 zur Angleichung der Rechtsvorschriften über den Schutz der Arbeitnehmer bei Zahlungsunfähigkeit des Arbeitgebers nicht umgesetzt hatte. Nach der Richtlinie hätte auch Italien wie die anderen Mitgliedstaaten einen Garantiefonds schaffen müssen, um nicht erfüllte Lohnansprüche der Arbeitnehmer in der Insolvenz des Arbeitgebers befriedigen zu können. Dem war Italien nicht nachgekommen. Der Gerichtshof hatte Italien bereits wegen nicht fristgerechter Umsetzung der Richtlinie verurteilt.

Der EuGH musste im Fall *Francovich* eine Direktwirkung der Richtlinie verneinen, weil aus ihr kein unmittelbares Recht des Unionsbürgers auf Zahlung folge. Er sicherte die Rechte der Unionsbürger aber dadurch, dass er ihnen einen gemeinschaftsrechtlichen Schadensersatzanspruch gegenüber einem Mitgliedstaat zuerkannte, wenn dieser seiner gemeinschaftsrechtlichen Verpflichtung zur fristgerechten Umsetzung einer Richtlinie trotz vorangegangener Feststellung der Vertragsverletzung durch den EuGH nicht nachgekommen war. Der selbständige gemeinschaftsrechtliche Schadensersatzanspruch gegen den Mitgliedstaat ergebe sich zum einen aus der Eigenständigkeit der europäischen Gemeinschaftsrechtsordnung und zum anderen aus der Verpflichtung der Mitgliedstaaten aus Art. 10 EG, alle geeigneten Maßnahmen zur Erfüllung der Verpflichtungen aus dem Vertrag oder aus den Handlungen der Gemeinschaftsorgane zu treffen. Voraussetzung für den Ersatzanspruch sei aber, dass der Verstoß gegen das Gemeinschaftsrecht dem Mitgliedstaat zuzurechnen sei, dass Rechte des einzelnen Unionsbürgers verletzt seien, deren Inhalt hinreichend bestimmt werden kann, und dass ein Kausalzusammenhang zwischen dem Verstoß gegen das Gemeinschaftsrecht und dem Schaden bestehe, der dem Unionsbürger entstanden ist. Wie der Schadensersatzanspruch im Einzelnen auszugestalten und abzuwickeln ist, bleibt der Rechtsordnung des Mitgliedstaats überlassen. Dies gilt insbesondere für die Bestimmung der zuständigen Gerichte und des Verfahrens. Allerdings dürfen die im Schadensersatzrecht der einzelnen Mitgliedstaaten festgelegten materiellen und formellen Voraussetzungen nicht ungünstiger sein als bei ähnlichen Klagen, die nach nationalem Recht erhoben werden. Die Voraussetzungen dürfen die Durchsetzung des Entschädigungsanspruchs nicht praktisch unmöglich machen oder übermäßig erschweren.

Im Falle des Zusammenbruchs des deutschen Reiseveranstalters *MP-Travel Line* hat der EuGH im Jahre 1996 diese Rechtsprechung bestätigt[34]. Der Reiseveranstalter war in Konkurs gegangen, nachdem die Bundesrepublik die Frist für die Umsetzung der EG-Pauschalreiserichtlinie über die Einrichtung

---

34 EuGH Slg. 1996, I-4845, Rs. C-178/94 u. a. – MP-Travel-Line

eines Garantiefonds in derartigen Fällen überschritten hatte. Da auch ein Vertragsverletzungsverfahren eingeleitet worden war, waren die Parallelen zum Fall Francovich überdeutlich. Der EuGH erklärte die Bundesrepublik für schadenersatzpflichtig, da folgende drei Voraussetzungen erfüllt waren:
1. Eine Richtlinie, die dem einzelnen Bürger Rechte verleiht, ist von einem Mitgliedstaat nicht fristgerecht umgesetzt worden.
2. Der Inhalt dieser Rechte ist insoweit bestimmbar, als sich das Mindestmaß der durch die Richtlinie gebotenen Begünstigung konkretisieren lässt.
3. Der Verstoß des Mitgliedstaats gegen seine Umsetzungspflicht ist für den Schaden, dessen Ersatz der Bürger einfordert, kausal geworden.

d) Haftung eines Mitgliedstaats bei EG-rechtswidriger Gesetzgebung

aa Verletzung von primärem Gemeinschaftsrecht

Noch einen Schritt weiter ging der EuGH Anfang 1996 in einer Entscheidung zu zwei Vorlagebeschlüssen im Fall *Brasserie du Pêcheur* und im Fall *Factortame III* [35]. In beiden Fällen hatte der EuGH in vorangegangenen Urteilen Gesetze eines Mitgliedstaats (Deutschland bzw. Großbritannien) für EG-rechtswidrig erklärt[36]. Im einen Fall ging es um den Verstoß des deutschen Biersteuergesetzes (Reinheitsgebot) gegen Art. 28 EG (vgl. unten). Es ging also um die Vereinbarkeit bestehenden nationalen Rechts mit dem Gemeinschaftsrecht. Der EuGH bestätigte, nachdem er jeweils das Recht des Mitgliedstaats für unvereinbar mit dem Gemeinschaftsrecht erklärt hatte, seine Rechtsprechung zur Schadensersatzpflicht auch in diesen beiden Fällen. Er schränkte die Ersatzpflicht des Mitgliedstaats allerdings ein: Er hielt nicht nur fest, dass die verletzte gemeinschaftsrechtliche Vorschrift bezwecken muss, dem EU-Bürger Rechte zu verleihen und dass zwischen dem Verstoß und dem einzelnen entstandenen Schaden ein unmittelbarer Kausalzusammenhang bestehen muss, sondern auch, dass der Verstoß des Mitgliedstaats gegen die Vorschrift *hinreichend qualifiziert* sein muss. Der EuGH beschränkt den Schadensersatzanspruch also auf gravierende Fälle, wobei unklar bleibt, wann ein Verstoß des Mitgliedstaats qualifiziert ist und wann nicht. Er fügte hinzu, dass der Schadensersatzanspruch nicht vom Nachweis eines Verschuldens eines Amtsträgers abhängig gemacht werden und nicht auf Schäden nach Erlass des Urteils beschränkt werden darf, in dem der Verstoß festgestellt wird. Damit haftet ein Mitgliedstaat auch dafür, dass er die EG-rechtlichen Vorgaben korrekt interpretiert. Es wird schwierig sein, die Grenze zwischen leichten

35 EuGH Slg. 1996, I-1029, Rs. 46+48/93 – Brasserie du Pêcheur, Factortame III
36 EuGH Slg. 1987, 1227 = NJW 1987, 1137, Rs. 178/84 – Reinheitsgebot für Bier in Deutschland; EuGH Slg. I-1991, 3905 – Factortame II

Verstößen – offenbar in schwierigen Rechtsfragen – und zwischen sog. qualifizierten Verstößen zu ziehen, bei denen die Staatshaftung gelten soll. Die Reichweite der Entscheidung in den beiden Fällen ist noch nicht abzuschätzen.

bb)   Fehlerhafte Umsetzung einer Richtlinie

Ebenfalls im Jahre 1996 dehnte der EuGH seine Rechtsprechung zur Staatshaftung der Mitgliedstaaten im Fall *British Telecommunications*[37] auf den Sachverhalt aus, dass ein Mitgliedstaat eine Richtlinie fehlerhaft umsetzt. Der EuGH präzisiert die drei Voraussetzungen für einen Entschädigungsanspruch wegen der Verletzung von Gemeinschaftsrecht durch den nationalen Gesetzgeber, der eine Richtlinie fehlerhaft umsetzt:
1.   Eine Rechtsnorm ist verletzt, die dem einzelnen bestimmte Rechte verleiht.
2.   Der Rechtsverstoß ist hinreichend qualifiziert.
3.   Es besteht ein ursächlicher Zusammenhang zwischen der Rechtsverletzung durch den Mitgliedstaat und dem entstandenen Schaden.
Am schwierigsten ist das Kriterium der qualifizierten Rechtsverletzung zu interpretieren. Zu prüfen ist, ob der Mitgliedstaat eine plausible Auslegung der Richtlinie gewählt hat und ob er gutgläubig war. Hieran dürfte es fehlen, wenn kein anderer Mitgliedstaat diese Auslegung gewählt hat und auch im Schrifttum hierfür keine nennenswerte Unterstützung zu finden ist.

cc)   Umsetzung einer Richtlinie ohne angemessene Sanktionen

Bereits 1994 hielt der EuGH[38] in einem Rechtsstreit mit Großbritannien fest, dass ein Mitgliedstaat nicht mit Nichtstun auf das Fehlen einer besonderen Sanktionsnorm in einer Richtlinie reagieren könne. Er sei vielmehr nach Art. 10 EG zur Kooperation und damit auch dazu verpflichtet, alle geeigneten Maßnahmen zu treffen, um der Richtlinie Geltung zu verschaffen. Da keine konkrete Sanktion vorgegeben sei, verbleibe ihm zwar die Wahl zwischen den einzelnen zur Verfügung stehenden Sanktionsarten, die Sanktionen müssten jedoch so ausgestaltet sein, dass Verstöße gegen Gemeinschaftsrecht nach Art, Verfahren und Höhe der Sanktion ebenso geahndet würden wie vergleichbare Verstöße gegen nationales Recht. In jedem Fall müsse die Sanktion wirksam, verhältnismäßig und abschreckend sein.

---

37   EuGH Slg. 1996, I-1631, Rs. C-392/93 – British Telecommunications
38   EuGH Slg. 1994, I-2479, Rs. C 383/92 – Massenentlassungen; vgl. auch EuGH Slg. 1997, I-6843, Rs. C-97/96 – Daihatsu und EuGH Slg. 1997, I-5449, Rs. C-191/95

Es bleibt abzuwarten, wie lange es dauern wird, bis der erste Bürger eines EG-Mitgliedstaates Schadensersatz mit der Begründung einklagt, dieser Mitgliedstaat habe eine Richtlinie mit unzureichenden Sanktionsnormen umgesetzt und daraus sei ihm ein Schaden entstanden.[39]

e) Der prozessuale Vorrang einer Kommissionsentscheidung gegenüber den Gerichten der Mitgliedstaaten

Schließlich stellte der EuGH[40] Ende 2000 fest, dass eine Kommissionsentscheidung prozessualen Vorrang gegenüber den Gerichten der Mitgliedstaaten genießt. Auch wenn die Kommissionsentscheidung im Widerspruch zur Entscheidung eines erstinstanzlichen nationalen Gerichts steht, darf ein nationales Gericht keine Entscheidung erlassen, die dieser Kommissionsentscheidung zuwiderläuft. Wenn gegen sie bereits Nichtigkeitsklage nach Art. 230 Abs. 5 EG erhoben wurde, muss das nationale Gericht prüfen, ob es das Verfahren aussetzen soll, um eine endgültige Entscheidung über diese Nichtigkeitsklage abzuwarten oder um dem Europäischen Gerichtshof eine Vorabentscheidungsfrage vorzulegen. Die Entscheidung erging in einem Wettbewerbsfall. HB, eine Tochter der Unilever-Gruppe, hatte Speiseeisverkäufern in Irland Kühltruhen unter der Bedingung zur Verfügung gestellt, dass sie dort ausschließlich HB-Speiseeis aufbewahrten. Der Konkurrent Masterfoods klagte auf Feststellung, dass dies gegen Art. 81 und 82 EG (EG-Wettbewerbsrecht) verstoße. Das nationale Gericht entschied zugunsten einer alternativen Klage von HB. Später erklärte die Kommission auf eine Beschwerde von Masterfoods, das Verhalten von HB verstoße gegen Art. 81 und 82 EG. Hiergegen erhob HB Nichtigkeitsklage vor dem EuG I.[41] Nach dem Grundsatz der loyalen Zusammenarbeit (vgl. Art. 5 EG) ist das nationale Gericht nun verpflichtet, um keine der Kommissionsentscheidung zuwiderlaufende eigene Entscheidung zu erlassen, das Verfahren entweder auszusetzen oder dem EuGH eine Vorabentscheidungsfrage nach der Gültigkeit der Kommissionsentscheidung vorzulegen. Diese Loyalitätspflicht bindet alle Träger öffentlicher Gewalt in den Mitgliedstaaten, auch die Gerichte.[42] Andernfalls würde die Erfüllung der Ziele des EG-Vertrages gefährdet. Insofern ist die EuGH-Entscheidung konsequent.

---

39 Vgl. dazu die Entscheidung des EuGH im Falle Daihatsu, Slg. 1997, I-5449, Rs. C-191/95: Wenn eine Gesellschaft in Deutschland ihre Bilanzen nicht offenlegt, sind die Sanktionen in § 335 HGB (alt) gemeinschaftsrechtswidrig; Schadensersatz ist möglich.
40 EuGH NJW 2001, 1265, Rs. C-344/98 – Masterfoods
41 EuG I, Rs. T 65/98 – Masterfoods
42 EuGH Slg. 1998, I-8597, Rs. C-2/97 – IP

f) Interpretation von nationalem Recht »im Lichte« des Gemeinschafts-rechts

Die nationale Ausführungsgesetzgebung zu einer Richtlinie ist im Lichte der Richtlinie und ihrer Zielsetzung zu interpretieren. Bei Zweifeln über den Inhalt der Richtlinie hat der Europäische Gerichtshof zu entscheiden. Unterinstanzliche nationale Gerichte können, letztinstanzliche Gerichte müssen ihm eine Zweifelsfrage nach Art. 234 Abs. 2 und 3 EG zur Vorabentscheidung vorlegen. Dieses Interpretationsmonopol des EuGH führt aber nicht dazu, dass jede Interpretationsfrage zu einem nationalen Gesetz, mit dem eine Richtlinie umgesetzt wird, in Luxemburg landen muss. Hat ein nationales Gericht keinen Zweifel, wie die richtlinienkonforme Auslegung des Umsetzungsgesetzes auszufallen hat, so legt es das Gesetz selbst aus. Insofern spielt sich in der Praxis ein faktischer Geltungsvorrang des Gemeinschaftsrechts ein, wie wenn Europa ein Bundesstaat und nicht lediglich ein »Staatenverbund« wäre. Der Interpretationsvorgang ist derselbe wie die grundgesetzkonforme Auslegung von deutschem Gesetzesrecht. Das Bundesverfassungsgericht legt allerdings eine »Sperre« vor die gemeinschaftsrechtskonforme Auslegung des Grundgesetzes und insbesondere der Grundrechte, indem es sich einen Eingriff vorbehält, wenn die EG »ausbrechende Rechtsakte« erlässt, die nicht durch die Kompetenzzuweisungen der Mitgliedstaaten gedeckt sind oder wenn sie nicht mehr »effektiv« die Grundrechte schützt (vgl. unten). In allen anderen Fällen setzt sich der faktische Vorrang des Gemeinschaftsrechts bei der Auslegung der Umsetzungsgesetze durch. Das Gemeinschaftsrecht mutiert vom Außenrecht, das dem innerstaatlichen Recht im Konfliktfall vorgeht (Anwendungsvorrang), zum höherrangigen Recht, in welches das deutsche Recht von »innen her« eingebunden ist[43].

Ein Beispiel dafür, wie weit die richtlinienkonforme Auslegung des nationalen Rechts gehen kann, bietet die Entscheidungspraxis deutscher Arbeitsgerichte zur bis 1994 geltenden Fassung von § 611a BGB: Danach konnte eine Frau, die bei einer Bewerbung um eine Stelle wegen ihres Geschlechts diskriminiert worden war, lediglich Ersatz des sog. Vertrauensschadens verlangen, was praktisch auf den Ersatz der Portokosten für die Bewerbung hinauslief. Der EuGH hielt diese Sanktion – gemessen an der Vorgabe der Richtlinie – für zu milde, konnte aber das nationale Umsetzungsgesetz nicht als europarechtswidrig verwerfen[44]. In diese Lücke hinein ging im selben Jahr das Arbeitsgericht Hamm[45]. Es wandte § 611a BGB nicht an und gewährte eine billige Entschädigung in Geld nach §§ 823 Abs. 1, 847 BGB in Höhe von

---

43 Vgl. schon Beutler/Bieber/Pipkorn/Streil, Die Europäische Gemeinschaft – Rechtsordnung und Politik –, 3. Aufl. 1987, S. 87
44 EuGH Slg. 1984, 1921, 1942, Rs. 73/83 – Harz/Tradax
45 DB 1984, 2700

sechs Monatsgehältern. Es erkannte damit die Richtlinie in der Auslegung des EuGH als höherrangiges Recht an. Das Arbeitsgericht Hamm ging mit seiner richtlinienkonformen Auslegung »contra legem« zwar zu weit. Es nahm aber eine Entwicklung der Gesetzgebung vorweg, die abzusehen war. Das Bundesarbeitsgericht[46] beschränkte den Ersatzanspruch allerdings später auf ein Monatsgehalt. Erst 1994 korrigierte sich der deutsche Gesetzgeber durch eine Novelle zu § 611a BGB, die 1997 vom EuGH im Fall Draehmpaehl (vgl. unten) wiederum als nicht richtlinienkonform verworfen wurde. Es ist festzuhalten: Erklärt der EuGH eine Vorgabe, die in einer Richtlinie enthalten ist, für nicht angemessen umgesetzt, so muss sich der nationale Gesetzgeber über kurz oder lang korrigieren[47]. In der Zwischenzeit behelfen sich die Gerichte mit einer Korrektur des nach innerstaatlichem Verständnis noch geltenden Gesetzes im Wege einer richtlinienkonformen Auslegung.

g) Der »effet utile«

Durch den gemeinschaftsrechtlichen Schlüsselbegriff »effet utile« (nützliche Wirksamkeit) ist es Kommission und Gerichtshof gelungen, sowohl die Rechtssetzungskompetenzen der Gemeinschaft als auch den Grundsatz der teleologischen Auslegung zum Vorteil sowohl der Vertragszwecke als auch des Sinns und Zwecks des Gemeinschaftsrechts durchzusetzen.
Als völkerrechtliches Vertragswerk mit supranationalem Einschlag (»Staatenverbund«) sind der EG-Vertrag und der EU-Vertrag an den Grundsatz der begrenzten Einzelzuständigkeit gebunden. Von Anfang an hat es die Gemeinschaft aber mit Erfolg verstanden, sich Kompetenzen der Rechtssetzung kraft Sachzusammenhang zu verschaffen. Derartige implizite Zuständigkeiten (implied powers) der Gemeinschaft sind dann sinnvoll, wenn sie sich aus einer vernünftigen Auslegung von bereits bestehenden Kompetenzen ableiten lassen. Es ist dann nicht notwendig, nach Art. 308 EG durch übereinstimmende Beschlussfassung aller EG-Mitgliedstaaten den Vertrag abzuändern und eine neue Kompetenz zu begründen. Vielmehr wird nur die bisherige Kompetenz mit dem Argument, die zusätzliche Zuständigkeit kraft Sachzusammenhangs sei ein »effet utile« des bereits bestehenden Vertrages, abgerundet und ergänzt. Der Grundgedanke dieser Technik der vorsichtigen Kompetenzausweitung ist, dass der Vertrag nur mit Hilfe derartiger Abrundungen seine volle Wirksamkeit entfalten kann. Da der EuGH gleichzeitig die Zulässigkeit von Vertragsänderungen über Art. 308 EG großzügig beurteilt, ist die Kom-

---

46 BAG NJW 1990, 65
47 Vgl. zum ganzen kritisch Di Fabio, Richtlinienkonformität als ranghöchstes Normauslegungsprinzip?, NJW 1990, 947 ff.; positiv Rodriguez Iglesias, Gedanken zum Entstehen einer Europäischen Rechtsordnung, NJW 1999, 1-9; zur Vorlagepflicht BVerfG NJW 2001, 1267 m. Anm. Sensburg, 1259

petenzausweitung kraft Sachzusammenhangs in weniger gravierenden Fällen, in denen dies durch den Gerichtshof und damit durch den Konsens der Mitgliedstaaten getragen ist, nur ein Mittel zur vereinfachten Vertragsfortschreibung.

Eine zweite, in der Praxis noch bedeutsamere Funktion erfüllt der gemeinschaftsrechtliche Schlüsselbegriff »effet utile« bei der Auslegung des Gemeinschaftsrechts. Würde man das primäre und sekundäre Gemeinschaftsrecht stets eng auslegen, dann könnten Situationen, die bei der Verabschiedung der entsprechenden Verordnung oder bei der Formulierung des Vertragstexts nicht vorhergesehen wurden oder werden konnten, nicht angemessen bewältigt werden. Der Europäische Gerichtshof hat daher von Anfang an einer teleologischen Auslegung des Vertragstextes und der Verordnungsnormen den Vorzug gegeben. Die Normen müssen mit dem Ziel ihrer nützlichen Wirksamkeit (effet utile) ausgelegt werden.[48] Ohne den Kunstgriff des effet utile würde die Durchsetzung des Vorrangs des Gemeinschaftsrechts ganz oder zum Teil leerlaufen, da wegen einer zu restriktiven Interpretation der vorrangigen Normen ein großer Teil der konkurrierenden Normen aus den Mitgliedstaaten nicht erfasst würde. Auch die unmittelbare Wirkung von Richtlinien in Ausnahmefällen (vgl. oben) wurde vom EuGH[49] mit dem effet utile der Richtlinie begründet. Wenn sie Bestimmungen mit ohne weitere Umsetzung klaren Verpflichtungen enthalte, könne deren Wirkung nicht von der rechtzeitigen Umsetzung in das nationale Recht eines Mitgliedstaats abhängen.

h) Grundrechte im Recht der Europäischen Union

Alle EG-Mitgliedstaaten bekennen sich zu allgemeinen Rechtsgrundsätzen, die ihrer Verfassungsüberlieferung gemeinsam sind. Sie tragen insbesondere den Grund- und Menschenrechten ihrer Bürger Rechnung, wobei die praktische Bedeutung derartiger Rechte innerhalb der Mitgliedstaaten differiert. Zur Verabschiedung eines gemeinsamen Grundrechtskatalogs der Europäischen Union als unmittelbar geltendes Recht ist es allerdings bis heute nicht gekommen. Im Jahre 1989 verabschiedete das Europäische Parlament zwar eine Erklärung der Grundrechte und der Grundfreiheiten.[50] Die Entschließung enthält in 24 Artikeln sowohl die klassischen Freiheitsrechte wie Religions- und Meinungsfreiheit, Freizügigkeit, Eigentum, Versammlungs- und Berufsfreiheit als auch gewisse soziale Rechte wie das Recht auf Bildung, Justizgrundrechte, das Verbot der Todesstrafe, das Demokratieprinzip und Prinzipien des Umwelt- und Verbraucherschutzes. Und Ende 1989 verabschiedete der Rat in

---

48 Vgl. schon EuGH Slg. 1960, 1629, Rs. 20/59
49 Vgl. EuGH Slg. 1979, 1629, Rs. 148/78 – Ratti
50 ABlEG 1989, C 120/51

Straßburg eine feierliche Erklärung, die Gemeinschaftscharta der sozialen Grundrechte der Arbeitnehmer. Die Charta enthält allgemeine Zielvorgaben wie z. B. den Grundsatz der angemessenen Entlohnung, ein Recht auf sozialen Schutz, die Koalitionsfreiheit, die Gleichbehandlung von Männern und Frauen, den Kinder- und Jugendschutz. Beide Erklärungen sind aber kein Gesetz, sondern nur ein rechtspolitischer Aufruf. Mehr war gegen den Widerstand von Großbritannien nicht zu erreichen. 1991 scheiterte eine Gemeinschaftscharta der sozialen Grundrechte der Arbeitnehmer in der europäischen Gemeinschaft wiederum am Veto von Großbritannien. Im Jahre 2000 konnte schließlich in Nizza die Grundrechtscharta verabschiedet werden, allerdings nicht als unmittelbar geltendes Recht. Die Charta hat jedoch Signalwirkung. Seit Jahren beachtet der Europäische Gerichtshof die Grundrechte, indem er die Europäische Menschenrechtskonvention und die Grundrechtsstandards der Mitgliedstaaten zu seinen Entscheidungen heranzieht. Er wird die Charta beachten.

In den Verträgen von Maastricht werden in Art. 6 Abs. 2 des Vertrages über die Europäische Union die Grundrechte, wie sie in der Europäischen Menschenrechtskonvention niedergelegt sind und wie sie sich aus der gemeinsamen Verfassungsüberlieferung der Mitgliedstaaten als allgemeine Grundsätze des Gemeinschaftsrechts ergeben, im Wege einer »en-bloc-Verweisung« als Rechte anerkannt, welche die Gemeinschaft achtet. Ein Beitritt der Europäischen Union zur Europäischen Menschenrechtskonvention ist derzeit, wie der EuGH 1996 in einem Rechtsgutachten festgestellt hat[51], nicht möglich, weil es für einen Beitritt keine Rechtsgrundlage gibt.

In Amsterdam wurde die Bezugnahme des EUV auf die Grundrechte nochmals verdeutlicht, ohne dass konkrete Grundrechtsbestimmungen in den Vertragstext aufgenommen worden wären. Es heißt jetzt in Art. 6 Abs. 1 EU: Die Union beruht auf den Grundsätzen der Freiheit, der Demokratie, der Achtung der Menschenrechte und Grundfreiheiten sowie der Rechtsstaatlichkeit; diese Grundsätze sind allen Mitgliedstaaten gemeinsam. In Art. 3 EG wird durch Amsterdam ein neuer Absatz 2 mit folgendem Wortlaut eingefügt: Bei allen in diesem Artikel genannten Tätigkeiten wirkt die Gemeinschaft darauf hin, Ungleichheiten zu beseitigen und die Gleichstellung von Männern und Frauen zu fördern. Dies stellt den Anfang der Entwicklung eines europarechtlichen, grundrechtlichen Gleichbehandlungsgrundsatzes dar.

In seinen Entscheidungen bezieht sich der EuGH, wenn auch oft nur sehr knapp, auf die geschriebenen und ungeschriebenen Grundrechte des Gemeinschaftsrechts: In der Tat sind einige Grundrechtspositionen ausdrücklich im EG-Vertrag verankert. Ausdrücklich ist vor allem das Verbot jeder Diskriminierung aus Gründen der Staatsangehörigkeit, also auch der Inländerdiskrimi-

---

51   EuGH vom 28. 3. 1996, Slg. 1996, I-1729, Rs. G 2/94

nierung, in den EG-Vertrag aufgenommen (vgl. Art. 12). Hinzu kommt der Grundsatz des gleichen Entgelts für Männer und Frauen bei gleicher Arbeit in Art. 141 EG, der von der Rechtsprechung erheblich weiterentwickelt wurde.[52] Aus diesen Diskriminierungsverboten hat der EuGH eine Rechtsprechung entwickelt, die praktisch eine Anerkennung des allgemeinen Gleichheitssatzes auf europäischer Ebene bedeutet.[53]

Durch die Vertragsänderung von Amsterdam wurde Art. 3 Abs. 2 EG eingefügt. Danach wirkt die Gemeinschaft bei den in Art. 3 Abs. 1 EG genannten Tätigkeiten darauf hin, Ungleichheiten zu beseitigen und die Gleichstellung von Männern und Frauen zu fördern. Ob sich daraus ein allgemeiner Gleichheitssatz der EG entwickelt, bleibt abzuwarten.

Weitere Grundrechte sind die Freiheiten des Gemeinsamen Marktes, z. B. die Freizügigkeit für Arbeitnehmer in Art. 39 EG, das Recht auf freie Niederlassung und die Freiheit der Erbringung von Dienstleistungen in den Art. 43 und 49 EG. Schließlich wurden einige prozessuale Grundrechte anerkannt, insbesondere auch in Kartellrechtsfällen (vgl. unten).

Der Europäische Gerichtshof ist aber weit darüber hinausgegangen. Er hat schon, bevor dies in Maastricht vereinbart wurde, ungeschriebene allgemeine Grundsätze der Gemeinschaftsrechtsordnung anerkannt. Neben dem allgemeinen Gleichheitssatz wurden vor allem das Eigentum und die Berufsfreiheit als Gemeinschaftsgrundrechte anerkannt[54]. Der EuGH erkennt darüber hinaus den Schutz der Wohnung[55] und die Religionsfreiheit[56] an. Hinzu kommen das Recht auf einen fairen Prozess[57] und auf effektiven Rechtsschutz.[58] Als Grundrechtsträger sind neben den natürlichen Personen zum Teil auch die Unternehmen anerkannt[59].

Grundsätzliche Ausführungen zum Eigentumsschutz macht der EuGH 1979 im Fall *Hauer*[60]. In einer EG-Verordnung war allgemein verboten worden, neue Weinreben anzupflanzen. Ziel der Verordnung war, die Überproduktion von Wein einzudämmen. Der EuGH prüft, ob der gemeinschaftsrechtliche Eigentumsschutz verletzt worden sei. Ein derartiger Eigentumsschutz folge aus den gemeinsamen Verfassungskonzeptionen der Mitgliedstaaten, die sich auch im Zusatzprotokoll zur Europäischen Menschenrechtskonvention widerspiegeln. Das Eigentumsrecht dürfe nicht in seinem Wesensgehalt angetastet werden. Der Eingriff müsse verhältnismäßig und »tragbar« sein. Im konkreten

52 Vgl. Nagel, Wirtschaftsrecht I, 4. Aufl. 2000, S. 131-136
53 Vgl. Feige, Der Gleichheitssatz im Recht der EWG, 1973
54 EuGH Slg. 1980, 1979 f., verb. Rs. 41/79, 121/79 u. 796/79 – Testa, Maggio, Vitale
55 EuGH Slg. 1980, 2033, Rs. 136/79 – National Panasonic
56 EuGH Slg. 1978, 1598, Rs. 5/78 – Prais
57 EuGH Slg. 1980, 691, Rs. 98/78 – Pecastaing
58 EuGH Slg. 1987, 4097, Rs. 222/86 – Unectef/Heylens u. a.
59 Sammlung 1980, 2033, Rs. 136/79 – National Panasonic
60 EuGH Slg. 1979, 3727, Rs. 44/79 – Hauer; vgl. auch EuGH Slg. 1974, 491, Rs. 4/73 – Nold

Fall erklärt der EuGH das Anpflanzungsverbot für rechtmäßig, da es tatsächlich hohe Überschüsse gebe und das Verbot zeitlich beschränkt sei.

Da die Europäische Menschenrechtskonvention von allen EG-Mitgliedstaaten ratifiziert wurde, ist die Gemeinschaft an diesen Grundrechtsstandard gebunden, auch wenn sie selbst der Konvention bisher nicht beitreten konnte (vgl. oben). Die Gemeinschaftsorgane, darunter auch der EuGH, dürfen daher bei ihrer Tätigkeit nicht gegen die Grundrechte der Konvention in der Auslegung der Konventionsorgane verstoßen[61]. Daneben beachtet die Gemeinschaft allgemeine, verfassungsrechtliche Prinzipien wie das Rechtsstaatsprinzip, das Demokratieprinzip und den Grundsatz der Verhältnismäßigkeit. Der Grundsatz der Verhältnismäßigkeit, der in der Rechtsprechung des EuGH als Grundprinzip des EG-Rechts häufig herangezogen wird, bedeutet: Eine Maßnahme muss im Lichte des angestrebten Ziels geeignet und erforderlich sein. Die Schwere des Eingriffs muss angesichts der Bedeutung des Ziels angemessen sein[62]. Der Grundsatz der Verhältnismäßigkeit gilt auch außerhalb des grundrechtlichen Schutzbereichs. In Art. 5 Abs.3 EG wurde er auch als Verhaltensgebot zwischen den Institutionen der Gemeinschaft und den Mitgliedstaaten verankert.

Die Hinweise des EuGH auf die Grundrechte sind bisher meist kurz. Ein Rechtsakt der Gemeinschaft wurde noch nie vom EuGH unter Berufung auf Grundrechte eines EU-Bürgers für unanwendbar erklärt. Praktisch schützt der EuGH bislang Grundrechte nur gegenüber den Behörden und Gerichten der EG-Mitgliedstaaten.[63] Es bleibt abzuwarten, ob und inwieweit die feierliche Proklamation der EU-Grundrechtscharta in Nizza zu einer langsamen Änderung dieser Entscheidungspraxis führt, ja vielleicht sogar zu einer allmählichen Aufnahme dieser Grundrechte in die Entscheidungsbegründungen.

i) Nationaler Rechtsschutz gegen Rechtsakte der Gemeinschaft

Das Bundesverfassungsgericht, das sich früher im Solange-I-Beschluss[64] eine Letztentscheidungskompetenz in Grundrechtsfragen vorbehalten hatte, »solange« ein adäquater Grundrechtsschutz durch die Institutionen der Gemeinschaft nicht gesichert sei, stellte 1986 im Solange-II-Beschluss[65] fest, dass es keine Gerichtsbarkeit mehr über das von Gemeinschaftsorganen gesetzte »abgeleitete« Recht ausüben wird, »solange die Gemeinschaft die Grundrechte schützt«. Das Gericht zieht sich damit auf eine generelle Gewährleistung der

---

61 Vgl. EuGH Slg. 1991, I-2925, Rs. C 260/89 – Elliniki Radio Tileorassi (ERT)
62 Vgl. EuGH Slg. 1979, 677, Rs. 122/78 – Buitoni
63 Vgl. EuGH NZG 2000, 534, Rs. C-373/97 – Diamantis; das Verbot der missbräuchlichen Rechtsausübung eines Mitgliedstaates greift ein, wenn die Rechtsausübung unverhältnismäßig in die Rechte Dritter eingreifen würde.
64 BVerfGE 37, 271, 280 ff. – Solange I
65 BVerfGE 73, 339 – Solange II

unabdingbaren Grundrechtsstandards zurück. Es gibt seine Überprüfungs-kompetenz zwar nicht auf, sondern stellt sie nur (einstweilen) zurück. Durch den Solange-II-Beschluss fällt es aber dennoch für den Normalfall als Entscheidungsinstanz in Sachen Grundrechtsverletzungen durch Gemeinschaftsorgane aus.

Inzwischen steht das Bundesverfassungsgericht vor einer neuen Situation. Durch die Verträge von Maastricht hat sich Europa vom Bürger wegbewegt, der EuGH hat die Grundrechtssicherung nicht in dem Umfang weiterentwickelt, in dem er die Vorrangigkeit des Gemeinschaftsrechts ausgeweitet hat. Heute ist fraglich, ob und inwiefern die Solange I – und Solange II – Rechtsprechung des Bundesverfassungsgerichts noch gilt, nachdem es 1993 im bereits erwähnten Maastricht-Urteil[66] eine eigene Überprüfungskompetenz zum Gemeinschaftsrecht in Anspruch genommen hat und davon ausgegangen ist, dass zur Währungsunion noch Zustimmungserfordernisse der Bundesregierung bestehen, die parlamentarisch beeinflusst werden können. Der Wortlaut der Vereinbarungen von Maastricht legt nahe, eine Automatik der Entwicklung zur Währungsunion anzunehmen, die von einem Mitgliedstaat im Rahmen seiner nationalen Kompetenzen nicht mehr beeinflusst werden kann. Aus der Maastricht-Entscheidung des Bundesverfassungsgerichts wird deutlich, dass eine Automatik der Währungsunion als unvereinbar mit dem Demokratieprinzip des Art. 20 GG angesehen worden wäre. Dann wäre die Zustimmung der Bundesrepublik zu Maastricht verfassungswidrig gewesen. Bundestag und Bundesrat hätten den Vertrag nicht ratifizieren, die Bundesregierung die Unterschrift nicht hinterlegen dürfen. Das Bundesverfassungsgericht behalf sich damit, dass es den Vertragstext so interpretierte, dass eine Verfassungswidrigkeit vermieden wurde.

Dies bedeutet im Ergebnis: Rechtsakte der Gemeinschaftsorgane können – so das Maastricht-Urteil des Bundesverfassungsgerichts – im innerstaatlichen Recht der Bundesrepublik nicht anerkannt werden, wenn sie das überschreiten, was an Kompetenzen auf die Gemeinschaft übertragen wurde[67]. Die Gemeinschaft kann nicht »ultra vires« (über die ihr verliehenen Kompetenzen hinaus) handeln. Derartige »ausbrechende Rechtsakte« sind nicht durch die Römischen Verträge gedeckt und jedenfalls für Deutschland nicht wirksam. Dies bedeutet auch, dass das Bundesverfassungsgericht die Frage, ob die Kompetenzen überschritten sind, selbst entscheidet und nicht dem EuGH zur Vorabentscheidung vorlegt[68]. Denn unabhängig von einer Entscheidung des EuGH hält es das Bundesverfassungsgericht für verfassungsrechtlich geboten, dem kompetenzwidrigen Rechtsakt der EG die innerstaatliche Anerken-

---

66   BVerfGE 89, 155 – Maastricht
67   A.a.O., S. 188 und 210
68   Vgl. Herdegen, Europarecht, 1997, S. 163

nung zu versagen. Das Bundesverfassungsgericht hat sich demnach unter den geschilderten, eng begrenzten Voraussetzungen ein Letztentscheidungsrecht über die Verfassungsmäßigkeit und damit über die rechtliche Gültigkeit von Maßnahmen der Europäischen Union vorbehalten.

Dieser doppelte Vorbehalt gilt, so das Bundesverfassungsgericht, nicht nur als objektives Recht, sondern kann von den Bürgern auch eingefordert werden. Danach müssten Verfassungsbeschwerden zulässig sein, welche entweder behaupten, die Gemeinschaft habe »ultra vires« gehandelt, d. h. ihre Kompetenzen überschritten und Grundrechte verletzt, oder, die Gemeinschaft schütze entgegen der Feststellung von »Solange II« nicht mehr effektiv die Grundrechte. Ob das Bundesverfassungsgericht einen solchen Weg gehen wird, hat es noch nicht erkennen lassen. In diesem Sinne spricht es im Maastricht-Urteil von einem »Kooperationsverhältnis« mit dem Europäischen Gerichtshof.

In einer viel beachteten Entscheidung aus dem Jahre 1995[69] gewährt das Bundesverfassungsgericht einem Bananenimporteur einstweiligen Rechtsschutz, weil selbst im Falle einer Wirksamkeit der umstrittenen Bananenverordnung (vgl. unten) eine Härtefallregelung durch die Kommission in Brüssel möglich bleibt, die den Bananenimporteur schützt, und ein Untätigbleiben der Bundesrepublik Deutschland eine Grundrechtsverletzung (Verhinderung eines effektiven Rechtsschutzes als Verletzung von Art. 19 Abs. 4 GG) darstellen kann. Das Bundesverfassungsgericht nimmt hier den Gedanken des Kooperationsverhältnisses in Anspruch. Es legt das Gemeinschaftsrecht grundrechtskonform aus.

Ob die Absicht des Bundesverfassungsgerichts, ausbrechende Rechtsakte der Gemeinschaft zu kontrollieren, auch bedeutet, dass es die sogenannten abgeleiteten Rechtsakte wieder auf ihre Vereinbarkeit mit den Grundrechten nach dem Grundgesetz überprüft und damit die Solange-II-Rechtsprechung rückgängig macht, war bis zum Sommer 2000 umstritten. Das Gericht hatte über einen Vorlagebeschluss des Verwaltungsgerichts Frankfurt/M.[70] zu entscheiden, der nach der Vereinbarkeit der europäischen Bananenmarktordnung mit dem Grundgesetz fragt. Anlass für die Vorlage war ein Fall, in dem ein Bananenimporteur behauptete, durch die Festlegung eines viel zu niedrigen Einfuhrkontingents in seinem Eigentum nach Art. 14 GG verletzt worden zu sein. Der EuGH hatte zum Zeitpunkt des Vorlagebeschlusses bereits entschieden, dass die Bananenmarktordnung rechtmäßig sei (vgl. unten). Das Bundesverfassungsgericht bestätigte seine Rechtsprechung zu Solange II.[71] Auch in Zukunft behandelt es Verfassungsbeschwerden und Vorlagen von Gerichten, die eine Verletzung in Grundrechten des Grundgesetzes durch sekundäres Ge-

69 BVerfG JZ 1995, 352 – Bananenimporteur I
70 VG Frankfurt/M. EuZW 1997, 182 = NJW 1997, 1256 (L)
71 Vgl. BVerfG NJW 2000, 3124, 2 BvL 1/97 – Bananenimporteur II

meinschaftsrecht geltend machen, als von vornherein unzulässig, wenn ihre Begründung nicht darlegt, dass die europäische Rechtsentwicklung einschließlich der Rechtsprechung des EuGH nach Ergehen der Solange-II-Entscheidung unter den erforderlichen Grundrechtsstandard abgesunken ist. Deshalb muss die Begründung der Vorlage oder der Verfassungsbeschwerde, so das Gericht, im Einzelnen darlegen, dass der jeweilige Grundrechtsschutz generell nicht gewährleistet ist. Dies erfordert eine Gegenüberstellung des Grundrechtsschutzes auf nationaler und auf Gemeinschaftsebene in der Weise, wie das in der Solange-II-Entscheidung gefordert wird. Eine derartige, generelle Absenkung des gemeinschaftsrechtlichen Grundrechtsschutzes durch die Organe der Gemeinschaft konnte das Bundesverfassungsgericht schon deshalb nicht erkennen, weil der EuGH[72] schon im Jahre 1996 die Rechtsauffassung des Bundesverfassungsgerichts aus dem Jahre 1995 zur Bananenmarktverordnung in der Sache bestätigte und die Kommission zum Erlass der erforderlichen Übergangsmaßnahmen verpflichtete. Das Bundesverfassungsgericht überging allerdings die Feststellung des EuGH, dass die nationalen Gerichte nach dem EG-Vertrag nicht befugt seien, vorläufigen Rechtsschutz zu gewähren, bis die Kommission diese erforderlichen Übergangsmaßnahmen erlassen hat.

Ein unmittelbarer Konflikt zwischen dem Bundesverfassungsgericht und dem Europäischen Gerichtshof ist vorläufig vermieden. Die Rückkehr zur Solange-II-Rechtsprechung in der Frage der Beachtung der Grundrechte erscheint vernünftig, da der Grundrechtsstandard der Rechtsprechung des Europäischen Gerichtshofs sich nicht generell verschlechtert hat. In einer Entscheidung zur Tabakkennzeichnungsverordnung hatte das Bundesverfassungsgericht[73] im Jahre 1997 allerdings gegenüber dem EuGH eine Verwerfungskompetenz in Anspruch genommen und lediglich im konkreten Fall einen Grundrechtsverstoß verneint. Es ging um die Verpflichtung der Tabakhersteller, die Warnhinweise »Rauchen verursacht Krebs« und »Rauchen verursacht Herz- und Gefäßkrankheiten« auf der Verpackung von Tabakerzeugnissen anzubringen. Der deutsche Gesetzgeber hatte eine entsprechende Formulierung der EG-Richtlinie zur Tabaketikettierung[74] wörtlich umgesetzt. Das Bundesverfassungsgericht fragte nur nach der innerstaatlichen Verfassungsmäßigkeit, ohne auf die damit implizierte Rechtswidrigkeit der zugrundeliegenden Richtlinie einzugehen. Es kam »nicht zum Schwur«, da das Gericht die Verfassungsmäßigkeit der Norm bestätigte. Auch in der Frage der Kompetenzüberschreitung von Organen der Gemeinschaft kam es bisher (noch) nicht zum Schwur, da jedenfalls der EuGH bisher die Kompetenzab-

72 Vgl. EuGH Slg. 1996, I-6065, Rs. C-68/95 – Port
73 Vgl. BVerfGE 95, 173 – Tabakkennzeichnung; dazu Dauses EuZW 1997, 705
74 Richtlinie 89/662 vom 13. 11. 1989, ABlEG L 359/1; geändert durch Richtlinie vom 15. 5. 1992, ABlEG L 158/30

grenzungen zwischen Gemeinschaft und Mitgliedstaaten strikt beachtet. Im Sommer 2000 vermied es das Bundesverfassungsgericht, auf diesen Fragenkomplex einzugehen.

k) Weiterführende Hinweise

Albers, Die Haftung der Bundesrepublik Deutschland für die Nichtumsetzung von Richtlinien, 1995; *Bandilla/Hix,* Demokratie, Transparenz und Bürgerrechte in der Europäischen Gemeinschaft; *Cornils*, Der gemeinschaftsrechtliche Staatshaftungsanspruch, 1995; *v. Danwitz*, Zur Entwicklung der gemeinschaftsrechtlichen Staatshaftung, JZ 1994, 335 ff.; *Deckert*, Zur Haftung des Mitgliedstaates bei Verstößen seiner Organe gegen europäisches Gemeinschaftsrecht, EuR 1997, 203-236; *Di Fabio*, Richtlinienkonformität als ranghöchstes Normauslegungsprinzip? NJW 1990, 947 ff.; *Ehlers*, Die Weiterentwicklung des Staatshaftungsrechts durch das europäische Gemeinschaftsrecht, JZ 1996, 776 ff.; *Everling*, Die Zukunft der europäischen Gerichtsbarkeit in einer erweiterten Europäischen Union, EuR 1997, 398-418; *Häberle*, Europäische Rechtskultur, 1997; *Heintzen*, Die »Herrschaft« über die Europäischen Gemeinschaftsverträge – Bundesverfassungsgericht und Europäischer Gerichtshof auf Konfliktkurs? AöR 119 (1994), 564 ff.; *Herdegen*, Maastricht and the German Constitutional Court: Constitutional Restraints for an »even Closer Union«, CMLRev. 31 (1994), 235 ff.; *Hirsch*, Europäischer Gerichtshof und Bundesverfassungsgericht – Kooperation oder Konfrontation? NJW 1996, 2457 ff.; *P. Huber*, Das Kooperationsverhältnis zwischen BVerfG und EuGH in Grundrechtsfragen, EuZW 1997, 517; *Lamprecht*, Untertan in Europa, Über den Mangel an Demokratie und Transparenz, NJW 1997, 505; *Nicolaysen/Nowak*, Teilrückzug des BVerfG aus der Kontrolle der Rechtmäßigkeit gemeinschaftlicher Rechtsakte, NJW 2001, 1233; *Ossenbühl*, Der gemeinschaftsrechtliche Staatshaftungsanspruch, DVBl. 1992, 993 ff.; *Rabe*, Ausgerechnet Bananen, NJW 1996, 1320; *Scholz*, Wie lange bis »Solange III?« NJW 1990, 941ff.; *Rodriguez Iglesias*, Gedanken zum Entstehen einer Europäischen Rechtsordnung, NJW 1999, 1-9; *Steindorff*, EG-Vertrag und Privatrecht, 1996; *Streinz*, Bundesverfassungsgerichtlicher Grundrechtsschutz und Gemeinschaftsrecht, 1989; *Stein*, »Bananen-Split«? EuZW 1998, 261; *Streinz*, Bundesverfassungsgerichtliche Kontrolle über die deutsche Mitwirkung am Entscheidungsprozess im Rat der Europäischen Gemeinschaften, 1990; *Tomuschat*, Die Europäische Union unter der Aufsicht des Bundesverfassungsgerichts, EuGRZ 1993, 489 ff.; *A.Weber*, Die Bananenmarktordnung unter Aufsicht des BVerfG? EuZW 1997, 165; *Weiler*, Journey to an Unknown Destination: A Retroperspective and Prospective of the European Court of Justice in the Arena of Political Integration, JCMSt. 1993, 417 ff.; *Zuck/Ch. Lenz*, Verfassungsrechtlicher Rechtsschutz gegen Europa, NJW 1997, 1193; *Zuleeg*, Die Rolle der rechtsprechenden Gewalt in der europäischen Integration, JZ 1994, 1 ff.; *Zuleeg*, Bananen und Grundrechte – Anlass zum Konflikt zwischen europäischer und deutscher Gerichtsbarkeit, NJW 1997, 1201.

II. Die Marktfreiheiten

1. Grundlagen der Warenverkehrsfreiheit

a) Zollunion

Vorrangiges Ziel bei der Schaffung der Europäischen Wirtschaftsgemein-schaft im Jahre 1957 war die Herstellung eines freien Warenverkehrs inner-halb der Gemeinschaft. In allen Mitgliedstaaten mussten daher die Zölle im Verkehr mit den anderen Mitgliedstaaten abgebaut werden. Diese Maßnah-men waren in Art. 9 (alt) Abs. 1 des EWG-Vertrages vorgeschrieben, der als Grundlage der Gemeinschaft eine Zollunion vorsah. Diese Zollunion wurde nach und nach geschaffen. Die Abschaffung der Binnenzölle war mit der schrittweisen Schaffung eines einheitlichen Außenzolls gekoppelt. Die Mit-gliedstaaten verpflichteten sich nach Art. 12 (alt) des EWG-Vertrages auch, keine neuen Binnenzölle und Maßnahmen mit gleicher Wirkung mehr einzu-führen. Im Fall Van Gend en Loos (vgl. oben) hat der EuGH bereits 1963 ent-schieden, dass Art. 12 (alt) kein unverbindlicher Programmsatz ist, sondern dass sich die Bürger der Mitgliedstaaten vor Gericht auf die direkte Wirkung dieser Vertragsbestimmung als unmittelbar in den Mitgliedstaaten geltendes Recht berufen können. Untersagt sind nach Art. 12 (alt) auch Maßnahmen, die nicht als Zölle bezeichnet werden, aber einer Ware einseitig wegen ihres Grenzübertritts auferlegt werden, z. B. Untersuchungen aller Art, Qualitäts-kontrollen und sonstige Behinderungen. Zulässig sind hingegen steuerliche Maßnahmen, mit denen im Ergebnis z. B. bei der Mehrwertsteuer erreicht wird, dass die einem Exporteur im Ursprungsland abgezogene Steuer, die der Importeur als Vorsteuer abziehen konnte, im Wege eines Clearingverfahrens wieder vom Ursprungsland zum Bestimmungsland der Ware wandert. In Am-sterdam wurden die Vorschriften zur Zollunion gestrafft und in den Art. 25 bis 27 EG (neu) zusammengefasst. Nach Art. 25 EG sind Ein- und Ausfuhrzölle oder Abgaben gleicher Wirkung zwischen den Mitgliedstaaten verboten; dies gilt auch für Finanzzölle.

Durch Art. 90 EG wird das Verbot der Ein- und Ausfuhrzölle abgesichert. Danach dürfen die Mitgliedstaaten auf Waren aus anderen Mitgliedstaaten keine höheren Abgaben als auf inländische Waren erheben. Im Fall Outo-kumpu hat der EuGH[75] eine finnische Verbrauchsteuer auf Elektrizität und Energieträger wie z. B. Kohle insofern für unvereinbar mit Art. 90 EG erklärt,

---

75 EuGH vom 15. 9. 1998, Rs. C-213/96 – Outokumpu

als für importierten Strom ein einheitlicher Steuersatz erhoben wird, während die Steuersätze für im Inland erzeugten Strom differenziert sind und teilweise höher, teilweise aber auch niedriger liegen als der Einheitssatz, der auf den importierten Strom erhoben wird. Der EuGH erklärte diese Differenzierung für unzulässig, obwohl es schwierig ist, die Produktionsquelle für importierten Strom festzustellen. Entscheidend war, dass dem Importeur nicht einmal die Möglichkeit eingeräumt wurde, die Herkunft des Stromes nachzuweisen und sich dadurch für einen niedrigeren Steuersatz zu qualifizieren.

b) Verbot von mengenmäßigen Beschränkungen

Eine Zollunion wäre sinnlos, wenn die Mitgliedstaaten durch Importkontingente, d. h. durch mengenmäßige Beschränkungen der Importe, erreichen könnten, dass der freie Warenverkehr durch rein quantitative Maßnahmen beeinträchtigt wird. Niedrige Importkontingente können in ihrer Wirkung genauso verheerend sein wie Zölle. Deshalb ist in Art. 28 des EG-Vertrages ein Verbot von mengenmäßigen Beschränkungen im Handel zwischen den Mitgliedstaaten verankert. Mengenmäßige Beschränkungen sind staatliche Begrenzungen der Menge oder des Wertes von Ein- und Ausfuhren, die eine vollständige oder teilweise Untersagung von Ein-, Aus- oder Durchfuhren zur Folge haben können[76]. Meist handelt es sich dabei um bilaterale oder globale Kontingente oder entsprechende Verbote der Ein- oder Ausfuhr. Derartige Beschränkungen werden meist nicht offen, sondern verdeckt ausgesprochen, etwa, wenn ein Mitgliedstaat sich darauf beruft, die öffentliche Sicherheit und Ordnung gewährleisten zu müssen. Deshalb ist es in Art. 28 EG auch verboten, Maßnahmen mit »gleicher Wirkung« zu verhängen. Bestimmte Ausnahmen sind allerdings in Art. 30 EG zugelassen. Dazu zählt unter anderem auch die öffentliche Sittlichkeit, Ordnung und Sicherheit eines Mitgliedstaates. Art. 28 bis 30 lauten wie folgt:

Art. 28: Mengenmäßige Einfuhrbeschränkungen sowie alle Maßnahmen gleicher Wirkung sind zwischen den Mitgliedstaaten verboten.
Art. 29: Mengenmäßige Ausfuhrbeschränkungen sowie alle Maßnahmen gleicher Wirkung sind zwischen den Mitgliedstaaten verboten.
Art. 30: Die Bestimmungen der Artikel 28 und 29 stehen Einfuhr-, Ausfuhr- und Durchfuhrverboten oder -beschränkungen nicht entgegen, die aus Gründen der öffentlichen Sittlichkeit, Ordnung und Sicherheit, zum Schutze der Gesundheit und des Lebens von Menschen, Tieren oder Pflanzen, des nationalen Kulturguts von künstlerischem, geschichtlichem oder archäologischem Wert oder des gewerblichen und kommerziellen Eigentums gerechtfertigt

---

76 EuGH Slg. 1968, 644, Rs. 7/68 – Ausfuhrzölle

sind. Diese Verbote oder Beschränkungen dürfen jedoch weder ein Mittel zur willkürlichen Diskriminierung noch eine verschleierte Beschränkung des Handels zwischen den Mitgliedstaaten darstellen.

In Art. 31 EG (neu) wird das Gebot des bisherigen Art. 37 des EG-Vertrages aufgenommen, die staatlichen Handelsmonopole der Mitgliedstaaten derart umzuformen, dass jede Diskriminierung in den Versorgungs- und Absatzbedingungen zwischen den Angehörigen der Mitgliedstaaten ausgeschlossen ist.

2. Das Verbot von mengenmäßigen Beschränkungen und Maßnahmen gleicher Wirkung

a) Grundfälle: Dassonville und Cassis de Dijon

Zur Frage, wann eine Maßnahme mit gleicher Wirkung i.S. von Art. 28 vorliegt und wann eine Maßnahme nach Art. 30 ausnahmsweise gerechtfertigt ist, gibt es eine umfangreiche Rechtsprechung. Auf sie ist ausführlich einzugehen, da hier Zielkonflikte sichtbar werden, die bei der Schaffung eines Gemeinsamen Marktes zwischen Staaten mit unterschiedlichen Traditionen, Sitten und Rechtsordnungen bewältigt werden müssen.
Unproblematisch sind solche Fälle, in denen sich aus der Maßnahme direkt eine mengenmäßige Einfuhrbeschränkung ablesen lässt. Dazu gehören nicht nur direkte Kontingentierungen, sondern z. B. auch Vorschriften, wonach eingeführte Waren erst nach einer umfangreichen und langwierigen Kontrollen verkauft werden dürfen. Im Fall *Dassonville*[77] hielt der EuGH darüber hinaus fest, dass es auch eine mittelbare Einfuhrbeschränkung gemäß Art. 28 EG darstellt, wenn die belgischen Behörden beim Import von Whisky die Vorlage eines besonderen Ursprungszeugnisses verlangen. Herr Dassonville, der den Whisky nicht direkt aus Schottland, sondern aus Frankreich importierte, konnte dieses Ursprungszeugnis nur unter erheblichen Schwierigkeiten beschaffen. Der EuGH sah darin eine unzulässige Diskriminierung des Whiskyimports aus Frankreich.
Schwieriger ist es, indirekte und mittelbare Wirkungen unter Art. 28 zu erfassen, die sich zwar nicht formell als Beschränkung der Einfuhr darstellen, die aber materiell eine solche Wirkung entfalten. Der Europäische Gerichtshof hat nicht gezögert, derartige materielle Schranken ebenfalls unter das Verbot des Art. 28 zu subsumieren. In den entschiedenen Fällen ging es um Steuervorteile für Obstschnäpse in Italien, Weinbrände in Frankreich und Aquavit in

---

77 EuGH Slg. 1974, 837; v. 11. 7. 1974, Rs. 8/74 – Dassonville

Dänemark. Aufgrund der hohen Marktanteile und der Verbrauchergewohnheiten handelte es sich hierbei materiell um eine Bevorzugung der heimischen Industrie.

Grundlegend für das heutige Verständnis von Art. 28 war die Entscheidung *Cassis de Dijon* des Europäischen Gerichtshofs[78]. Damals durften nach deutschem Recht nur solche Spirituosen verkauft werden, die einen Mindestprozentsatz von 25 % Alkohol enthielten. Der Abstand von 10 Punkten zu den Alkoholika mit 15 % Alkoholgehalt, die noch als Wein subsumiert werden konnten, wurde mit gesundheitspolitischen Überlegungen begründet (klare Schwellenbildung vom Wein zum Schnaps, um den Kunden zu warnen). Da der französische Likör »Crème de Cassis« nur 20 % Alkohol enthielt, wurde sein Verkauf in Deutschland als gesetzwidrig verboten. Hier interpretiert das Gericht Art. 28 im Zusammenhang mit Art. 30, der Ausnahmen von den Verboten mengenmäßiger Beschränkungen aus Gründen der öffentlichen Ordnung und Sicherheit, der öffentlichen Sittlichkeit, der Gesundheit und des Lebens von Menschen, zum Schutze von Tieren und Pflanzen sowie zum Schutze des nationalen Kulturguts von künstlerischem, geschichtlichem oder archäologischen Wert zulässt. Hinzu kommen Beschränkungen zum Schutze des gewerblichen und kommerziellen Eigentums. Demnach sind bereits im Rahmen von Art. 28 nur solche Beschränkungen zulässig, die kein Mittel zur willkürlichen Diskriminierung oder zur verschleierten Beschränkung des Handels zwischen den Mitgliedstaaten sind, d. h. Regelungen, die auch unter Gemeinschaftsgesichtspunkten sinnvoll erscheinen. Sie müssen als zwingend notwendig angesehen werden können, um übergeordnete Gesichtspunkte durchzusetzen. Der Europäische Gerichtshof sah diese Maßnahme nicht als notwendig an, um zwingenden Erfordernissen im Rahmen von Art. 28 und 30 EG gerecht zu werden. Die Einfuhrbeschränkung wurde für unzulässig erklärt.

Ihrem äußeren Anschein nach dehnt die Entscheidung nur das Verbot materieller Einfuhrdiskriminierungen ein Stück weiter aus. In Wirklichkeit steht sie aber am Beginn einer neuen Entscheidungskette des Gerichtshofs, die nicht mehr nach der Diskriminierung ausländischer Waren bei der Einfuhr fragt, sondern ein Prinzip der Äquivalenz einrichtet, das Einfuhrbeschränkungen gegen solche Waren verbietet, die in einem Mitgliedstaat der EG ordnungsgemäß unter Beachtung der Grundsätze der Art. 28 und 30 in den Verkehr gebracht und vermarktet wurden. Zusammengefasst ist diese Regel in einer Passage des Cassis de Dijon-Urteils:

»In Ermangelung einer gemeinschaftlichen Regelung der Herstellung und Vermarktung (einer Ware) ... ist es Sache der Mitgliedstaaten, alle die Herstellung

---

78   EuGH Slg. 1979, 649, Rs. 120/78 – Cassis de Dijon

und Vermarktung (dieser Ware) betreffenden Vorschriften für ihr Hoheitsgebiet zu erlassen. Hemmnisse für den Binnenhandel der Gemeinschaft, die sich aus den Unterschieden der nationalen Regelungen ergeben, müssen hingenommen werden, soweit diese Bestimmungen notwendig sind, um zwingenden Erfordernissen gerecht zu werden, insbesondere den Erfordernissen einer wirksamen steuerlichen Kontrolle, des Schutzes der öffentlichen Gesundheit, der Lauterkeit des Handelsverkehrs und des Verbraucherschutzes.«

Neben dem Verbraucherschutz werden im Rahmen von Art. 28 EG über den Wortlaut des Art. 30 EG hinaus auch der Umweltschutz, die Lauterkeit des Wettbewerbs und die Wirksamkeit steuerlicher Kontrollmöglichkeiten als »zwingende Erfordernisse« anerkannt.

b) Ausgestaltung der Rechtsprechung bis 1993

Auf der Grundlage der Formel aus der Entscheidung Cassis de Dijon hat der Europäische Gerichtshof eine Reihe von nationalen Regelungen als Verstöße gegen Art. 28 EG betrachtet.

– *Etikettierungsvorschriften*
Niederländische Vorschriften zur Etikettierung alkoholischer Getränke[79] konnten von EG-Ausländern nicht entsprechend erfüllt werden.

– *Reinheitsgebot für Bier*
Das Reinheitsgebot für Bier[80] im deutschen Biersteuergesetz wurde als unzulässige Einfuhrsperre gegenüber allen Bieren betrachtet, die dem Gebot, nur Hopfen, Malz, Hefe und Wasser zu verwenden, nicht entsprechen. Der EuGH verwarf nicht nur das absolute Verkehrsverbot, sondern auch das Argument, man müsse zum Schutze der Gesundheit der Verbraucher die Verwendung von bestimmten Zusatzstoffen ausschließen. Die bei ausländischen Bieren verwendeten Zusatzstoffe seien in Deutschland bei anderen Lebensmitteln zugelassen. Die Regelung wurde als unverhältnismäßig betrachtet. Ein zulässiges milderes Mittel zum Schutze des deutschen Konsumenten wäre eine Kennzeichnungspflicht gewesen. Der EuGH trägt hier dem Grundsatz der Verhältnismäßigkeit Rechnung. Nicht angesprochen wurde die sog. Inländerdiskriminierung, also das Verbot des Brauens von »unreinem« Bier gegenüber deutschen Brauern; hier fehlt das Merkmal der Zwischenstaatlichkeit.

– *Italienische Teigwaren*
Das italienische Verbot des Verkaufs von Teigwaren, die nicht aus Hartwei-

---

79 EuGH Slg 1980, 3839, Rs. 27/80 – Fietje
80 EuGH Slg. 1987, 1227, Rs. 178/84 – Reinheitsgebot für Bier

zengrieß produziert waren[81], wurde als unzulässige Einfuhrsperre gegenüber den Teigwaren betrachtet, die unter das Verbot fielen. Die Entscheidung ähnelt sehr der kurz zuvor ergangenen in Sachen deutsches Reinheitsgebot.

– *Französische Milch*
Das französische Verbot des Verkaufs von Milchersatzpulver und Konzentraten[82] wurde als unzulässiges Verbot der Einfuhr dieser Produkte aus EG-Ländern betrachtet; das Argument, die Maßnahme sei nach Art. 30 EG gerechtfertigt, um die Vermarktung von Milch zu schützen, verwarf der EuGH.

– *Werbung mit durchgestrichenen Preisen in Luxemburg*
Das Verbot gegenüber der GB-INNO, einer belgischen Kaufhauskette, die auch Kunden in Luxemburg anspricht, in Luxemburg um Kunden mit »durchgestrichenen« (und durch niedrigere ersetzten) Preisen zu werben[83], wurde als unvereinbar mit dem freien Warenverkehr betrachtet, weil es entgegen den Grundsätzen des freien Warenverkehrs zu einem empfindlichen Wettbewerbsnachteil eines Anbieters aus dem EG-Ausland führe, ohne durch zwingende Erfordernisse der Lauterkeit des Handelsverkehrs oder des Verbraucherschutzes gerechtfertigt zu sein.

Zur Zulässigkeit von Maßnahmen nach Art. 30 EG:

– *Import von Pornoschriften und -filmen*
Aufrechterhalten wurde im Fall *Henn* ein Verbot in Großbritannien, anstößige und unzüchtige Waren (hier: Sexfilme und -magazine) einzuführen[84]. Das Verbot sei nach Art. 30 wegen Gefährdung der öffentlichen Sittlichkeit gerechtfertigt.

– *Haustürwerbung für Schulungsmaterial*
Im Fall *Buet*, in dem einem belgischen Vertreter untersagt worden war, in Frankreich Haustürwerbung für Schulungsmaterial zum Heimstudium zu betreiben, wurde das Verbot ebenfalls bestätigt.[85] Es sei durch das »zwingende Erfordernis« des Verbraucherschutzes bei pädagogischem Material gerechtfertigt.

– *Nachtbackverbot*
Aufrechterhalten wurde auch im Fall *Oebel* [86] das deutsche Nachtbackverbot.

81   EuGH Slg. 1988, 4233, Rs. 407/85 – ital. Teigwaren
82   EuGH Slg. 1988, 793, Rs. 216/84 – franz. Milch
83   EuGH Slg. 1990, 683, Rs. C 362/88 – GB Inno
84   EuGH Slg. 1979, 3795, Rs. 34/79 – Henn
85   EuGH Slg. 1989, 1235, Rs. 382/87 – Buet
86   EuGH Slg. 1981, 1993, Rs. 155/80 – Oebel

Der EuGH begründete dies damit, dass es sich hier um eine wirtschafts- und sozialpolitische Maßnahme handle, die den freien Warenverkehr nicht berühre und nach objektiven Kriterien unterschiedslos für alle Bäcker im deutschen Inland gelte. Es werde weder zwischen dem Binnen- und Außenhandel des betreffenden Staates unterschieden, noch werde eine unterschiedliche Behandlung aus Gründen der Staatsangehörigkeit der Wirtschaftteilnehmer vorgenommen. Anzumerken ist, dass der deutsche Gesetzgeber das Nachtbackverbot inzwischen beseitigt hat.

– *Reimportverbot durch den Patentinhaber*

Nicht akzeptiert wurde im Fall *Merck*[87] die Berufung auf ein Patent, um einen Reimport eines Arzneimittels abzuwehren. Der Patentinhaber dürfe nicht den Reimport eines Produkts verbieten, das er in einem Mitgliedstaat in den Verkehr gebracht hat, in dem kein Patentschutz besteht. Mit der erstmaligen Vermarktung sei das Patentrecht »erschöpft«. Diesen Erschöpfungsgrundsatz müssen auch die Inhaber anderer gewerblicher Schutzrechte, z. B. die Urheber, beachten.[88] Der EuGH will damit eine Isolierung der nationalen Märkte verhindern, die im Widerspruch zum Ziel des Gemeinsamen Marktes stehen würde.

– *Wein in Bocksbeutelflaschen*

Nicht aufrechterhalten wurde das deutsche Verkaufsverbot für in *Bocksbeutelflaschen* abgefüllte Weine, die nicht aus Franken oder Baden stammen.[89] Die Bundesrepublik Deutschland hatte sich auf den Verbraucherschutz und die Lauterkeit des Handelsverkehrs, also den Schutz des Vertrauens auf eine traditionelle Herkunftsangabe, berufen. Der EuGH hielt dem entgegen, dass damit nicht die Einfuhr von Weinen verhindert werden könne, die nach einer lauteren Praxis und herkömmlichen Übung in einem anderen Mitgliedstaat abgefüllt wurden.

c)   *Die Keck-Entscheidung von 1993 und ihre Folgen*

Eine Einschränkung der EuGH-Rechtsprechung zu Art. 28 bis 30 EG ergibt sich seit 1993 aus der Entscheidung *Keck und Mithouard.*[90] Hier hatten zwei Händler in Straßburg unter Einstandspreis verkauft. In Frankreich ist dies verboten. Das Verbot wurde aufrechterhalten. Art. 28 EG betreffe nicht Bestimmungen, die lediglich bestimmte Verkaufs- oder Vertriebsmodalitäten beschränken. Damit ist nicht nur der Begriff des »zwingenden Erfordernisses«,

87   EuGH Slg. 1981, 2063, Rs. 187/80 – Merck
88   EuGH Slg. 1981, 147, verb. Rs. 55 u. 57/80 – Membran-GEMA
89   EuGH Slg. 1984, 1299, Rs. 16/83 – Bocksbeutelflaschen
90   EuGH Slg. 1993, I-6097, Rs. C 268/91 – Keck u. Mithouard

72

sondern die ganze Konstruktion der Rechtsprechung verändert, die sich seit der Entscheidung »Cassis de Dijon« entwickelt hat. Regelungen über die Bezeichnung, die Form, die Abmessungen, die Zusammensetzung, die Etikettierung oder die Verpackung einer Ware verstoßen nicht gegen Art. 28, solange sie alle hiervon berührten Wirtschaftsteilnehmer in gleicher Weise treffen und Waren aus einem anderen EG-Mitgliedstaat nicht diskriminieren.

Die Keck-Entscheidung wurde inzwischen wiederholt bestätigt, z. B. in den Fällen *Hünermund*[91], *Punto Casa*[92] und *Cotonelle*[93]. Im Falle *Hünermund* ging es um ein Verbot der Landesapothekerkammer Baden-Württemberg, außerhalb der Apotheke für sogenannte para-pharmazeutische Produkte zu werben. Der EuGH erhielt das Verbot aufrecht. Im Falle *Punto Casa* wurde eine nationale Ladenschlussregelung aus dem Anwendungsbereich von Art. 28 EG ausgegrenzt. Der EuGH verneint hier ebenso wie in einer früheren Entscheidung zu einem Verbot des Verkaufs am Sonntag[94] einen Verstoß gegen Art. 28 EG und nimmt in Kauf, dass derartige Verkaufs- und Vertriebsmodalitäten faktisch dazu beitragen können, den Gesamtumsatz mit grenzüberschreitend gehandelten Waren zu reduzieren. Voraussetzung für den Verzicht auf die Nachprüfung ist lediglich, dass die Vorschriften unterschiedslos für einheimische und eingeführte Waren gelten und nicht zu einer Aufsplitterung des Binnenmarktes führen können.

Im Fall *Cotonelle* wird ein Vertriebsverbot für Erzeugnisse dieser Marke für zulässig erklärt, weil die Verwendung dieser Marke eine Irreführung des Verbrauchers darstellt; dies gilt auch dann, wenn diese Marke zuvor in einem anderen Mitgliedstaat rechtmäßig in den Verkehr gebracht wurde. Das Verbot als ein Mittel des Verbraucherschutzes muss allerdings verhältnismäßig sein, wobei insbesondere zu prüfen ist, ob die Gefahr der Irreführung des Verbrauchers so schwer wiegt, dass das Verbot den Erfordernissen des freien Warenverkehrs vorgehen kann.

Im Falle *Clinique laboratoires*[95] wurde hingegen das deutsche Verbot, eine Hautcreme unter der Bezeichnung »clinique« in den Handel zu bringen, als nicht mit Art. 28 EG vereinbar und auch nicht durch Art. 30 EG gerechtfertigt angesehen. Die in einem anderen Mitgliedstaat anstandslos unter dieser Bezeichnung in den Verkehr gebrachte Creme war nach den deutschen Vorschriften über den unlauteren Wettbewerb beanstandet worden. Der EuGH hielt das Argument, der Verbraucher könne irrtümlich an ein medizinisches oder klinisches Produkt denken, für überzogen.

---

91 EuGH Slg. 1993, I-6787, Rs. C 292/92 – Hünermund
92 EuGH Slg. 1994, I-2355, Rs. C-69 und C-258/93 – Punto Casa
93 EuGH Slg. 1996, I-6039, Rs. C 313/94 – Cotonelle
94 Vgl. EuGH Slg. 1989, 3851, Rs. C-145/88 – Torfaen
95 EuGH Slg. 1994, I-317, Rs. C-315/92 – Clinique Laboratoires

Im Falle *Estée Lauder »Lifting«* wiederum hielt es der EuGH[96] nicht für überzogen, dass die Einfuhr und der Vertrieb einer kosmetischen Creme mit der Bezeichnung »Lifting« verboten wurde, sofern diese Bezeichnung einen durchschnittlich informierten, aufmerksamen und verständigen Durchschnittsverbraucher zu der irrigen Auffassung veranlasst, durch die Creme werde die Haut dauerhaft gestrafft. Dies kann im Prozess durch ein Sachverständigengutachten oder eine Verbraucherbefragung ermittelt werden.

Ebenfalls als unter das Verbot des Art. 28 EG fallend betrachtete der EuGH ein *Vermarktungsverbot für einen Schokoladenriegel*[97], der aus einem anderen Mitgliedstaat eingeführt wurde. Die Menge der Riegel war im Rahmen einer Werbekampagne erhöht worden; dazu war die Packung der Riegel mit dem werbewirksamen Aufdruck » + 10 %« versehen worden. Dazu der EuGH: Das Verbot des Werbeaufdruckes sei unzulässig, denn es könne den Importeur dazu zwingen, die Ausstattung seiner Erzeugnisse je nach dem Ort des Inverkehrbringens unterschiedlich zu gestalten und demgemäß die zusätzlichen Verpackungs- und Werbekosten zu tragen.

Nicht aufrechterhalten wurde im Fall *Hedley Lomas*[98] die britische Verweigerung einer Ausfuhrgenehmigung für lebende Schafe nach Spanien, die damit begründet wurde, dass Spanien den Tierschutz nicht beachte. Die Berufung der Briten auf den Gesundheitsschutz schnitt das Gericht ab, weil dieser Aspekt bereits zum Gegenstand einer harmonisierenden europäischen Gesetzgebung gemacht worden sei. Danach seien einseitige Maßnahmen eines Mitgliedstaats unzulässig, die gegen eine Missachtung der gemeinschaftsrechtlichen Vorschriften durch den anderen Staat gerichtet seien.

Ende 1997 verwarf der EuGH das Argument der französischen Regierung, sie könne die jährlich wiederkehrenden Blockaden von Lastwagen durch protestierende Bauern nicht verhindern, und bejahte einen Verstoß gegen Art. 28 EG.[99] Die Warenverkehrsfreiheit wird durch Frankreich mittelbar beeinträchtigt; als EG-Mitgliedstaat hätte Frankreich die rechtswidrigen Straßensperren beseitigen müssen. Interessant an der Entscheidung ist, dass ein Mitgliedstaat auch durch bloßes Nichtstun die Warenverkehrsfreiheit verletzen kann.

In diesem Zusammenhang ist bemerkenswert, dass in Deutschland während der Regierungszeit von Helmut Kohl ein Gesetzentwurf zur Aufhebung des Rabattgesetzes[100] nicht verabschiedet wurde. Das Argument, dass das Rabattgesetz den freien Wettbewerb behindere, konnte sich nicht gegenüber dem Argument durchsetzen, dass eine Aufhebung des (eingeschränkten) Rabatt-

96 EuGH v. 13. 1. 2000 = EuZW 2000, 286 = NJW 2000, 1173, Rs. C-220/98 – Estée Lauder »Lifting«
97 EuGH Slg. 1995, I-1923, Rs. C-470/93 – Mars-Riegel
98 EuGH Slg. 1996, I-2553, Rs. C-5/94 – Hedley Lomas
99 EuGH Slg. 1997, I-6959, Rs. 265/95 – LKW-Blockaden
100 BT-Drs. 12/7271

verbotes dem Kunden auf Dauer nichts nütze, jedoch den kleinen und mittleren Unternehmen schade.[101] Ähnlich kontrovers kann in der Frage der Ladenöffnungszeiten, insbesondere an Sonntagen, argumentiert werden. Es gibt also durchaus unterschiedliche ökonomische Sichtweisen – auch auf dem Gebiet der Warenverkehrsfreiheit –, je nachdem, ob man vom Standpunkt eines marktmächtigen Großunternehmens oder eines kleinen und mittleren Unternehmens argumentiert. Im November 2000 wurde erneut ein Regierungsentwurf zur Abschaffung des Rabattgesetzes eingebracht. Es gilt als sicher, dass Rabattgesetz und Zugabenverordnung noch im Sommer 2001 beseitigt werden. Der Gesetzgeber steht insofern unter Druck, als er die E-Commerce-Richtlinie (vgl. unten) umsetzen muss, für die das Herkunftslandprinzip gilt. Danach werden die inländischen Anbieter durch die Schranken des Rabattgesetzes im Wettbewerb mit Konkurrenten aus anderen Mitgliedstaaten benachteiligt.

Im Frühjahr 2001 sah der EuGH[102] das Verbot der Alkoholwerbung in Schweden zwar als Beeinträchtigung der Warenverkehrsfreiheit i. S. von Art. 28 EG an, das Verbot sei aber aus Gründen des Gesundheitsschutzes gerechtfertigt, wenn sich nicht nach den rechtlichen und tatsächlichen Umständen erweist, dass der Schutz der Gesundheit auch durch Maßnahmen gewährleistet werden kann, welche den innergemeinschaftlichen Handelsverkehr weniger beeinträchtigen.

Die Warenverkehrsfreiheit beeinflusst auch das Sozialrecht der Mitgliedstaaten. Im Fall *Decker* hatte Luxemburg einem Sozialversicherten die Kostenerstattung auf eine in einem anderen Mitgliedstaat gekaufte Brille versagt, weil der Sozialversicherungsträger dies nicht genehmigt hatte. Der EuGH[103] sah hier im Jahre 1998 ebenfalls eine mittelbare Maßnahme gleicher Wirkung und damit einen Verstoß gegen Art. 28 EG. Die Krankenkasse darf demnach die Kostenerstattung für eine Brille, die nach ärztlicher Verordnung in einem anderen Mitgliedstaat gekauft wurde, nicht deswegen versagen, weil der Erwerb medizinischer Hilfsmittel im Ausland der vorherigen Genehmigung bedarf. Ebenso wenig wie der Gesundheitsschutz in der Entscheidung zum deutschen Reinheitsgebot für Bier ist der finanzielle Schutz des nationalen Systems der sozialen Sicherung ein zwingender Rechtfertigungsgrund für die Beschränkung des freien Warenverkehrs. Der EuGH prüft diese Argumente vielmehr streng nach dem Grundsatz der Verhältnismäßigkeit.

Es ist noch zu klären, inwieweit die Rechtsprechungsänderung von 1993 mit der Einführung des Subsidiaritätsgrundsatzes in Art. 5 EG zusammenhängt. Zu beobachten ist aber eine allgemeine Tendenz der Rechtsprechung, die

---

101 Die Beseitigung des Rabattgesetzes und der Zugabenverordnung wird in der jetzigen Legislaturperiode nachgeholt.
102 EuGH v. 8. 3. 2001, Rs. C-405/98 – Schwedische Werbeverbote für Alkohol
103 EuGH Slg. 1998, I-1831, Rs. C-120/95 – Decker

Warenverkehrsfreiheit nicht mehr zu einem Instrument der Deregulierung der nationalen Rechtsordnungen zu nutzen, wenn kein unmittelbar erkennbarer Zusammenhang des zu entscheidenden Falles mit dem Grundsatz des freien Warenverkehrs zwischen den Mitgliedstaaten besteht. Insofern wird das Cassis-de-Dijon-Urteil modifiziert; bei bloßen Verkaufs- und Vertriebsmodalitäten wird nicht mehr verlangt, dass es sich hierbei um »zwingende Erfordernisse« handelt. Die Entscheidungen in den Fällen Clinique und Schokoladenriegel zeigen, dass auch nach der Keck-Entscheidung sachgerechte Lösungen im Interesse der Freiheit des Warenverkehrs möglich sind. Befürchtungen, dass der EuGH mit der Keck-Entscheidung eine Kehrtwende vollzogen habe, erscheinen nicht gerechtfertigt. Das Abgrenzungskriterium »Verkaufs- und Vertriebsmodalitäten« erscheint andererseits unscharf. Es bleibt unklar, wo der EuGH die Grenze zu solchen Regelungen ziehen will, die er nach wie vor der Cassis-de-Dijon-Rechtsprechung unterwerfen will. In Wahrheit bedeutet Keck, dass die Verwendung des Begriffs »zwingend« in Art. 28 EG nicht mehr so zwingend ist. Es entwickelt sich eine rule of reason; bloße Verkaufs- und Vertriebsmodalitäten werden weniger scharf kontrolliert als andere Maßnahmen, die den freien Warenverkehr beeinträchtigen.

d)   Die PreußenElektra-Entscheidung von 2001

Der EuGH stellt in seinem Urteil vom 13. März 2001 (Rs. C-379/98) in Sachen PreußenElektra gegen Schleswag fest, dass die deutschen Festpreise und Kaufpflichten für Strom aus Erneuerbaren Energien nicht nur keine genehmigungsbedürftigen staatlichen Beihilfen sind (vgl. unten), sondern dass auch die Warenverkehrsfreiheit gemäß Art. 28 EG nicht verletzt ist. Als Rechtfertigungsgründe für die Einschränkung der Warenverkehrsfreiheit – die Ware Strom wird zwar kaum aktuell, könnte aber in Zukunft (potenziell) zwischen den Mitgliedstaaten gehandelt werden – sieht der EuGH die Pflicht der EU zur Verringerung der Emissionen von Treibhausgasen nach dem Kyoto-Protokoll und Art. 8 der Elektrizitätsbinnenmarktrichtlinie an, wonach erneuerbaren Energien der Vorrang einzuräumen und bis zu 15 % des Elektrizitätsverbrauchs aus einheimischen Energiequellen zu decken ist. Der EuGH zitiert auch die Querschnittsklausel des Art. 6 EG, wonach der Umweltschutz und das Ziel der nachhaltigen Entwicklung in alle Gemeinschaftspolitiken einzubeziehen ist. Der EuGH betrachtet den Umweltschutz ausdrücklich nicht nur als Rechtfertigungsgrund des Eingriffs in die Warenverkehrsfreiheit nach Art. 30 EG; jedenfalls beim gegenwärtigen Stand der Liberalisierung im Binnenmarkt ist sogar der Tatbestand des Art. 28 EG ausgeschlossen. Der EuGH verlässt insoweit die Dassonville-Formel, wonach jeder mittelbare oder unmittelbare Eingriff in die Freiheit des Warenverkehrs den Tatbestand des Art. 28 EG erfüllt. Diese Rechtsprechungsänderung gilt vorerst nur für den Umweltschutz (vgl. unten). Dort hat die EG bestimmte Politikziele wie z. B. die Verringerung der Emission von Treibhausgasen international vereinbart und intern rechtlich ausformuliert. Sie muss m. E. aber auch auf andere Politikbereiche erstreckt werden, in denen Normkonkurrenzen und -kollisionen des Gemeinschaftsrechts bewältigt werden müssen. Mit zunehmender Konsolidierung des Binnenmarkts wird die Warenverkehrsfreiheit nicht mehr als vorrangig, sondern als gleichrangig mit anderen Freiheiten und normativen Festlegungen bzw. Prinzipien der Gemeinschaft angesehen. Seit PreußenElektra ist die Warenverkehrsfreiheit mit dem Umweltschutz gleichrangig; sie ist kein vorrangiges Rechtsziel mehr. Es bleibt abzuwarten, ob und wie der EuGH diesen Weg im Bereich der anderen Gemeinschaftspolitiken weitergeht.

e) Weiterführende Hinweise

H.-W. Arndt, Warenverkehrsfreiheiten und nationale Verkaufsbeschränkungen, ZIP 1994, 188 ff.; *Beier*, Gewerblicher Rechtsschutz und freier Warenverkehr im europäischen Binnenmarkt und im Verkehr mit Drittstaaten, GRUR Int. 1989, 603 ff.; *Dauses*, Die Rechtsprechung des EuGH zum Verbraucherschutz und zur Werbefreiheit im Binnenmarkt, EuZW 1995, 425 ff.; *Epiney*, Umgekehrte Diskriminierungen, 1995; *Everling*, Der Einfluss des EG-Rechts auf das nationale Wettbewerbsrecht im Bereich des Täuschungsschutzes, ZLR 1994, 221ff.; *Fezer,* Europäisierung des Wettbewerbsrechts, JZ 1994, 317ff.; *Füller*, Grundlagen und inhaltliche Reichweite der Warenverkehrsfreiheit nach dem EG-Vertrag, 2000; *N. Reich*, The »November Revolution« of the European Court of Justice: Keck, Meng and Audi revisited, CMLRev. 31 (1994), 459 ff.; *Remien*, Grenzen der gerichtlichen Privatrechtsangleichung mittels der Grundfreiheiten des EG-Vertrages, JZ 1994, 349 ff.; *Schmitz*, Die kommerzielle Kommunikation im Binnenmarkt im Lichte der neuen Rechtsprechung zur Warenverkehrsfreiheit, 2000; *Schorkopf*, Der neue Mechanismus zur Gewährleistung des freien Warenverkehrs, EWS 2000, 152-162; *Steindorff*, Unvollkommener Binnenmarkt, ZHR 158 (1994), 149 ff.

3. Personenverkehrsfreiheit

Durch die Regierungskonferenz von Amsterdam wurde die Freizügigkeit der Arbeitskräfte in den Art. 39 bis 42 EG (neu) zusammengefasst. Die Vorschriften sind im Zusammenhang mit dem Titel »Visa, Asyl, Einwanderung und andere Politiken betreffend den freien Personenverkehr« zu sehen, der in den Art. 61 bis 69 die EG Kompetenzzuweisungen der Schengener Abkommen in den Bereich des EG übernimmt, wobei für Großbritannien, Irland und Dänemark Ausnahmen gelten. Die Niederlassungsfreiheit wird in den Artikeln 43 bis 48 EG geregelt, die Dienstleistungsfreiheit in den Artikeln 49 bis 55 EG und die Freiheit des Kapital-und Zahlungsverkehrs in Art. 56 bis 60 EG. Im Folgenden sollen diese neuen Nummerierungen verwendet werden.

a) Freizügigkeit der Arbeitnehmer

In den Art. 39 bis 42 EG ist die Freizügigkeit der Arbeitnehmer geregelt. Jede auf der Staatsangehörigkeit beruhende Diskriminierung der Arbeitnehmer der Mitgliedstaaten ist abgeschafft. Geschützt sind die Arbeitnehmer und ihre Familienangehörigen. Auf Arbeitszeit und Höhe des Einkommens kommt es bei der Arbeitnehmereigenschaft nicht an. Auch wer schlecht bezahlt ist, auch wer Teilzeit arbeitet, ist Arbeitnehmer.[104] Man kann die Freizügigkeit wohlfahrtsökonomisch damit rechtfertigen, dass die Produktionsfaktoren dorthin wandern sollen, wo sie am höchsten bewertet werden. In der Tat befassen sich Art. 39 ff. EG vor allem mit Wanderarbeitnehmern und ihren Familienangehörigen. Man kann die Freizügigkeit der Arbeitnehmer darüber hinaus als ein Grundrecht betrachten, das gemeinschaftsweit geschützt werden soll. Diese Betrachtungsweise hat sich, nachdem die Arbeitnehmerfreizügigkeit durch Richtlinien und durch die Rechtsprechung des EuGH ausgestaltet worden war, durchgesetzt. Es gibt heute ein Gemeinschaftsgrundrecht der Freizügigkeit für Arbeitnehmer aus Art. 39 ff. EG.

aa) Grundfall:

Die beiden Französinnen *Adoui und Cornuaille* arbeiten in Belgien als Serviererinnen in Bars und als Mitwirkende in Peep-Shows. Die Stadt Lüttich will sie wegen Störung der öffentlichen Sittlichkeit ausweisen. Die beiden berufen sich auf ihr Recht auf Freizügigkeit nach Art. 39 EG. Eine Diskriminierung aufgrund ihrer Staatsangehörigkeit sei verboten. Der EuGH[105] betrachtet beide als Arbeitnehmer. Da die belgischen Behörden ihre eigenen Prostituierten nicht bestraften, sei dies auch nicht bei Staatsangehörigen anderer EG-Mitgliedstaaten in der Form möglich, dass ihnen die Aufenthaltserlaubnis entzogen wird.

Aus Art. 39 Abs. 3 EG folgen innerhalb der EG für alle Personen ein Recht auf Bewerbung um Stellenangebote, ein Aufenthaltsrecht bei der Arbeitssuche, ein Aufenthaltsrecht zur Ausübung einer Beschäftigung und ein Recht auf Fortbestand des Aufenthalts, wenn die Beschäftigung beendet ist. Grundlegend ist die VO 1612/68[106] über die Freizügigkeit der Arbeitnehmer innerhalb der Gemeinschaft. Sie stellt insbesondere auch die Kinder von sog. Wanderarbeitnehmern in Bezug auf Unterricht und Berufsausbildung den Angehörigen des Gastlandes gleich. Nach Art. 25 der Verordnung haben die Kinder ein Recht auf Teilhabe am Unterricht und an der Berufsausübung ebenso wie

---

104 EuGH Slg. 1988, 3161, Rs. 39/86 – Lair
105 EuGH Slg. 1982, 1665, verb. Rs. 115 und 116/81 – Adoui und Cornuaille
106 V. 15. 10. 1968, ABlEG L 257/2; ergänzt durch Richtlinie 90/364/EWG des Rates v. 28. 6. 1990, ABlEG L 180/26

die Kinder der Einheimischen. Ein Aufenthaltsrecht haben auch Nicht-Arbeitnehmer wie Studenten, Rentner und Privatpersonen, wenn sie den Schutz einer Krankenversicherung nachweisen und die erforderlichen Subsistenzmittel aufweisen, so dass sie nicht der Sozialhilfe anheimfallen. Hierfür sind zwei Richtlinien vom 28. 6. 1990 maßgeblich[107].

Das Diskriminierungsverbot war ursprünglich nur ein Abwehrrecht gegen Benachteiligungen einer aus einem EG-Mitgliedstaat stammenden Person durch einen anderen Mitgliedstaat. Allmählich hat der EuGH insbesondere auch im Zusammenhang mit mehreren Richtlinien daraus ein Teilhaberecht entwickelt. Sozialleistungen eines Mitgliedstaats kommen auch Personen zugute, die aus einem anderen Mitgliedstaat stammen.

bb)   Sozialrechtlicher Schutz für Wanderarbeitnehmer und ihre Familienangehörigen

Nach Art. 42 EG sollen Arbeitnehmer und ihre Angehörigen, die innerhalb der EG aus- und einwandern, in Bezug auf die Zeiten der Anwartschaft für die unterschiedlichen Sozialversicherungssysteme geschützt werden. Die Freizügigkeitsverordnung 1612/68 sichert die arbeits- und sozialrechtliche Stellung der Wanderarbeitnehmer und ihrer Familienangehörigen. Die Verordnung 1408/1971[108] schreibt darüber hinaus vor, dass die Leistungsansprüche, die in verschiedenen Mitgliedstaaten erworben wurden, kumuliert werden. Der Arbeitnehmer wird so gestellt, als ob er sein ganzes Arbeitsleben in einem Mitgliedstaat verbracht hätte. Entsprechend müssen Renten unabhängig davon gezahlt werden, in welchem Mitgliedstaat sich ein Rentner später aufhält. Durch die Verordnung 1408/91 werden die sozialversicherungsrechtlichen Ansprüche von Wanderarbeitnehmern noch verbessert. Die nationalen Vorschriften, etwa zur Berücksichtigung von in anderen Mitgliedstaaten zurückgelegten Versicherungszeiten, werden koordiniert. Dazu hat der EuGH eine Reihe von Fällen entschieden, in denen der sozialrechtliche Schutz stark ausgeweitet wurde. Bekannt geworden sind insbesondere auch die Fälle zum deutschen Bundesausbildungsförderungsgesetz (Bafög).

Der Sohn eines verstorbenen italienischen Gastarbeiters namens *Casagrande* verlangte von den Behörden der Stadt München eine Förderung durch Bafög. Ihm wurde entgegengehalten, dies sei nur für Deutsche vorgesehen. Der EuGH[109] hielt im Anschluss an die Freizügigkeitsverordnung 1612/68 im Jahre 1974 fest, dass auch Leistungen wie die individuelle Ausbildungsförderung, die nicht direkt mit der Arbeitnehmertätigkeit verbunden sind, aber von

---

107 Richtlinie 90/365/EWG des Rates, ABlEG L 180/28, und Richtlinie 90/366/EWG des Rates, ABlEG L 180/30
108 VO des Rates Nr. 1408/71, ABlEG L 149/2
109 EuGH Slg. 1974, 773, Rs. 9/74 – Casagrande

einem Mitgliedstaat dem Arbeitnehmer und seinen Familienangehörigen gewährt werden, unter das Recht auf Freizügigkeit fallen.

Im Fall *Di Leo*[110] wollte die Tochter eines italienischen Gastarbeiters in Darmstadt Bafög für ihr Studium in Italien erhalten. Die deutschen Behörden verweigerten dies mit der Begründung, Bafög werde nur für ein Studium in Deutschland gewährt. Der EuGH stellte fest, solche Leistungen seien nicht notwendigerweise an den Aufenthalt des Familienangehörigen im leistenden Mitgliedstaat geknüpft. Wenn ein Deutscher sie erhalten könne, müsse dies auch der Tochter eines Wanderarbeitnehmers möglich sein.

Im Fall *Bronzino*[111] erkannte der EuGH die Forderung nach Kindergeldzahlungen für arbeitslose Jugendliche auch dann an, wenn sie in einem anderen Mitgliedstaat leben und damit der deutschen Arbeitsverwaltung nicht zur Verfügung stehen.

Im Fall *Jauch* erklärte der EuGH[112] im Frühjahr 2001, Österreich müsse das Pflegegeld bei Krankheit auch an Begünstigte in einem anderen Mitgliedstaat zahlen, da es beitragsabhängig sei und keine Sonderleistung darstelle. Leistungen der sozialen Sicherung seien grundsätzlich exportierbar. Ausnahmen für beitragsunabhängige Sonderleistungen seien eng auszulegen.

Es ist festzuhalten, dass durch derartige Entscheidungen auf Mitgliedstaaten mit hohen Sozialstandards ein Anreiz ausgeübt wird, diese Standards abzusenken, um überbordende Entwicklungen, die mit der Ausweitung des begünstigten Personenkreises durch den EuGH zusammenhängen, zu vermeiden. Es entwickelt sich in der EG eine Art sozialpolitisches Geleitzugprinzip, wonach das langsamste Schiff das Tempo des Geleitzugs bestimmt und Schiffe, die den Geleitzug überholen wollen, abgeschreckt werden. Oder umgekehrt formuliert: Der Gesetzgeber eines Mitgliedstaats wird dazu angereizt, den Sozialstaat abzubauen.

Einen Riegel gegen Missbräuche bei Sozialleistungen soll das Kumulierungsverbot vorschieben, das aus Art. 12 der bereits erwähnten Verordnung 1408/71[113] folgt. Leistungen gleicher Art aus derselben Pflichtversicherungszeit dürfen nicht kumuliert werden. Dazu entschied der EuGH im Jahre 1992 den Fall *McMenamin*[114]. In dieser Familie bezog der Vater, der in Irland, dem Land des Familienwohnsitzes, beschäftigt war, für die vier Kinder Kindergeld. Frau McMenamin arbeitete in dem zu Großbritannien gehörenden Nordirland und beantragte dort Kindergeld. Dieses (höhere) Kindergeld hätte sie an sich wählen können, da nach der Verordnung ein Vorrang des Arbeitsplatz-

---

110 EuGH Slg. 1990, I-4185, Rs. C-308/89 – Di Leo
111 EuGH Slg. 1990, I-531, Rs. 228/88 – Bronzino
112 EuGH v. 8. 3. 2001, Rs. C-215/99 – Jauch
113 VO 1408/71 über die Anwendung der Systeme der sozialen Sicherheit auf Arbeitnehmer und Selbständige sowie deren Familienangehörige, die innerhalb der Gemeinschaft zu- und abwandern, ABlEG 1983 L 230/6
114 EuGH Slg. 1992, I-6393, Rs. C 119/91 – Mc Menamin

staates gilt. Da aber der Vater bereits Kindergeld bezog, war nach der EuGH-Entscheidung Großbritannien nicht zur Zahlung des zweiten Kindergeldes verpflichtet.

cc) Weitere Ausgestaltung der Rechtsprechung

Im Fall *Schumacker*[115] ging es Anfang 1995 um die Anwendung von deutschen Regelungen zur beschränkten Steuerpflicht auf Belgier, die zur Arbeit nach Deutschland pendeln. Es ist, so der EuGH, unzulässig, sie steuerlich, z. B. beim Ehegattensplitting, schlechter zu stellen als die in Deutschland Ansässigen und ebenfalls dort Beschäftigten. In der Anknüpfung der Benachteiligung an die Gebietsansässigkeit liegt eine materielle Diskriminierung gebietsfremder Gemeinschaftsbürger gegenüber den in Deutschland wohnenden Inländern. Es geht hier um die Anwendung des Grundsatzes der Gleichbehandlung nach Art. 39 Abs. 2 EG auf einen Personenkreis, der zwar gebietsfremd ist, aber ansonsten die gleichen Voraussetzungen wie die Einheimischen erfüllt.

Was die weitere Ausgestaltung der Rechtsprechung zu Art. 39 EG angeht, ist insbesondere ein Fall bekannt geworden, der nur einen kleinen Personenkreis betrifft, aber die öffentliche Diskussion wie kein anderer beschäftigt: Ende 1995 entschied der EuGH[116] den Fall des belgischen Fußballspielers *Bosman*, dessen Wechsel von Lüttich in das französische Dünkirchen gescheitert war. Der belgische Fußballverband und der ihm angeschlossene Verein hatten sich an zwei Regeln des internationalen Berufsfußballs gehalten, deren Unvereinbarkeit mit Art. 39 EG Herr Bosman behauptete. Zum einen durften die Vereine bei einem Spielerwechsel von dem neuen Verein eine Transfer-, Ausbildungs- oder Förderungsentschädigung verlangen. Zum andern durften sie in jedem Spiel nur eine bestimmte Zahl von Ausländern einsetzen. Der EuGH erklärte beides für unvereinbar mit Art. 39 EG, soweit es um den Wechsel eincs Spiclcrs in cincn andcrcn EG-Mitgliedstaat gehe oder in der Höchstzahl von einzusetzenden ausländischen Spielern Bürger aus anderen EG-Mitgliedstaaten enthalten seien. Es spielt keine Rolle, dass die Vereine auch bei einem Wechsel im Inland Transferzahlungen verlangen. Das Gericht erklärt in der Frage der Transferzahlungen auch eine sogenannte unterschiedslose Behandlung von Inländern und Ausländern für unvereinbar mit Art. 39 EG. Entscheidend ist, dass die Pflicht zur Transferzahlung und die Sanktionen bei Ausbleiben einer solchen Zahlung die tatsächliche Möglichkeit zur Aufnahme der Tätigkeit eines Fußballprofis in einem anderen EG-Mitgliedstaat und damit

---

115 EuGH Slg. 1995, I-225, Rs. C-279/93; dazu Knobbe-Keuk, Freizügigkeit und direkte Besteuerung, EuZW 1995, 167 ff.
116 EuGH Slg. 1995, I-4921, Rs. C-415/93 – Bosman

die Freizügigkeit der Berufsfußballspieler erheblich beeinträchtigt und dass nach dem Grundsatz der Verhältnismäßigkeit kein vertragskonformer Rechtfertigungsgrund ersichtlich ist. Aus der Begründung wird deutlich, dass bei der Warenverkehrsfreiheit und bei der Freizügigkeit der Arbeitnehmer einheitliche Kriterien gelten. Neben der offenen und verdeckten Diskriminierung ist auch die Freizügigkeitsbeschränkung durch unterschiedslose Behandlung verboten, eine Parallele zum Verbot der unterschiedslosen Behandlung nach Art. 28 EG im Fall Cassis de Dijon. Die sogenannte Inländerdiskriminierung, d. h. die Forderung einer Transferzahlung bei einem Spielerwechsel im Inland, wird von Art. 39 EG nicht erfasst.

Im Fall Schumacker wird das Diskriminierungsverbot verschärft, indem auch mittelbare Behinderungen der Freizügigkeit durch Unterschiede in der Besteuerung erfasst werden. Der Fall Schumacker ist eine Parallele zum Fall Dassonville (vgl. oben bei Art. 28 EG). Im Fall Bosman wurde das Gebot der Freizügigkeit in ein Verbot einer ungerechtfertigten, unterschiedslosen Behandlung ausgeweitet. Der Fall Bosman ist eine Parallele zum Fall Cassis de Dijon (vgl. oben ebenfalls zu Art. 28 EG). Darüber hinaus wird hier eine Drittwirkung des Freiheitsrechts anerkannt. Anspruchsgegner im Fall Bosman ist nicht der Staat, sondern ein privatrechtlich organisierter Verband.

Im Fall *Angonese* sah der EuGH[117] im Sommer 2000 den Zweisprachigkeitsnachweis, der von einer Bank in Südtirol (Provinz Bozen) verlangt wurde und nur dort erlangt werden konnte, als eine unzulässige Diskriminierung eines Bewerbers an. In Südtirol besitzen die meisten Einwohner die italienische Staatsangehörigkeit. Die Staatsangehörigen der anderen Mitgliedstaaten werden nach Art. 39 Abs. 2 EG diskriminiert. Dieses Diskriminierungsverbot gilt auch gegenüber einer Privatperson, hier einer privatrechtlich organisierten juristischen Person (Bank). Damit ist, wie schon im Fall Bosman vorbereitet, die Drittwirkung der Arbeitnehmerfreizügigkeit gemeinschaftsrechtlich durchgesetzt.

dd)   Ausnahmen

Ausnahmen werden zugelassen, wenn die öffentliche Sicherheit und Ordnung gefährdet ist. Eine solche Ausnahme regelt eine Richtlinie aus dem Jahre 1964[118]. Sie präzisiert die Begriffe öffentliche Ordnung, Sicherheit oder Gesundheit. Auch hierzu gibt es eine umfangreiche Rechtsprechung. Dazu ein Beispiel: Die Niederländerin *Van Duyn* wurde an der Einreise nach Großbritannien gehindert, weil sie beabsichtigte, dort eine Stelle bei der Church of Scientology anzutreten. Die Behörden betrachteten diese Kirche als gefährli-

117 EuGH EuZW 2000, 468, Rs. C-281 – Angonese
118 Richtlinie 64/221/EWG des Rates v. 25. 2. 1964, ABlEG 1964/850

che Sekte, deren Anwachsen sie durch das Einreiseverbot verhindern wollten. Der EuGH[119] bejahte zuerst die Direktwirkung von Art. 39 EG, akzeptierte aber die von Großbritannien vorgebrachte Begründung für die Einschränkung der Freizügigkeit und wies gleichzeitig darauf hin, dass der Begriff der öffentlichen Ordnung je nach der Landessitte in den Mitgliedstaaten unterschiedlich ausgelegt werden könne. Das Gericht erklärte Ausnahmen aber nur für zulässig, wenn von der betroffenen Person auf Grund von objektiven Umständen ein Verhalten zu erwarten ist, das ein »Grundinteresse« der Gesellschaft in dem betreffenden Mitgliedstaat gegenwärtig und tatsächlich gefährdet.

Eine weitere Ausnahme, die Art. 39 Abs. 4 eröffnet, befasst sich mit der Ungleichbehandlung bei der Beschäftigung in der öffentlichen Verwaltung eines Mitgliedstaats. Hier soll die in der Staatsangehörigkeit liegende besondere Loyalität des Bediensteten als Voraussetzung für die Wahrnehmung bestimmter, staatlicher Positionen gesichert werden. Der EuGH lässt die Beschränkung des Zugangs zur öffentlichen Verwaltung auf Staatsangehörige des jeweiligen Mitgliedstaats weder bei Eisenbahnarbeitern oder bei Krankenschwestern in Belgien[120], noch bei gymnasialen Studienreferendaren in Deutschland[121] zu. Er begrenzt die Ausnahme auf einen relativ kleinen Personenkreis, bei dem das Erfordernis einer besonderen Loyalität angemessen ist, weil die Tätigkeit mit der Ausübung hoheitlicher Befugnisse und mit der Verantwortung für die Wahrung der allgemeinen Belange des Staates verbunden ist.

b) Niederlassungsfreiheit

Wer auf Dauer eine selbständige Tätigkeit in einem anderen EG-Mitgliedstaat ausüben will, genießt grundsätzlich die Niederlassungsfreiheit. Wer vorübergehend in einem anderen Mitgliedstaat tätig werden will, genießt die Dienstleistungsfreiheit (vgl. unten). Das Unterscheidungskriterium ist das Merkmal »Dauer«. Die Niederlassungsfreiheit ist in den Art. 43 bis 58 EG geregelt. Sie gilt für die Staatsangehörigen der EG-Mitgliedstaaten und ihre Angehörigen (Art. 43). Aus Art. 43 folgt zunächst ein Aufenthaltsrecht. Darüber hinaus enthält Art. 43 Abs. 2 ein Gebot der Gleichbehandlung mit Inländern. Dies bedeutet ein Verbot der offenen oder verdeckten Diskriminierung. Dies bedeutet auch, dass Zulassungsbeschränkungen unwirksam sind, die nicht für alle Mitgliedstaaten identisch sind. Aus der »stand still«-Klausel des Art. 43 folgt, dass die Mitgliedstaaten keine neuen Zulassungsbeschränkungen einführen dürfen. In Art. 46 ist ein Vorbehalt zugunsten der öffentlichen Ordnung,

---

119 EuGH Slg. 1974 1337, Rs. 41/74 – Van Duyn
120 EuGH Slg. 1980, 1845, Rs. 149/79 – Schuerer
121 EuGH Slg. 1986, 2121, Rs. 66/85 – Lawrie Blum; vgl. auch EuGH Slg. 1991, I-5627, Rs. C-4/91 – Bleis

Sicherheit und Gesundheit geregelt. Dieser Vorbehalt wird vom EuGH[122] eng ausgelegt.

aa) Natürliche Personen

Onno Klopp war Rechtsanwalt in Düsseldorf. Er wollte eine zusätzliche Kanzlei in Paris gründen. Die Pariser Anwaltskammer lehnte ihn ab. Nach den dortigen Standesrichtlinien dürfe ein Anwalt nur eine berufliche Niederlassung haben. Der EuGH[123] gab Onno Klopp Recht. Die Zulassungsregel sei nicht zwingend notwendig, um eine funktionsfähige Rechtspflege aufrechtzuerhalten. Sie behindere die Niederlassungsfreiheit und sei deshalb nach Art. 52 EG nicht anzuwenden. Der EuGH geht damit über ein Gebot der Gleichbehandlung mit Inländern hinaus. Er erfasst auch die sog. unterschiedslose Behandlung und verlangt materielle Standards, welche die Niederlassungsfreiheit sichern. Die Niederlassungsfreiheit wird zum Recht auf ein angemessenes Verfahren bei der Regulierung dieses Freiheitsrechts.

Im Fall *Gebhard*[124] gingen die italienischen Behörden standesrechtlich gegen einen deutschen Anwalt vor, der in Deutschland zugelassen war und in Italien unter der Bezeichnung »avocato« eine zusätzliche Kanzlei unterhielt. Der EuGH erklärte diese Zweigniederlassung für zulässig. Er definierte »Niederlassung« umfassend als die Verschaffung der Möglichkeit, in stabiler und kontinuierlicher Weise am Wirtschaftsleben eines anderen Mitgliedstaates teilzunehmen und daraus seinen Nutzen zu ziehen, wodurch die wirtschaftliche und soziale Verflechtung innerhalb der Gemeinschaft im Bereich der selbständigen Tätigkeiten gefördert wird. Grundsätzlich gelten die Aufnahmebedingungen, die den Inländern abgefordert werden, auch für Bewerber aus anderen EG-Mitgliedstaaten. Die Regelungen dürfen jedoch nicht diskriminierend sein, sie müssen geeignet sein, die Verwirklichung des mit ihnen verfolgten Ziels zu gewährleisten, und sie dürfen nicht über das hinausgehen, was zur Erreichung des Ziels erforderlich ist.

Die Antwort der Mitgliedstaaten auf diese Rechtsprechung besteht heute z. B. bei *Rechtsanwälten* darin, dass Bewerber aus einem anderen Mitgliedstaat, die nicht die erforderlichen inländischen Prüfungen abgelegt haben, einer Eignungsprüfung unterzogen werden, deren Voraussetzungen beispielsweise in Frankreich strenger sind als die für französische Prüfungskandidaten geltenden. Außerdem wird behauptet, es gebe eine Art Reziprozität der Prüfungsbedingungen, d. h. deutsche Bewerber in Frankreich würden ebenso streng

---

122 Vgl. EuGH Slg. 1974, 631, Rs. 2/74 – Reyners
123 EuGH Slg. 1984, 2971, Rs. 107/83 – Onno Klopp
124 EuGH Slg. 1995, I-4165 = NJW 1996, 579, Rs. C 55/94 – Gebhard

geprüft wie französische Bewerber in Deutschland[125]. Um möglichen oder tatsächlichen Missständen abzuhelfen, wird deshalb eine EG-Niederlassungsrichtlinie für Rechtsanwälte von 1998 in nationales Recht der Mitgliedstaaten umgesetzt.[126] Eine Klage gegen die Wirksamkeit dieser Richtlinie hat der EuGH[127] abgewiesen.

bb)   Juristische Personen

Nach Art. 48 EG ist auch die Gleichbehandlung juristischer Personen aus einem anderen EG-Mitgliedstaat gegenüber inländischen geboten. Eine juristische Person kann bisher zwar nicht umziehen, sie kann aber Zweigniederlassungen und Tochtergesellschaften gründen oder sich in einem Mitgliedstaat auflösen und in einem anderen neu gründen. Fraglich ist, ob sie auch, ohne sich im einen Mitgliedstaat aufzulösen und im anderen neu zu gründen, »umziehen« kann, ohne dass sie vom ersten Mitgliedstaat an die Einhaltung bestimmter Vorschriften wie z. B. die steuerliche Aufdeckung stiller Reserven gebunden werden könnte. Dazu ein berühmter Fall:
Die englische Gesellschaft *Daily Mail* wollte aus steuerlichen Gründen ihren Sitz nach den Niederlanden verlegen. Die englischen Behörden verweigerten die für eine Sitzverlegung ohne Auflösung erforderliche Genehmigung und verlangten, dass sich die Gesellschaft in diesem Fall zuerst in England auflösen und dann in den Niederlanden neu gründen müsse. Dies bedeutete u. a., dass die stillen Reserven aufgedeckt und versteuert werden mussten. Die Gesellschaft hielt dies für unzulässig und berief sich auf Art. 43 EG. Der High Court of Justice legte den Fall nach Art. 234 EG dem EuGH zur Vorabentscheidung vor. Der EuGH[128] konnte aus Art. 43 und 48 EG nicht das Recht entnehmen, den Sitz der Geschäftsleitung einer Gesellschaft einschränkungslos in einen anderen Mitgliedstaat zu verlegen. Die Verlegung des Sitzes in einen anderen Mitgliedstaat kann zwar nicht schlicht verboten werden, sie kann aber an bestimmte Voraussetzungen wie z. B. die Liquidierung der Gesellschaft im Inland und die Auflösung der stillen Reserven geknüpft werden. Die Niederlassungsfreiheit von juristischen Personen geht also nicht so weit wie die von natürlichen Personen. Diese Lücke dürfte wohl erst im Zuge einer Harmonisierung des europäischen Unternehmens- und Gesellschaftsrechts ganz zu schließen sein.[129] Sie hat sich freilich durch die Centros-Entscheidung

---

125 Vgl. A. Geiger, Eignungsprüfung für in der Europäischen Gemeinschaft zugelassene Rechtsanwälte, das Verfahren in Frankreich, NJW 1997, 1297 ff.
126 Richtlinie 98/5 vom 16. 2. 1998 zur Erleichterung der ständigen Ausübung des Rechtsanwaltsberufs in einem anderen Mitgliedstaat als dem, in dem die Qualifikation erworben wurde; ABlEG L 77 v. 14. 3. 1998
127 EuGH v. 7. 11. 2000, EuZW 2000, 751, Rs. C-168/98
128 EuGH Slg. 1988, 5483, Rs. 81/87 – Daily Mail
129 Vgl. Nagel, Deutsches und Europäisches Gesellschaftsrecht, 2000, S. 346 ff.

des EuGH[130] vom Frühjahr 1999 stark verringert. Eine Zweigniederlassung darf in einem anderen Mitgliedstaat errichtet werden, wenn die Gründung einer Gesellschaft im EG-Ursprungsstaat wirksam ist. Eine Gesellschaft war in Großbritannien gegründet worden, hatte aber dort keine Tätigkeit aufgenommen, sondern (zulässigerweise!) eine Zweigniederlassung in Dänemark eröffnet. Dänemark ist auf eine Missbrauchsaufsicht beschränkt.

Gegen Art. 43 und 48 EG verstößt, wie der EuGH[131] im September 1999 feststellte, auch eine Steuerdiskriminierung in Deutschland, durch die eine deutsche Betriebsstätte der französischen *St. Gobain* S.A., eine Kapitalgesellschaft mit Sitz in einem anderen EG-Mitgliedstaat, von Vergünstigungen bei Dividendeneinkommen aus Beteiligungen an Kapitalgesellschaften in Drittstaaten ausgenommen wird, die deutschen Kapitalgesellschaften gewährt werden. Der EuGH schützt hier die Niederlassungsfreiheit von Zweigniederlassungen. St. Gobain konnte es steuerunschädlich vermeiden, in Deutschland eine Tochtergesellschaft zu gründen und die Auslandsbeteiligungen über diese zu halten; diese Tochtergesellschaft wäre u. U. der deutschen Mitbestimmung unterworfen gewesen.

cc) Anerkennung von Prüfungszeugnissen

Nach Art. 47 EG sollen die Diplome, Prüfungszeugnisse und sonstigen Befähigungsnachweise gemeinschaftsweit anerkannt werden. Dies ist für Diplome durch eine Richtlinie aus dem Jahre 1988[132] geschehen. Sie erfasst Hochschuldiplome, welche eine mindestens dreijährige Berufsausbildung abschließen. Damit ist zwar noch nicht die oben angesprochene berufliche Niederlassungsfreiheit gesichert, aber doch eine wichtige Voraussetzung hierfür. Umstritten war lange die Anerkennung von Praxissemestern, bis der EuGH den Fall *Bauer*[133] entschied. Herr Bauer wollte Architekt in Belgien werden. Er hatte den erfolgreichen Abschluss eines deutschen Fachhochschulstudiums vorzuweisen, das acht Semester umfasst, davon zwei Praxissemester. Die Architektenkammer Brabant verweigerte ihm die Zulassung. Erforderlich sei ein mindestens vierjähriges Studium an einer Hochschule. Praxissemester könnten nicht als Studium anerkannt werden. Der EuGH entschied sich hingegen dafür, auch Praxissemester zum Studium zu rechnen. Sie würden von der Richtlinie erfasst. Das Fachhochschulstudium des Herrn Bauer wurde als vierjähriges Studium anerkannt.

---

130 EuGH Slg. 1999, I-1459 = NJW 1999, 2027, Rs. C-212/97 – Centros; abl. Anm. Kindler, NJW 1999, 1993
131 EuGH Slg. 1999, I-6161, Rs. C-307/97 – St. Gobain
132 Richtlinie 89/48/EWG, ABlEG 1989 L 19/16
133 EuGH Slg. 1992, I-2797, Rs. C-166/91 – Bauer

c)   Weiterführende Hinweise

Everling, Der Gegenstand des Niederlassungsrechts in der EG, 1990; *ders.*, Zur Rechtsprechung des Europäischen Gerichtshofs über die Beschäftigung von EG-Ausländern in der öffentlichen Verwaltung, DVBl. 1990, 225; *Schilling*, Gleichheitssatz und Inländerdiskriminierung, JZ 1994, 8 ff.; *Schnichels*, Reichweite der Niederlassungsfreiheit, 1995; *Taschner*, Free Movement of Students, Retired Persons and Other European Citizens, a Difficult Legislative Process, in: Schermers u. a. (Hg.), Free Movement of Persons in Europe, 1993, 427 ff.; *Wägenbaur*, Inhalt und Etappen der Niederlassungsfreiheit, EuZW 1991, 427 ff; *Ziekow*, Der gemeinschaftsrechtliche Status der Familienangehörigen von Wanderarbeitnehmern, DÖV 1991, 363 ff.

4.   Dienstleistungsfreiheit

Die Dienstleistungsfreiheit als vorübergehende Erwerbstätigkeit auf dem Gebiet eines anderen Mitgliedstaates ist in den Art. 49-55 EG geregelt. In Art. 49 ist das Prinzip des freien Dienstleistungsverkehrs verankert. Es handelt sich um einen sogenannten Auffangtatbestand. Geht es um eine dauerhafte Erwerbstätigkeit, so ist die Niederlassungsfreiheit nach Art. 43 ff. EG betroffen (vgl. oben). Ist die Dienstleistung unselbständige Nebentätigkeit eines Kaufgeschäfts (z. B. Kauf mit Montage), so gilt nach Art. 28 EG der Grundsatz des freien Warenverkehrs.

a)   Der Begriff »Dienstleistung«

In Art. 50 EG ist definiert, was eine Dienstleistung ist. Es geht hier um gewerbliche, kaufmännische, handwerkliche und freiberufliche Tätigkeiten. Es muss sich um eine wirtschaftliche und entgeltliche Tätigkeit handeln, also nicht um karitative Tätigkeiten, auch nicht um den Unterricht an einer Privatschule. Geschützt ist die aktive und die passive Dienstleistungsfreiheit, also die Erbringung einer Leistung in einem anderen Mitgliedstaat ebenso wie die Entgegennahme einer Leistung aus einem anderen Mitgliedstaat.
Die Leistung, nicht der Mensch, muss die Grenze überschreiten. Die Dienstleistungsfreiheit schützt also auch Personen, die im Lande bleiben, deren Leistung aber die Grenzen überschreitet. Dies wurde im Fall *Bond van Adverteerders*[134] aus dem Jahre 1988 festgehalten. Ein niederländisches Gesetz verbietet die Übertragung von Programmen im Kabelfernsehen, wenn diese Programme niederländische Untertitel führen und Werbemitteilungen für den niederländischen Markt enthalten. Für derartige Programme kann nämlich die staatliche Kontrolle nicht ausgeübt werden, die ansonsten in diesem Bereich

---

134 EuGH Slg. 1988, 2085, Rs. 352/85 – Bond van Adverteerders

besteht. Der EuGH erklärte das Verbot für unzulässig. Es handle sich um eine Dienstleistung nach Art. 49 EG. Eine wirtschaftliche Tätigkeit werde grenzüberschreitend gegen Entgelt erbracht. Das niederländische Recht benachteilige die Anbieter aus anderen Mitgliedstaaten. Eine solche Benachteiligung sei im Ergebnis auch nicht durch zwingende Erfordernisse gerechtfertigt. Ein solches Erfordernis sei zwar der nicht kommerzielle, pluralistische Charakter des niederländischen Rundfunks und Fernsehens. Der Eingriff sei jedoch unverhältnismäßig. Es gebe auch weniger einschneidende Mittel, die der Gesetzgeber hätte anziehen können.

Im Fall Josef Corsten sah der EuGH[135] die Eintragung eines Niederländers in die deutsche Handwerksrolle als nicht erforderlich an, um die Qualität der erbrachten Dienstleistung in Deutschland zu sichern. Es genügt der Nachweis der im Herkunftsland erworbenen Berufserfahrung. Unternehmen können daher in Zukunft ohne langwierige Zulassungsverfahren vorübergehende Dienstleistungen in anderen Mitgliedstaaten erbringen. Die Meisterprüfung im deutschen Handwerk gerät politisch unter Druck.

Bei der Dienstleistungsfreiheit taucht ebenso wie bei der Warenverkehrsfreiheit, der Arbeitnehmerfreizügigkeit und der Niederlassungsfreiheit der Grundsatz der Verhältnismäßigkeit auf, der sich wie ein roter Faden durch die Rechtsprechung des EuGH zieht. Nach dem Wortlaut von Art. 55 EG finden auf die Dienstleistungsfreiheit die Schranken der Niederlassungsfreiheit (Art. 45 ff. EG) entsprechende Anwendung. In Wahrheit liegt die Rechtsprechung zur Dienstleistungsfreiheit näher bei der zur Warenverkehrsfreiheit, das heißt, das Verbot von Diskriminierungen wird noch konsequenter gehandhabt als bei der Niederlassungsfreiheit. Dies hängt damit zusammen, dass nur das »Produkt«, d. h. die Dienstleistung, dauerhaft die Grenzen überschreitet, während der Dienstleister selbst entweder den Mitgliedstaat überhaupt nicht verlässt oder nach kurzer Zeit wieder dorthin zurückkehrt. Deshalb ist der EuGH auch bei der Hinnahme von Einschränkungen dieser Freiheit nach Art. 55, 46 EG sehr zurückhaltend[136], während er bei der auf Dauer angelegten Niederlassung in Bezug auf staatliche Einschränkungen etwas nachsichtiger ist. In der Entscheidung über das schwedische Werbeverbot für Alkohol sah der EuGH[137] allerdings ebenso wie den Verstoß gegen die Warenverkehrsfreiheit (vgl. oben) auch den Verstoß gegen die Dienstleistungsfreiheit (Zur-Verfügungstellung von Anzeigenraum in Zeitungen und Zeitschriften) als durch das Erfordernis des Gesundheitsschutzes gerechtfertigt an, wenn kein milderes, wirksames Mittel nachgewiesen sei.

---

135 EuGH EuZW 2000, 763, Rs. C-58/98 – Josef Corsten
136 Vgl. Emmert, Europarecht, 1996, S. 387
137 EuGH vom 8. 3. 2001, Rs. C-405/98 – schwedisches Werbeverbot für Alkohol

b)   Die unterschiedslose Behandlung

Nach dem Muster der Rechtsprechung zu Art. 28-36 und 39 EG sind nach Art. 49 EG neben den offenen und verdeckten Diskriminierungen auch sogenannte unterschiedslos anwendbare Regelungen verboten, wenn sie den freien Dienstleistungsverkehr beeinträchtigen. Der EuGH hat dies im Fall *Säger*[138] festgehalten. In diesem Fall ging es um die Zulassung eines englischen Unternehmens zur Tätigkeit der Überwachung von Patentfristen in Deutschland. Nach deutschem Recht müssen Personen für diese Tätigkeit eine Genehmigung nach dem Rechtsberatungsgesetz nachweisen. In Großbritannien ist eine solche Genehmigung nicht notwendig. Das englische Unternehmen, das eine solche Tätigkeit seit Jahren genehmigungsfrei in England ausgeübt hatte, musste nach der Entscheidung des EuGH zugelassen werden. Das deutsche Erfordernis einer Genehmigung wurde als Verstoß gegen Art. 49 EG angesehen. Dieses Erfordernis gelte zwar unterschiedslos für einheimische und für Bewerber aus anderen EG-Mitgliedstaaten, es beeinträchtige aber den freien Dienstleistungsverkehr zwischen den Mitgliedstaaten in unzulässiger Weise, weil es die Tätigkeit des Dienstleistenden, der in einem anderen Mitgliedstaat ansässig ist und dort rechtmäßig ähnliche Dienstleistungen erbringt, unterbinde oder behindere, ohne dass dies durch zwingende Gründe gerechtfertigt sei!

Einen starken Druck auf die Harmonisierung der Systeme der sozialen Sicherung übte der EuGH in den Fällen Decker (vgl. oben) und Kohll[139] aus. Bei Kohll war die Erstattung seiner Zahnbehandlungskosten von der Genehmigung des Sozialversicherungsträgers abhängig gemacht worden, ein Verstoß gegen Art. 43 und 50 EG.

c)   Zulässige Beschränkungen

Die Zulässigkeit von Beschränkungen der Dienstleistungsfreiheit ergibt sich aus Art. 45-48 EG, die nach Art. 55 entsprechend anwendbar sind. Dazu zählen Gründe der öffentlichen Ordnung, Sicherheit und Gesundheit (Art. 46 Abs. 1 EG). Hierzu zählt der EuGH auch den Schutz des Verbrauchers und der Sozialordnung. Im Fall *Schindler*[140] erhielt er das frühere britische Verbot von Lotterien nach Maßgabe der soziokulturellen Besonderheit zum Schutz der Sozialordnung jedes Mitgliedstaates aufrecht. Im Fall *Alpine Investments*[141] erhielt er das niederländische Verbot des außerbörslichen Warenter-

---

138 EuGH Slg. 1991, I-4221, Rs. C-76/90 – Säger
139 EuGH Slg. 1998, I-1931, Rs. C-158/96 – Kohll
140 EuGH Slg. 1994, I-1039, Rs. C 275/92 – Schindler
141 EuGH Slg. 1995, I-1141, Rs. C 384/93 – Alpine Investments

minhandels durch Finanzvermittler aufrecht. Nach niederländischem Recht ist es Finanzdienstleistern verboten, mit potentiellen Kunden ohne deren vorherige Zustimmung telefonisch Kontakt aufzunehmen, um sie am außerbörslichen Warenterminhandel zu beteiligen. Das Verbot gilt auch für den Handel mit Angehörigen eines anderen Mitgliedstaates. Es wird u. a. damit begründet, dass ein derart komplexer und spekulativer Markt von dem Vertrauen abhänge, das er bei Kapitalanlegern genieße und dass Privatpersonen vor derart aggressiven Methoden der Kundenwerbung geschützt werden müssten. Die Beschränkung des Dienstleistungsverkehrs durch dieses Verbot hielt der EuGH für gerechtfertigt, weil das Vertrauen in den inländischen Finanzmarkt erhalten werde und potentielle Anleger vor aggressiven Werbemethoden geschützt würden. Im Fall *Laara* erhielt der EuGH[142] im Jahre 1999 eine finnische Regelung aufrecht, wonach Geldspielautomaten ausschließlich von einer öffentlichrechtlichen Vereinigung betrieben werden dürfen, weil dies durch das Allgemeininteresse gerechtfertigt sei.

Ein Sonderproblem ist die Dienstleistungsfreiheit im Bereich des Fernsehens. Die Freiheit des Empfangs und der Weiterverbreitung von Fernsehsendungen aus anderen Mitgliedstaaten wird in der Fernsehrichtlinie von 1989[143] gewährleistet. Die Ausnahmen, z. B. für den Jugendschutz, sind eng. Dies gilt auch für das Kabelfernsehen. Ungeklärt ist die Zulässigkeit von inhaltlichen Quoten, mit denen europäische Werke gegenüber dem angeblichen Schund aus den USA geschützt werden sollen. Da aber auch der Niedergang des europäischen Programmangebots unverkennbar ist, dürfte die Einschränkung der Dienstleistungsfreiheit der ungeeignete Ansatzpunkt zum Schutz der europäischen Kulturgüter sein. Es geht vielmehr um geeignete Mittel der Kulturförderung.

d)   Weiterführende Hinweise

Hailbronner/Nachbaur, Die Dienstleistungsfreiheit in der Rechtsprechung des EuGH, EuZW 1992, 105 ff.; *Kort*, Schranken der Dienstleistungsfreiheit im europäischen Recht, JZ 1996, 132 ff.; *Salvatore*, Quotas on TV-Programmes and EEC Law, CML-Rev. 29 (1992), 927; *Schnichels*, Reichweite der Niederlassungsfreiheit, 1995; *Trober*, Medianet und kein Ende: Dienstleistungsfreiheit und Fernsehrechtsprechung des EuGH, ZEuP 1994, 100 ff.; *Wallace/Goldberg*, Television Broadcasting: the Community's Response, CMLRev. 26 (1989), 717 ff.

---

142 EuGH Slg. 1999, I-6067, Rs. C-124/97, Urt. v. 21. 9. 1999 – Laara
143 Richtlinie 89/552, ABlEG 1989 L 298/23, Änderungsrichtlinie 97/36 von 1997, ABlEG L 202/60

5. Freiheit des Kapital- und Zahlungsverkehrs

Auch Kapital und Geld sollen frei zwischen den Mitgliedstaaten fließen können. Es geht vor allem um den freien Fluss von Geld und Sachkapital zu Anlage- und Investitionszwecken. Nach den Verträgen von Maastricht sind die Art. 56-60 neu in den EG-Vertrag eingeführt worden. Sie verbieten alle Beschränkungen des Kapital- und Zahlungsverkehrs zwischen den Mitgliedstaaten und im Verhältnis der Mitgliedstaaten zu Drittstaaten. Sie gelten seit 1. 1. 1994. Früher galten die Art. 67 ff. und 106 ff. des EWG-Vertrages. Vom »echten« Zahlungsverkehr ist der »unechte« zu unterscheiden, der lediglich ein Anhängsel einer der zuvor genannten Freiheiten ist, wie z. B. die Bezahlung einer Warenlieferung, die unter die Warenverkehrsfreiheit fällt. Die Unterscheidung ist heute, nachdem der Kapitalverkehr liberalisiert ist (Art. 56 EG), für die Praxis fast bedeutungslos. Ausnahmen zu den Grundsätzen von Art. 56 gelten für steuerrechtliche Vorschriften (Art. 58), für bestehende andere Abmachungen mit Drittländern (Art. 57), für zulässige Beschränkungen aus Gründen der öffentlichen Ordnung und Sittlichkeit (Art. 58), für kurzfristige, vom Rat angeordnete und von der Kommission kontrollierte Schutzmaßnahmen mit einer Dauer von höchstens 6 Monaten bei außergewöhnlichen Störungen im Verkehr mit Drittländern (Art. 59), für Sanktionen gegen einen Drittstaat oder bei sonstigen politischen Schwierigkeiten (Art. 60).

Im Fall *Sanz de Lera* musste sich der EuGH[144] 1995 mit der Frage befassen, ob ein Spanier wegen des Transports von 19,6 Mio. Peseten ohne Devisengenehmigung bestraft werden darf. Es fragt sich, ob Art. 56 EG derartige Strafen verbietet und ob ein etwaiges Verbot den Bürgern in den Mitgliedstaaten subjektive Rechte verleiht. Der EuGH bejahte beide Fragen. Zwar dürften die Mitgliedstaaten nach Art. 58 Abs. 1 EG den Kapitalverkehr unter bestimmten Voraussetzungen beschränken. Dies dürfe aber nicht im Übermaß geschehen. Zur Kontrolle der Devisenausfuhr genüge das Mittel der Anmeldung; eine Genehmigung sei nicht erforderlich. Sanz de Lera durfte nicht bestraft werden. Der Freiheit des Kapitalverkehrs kommt demnach eine unmittelbare Rechtswirkung zu, der Bürger kann sich im Prozess hierauf berufen.

Im Fall *Alpine Investments* hatte sich der EuGH[145] mit aggressiver Kundenwerbung für Finanzdienstleistungen zu befassen (vgl. oben). Er akzeptierte eine Einschränkung des freien Dienstleistungsverkehrs, die als zwingenden Grund des Allgemeininteresses angab, der gute Ruf des nationalen Finanzsektors und die potenziellen Kapitalanleger müssten geschützt werden.

---

144 EuGH Slg. 1995, I-4827 und 4839, Rs. C-163/94, C-165/94 und C-250/95 – Sanz de Lera u. a.
145 EuGH Slg. 1995, I-1141, Rs. C 384/93 – Alpine

Die Freiheit des Kapital- und Zahlungsverkehrs wird durch Maßnahmen der Mitgliedstaaten unterfüttert, vor allem durch eine Angleichung des Bank- und Börsenrechts mit dem Ziel, ein einheitliches Kapitalmarktrecht herzustellen, sowie durch erste Maßnahmen zur Vereinheitlichung des Steuerrechts. Auf dieser Grundlage soll das Ziel der Europäischen Währungsunion angegangen werden (vgl. unten).

III. Wettbewerbsrecht der EG

1. Vorbemerkung und allgemeine Hinweise

Am 1. 1. 1958 traten gleichzeitig das deutsche Gesetz gegen Wettbewerbsbeschränkungen (GWB) und der Vertrag über die Europäische Wirtschaftsgemeinschaft in Kraft. In den Artikeln 85 und 86 dieses Vertrages waren wichtige wettbewerbsrechtliche Vorschriften enthalten. Artikel 85 (jetzt 81) Abs. 1
enthält – bezogen auf den Handel zwischen den Mitgliedstaaten – ein striktes
Kartellverbot. Kartelle sind nach Abs. 2 nichtig. Das Kartellverbot ist in Abs.
3 durch Ausnahmen aufgelockert. Danach hat die Kommission die Möglichkeit, einzelne Unternehmen oder Gruppen von Unternehmen durch sogenannte Gruppenfreistellungsverordnungen vom Verbot des Artikels 85 (alt)
Abs. 1 freizustellen, wenn in einer Art ökonomischer Bilanz die Vorteile
überwiegen, wenn ferner die Beschränkungen des Wettbewerbs unerlässlich
sind und wenn schließlich hinreichender Restwettbewerb verbleibt. Die ersten
wettbewerbsrechtlichen Fälle wurden von der Kommission Anfang der sech-
ziger Jahre entschieden. Die wichtigsten, vor allem die prozeduralen Voraussetzungen für ihr Handeln waren in der Verordnung Nr. 17 aus dem Jahre
1962 niedergelegt. Nachdem die Kommission im Jahre 1963 die Unternehmen aufgefordert hatte, Kartelle bis zu einem bestimmten Zeitpunkt mitzuteilen, veröffentlichte sie im Jahre 1964 die ersten Entscheidungen. Hierbei ist
vorauszuschicken, dass es der Kommission in der damaligen Phase der europäischen Integration genauso sehr um die Herstellung eines einheitlichen Binnenmarktes wie um die Erhaltung oder Stärkung des Wettbewerbs gehen musste. Im Unterschied zu den nationalen Wettbewerbsbehörden, auch zum Bundeskartellamt, überprüfte die Kommission das Wettbewerbsverhalten vor
dem besonderen Hintergrund, dass die Einheitlichkeit der Waren- und Dienst-
leistungsmärkte nicht bereits vorhanden war, sondern durch ihre Intervention
erst hergestellt werden musste. Die Spielregeln für diese einheitlichen Märkte,
die durch die Deregulierung der nationalen, abgeschotteten Märkte entstanden, wurden zum großen Teil durch die Kommission geschaffen, und zwar
durch Gruppenfreistellungsverordnungen zum Kartellverbot des Art. 81 (neu)
EG. Diese Verordnungen enthalten keineswegs nur wettbewerbsrechtliche,
sondern auch allgemein wirtschaftsrechtliche und privatrechtliche Normen.
Im Jahre 2000 ist eine neue Gruppenfreistellungsverordnung über Vertikalverträge in Kraft getreten. Durch sie wird das Gemeinschaftsrecht an das deutsche Kartellrecht angenähert, das die vertikalen gegenüber den horizontalen
Kartellen bevorzugt. Noch ungeklärt ist, ob sich die Kommission mit ihrem

Ziel durchsetzt, die Kartellkontrolle stärker auf die Mitgliedstaaten zu verlagern und von der präventiven, zentralistischen, auf eine nachträgliche, dezentrale Kontrolle hin zu entwickeln. Es besteht die Gefahr, dass die Einheitlichkeit der Rechtsanwendung verloren geht. Diese Gefahr würde sich verstärken, wenn, wie die Kommission in einem Weißbuch aus dem Jahre 1999[146] vorschlägt, das gegenwärtige System eines umfassenden Kartellverbots mit einer möglichen Freistellung durch die Kommission aufgegeben würde; die Kommission will stattdessen ein Verbot mit Legalausnahmen (durch den Rat) einführen; über das Vorliegen einer Ausnahme sollen neben der Kommission auch die nationalen Behörden und Gerichte entscheiden. Dezentralisierung würde hier Rechtszersplitterung bedeuten. Das Kartellverbot würde de facto zu einem Missbrauchsverbot absinken.

Die Kompetenzen zum Missbrauchsverbot, die der Kommission aus Art. 86 (jetzt 82) EG zugefallen waren, wurden sowohl zur Herstellung und Erhaltung des Wettbewerbs als auch zur Herstellung des einheitlichen Binnenmarktes genutzt. Nach Art. 82 EG sind Verhaltensweisen verboten, durch die eine beherrschende Stellung auf dem Gemeinsamen Markt oder einem wesentlichen Teil desselben missbräuchlich ausgenutzt wird. Die Frage der beherrschenden Stellung überprüfte die Kommission im Wesentlichen anhand von Marktanteilen, sie verwandte aber auch andere Kriterien. Der Missbrauch erforderte wiederum eine Berücksichtigung der allgemeinen wirtschaftspolitischen Verhältnisse. Auch hier spielte im Hintergrund einer jeden Entscheidung das Ziel der europäischen Marktintegration eine wichtige Rolle. Beherrschende Stellung und Missbrauch betrafen einen Markt, der erst zusammenwachsen sollte, auch und gerade durch die Politik der Kommission.

In Art. 86 (früher 90) EG sind schließlich die öffentlichen Unternehmen aus den Mitgliedstaaten erfasst. In den letzten Jahren hat die Gemeinschaft sich insbesondere darum bemüht, die Monopole von Unternehmen der öffentlichen Hände aufzubrechen, allerdings mit unterschiedlichem Erfolg (vgl. unten).

Die Bedeutung von Art. 81 ff. EG erschließt sich nur, wenn man die umfangreiche Rechtsprechung analysiert, die sich auf der Grundlage der beiden Vorschriften entwickelt hat. Durch diese Rechtsprechung ist ein ausdifferenziertes, supranationales Rechtsgebiet, das europäische Wettbewerbsrecht, entstanden. Im Geiste dieser wettbewerbsrechtlichen Sichtweise werden von der Gemeinschaft auch nach Art. 87 ff. EG die staatlichen Beihilfen in den EG-Mitgliedstaaten kontrolliert (vgl. unten). Beihilfen sind in Art. 87 EG umfassend definiert. Die Beihilfenkontrolle hat in den letzten Jahren stetig an Bedeutung zugenommen.

---

146 Vgl. Weißbuch über die Modernisierung der Vorschriften zu Art. 81 und 82 EG, KOM (1999) 101 endg.

Weiterführende Hinweise zum EG-Wettbewerbsrecht insgesamt:

Bellamy/Child, Common Market Law of Competition, 4th ed. 1993; *Blaise/Idot,* Concurrence, RTDeur 33 (3) 1997, 459-520; *Goldman/Lyon-Caen/Vogel,* Droit commercial Européen, 5me éd. 1994; *Goyder,* EEC-Competition Law, 2nd. ed 1993; *Immenga/Mestmäcker,* EG-Wettbewerbsrecht (Kommentar), 2 Bände, 1997; *Jacobs/Stewart-Clark,* Competition Law in the European Community, 2nd ed. 1991; *Kecht,* Das EWG-Kartellrecht in der Praxis, 1988; *van Bael/Bellis,* Competition Law of the EEC, 3rd ed. 1994; *von der Groeben/Thiesing/Ehlermann* – (Bearbeiter), abgekürzt GTE- (Bearb.), Kommentar zum EG-Vertrag, 5. Aufl. 1997-1999.

2. Das Kartellverbot

a) Die Mechanik des Gesetzes

Betrachtet man Art. 81 des EG-Vertrages, so fällt zuerst auf, dass nicht nur Vereinbarungen im Sinne von Verträgen, sondern auch Beschlüsse oder aufeinander abgestimmte Verhaltensweisen erfasst werden. Damit sollen ausdrücklich die sogenannten gentlemen's agreements erfasst werden, die gerade im Kartellrecht Tradition haben. Die vertragschließenden Parteien wollen der Wirkung des Kartellrechts dadurch entgehen, dass sie die rechtliche Verbindlichkeit ihrer Vereinbarung ausdrücklich verneinen, sich aber dennoch an diese halten. Auch derartige Vereinbarungen erfasst Art. 81 Abs. 1. Die Vereinbarungen müssen eine Beschränkung oder Verfälschung des Wettbewerbs bezwecken oder bewirken. Sie müssen ferner geeignet sein, den Handel zwischen Mitgliedstaaten zu beeinträchtigen. Demnach ist nicht allein der Zweck einer wettbewerbsbeschränkenden Vereinbarung maßgeblich, vielmehr sind alle Vereinbarungen nach Art. 81 Abs. 1 überprüfbar, die faktisch eine Wettbewerbsbeschränkung bewirken. Hinzu kommt das Erfordernis der Zwischenstaatlichkeit, das von der EG-Kommission freilich von Anfang an großzügig interpretiert wurde. Schließlich muss der zwischenstaatliche Handel *spürbar* beeinträchtigt sein. Das Erfordernis der Spürbarkeit wurde von der Rechtsprechung eingeführt, um Bagatellfälle aus dem Anwendungsbereich des europäischen Wettbewerbsrechts auszuklammern; später gab die Kommission Bagatellbekanntmachungen heraus, die letzte im Jahre 1998.[147]
Art. 81 Abs. 1 EG erfasst horizontale und vertikale Verhandlungsstrategien. Hierbei werden fünf Arten von verbotenen Verhaltensweisen besonders herausgestellt (keine abschließende Aufzählung):
– Preis- und Konditionenkartelle

---

147 Vgl. EuGH Slg. 1985, 2545, Rs. 42/84 – Remia; vgl. dazu die Bagatellbekanntmachungen der Kommission, zuletzt in ABlEG C 372/13 = WuW 2/1998, 159

– Quotenkartelle in Produktion, Absatz und bei Investitionen sowie technischen Entwicklungen
– die Aufteilung der Märkte und Versorgungsquellen
– Diskriminierung
– sachwidrige Koppelungsgeschäfte.

Art. 81 Abs. 3 EG gibt die Möglichkeit, einzelne Vereinbarungen oder Gruppen von vergleichbaren Vereinbarungen vom Verbot des Art. 81 Abs. 1 freizustellen (Einzelfreistellungen und Gruppenfreistellungen), wenn die Vereinbarungen oder Beschlüsse unter angemessener Beteiligung der Verbraucher an dem entstehenden Gewinn zur Verbesserung der Warenerzeugung oder -verteilung oder zur Förderung des technischen oder wirtschaftlichen Fortschritts beitragen, wenn ferner die Beschränkungen des Wettbewerbs unerlässlich sind und hinreichender Restwettbewerb verbleibt. Als Begründung für eine Freistellung kann demnach auch der Umstand verwendet werden, dass eine Vereinbarung zum technischen oder wirtschaftlichen Fortschritt beiträgt. Dies geht über eine Wettbewerbspolitik weit hinaus.
Soll eine Gruppenfreistellung EG-weit unmittelbar gelten, so ist die Form der Verordnung (vgl. oben) notwendig. Für den Erlass von Verordnungen ist an sich der Rat zuständig. Da er aber mit den Detailproblemen überfordert wäre, die zu bewältigen sind, wenn Vereinbarungen vom Kartellverbot freigestellt werden sollen, hat er durch die Ermächtigungsverordnungen 19/65 und 2821/71 die Regelungskompetenzen für bestimmte Bereiche, darunter auch den der Gruppenfreistellungsverordnungen nach Art. 81 Abs. 3 EG, auf die Kommission übertragen. Die Kommission kann also Vereinbarungen mit allgemeinen technik- und wirtschaftspolitischen Begründungen freistellen, wenn sie die Merkmale »Unerlässlichkeit« und »verbleibender Restwettbewerb« bejaht. Ihr Handlungsspielraum ist hier groß.
Innerhalb der Kommission ist die Generaldirektion IV (Wettbewerb) für die Wettbewerbspolitik verantwortlich. Von ihren gegenwärtig 7 Direktionen befasst sich eine mit der Fusionskontrolle (Task Force), eine mit der Kontrolle von staatlichen Beihilfen (vgl. unten). Die wichtigste Verfahrensnorm ist die Verordnung (VO) Nr. 17 aus dem Jahre 1962[148]. Auf sie gestützt kann die Kommission Untersagungsverfügungen erlassen und Geldbußen festsetzen. Mit Hilfe von Zwangsgeldern kann ein bestimmtes Verhalten für die Zukunft abgefordert werden. Die Kommission hat erhebliche Ermittlungsbefugnisse. Sie kann auf die Amtshilfe der nationalen Behörden zurückgreifen.
Ende 2000 veröffentlichte die Kommission einen Vorschlag für eine Neufassung der VO Nr. 17, in dem sie u. a. statt der Gruppenfreistellungsverordnungen Legalfreistellungen vom Kartellverbot des Art. 81 EG einführen

---

148 ABlEG 1962/204

will.[149] Es drohen erhebliche Divergenzen in der Rechtsprechung zu diesen Legalausnahmen mit dem Ergebnis der Schwächung von Art. 81 EG. Das wettbewerbspolitische Konzept, vor dessen Hintergrund die Kommission diese Initiative gestartet hat, ist unklar.

b) Marktintegration und Parallelimporte

aa) Grundig und Consten

Im Jahre 1964 kam es zur Grundsatzentscheidung der EG-Kommission im Fall *Grundig und Consten*.[150] Die deutsche Grundig GmbH hatte im Jahre 1957 die französische Firma Consten zu ihrem Alleinvertreter für Frankreich bestellt. Consten verpflichtete sich, von Grundig bestimmte Waren abzunehmen, die in Prozenten der Gesamteinführung von betreffenden Waren festgesetzt waren. Hinzu kam die Verpflichtung, eine angemessene Werbung zu betreiben, Ersatzteillager zu unterhalten und einen Kundendienst einzurichten. Im Gegenzug verpflichtete sich die Grundig GmbH, weder direkt noch indirekt andere Personen im Vertragsgebiet zu beliefern. Consten durfte wiederum nicht in andere Länder liefern, war aber berechtigt, in Frankreich das von Grundig eingeführte Warenzeichen GINT (Grundig International) zu benutzen. Dieses Warenzeichen war in Deutschland für Grundig, außerhalb Deutschlands für den jeweiligen nationalen Alleinvertreter eingetragen. In der Folgezeit verkauften andere Händler in Frankreich Grundig-Waren, die sie parallel importiert, d. h. von deutschen Handelsfirmen bezogen hatten. Da diese Händler die Preise von Consten zum Teil erheblich unterbieten konnten, kam es zu einem Rechtsstreit, in dessen Verlauf der Appellationshof Paris das Verfahren aussetzte, damit die Kommission über den bei ihr gestellten Antrag auf Feststellung der Wettbewerbswidrigkeit des Alleinvertrages zwischen Grundig und Consten entscheiden konnte.

Die Kommission kam 1964 zu dem Ergebnis, dass die Verhinderung von Parallelimporten und der dadurch bewirkte absolute Gebietsschutz weder für die intensive Marktbearbeitung noch für die Beobachtung des Marktes unerlässlich gewesen sei. Schließlich habe auch die Vereinbarung über die Marke GINT zur Isolierung der nationalen Märkte beigetragen. Sie sei deshalb geeignet gewesen, den Handel zwischen Mitgliedstaaten zu beeinträchtigen. Sowohl der Alleinvertriebsvertrag als auch die Vereinbarung über das Warenzeichen wurden von der Kommission als mit Art. 81 Abs. 1 unvereinbar qualifiziert und verboten.

---

149 Vgl. Bartosch, Der Vorschlag der Kommission für eine »neue VO Nr. 17«, EuZW 2001, 101-107
150 Komm. v. 23. 9. 1964, ABlEG Nr. 161 v. 20. 10. 1964, L 22/2545

Mit Urteil vom 13. 7. 1966 bestätigte der EuGH[151] die Kommissionsentscheidung. Er stellte zum einen klar, dass sich Art. 81 Abs. 1 nicht auf horizontale Vereinbarungen beschränkt, dass vielmehr auch wettbewerbsbeschränkende Vereinbarungen vertikaler Natur erfasst werden. Zur sogenannten Zwischenstaatlichkeitsklausel erläutert der EuGH, dass die Vereinbarung unmittelbar oder mittelbar, tatsächlich oder der Möglichkeit nach geeignet sein muss, die Freiheit des Handels zwischen Mitgliedstaaten in einer Weise zu gefährden, die der Verwirklichung der Ziele eines einheitlichen zwischenstaatlichen Marktes nachteilig sein kann. Deshalb schließt, so der EuGH, der Umstand, dass eine Vereinbarung zu einer selbst beträchtlichen Ausweitung des Handelsvolumens zwischen Mitgliedstaaten führt, noch nicht aus, dass die Vereinbarung den Handel zwischen Mitgliedstaaten im Sinne von Art. 81 Abs. 1 beeinträchtigen kann.

Nach Art. 81 Abs. 2 ist die gesamte Vereinbarung nur dann nichtig, wenn sich die verbotenen Teile von den übrigen nicht trennen lassen. Im Falle Grundig und Consten waren nur diejenigen Teile der Vereinbarung nichtig, die unter das Verbot des Abs. 1 fallen, also der sogenannte absolute Gebietsschutz für Consten und die Vereinbarung in Bezug auf die Marke GINT. Der EuGH hielt fest, dass die aus dem Warenzeichenrecht der verschiedenen Mitgliedstaaten erwachsenden Ansprüche nicht zu Zwecken missbraucht werden dürften, die dem EG-Wettbewerbsrecht zuwiderlaufen. Damit wurde Consten verboten, aufgrund des Alleinvertriebsvertrages mit Grundig, der durch das für Consten reservierte Warenzeichen GINT abgesichert war, in Frankreich einen absoluten Gebietsschutz aufzubauen und zu genießen.

Der EuGH hielt darüber hinaus fest, dass die Kommission von sich aus prüfen müsse, ob die Freistellungsvoraussetzungen nach Art. 81 Abs. 3 EG angewandt werden könnten. Die Kommission dürfe sich nicht darauf beschränken, von den Unternehmen entsprechende Nachweise zu verlangen.

bb) Pioneer

Ende 1979 griff die Kommission den Fall *Pioneer* auf. Die Pioneer Electronic Corporation, Tokio, ist einer der bedeutendsten Hersteller von Hifi-Geräten. 1979 verfügte er in sieben EG-Staaten über unabhängige Alleinvertriebshändler. Die für Frankreich zuständige Firma MDF drang beim deutschen Alleinvertriebshändler Melchers und bei der in Belgien ansässigen Tochterfirma von Pioneer darauf, Parallelimporte nach Frankreich zu verhindern, weil ihr Preisniveau erheblich über dem in anderen EG-Staaten lag. Pioneer rief seine Händler zu einem Meeting in Antwerpen zusammen, um die Klagen von

---

151 EuGH Slg. 1966, 1, 322; Rs. 56, 58/64 – Grundig-Consten

MDF zu diskutieren. Darauf schrieb ein britischer Großhändler an zwei große Kunden einen Brief, der u. a. folgendes enthielt:

>>In den letzten Monaten hat der Alleinvertriebshändler für Pioneer in Frankreich sich darüber beschwert, dass Pioneergeräte von Großbritannien nach Frankreich verbracht würden. Ich verneinte diese Vorwürfe, die auch in der Vergangenheit gemacht worden waren. . . . Letzte Woche wurde ich nach Antwerpen gerufen, um die ganze Frage zu diskutieren. Mir wurde der Boden unter den Füßen weggezogen. Der französische Händler hatte einige Testkäufe durchgeführt, um Beweise gegen mich zu produzieren. . . . Mir war klar, dass die EG-Normen Parallelimporte verbieten. Offen gestanden bin ich manchmal mehr mit Gerechtigkeit als mit dem Recht befasst. Die naheliegende Lösung des Problems der Exporte nach Frankreich wäre für mich, die Preise heraufzusetzen, während der französische Händler die Preise herabsetzen müsste. Bedauerlicherweise ist dies in den verschiedenen ökonomischen Klimazonen nicht immer möglich. Ich frage mich, ob ich mich an Sie wenden kann, um Sie um Ihre Mithilfe zu bitten, damit eine gegenseitige Zerfleischung vermieden wird.<< (Übersetzung: B.N.)

Danach hörten die Importe aus Großbritannien auf. Die Kommission nahm eine aufeinander abgestimmte Verhaltensweise an. Hierfür waren neben der Verhaltensweise des britischen Großhändlers auch die Begleitumstände der Weigerung des deutschen Unternehmens Melchers maßgeblich, den Großauftrag eines deutschen Kunden über Hifi-Geräte, die offensichtlich für einen Export nach Frankreich bestimmt waren, auszuführen. Erschwerend fiel darüber hinaus ins Gewicht, dass Pioneer sich der Problematik des Art. 81 Abs. 1 offensichtlich sehr wohl bewusst war. Die Alleinvertriebsverträge waren nämlich so abgeändert worden, dass sie keinen Gebietsschutz mehr vorsahen und in ihrem Wortlaut den Erfordernissen der inzwischen verabschiedeten Gruppenfreistellungsverordnung Nr. 67/67 für Alleinvertriebsverträge entsprachen. Die Kommission erklärte die Vereinbarung für nach Art. 81 Abs. 1 verboten und unwirksam.[152] Sie verhängte Geldbußen in Höhe von mehreren Millionen ECU.

Durch Urteil vom 7. 6. 1983 bestätigte der EuGH[153] diese Rechtsauffassung. Damit war in einem Grenzfall sichergestellt, dass die Umgehung des Kartellverbots durch aufeinander abgestimmte Verhaltensweisen ohne förmlich vereinbarte rechtliche Verpflichtung unzulässig war.

152 Komm. 14. 12. 1979, ABlEG Nr. 60 v. 5. 3. 1980, S. 21, Pioneer
153 EuGH Slg. 1983, 1825; Rs. 100-103/80

c)   Horizontal Kartelle

aa)   Grundfälle: Chinin und Farbstoffe

Ihr besonderes Augenmerk richtet die Kommission auf horizontale Kartelle. Zwei Grundfälle, »*Chinin*« und »*Farbstoffe*«, sind hier besonders bedeutsam:

–   *Chinin*

Im Jahre 1969 ging die Kommission gegen die bedeutendsten Hersteller von *Chinin und Chinidin* vor. Diese hatten 1960 unter der Führung der deutschen Firma Boehringer und der niederländischen Nedchem-Gruppe einen »Exportvertrag« und zwei »gentlemen's agreements« abgeschlossen. Durch den Exportvertrag verpflichteten sie sich, Preise und Rabatte für den Export nach Drittstaaten, ausgenommen Großbritannien, gemeinsam festzusetzen. Durch die »gentlemen's agreements« wurde diese Verpflichtung auf die übrigen EG-Staaten ausgedehnt. Darüber hinaus führten die beteiligten Unternehmen einen Mengenausgleich durch und vereinbarten den gemeinsamen Einkauf von Chininrohstoffen.
Die Kommission behandelte sowohl den unterschriebenen Exportvertrag als auch die gentlemen's agreements als vertragliche Wettbewerbsbeschränkungen nach Art. 81 Abs. 1 EG. Durch die gemeinsam festgesetzten Preise sei der Wettbewerb im Gemeinsamen Markt erheblich eingeschränkt und eine Abschottung der Märkte bewirkt worden. Darüber hinaus hätten die beteiligten Unternehmen vorsätzlich gegen Art. 81 Abs. 1 EG verstoßen. Dies schloss die Kommission aus der Tatsache, dass die Beteiligten wiederholt über die Problematik einer Anmeldung ihrer Verträge beraten hatten und sich darüber hinaus auch ein Rechtsgutachten hatten erstatten lassen. Die Kommission hielt eine Freistellung der Vereinbarungen schon deshalb für unmöglich, weil keine rechtzeitige Anmeldung erfolgt sei. Mit mehreren Urteilen aus den Jahren 1970 und 1972 bestätigte der EuGH[154] die Rechtsauffassung der Kommission.

–   *Farbstoffe*

Noch bekannter wurde der Fall »*Farbstoffe*«. Im Zeitraum von 1964 bis 1967 wurden in Deutschland, Belgien, den Niederlanden und Italien die Preise für Anilin-Farbstoffe gleichzeitig und wiederholt um einen einheitlichen Betrag angehoben. Der Kommission gegenüber erklärten die beteiligten Unterneh-

---

154 EuGH Slg. 1970, 661, 733 und 769; Rs. 41, 44 und 45/69 – Chinin; Slg. 1972, Rs. 7/72 – Chinin

men, die teils in der EG, teils außerhalb (Großbritannien, Schweiz) ansässig waren, die Preiserhöhungen seien kein Kartell, sondern nur das Ergebnis eines auf oligopolistischen Märkten üblichen Parallelverhaltens. Demgegenüber vertrat die Kommission die Auffassung, hier müsse es sich um eine aufeinander abgestimmte Verhaltensweise gehandelt haben. Als Beweis hierfür wertete die Kommission die Tatsache, dass die Preissteigerungssätze für alle Länder gleich waren und jeweils zur gleichen Zeit Preiserhöhungen erfolgten. Außerdem waren die Schreiben, in denen die Hersteller ihre Tochterfirmen oder Vertreter zur Erhöhung der Preise anwiesen, ähnlich abgefasst. Auch fanden zwischen den Herstellern wiederholt Informationsgespräche statt, worüber Protokolle verfasst wurden.

Den Einwand eines deutschen Unternehmens, das Verfahren von der EG-Kommission sei unzulässig, weil gleichzeitig ein Verfahren nach deutschem Kartellrecht laufe, wies die Kommission zurück. Es berief sich auf die Rechtsprechung Costa-ENEL[155] (vgl. oben). Das Gemeinschaftsrecht genieße gegenüber dem innerstaatlichen Wettbewerbsrecht Vorrang. Die Kommission entschied ferner, dass die Entscheidung für alle beteiligten Unternehmen verbindlich sei, auch für diejenigen, welche ihren Sitz außerhalb der EG hätten. Art. 81 Abs. 1 EG finde auf alle Wettbewerbsbeschränkungen Anwendung, die ihre Auswirkungen innerhalb des Gemeinsamen Marktes hätten. Das EG-Wettbewerbsrecht ist also »exterritorial« anwendbar. Entscheidend ist, dass eine Handlung sich auf den Gemeinsamen Markt auswirkt.

Auf die Klage der betroffenen Unternehmen bestätigte der EuGH die Rechtsauffassung der Kommission.[156] Er stellte zusätzlich fest, dass sich Konzernobergesellschaften mit dem Sitz außerhalb der EG nicht darauf berufen könnten, dass eine in der EG ansässige Tochtergesellschaft eine eigene Rechtspersönlichkeit besitze. Die Zurechnung des Verhaltens der Tochter auf die Muttergesellschaft sei nicht ausgeschlossen, vor allem dann nicht, wenn die Tochtergesellschaft ihr Marktverhalten nicht autonom bestimme.

bb)   Weitere (überwiegend horizontale) Kartellfälle

– *Zementhändler*

Die Kommission ging 1971 gegen die Vereinigung der niederländischen *Zementhändler* vor. Die Mitglieder des 1928 gegründeten Verbandes hatten 1955 folgende Vereinbarung getroffen:
a)   Für Lieferungen unter 100 Tonnen legte der Verband die verbindlichen Wiederverkaufspreise und -bedingungen fest.

---

155   EuGH v. 15. 7. 1964, Slg. 1964, 125 – Costa/ENEL
156   EuGH v. 14. 7. 1972, Rs. 48, 49, 51-57/69, EuGH Slg. 1971, 619, 713, 745, 787, 845, 887, 927, 933 – Farbstoffe

b) Die Verbandsmitglieder durften nur an andere Mitglieder oder an anerkannte Wiederverkäufer liefern und mussten ihren Abnehmern Weiterver-
äußerungsverbote auferlegen.

c) An Bauunternehmen durfte nicht mehr Zement geliefert werden, als für
ein bestimmtes Bauwerk benötigt wurde.

d) Bei einer Änderung der Rechtsform mussten diese Verpflichtungen auf
den Rechtsnachfolger übertragen werden.

Der Marktanteil der Verbandsmitglieder in den Niederlanden lag bei 67,5 %.
Rund ein Drittel der Lieferungen stammte aus Importen. Deshalb ging die
Kommission davon aus, dass die praktizierten Wettbewerbsbeschränkungen
Einfluss auf die grenzüberschreitenden Handelsströme hätten. Bei der Beurteilung der Frage, ob eine Freistellung möglich sei, stellte die Kommission
darauf ab, ob sich durch die Beschränkungen bei objektiver Betrachtung eine
Verbesserung gegenüber dem Zustand ergebe, der ohne Beschränkung be-
stünde. Dafür fand die Kommission keine stichhaltigen Gründe. Deshalb
wurde eine Freistellung abgelehnt.[157]

Der EuGH bestätigte die Rechtsauffassung der Kommission.[158] Zu dem Argument, das Kartell habe keinen Einfluss auf die Handelsströme zwischen
Mitgliedstaaten gehabt, meinte der Gerichtshof, ein Kartell, das sich auf das
gesamte Gebiet eines Mitgliedstaates erstrecke, habe schon seinem Wesen
nach die Wirkung, die Abschottung der Märkte auf nationaler Ebene zu ver-
festigen. Es verhindere somit die vom Vertrag gewollte gegenseitige wirtschaftliche Durchdringung der nationalen Märkte und schütze die inländische
Produktion.

– *Zucker*

Seit 1968 hatten die wichtigsten Hersteller und Anbieter von *Zucker* in der EG
Verhaltensweisen angewandt, die ihre jeweiligen Märkte abschirmen sollten.
Lieferungen in ein anderes Land erfolgten nur an den dortigen Hersteller oder
mit dessen Einverständnis unter Anpassung an das Preisniveau seines Landes.
Lieferungen an Händler wurden abgelehnt oder nur zu den höheren Preisen
des Bestimmungslandes angeboten. Durch sogenannte Kommissionsverträge
verpflichteten einzelne Produzenten ihre Zwischenhändler, den Zucker nur in
einem bestimmten Gebiet und an bestimmte Abnehmer weiterzuveräußern.
Die Kommission sah hierin einen Verstoß gegen Art. 81 Abs. 1 EG. Sie hielt
insbesondere die als Kommissionäre bezeichneten Zwischenhändler für unab-

---

157 Komm. ABlEG Nr. 13 v. 17. 1. 1972
158 EuGH Slg. 1972, 977, Rs. 8/72 – Zementhändler

hängige Kaufleute. Sie seien für mehrere Geschäftsherren tätig geworden. Sie seien nicht in das Unternehmen eines Geschäftsherrn eingegliedert.

1968 wurden die bis dahin geltenden nationalen Zuckermarktordnungen, welche die nationalen Märkte praktisch abgeschottet gelassen hatten, durch eine gemeinsame Marktorganisation nach Art. 32 Abs. 4 EG ersetzt. Die in dieser Verordnung Nr. 1009/67 vorgesehenen Maßnahmen betrafen nach Auffassung der Kommission aber nicht den freien Warenverkehr zwischen den Mitgliedstaaten. Die Kommission erklärte nicht nur die Vereinbarungen zwischen den beteiligten Zuckerherstellern und -anbietern nach Art. 81 Abs. 1 für unwirksam. Sie stellte auch noch nach Art. 82 den Missbrauch einer marktbeherrschenden Stellung in einigen Mitgliedstaaten der EG fest.[159]

Der EuGH hob die Entscheidung der Kommission in einigen Punkten auf, erklärte aber in anderen einen Verstoß gegen Art. 81 Abs. 1 für gegeben.[160] Er bejahte insbesondere ein aufeinander abgestimmtes Verhalten. Jede unmittelbare oder mittelbare Fühlungnahme zur Beeinflussung des Marktverhaltens der gegenwärtigen oder potentiellen Mitbewerber oder zu deren Information über das eigene Marktverhalten sei unzulässig. Das aufeinander abgestimmte Verhalten setze nicht notwendigerweise einen Plan und ein gemeinsames Ziel voraus. Ob ein Handelsvertreterverhältnis vorliege und ein vereinbartes Wettbewerbsverbot aus diesem Grund mit Art. 81 Abs. 1 vereinbar sei, müsse nach Gemeinschaftsrecht beurteilt werden, nicht nach nationalem Recht. Ein einem Absatzmittler auferlegtes Verbot, seinem Geschäftsherrn Konkurrenz zu machen, stelle aber noch keinen Missbrauch dar.

– *Stichting*

Im Fall *Stichting* ging es um Vereinbarungen und Verhaltensweisen auf dem niederländischen Zigarettenmarkt. Die gemeinsame Interessenvertretung der Zigarettenhersteller und -importeure Stichting-Zigaretten-Industrie (SSI), der sechs Unternehmen mit einem Marktanteil von insgesamt 96 % angehörten, schloss 1976 einen Rahmenvertrag ab, wonach die SSI für ihre Mitglieder Konsultationen mit dem niederländischen Staat führte, um Endpreise, Groß- und Einzelhandelsspannen und das Werbeverhalten der Beteiligten zu regeln. Bereits 1974 vereinbarten die SSI-Mitglieder eine Bonusregelung für Fachgeschäfte, wonach diese bei Erfüllung bestimmter Kriterien (Sortimentsbreite, Mitwirkung an der Einführung neuer Marken, Mindestabsatzmenge zu bestimmten Preisen usw.) eine nachträgliche jährliche Sondervergütung erhielten. Nach dem niederländischen Tabaksteuergesetz unterlagen die Zigaretten einer Verbrauchssteuer, die in Form von Steuermarken entrichtet

159 Komm. ABlEG L 140/17 v. 26. 5. 1973
160 EuGH Slg. 1975, 1663 v. 16. 12. 1975, Rs. 40, 48, 50, 54-56, 111, 113, 114/73 – Zucker

wurde. Tabakwaren durften zu einem Preis, der unter dem auf den Steuermarken angegebenen liegt, nur dann verkauft werden, wenn sie an Wiederverkäufer gingen. Im Rahmen der staatlichen Preispolitik wurde eine jährliche Preisverordnung herausgegeben, die vorschrieb, in welchem Ausmaß Preise infolge von Kostensteigerungen und -senkungen zu ändern sind. Während die Rahmenvereinbarung aus dem Jahre 1976 bei der Kommission angemeldet wurde, blieben weitere Vereinbarungen zwischen den niederländischen Herstellern und Importeuren über die Erhöhung von Einzelhandelspreisen, über Mindestabnahmeverpflichtungen, Großhandelsspannen und allgemeine Verhaltensregeln unangemeldet.

Die Kommission erklärte die Bonusregelung die Preisvereinbarungen, eine Vereinbarung über die Zulassung von Großhändlern und Vereinbarungen zwischen den Herstellern und den Großhändlern über Preisnachlässe und Verkaufsbedingungen sowie die aufeinander abgestimmten Verhaltensweisen bei den Gewinnspannen gegenüber den Fachgeschäften für unwirksam nach Art. 81 Abs. 1 EG. Durch die Bonusregelung sei der Wettbewerb in der EG spürbar eingeschränkt worden, weil andere Abnehmer diskriminiert wurden und die Handlungsfreiheit der Einzelhändler beschränkt worden sei. Es sei eine Eintrittsbarriere gegen neue Hersteller und Importeure errichtet worden.[161]

Der EuGH bestätigte die Rechtsauffassung der Kommission mit Urteil vom 10. 12. 1985.[162] Die Geldbußen wurden teilweise herabgesetzt. Der EuGH stellte u. a. fest, dass der Handel zwischen den Mitgliedstaaten auch dann beschränkt werde, wenn die Beteiligten das Erzeugnis von konzernverbundenen Unternehmen erhalten haben.

– *Zinkbleche*

Im Fall »*Zinkbleche*« erklärte die Kommission Vereinbarungen zwischen den fünf größten französischen, belgischen und deutschen Herstellern von Zink und Zinklegierungen nach Art. 81 Abs. 1 EG für verboten. Im Wesentlichen betrafen sie vier Bereiche:

1. Ein französischer und ein deutscher Hersteller stimmten ihr Verhalten in der Weise aufeinander ab, dass der deutsche Markt gegen unkontrollierte Einfuhren abgeschirmt werden sollte. Deshalb schlossen beide Firmen mit dem gleichen belgischen Großhändler Verträge, worin dieser sich verpflichtete, die Ware nur in einem bestimmten Drittland (Ägypten) abzusetzen. Als der Händler nach Deutschland lieferte, wurden die Lieferungen an ihn eingestellt.

---

161 Komm. ABlEG 232/1 v. 6. 8. 1982
162 EuGH Slg. 1985, 3831; verb. Rs. 240, 241, 242, 261, 262, 268 und 269/82 – Stichting

2. Die Unternehmen verpflichteten sich, einander in Notfällen auf praktisch unbegrenzte Zeit durch Lieferungen beizustehen.
3. Ein französischer Hersteller verpflichtete sich, 15 Jahre lang kein Zink auszuwalzen und auf diesem Gebiet auch nichts zu investieren. Ein anderer französischer Hersteller reservierte ihm dafür ein Drittel des Legierungsmarktes.
4. Ein französischer und ein belgischer Hersteller vereinbarten, dass der eine 15 Jahre lang Walzzink ausschließlich vom anderen beziehen sollte.

Die Kommission sah darin einen Schutz der Märkte, ein Aushilfsabkommen, eine Einstellung der Produktion und eine Rationalisierung, die nicht durch Art. 81 Abs. 1 EG gedeckt waren.[163] Der EuGH hob mit Urteil vom 28. 3. 1984 die Entscheidung in Bezug auf den Schutz der Märkte auf, bestätigte sie aber in den übrigen Punkten.[164]

— Marktinformationsverfahren bei Traktoren

Das Europäische Gericht erster Instanz hatte 1994 über ein Marktinformationsverfahren von acht Herstellern in Großbritannien zu entscheiden, die einen Umsatzanteil von 77 % am britischen Traktorenmarkt hatten. Mit Hilfe der offiziellen britischen Registrierungsdaten war es den teilnehmenden Herstellern möglich, kurzfristig die einzelnen Verkäufe der Wettbewerber zu erkennen und die Verkaufsleistungen sowie etwaige Parallelimporte ihrer Händler zu kontrollieren. Eine Folge des Informationsverfahrens war, dass die Paralleleinfuhren von Traktoren der acht Hersteller auf den britischen Markt versiegten. Die Kommission wertete das Informationsverfahren als Kartell, das gegen Art. 81 Abs. 1 verstieß. Das Gericht wies die Klagen von zwei Herstellern, *FIATAGRI und John Deere (Lanz),* gegen die Entscheidung der Kommission zurück[165].

— Krisenkartell bei Kunstfasern

Ein Krisenkartell zur *Strukturbereinigung bei Kunstfasern* ließ die Kommission am 4.7.1984 unangetastet[166]. Die Kommission erkannte damit eine Ausnahme für Strukturkrisenkartelle an.

---

163 Komm. ABlEG L 362/40 v. 23. 12. 1982
164 EuGH Slg. 1984, 1679, Rs. 29, 30/83 – Zinkbleche
165 EuG I Slg. 1994, II-904, Rs. T 34/92 und T 35/92 – Fiat Agri und John Deere
166 Komm. v. 4. 7. 1984, ABlEG L 207/17 v. 2. 8. 1984

– *Matra*

Die Klage des französischen Automobilherstellers *Matra* gegen eine Entscheidung der Kommission, mit der diese ein Gemeinschaftsunternehmen zwischen Volkswagen und Ford zur Entwicklung und Herstellung eines Großraumfahrzeugs von Art. 81 Abs. 1 EG freigestellt hatte, wies das Europäische Gericht erster Instanz zurück[167]. Es wertete die wettbewerbspolitische Bilanz positiv. Bemerkenswert ist hier das Institut der Konkurrentenklage gegen Entscheidungen der Kommission.

d) Vertikale Wettbewerbsbeschränkungen

Neben den Fällen Grundig-Consten und Pioneer, die wegen ihrer grundsätzlichen Bedeutung zu den Fragen der Marktintegration und der Parallelimporte vorangestellt wurden, gibt es eine Fülle von Entscheidungen über vertikale Wettbewerbsbeschränkungen, vor allem über Alleinvertriebs- und Alleinbezugsverträge, aber auch über sogenannte selektive Vertriebssysteme, d. h. über Systeme, die eine bestimmte Qualifikation oder sonstige Auswahlkriterien für die Händler vorsehen. Im Anschluss an Kommissions- oder Gerichtsentscheidungen verabschiedete die Kommission mehrfach Gruppenfreistellungsverordnungen, um einheitliche Regeln für die betroffenen Sachbereiche zu schaffen.

Seit 1. 6. 2000 gilt die GVO 2790/99[168] vom 22. 12. 1999 für vertikale Vereinbarungen und aufeinander abgestimmte Verhaltensweisen, welche die drei vorangegangenen, separaten Gruppenfreistellungsverordnungen für Alleinvertrieb, Alleinbezug und Franchising ersetzt. Sie wirft zahlreiche Auslegungs- und Abgrenzungsfragen auf, die von der Kommission und vom EuGH geklärt werden müssen.[169] Im Folgenden sollen Alleinvertrieb, Alleinbezug und Franchising getrennt dargestellt werden.

aa)   Alleinvertrieb und Alleinbezug

– *Maschinenbau Ulm*

Bereits 1966 stellte der EuGH[170] die Unwirksamkeit eines Alleinvertriebsvertrages zwischen dem deutschen Unternehmen *Maschinenbau Ulm* und einem französischen Handelsunternehmen fest. Der Appellationshof Paris hatte zwei

---

167 EuGH Slg. II-1994, 59, Urteil v. 15. 7. 1994, Rs. T-17/93 – Matra
168 ABlEG L 336/31 v. 29. 12. 1999
169 Vgl. Ackermann, Die neuen EG-Wettbewerbsregeln für vertikale Beschränkungen, EuZW 1999, 741
170 Entscheidung v. 30. 6. 1966, EuGH Slg. 1966, 282; Rs. 56/65 – Maschinenbau Ulm

Fragen zur Vorabentscheidung vorgelegt. Bei der ersten ging es um die Beurteilung von nicht angemeldeten Alleinvertriebsverträgen, welche weder den Export noch Paralleleinfuhren verbieten, jedoch dem Vertriebsberechtigten ein Wettbewerbsverbot auferlegen. Die zweite Frage richtete sich auf die Nichtigkeitsfolge des Art. 81 Abs. 2 EG, d. h. darauf, ob der ganze Vertrag oder nur die verbotene Vertragsklausel nichtig sei.

Der EuGH entschied, dass nicht jeder Vertrag, der ein Alleinvertriebsrecht einräume, deshalb mit Art. 81 Abs. 1 EG unvereinbar sei. Unter folgenden Voraussetzungen sei dies jedoch der Fall:

– Die Vereinbarung wird zwischen Unternehmen, gleich welcher Handelsstufe, abgeschlossen.
– Es besteht die Gefahr einer Beeinflussung des zwischenstaatlichen Handels. Hier ist insbesondere die Möglichkeit der Errichtung von Handelsschranken zu prüfen.
– Die Vereinbarung bezweckt oder bewirkt eine Verhinderung, Einschränkung oder Verfälschung des Wettbewerbs.

Die Nichtigkeit nach Art. 81 Abs. 2 EG erstreckt sich nur auf die Bestimmungen des Vertrages, welche mit Art. 81 Abs. 1 EG unvereinbar sind. Anzumerken ist, dass sich in der Bundesrepublik die Frage der Nichtigkeit der übrigen Vereinbarungen nach § 139 BGB bemisst. Der ganze Vertrag ist nichtig, sofern sich aus dem mutmaßlichen Parteiwillen nichts anderes ergibt.

Im Jahre 1967 erließ die Kommission die *Gruppenfreistellungsverordnung 67/67* für *Alleinvertrieb*. Sie ist inzwischen nicht mehr gültig. Sie stellte unter bestimmten Voraussetzungen Alleinvertriebsvereinbarungen vom Kartellverbot des Art. 81 Abs. 1 EG frei. Auf der Grundlage dieser Verordnung setzte der EuGH seine Rechtsprechung fort. Im Folgenden werden drei Fälle herausgegriffen:

– *Miller Schallplatten*

Ein deutsches Unternehmen hatte seinem französischen Alleinvertriebshändler ein Exportverbot aus Elsass-Lothringen in andere Länder auferlegt. Bei der Beurteilung der Auswirkungen dieser Wettbewerbsbeschränkung ging die Kommission 1976 davon aus, dass sowohl Unterhaltungsmusik als auch das speziell angebotene Kinderprogramm eigene Märkte bildeten. Die Kommission unterstellte einen bewussten Verstoß gegen Art. 81 Abs. 1, weil zumindest seit dem Grundig-Consten-Urteil und einer weiteren Entscheidung bekannt sein musste, dass Exportverbote als schwere Verstöße gegen Art. 81 Abs. 1 gewertet werden.[171]

---

171 Komm. ABlEG L 357/40 v. 29. 12. 1976

Mit Urteil vom 1. 2. 1978[172] wies der EuGH die Klage ab, die gegen diese Entscheidung vorgebracht wurde. Der geringe Marktanteil der Firma Miller sei nicht so zu interpretieren, dass keine Beeinträchtigung des zwischenstaatlichen Handels bewirkt worden sei. Auch sei das Argument unerheblich, dass das Exportverbot nur auf Wunsch des Vertragspartners festgelegt, aber niemals ausgeführt worden sei. Der EuGH hielt fest, dass eine Exportverbotsklausel schon ihrem Wesen nach (»per se«) eine Wettbewerbsbeschränkung darstelle.

– *Hasselblad*

Im Jahre 1981 entschied die Kommission im Fall *Hasselblad*[173] über eine Alleinvertriebsvereinbarung, eine Marktaufteilung und einen Informationsaustausch des schwedischen Unternehmens Hasselblad. Dieses erzeugte hochwertige Spiegelreflexkameras, und zwar überwiegend für den Export. Im Jahre 1965 meldete Hasselblad einen Musteralleinvertriebsvertrag für den Vertrieb in der EG bei der Kommission an. Die Kommission verlangte die Streichung der Verpflichtung des Alleinvertriebshändlers, außerhalb seines Vertragsgebietes weder direkt noch indirekt zu verkaufen. Bei der praktischen Anwendung des geänderten Vertrages ging Hasselblad mit seinen Alleinvertriebshändlern in den EG-Staaten so vor, dass es zu einer Abschottung der jeweiligen nationalen Märkte kam. Man bediente sich dazu einer Nummernkontrolle, die es Hasselblad ermöglichte, den Vertriebsweg jeder Kamera festzustellen. Hinzu kam ein Informationsaustausch über Preis und Konditionen und eine Diskriminierung parallel importierter Geräte beim Kundendienst. In Großbritannien bestand darüber hinaus seit 1974 ein Vertriebssystem, durch das nur etwa 100 von 2000 Fotofachhändlern Zugang zu Hasselblad-Kameras erhielten. Schließlich wurde auch nachhaltig versucht, die Wiederverkaufspreise zu beeinflussen. So wurde der Vertriebsvertrag mit einem Einzelhändler, der mit niedrigen Spannen arbeitete, gekündigt und ein weiterer Handel mit Hasselblad-Waren durch eine Detektei überwacht.

Die Kommission sah in dieser Vertriebspolitik einen vorsätzlichen Verstoß gegen Art. 81 Abs. 1 EG mit spürbaren Auswirkungen auf den zwischenstaatlichen Handel in der EG. Die jeweiligen Alleinvertriebshändler hätten ihr Marktverhalten auf die Vorstellungen von Hasselblad abgestimmt, indem sie alles taten, um den angestrebten absoluten Gebietsschutz durchzusetzen. Nach der ständigen Rechtsprechung des EuGH dürfe eine Alleinvertriebsvereinbarung nicht dazu führen, dass »nicht offizielle« Einfuhren aus anderen Mitgliedstaaten behindert werden. Beim Vertriebssystem in Großbritannien

172 EuGH Slg. 1978, 131; Rs. 19/77 – Miller
173 Komm. v. 12. 6. 1982, ABlEG L 161/18

sei die Auswahl der Wiederverkäufer nicht nach objektiven Gesichtspunkten qualitativer Art, sondern aufgrund einer quantitativen Auswahl erfolgt. Insgesamt habe es sich um schwere, langanhaltende Wettbewerbsverstöße gehandelt.

Die englische Niederlassung von Hasselblad erhob hiergegen Klage beim EuGH. Dieser hob mit Urteil vom 21. 2. 1984[174] die Entscheidung der Kommission teilweise auf. Die Kommission habe nicht nachweisen können, dass Hasselblad in Großbritannien bei parallel importierten Kameras längere Reparaturzeiten angesetzt habe, als sie in anderen Mitgliedstaaten für die gleichen Kameras üblich sind. Es sei nur erwiesen, dass von Hasselblad der eigenen Kundschaft besondere Vorteile bei der Reparatur und Garantiezeit geboten wurden. Die Geldbuße von Hasselblad Großbritannien wurde daher herabgesetzt.

– *Ford-Vertriebssystem*

Im Jahre 1983 untersagte die Kommission ein Vertriebssystem von Ford.[175] In sogenannten Haupthändlerverträgen wies Ford-Deutschland jedem zugelassenen Händler ein Marktverantwortungsgebiet zu. Innerhalb dieses Gebiets durfte Ford keinen anderen Händler unter Vertrag nehmen. Den Händlern war es untersagt, Fahrzeuge an unabhängige Händler zu verkaufen, ohne Zustimmung von Ford andere Marken zu verkaufen und außerhalb ihres Gebietes besondere Verkaufsaktivitäten zu entfalten. Zugleich mit der Einführung dieser Verträge richtete Ford-Deutschland im Jahre 1982 ein Rundschreiben an die Händler in Deutschland, welche (auch) rechtsgelenkte PKW verkauft hatten. Ford kündigte die Einstellung der Lieferung solcher Wagen an und empfahl den Händlern, die Interessenten an britische Händler zu verweisen. Die Kommission bezeichnete das von zugelassenen Händlern auferlegte Verbot, den Absatz außerhalb der Bundesrepublik aktiv zu fördern oder PKW an nicht zugelassene Händler in anderen Mitgliedstaaten zu liefern, als Verstoß gegen Art. 81 Abs. 1 EG. Ebenfalls ein solcher Verstoß war die Weigerung rechtsgelenkte PKW zu liefern. Nach der Auffassung der Kommission müssen bei der Beurteilung der Freistellungsmöglichkeit alle Hindernisse berücksichtigt werden, die von einer Vertragspartei selbst für den Wettbewerb durch Paralleleinfuhren errichtet wurden. Eine Freistellung kann verweigert werden, wenn ein an einer Vereinbarung Beteiligter Rechte ausübt oder Maßnahmen ergreift, mit denen er verhindern will, dass Händler oder Verbraucher die betreffenden Produkte anderswo erhalten. Dies bedeutet, dass einseitige Handlungen, die als solche nicht gegen Art. 81 Abs. 1 EG verstoßen, wie z. B. eine

174 EuGH Slg. 1984, 883; Rs. 86/82 – Hasselblad
175 Entscheidung v. 16. 11. 1983, ABlEG L 327 v. 24. 11. 1983

Lieferverweigerung, bei der Freistellungsentscheidung dennoch berücksichtigt werden dürfen. Im Besonderen beachtet die Kommission, ob ein selektives Vertriebssystem auf die Aufrechterhaltung eines hohen Preisniveaus oder den Ausschluss bestimmter moderner Vertriebsarten abzielt. Die Ford-Preise für rechtsgelenkte Wagen lagen in der Bundesrepublik erheblich niedriger als in anderen EG-Staaten. Die Freistellung des Ford-Vertriebssystems wurde verweigert, da es gewöhnlich Voraussetzung für eine Freistellung ist, dass der intrabrand-Wettbewerb auf der Vertriebsstufe über die einzelstaatlichen Grenzen hinaus möglich ist oder zumindest nicht behindert wird und Vertriebssysteme innerhalb der Gemeinschaft folglich nicht dazu führen dürfen, einen erheblichen Teil der Gemeinschaft bewusst zu isolieren. Gerade dies habe die Lieferverweigerung aber bezweckt oder bewirkt.

– *Die GVO für Alleinvertriebsvereinbarungen*

Am 22. 6. 1983 wurde die *Verordnung Nr. 1983/83 über die Gruppenfreistellung von Alleinvertriebsvereinbarungen*[176] verabschiedet. Sie ist inzwischen nicht mehr gültig. Vereinbarungen, mit denen sich ein Lieferant verpflichtet, zum Weiterverkauf im Gemeinsamen Markt oder in einem wesentlichen Teil desselben nur den vertragsbeteiligten Abnehmer zu beliefern, durften keinen »absoluten Gebietsschutz« beinhalten, etwa dadurch, dass der Lieferant verpflichtet wurde, seinen sonstigen Abnehmern Lieferungen in das Vertragsgebiet zu untersagen. Der Lieferant durfte außer der Alleinbelieferungspflicht nur die Verpflichtung übernehmen, keine Verbraucher im jeweiligen Vertragsgebiet mit Vertragswaren zu beliefern. Dem Alleinvertriebshändler durften nur Konkurrenzverbote für die Dauer des Vertrages, eine Alleinbezugsverpflichtung und ein Verbot, sich außerhalb seines Vertragsgebietes werbend zu betätigen, auferlegt werden. Von der Freistellung ausgeschlossen waren gegenseitige Alleinvertriebsvereinbarungen von Konkurrenten auf der gleichen Wirtschaftsstufe. Die Kommission konnte im Einzelfall die Gruppenfreistellung widerrufen, wenn die freigestellte Vereinbarung Wirkungen hatte, die mit Art. 81 Abs. 3 EG unvereinbar waren. Insbesondere mussten die Vertragswaren mit Konkurrenzerzeugnissen in einem wirksamen Wettbewerb stehen; auch durfte anderen Lieferanten der Zugang zu den einzelnen Vertriebsstufen im Vertragsgebiet nicht wesentlich erschwert werden. Schließlich durften Vertragswaren nicht zu unverhältnismäßig hohen Preisen an die Abnehmer verkauft werden; die Abnehmer durften nicht diskriminiert werden.
Hinter der GVO Nr. 1983/83 stand der Gedanke, dass die Konzentration der Verkaufsanstrengungen auf einen Händler zu einer Verbesserung der Warenverteilung führt. Hieran ist richtig, dass gerade kleine und mittlere Produk-

---

176   ABlEG L 173/1 v. 30. 6. 1983; inzwischen durch GVO 2790/99 ersetzt

tionsunternehmen über Alleinvertriebshändler, die selbst die Absatzförderung, den Kundendienst und die Lagerhaltung auf ihrem regionalen Gebiet übernehmen, ein neues Produkt rasch vermarkten können. Andererseits wird der sog. intrabrand-Wettbewerb beeinträchtigt, ja bei einem absoluten Gebietsschutz sogar fast ausgeschlossen. Dies kann letztlich auch nicht im Interesse des Produzenten liegen, da die Gefahr besteht, dass die Händler träge werden und sich auf die »sichere Pfründe« ihres geschützten Gebiets zurückziehen.

– *Die GVO für Alleinbezugsvereinbarungen*

Am 23. 6. 1983 verabschiedete die Kommission die *Verordnung Nr. 1984/83 über die Gruppenfreistellung für Alleinbezugsvereinbarungen*[177]. Sie ist heute nicht mehr in Kraft. Betroffen waren allgemeine Bezugsverpflichtungen, Bierlieferungsverträge und Tankstellenverträge. Allgemeine Bezugsverpflichtungen, die nicht mit der Einräumung eines Alleinvertriebsrechts verbunden waren, wurden freigestellt, soweit sich in ihnen der Wiederverkäufer zum ausschließlichen Bezug der Vertragsware beim Lieferanten für höchstens fünf Jahre verpflichtete. Im Rahmen dieser Vereinbarung konnte sich der Lieferant verpflichten, Vertragswaren und Konkurrenzerzeugnisse im Hauptabsatzgebiet des Wiederverkäufers nicht selbst zu vertreiben. Dem Wiederverkäufer konnte ein Konkurrenzverbot auferlegt werden. Die Begründung von Alleinbezugsverpflichtungen zwischen konkurrierenden Herstellern war von der Freistellung ausgenommen. Die Alleinbezugsvereinbarung durfte sich nicht auf mehrere, zueinander nicht in Beziehung stehende Waren erstrecken.
Besondere Vorschriften galten für Bier- und Getränkelieferungsverträge. Erstreckte sich die Bindung nur auf Biere, dann durfte sie höchstens für 10 Jahre oder für die Dauer eines bestehenden Pachtverhältnisses vereinbart werden. Erstreckte sie sich auf Biere und andere Getränke, durfte sie höchstens für 5 Jahre oder für die Dauer eines bestehenden Pachtverhältnisses vereinbart werden. Dem Wiederverkäufer durfte abverlangt werden, von dritten Unternehmen bezogene Getränkesorten der in der Vereinbarung genannten Art in der Vertragsgaststätte nicht zu vertreiben und andere Biersorten, die von dritten Unternehmen bezogen werden, nur in Kleinpackungen zu vertreiben, wenn der Verkauf dieser Biere vom Fass nicht üblich oder durch eine ausreichende Nachfrage gerechtfertigt ist; schließlich durfte seine Werbung für Konkurrenzprodukte nach dem Umsatzanteil dieser Produkte eingeschränkt werden.

---

177 ABlEG L 173/5 v. 30. 6. 1983; inzwischen durch GVO 2790/99 ersetzt

Auch für Tankstellenverträge galten besondere Vorschriften. In Tankstellenverträgen konnten Lieferanten von Mineralölprodukten Wiederverkäufer gegen die Gewährung besonderer wirtschaftlicher Vorteile verpflichten, bestimmte Kraftstoffe oder Brennstoffe (nicht Schmierstoffe) für den Weiterverkauf in bestimmten Abfüllstationen nur von ihnen oder von durch sie bestimmten Lieferanten zu beziehen. Die Bezugsverpflichtung durfte höchstens 10 Jahre oder – beim Bestehen von Überlassungsverträgen – solange dauern, wie die Abfüllstation tatsächlich betrieben wurde. Den Wiederverkäufern konnte abverlangt werden, nicht mit Kraftstoffen anderer Hersteller, nicht mit konkurrierenden Schmierstoffen und verwandten Mineralölerzeugnissen (falls der Lieferant dem Wiederverkäufer Abschmiereinrichtungen zur Verfügung gestellt oder finanziert hat) und nicht durch Werbung für Konkurrenzprodukte über den Anteil dieser Produkte am Gesamtumsatz des Wiederverkäufers hinaus dem Lieferanten Konkurrenz zu machen. Die Wiederverkäufer durften ein ausschließliches Wartungsrecht für die dem Lieferanten gehörenden oder von ihm finanzierten Lager- und Abfülleinrichtungen haben. Dem Lieferanten konnte nur die Verpflichtung auferlegt werden, Vertragswaren oder Konkurrenzerzeugnisse im Hauptabsatzgebiet des Wiederverkäufers nicht selbst zu vertreiben.

Bei der Verordnung über Alleinbezugsbindungen lag der Schwerpunkt nicht auf der Verhinderung eines absoluten Gebietsschutzes, sondern auf der Sicherung des Marktzugangs für andere Lieferanten, dies auch im Interesse des Abnehmers. Daraus folgt, dass die Bindungen zeitlich begrenzt sein müssen. Die Sonderprobleme bei Tankstellen und Gaststätten hängen mit der traditionellen Vertragsgestaltung und der besonderen Vermachtung dieser Bereiche zusammen.

– *Henninger-Delimitis*

Im Jahre 1991 entschied der EuGH im Fall *Henninger-Delimitis,* dass auch rein nationale Bierlieferungsverträge gegen Art. 81 Abs. 1 EG verstoßen können und folglich auf ihre Vereinbarkeit mit der GVO für Alleinbezugsvereinbarungen zu überprüfen sind[178]. Das in Art. 81 Abs. 1 EG enthaltene Erfordernis, dass der Handel zwischen den Mitgliedstaaten spürbar beschränkt sein muss, ist unter zwei Voraussetzungen zu bejahen: Erstens muss der nationale Markt für den Absatz von Bier schwer zugänglich sein. Dies ist anhand von Faktoren zu überprüfen, zu denen auch die kumulierte Wirkung von gleichartigen Bindungsverträgen gehört. Man spricht hier von der sog. Bündeltheorie. Zweitens müssen die Ausschließlichkeitsbindungen der fraglichen Brauereien zu der festgestellten Marktabschottung tatsächlich beigetragen haben. Die Be-

---

178 EuGH Entscheidung vom 28. 2. 1991, EuGH Slg. 1991, I-935, Rs. C-234/89

deutung des Beitrags hängt von der Vertragsdauer und von der Stellung der Vertragspartner am relevanten Markt ab. Damit ist das Argument vieler Brauereien nach Art. 81 Abs. 1 EG widerlegbar, ihre Bierlieferungsverträge beeinflussten nur den jeweiligen Binnenmarkt eines Mitgliedstaats und stellten keine spürbare Beschränkung des Wettbewerbs und des Handels zwischen den Mitgliedstaaten dar.[179] Der Nachweis einer Wettbewerbsbeschränkung ist allerdings schwierig, weil er in jedem Einzelfall geführt werden muss.

In weiteren Entscheidungen aus dem Jahre 1996 befasste sich der EuGH mit Alleinbezugsverträgen von *Langnese und Schöller* für Speiseeis. Die Entscheidung im Fall Henninger/Delimitis wurde bestätigt.[180] Diese Rechtsprechung ist zu begrüßen, da sie die Vermachtung in diesen Bereichen angeht. Nicht erfasst wird jedoch die Abhängigkeit der Produzenten vom Lebensmitteleinzelhandel, dessen Großformen eine ständig wachsende Nachfragemacht entfalten.

– *Die GVO Nr. 1475/95 für Kraftfahrzeugvertrieb und -kundendienst*

Schon die Gruppenfreistellungsverordnung Nr. 123/85[181] enthielt eine Spezialregelung für den Kraftfahrzeugvertrieb und -kundendienst. Sie gestattete Bindungen der Händler gegenüber den Herstellern, welche über die Grenzen der GVO für Alleinvertriebsvereinbarungen hinausgingen. Die Verordnung wurde durch die *Gruppenfreistellungsverordnung Nr. 1475/95* v. 28. 6. 1995[182] abgelöst, die noch heute gilt. Die neue Verordnung ist etwas händlerfreundlicher. U.a. muss dem Händler jetzt gestattet werden, unter Beachtung bestimmter Vorgaben auch Neufahrzeuge anderer Hersteller zu vertreiben und außerhalb seines Vertragsgebiets für sie zu werben. Kfz-Händler dürfen nach der neuen Verordnung aber insbesondere verpflichtet werden,

– Neufahrzeuge anderer Hersteller nur in räumlich getrennten Verkaufslokalen unter getrennter Geschäftsführung mit eigener Rechtspersönlichkeit zu vertreiben, wobei eine Verwechslung der Marken ausgeschlossen sein muss,

– bei Kundendienstarbeiten in einer gemeinsamen Werkstatt dafür zu sorgen, dass kein unberechtigter Nutzen aus Investitionen des (ursprünglich einzigen) Lieferanten gezogen wird,

– Konkurrenzersatzteile, die den Qualitätsstandard von Vertragswaren nicht erreichen, weder zu vertreiben noch beim Kundendienst zu verwenden,

179 Zu den Bagatellgrenzen vgl. Bekanntmachung der Kommission, ABlEG 1992, C 121/1: Marktanteil 1 %, Ausstoß 200 000 hl/J.; die Vermutung gilt nicht, wenn der Vertrag weniger als 7 ½ Jahre (nur Bier) bzw. weniger als 15 Jahre (Bier und Getränke) dauert.
180 EuG I Slg. 1995, II-1533, Rs. T-7/93 – Langnese – mit dem Hinweis auf eine gleichlautende Entscheidung im Fall Schöller, EuG I Slg. 1995, II-1611, Rs. T-9/93
181 ABlEG L 15/16 vom 18. 1. 1985
182 ABlEG L 145/25 vom 29. 6. 1995

– außerhalb des eigenen Vertragsgebiets keine Niederlassungen oder Auslieferungslager für Vertragswaren zu unterhalten und dort nicht in personalisierter Weise (also etwa durch Hausbesuche, individuelle Anschreiben oder persönliche Ansprache) zu werben; sonstige Werbung ist dagegen jetzt räumlich unbeschränkt zulässig,
– an Händler außerhalb des eigenen Vertriebsnetzes keine Neufahrzeuge zu liefern und ihnen Vertragsersatzteile nur zur Instandsetzungszwecken zu überlassen,
– Neuwagen an Endverbraucher, die einen Vermittler eingeschaltet haben, nur zu verkaufen, wenn der Vermittler vorher schriftlich zum Kauf eines bestimmten Kraftfahrzeugs bevollmächtigt und, falls dieser das Fahrzeug abholt, auch zur Abnahme bevollmächtigt ist.

Der Hersteller darf sich verpflichten, innerhalb des Vertragsgebiets keine weiteren Händler einzusetzen, keine Vertragswaren selbst an Endverbraucher zu vertreiben und hierfür keinen Kundendienst zu leisten. Die Freistellung setzt insbesondere voraus, dass

– der Händler die Werksgarantie für jedes Vertragsfahrzeug, das bei einem Vertragshändler innerhalb des Gemeinsamen Marktes gekauft wurde, zu leisten hat,
– der Hersteller gegenüber dem Händler keine unbilligen Mindestanforderungen in Bezug auf Betriebsausstattung, Abnahmemengen, Vorführwagen und sonstige in der Verordnung aufgeführte Kriterien stellt und ihn nicht ohne sachlich gerechtfertigten Grund gegenüber anderen Händlern unterschiedlich behandelt,
– die Laufzeit bei Verträgen, die auf eine bestimmte Dauer geschlossen wurden, mindestens fünf Jahre (früher vier Jahre) und die Frist für ordentliche Kündigung eines auf unbestimmte Dauer geschlossenen Vertrages mindestens zwei Jahre (früher ein Jahr) beträgt; die Kündigungsfrist kann auf ein Jahr reduziert werden, wenn dem Händler ein Ausgleichsanspruch zusteht, wenn es sich um einen Erstvertrag handelt oder wenn der Hersteller gezwungen ist, sein Vertriebsnetz umzustrukturieren.

Die Verordnung, die noch bis zum 30. 9. 2002 gilt, führt in einer »weißen Liste« weitere Vertragsklauseln auf, die der Freistellung nicht entgegenstehen. So darf der Hersteller dem Händler – unter dem erwähnten Vorbehalt der Unbilligkeit – grundsätzlich Vorgaben z. B. zur technischen Ausstattung, zum Kundendienst, zur Werbung, zur Vorratshaltung und zu Vorführwagen setzen. Umsatzziele müssen jedoch einvernehmlich und mangels Einvernehmens durch einen sachverständigen Dritten festgesetzt werden. Eine »schwarze Liste« enthält Tatbestände, die zum Verlust der Freistellung führen, so namentlich die Beschränkung des Händlers bei der freien Preisgestaltung oder beim Bezug gleichwertiger Ersatzteile von dritter Seite. Ferner darf der Hersteller zulässige Parallelimporte in keiner Weise behindern. Er muss nunmehr auch Reparaturunternehmen außerhalb des Vertriebsnetzes grundsätzlich berücksichtigen, indem er ihnen die zur Wartung und Instandsetzung erforderlichen technischen Informationen zur Verfügung stellt.

– *VW-Vertriebssystem*

1998 ging die Kommission nach Art. 81 Abs. 1 EG gegen den Volkswagenkonzern mit einer Geldbuße von umgerechnet 200 Mio. DM vor, weil er seine italienischen Vertragshändler durch vertragliche Vertriebsregelungen systematisch gezwungen habe, ausländische, insbesondere deutsche und österreichische Autokäufer, nicht zu bedienen.[183] VW hatte seine Exporte nach Italien über eine 100%ige, Tochtergesellschaft mit Sitz in Italien abgewickelt. Mutter und Tochter hatten Reexporte der italienischen VW-Händler u. a. durch die Reduktion der gewährten Boni verhindert, wenn der italienische Händler zu viele Wagen über die Grenze verkaufte. Für VW-Polo und Audi wurden die den Händlern gewährten Margen gesplittet. Der Händler erhielt 8 % bei Rechnungsstellung, 5 % bei Zulassung des Wagens im Vertragsgebiet, d. h. in Italien. Die Entscheidung erregte große Aufmerksamkeit, weil sie die Abschottung der nationalen Automärkte durch einen großen Automobilkonzern ins öffentliche Bewusstsein rückte. Das EuG I[184] erklärte im Juli 2000 das Splitmargensystem nicht für per se verboten, erhielt die Verbotsverfügung der Kommission aber im Übrigen aufrecht. Es setzte die Geldbuße auf 90 Mio. Euro (ca. 176 Mio. DM) herab.

– *Parker (Unzulässigkeit von Exportverboten)*

In zwei Urteilen aus dem Jahre 1994[185] nahm das Europäische Gericht erster Instanz (EuG) zur Unzulässigkeit von Exportverboten in Alleinvertriebsverträgen Stellung. *Parker*, ein englischer Hersteller von Schreibgeräten, vertreibt seine Produkte in Deutschland u. a. über die Herlitz AG. In der Vertriebsvereinbarung mit Parker hatte sich Herlitz verpflichtet, die Parker-Artikel ausschließlich in Deutschland zu vertreiben. Jeglicher Vertrieb über die Landesgrenzen hinaus war untersagt oder nur mit schriftlicher Genehmigung von Parker gestattet. Nachdem Herlitz unter Hinweis auf diese Vereinbarung die Lieferung von Parker-Artikeln an ein niederländisches Unternehmen abgelehnt hatte, verhängte die Kommission wegen eines Verstoßes ge-

---

183 Komm. ABlEG 1998, L 124/60 vom 25. 4. 1998 – VW-Vertriebssystem
184 EuG I v. 6. 7. 2000 = DB 2000, 1553, Rs. T-62/98 – VW-Vertriebssystem
185 EuG I Slg. 1994 II-531 = EuZW 1994, 664, Rs. T-66/92 – Herlitz; EuG I Slg. 1994 II-549 = EuZW 1994, 666, Rs. T-77/92 – Parker

gen Art. 81 Abs. 1 EG Geldbußen. Das EuG bestätigte zuerst die schon im Fall Miller begründete Rechtsprechung, dass eine Exportverbotsklausel schon ihrem Wesen nach eine Beschränkung des Wettbewerbs darstelle, unabhängig davon, ob sie auf Wunsch des Lieferanten oder seines Abnehmers vereinbart wird, weil eine solche Vereinbarung anstrebe, einen Teil des Marktes zu isolieren. Den Einwand, das Exportverbot sei in der Praxis niemals angewendet worden, wies das EuG zurück, da bereits das bloße Vorhandensein einer solchen Klausel ein optisches und psychologisches Klima schaffen könne, das zu einer Aufteilung der Märkte beitrage. Es bezieht sich hier auf die Entscheidungen des EuGH in den Fällen Hasselblad (vgl. oben) und Ahlström (vgl. unten).

Diese Rechtsprechung wurde in mehreren Fällen bestätigt. 1994 erklärte das Europäische Gericht erster Instanz[186] eine Alleinvertriebsvereinbarung von *Dunlop-Slazenger* für unwirksam, weil sie einen absoluten Gebietsschutz zwischen den Alleinvertriebshändlern herbeigeführt hatte.

– *Bayer/ADALAT*

1996 ging die Kommission im Fall ADALAT[187] gegen die Bayer AG vor, die im Rahmen ihrer Vertragsbeziehungen Grossisten durch vorgetäuschte Lieferschwierigkeiten einen Parallelimport bzw. -export des Herzmittels ADALAT praktisch unmöglich gemacht hatte und dadurch erhebliche Preisunterschiede in den Mitgliedstaaten aufrechterhalten konnte. Faktisch handelte es sich hierbei nach Auffassung der Kommission um ein Exportverbot, das mit Hilfe einer partiellen Lieferverweigerung durchgesetzt wurde. Der EuG I[188] entschied anders. Die Verbotsverfügung der Kommission wurde nicht aufrechterhalten, da eine Vereinbarung mit den Händlern oder eine aufeinander abgestimmte Verhaltensweise nach Art. 81 EG nicht nachgewiesen sei. Die Entscheidung ist problematisch, da Bayer diese Verhaltensweisen im Rahmen einer auf Dauer angelegten, ungleichen Vertragsbeziehung an den Tag gelegt hatte, durch die der Wettbewerb vertikal beschränkt wurde.

bb) Selektiver Vertrieb

Die Hersteller von Markenartikeln sind meistens daran interessiert, den Weg ihrer Produkte bis zum Endverbraucher verfolgen zu können. Sie nehmen direkt oder indirekt Einfluss auf die Vertriebswege. Insbesondere wollen sie die Qualifikation ihrer Händler kontrollieren, in diesem Zusammenhang wol-

---

186 EuG I vom 7. 7. 1994, Slg. 1994 II-441, Rs. T-43/92
187 Komm. vom 10. 1. 1996, ABlEG L 201/1
188 EuG I, Rs. I-41/96 – ADALAT

len sie oft die Vertriebswege auf sogenannte Fachhändler beschränken. Hierbei geht es ihnen vor allem auch um den »Ruf« des Markenartikels. Derartige »selektive Vertriebssysteme« wurden und werden von der Kommission daraufhin überprüft, ob sie die Möglichkeiten paralleler Handelsströme zwischen den Mitgliedstaaten beschränken oder nicht.

– *Omega*

In einer ersten Entscheidung aus dem Jahre 1970[189] stellte die Kommission ein selektives Vertriebssystem der Schweizer Gesellschaft *Omega* frei. Omega hatte in jedem Mitgliedstaat nur einem einzigen Unternehmen das Recht eingeräumt, OMEGA-Uhren direkt vom Hersteller zu beziehen. Diese Alleinvertreter durften in ihrem Vertragsgebiet nur eine begrenzte Zahl von Fachhändlern zulassen. Die Kommission sah zwar eine spürbare Einschränkung des Wettbewerbs, erachtete jedoch die Voraussetzungen für eine Einzelfreistellung nach Art. 81 Abs. 3 EG als gegeben, weil die Bestellung nur eines Händlers für jedes Vertragsgebiet zu einer intensiveren Bearbeitung des Marktes und einer kontinuierlichen Versorgung unter gleichzeitiger Rationalisierung der Verteilung führe. Die internationale Garantie und ein hinreichender Wartungs- und Reparaturdienst bewirkten auch eine angemessene Beteiligung der Verbraucher. Die Beschränkung der Zahl der Einzelhändler sei angesichts der verhältnismäßig geringen Produktionszahlen von OMEGA sinnvoll, da andernfalls jeder Fachhändler jährlich nur einige Einheiten verkaufen könnte. Die Kommission stellte jedoch sicher, dass die Vertragshändler nicht daran gehindert wurden, OMEGA-Uhren von jedem Alleinimporteur des Herstellers in der EWG zu beziehen und in andere EWG-Länder zu exportieren bzw. zu von ihnen festgesetzten Preisen zu verkaufen.

– *BMW-Vertriebssstem (qualifizierte Serviceleistungen)*

1974 stellte die Kommission das *BMW-Vertriebssystem* frei[190]. Sie akzeptierte das Argument, über ein Netz hochqualifizierter Händler seien Serviceleistungen zu erbringen; gerade bei technisch komplizierten und besonders teuren Produkten müsse zwischen Herstellern, Händlern und Abnehmern dauernd eng zusammengearbeitet werden.

– *AEG-Telefunken*

Im Fall *AEG-Telefunken* lehnte die Kommission eine Freistellung ab. Die Firma Telefunken, damals ein Tochterunternehmen von AEG, wandte in

---

189 Komm. ABlEG L 242/22 vom 5. 11. 1970
190 Komm. ABlEG L 29/1 vom 3. 2. 1975

Deutschland, Frankreich und Belgien einen Vertriebsvertrag an, der sich in seiner praktischen Umsetzung erheblich von dem bei der Kommission angemeldeten Vertrag unterschied. Bei der Zulassung von Händlern zum Vertrieb wurden von AEG subjektive Kriterien angewendet, indem insbesondere Verbrauchermärkte nicht beliefert wurden, auch wenn sie über qualifizierte Fachabteilungen für die Waren von Telefunken verfügten. Darüber hinaus wurde den anerkannten Händlern ein Gebietsschutz eingeräumt, und zwar durch die Nichtzulassung weiterer Händler, auch wenn diese die sachlichen Voraussetzungen erfüllten. Schließlich wurde ein sogenannter Wohlverhaltensbonus gewährt, wenn die Händler die von Telefunken gewünschten Verkaufspreise einhielten. Die Kommission setzte gegen AEG eine hohe Geldbuße fest, da AEG zusammen mit Telefunken durch die Durchführung des Vertrages gegen Art. 81 Abs. 1 EG verstoßen habe. Mit Urteil vom 25. 10. 1983 wies der EuGH[191] die von AEG hiergegen erhobene Klage in allen Punkten ab.

– *METRO-SABA*

Im Fall *METRO-SABA* beschwerte sich das Großmarktunternehmen METRO bei der Kommission darüber, dass es von dem Unterhaltungselektronikhersteller SABA nicht beliefert wurde. SABA hatte mit Großhändlern, Alleinvertriebshändlern und Einzelhändlern Verträge abgeschlossen, in denen neben fachlichen Voraussetzungen bestimmte Verpflichtungen enthalten waren. So mussten die Fachgroßhändler Halbjahreslieferverträge abschließen, einen angemessenen Umsatz und ein vereinbartes Liefervolumen erzielen. Facheinzelhändler mussten das SABA-Sortiment so vollständig wie möglich führen, sie mussten ferner einen angemessenen Umsatz erzielen und ein entsprechendes Lager halten. SABA verpflichtete sich seinerseits, nur an die für das betreffende Gebiet zuständigen Alleinvertriebshändler zu liefern und diesen ein Konkurrenzverbot aufzuerlegen. Die Kommission betrachtete die Freistellungsvoraussetzungen nach Art. 81 Abs. 3 EG als erfüllt, weil durch das Vertriebssystem insbesondere die Möglichkeit geschaffen werde, eine genaue Produktions- und Absatzplanung und damit eine kontinuierliche Versorgung unter gleichzeitiger Rationalisierung der Fertigung und des Vertriebs durchzuführen. Gegen diese Freistellungsentscheidung erhob METRO Klage beim EuGH, weil nach ihrer Auffassung die Voraussetzungen für eine Freistellung nicht vorlagen und SABA überdies eine beherrschende Marktstellung missbraucht habe.
Der EuGH wies mit Urteil vom 25. 10. 1977[192] die Klage ab. Mit seinem Anteil von 5 und 10 % am deutschen Markt sei SABA nicht marktbeherrschend.

191 EuGH Slg. 1983, 3151; Rs. 107/82 – AEG-Telefunken
192 EuGH Slg. 1977, 1875; Rs. 26/76 – Metro-Saba

Auch sei die Freistellung zu Recht erfolgt. METRO argumentierte, Schutzobjekt des Art. 81 EG sei die Freiheit des Wettbewerbs, vor allem des Preiswettbewerbs, zugunsten der Verbraucher, nicht aber der Schutz des gleichartigen Interesses eines Herstellers und einer bestimmten Gruppe von Händlern, ein von ihnen für richtig erachtetes Preisniveau zu erzielen, Der EuGH griff das Argument nicht auf. Das Gericht führte aus: »So wichtig der Preiswettbewerb sein mag – weshalb er niemals ganz beseitigt werden darf –, so ist er doch nicht die einzige wirksame Form des Wettbewerbs und auch nicht diejenige Form, die unter allen Umständen absoluten Vorrang erhalten müsste.« Als die Kommission mit einer Entscheidung vom 21. 12. 1983[193] die Freistellung des SABA-Vertriebssystems erneuert hatte, erhob METRO neuerdings Klage beim EuGH. Dieser wies auch die zweite Klage ab.[194]

– *METRO-Cartier*

Anfang 1994 entschied der EuGH in einer Vorabentscheidung den Fall *METRO-Cartier*[195]. Nach dem deutschen Recht des unlauteren Wettbewerbs ist ein selektives Vertriebssystem nur dann zulässig, wenn es »lückenlos« ist, d. h. wenn der Hersteller die Vertriebsbindung in der Praxis lückenlos oder fast lückenlos durchsetzen kann. Ein Händler, der ein nicht lückenloses selektives Vertriebssystem durchbricht, handelt nicht unlauter. Hieraus folgt nach dem deutschen Gesetz gegen Wettbewerbsbeschränkungen, dass ein nicht lückenloses selektives Vertriebssystem auch kartellrechtlich unzulässig ist. Der EuGH entschied darüber, ob dieses Erfordernis auch nach Art. 81 Abs. 1 EG zu beachten sei. METRO hatte auf Feststellung geklagt, dass Cartier verpflichtet sei, für die von METRO rechtmäßig vertriebenen Cartier-Uhren, denen eine von METRO ausgefüllte und unterzeichnete Garantiekarte beigefügt war, ihre kostenlose Herstellergarantie zu gewähren, obwohl Cartier mit METRO keinen Vertrag gemäß einem von der Kommission genehmigten Muster-Konzessionärsvertrag abgeschlossen hatte. Bestandteil dieser Konzessionärsverträge ist u. a. die Verpflichtung Cartiers, innerhalb der EG nur zugelassene Vertragshändler mit ihren Markenprodukten zu beliefern, für die ihrerseits die Verpflichtung besteht, die Cartier-Produkte innerhalb der Gemeinschaft nur an Endverbraucher oder an andere in der Gemeinschaft ansässige zugelassene Vertragshändler zu verkaufen. METRO hielt die Beschränkung der Garantie durch Cartier auf die innerhalb des selektiven Vertriebssystems verkauften Uhren nach Art. 81 Abs. 1 EG für unzulässig. Der EuGH wies in seiner Entscheidung darauf hin, dass der Grundsatz der Lückenlosig-

193 Komm. ABlEG L 376/41 v. 31. 12. 1983
194 EuGH, Urteil v. 22. 10. 1986, Slg. 1986, 3021, Rs. 75/84 – Metro-Saba II
195 EuGH Slg. I 1994, 30 = EuZW 1994, 124, Rs. C-376/92 – Metro-Cartier

keit innerhalb der Gemeinschaft nur im deutschen Recht bekannt sei und daher für die Anwendung des Art. 81 EG keine Rolle spielen dürfe. Die Anwendung des EG-Wettbewerbsrechts dürfe nicht von nationalen Vorschriften abhängig gemacht werden. Darüber hinaus führe das Kriterium der Lückenlosigkeit dazu, dass geschlossene Vertriebssysteme in Art. 81 EG günstiger behandelt würden als flexible Vertriebssysteme, die den Parallelhandel zwischen den Mitgliedstaaten erleichtern. Wenn das selektive Vertriebssystem aber mit Art. 81 Abs. 1 EG vereinbar sei, so sei der Hersteller berechtigt, seine Herstellergarantie auf die Produkte zu beschränken, die von den zugelassenen Vertragshändlern verkauft wurden. Diese Beschränkung der Herstellergarantie diene der wirksamen Durchsetzung des selektiven Vertragssystems und solle verhindern, dass nicht dem System angehörende Unternehmen vertriebsgebundene Waren in den Handel bringen. Die Tatsache, dass Cartier kein lückenloses selektives Vertriebssystem in der EG vorweisen konnte, wurde demnach vom EuGH nicht als Hindernis für die Weigerung von Cartier betrachtet, die kostenlose Herstellergarantie auch einem nicht der Vertriebsbindung zugehörenden Unternehmen wie METRO zu gewähren. Damit hielt der EuGH den Vorrang des Gemeinschaftsrechts gegenüber dem deutschen GWB fest. Die Entscheidung bezieht sich dagegen nicht auf das deutsche Unlauterkeitsrecht. Das EG-Wettbewerbsrecht genießt nur gegenüber dem deutschen Kartellrecht Anwendungsvorrang.[196]

cc)   Preisbindung und vertikale Mengenabsprachen

–   *BP-Kemi*

Im Jahre 1979 entschied die Kommission über Mengen- und Preisabsprachen sowie einen Informationsaustausch zwischen der BP-Kemi, einem nur in Dänemark tätigen Handelsunternehmen, und DDSF, einem dänischen Hersteller von landwirtschaftlichem und synthetischen Äthanol. Die beiden Unternehmen schlossen 1973 eine Liefervereinbarung und eine Kooperationsvereinbarung über synthetischen Äthanol in Dänemark ab. BP-Kemi gehört zur international tätigen BP Gruppe. Ihr Marktanteil für synthetisches Äthanol lag in der EG bei 45 %. DDSF stellte seine eigene Produktion ein und verpflichtete sich, seinen gesamten Bedarf bei BP-Kemi zu decken. BP-Kemi übernahm es im Gegenzug, eine bestimmte Mindestmenge zu liefern. Marktanteile wurden festgelegt, bei deren Überschreitung Ausgleichsbeträge zu zahlen waren. Darüber hinaus wurde ein Informationsaustausch über die Verkaufsmenge – bei Großmengen kundenweise – vereinbart. Die Kommission

---

196 Vgl. EuGH Slg. 1997, I-3123, Rs. C-41/96 – VAG/SYD-Consult

betrachtete beide Verträge als Einheit und ging von einer Beeinträchtigung des zwischenstaatlichen Handels aus, da DDSF durch die Ausschließlichkeitsbindung mit BP-Kemi am Import gehindert war. Die Verpflichtungen von DDSF zum ausschließlichen Bezug bei BP-Kemi, der Informationsaustausch, die praktizierte Kundenaufteilung und die aufeinander abgestimmten Verkaufspreise und Zahlungsbedingungen sowie die Lieferquotenregelung wurden als Verstöße gegen Art. 81 Abs. 1 betrachtet[197].

— *VBVB-VBBB*

Zwischen zwei Vereinigungen auf dem Gebiet des Buchhandels in Amsterdam und Antwerpen, also in den Niederlanden und in Belgien, denen im jeweiligen Land die meisten Verleger, Großhändler, Buchhändler und Buchimporteure für Bücher in niederländischer Sprache angehörten, war eine Vereinbarung über die Festlegung von Ladenpreisen getroffen worden. Die Mitglieder der beiden Vereinigungen durften Bücher nicht über Personen verkaufen, die der Vereinigung des jeweils anderen Landes nicht angehörten. Die Kommission hielt diese Preisbindung für unvereinbar mit Art. 81 Abs. 1 EG und lehnte eine Freistellung ab. Mit Urteil vom 17. 1. 1984 bestätigte der EuGH[198] diese Entscheidung. Das Verbot einer grenzüberschreitenden Preisbindung im Buchhandel verstoße weder gegen die Meinungsfreiheit (Art. 10 der Europäischen Menschenrechtskonvention) noch gegen die Pariser Verbandsübereinkunft über den Schutz des gewerblichen Eigentums.

— *Zulässigkeit einer Preisbindung im Inland*

Auf Vorlage des Appellationsgerichts Poitiers entschied der EuGH am 10. 1. 1985[199] darüber, ob der Gesetzgeber eines EG-Mitgliedstaates durch Gesetz oder Verordnung für im eigenen Land verlegte und für importierte Bücher eine Regelung treffen darf, die den Einzelhändler verpflichtet, nur zu einem vom Verleger oder Importeur festgesetzten Preis zu verkaufen. Da es sich hier nicht um einen grenzüberschreitenden Sachverhalt handle, sei Art. 81 Abs. 1 EG nicht anwendbar. Eine nationale Preisbindung für Bücher sei nicht verboten, wenn sie im Einklang mit den Bestimmungen über den freien Warenverkehr (Art. 28 und 30 EG) stehe. Der EuGH kam zu dem Ergebnis, dass die Ausnahmevorschrift des Art. 30 EG auf den vorliegenden Sachverhalt nicht anwendbar sei.

197 Komm. v. 5. 9. 1979, ABlEG L 286/32 v. 14. 11. 1979
198 EuGH Slg. 1984, 19, Rs. 43 und 63/82
199 EuGH Slg. 1985, 1, Rs. 225/83

– Britische Buchpreisbindung

Im Fall *Publishers Association (Netto-Bücher)* entschied der EuG I am 9. 7. 1992[200], dass eine Vereinbarung einer Verlegervereinigung in Großbritannien über einheitliche Standardverkaufsbedingungen und über eine Preisbindung gegen Art. 81 Abs. 1 EG verstößt und nicht nach Art. 81 Abs. 3 EG freigestellt werden kann. Diese Entscheidung wurde vom EuGH am 17. 1. 1995 aufgehoben[201]. Bei der Ablehnung der Freistellung nach Art. 81 Abs. 3 EG sei der irische Buchmarkt nicht berücksichtigt worden. Es könne sein, dass die Wettbewerbsbeschränkung durch eine Verbesserung der Wettbewerbsbedingungen in einem anderen Mitgliedstaat (Irland) aufgewogen werde. Dies sei im Rahmen von Art. 81 Abs. 3 zu berücksichtigen.

– Deutsche Buchpreisbindung

Die einheitliche *Preisbindung* für Verlagserzeugnisse in *Deutschland* und *Österreich,* die nicht durch Gesetz, sondern durch einen sog. Sammelrevers über den Börsenverein des deutschen Buchhandels abgesichert war, wurde von der Kommission angegriffen. Es gelang den Betroffenen, die Kommission im Jahre 2000 zu einem Kompromiss zu bewegen. Danach wird die Buchpreisbindung gesetzlich geregelt; durch eine sog. Reimportklausel des Gesetzes wird sichergestellt, dass preisgebundene Bücher nicht nach Deutschland reimportiert werden dürfen, wenn der alleinige Zweck des Reimports die Umgehung der Preisbindung ist. Das Gesetz soll dazu dienen, den Konzentrations- und Monopolisierungstendenzen im Buchhandel und im Verlagsbereich Einhalt zu gebieten. Ein ähnliches Gesetz, allerdings für eine Übergangzeit von fünf Jahren, wurde in Österreich verabschiedet.

– Französische Buchpreisbindung

Die nationale französische Buchpreisbindung erlaubt den Verlegern oder den Importeuren, Endverkaufspreise für Bücher festzulegen. Diese Preise dürfen im Einzelhandel um maximal 5 % unterschritten werden. Beim Reimport von in Frankreich verlegten Büchern ist eine Preisunterschreitung nur zulässig, wenn die Reimporte aus anderen EG-Mitgliedstaaten erfolgen und nicht ausschließlich der Umgehung der Preisbindung dienen. Der EuGH[202] erklärte diese Regelung für zulässig. Art. 81 EG ist nicht anwendbar, da die Regelung Reimporte aus anderen EG-Mitgliedstaaten nicht verbietet und nicht zwischenstaatlich wirkt.

200 EuG I, Urt. v. 9. 7. 1992, EuG Slg. 1992, II-1995, Rs. T 66/89 – Publishers
201 EuGH, Urt. v. 17. 1. 1995, Slg. 1995, I-23, Rs. C-360/92 – Publishers
202 EuGH, Urt. v. 10. 3. 2001, Rs. C-9/99 – Französische Buchpreisbindung

dd)   Rabatte

Die »Interessengemeinschaft der deutschen keramischen Wand- und Boden-
fliesenwerke«, der fast alle deutschen Hersteller angehörten, beschloss 1958
die Errichtung eines Rabattkartells. Es sah Rabatte vor, die nach der Abnah-
memenge gestaffelt waren, wobei die Bezüge bei den Mitgliedern des Kartells
jeweils zusammengerechnet wurden (Gesamtumsatzrabattkartell). In einer
frühen Entscheidung versagte die Kommission dem Kartell die Freistellung
nach Art. 81 Abs. 3 EG.[203] Sie stellte fest, dass die Isolierung eines Wirt-
schaftssektors sich auch aus Vereinbarungen ergeben könne, die nur zwischen
den Produzenten eines einzigen Mitgliedstaates geschlossen werden. Ein
System der Kumulierung von Rabattgrundlagen bewirke nämlich, dass die
Käufer, um den höchstmöglichen Rabattsatz zu erhalten, ihre Käufe bei nationalen Herstellern konzentrierten und daher Angebote anderer Lieferanten
nicht berücksichtigten, auch wenn diese günstiger seien. Den ausländischen
Produzenten habe somit ein künstliches, kollektiv errichtetes Hindernis den
Marktzugang erschwert. Dies gelte jedenfalls, wenn die Kartellmitglieder
einen bedeutenden Anteil an der Binnenproduktion haben.

– *Fedetab*

In der Entscheidung Fedetab befasste sich die Kommission am 20. 7. 1978[204]
mit dem Verband der belgischen und luxemburgischen Hersteller, Händler
und Importeure von Tabakwaren *(Fedetab)*. Dieser hatte 1975 eine Empfehlung angemeldet, durch welche die Groß- und Einzelhändler in Kategorien
eingeteilt wurden, denen jeweils bestimmte Verdienstspannen zustehen sollten. Jeder Kunde erhielt eine Jahresabschlussvergütung, für deren Ausmaß die
Bezüge bei den Herstellern, die der Fedetab-Empfehlung zugestimmt hatten,
zusammengerechnet wurden (Gesamtumsatzrabatt). Schließlich enthielt die
Empfehlung neben einer Reihe weiterer Einzelbestimmungen Vorschriften
über die Zahlungsfristen, die 15 Tage nicht überschreiten sollten, sowie über
die Gestaltung des Tabakwarensortiments der Händler. Die Kommission
führte aus, dass die Empfehlung zu keiner Verbesserung der Warenverteilung
führe und den Verbrauchern keine Vorteile bringe. Hingegen habe sie den
Fedetab-Mitgliedern wegen ihres hohen Marktanteils die Möglichkeit eröffnet, für einen wesentlichen Teil der betreffenden Waren den Wettbewerb auszuschalten. Die Vereinbarung sei nach Art. 81 Abs. 1 EG in folgenden Klauseln unwirksam: Die Einteilung der Händler in Kategorien, die Zuerkennung
unterschiedlicher Verdienstspannen, die Anwendung einheitlicher Zahlungsfristen und die Zahlung einer Gesamtumsatzvergütung.

203 Komm. ABlEG L 10/15 v. 13. 1. 1971
204 Komm. ABlEG L 224/29 v. 15. 8. 1978

Mit Urteil vom 29. 10. 1980 bestätigte der EuGH diese Entscheidung[205]. Zum ersten wurde das Argument verworfen, die Kommission habe den allgemeinen Rechtsgrundsatz der Gleichheit von öffentlichen und privaten Unternehmen verletzt, weil sie nicht gleichzeitig die Wettbewerbsbeschränkungen durch Staatsmonopole für Tabak in Frankreich und Italien gerügt habe. Der EuGH wies darauf hin, dass die Kommission Maßnahmen gegen die betreffenden Staaten eingeleitet habe. Im Übrigen könnten Verstöße gegen andere Verpflichtungen der Kommission keine Rechtfertigung für Wettbewerbsverletzungen darstellen. Zum zweiten verstoße die Vereinbarung über den Gesamtumsatzrabatt gegen Art. 81 Abs. 1 EG, da sie den Wettbewerb zu Lasten der Kartellaußenseiter beschränke. Im Übrigen seien auch die Freistellungsvoraussetzungen nach Art. 81 Abs. 3 nicht erfüllt. Die Zahl der Händler und Marken seien nicht unbedingt das wesentliche Kriterium für eine »Verbesserung des Vertriebs« im Sinne von Art. 81 Abs. 3. Die Qualität eines Vertriebssektors bemesse sich vor allem nach seiner geschäftlichen Flexibilität und seiner Fähigkeit, auf Anregungen der Hersteller und der Verbraucher zu reagieren.

— *Vimpoltu*

Im Fall *Vimpoltu* untersagte die Kommission[206] ein niederländisches Rabattkartell. Die Vereinigung der niederländischen Importeure und Großhändler für landwirtschaftliche und gartenbauliche Geräte (Vimpoltu) hatte 1980 einen Beschluss gefasst, wonach es den Importeuren untersagt war, den Händlern einen höheren Gesamtpreisnachlass als 25 % einzuräumen. Außerdem wurden einheitliche Lieferbedingungen festgelegt und ein Informationsaustausch über Preise vorgeschrieben. Die Kommission erklärte den Beschluss deshalb für gegen Art. 81 Abs. 1 EG verstoßend, weil die Importeure daran gehindert wurden, durch höhere Preisnachlässe oder günstigere Lieferbedingungen neue Kunden zu gewinnen. Das Preisinformationssystem könne bewirken, dass es durch die Ausschaltung von Preisen, die stark vom Durchschnittspreis abweichen, in gewissem Umfang zu einer Preisvereinheitlichung komme. Durch den Beschluss könnten ferner die Liefermöglichkeiten von Herstellern aus anderen EG-Staaten in die Niederlande beschränkt werden. Eine Freistellung wurde abgelehnt, da die erzielten Vorteile in erster Linie den Importeuren und Händlern zugute gekommen sei, die Landwirte dagegen nicht angemessen beteiligt worden seien.

---

205 EuGH Slg. 1980, 3125; Rs. 209, 215-218/78
206 Komm. v. 13. 7. 1983, ABlEG L 200/144 v. 23. 7. 1983

ee) Franchising

– *Pronuptia*

Ausgangspunkt für die wettbewerbsrechtliche Behandlung von Franchise-systemen durch die EG-Kommission wurde der Fall *Pronuptia*. In einem Rechtsstreit zwischen einer in Frankfurt/M. ansässigen Tochter des französischen Unternehmens und einer Kauffrau in Hamburg über Forderungen aus einem Franchisevertrag legte der BGH dem EuGH die Fragen zur Vorabentscheidung vor, ob Art. 81 Abs. 1 EG auf Franchiseverträge anwendbar sei und, wenn ja, ob die (damalige) Gruppenfreistellungsverordnung Nr. 67/67 (Alleinvertrieb) auf solche Verträge anwendbar sei, schließlich ob bestimmte, einzeln aufgezählte Verpflichtungen aufgrund des Franchisevertrages durch diese Vrordnung abgedeckt würden.

Der EuGH stellte am 28. 1. 1986[207] fest, dass die Gruppenfreistellungsverordnung Nr. 67/67 auf Franchiseverträge nicht anwendbar sei. Ein Vertriebsfranchising, bei dem man sich darauf beschränkt, Know how zu vermitteln, zu verhindern, dass es auch Konkurrenten zugute kommt und die zum Schutz der Identität und des Namens des Franchisegebers erforderlichen Maßnahmen zu ergreifen, falle nicht unter Art. 81 Abs. 1 EG. Wettbewerbsbeschränkende Bestimmungen, die zur Errichtung dieser Ziele nicht nötig seien, seien hingegen nach Art. 81 Abs. 1 verboten. Hierzu zählen nach dem EuGH z. B. solche, die zu einer Aufteilung der Märkte führen oder die Franchisenehmer daran hindern, sich einen Preiswettbewerb zu liefern. Im Fall Pronuptia wurde das Verbot, dass die Franchisenehmerin ein zweites Geschäft eröffnen durfte, als nach Art. 81 Abs. 1 EG verboten bezeichnet. Damit werde die Franchisenehmerin auch daran gehindert, eine Niederlassung in einem anderen Mitgliedstaat zu errichten; somit werde auch der zwischenstaatliche Handel beeinträchtigt.

– *Die GVO zum Franchising*

Nach einer Reihe von weiteren Entscheidungen der Kommission erwies es sich als notwendig, eine *Gruppenfreistellungsverordnung zum Franchising* zu verabschieden. Dies geschah mit der *GVO Nr. 4087/88* vom 30. 11. 1988[208]. Die Verordnung ist heute nicht mehr in Kraft. Sie enthielt eine einheitliche, auch zivil- und handelsrechtlich bedeutsame Definition von Franchiseverträgen als Vereinbarungen, durch die ein Unternehmen (der Franchisegeber) es einem anderen Unternehmen (dem Franchisenehmer) gegen eine finanzielle

---

207 EuGH Slg. 1986, 353; Rs. 161/84 – Pronuptia
208 ABlEG L 359 v. 28. 12. 1988, S. 46

Vergütung gestattet, eine Franchise zum Zwecke der Vermarktung bestimmter Güter oder Dienstleistungen gegenüber den Endverbrauchern zu nutzen. Die Vereinbarungen mussten nach der GVO Auflagen in Bezug auf die Nutzung eines gemeinsamen Namens oder Zeichens, der Weitergabe von Know how sowie der zur Verfügungstellung von technischer Unterstützung durch den Franchisegeber während der Laufzeit der Vereinbarung enthalten. Der Franchisenehmer konnte – soweit dies zum Schutz des Franchisesystems erforderlich ist – verpflichtet werden, keine Kunden außerhalb eines Vertragsgebiets zu werben, keine Konkurrenzprodukte zu führen, Vorschriften zu beachten, die eine gleichbleibende Qualität der verkauften oder benutzten Waren garantieren, einen bestimmten Warenbestand vorzuhalten, sich nicht an konkurrierenden Unternehmen zu beteiligen, das Geschäftslokal nicht ohne Zustimmung des Franchisegebers zu verlegen, seine Erfahrungen an den Franchisegeber weiterzuleiten, Überprüfungen durch ihn zu dulden und ohne seine Zustimmung die Rechte und Pflichten aus der Vereinbarung nicht auf Dritte zu übertragen.

Der Franchisegeber konnte sich verpflichten, in dem Vertragsgebiet keine anderen Franchisenehmer zu bestellen. Zwischen den Franchisenehmern mussten Querlieferungen möglich sein; die Garantien mussten innerhalb der gesamten EU unabhängig vom Bezugsort der Waren oder Dienstleistungen erbracht werden. Franchisenehmer durften nicht daran gehindert werden, Endverbraucher mit Sitz außerhalb des Vertragsgebiets zu beliefern; sie durften nicht daran gehindert werden, Waren zu beziehen, die in ihrer Qualität den vom Franchisegeber angebotenen Waren entsprechen; sie durften nicht ohne sachlich gerechtfertigten Grund daran gehindert werden, von Drittunternehmen hergestellte Waren zu vertreiben, sie durften andererseits nach Vertragsbeendigung gewerbliche Schutzrechte des Franchisegebers angreifen; eine Preisbindung war unzulässig, eine unverbindliche Preisempfehlung dagegen zulässig; miteinander im Wettbewerb stehende Franchisegeber durften nicht untereinander (horizontale) Franchisevereinbarungen treffen.

Die Kommission konnte die Freistellung im Einzelfall widerrufen, insbesondere wenn der Zugang zum Markt durch eine Vielzahl paralleler Franchisenetze eingeschränkt oder der Zugang der Endverbraucher zu den Waren oder Dienstleistungen wegen bestehender Gebietsschutzvereinbarungen erschwert wurde.

ff) Die GVO 2790/99 für Vertikalverträge

Im Dezember 1999 wurde die einheitliche Gruppenfreistellungsverordnung Nr. 2790/99 für Vertikalverträge[209] verabschiedet. Überschneidungen und

209 ABlEG L 336/31 vom 29. 12. 1999

Ungereimtheiten der bisher geltenden drei Gruppenfreistellungsverordnungen Nr. 1983/83, 1984/83 und 4087/88 (für Alleinvertrieb, Alleinbezug und Franchising) sollen beseitigt werden. Entscheidend ist, dass die Unternehmen auf unterschiedlichen Produktions- bzw. Vertriebsstufen tätig sind. Wettbewerbsbeschränkungen im Vertikalverhältnis werden nicht als so gravierend wie im Horizontalverhältnis betrachtet. Mit der GVO werden zwischen Zulieferern und Herstellern, Herstellern und Vertrieb einheitliche Normen geschaffen. Die neue Regelung ist einerseits flexibler als die bisherigen Verordnungen mit ihren »weißen« und »schwarzen« Klauseln, andererseits aber lückenhaft und auslegungsbedürftig. Insbesondere ist z. B. unklar, ob und inwieweit die bisherigen Spezialregelungen für Tankstellen und Bierlieferungsverträge in Kraft bleiben können.

Der grundsätzlich neue Ansatz dieser Gruppenfreistellungsverordnung liegt darin, dass vertikalen Vereinbarungen unter bestimmten Voraussetzungen eine effizienzsteigernde Wirkung zuerkannt wird, welche die wettbewerbsbeschränkenden Wirkungen aufwiegt oder überwiegt. Effizienzsteigernd sind derartige Vereinbarungen, weil sie eine bessere Koordination zwischen den beteiligten Unternehmen ermöglichen, insbesondere die Transaktions- und Distributionskosten der Beteiligten verringern und deren Umsätze und Investitionen optimieren (Erwägungsgrund 6). Die Gefahr von Wettbewerbsbeschränkungen hängt demgegenüber nach dem Konzept der GVO von dem Marktanteil des Verkäufers oder Käufers ab. Die Verordnung enthält eine »schwarze Liste« von Vertragsklauseln, die wettbewerbsrechtlich unzulässig sind. Nach Art. 4 a) darf der Lieferant zwar Höchstverkaufspreise festsetzen oder Preisempfehlungen aussprechen, aber auch nicht indirekt durch Ausübung von Druck oder Gewährung von Anreizen Mindest- oder Festpreise. Beschränkungen des Gebiets oder des Kundenkreises des Käufers sind nur unter den engen Voraussetzungen des Art. 4 b) möglich. Mitglieder eines selektiven Vertriebssystems auf der Einzelhandelsstufe dürfen nur unter den Voraussetzungen von Art. 4 c) am aktiven oder passiven Verkauf an Endverbraucher gehindert werden. Querlieferungen der Händler im selektiven Vertriebssystems sind zulässig (Art. 4 d). Zuliefer- und Ersatzteilgeschäfte dürfen unter den Voraussetzungen von Art. 4 e) nicht beschränkt werden.

Nach Art. 3 Abs. 2 der Verordnung gilt die Freistellung für vertikale Alleinbelieferungsbedingungen nur, wenn eine Obergrenze von 30 % nicht überschritten wird, was den Anteil des Käufers an dem relevanten Markt anbetrifft, auf dem er die Vertragswaren oder -dienstleistungen einkauft. Nach Art. 3 Abs. 1 der Verordnung gilt die Freistellung darüber hinaus nur, wenn der Anteil der Lieferanten am relevanten Markt, auf dem er die Vertragswaren oder -dienstleistungen verkauft, 30 % nicht überschreitet. Diese 30%-Klauseln sind äußerst großzügig. Es ist zu fragen, ob sie gegenüber den fallbezogenen und verhaltensabhängigen Klauseln der bisherigen drei Gruppenfreistellungsverordnungen zum Alleinvertrieb, Alleinbezug und zum Franchising den Vorzug verdienen. In jedem Fall wird die Kommission entlastet. Ob sich die Wettbewerbsbedingungen verbessern, ist zu bezweifeln.

Nicht erfasst von der Neuregelung sind vertikale Vereinbarungen, die unter eine andere Gruppenfreistellungsverordnung fallen (Art. 2 Abs. 5), so z. B. die GVO Nr. 1475/95 für Kraftfahrzeugvertrieb und -kundendienst, die noch bis 30. 9. 2002 gilt und danach entweder zugunsten der GVO Nr. 2790/99 entfällt oder durch eine neue GVO ersetzt wird. Die Verordnung enthält eine Übergangsfrist für Altvereinbarungen bis zum 31. 12. 2001 (Art. 12 Abs. 2). Sie gilt bis zum 31. 5. 2010.

gg) Forschung und Entwicklung

Auch auf den Gebieten der Forschung und Entwicklung stehen die Unternehmen miteinander im Wettbewerb. Sie können aber gemeinsame Forschungsprojekte durchführen oder ihre Ergebnisse gemeinsam verwerten. Bereits in ihrer Kooperationsbekanntmachung aus dem Jahre 1968 vertrat die Kommission die Auffassung, dass gemeinsame Forschungsvorhaben keine Wettbewerbsbeschränkungen nach Art. 81 Abs. 1 seien, wenn die Unternehmen sich nicht derart aneinander binden, dass sie außerhalb des gemeinsamen Vorhabens nicht mehr frei sind, oder wenn sie keine Abreden über die praktischen Auswertungen der Forschungs- und Entwicklungsergebnisse treffen. Als wettbewerbsbeschränkend betrachtet die Kommission insbesondere den Umstand, dass einzelne Beteiligte ganz oder teilweise von der Auslieferung der Ergebnisse ausgeschlossen werden.

– Rank-Sopelem

Im *Fall Rank-Sopelem* hatten zwei Hersteller von Objektiven und Objektivsteuerungen für Filmgeräte beschlossen, auf dem Gebiet der Forschung und Entwicklung, der Produktion und des Vertriebs zusammenzuarbeiten. Die Kommission[210] erteilte die Freistellung erst, nachdem einige Bestimmungen der Forschungs- und Entwicklungsvereinbarung verändert worden waren. Die Beteiligten mussten Exportverbote in das Gebiet des Partners und Beschränkungen bei der Verwertung der gewerblichen Schutzrechte fallenlassen. Akzeptiert wurde von der Kommission das Verbot, im Gebiet des anderen Partners aktive Kundenwerbung zu betreiben, wobei die Entgegennahme von Aufträgen aber zulässig sein musste.

---

210 Komm. Entscheidung v. 20. 12. 1974, ABlEG L 29/20 v. 3. 2. 1975

– Die GVOen zur Forschung und Entwicklung

Mit der Gruppenfreistellungsverordnung Nr. 418/85 vom 19. 12. 1984[211] stellte die Kommission Vereinbarungen vom Kartellverbot frei, welche die gemeinsame Forschung und Entwicklung sowie die gemeinsame Verwertung der dabei erzielten Ergebnisse zum Gegenstand haben. Dabei galt als gemeinsame Vornahme von Forschungs- und Entwicklungsarbeiten auch die Aufgabenteilung in der Forschung, in der Entwicklung oder Produktion. Bedingung der Freistellung war u. a., dass sämtliche Ergebnisse der gemeinsamen Forschung und Entwicklung allen Vertragspartnern zugänglich sind. Die Verordnung wurde im November 2000 durch eine neue *GVO zur Forschung und Entwicklung*[212] ersetzt, die bis 31. 12. 2010 gilt. Diese erfasst neben der gemeinsamen auch die einseitige, vertraglich vereinbarte Forschung und Einwicklung. Die Marktanteilsschwelle beträgt bei konkurrierenden Unternehmen 25 %; sie entfällt bei nicht konkurrierenden Unternehmen. Die Freistellung dauert sieben Jahre nach dem Inverkehrbringen der Vertragsprodukte.
Neben der Gruppenfreistellung gibt es noch Einzelfreistellungen der Kommission. Es kommt kaum zu Verbotsentscheidungen, weil die Kommission die Innovationsförderung für vorrangig hält.

hh) Spezialisierung

Gegenüber Spezialisierungsvereinbarungen zeigt sich die Kommission traditionell großzügig. Entscheidend für eine Freistellung von Spezialisierungsverträgen ist, dass ein wirksamer Wettbewerb aufrecht erhalten wird.

– Die GVOen zur Spezialisierung

1972 erließ die Kommission die erste Gruppenfreistellungsverordnung für bestimmte Spezialisierungsvereinbarungen, die Verordnung Nr. 417/85 vom 19. 12. 1984.[213] Sie wurde im November 2000 durch eine neue *GVO zur Spezialisierung*[214] ersetzt, die bis 31. 12. 2010 gilt. Unter bestimmten Voraussetzungen sind Vereinbarungen vom Kartellverbot freigestellt, durch die sich

211 ABlEG L 53/5 v. 22. 2. 1985; geändert durch VO Nr. 151/93 v. 23. 12. 1992, ABlEG L 21/8 v. 29. 1. 1993
212 GVO 2659/2000 der Kommission über die Anwendung von Art. 81 Abs. 3 des Vertrages auf Gruppen von Vereinbarungen über Forschung und Entwicklung vom 29. 12. 2000, ABlEG L 304/7 vom 5. 12. 2000
213 ABlEG L 53 v. 22. 2. 1985, S. 1; geändert durch VO Nr. 151/93 v. 23. 12. 1992, ABlEG L 21 v. 29. 1. 1993, S. 8
214 GVO 2658/2000 der Kommission über die Anwendung von Art. 81 Abs. 3 des Vertrages auf Gruppen von Spezialisierungsvereinbarungen vom 29. 11. 2000, ABlEG L 304/3 vom 5. 12. 2000

Unternehmen zum Zwecke der Spezialisierung gegenseitig verpflichten, während der Dauer der Vereinbarung bestimmte Erzeugnisse weder herzustellen noch herstellen zu lassen oder bestimmte Erzeugnisse nur gemeinsam herzustellen oder herstellen zu lassen. Die Freistellung gilt nach Art. 2 der Verordnung nur, wenn mit den Erzeugnissen, die Gegenstand der Spezialisierung sind, kein höherer Marktanteil als 20 % erreicht wird. Bei Überschreiten der 20%-Schwelle aber weniger als 25 % Marktanteil gilt die Freistellung im Anschluss an das Jahr der Überschreitung noch zwei Jahre weiter (Art. 2 Abs. 2 der GVO). Ein Entzug der Freistellung ist möglich (Art. 7 GVO).

– *ENI – Montedison*

Durch eine Entscheidung vom 4. 12. 1986[215] genehmigte die Kommission Vereinbarungen, die eine Umstrukturierung der italienischen petrochemischen Industrie zum Ziel hatten. Die Unternehmen *ENI und Montedison* übertrugen sich gegenseitig Teile ihrer Tätigkeitsbereiche, so dass jeder Partner zuletzt ein kleineres Angebot von Erzeugnissen herstellte, das sich nicht mit dem des anderen überschnitt. Nachdem die Kommission zunächst die Erteilung eines Negativattests verweigert hatte, stellte sie die Vereinbarung nach Art. 81 Abs. 3 EG frei, weil es sich um eine Rationalisierung handele, die Vorteile für die Verbraucher bringe.

ii) Geistiges Eigentum

Patente sind geistiges Eigentum, das auf Zeit monopolisiert werden darf. Wettbewerbspolitisch ist ein solcher Schutz sinnvoll, da hierdurch der Wettbewerb auf den Märkten für Forschung und Entwicklung angeregt wird. Die Kommission hat jedoch von Anfang an eine Ausnutzung von Patenten verfolgt, wenn sie das Ziel verfolgte, Märkte aufzuteilen oder eine wettbewerbliche Preisgestaltung in verschiedenen Mitgliedstaaten zu verhindern.

– *Parke/Davis*

Im Fall *Parke/Davis* legte der Gerichtshof Den Haag dem EuGH die Frage zur Vorabentscheidung vor, ob der Inhaber eines in einem Mitgliedstaat ausgestellten Patents gegen Art. 81 Abs. 1 EG verstößt, wenn er gegen den Vertrieb eines Erzeugnisses vorgeht, das aus einem keine Schutzrechte gewährenden anderen Mitgliedstaat stammt. Das vorlegende Gericht fragte, ob es eine Rolle spiele, dass der, dem die Rechte des Patentinhabers durch Erwerb zugefallen sind, das patentierte Produkt zu einem höheren Preis als das andere, nicht

---

215 Komm. vom 4. 12. 1986, ABlEG L 5/13 vom 7. 1. 1987

geschützte, anbiete. Der EuGH stellte fest[216], dass Artikel 81 und 82 EG den Bestand und die bloße Ausübung von Patentrechten nicht beeinträchtigen können. Ein höherer Verkaufspreis für patentierte Erzeugnisse als für aus einem anderen Staat stammende nicht patentierte stelle nicht notwendigerweise einen Missbrauch dar.

– *Centrafarm I*

In der Entscheidung *Centrafarm I* erklärte es der EuGH[217] für unvereinbar mit Art. 28 EG, dass ein Patentinhaber in einem Staat den Vertrieb eines Erzeugnisses unterbindet, das von ihm selbst oder mit seiner Zustimmung in einem anderen Mitgliedstaat in den Verkehr gebracht wurde. Der Patentinhaber sei auch dann nicht berechtigt, sich der Einfuhr geschützter Erzeugnisse zu widersetzen, wenn wegen einer Preisaufsicht im anderen Mitgliedstaat die Preise zwischen beiden Staaten differierten. Der Patentinhaber könne sich nicht darauf berufen, dass er den Verkehr und den Vertrieb überwachen müsse, um die Öffentlichkeit vor den Gefahren fehlerhafter Produkte zu schützen. Zu Art. 81 EG führte der EuGH aus, dass dadurch zwar anerkannte gewerbliche Schutzrechte nicht in ihrem Bestand berührt würden, dass aber deren Ausübung unter das Verbot fallen könne, wenn sie Gegenstand, Mittel oder Folge einer Kartellabsprache sei. Konzerninterne Absprachen nahm der EuGH aus.

– *Maissaatgut*

Die Leitentscheidung für den Schutz geistigen Eigentums wurde vom EuGH im Jahre 1982 im Fall *Maissaatgut* gefällt[218]. Zwischen einer öffentlich-rechtlichen Körperschaft zur Verbesserung und Entwicklung der Pflanzenerzeugung in Frankreich und einem deutschen Saatguthändler (Nungesser) wurden 1960 und 1965 Verträge abgeschlossen, durch welche dem Händler das Sortenschutzrecht[219] für die in Frankreich entwickelten Maissorten eingeräumt wurde. Der Händler Nungesser übernahm dafür die Verpflichtung, seine Verkaufspreise mit dem Inhaber des Sortenschutzrechts abzustimmen und mindestens zwei Drittel des für den deutschen Markt benötigten Saatguts unter Einschaltung der dafür zuständigen französischen Institution einzuführen. Diese Vereinbarungen bewirkten in der Praxis, dass der deutsche Lizenznehmer einen absoluten Gebietsschutz genoss. Hierdurch war es ihm möglich, von

---

216 EuGH v. 29. 2. 1968, Slg. 1968, 85; Rs. 24/67
217 EuGH v. 31. 10. 1974, Slg. 1974, 1147, 1183; Rs. 15, 16/74
218 EuGH v. 8. 6. 1982, Slg. 1982, 2015, Rs. 258/78
219 Nach dem deutschen Sortenschutzrecht ist der Sortenschutzinhaber allein zur Herstellung und zum Vertrieb seiner Sorten berechtigt.

den deutschen Landwirten einen Preis zu verlangen, der wesentlich höher als in Frankreich war. Die Kommission stellte die Vereinbarung nicht frei. Ausschlaggebend war, dass die Sortenschutzrechte zur Verhinderung von Aus- und Einfuhren genutzt wurden, dass die erteilten Lizenzen ausschließlich waren und dass der Inhaber des Sortenschutzrechts verpflichtet war, Dritte an der Einfuhr nach Deutschland zu hindern. Als weiterer Wettbewerbsverstoß wurde die Verpflichtung eines deutschen Händlers gewertet, die betreffenden Produkte in Deutschland nicht ohne Einwilligung des Lizenznehmers in den Verkehr zu bringen. Diese Verpflichtung war Bestandteil eines Vergleichs, der zur Beilegung eines Rechtsstreits vor einem deutschen Gericht geschlossen worden war.

Der EuGH hob die Entscheidung der Kommission insoweit auf, als die französische Inhaberin des Sortenschutzrechts verpflichtet wurde, das Saatgut in der Bundesrepublik nicht durch andere Lizenznehmer erzeugen oder verkaufen zu lassen bzw. nicht selbst zu erzeugen oder zu verkaufen. In den übrigen Punkten wurde die Entscheidung der Kommission bestätigt. Resultat der Entscheidung ist, dass eine offene ausschließliche Lizenz nach Art. 81 Abs. 1 EG zulässig ist. Dies heißt, dass die Stellung Dritter (Parallelimporteure und Lizenznehmer für andere Gebiete) nicht beeinträchtigt werden darf. Den Prozessvergleich wertete der EuGH nicht nur als Prozesshandlung, sondern auch als zivilrechtlichen Vertrag, der nach Art. 81 EG überprüfbar sei.

– *Die GVO für Technologietransfer-Vereinbarungen*

Lizenzvereinbarungen über geistiges Eigentum wurden bis zum Jahre 1996 durch zwei getrennte Gruppenfreistellungsverordnungen erfasst, zum einen durch die Verordnung Nr. 2349/84 der Kommission vom 23. 7. 1984 über Patentlizenzvereinbarungen[220], zum anderen durch die Verordnung Nr. 556/89 der Kommission vom 30. 11. 1988 über Know-how-Verträge[221]. Beide Verordnungen wurden mit Wirkung zum 1. 4. 1996 durch die *Gruppenfreistellungsverordnung Nr. 240/96 für Technologietransfer-Vereinbarungen*[222] vom 31. 1. 1996 ersetzt. Durch diese Verordnung werden die beiden bisherigen Verordnungen zusammengefasst und verbessert. Die bisherigen Bestimmungen werden im Wesentlichen übernommen. Die Verordnung umfasst sowohl reine Patentlizenz- oder Know-how-Vereinbarungen als auch gemischte Lizenzvereinbarungen. Erfasst sind auch Topographien von Halbleitererzeug-

---

220 ABlEG L 219/15 v. 16. 8. 1984, geändert durch GVO Nr. 151/93 v. 23. 12. 1992, ABlEG L 21/8 v. 29. 1. 1993
221 ABlEG L 61/1 v. 4. 3. 1989, geändert durch GVO Nr. 151/93 v. 23. 12. 1992, ABlEG L 21/8 v. 29. 1. 1993
222 ABlEG 1996 Nr. L 31/2, dazu Winkler/Jugel, Die neue EG-Gruppenfreistellungsverordnung für Technologietransfervereinbarungen, EuZW 1996, 346 ff.

nissen (Art. 8 Abs. 1 d) und ergänzende Schutzzertifikate für Arzneimittel oder andere Produkte, für die derartige Zertifikate erlangt werden können (Art. 17 Abs. 1 g). Nicht erfasst sind Lizenzvereinbarungen, welche ausschließlich den Vertrieb betreffen (Art. 5 Abs. 1 Nr. 5) und Lizenzvereinbarungen über Software[223].

Allgemein freigestellt sind jetzt die Mengenbeschränkung des Lizenznehmers zur Deckung des eigenen Bedarfs (Art. 1 Abs. 1 Nr. 8) sowie bei gemischten Patentlizenz- und Know-how-Vereinbarungen das Verbot aktiven Wettbewerbs für den Lizenznehmer, solange das Lizenzerzeugnis in diesen Mitgliedstaaten patentrechtlich geschützt ist (Art. 1 Abs. 4).

Abweichend vom bisherigen Recht ist es jetzt möglich, dass der Lizenznehmer für neue Anwendungen dem Lizenzgeber eine ausschließliche Lizenz erteilt und nach der GVO Nr. 556/89 der Lizenzgeber dem Lizenznehmer auch eine ausschließliche Lizenz für eigene Verbesserungen erteilt. Schließlich ist der Lizenzgeber nicht mehr verpflichtet, dem Lizenznehmer eine nicht ausschließliche Lizenz für neue Anwendungen zu erteilen. Freigestellt sind Mengen- und Lieferbeschränkungen des Lizenznehmers zum Beschaffen einer zweiten Lieferquelle (Art. 2 Abs. 1 Nr. 13). Ferner sind folgende Klauseln zugelassen: Ein Kündigungsrecht des Lizenzgebers bei einem Angriff des Lizenznehmers auf das Patent oder Know-how (Art. 2 Abs. 1 Nr. 15 und 16); die Verpflichtung des Lizenznehmers, die überlassene Technologie nach besten Kräften zu nutzen (Art. 2 Abs. 1 Nr. 17); der Vorbehalt des Lizenzgebers, die Ausschließlichkeit zu beenden und Verbesserungen nicht mehr zu lizensieren und die Nachweispflicht, dass keine vertragswidrige Nutzung des Know-how vorliegt (Art. 2 Abs. 1 Nr. 18).

Neben den Freistellungen, die in einer sogenannten weißen Liste geregelt sind, gibt es eine schwarze Liste von Verboten und eine sogenannte graue Liste von Ausnahmen, die unter bestimmten Voraussetzungen möglich sind. Es gibt ferner eine Missbrauchsaufsicht. Als Indiz für das Fehlen wirksamen Wettbewerbs wird ein Marktanteil des Lizenznehmers von mehr als 40 % genannt (Art. 7 Nr. 1).

– *Windsurfing International*

Aus der Zeit vor der Verabschiedung der GVO 240/96 datiert der Fall *Windsurfing International (WSI)*. Das in Kalifornien ansässige Unternehmen gleichen Namens hielt in der Bundesrepublik und in Großbritannien Patentrechte für das Rigg von Segelbrettern, deren wesentliches Merkmal der sogenannte Gabelbaum ist. WSI erteilte sieben deutschen Unternehmen, die zusammen

---

223 Letzteres folgt aus der Fassung von Art. 24 Abs. 1 Nr. 4 und dem Erwägungsgrund 6 der GVO

einen Marktanteil von rund 70 % in Deutschland und rund 35 % in der übrigen EG hatten, eine Lizenz für einen kompletten Stehsegler, der sich jeweils aus dem Rigg und einem genau bestimmten Bretttyp aus der Produktion des Lizenznehmers zusammensetzt. Der Vertrieb von nicht lizensierten Brettern oder von Riggs ohne Brett wurde von WSI untersagt. Obwohl sich das für Deutschland erteilte Patent nur auf das Rigg bezog, mussten die Lizenznehmer auch für das Brett Gebühren zahlen. Dies hinderte sie daran, auf den Einzelmärkten für Bretter und Riggs tätig zu werden (Koppelungsgeschäft). Die Kommission sah in dem Verbot, nicht lizensierte Bretter oder Riggs zu vertreiben, eine unzulässige Verwendungsbeschränkung, die in der Praxis dazu führte, dass die Modellpolitik der Lizenznehmer weitgehend im Belieben des Lizenzgebers lag. Auch habe der Lizenzgeber dadurch die Möglichkeit gehabt, den Wettbewerb der Lizenznehmer untereinander zu verringern, indem er durch eine selektive Genehmigung die Erzeugnisse seiner Lizenznehmer gegeneinander abgrenzen konnte. In der Koppelung der Lizenzgebühr für das Rigg mit der Gebühr für das Brett sah die Kommission ebenfalls einen Verstoß gegen Art. 81 Abs. 1. Die Lizenzen waren darüber hinaus auf eine bestimmte Produktionsstätte in Deutschland beschränkt. Dies bewirkte, dass WSI für alle von den Lizenznehmern in der EG abgesetzten Stehsegler Gebühren erhielt, da eine Produktion im lizenzfreien Gebiet faktisch nicht möglich war. Auch diese Wirkung der Vereinbarung führte zur Unzulässigkeit nach Art. 81 Abs. 1 EG.

Mit Urteil vom 25. 2. 1986 bestätigte der EuGH[224] die Entscheidung der Kommission in allen Punkten mit Ausnahme eines einzigen. Die Verpflichtung zur Zahlung von Lizenzgebühren für die Elemente nach Maßgabe des Nettoverkaufspreises des Produkts hielt er für zulässig. Im Übrigen brauche in einem Fall, in dem die Bedeutung der Vereinbarung für den Handel zwischen den Mitgliedstaaten zweifelsfrei feststehe, nicht im einzelnen geprüft zu werden, ob jede wettbewerbsbeschränkende Bestimmung für sich gesehen den innergemeinschaftlichen Handel beeinträchtigen kann.

kk)   Genossenschaften

Art. 81 Abs. 1 EG verbietet u. a. die vertragliche Festsetzung der An- oder Verkaufspreise die Aufteilung der Märkte oder Versorgungsquellen und die unmittelbare oder mittelbare Erzwingung von unangemessenen Einkaufs- oder Verkaufspreisen. Damit werden auch Einkaufskooperationen und -genossenschaften erfasst. Die Kommission hat aber die Vorteile von Einkaufskooperationen von Anfang an akzeptiert, wenn dadurch mittlere und kleine

---

224 EuGH Slg. 1986, 611; Rs. 193/83

Unternehmen die Nachteile überwinden konnten, die sie insbesondere gegenüber integrierten Vertriebsformen des Handels hinnehmen müssen.

So wurde am 14. 7. 1975 von der Kommission die Gründung einer Einkaufsvereinigung *(Inter-group)* durch die nationalen Sparketten genehmigt.[225] Die einzelnen Sparketten übernahmen keine Verpflichtung, im Ausland über Intergroup zu kaufen. Die Kommission sah es dadurch als gewährleistet an, dass die Mitglieder nicht von wichtigen Versorgungsquellen abgeschnitten wurden.

Anders war es im Fall der *dänischen Pelzhändler.* Eine dänische Pelztierhändlergenossenschaft wurde von der Kommission mit einer Verbotsverfügung überzogen, weil sie durch Preisabsprachen, Abnahmegarantien und Vorteilsgewährungen aufgrund der »Genossenschaftstreue« sowie aufgrund sonstiger koordinierter Verhaltensweisen gegen Art. 81 Abs. 1 EG verstoßen habe. Die Genossenschaft vertrat die Auffassung, dies sei durch ihre Rechtsform bedingt. Nur über die Gründung von Genossenschaften könnten sich kleine Erzeuger mit gewissen Chancen am Markt behaupten. Der EuG I[226] erklärte, dass Genossenschaften nicht grundsätzlich von der Anwendung der Wettbewerbsregeln ausgeschlossen werden können. Auch Vereinbarungen zwischen den Mitgliedern, die typisch für solche Personenvereinigungen sind, dürfen den Wettbewerb nicht spürbar beeinträchtigen. Im konkreten Fall sei den Händlern, die nicht genossenschaftlich organisiert sind, der Marktzugang praktisch völlig verbaut. Dies verstoße gegen Art. 81 Abs. 1 EG.

ll)   Versicherungen

– *Die GVO für Versicherungen*

Durch die *Verordnung Nr. 3932/92* vom 21. 12. 1992 hat die Kommission eine Gruppenfreistellung für die *Versicherungswirtschaft*[227] vorgenommen. Unter bestimmten Voraussetzungen sind Vereinbarungen, Entscheidungen und abgestimmte Verhaltensweisen der Versicherungswirtschaft vom Kartellverbot freigestellt. Gegenstand der Gruppenfreistellungsverordnung sind die Errechnung gemeinsamer Risikoprämientarife, die Erstellung von Mustern für allgemeine Versicherungsbedingungen, die gemeinsame Deckung bestimmter Arten von Risiken sowie die Prüfung und Anerkennung von Sicherheitsvorkehrungen. Die der Kommission für die Gruppenfreistellung vom Rat erteilte Ermächtigung[228] erstreckt sich darüber hinaus auch auf die Abwicklung von Schadensfällen und die Erstellung von Verzeichnissen erhöhter

---

225   Komm. Negativattest v. 14. 7. 1975, ABlEG L 212/23 v. 9. 8. 1975 – Intergroup
226   EuG I, Urteil v. 2. 7. 1992, Slg. II-1931, Rs. T-61/89
227   ABlEG L 398/7 v. 31. 12. 1992
228   VO Nr. 1534/91 des Rats v. 31. 5. 1991, ABlEG L 143/1 v. 7. 6. 1991

Risiken mit einem Austausch entsprechender Informationen. Von dieser Ermächtigung hat die Kommission aber bislang noch keinen Gebrauch gemacht. Angesichts der Zunahme grenzüberschreitender Aktivitäten von Versicherungsunternehmen nach Umsetzung der entsprechenden Schadens- und Lebensversicherungsrichtlinien der EG wird die praktische Bedeutung der Verordnung in Zukunft noch zunehmen.

Bei der gemeinsamen Errechnung von Risikoprämien können sich die Beteiligten auf gegenseitig abgestimmte Statistiken oder auf die Anzahl aufgetretener Schadensfälle stützen. Die Berechnungen müssen aber ausdrücklich als unverbindlich bezeichnet werden und dürfen sich nur auf die sogenannten Nettotarife beziehen, also die jeweils unternehmensbezogenen individuellen Kalkulationsfaktoren nicht mitumfassen. Auch gemeinsam erstellte Musterbedingungen müssen mit einem ausdrücklichen Hinweis auf ihre Unverbindlichkeit und die Möglichkeit abweichender Vereinbarungen versehen werden. Zudem enthält die Verordnung einen Ausschlusskatalog von Klauseln, die nicht Gegenstand der Musterbedingungen sein dürfen. Die Freistellung der gemeinsamen Deckung bestimmter Risiken ist an Marktanteilsgrenzen geknüpft, die keines der beteiligten Unternehmen überschreiten darf. Die Kommission kann die Freistellung im Einzelfall unter bestimmten Voraussetzungen entziehen, so z. B. dann, wenn Musterbedingungen Klauseln enthalten, die zwar nicht in der »schwarzen Liste« der Verordnung aufgeführt sind, aber gleichwohl ein erhebliches Ungleichgewicht von Rechten und Pflichten zu Lasten des Versicherungsnehmers begründen.

e)   Prozessuales

aa)   Exterritorialität

– *Farbstoffe*

Schon im Fall *Farbstoffe* (vgl. oben) hatte der EuGH im Jahre 1972 entschieden, dass die Kommission auch Geldbußen für außerhalb der EWG begangene Handlungen verhängen könne. Entscheidend sei, dass die gegen Art. 81 Abs. 1 verstoßenden Verhaltensweisen sich auf dem Gemeinsamen Markt auswirkten und den Wettbewerb zwischen dort tätigen Herstellern beeinträchtigten. Damit sei der Tatbestand des Art. 81 Abs. 1 EG innerhalb des Gemeinsamen Marktes verwirklicht worden.

– *Zellstoff (Ahlström)*

Im Jahre 1984 ging die Kommission nach Art. 81 Abs. 1 EG gegen insgesamt 45 Hersteller von *Zellstoff* aus den USA, Kanada, Finnland, Schweden, Norwegen, Portugal und Spanien vor. Ihnen wurde eine Abstimmung von Preisen bei Lieferungen in die EG vorgeworfen. Hinzu kamen ein Informationsaustausch sowie bestimmte Klauseln in den Verkaufsbedingungen, durch welche Parallelverkäufe, Weiterverkäufe und auch Exporte verhindert wurden. Die beteiligten Firmen hielten einen Anteil von etwa zwei Drittel am Zellstoffmarkt in der EG.

Die Kommission stellte fest, dass Art. 81 Abs. 1 auch gegenüber den EFTA-Ländern anwendbar sei, mit denen Freihandelsabkommen abgeschlossen wurden. Obwohl in diesen Abkommen eigene Bestimmungen über wettbewerbsbeschränkende Vereinbarungen enthalten seien, schließe das die Kompetenz der Kommission zur Anwendung von Art. 81 Abs. 1 EG nicht aus, sofern eine Beeinträchtigung des zwischenstaatlichen Handels gegeben sei. Die Gemeinschaft habe überdies zu den Art. 23 und 26 des Freihandelsabkommens die Erklärung abgegeben, dass sie wettbewerbsbeschränkende Praktiken auf der Grundlage der Kriterien beurteilen werde, die sich aus der Anwendung von Art. 81 ff. EG ergeben. Damit ging die Kommission im Ergebnis gegen Unternehmen vor, von denen kein einziges seinen Sitz in einem EG-Staat hatte.

Mit Urteil vom 27. 9. 1988 erhielt der EuGH[229] die Verfügung der Kommission insoweit aufrecht, als er die Zuständigkeit der Gemeinschaft für die Anwendung von Art. 81 EG auf Unternehmen mit Sitz außerhalb der EG als gegeben ansah. Dies sei durch das völkerrechtlich anerkannte Territorialprinzip gedeckt. Das europäische Wettbewerbsrecht wird demnach auf alle Unternehmen angewendet, deren Verhaltensweisen sich auf dem Territorium der EG wettbewerbswidrig auswirken.

Am 31. 3. 1993 erließ der EuGH sein Urteil in der Hauptsache[230]. Er hob die Kommissionsentscheidung teilweise auf, weil der Anspruch auf rechtliches Gehör verletzt worden sei. Er rügte insbesondere die mangelnde Klarheit der Beschwerdepunkte und die Verwendung von Beweismitteln, die erst nach der Versendung der Beschwerdepunkte in den Besitz der Kommission gelangt waren. Hinzu kam, dass die Abstimmung der Preisankündigungen nicht nachgewiesen werden konnte. Aus zwei vom Gerichtshof in Auftrag gegebenen Gutachten ging ferner hervor, dass sich die Parallelität der vierteljährlichen Preisankündigungen auch anders als durch Abstimmung der Verhaltensweisen erklären ließ. In den übrigen Punkten (Abstimmung zur Festlegung der »empfohlenen« Preise und Klauseln über Weiterverkäufe, Parallelverkäufe und Exporte) wurde die Kommissionsentscheidung bestätigt.

---

229 EuGH Slg. 1988, 5293; Rs. 89/85
230 EuGH Slg. 1993, Rs. C-89/85 – Zellstoff (Ahlström)

137

bb)   Grundrechte und prozessuale Rechte

– *National Panasonic*

National Panasonic, die Marketinggesellschaft des japanischen Matsushita-Konzerns, untersagte ihren Wiederverkäufern von Elektronikartikeln die Ausfuhr in andere EG-Staaten, ohne dass darüber schriftliche Vereinbarungen getroffen wurden. Die Kommission vermutete, dass National Panasonic eine Vereinbarung mit dem Ziel abgeschlossen hatte, Exporte von Großbritannien und Deutschland nach Frankreich zu verhindern, wo ein anderer Matsushita-Händler tätig war. Eines morgens kamen zwei Kommissionsbeamte ohne vorherige Ankündigung in das englische Verkaufsgebäude von National Panasonic, zeigten eine Kommissionsentscheidung vor, die sie zu einer Überprüfung der Dokumente berechtigte, lehnten das Warten auf einen Anwalt von National Panasonic ab und begannen die Untersuchung. Nach sieben Stunden verschwanden sie mit ihren Notizen und mit Kopien mehrerer Dokumente. National Panasonic klagte gegen die Kommission mit dem Argument, die überraschende Untersuchung habe gegen ihre Grundrechte verstoßen. National Panasonic berief sich auf Art. 8 der Europäischen Menschenrechtskonvention, wonach jeder das Recht hat, in seinem privaten und Familienleben respektiert zu werden. Der EuGH wies alle diese Argumente zurück[231]. Die überraschende Durchsuchung sei weder unverhältnismäßig noch menschenrechtswidrig. Die Kommission sei berechtigt festzustellen, ob eine Verletzung von Art. 81 EG vorliege.

– *Hoechst*

Im Jahre 1987 versuchten Kommissionsbeamte, bei den Farbwerken *Hoechst* eine überraschende Untersuchung durchzuführen. Sie wurden von einem Vertreter des Bundeskartellamts begleitet. Hoechst weigerte sich, dem Begehren Folge zu leisten. Hierauf verhängte die Kommission nach der Verordnung Nr. 17 eine tägliche Geldbuße von 1000 ECU. Hoechst erwirkte eine Einstweilige Anordnung des zuständigen Verwaltungsgerichts, wonach das Bundeskartellamt mit der Kommission in dieser Sache nicht zusammenarbeiten dürfe. Hoechst wandte sich darauf an den Europäischen Gerichtshof, um die Geldbuße vorläufig aufheben zu lassen. Der Gerichtshof lehnte dies ab, weil Hoechst nicht glaubhaft gemacht habe, dass die Entscheidungen offensichtlich rechtswidrig seien und auch kein erheblicher und irreparabler Schaden drohe[232]. Hierauf erhielt die Kommission die Möglichkeit, die Untersuchung

---

231 EuGH Slg. 1980, 2033, Rs. 136/79
232 EuGH Slg. 1987, 1549, Rs. 46/87

durchzuführen. Sie stellte fest, dass Hoechst an einem PVC-Kartell teilnahm. Sie verhängte eine Geldbuße von 55 000 ECU. Auch gegen diese Geldbuße ging Hoechst vor.

Am 21. 9. 1989 entschied der EuGH den Fall *Hoechst*.[233] Er nutzte die Entscheidung zu einer Klarstellung über die prozessualen Rechte eines Beschuldigten gegenüber der Kommission. Hiernach hat die Kommission Gegenstand und Zweck der Nachprüfung mitzuteilen und klar anzugeben, welchen Vermutungen sie nachgehen will. Dabei bedarf es weder einer strengen rechtlichen Qualifizierung der mutmaßlichen Zuwiderhandlung noch genauer Angaben zur Marktabgrenzung oder zum Zeitraum der Zuwiderhandlung. Der Gerichtshof bestätigte ferner, dass sich die Nachprüfung nicht auf ein passives Verhalten der Kommissionsbediensteten beschränke, sondern ein Recht zum Betreten der Räume des Beschuldigten beinhalte. Dort dürfe nach anderen Informationsquellen gesucht werden, die noch nicht bekannt oder vollständig bezeichnet sind, auch wenn das betroffene Unternehmen sich den Kommissionsbediensteten widersetze. Das Gericht stellt fest, dass es Sache des einzelnen Mitgliedstaates sei, die Bedingungen und Verfahrensmodalitäten zu regeln, unter denen die nationalen Stellen den Bediensteten der Kommission Unterstützung gewähren, wobei die Rechte der betroffenen Unternehmen zu beachten seien. Insoweit seien die nach nationalem Recht vorgesehen Verfahrensgarantien zu beachten. Die Kommission müsse dafür sorgen, dass die nach nationalem Recht zuständige Stelle über alle notwendigen Mittel verfügt, um die ihr zustehende Kontrollbefugnis ausüben zu können. Die nationale Stelle sei aber nicht befugt, die Notwendigkeit der angeordneten Nachprüfung selbst zu beurteilen. Dies obliege allein dem Gerichtshof. Das nationale Gericht könne nach Feststellung der Echtheit der Nachprüfungsentscheidung seinerseits prüfen, ob die beabsichtigten Zwangsmaßnahmen nicht willkürlich oder unverhältnismäßig seien. In der Sache selbst bestätigte der EuGH die Entscheidung der Kommission.

Im Fall Hoechst nahm der EuGH auch auf die Europäische Menschenrechtskonvention Bezug. Art. 8 der Konvention schütze die Wohnung nur im privaten Bereich, da er sich auf die freie Entfaltung der Persönlichkeit beziehe. Die Geschäftsräume, um die es im Falle Hoechst ging, seien vom Schutz nicht erfasst[234]. Inzwischen hat der Europäische Gerichtshof für Menschenrechte im Fall *Niemitz*[235] den Schutz der Privatsphäre auf die Geschäftsräume ausgedehnt. Die Hoechst-Entscheidung des EuGH ist in diesem Punkt überholt.

233 EuGH Slg. 1989, 2859, Rs. 46/87 und 227/88
234 EuGH Slg. 1989, 2589, Tz. 18, verb. Rs. 46/87 und 227/88 – Hoechst
235 EGMR, Niemitz vs. Deutschland, Ser. A 256, 23 = NJW 1993, 718

– *Orkem*

Am 18. Oktober 1989 entschied der Europäische Gerichtshof[236] im Fall *Orkem*, dass es grundsätzlich im Ermessen der Kommission liege, zu beurteilen, ob eine Auskunft zur Ermittlung von Zuwiderhandlungen gegen die Wettbewerbsnormen erforderlich sei. Die Kommission dürfe aber die Unternehmen nicht dazu zwingen, in ihrer Antwort die Zuwiderhandlungen einzugestehen. Dies beeinträchtige die Verteidigungsrechte der Betroffenen und verletze die Regeln über die Beweislast. Insofern wurde eine strittige Kommissionsentscheidung teilweise aufgehoben.

– *Prozessuale Grundrechte in der EU*

Hinzuweisen bleibt darauf, dass verschiedene Grundrechte bereits im EG-Vertrag verankert sind, so etwa das Verbot jeglicher Diskriminierung aus Gründen der Staatsangehörigkeit (vgl. Art. 12). Hinzu kommen ungeschriebene allgemeine Grundsätze der Gemeinschaftsrechtsordnung wie z. B. das Recht auf einen fairen Prozess[237]. In den Verträgen von Maastricht werden in Art. 6 Abs. 2 die Grundrechte, wie sie in der Europäischen Menschenrechtskonvention niedergelegt sind und wie sie sich aus der gemeinsamen Verfassungsüberlieferung der Mitgliedstaaten als allgemeine Grundsätze des Gemeinschaftsrechts ergeben, als primäres Gemeinschaftsrecht verankert (vgl. oben).
Mit Urteil vom 31. 3. 1993[238] hat der EuGH eine Entscheidung der Kommission vom 19. 12. 1984 wegen der Verletzung der Verteidigungsrechte teilweise aufgehoben. Er hat insbesondere die mangelnde Klarheit der Beschwerdepunkte und die unzulässige Verwertung von Beweismitteln gerügt, die erst nach Versendung der Beschwerdepunkte in den Besitz der Kommission gelangten.

f) Weiterführende Hinweise zu den Gruppenfreistellungsverordnungen

Ackermann, Die neuen EG-Wettbewerbsregeln für vertikale Beschränkungen, EuZW 1999, 741; *Bunte/Sauter,* EG-Gruppenfreistellungsverordnungen: Kommentar, München 1988; *Emmerich, Sauter und Veelken,* in: *Immenga/Mestmäcker,* EG-Wettbewerbsrecht Bd. I, 1997; *Korah, Valentine,* R&D and the EEC Competition Rules Regulation 418/85, Oxford 1986; *dies.,* Franchising and the EEC Competition Rules Regulation 4087/88, Oxford 1989; *Martinek/Habermeier,* Das Chaos der EU-Gruppenfreistellungsverordnungen, ZHR 158 (1994) S. 107-148; *Nolte,* Reform des EG-

236 EuGH Slg. 1989, 3283, Rs. 374/87 – Orkem
237 Vgl. EuGH Slg. 1989, 691, Rs. 133/88
238 EuGH Slg. 1993, I-1307, Rs. C-89/85

Rechts für Vertriebs- und Zulieferverträge, BB 1998, 2429 *Sauter, Herbert*, Die gruppenweise Freistellung von Franchise-Vereinbarungen, in: Wirtschaft und Wettbewerb 39 (1989), S. 284 ff.

3. Das Missbrauchsverbot

a) Die »Mechanik« des Gesetzes

Nach Art. 82 EG ist die missbräuchliche Ausnutzung einer beherrschenden Stellung auf dem Gemeinsamen Markt oder einem wesentlichen Teil desselben mit dem Gemeinsamen Markt unvereinbar und verboten, soweit der Missbrauch dazu führen kann, den Handel zwischen Mitgliedstaaten zu beeinträchtigen. Verboten ist nicht der Erwerb einer beherrschenden Stellung oder ihr Bestehen, sondern lediglich ihre missbräuchliche Ausnutzung. Missbräuchlich kann ein Unternehmen, können aber auch mehrere Unternehmen handeln. Im Gegensatz zum deutschen Kartellrecht, in dem lediglich eine Aufsicht über missbräuchliche Verhaltensweisen ausgeübt wird (vgl. § 22 GWB) und Bußgelder erst nach einer Verletzung der Missbrauchsverfügung verlangt werden können, ist Art. 82 EG schärfer. Das missbräuchliche Verhalten wird als von Anfang an verboten betrachtet. Es kann bereits in der Verfügung, in welcher der Missbrauch festgestellt wird, mit einem Bußgeld geahndet werden.

b) Beherrschende Stellung

Die Anwendung des Art. 82 EG setzt zunächst voraus, dass ein Unternehmen eine beherrschende Stellung auf dem Gemeinsamen Markt oder einem wesentlichen Teil desselben innehat. Eine derart dominante Position erreicht ein Unternehmen in der Regel, wenn es ihm gelingt, hohe Marktanteile zu gewinnen.
Im Fall *Hoffmann-La Roche*[239] ließ der EuGH Anteile von 93 %, 84 %, 75 % und 65 % auf verschiedenen Vitaminmärkten als Nachweis einer beherrschenden Stellung ausreichen. Marktanteile von 57-65 % genügten im Fall Michelin[240]. Im Fall United Brands (Chiquita) wurde ein Marktanteil von 40-45 % noch als ausreichend angesehen[241]. Wichtig ist insbesondere auch, den Abstand zu den Marktanteilen der nächst größeren Wettbewerber zu betrachten. Darüber hinaus kann ein Unternehmen marktbeherrschend sein, wenn es beispielsweise aufgrund seiner technischen Kenntnisse oder seines Zugangs

---

239 EuGH Slg. 1979, 461, Rs. 85/76
240 EuGH Slg. 1983, 3461, Rs. 322/81
241 EuGH Slg. 1978, 207 f., Rs. 27/76

zu Rohstoffen oder Kapital, die Möglichkeit hat, ohne Rücksichtnahme auf die Reaktionen der Mitbewerber und Abnehmer zu handeln. Der besondere Handlungsspielraum eines Unternehmens kann sich auch daraus ergeben, dass es mit anderen Unternehmen vertraglich oder personell verbunden ist, dass es Schutzrechte oder Marken nutzen kann oder dass es seine Lieferanten oder Abnehmer von sich abhängig gemacht hat.

Die beherrschende Stellung muss auf dem Gemeinsamen Markt oder auf einem wesentlichen Teil desselben bestehen. Ob ein bestimmtes räumliches Gebiet als ein wesentlicher Teil angesehen werden kann, hängt davon ab, ob es räumlich und sachlich für die jeweilige Ware oder Leistung von einer hinreichenden Bedeutung ist. Handelt es sich um das gesamte Gebiet eines größeren Mitgliedstaates wie Deutschland, Frankreich oder Italien, wird der »wesentliche Teil« in der Regel bejaht. Selbst ein Teil eines Mitgliedstaates wie z. B. Süddeutschland kann als wesentlicher Teil des Gemeinsamen Marktes anerkannt werden.

Was die Abgrenzung des sachlich relevanten Marktes angeht, so sind die Marktanteile desto höher, je enger man die Marktabgrenzung vornimmt. Fasst man z. B. im Automobilbereich alle Personenwagen zusammen, dürfte im europäischen Markt keine beherrschende Stellung (mit mehr als etwa 40 % Marktanteil) bejaht werden können. Trennt man aber Kleinwagen, Mittelklassewagen und Luxuswagen, so kann eine beherrschende Stellung weniger Anbieter im Luxusbereich durchaus angenommen werden.

Bei der Marktabgrenzung besteht kein beliebiger Entscheidungsspielraum, vielmehr muss nach der Austauschbarkeit des Produkts gefragt werden. Bestimmungsgrund ist nicht nur die Produktbeschaffenheit, sondern auch der Preis. Hinzu kommen räumliche und zeitliche Abgrenzungen, wenn es etwa um einen räumlichen Teil des Gemeinsamen Marktes geht oder eine zeitlich begrenzte Ausstellung oder Messe betroffen ist. Man spricht hier von einer sachlichen, räumlichen und zeitlichen Marktabgrenzung.

c) Missbrauch

Die beherrschende Stellung muss nach Art. 82 EG missbräuchlich ausgenutzt worden sein. In einem Beispielkatalog sind einige Missbrauchsformen ausdrücklich genannt: Die Erzwingung unangemessener Einkaufs- oder Verkaufspreise bzw. sonstiger Geschäftsbedingungen nennt man auch Ausbeutungsmissbrauch. Der Verbraucher kann durch hohe Verbrauchspreise, der Lieferant durch niedrige Einkaufspreise ausgebeutet werden. Wendet ein Unternehmen unterschiedliche Bedingungen bei gleichwertigen Leistungen gegenüber Handelspartnern an, wodurch diese im Wettbewerb benachteiligt werden, unterliegt es nach Art. 82 EG einem Diskriminierungsverbot. Versucht es beispielsweise, durch niedrige Verkaufspreise, möglicherweise sogar unter dem Gestehungspreis, schwächere Wettbewerber auszuschalten, so kann nach Art. 82 EG eine unbillige Behinderung vorliegen. Schließlich ist Missbrauch auch ein sog. Koppelungsgeschäft, d. h. die Koppelung von Vertragsabschlüssen mit der Bedingung, zusätzliche Leistungen abzunehmen, die weder sachlich noch nach Handelsbrauch in Beziehung zum Vertragsgegenstand stehen.

aa) unangemessene Preise und Geschäftsbedingungen

In Art. 82 Abs. 2 a EG ist das Verbot unangemessener Preise und sonstiger Geschäftsbedingungen beispielhaft festgehalten. Kommission und EuGH haben hierzu eine Reihe von Fällen entschieden.

– *GEMA*

Die »Gesellschaft für musikalische Aufführungs- und mechanische Vervielfältigungsrechte« *(GEMA)*, eine Urheberrechtsverwertungsgesellschaft, hatte Urheberrechte auch auf Werke ausgedehnt, deren Schutzfrist abgelaufen war oder die nicht zum Repertoire der GEMA gehörten. Hinzu kam, dass sie nach Deutschland importierte Tonträger mit einer Lizenzgebühr belastete, auch wenn hierfür schon in einem anderen Mitgliedstaat eine Lizenz entrichtet worden war. Schließlich belastete sie die nach Deutschland importierten Ton- und Bildaufzeichnungsgeräte mit einer höheren Gebühr als die in Deutschland hergestellten Geräte.
Die Kommission wertete dies als Verstoß gegen Art. 82 EG. Es liege eine mißbräuchliche Ausnutzung einer beherrschenden Stellung vor, da die GEMA Vorteile erlange, die sie bei wirklichem Wettbewerb nicht hätte erlangen können[242]. In einer zweiten Entscheidung präzisierte die Kommission ihre Position dahingehend, dass die GEMA ihre Mindestmitgliedszeit auf drei Jahre verlängern konnte, wenn sie den Mitgliedern die Möglichkeit eröffnete, getrennt über die einzelnen Nutzungsarten der Urheberrechte zu verfügen[243].

– *SACEM*

Im zwei Entscheidungen aus dem Jahre 1989 erklärte der EuGH das Verhalten der französischen Gesellschaft *SACEM* für missbräuchlich nach Art. 82 EG[244]. SACEM, die französische Monopolgesellschaft für die Verwertung von Urheberrechten, hatte nicht nur überzogene Gebühren für die Aufführung

---

242 Komm. ABlEG L 134/15 v. 20. 6. 1971 – GEMA
243 Komm. ABlEG L 166/21 v. 24. 7. 1972
244 EuGH Slg. 1989, 2521 ff. – Tournier; Slg. 1989, 2811 ff. – Lucazeau SACEM

musikalischer Werke verlangt, die in Diskotheken abgespielt wurden, sondern diese auch daran gehindert, unmittelbar Verträge mit ausländischen Verwertungsgesellschaften abzuschließen. Der EuGH stellte fest, dass die Tarife von SACEM über denen in anderen Mitgliedstaaten lagen. Objektive Gründe zur Rechtfertigung dieser Differenzen hatte SACEM nicht nachweisen können.

– *United Brands (Chiquita)*

Eines der größten am Weltbananenmarkt tätigen Unternehmen, die *United Brands* Company, New York, importierte Bananen auch in das Gebiet der EG. Dort schlug sie durch ihre Tochtergesellschaft in jedem Staat einer beschränkten Zahl von Unternehmen vor, dem hohen Standard von United Brands entsprechende Reifungsanlagen zu installieren. In den allgemeinen Verkaufsbedingungen war für die Vertriebshändler und Reifereien ein Verbot enthalten, andere Sorten als die von United Brands vertriebene Sorte Chiquita zu führen. Chiquita-Bananen durften auch nicht an Konkurrenzreifereien verkauft werden. Schließlich durften diese Bananen nicht in grünem Zustand verkauft und nicht an ausländische Händler geliefert werden. Die Marke Chiquita durfte von den Händlern nur mit Genehmigung von United Brands geführt werden. Bei ihren Verkäufen nahm United Brands von Woche zu Woche je nach Mitgliedstaat (Bundesrepublik Deutschland, Niederlande, Belgien, Dänemark, Irland) unterschiedliche Preise; die Abweichungen betrugen bis zu 54 %. 1973 stellte United Brands die Belieferung des dänischen Händlers Olesen ein, weil er eine Kampagne für Konkurrenzprodukte veranstaltet hatte. Olesen beantragte ebenso wie einige irische Händler bei der Kommission ein Verfahren nach Art. 82 EG.

Die Kommission erließ eine Missbrauchsverfügung nach Art. 82 EG[245]. Sie definierte den Markt für Bananen aller Sorten als relevanten Markt. United Brands hielt hier in der EG mit der Marke Chiquita einen Anteil von 40 %. Außerdem erhielt United Brands enge Verbindungen zu den Erzeugerländern aufrecht. Aus alledem entnahm die Kommission, dass United Brands auf dem Gemeinsamen Markt beherrschend sei. Sie bewertete folgende Verhaltensweisen von United Brands als missbräuchlich: Die den Händlern auferlegte Verpflichtung, Bananen nicht in grünem Zustand weiterzuverkaufen, weil die Händler dadurch nicht in der Lage waren, an andere Reifereien zu verkaufen; die Anwendung unterschiedlicher Preise in den verschiedenen EG-Staaten und gegenüber einzelnen Händlern; unangemessen hohe Verkaufspreise in einigen Ländern, wobei die Kommission nach der Gewinnspanne fragte. Einen Missbrauch sah sie auch darin, dass der Abnehmer Olesen nicht mehr beliefert wurde.

---

245 Komm. 1976, ABlEG L 95 v. 9. 4. 1976

Der EuGH hob mit Urteil vom 14. 2. 1978[246] die Entscheidung der Kommission insoweit auf, als sie die Feststellung enthielt, dass United Brands den Kunden gegenüber unangemessen hohe Verkaufspreise angewendet habe. Was die anderen Verhaltensweisen anbetrifft, wurde der Missbrauchsvorwurf der Kommission aufrechterhalten. Die Geldbuße wurde entsprechend herabgesetzt. In der Frage der unangemessenen Verkaufspreise (Ausbeutungsmissbrauch) verlangte der EuGH von der Kommission, die Kostenstruktur von United Brands zu analysieren. Dies sei unterlassen worden. Es reiche nicht aus, lediglich einen hohen Preisunterschied zwischen den Mitgliedstaaten festzustellen. Nur bei einer Analyse der Kostenstruktur wäre festzustellen gewesen, ob tatsächlich ein den Missbrauchsvorwurf rechtfertigendes Missverhältnis zwischen den Kosten und dem Preis bestehe.

– *Akzo*

Akzo hatte einen kleinen britischen Erzeuger von Mehlzusätzen, der auf dem von Akzo dominierten Markt von Grundstoffen für Kunststoffe tätig werden wollte, mit niedrigen Preisen für die Mehlzusätze bekämpft (Kampfpreisunterbietung). Die Stammkunden von Akzo mussten für die Mehlzusätze bis zu 60 % höhere Preise zahlen. Die Kommission untersagte *Akzo*, seine Produkte zu Preisen anzubieten, die zwischen ihren variablen und den gesamten Durchschnittskosten lagen, um Wettbewerber am Marktzugang zu hindern.

Der EuGH[247] ermäßigte die von der Kommission verhängte Geldbuße um ein Viertel, u. a. deswegen, weil Missbräuche dieser Art zu einem Rechtsgebiet gehörten, in dem die Wettbewerbsvorschriften niemals präzisiert worden seien und weil der Konflikt zwischen beiden Unternehmen nur begrenzte Wirkung gehabt habe. Das Gericht hielt fest, dass Preise, die unter den variablen Kosten liegen, generell missbräuchlich seien, während Preise zwischen den variablen und den totalen Durchschnittskosten dann missbräuchlich seien, wenn sie Teil eines Planes seien, Wettbewerber mit geringeren finanziellen Ressourcen auszuschalten.

– *Flugtarife*

Bei der Kontrolle von *Flugtarifen*[248] sprach sich der EuGH wie im Chiquita-Fall für die Anwendung des Gewinnspannenkonzepts aus. Ein Missbrauch nach Art. 82 EG sei insbesondere dann möglich, wenn es einem Unternehmen in einer beherrschenden Stellung gelungen sei, anderen Unternehmen über-

246 EuGH Slg. 1978, 207; Rs. 27/76
247 EuGH Slg. 1991, I-3359, Rs. C-62/86 – Akzo
248 EuGH Slg. 1989, 803 ff., Rs. 66/86 – Flugtarife

mäßig hohe oder niedrige Tarife oder die Anwendung eines einzigen Tarifs auf einer bestimmten Linie aufzuzwingen.

– *Tetra-Pak II*

Tetra-Pak hatte eine beherrschende Stellung bei aseptischen Verpackungsmaschinen und Kartons. Die Kommission[249] erklärte eine Niedrigpreisstrategie von Tetra-Pak, die eine Verdrängung von Konkurrenten zur Folge hatte, für missbräuchlich nach Art. 82 EG. Das Europäische Gericht erster Instanz erhielt diese Entscheidung aufrecht[250]. Die Niedrigpreisstrategie sei eine missbräuchliche Ausnutzung einer beherrschenden Stellung. Insofern sei ein beherrschendes Unternehmen anders zu behandeln als ein im Wettbewerb stehendes Unternehmen, bei dem die Niedrigpreisstrategie grundsätzlich zulässig sei. Der EuGH[251] bestätigte diese Entscheidung.

bb) Lieferverweigerung

Bereits im Fall Chiquita (vgl. oben) hatten Kommission und EuGH es mit einer Lieferverweigerung zu tun. United Brands hatte sich geweigert, den Händler Olesen weiter zu beliefern. Darin wurde ein Missbrauch nach Art. 82 EG gesehen. In späteren Entscheidungen wurden einige Lieferverweigerungen für unzulässig erklärt, andere für zulässig.

– *Zoja (Commercial Solvents)*

Die US-amerikanische Gesellschaft Commercial Solvents Corp. (CSC) besaß ein weltweites faktisches Monopol für die Herstellung und den Verkauf von Nitropropan und Aminobutanol, zwei unbedingt erforderliche Rohstoffe für die Herstellung eines Tuberkulose-Arzneimittels. Die italienische Tochtergesellschaft von CSC, ICI, verkaufte diese Produkte u. a. an einen der wichtigsten Hersteller dieser Arzneien in der EG, die italienische Firma *Zoja*. Nachdem ICI vergeblich versucht hatte, Zoja zu übernehmen, stellte es die Belieferung von Zoja ein. CSC verhinderte durch parallele Maßnahmen in anderen Ländern, dass Zoja mit den beiden Rohstoffen durch andere Unternehmen beliefert wurde.
Die Kommission sah in der Einstellung der Belieferung durch einen Monopolisten zum Zweck der Wettbewerbsausschaltung einen Verstoß gegen Art. 82 EG. CSC und ICI wurden verpflichtet, an Zoja eine zur Deckung des drin-

---

249 Komm. v. 24. 7. 1991, ABlEG 1991 L 72/1
250 EuG I, Urteil v. 6. 10. 1994, Slg. 1994, II-755, Rs. T-83/91 – Tetra Pak II
251 EuGH, Urteil v. 14. 11. 1996, Slg. 1996, I-5951, Rs. C-333/94 P – Tetra Pak II

gendsten Bedarfs notwendige Rohstoffmenge zu liefern und der Kommission einen Plan für die weitere Belieferung vorzulegen. Diese Verfügung wurde von der Kommission durch die Festsetzung eines Zwangsgeldes in Höhe von 1000 ECU pro Verzugstag abgesichert.

Mit Urteil vom 6. 3. 1974 bestätigte der EuGH[252] die Entscheidung der Kommission. Lediglich die Höhe der Geldbuße wurde halbiert, weil die Kommission zu lange für ihr Verfahren gebraucht habe. Wenn ein Unternehmen mit beherrschender Stellung auf dem Gemeinsamen Markt – und dies wurde für CSC bejaht – diese Stellung in einer Weise ausnutze, dass vorhandener Wettbewerb ausgeschaltet werde, sei es unerheblich, ob sich dieses Verhalten auf ein Handeln außerhalb des Gebiets der EG (dem Sitz der Muttergesellschaft CSC in den USA) oder auf Handeln innerhalb der EG (dem Sitz der Tochtergesellschaft ICI) zurückführen lasse, sofern feststehe, dass die Ausschaltung des Wettbewerbs Auswirkungen im Gemeinsamen Markt habe.

– *A.B.G.*

Im Zusammenhang mit der Ölkrise von 1973 geriet die *A.B.G.*, eine Einkaufszentrale von 19 Mitgliedern der AVIA-Mineralölgruppe in den Niederlanden, in eine schwierige Lage, weil ihr Hauptlieferant BP seine Lieferungen ihr gegenüber stärker als gegenüber anderen Kunden einschränkte. A.B.G. hatte vor der Ölkrise von 1973 81-100 % seiner Gesamtbezüge von BP erhalten. AVIA stellte bei der Kommission den Antrag, das Verhalten von BP für nach Art. 82 EG verboten zu erklären. Die Kommission stellte fest, dass unter den damaligen Umständen alle großen Ölgesellschaften, darunter auch BP, eine beherrschende Stellung gegenüber ihren Abnehmern innehatten. Infolge dieser beherrschenden Stellung sei BP verpflichtet, die verfügbaren Mengen unter allen Abnehmern gerecht aufzuteilen. Durch die überproportionale Kürzung der Lieferungen an A.B.G. habe BP dieses Unternehmen vom Benzingroßhandelsmarkt der Niederlande verdrängt. Dies habe zu einer Verstärkung der Stellung der großen Ölgesellschaften und damit zu einer möglichen Beeinträchtigung des zwischenstaatlichen Handels geführt. Daher sei die überproportionale Kürzung der Lieferungen von BP an A.B.G. missbräuchlich im Sinne von Art. 82 EG gewesen. Wegen der besonderen Verhältnisse in der Krise von 1973 sah die Kommission von der Verhängung einer Geldbuße ab.

Der EuGH hob mit Urteil vom 29. 6. 1978[253] die Entscheidung auf. Die A.B.G. sei nur ein Gelegenheitskunde von BP gewesen. BP durfte sich dafür entscheiden, zunächst die Stammkundschaft zu bedienen. Wenn staatlichen

---

252 EuGH Slg. 1974, 223; Rs. 6 u. 7/73
253 EuGH Slg. 1978, 1513, Rs. 77/77

Maßnahmen nicht etwas anderes vorschreiben, könne ein Lieferant nicht dazu verpflichtet werden, in Krisen- oder Mangelzeiten keine Rücksicht auf seine Stammkundschaft zu nehmen.

– *Hugin-Liptons*

Die schwedische Firma *Hugin* mit Tochtergesellschaften in vielen Ländern, darunter auch in Großbritannien, exportierte ihre Registrierkassen zu 97 %. Sie stand mit ihrem Marktanteil von 12 % im Jahre 1975 in der EG an vierter Stelle. Dies galt auch für Großbritannien. Das kleine Londoner Unternehmen *Liptons* wartete, verkaufte und vermietete Registrierkassen der meisten Marken. Hugin übertrug Liptons ihre Vertretung in Großbritannien, trat jedoch im Jahre 1972 von dieser Vereinbarung zurück, weil Liptons sich mit neuen Vertragsbedingungen nicht einverstanden erklärt hatte. Danach weigerte sich Hugin, Ersatzteile für die von Liptons vermieteten Geräte zu liefern. Die Kommission sah in diesem Verhalten einen Verstoß gegen Art. 82 EG. Sie ging davon aus, dass Hugin-Registrierkassen und deren Bestandteile mit anderen Fabrikaten nicht austauschbar seien. Hugin sei für die Wartung und Instandsetzung dieser Geräte in einem wesentlichen Teil des Gemeinsamen Marktes (England, Schottland und Wales) beherrschend. Die Geschäftspolitik von Hugin, Ersatzanteile nur an eigene Tochtergesellschaften und an Vertragshändler zu liefern, aber nicht mehr an Liptons, verstoße gegen Art. 82 EG. Sowohl gegen die Muttergesellschaft in Schweden (damals noch nicht Mitglied der EG) als auch gegen die Tochtergesellschaft in Großbritannien wurde eine Geldbuße verhängt. Insoweit wurde für Hugin-Schweden wiederum die exterritoriale Anwendung des EG-Kartellrechts bejaht (vgl. oben die Entscheidungen Farbstoffe und Zellstoff).
Mit Urteil vom 31. 5. 1979 hob der EuGH[254] die Kommissionsentscheidung auf. Das Verhalten von Hugin habe nicht den Handel zwischen Mitgliedstaaten beeinträchtigen können, weil die Ersatzteile keine ausreichend interessante Handelsware bildeten. Da sich die Verhaltensweise auf das Gebiet eines einzelnen Mitgliedstaates beschränke (Großbritannien), falle sie nicht unter den Geltungsbereich von Art. 82 EG.

cc) Diskriminierung

Bereits im Chiquita-Fall (vgl. oben) hielten Kommission und EuGH eine Preisdiskriminierung für missbräuchlich. Die Diskriminierung ist in Art. 82 Abs. 2 c EG ausdrücklich als Missbrauch genannt. Über eine besondere Art von Preisdiskrimierung war im Fall *Vitamine* zu entscheiden:

---

254 EuGH Slg. 1979, 1869, Rs. 22/78 – Hugin-Liptons

– *Vitamine*

Der *Hoffmann-La Roche* Konzern mit Sitz in Basel und Tochterfirmen u. a. in Belgien, den Niederlanden, in Deutschland, Italien, Frankreich, Großbritannien und Dänemark mit einer führenden Stellung bei der Herstellung von synthetischen Vitaminen sicherte sich die Allein- oder Vorzugsbelieferung der bedeutendsten Kunden innerhalb der EG durch »Treueverträge«. In diesen Verträgen wurde festgelegt, dass Hoffmann-La-Roche Kunden, die ihren Bedarf ganz oder überwiegend bei ihm deckten, jährlich einen Gesamtumsatzrabatt gewährte. Die Kunden verpflichteten sich auch, Roche über niedrigere Preisangebote anderer Hersteller zu informieren.

Nach den Feststellungen der Kommission bildet jede Vitamingruppe einen gesonderten Markt. Die Marktanteile von Roche innerhalb der EG lagen für die einzelnen Vitamine zwischen 47 und 95 %. Insgesamt ist Roche der größte Vitaminhersteller der Welt. Den Missbrauch einer beherrschenden Stellung nach Art. 82 EG erblickte die Kommission darin, dass Roche in den Treueverträgen bestimmte Kunden durch Gesamtumsatzrabatte (Treuerabatte) und ähnliche Maßnahmen an sich gebunden hatte. Dies bedeutete gleichzeitig eine Diskriminierung der anderen Bezieher. Auch die Verpflichtung zur Mitteilung von billigeren Konkurrenzangeboten wurde als missbräuchlich gewertet[255].

Der EuGH bestätigte mit Urteil vom 13. 2. 1979[256] die Entscheidung der Kommission und setzte lediglich die Geldbuße herab, weil die Kommission die beherrschende Stellung auf einem Teilmarkt unrichtig beurteilt habe. Wenn ein Unternehmen unter dem Druck seiner Wettbewerber die Preise senken müsse, könne nicht von einer beherrschenden Stellung gesprochen werden. Den Missbrauch sah der EuGH als gegeben an, wenn ein Unternehmen Abnehmer, sei es auch auf deren Wunsch, durch Ausschließlichkeitsvereinbarungen an sich binde. Es sei ohne Belang, ob diese Verpflichtung ohne weiteres oder gegen eine Rabattgewährung eingegangen werde. Eine Verstärkung des Missbrauchs erblickte der EuGH in der dem Kunden auferlegten Verpflichtung, niedrigere Konkurrenzangebote mitzuteilen, weil der Lieferant dadurch seine eigene Marktstrategie variieren könne.

dd) Ausschließlichkeitsbindungen und Koppelungsgeschäfte

Im Fall Vitamine wird der Zusammenhang zwischen Diskriminierung und Ausschließlichkeitsbindungen, hier durch Treuerabatte, deutlich. Hinzu kommen andere Bindungen, die auch Koppelungsgeschäfte beinhalten können.

255 Komm. ABlEG L 223/27 v. 16. 8. 1976
256 EuGH Slg. 1979, 461, Rs. 85/76

Ein Beispiel hierfür wurde bereits im Fall GEMA (vgl. oben) genannt. Diese Bindungen werden in Art. 82 Abs. 2 d EG beispielhaft als Missbrauch gewertet. Hierzu folgende Fälle:

– *Michelin-Reifen (NBIM)*

Die N.V. Nederlandsche Banden-Industrie *Michelin (NBIM)* stellt Michelin-Reifen in den Niederlanden her und verkauft sie. Im Ersatzteilgeschäft bei Reifen für Lastwagen und Autobusse ist NBIM auf dem niederländischen Markt stark. Der Marktanteil beträgt 57-65 %. Die Kommission[257] sah in dem hohen Marktanteil und in der Breite des von NBIM angebotenen Sortiments von Reifentypen eine beherrschende Stellung nach Art. 82 Abs. 1 EG. Ein Hersteller mit einer derart starken Marktstellung könne seinen Händlern Bedingungen auferlegen, die nicht unbedingt mit den bei freiem Wettbewerb geltenden übereinstimmen.

Folgende Geschäftspraktiken von NBIM sah die Kommission als missbräuchlich nach Art. 82 EG an:
– Die Anwendung eines Rabattsystems, das für die Erreichung bestimmter Verkaufsziele einen Bonus gewährte,
– die fehlende schriftliche Bestätigung des Bonussystems, das NBIM die Interpretationsherrschaft übertrug,
– die Koppelung des Bonus für schwere Reifen an den Kauf leichter Reifen.

Nach Auffassung der Kommission war das Rabattsystem geeignet, den Handel zwischen Mitgliedstaaten zu beeinträchtigen, weil dadurch die Möglichkeiten anderer Hersteller im Gemeinsamen Markt, den niederländischen Markt für sich zu erschließen, geschmälert wurden. Der Marktanteil von NBIM werde durch diese systematische Bindung der Händler abgesichert. Auch durch die Anwendung ungleicher Bedingungen für gleichwertige Leistungen und die Bonuskoppelung für schwere und leichte Reifen habe NBIM gegen Art. 82 EG verstoßen.
Der EuGH[258] erhielt die Missbrauchsverfügung aufrecht und ermäßigte lediglich die Geldbuße, weil er den Sachverhalt der Koppelung nicht als erwiesen ansah.

– *Hilti*

Die *Hilti AG* in Liechtenstein, ein weltweit tätiges Unternehmen, hat sich auf die Herstellung und den Vertrieb von Befestigungssystemen spezialisiert, ins-

257 Komm. ABlEG L 353/33 v. 9. 12. 1981
258 EuGH Slg. 1983, 3461, Rs. 322/81

besondere auf Bolzenschussgeräte. Sowohl bei den Schussgeräten selbst als auch bei den hierfür bestimmten Treibladungen (Bolzen, Kartuschen und Kartuschenstreifen) ist Hilti weltweit führend. Die englischen Unternehmen Eurofix und Bauco, kleine, auf die Herstellung bzw. den Vertrieb von Bolzen spezialisierte Firmen, beschwerten sich bei der Kommission über die Geschäftspraxis von Hilti, sie vom Bezug der Bolzen, die mit Hilti-Erzeugnissen kompatibel sind, auszuschließen.

Die Kommission erklärte das Verhalten für missbräuchlich nach Art. 82 EG und verhängte eine hohe Geldbuße von 6 Mio. ECU. Als sachlich relevante Märkte definierte sie die für Hilti kompatiblen Kartuschenstreifen und Bolzen. Bolzen und Kartuschen seien nicht mit anderen Befestigungssystemen austauschbar. Hilti sei auf diesem Markt beherrschend, weil es bei Bolzenschussgeräten einen hohen Marktanteil habe und für Kartuschenstreifen einen Patentschutz genieße. Folgende Praktiken seien missbräuchlich: Die Koppelung des Verkaufs von Bolzen mit dem von Kartuschenstreifen (andernfalls wurden Preisnachlässe gekürzt), die Veranlassung von Händlern zur Ablehnung bestimmter Exportaufträge, die Begrenzung der Zahl der Bestellungen von Kartuschenstreifen, die Vereitelung oder Verzögerung rechtmäßig erhältlicher Lizenzen, die Verweigerung der Gewährleistung ohne objektiven Grund sowie die einseitige und geheime Anwendung unterschiedlicher Preisnachlässe für Ausrüstungs-Verleihfirmen in Großbritannien.

Nachdem die Klage von Hilti bereits vor dem Europäischen Gericht erster Instanz erfolglos geblieben war, bestätigte auch der EuGH als zweitinstanzliches Gericht[259] die Entscheidung der Kommission. Die Marktabgrenzung wurde aufrecht erhalten. Insbesondere folgte der EuGH nicht dem Argument von Hilti, man müsse von einem einheitlichen Markt für Direktbefestigungssysteme ausgehen. Der EuGH erklärte, es sei nicht denkbar, dass geringfügige Änderungen des Preises für Bolzenschussgeräte, Bolzen oder Kartuschen eine Verlagerung auf andere Befestigungsmethoden verursachen würden. Die anderen Produkte seien daher nicht austauschbar.

Magill

Im Fall *RTE und Magill TV* hatte der EuGH[260] über die Weigerung von irischen Fernsehsendern zu entscheiden, eine Urheberlizenz zum Abdruck eines Wochenprogramms durch eine Zeitschrift zu erteilen. Sie wollten dem Absatz ihrer eigenen Zeitschriften nicht schaden. Wie schon das EuG[261] sah auch der EuGH in der Ausnutzung der Urheberrechte zur Behinderung von

---

259 EuGH Slg. 1994, I-693, Urteil v. 2. 3. 1994, Rs. C-53/92 P – Hilti
260 EuGH Slg. 1995, I-743, Urteil v. 6. 4. 1995, Rs. C-241, 242/91 P – Magill TV Guide/ITP, BBC, RTE
261 EuG I Slg. 1991, II-485, Urteil v. 10. 7. 1991, Rs. T-69/89

Konkurrenten einen Missbrauch i. S. von Art. 82 EG. Das Bestehen von Urheberrechten an den Programmlisten wurde nicht als Rechtfertigungsgrund für die Lieferverweigerung anerkannt. Auch im Fall Magill entschied sich der EuGH im Falle einer beherrschenden Stellung für den Vorrang des Wettbewerbsrechts vor dem gewerblichen Rechtsschutz.

Bronner

Im Fall *Bronner* verlangte ein Zeitungsunternehmer, in die Hauszustellung seines marktbeherrschenden Konkurrenten aufgenommen zu werden. Es ging hier um den offenen Netzzugang, der u. a. bei der Energieversorgung und bei Telekommunikationsnetzen (essential facilities) von Bedeutung ist. Der EuGH[262] stellte für den Zeitungsmarkt strenge Anforderungen an die Bejahung eines Missbrauchs. Die Zugangsverweigerung muss zum einen geeignet sein, den Wettbewerb auf dem Tageszeitungsmarkt durch den Zugangswilligen auszuschalten; zum andern darf es keinen tatsächlichen oder potenziellen Ersatz für das System der Hauszustellungen geben (Unentbehrlichkeit).

d)   Weiterführende Hinweise zu Art. 82

Ebenroth/Bohne, Gewerbliche Schutzrechte und Art. 82 EG-Vertrag nach der Magill-Entscheidung, EWS 1995, 367 ff.; *Möschel und Ullrich* in: *Immenga/Mestmäcker*, EG-Wettbewerbsrecht, Bd. 1, 1997; *Zäch,* Wettbewerbsrecht der Europäischen Union: Praxis von Kommission und Gerichtshof, 1994.

4.   Die Fusionskontrolle nach der Verordnung 4064/89

a)   Entscheidungen des EuGH bis 1989

Im Gegensatz zum Vertrag über die Montanunion (EGKS, Art. 66) enthält der EG-Vertrag keine Regelung zur Kontrolle von Unternehmenszusammenschlüssen (Fusionskontrolle). Diese Lücke wurde mit zunehmender Dichte der Rechtsprechung zu den Art. 81 und 82 EG um so deutlicher, als den Unternehmen eine Wettbewerbsbeschränkung durch Verträge im Rahmen von Art. 81 EG verboten war, während sie die viel stärkere Wettbewerbsbeschränkung, nämlich den vollständigen Zusammenschluss der interessierten Unternehmen, ohne Ahndung durch das EG-Kartellrecht betreiben konnten.

---

262 EuGH Slg. 1998, I-7791, Rs. C-7/97 – Bronner

– *Continental Can*

1972 ging die Kommission erstmals gegen einen Unternehmenszusammen-schluss vor, und zwar, weil sie darin einen Missbrauch einer beherrschenden Stellung nach Art. 82 EG sah. Das US-Verpackungsunternehmen *Continental Can* hatte sich zunächst über eine belgische Tochter die Kontrolle über den größten deutschen Verpackungshersteller Schmalbach-Lubeca verschafft und dann eine Mehrheitsbeteiligung am größten niederländischen Unternehmen TDV erworben. Im nordwestlichen Raum der EG ergab sich hieraus fast eine Monopolstellung für Continental Can. Die Kommission sah hierin einen Machtmissbrauch nach Art. 82[263].

Der EuGH hob diese Entscheidung durch Urteil vom 21. 2. 1973[264] auf. Ein Missbrauch nach Art. 82 EG könne zwar auch dann vorliegen, wenn ein Un-ternehmen seine beherrschende Stellung derart verstärke, dass der erreichte Beherrschungsgrad den Wettbewerb wesentlich behindere, etwa dadurch, dass nur noch Unternehmen auf dem Markt bleiben, die in ihrem Marktverhal-ten von dem beherrschenden Unternehmen abhängen. Der EuGH hielt aber die Begründung der Kommission für unzutreffend, wonach die Märkte für die Verpackung von Fleischkonserven, Fischkonserven und Metallverschlüsse gesondert betrachtet werden müssten. Der sachliche Markt müsse weiter abgegrenzt werden, weshalb eine beherrschende Stellung von Continental Can nicht ohne weiteres zu bejahen sei.

– *Philipp Morris*

1987 entschied der EuGH den Fall *Philipp Morris*[265]. Die Kommission hatte dem Erwerb einer Minderheitsbeteiligung des Nahrungs- und Genussmittel-konzerns Philipp Morris an Rothmans unter bestimmten Auflagen zuge-stimmt. Dagegen erhoben zwei Konkurrenzunternehmen Klage beim EuGH. Dieser bestätigte zwar die Kommissionsentscheidung, führte aber aus, dass der Erwerb von Anteilen an einem anderen Unternehmen unter gewissen Umständen zu einer Verletzung von Art. 81 EG führen könne, etwa, wenn die beteiligten Unternehmen weiterhin selbständig bleiben, es also zu keiner voll-ständigen Fusion kommt. Die Verletzung von Art. 81 EG kann dann darin liegen, dass der Vertrag einem Unternehmen Einfluss auf das wirtschaftliche Verhalten eines Wettbewerbers gibt, sei es durch Erlangung tatsächlicher Kontrollmöglichkeiten oder durch die Koordinierung der Aktivitäten der be-teiligten Unternehmen.

---

263 Komm. 1972, ABlEG L 7/25 v. 8. 1. 1972
264 EuGH Slg. 1973, 215, Urteil v. 21. 2. 1973, Rs. 6/72 – Continental Can
265 EuGH v. 17. 11. 1987, Slg. 1987, 4487, Rs. 142 u. 156/84

Nach diesen beiden Entscheidungen erschien eine Klärung der Frage, unter welchen Voraussetzungen Unternehmenszusammenschlüsse zulässig oder verboten sind, durch eine Verordnung dringend notwendig. Da jedoch viele EG-Mitgliedstaaten noch keine nationale Fusionskontrolle hatten, zogen sich die Verhandlungen in die Länge.

b) Die Fusionskontrollverordnung von 1989

Schließlich gelang es am 21. 12. 1989, im Rat der EG die Verordnung Nr. 4064/89 über die Kontrolle von Unternehmenszusammenschlüssen[266] (Fusionskontrollverordnung) zu verabschieden. Sie ist seit dem 21. 9. 1990 in Kraft. Am 30. 6. 1997 wurde sie novelliert, um insbesondere die Gemeinschaftsunternehmen besser erfassen zu können.[267]
Zwar kann die Verordnung von 1989 als sekundäres Gemeinschaftsrecht nicht den Geltungsrang von Art. 81 und Art. 82 EG beanspruchen. Sie schließt nach der Rangordnung des Gemeinschaftsrechts die Möglichkeit nicht aus, gegen eine Fusion wie bisher nach Art. 81 oder 82 EG vorzugehen. Die Kommission geht in der Praxis aber nur noch nach der Fusionskontrollverordnung vor.

aa) Materielles Recht

(1) Die Verordnung gilt für alle Unternehmenszusammenschlüsse von *gemeinschaftsweiter Bedeutung* (Art. 1 Abs. 1). Ob ein Zusammenschluss gemeinschaftsweite Bedeutung hat, richtet sich nach dem Umsatz der beteiligten Unternehmen, der gemäß Art. 5 zu berechnen ist[268]. Folgende *drei Kriterien* müssen *kumulativ* erfüllt sein (Art. 1 Abs. 2):
– Der weltweite Gesamtumsatz aller beteiligten Unternehmen muss mehr als 5 Mrd. ECU betragen. Dies bedeutet, dass nur Fusionen, die nach ihrem Vollzug ein Unternehmen oder eine Unternehmensgruppe in dieser Größenordnung hervorbringen, in die Zuständigkeit der Kommission fallen.
– Mindestens zwei der an der Fusion beteiligten Unternehmen müssen jeweils einen Umsatz von mehr als 250 Mio. ECU innerhalb der EU erzielen. Damit werden Bagatellfälle von der Zusammenschlusskontrolle ausgenommen. Ausgenommen werden ferner Fusionen von Großunternehmen, die im Wesentlichen außerhalb der EU tätig sind. Schließlich werden auch Fälle ausgeschlossen, in denen ein großes Unternehmen ein kleines aufkauft.
– Ein Zusammenschluss von gemeinschaftsweiter Bedeutung liegt nicht vor, wenn die beteiligten Unternehmen jeweils mehr als zwei Drittel ihrer ge-

---

266 ABlEG L 395/1 v. 30. 12. 1989
267 Vgl. VO 1310/97 v. 30. 6. 1997, ABlEG L 180/1 v. 9. 7. 1997
268 Zu den Berechnungsgrundlagen vgl. auch die Bekanntmachung der Kommission ABlEG Nr. C 385/21 v. 31. 12. 1994

meinschaftsweiten Gesamtumsatzes in ein und demselben Mitgliedstaat erzielen. Dies bedeutet nicht, dass ein Zusammenschluss von Großunternehmen mit Sitz in verschiedenen Mitgliedstaaten, die mehr als zwei Drittel ihres weit oberhalb der sonstigen Schwellenwerte liegenden Umsatzes jeweils in ihrem Heimatstaat erzielen, von der Fusionskontrolle ausgeschlossen wäre. Ausgeschlossen sind allerdings Fusionen von Großunternehmen, die mehr als zwei Drittel ihrer Gesamtumsätze in nur einem einzigen Mitgliedstaat erbringen. Hier will die EG die Anwendbarkeit der nationalen Fusionskontrolle erhalten.

Durch eine Novelle aus dem Jahre 1997[269] wurde u. a. folgender Absatz neu eingefügt:
Ein Zusammenschluss, der die in Absatz 2 vorgesehenen Schwellen nicht erreicht, hat im Sinne dieser Verordnung gemeinschaftsweite Bedeutung, wenn:
a)   der weltweite Gesamtumsatz aller beteiligten Unternehmen zusammen mehr als 2,5 Milliarden ECU beträgt,
b) der Gesamtumsatz aller beteiligten Unternehmen in mindestens drei Mitgliedstaaten jeweils 100 Millionen ECU übersteigt,
c) in jedem von mindestens drei von Buchstabe b) erfassten Mitgliedstaaten der Gesamtumsatz von mindestens zwei beteiligten Unternehmen jeweils mehr als 25 Millionen ECU beträgt und
d) der gemeinschaftsweite Gesamtumsatz von mindestens zwei beteiligten Unternehmen jeweils 100 Millionen ECU übersteigt;
dies gilt nicht, wenn die beteiligten Unternehmen jeweils mehr als zwei Drittel ihres gemeinschaftsweiten Gesamtumsatzes in ein und demselben Mitgliedstaat erzielen.

An der Kompliziertheit dieser Klausel zeigt sich, wie umstritten im Rat die Ausweitung des Anwendungsbereiches war.
Auf Antrag eines Mitgliedstaates kann die EG-Fusionskontrolle auch angewandt werden, wenn diese Voraussetzungen nicht gegeben sind, und zwar, wenn der Zusammenschluss eine beherrschende Stellung begründet oder verstärkt, durch welche wirksamer Wettbewerb im Gebiet des betreffenden Mitgliedstaats erheblich behindert würde (Art. 22 Abs. 3). Diese Klausel soll insbesondere den kleineren Mitgliedstaaten ohne eigene Fusionskontrolle die Möglichkeit geben, sich die Tätigkeit der Kommission zu sichern, wenn der Zusammenschluss den Handel zwischen den Mitgliedstaaten beeinträchtigt.

(2)   Der *Zusammenschlussbegriff* wird in Art. 3 der Verordnung definiert. Er umfasst neben der Vollfusion (Abs. 1a) von zwei oder mehreren bisher unab-

---

269 Vgl. Hirsbrunner, Die revidierte EG-Fusionskontrollverordnung, EuZW 1998, 69 ff.

hängigen Unternehmen den Erwerb der unmittelbaren oder mittelbaren Kontrolle über andere Unternehmen oder Teile davon (Abs. 1b). Die Mittel, durch die eine solche Kontrolle ermöglicht wird, sind in Art. 3 sehr weit gefasst. Neben der rechtlichen Einräumung einer Kontrollmöglichkeit werden auch tatsächliche Umstände berücksichtigt, durch welche die Möglichkeit eröffnet wird, einen bestimmenden Einfluss auf die Tätigkeit eines anderen Unternehmens auszuüben. Häufig wird ein Zusammenschluss durch Mehrheitserwerb, durch den Erwerb von Nutzungsrechten, durch organschaftliche Beteiligungsrechte, durch Stimmbindungsverträge oder durch ähnliche Abmachungen vereinbart (Art. 3 Abs. 3). Näheres zum Zusammenschlussbegriff ist in einer Bekanntmachung der Kommission[270] geregelt.

Schwierig ist es, die *Gemeinschaftsunternehmen* in der Fusionskontrolle zu erfassen. Nach Art. 3 Abs. 2 wird die Gründung eines Gemeinschaftsunternehmens, das auf Dauer alle Funktionen einer selbständigen wirtschaftlichen Einheit erfüllt (konzentratives Gemeinschaftsunternehmen) und keine Koordinierung des Wettbewerbsverhaltens der Gründerunternehmen im Verhältnis zueinander oder im Verhältnis zu dem Gemeinschaftsunternehmen mit sich bringt, als Zusammenschluss angesehen. Kein Zusammenschluss liegt aber vor, wenn durch die Gründung eines Gemeinschaftsunternehmens die Koordinierung des Wettbewerbsverhaltens voneinander unabhängig bleibender Unternehmen bezweckt wird (kooperatives Gemeinschaftsunternehmen), weil hier Art. 81 Abs. 1 EG direkt anzuwenden ist.

Hierzu wurde am 30. 6. 1997 in der erwähnten Verordnung des Rates[271] zur Änderung der Fusionskontrollverordnung folgendes geregelt: Ein Zusammenschluss im Sinne von Art. 3 der Verordnung ist nur anzunehmen, wenn das Gemeinschaftsunternehmen ein Vollfunktionsunternehmen ist, also alle Funktionen ausübt, die auch von anderen Unternehmen auf dem entsprechenden Markt ausgeübt werden. Dies bedeutet, dass es die für eine dauerhafte Tätigkeit erforderlichen finanziellen und sonstigen Mitteln besitzt. Die Gründung eines Vollfunktionsunternehmens ist ausnahmsweise dann kein Zusammenschluss, wenn damit das Wettbewerbsverhalten der Gründerunternehmen koordiniert wird; dann greift Art. 81 Abs. 1 und 3 EG ein (vgl. Art. 2 Abs. 4 der novellierten VO 4064/89). Bei dieser Beurteilung berücksichtigt die Kommission insbesondere, ob

– es auf dem Markt des Gemeinschaftsunternehmens oder auf einem diesem vor- oder nachgelagerten Markt oder auf einem benachbarten oder eng mit ihm verknüpften Markt eine nennenswerte und gleichzeitige Präsenz von zwei oder mehr Gründerunternehmen gibt;

---

270 Komm. AB1EG C 385/5 v. 31. 12. 1994, vgl. auch AB1EG C 385/12 vom selben Tage
271 VO 1310/97, AB1EG L 180/1 v. 9. 7. 1997

– die unmittelbar aus der Gründung des Gemeinschaftsunternehmens erwachsende Koordinierung den beteiligten Unternehmen die Möglichkeit eröffnet, für einen wesentlichen Teil der betreffenden Waren und Dienstleistungen den Wettbewerb auszuschalten.

Damit werden jetzt sowohl die konzentrativen als auch die kooperativen Vollfunktions-Gemeinschaftsunternehmen im Fusionskontrollverfahren geprüft. Alle Verfahren, auch das nach Art. 81 EG, werden mit einer einzigen Entscheidung abgeschlossen.

(3) Zusammenschlüsse, die eine *beherrschende Stellung begründen oder verstärken*, durch die wirksamer Wettbewerb im Gemeinsamen Markt oder in einem wesentlichen Teil desselben erheblich behindert wird, sind von der Kommission für unvereinbar mit dem Gemeinsamen Markt zu erklären (Art. 2 Abs. 3). Ist dies nicht der Fall, so erklärt die Kommission den Zusammenschluss für vereinbar mit dem Gemeinsamen Markt (Art. 2 Abs. 2).
Bei Marktanteilen unter 25 % wird eine beherrschende Stellung in der Regel nicht anzunehmen sein (Erwägungsgrund Nr. 15). Aber auch Marktanteile von über 40 % begründen noch nicht ohne weiteres eine beherrschende Stellung. Zu beachten sind neben dem ziffernmäßigen Marktanteil auch die Abstände zu den nächsten Wettbewerbern. Schließlich muss neben der Frage nach der beherrschenden Stellung auch die Frage beantwortet werden, ob diese zu einer erheblichen Behinderung wirksamen Wettbewerbs führt. Dies muss die Kommission vor dem Hintergrund der grundlegenden Ziele des EG-Vertrages einschließlich des Ziels der Stärkung des wirtschaftlichen und sozialen Zusammenhalts der Gemeinschaft prüfen (Erwägungsgrund Nr. 13).
Einen ausführlichen Katalog der im einzelnen bei der Prüfung zu berücksichtigenden Umstände enthält Art. 2 Abs. 1: Bedeutsam ist insoweit zum einen die Prognose der zukünftigen Entwicklung (potenzieller Wettbewerb), in welche auch Machtpotenziale außerhalb der Gemeinschaft einfließen. Wichtig sind daneben die Marktstellung, die wirtschaftliche Macht und die Finanzkraft der beteiligten Unternehmen, die Wahlmöglichkeiten der Lieferanten und Abnehmer, ihr Zugang zu den Beschaffungs- und Absatzmärkten, die rechtlichen oder tatsächlichen Marktzutrittsschranken dritter, die Entwicklung des Angebots und der Nachfrage bei den jeweiligen Erzeugnissen und Dienstleistungen, die Interessen der Zwischen- und Endverbraucher sowie die Entwicklung des technischen und wirtschaftlichen Fortschritts, sofern diese dem Verbraucher dient und den Wettbewerb nicht behindert. Der Begriff der beherrschenden Stellung ähnelt stark dem des Art. 82 EG.

bb) Verfahren

Die Verordnung sieht eine *präventive Fusionskontrolle* (Art. 7 und Art. 7) vor. Ein Zusammenschlussvorhaben von gemeinschaftsweiter Bedeutung ist innerhalb einer Woche nach dem Vertragsabschluss, der Veröffentlichung des Kauf- oder Tauschangebots oder des Erwerbs einer die Kontrolle begründenden Beteiligung bei der Kommission anzumelden. Es darf weder vor der Anmeldung noch während der ersten Wochen danach vollzogen werden. Durch Beschluss der Kommission kann der Vollzug der Fusion ferner bis zum Erlass einer endgültigen Entscheidung ausgesetzt werden.

Für die Prüfung des Zusammenschlussvorhabens ist ein *zweistufiges Verfahren* nach Art. 6 Abs. 1 vorgesehen. Auf der ersten Stufe prüft die Kommission summarisch, ob das Vorhaben überhaupt in den Anwendungsbereich der Verordnung fällt, und wenn ja, ob Anlass zu ernsthaften Bedenken besteht. Nur wenn beides der Fall ist, leitet die Kommission innerhalb eines Monats das förmliche Prüfungsverfahren und damit die zweite Verfahrensstufe ein. Dies geschieht jedoch selten. Zumeist werden die Bedenken der Kommission schon in Vorgesprächen oder während der ersten Verfahrensstufe ausgeräumt. Die Genehmigung kann hierbei auch an Auflagen oder Bedingungen geknüpft werden.

Zusammenschlüsse von gemeinschaftsweiter Bedeutung sind grundsätzlich der Anwendung des *innerstaatlichen Wettbewerbsrechts entzogen* (Art. 21 Abs. 2). Eine Ausnahme macht die sogenannte deutsche Klausel des Art. 9, die insbesondere auf Betreiben der Bundesrepublik in die Verordnung eingefügt wurde. Falls der Zusammenschluss eine beherrschende Stellung zu begründen oder zu verstärken droht, durch die wirksamer Wettbewerb auf einem gesonderten nationalen Markt erheblich behindert wird, kann die Kommission entweder selbst die notwendigen Maßnahmen ergreifen oder den Fall an die zuständige nationale Behörde verweisen, damit diese ihre eigenen Wettbewerbsvorschriften anwenden kann. Voraussetzung ist, dass die Kommission drei Wochen nach der Unterrichtung mitgeteilt hat, der Zusammenschluss drohe eine beherrschende Stellung zu begründen oder zu verstärken, durch die wirksamer Wettbewerb auf einem Markt in diesem Mitgliedstaat, der alle Merkmale eines gesonderten Marktes aufweist, erheblich behindert würde (unabhängig davon, ob dieser einen wesentlichen Teil des Gemeinsamen Marktes ausmacht oder nicht). Die Kommission kann aber auch das Verfahren selbst eröffnen, dann entscheidet sie nach den Grundsätzen des europäischen Rechts selbst abschließend.

Eine Verweisung kommt bei ausreichend definierten Regionalmärkten in Betracht, in denen homogene und von den Nachbargebieten deutlich unterschiedene Wettbewerbsbedingungen herrschen. Die deutsche Klausel verlangt nicht, dass solche Zusammenschlüsse auch bei den Behörden des jeweiligen

Mitgliedstaates angemeldet werden müssen. Die Kommission muss diesem jedoch eine Abschrift der bei ihr eingereichten Anmeldung zustellen.

Lehnt die Kommission ab, ein Verfahren zu eröffnen, und hat ein nationaler Mitgliedstaat ihr fristgerecht mitgeteilt, dass ein Zusammenschluss eine beherrschende Stellung zu begründen oder zu verstärken droht, so kann der Mitgliedstaat die Kommission zwecks Anwendung seiner innerstaatlichen Wettbewerbsvorschriften aufgrund der einschlägigen Vorschriften des Vertrages beim Europäischen Gerichtshof verklagen und insbesondere die Anwendung des Art. 243 EG beantragen (Art. 9 Abs. 9).

Unternimmt die Kommission nichts, so gilt die unwiderlegbare Vermutung, dass sie den Fall zur Behandlung an einen Mitgliedstaat abgetreten hat, der fristgerecht mitgeteilt hat, dass ein Zusammenschluss eine beherrschende Stellung zu begründen oder zu verstärken drohe.

Die Mitgliedstaaten können ferner von sich aus geeignete Maßnahmen zum Schutz der öffentlichen Sicherheit, der Medienvielfalt, der Aufsichtsregeln und gegebenenfalls auch anderer berechtigter Interessen ergreifen (Art. 21 Abs. 3). Grenzüberschreitende Unternehmenszusammenschlüsse, welche die Kriterien gemeinschaftsweiter Bedeutung nicht erfüllen, unterliegen ferner im vollen Umfang der nationalen Fusionskontrolle.

Die einzelnen Vorschriften über das Verfahren, insbesondere auch die Prüfungskompetenzen und die Zusammenarbeit mit den nationalen Behörden sowie die Sanktionskompetenzen, sind in den Art. 10-20 der Verordnung geregelt.

cc) Untersagungen

Bis Ende 2000 wurden rund 1500 Zusammenschlüsse bei der Kommission angemeldet (Art. 4), davon allein 344 im Jahre 2000[272]. In der ganzen Zeit gab es 13 Untersagungen. Im Folgenden werden die wichtigsten kurz dargestellt:

– *Aérospatiale-Alenia/de Havilland*

Am 2. 10. 1991 untersagte die Kommission den Zusammenschluss *Aérospatiale-Alenia/de Havilland* nach Art. 17 Abs. 3 der Verordnung[273]. Aérospatiale ist als französisches Staatsunternehmen in der Luft und Raumfahrt tätig. Es produziert zivile und militärische Flugzeuge, Hubschrauber, Satelliten und Raumfahrtsysteme. Alenia ist als italienisches Staatsunternehmen ebenfalls im Bereich der Luft- und Raumfahrt tätig. Die Produktpalette entspricht der von Aérospatiale. 1982 gründeten beide das Gemeinschaftsunternehmen

272 Presseerklärung der Kommission vom 4. 1. 2001, SZ vom 5./6./7. 1. 2001
273 Komm. ABlEG 1991 L 334/42 = EuZW 1991, 675

Groupement d' intérêt Economique Avion de Transport Régional (ATR). ATR sollte Regionalflugzeuge entwickeln, fertigen und vertreiben. Es ist zur Zeit mit zwei Typen regionaler Turbopropflugzeuge auf dem Weltmarkt vertreten. De Havilland war eine Tochter des US-amerikanischen Boeing-Konzerns. Es entwickelt, produziert und vertreibt ebenfalls regionale Turbopropflugzeuge, von denen zur Zeit zwei Typen weltweit angeboten und verkauft werden.

ATR sollte die Kontrolle über de Havilland von Boeing übernehmen. Dieses Vorhaben wurde von der Kommission untersagt, weil dadurch sowohl in der EG als auch auf dem Weltmarkt eine beherrschende Stellung entstehen würde. Sachlich relevanter Markt war für die Kommission der Markt für regionale Turbopropflugzeuge mit einer Kapazität von 20 – 70 Sitzplätzen, der in relevante Teilmärkte mit 20 – 39, 40 – 59 und 60 – 70 Sitzplätzen zerfiel. Als räumlich relevanter Markt wurde der Weltmarkt genommen. Auf dem Markt der 20 – 70-sitzigen Flugzeuge waren ATR mit 29 % und de Havilland mit 21 % weltweit führend, gefolgt mit starkem Abstand von Saab (Schweden), Embraer (Brasilien) und (damals noch) Fokker (Niederlande). Innerhalb der EG hätte sich der Marktanteil der fusionswilligen Unternehmen sogar auf 55 % addiert, wobei der Vorsprung vor den nächsten Wettbewerbern erheblich gewesen wäre.

Die Untersagung löste heftige Proteste der französischen und italienischen Regierung aus. Eine Revision der Fusionskontrollverordnung wurde verlangt. Der EG-Kommissar für Industriepolitik (Bangemann) forderte ein verstärktes Mitspracherecht seiner Generaldirektion schon bei der Einleitung von Prüfungsverfahren nach Art. 6 Abs. 1 der Verordnung. Die Proteste wurden schwächer, als weitere Untersagungen folgten.

– *MSG Media-Service*

Die Bertelsmann AG, die Deutsche Bundespost Telekom und die Kirch-Gruppe beabsichtigten, das Gemeinschaftsunternehmen *MSG* als technischen und administrativen Dienstleister für Pay-TV und für Kabelnetze in der Bundesrepublik Deutschland zu gründen. Die technischen und administrativen Dienstleistungen für die Pay-TV-Programme, für das Pay-TV selbst und für die Kabelnetze drohten, marktbeherrschende Stellungen zu begründen bzw. zu verstärken. Im Hinblick auf den Markt für technisch-administrative Dienstleistungen untersagte die Kommission[274] den Zusammenschluss am 9. 11. 1994, obwohl sich der Markt erst in der Entstehung befand. Sie ging nicht von einer nur vorübergehenden Alleinstellung der Beteiligten in diesem Zukunftsmarkt aus, sondern erwartete durch den Zusammenschluss auch eine dauerhafte Abschottung der drei Beteiligten gegenüber potentiellen Wettbewerbern.

---

274 Komm. ABlEG 1994 L 364/1 = EuZW 1995, 2

– *Nordic Satellite Distribution (NSD)*

Im Fall *Nordic Satellite Distribution (NSD)* ging es ebenfalls um einen Zukunftsmarkt, nämlich die Bereitstellung und den Vertrieb von Satelliten-übertragungsdiensten für das Fernsehen in den drei nordischen Staaten Schweden, Norwegen und Dänemark. Die drei beteiligten Unternehmen Norsk Telekom (NT), TelDanmark (TD) und Kinnevik verfügen über starke Positionen auf den skandinavischen Telekommunikationsmärkten, auch auf den Märkten für Pay-TV und TV-Direktempfangsdienste. NT ist der größte norwegische Kabelnetzbetreiber, TD der größte dänische. Am 19. 7. 1995 untersagte die Kommission[275] den Zusammenschluss, da durch NSD auf drei Märkten eine beherrschende Stellung entstehe oder verstärkt werde:
– Die beherrschende Stellung von TD für Kabelnetze in Dänemark würde verstärkt.
– In ganz Skandinavien würde NSD eine beherrschende Stellung für die Verteilung von Pay-TV erwerben.
– In ganz Skandinavien würde NSD eine beherrschende Stellung bei Transponderkapazitäten für Satellitenfernsehen erwerben.

– *Holland Media Groep (HMG)*

Die Bildung des Gemeinschaftsunternehmens *Holland Media Groep (HMG)* durch die Unternehmen RTL, Veronica und Endemol sollte deren Aktivitäten bei der Produktion und Ausstrahlung von Fernsehprogrammen und Fernsehwerbung auf dem niederländischen Markt bündeln. Da HMG mit einem Marktanteil von 63 % eine beherrschende Stellung erwarb, untersagte die Kommission am 20. 9. 1995[276] den bereits vollzogenen Zusammenschluss. Als Endemol seine Beteiligung zurückzog, erklärte die Kommission den Zusammenschluss für zulässig, da HMG keine beherrschende Stellung mehr habe.

– *Gencor-Lonrho*

Die südafrikanische *Gencor* und die britische *Lonrho* beabsichtigten, ihre Aktivitäten als weltweit zweit- und drittgrößter Anbieter auf dem Platinmarkt in einem Gemeinschaftsunternehmen zusammenzulegen. Der gemeinsame Anteil am Weltmarkt für Platin hätte 28 % betragen. Der Anteil des größten Anbieters Amplats beträgt über 40 %. Am 24. 4. 1996 untersagte die Kom-

---

275 Komm. ABlEG 1995 L 53/20 = WuW/E EV 2343
276 Komm. ABlEG 1996 L 134/32

mission[277] den geplanten Zusammenschluss, durch den die zwei Platinunternehmen zusammen eine so starke Stellung erlangt hätten, dass auf dem Weltmarkt ein Duopol mit einem Anteil von über 70 % mit steigender Tendenz entstanden wäre. Der EuG I bestätigte 1999 die Kommissionsentscheidung.[278]

– *Kesko/Tuko*

Die finnischen Unternehmen *Kesko* und *Tuko* sind als Discounter im Drogeriebedarf und im Lebensmitteleinzelhandel tätig. Ihr geplanter Zusammenschluss hätte zu regionalen Marktanteilen zwischen 50 und 100 % geführt. Finnland beantragte eine Entscheidung der Kommission nach Art. 22 Abs. 3 der Verordnung. Die Kommission untersagte den Zusammenschluss am 20. 11. 1996[279]. Die Nichtigkeitsklage von Kesko wies das EuG I[280] am 15. 12. 1999 ab.

– *Saint-Gobain/Wacker-Chemie*

Die französische *Saint-Gobain-Gruppe* und die deutsche *Wacker-Chemie* sind die beiden größten Anbieter im Gemeinsamen Markt von Siliziumkarbid für Schleifmittel und Feuerfestmaterialien. Sie wollten zusammen mit anderen Unternehmen ein Joint Venture für Schleifmittel und Feuerfestmaterialien gründen. Dessen Anteil auf den beiden Märkten hätte mehr als 60 % betragen. Der Abstand zu den anderen drei Wettbewerbern war groß.
Die Kommission untersagte den Zusammenschluss am 4. 12. 1996[281]. Sie bejahte eine beherrschende Stellung auf den beiden Märkten. Der aktuelle und potentielle Wettbewerb durch die drei übrigen Wettbewerber und durch mögliche Newcomer aus China, Russland und der Ukraine könne diese Stellung nicht bedrohen.

– *Bertelsmann/Kirch/Premiere und Deutsche Telekom Beta Research*

Die Kommission untersagte diesen Zusammenschluss von digitalen Fernsehdiensten, um eine Abschottung des Marktes gegenüber anderen Anbietern von Bezahlfernsehen zu verhindern. Die Untersagung ist richtig; der Markt befand sich noch in der ersten Entwicklungsphase und wäre jedenfalls in Deutschland von vornherein monopolisiert worden.[282]

---

277 Komm. ABlEG 1996 L 11/30 = WuW 1996, 579
278 EuG I, WuW 1999, 775, Rs. T-102/96 v. 25. 3. 1999 – Gencor-Lonrho
279 Komm. WuW 1997, 32
280 EuG I Rs. T-22/97 v. 15. 12. 1999
281 Komm. WuW 1997, 33
282 Komm. ABlEG L 1999, 53/1 vom 27. 2. 1999

– *Volvo/Scania*

Die Absicht von *Volvo*, im Jahre 1999 nach dem Verkauf der Personenwagensparte an Ford die Mehrheit an *Scania* zu erwerben, vereitelte die Kommission durch eine Untersagungsverfügung vom 15. 3. 2000.[283] Auf den Märkten für schwere Lastwagen (ab 16t) und Busse hätte der fusionierte Konzern eine beherrschende Stellung eingenommen. Als für die Beherrschung maßgeblicher, wesentlicher Teil des Gemeinsamen Marktes wurden bei schweren Lastwagen und Inter-City-Bussen Schweden (der Sitz von Volvo und Scania), Norwegen (Europäischer Wirtschaftsraum), Finnland und Irland, bei Stadtbussen derselbe Länderkreis und Dänemark, bei Touring-Bussen Finnland und Großbritannien angenommen. An der Entscheidung fällt die sorgfältige Marktabgrenzung auf.

– *MCI Worldcom/Sprint*

Mit Verfügung vom 28. 6. 2000[284] untersagte die Kommission den Zusammenschluss der beiden US-amerikanischen Konzerne *MCI Worldcom* und Sprint. Sie sah es als erwiesen an, dass beide zusammen eine beherrschende Stellung auf dem Gemeinsamen Markt, und zwar auf dem Markt für erstrangige oder universelle Netzanschlussdienste, erworben hätten. Kurz vor der Bekanntgabe der Entscheidung teilten beide Konzerne mit, dass sie das Zusammenschlussvorhaben sehr wahrscheinlich zurückziehen würden. Die Kommission entschied den Fall dennoch, weil sie den Zusammenschlussvertrag nicht formell aufgehoben hatten. Das Angebot von Sprint, ihr Internet-Geschäft auszugliedern, akzeptierte die Kommission nicht. Es sei zu sehr mit den anderen Geschäftsbereichen von Sprint verflochten. Für nicht marktbeherrschend hielt die Kommission die beiden Konzerne im Bereich der weltweiten Telekommunikationsdienste. Durch die Fusion würde zwar ein Duopol von MCI Worldcom/Sprint und Concert (ein Gemeinschaftsunternehmen von AT&T und British Telecom) entstehen; dieses unterliege aber einem ausreichenden Wettbewerbsdruck.

dd) Freigaben (Beispiele)

Von den Freigabeentscheidungen sollen hier sechs näher behandelt werden, die Fälle Varta/Bosch, Nestlé/Perrier, Kali + Salz/MdK, Daimler-Benz/Kässbohrer, Vodafone Airtouch/Mannesmann und EdF/EnBW:

283 Komm. M 1672 vom 15. 3. 2000
284 Komm. M 1741 vom 28. 6. 2000

– *Varta/Bosch*

Im Fall *Varta* und *Bosch*[285] wurde ein Gemeinschaftsunternehmen für Batterien gegründet. Es hatte bei Ersatzbatterien einen Anteil von 44,3 % auf dem deutschen Markt. Der Abstand zu den Wettbewerbern war groß. Der Zusammenschluss dieser zwei Batteriehersteller, welche die mit weitem Abstand führende Position auf dem Markt innehatten, wurde 1991 von der Kommission zugelassen. Die Auflage, dass Varta eine Lizenzvereinbarung mit Deta/Mareg (Anteil 10 %) aufgeben sollte, führte nicht zu einer wesentlichen strukturieren Verbesserung des Marktes. Kurz zuvor hatte aber die FIAT-Tochter Magneti-Marelli den französischen Batteriehersteller CEAc (Marktanteil in Deutschland zwischen 2 und 5 %) übernommen. FIAT wollte ferner Sonnenschein übernehmen (Marktanteil zwischen 5 und 10 %). Daraus folgerte die Kommission, dass mit FIAT ein neuer, starker Wettbewerber auf dem deutschen Markt entstanden sei. Sie begründete die Freigabe in Wahrheit mit potentiellem, nicht mit aktuellem Wettbewerb. Im Rahmen des Marktstrukturtests innerhalb der Fusionskontrolle ist dies möglich.

– *Nestlé/Perrier*

Im Fall *Nestlé – Perrier*[286] wollte der international tätige Lebensmittelkonzern Nestlé den französischen Mineralwasserhersteller Source Perrier übernehmen. Der Zusammenschluss wirkte sich im Wesentlichen auf den französischen Markt für Mineralwasser aus. Die Kommission sah 1992 als sachlich relevanten Markt den Markt von in Flaschen abgefülltem Brunnenwasser an. In Frankreich hielten die drei führenden Anbieter etwa 80 % des Marktvolumens, davon Perrier etwa 40 %, Nestlé knapp 20 % und BSN ebenfalls etwa 20 %. Die Kommission entschied zuerst, dass nach Art. 2 Abs. 3 der Verordnung auch die gemeinsame Marktmacht eines Oligopols überprüfbar ist. Ein Oligopol mit seiner kollektiven Marktstärke könne ebenso wie ein einzelnes Unternehmen oder ein Konzern den Wettbewerb erheblich behindern. Bei der materiellen Prüfung gelangte die Kommission zu dem Ergebnis, dass der Zusammenschluss in der angemeldeten Form mit dem Gemeinsamen Markt nicht vereinbar und deshalb zu untersagen sei. Nestlé schlug daraufhin vor, mehrere Quellen der Firma Perrier mit einem Jahreskapazität von insgesamt rund 3 Mrd. Litern an einen unabhängigen Dritten zu veräußern. Unter dieser Auflage gab die Kommission den Zusammenschluss frei.

---

285 Komm. ABlEG 1991 L 320/26
286 Komm. ABlEG 1992 L 356/1

– *Kali + Salz/MdK*

Im Fall *Kali + Salz/MdK*[287] stellte die Kommission 1994 eine oligopolistische Marktstruktur auf dem Kalimarkt fest. Auf dem deutschen Markt führte der Zusammenschluss zu einer faktischen Monopolstellung von Kali + Salz. Auf dem Kalimarkt im Übrigen Gebiet der EG führte er zu einem marktbeherrschenden Duopol, bestehend aus Kali + Salz und dem französischen Anbieter SCPA. In ihrem Bestreben, »industrielle Kerne« in den neuen Bundesländern zu erhalten, setzte sich die Bundesregierung für die Freigabe ein.

Die Kommission verneinte im Ergebnis die Kausalität des Zusammenschlusses für die marktbeherrschende Stellung. Es handle sich um eine Sanierungsfusion, die nach der sogenannten *failing company defence* freizugeben sei. Das heißt: Das erworbene Unternehmen würde ohne die Übernahme kurzfristig aus dem Markt ausscheiden; sein Marktanteil würde dem erwerbenden Unternehmen zufallen.

Für die Freigabe waren drei Voraussetzungen maßgeblich:
– Das Zielunternehmen (hier MdK) würde ohne die Übernahme durch ein anderes Unternehmen (hier Kali + Salz) kurzfristig aus dem Markt ausscheiden.
– Es gibt keinen anderen potentiellen Erwerber.
– Die Marktposition des erworbenen Unternehmens würde im Falle seines Ausscheidens aus dem Markt dem erwerbenden Unternehmen zufallen.

Die SCPA klagte ebenso wie die französische Regierung mit Erfolg gegen die mit der Freigabe verbundene Auflage, dass sich Kali + Salz/MdK aus einem Exportkartell mit SCPA zurückziehen müsse.[288] Nach einer erneuten Prüfung blieb das Vorhaben unbeanstandet. Bemerkenswert ist, dass der EuGH ein marktbeherrschendes Oligopol grundsätzlich als verboten ansieht.

– *Daimler-Benz/Kässbohrer*

Im Fall *Daimler Benz/Kässbohrer*[289] war 1995 Kässbohrer, ein Hersteller von Bussen, in finanzielle Schwierigkeiten geraten und angeblich nur durch ein Übernahmeangebot, das Daimler-Benz unterbreitet hatte, zu retten. Volvo hatte zwar Interesse bekundet, aber kein konkretes Angebot unterbreitet. In ihrer Freigabeentscheidung wiederholte die Kommission die Anwendung der failing company defence. Zwar wurde der Bushersteller Kässbohrer vom

---

287 Komm. ABlEG 1994 L 186/38
288 EuGH Slg. 1998, I-1375, verb. Rs. C-68/94 u. 30/95 – Kali+Salz/MdK
289 Komm. ABlEG 1995 L 211/1

Marktführer Daimler Benz übernommen, ein wettbewerbspolitisch bedenklicher Sachverhalt. Der addierte Marktanteil bei Überlandbussen betrug in Deutschland nicht weniger als 75 %. Das Unternehmen stand jedoch nach Auffassung der Kommission vor dem Konkurs, so dass die Voraussetzungen für die Freigabe erfüllt waren. Anzumerken bleibt, dass der deutsche Wirtschaftsminister mit arbeitsmarkt- und regionalpolitischer Begründung bei der Kommission zugunsten der Freigabe interveniert hatte.

– *Vodafone Airtouch/Mannesmann*

Die Übernahme von *Mannesmann* durch *Vodafone Airtouch* im Jahre 2000 wirbelte viel Staub auf, weil es sich um die erste gelungene feindliche Übernahme eines deutschen Konzerns durch einen ausländischen handelte; Mannesmann war erst kurz zuvor nach einer Entscheidung des Bundesverfassungsgerichts von 1999[290] aus der Montanmitbestimmung ausgeschieden und damit für Übernahmeversuche interessant geworden. Vodafone, der größte britische Mobilfunkbetreiber, machte das feindliche Übernahmeangebot im Herbst 1999, nachdem der wesentlich größere, aber auf den Kapitalmärkten geringer bewertete Mannesmannkonzern den zweitgrößten britischen Mobilfunkbetreiber Orange übernommen hatte. Die Kommission[291] ließ die Übernahme und damit die Schaffung des europaweit größten Mobilfunkkonzerns mit der Auflage passieren, Orange zu veräußern, um Überschneidungen auf dem britischen und dem belgischen Mobilfunkmarkt zu beseitigen. Außerdem musste Vodafone sich auf drei Jahre verpflichten, anderen Mobilfunkbetreibern Zugang zum integrierten Netz von Vodafone und Mannesmann zu gewähren, damit diese ihren Kunden europaweit integrierte nahtlose Dienste anbieten konnten.

– *EdF/EnBW*

Die Übernahme einer bis zu 34%igen Beteiligung des staatlichen französischen Strommonopolisten Electricité de France (*EdF*) an der Energie Baden-Württemberg (*EnBW*) genehmigte die Kommission Anfang 2001 unter Auflagen. Gemeinsam mit den Oberschwäbischen Elektrizitätswerken wird die EdF die Kontrolle an der EnBW übernehmen. Die Beteiligung an der schweizerischen Stromgruppe Watt muss verkauft werden. Weitere Auflage ist, dass EdF in den nächsten fünf Jahren 6 000 MW an Generatorenkapazitäten in Frankreich für konkurrierende Stromunternehmen zugänglich macht, etwa

---

290 BVerfGE 99, 367 = ZIP 1999, 410; vgl. zur Mitbestimmungsproblematik Nagel, Mitbestimmung im Montankonzern und Grundgesetz, Baden-Baden 1992
291 Komm. M 1795 vom 12. 4. 2000

30 % des Marktes für Großkunden. Die EdF muss ferner auf ihre Stimmrechte und auf ihren Sitz im Aufsichtsrat in der mit ihr konkurrierenden Compagnie Nationale de Rhône (CNR) verzichten.

c) Perspektiven

Die Kommission sieht sich bei jeder Entscheidung über eine Fusion massiven Einflussnahmen ausgesetzt. Deutsche Politiker sind ebensowenig wie französische, italienische oder spanische Politiker – um nur die wichtigsten Akteure zu nennen – gegen die Versuchung gefeit, für ihre »National Champions« zu streiten. Das Kollegium der EG-Kommissare ist in seiner Haltung zu den Entscheidungsvorschlägen der zuständigen Generaldirektion IV (Wettbewerb) oft gespalten. Die Kommissare betätigen sich vielfach als Fürsprecher ihrer nationalen Konzerne. Die wettbewerbliche Prüfung eines europäischen Fusionsfalles darf aber nicht mit tagespolitischen Erwägungen oder einseitigen nationalen Interessen vermischt werden. Die EG steht vor der schwierigen Entscheidung, ob sie die in der Fusionskontrolle auftretenden Fälle wie bisher in der gesamten Kommission entscheiden lassen soll oder ein separates europäisches Kartellamt einrichtet. Es wäre aber nicht zweckmäßig, ein europäisches Kartellamt mit der ausschließlichen Zuständigkeit für die Fusionskontrolle zu betrauen. Deshalb ist ein zweistufiges, transparentes Kontrollverfahren vorzuziehen, wie es von deutschen Wettbewerbspolitikern und von der Bundesregierung vorgeschlagen wird. Ein Vorschlag, der allerdings kontrovers diskutiert wird, sieht als erste Instanz ein europäisches Kartellamt vor. Gegen dessen Entscheidung kann dann entweder vor dem Europäischen Gerichtshof geklagt werden oder eine politische Ausnahmeentscheidung der Kommission beantragt werden. Das Zusammenwachsen des Gemeinsamen Marktes und die Ausweitung der kartellrechtlichen Entscheidungspraxis sprechen mittelfristig dafür, ein Europäisches Kartellamt einzurichten. Die Funktion der nationalen Kartellbehörden würde dann freilich reduziert.
Auch die Eingriffskriterien der Fusionskontrollverordnung stehen zur Überprüfung an. Würde man die Eingriffsschwelle absenken, so würden die nationalen Kartellämter weitgehend überflüssig. Deshalb wird überlegt, ob die nationalen Kartellämter nicht im Auftrag der Kommission oder des Europäischen Kartellamts bestimmte Fälle, auch Fusionsfälle, mit regionaler oder nationaler Bedeutung entscheiden sollten. Die Entscheidungskriterien wären dann dem Europäischen Recht zu entnehmen.

d) Weiterführende Hinweise zur Fusionskontrolle

Bechtold, Zwischenbilanz zum EG-Fusionskontrollrecht, in: Europäische Zeitschrift für Wirtschaftsrecht 5 (1994), S. 653 ff.; *Berlin/Calvet*, Concentrations, RTDeur 33 (3)

1997, 521-627; *Canenbley/Hölzer/Wiedemann*, Fallsammlung zur Europäischen Fusionskontrolle, Loseblatt, 1977 ff.; *Drauz* und *Schroeder,* Praxis der Europäischen Fusionskontrolle, Köln 1992, *Groger* und *Janicki,* Weiterentwicklung des Europäischen Wettbewerbsrechts, in: Wirtschaft und Wettbewerb 42 (1992), S. 991 ff.; *Immenga,* Die Sicherung unverfälschten Wettbewerbs durch Europäische Fusionskontrolle, in: Wirtschaft und Wettbewerb 40 (1990), S. 371 ff.; *ders.,* Die Europäische Fusionskontrolle im wettbewerbspolitischen Kräftefeld, Tübingen 1993; *Immenga/ Mestmäcker,* EG-Wettbewerbsrecht, Bd. I, 1997; *Kerse,* EEC Antirust Procedure, 2.Aufl., London 1988; *Schmidt, Ingo,* The Suitability of the European Merger Control System: An Analysis of Five Years of Application, in: Jahrbücher für Nationalökonomie und Statistik 215 (1996), S. 287 ff.; *Veelken,* Aspekte der europäischen Fusionskontrolle, in: *ders., Matthias Karl* und *Stefan Richter* (Hrsg.), Die Europäische Fusionskontrolle, Tübingen 1992, S. 1 ff.

5. Die Kontrolle staatlicher Beihilfen

Ein gesonderter Teil des Wettbewerbsrechts in den Art. 87 bis 89 EG befasst sich mit der Kontrolle von staatlichen Beihilfen. Die Mitgliedstaaten dürfen diese Beihilfen nicht dazu einsetzen, den Wettbewerb zu verfälschen. Soweit derartige wettbewerbsbeschränkende Beihilfen den Handel zwischen Mitgliedstaaten beeinträchtigen, sind sie verboten. Dieses Verbot steht im Widerspruch zu einer Praxis, staatliche Subventionen Jahr für Jahr in größerem Umfang einzusetzen. Auch die EG selbst dehnt ihre Subventionspraxis laufend aus, fällt aber selbst nicht unter das Verbot der Art. 87 bis 89, das sich gegen die Mitgliedstaaten richtet.

a) Begriff

Der Begriff der staatlichen »Beihilfe« ist in Art. 87 EG weit gefasst. Erfasst sind staatliche Beihilfen »gleich welcher Art« (Art. 87 Abs. 1). Dazu zählen direkte Zuwendungen und indirekte Maßnahmen wie Steuervergünstigungen, Sonderkonditionen für Kredite und Sondertarife für bestimmte Branchen oder Regionen. Auch durch besonders günstige Konditionen für Kaufverträge der öffentlichen Hand oder durch die Zahlung überhöhter Preise für Kapitalbeteiligungen der öffentlichen Hand an Privatunternehmen können Beihilfen gewährt werden. Die Beihilfe muss nicht durch eine staatliche Behörde ausgezahlt worden sein. Es genügt nach Art. 87 Abs. 1 EG, wenn eine Maßnahme aus staatlichen Mitteln gewährt wird.

– *Fristverträge bei der italienischen Post*

In Italien gab es ein staatliches Dekret, wonach die italienische Post abweichend von den allgemeinen staatlichen Regelungen befristete Einstellungen von Arbeitnehmern vornehmen durfte. Auf die Entfristungsklagen von Arbeitnehmern, welche die Befristung ihrer Arbeitsverträge als unerlaubte Beihilfen betrachteten, legte ein italienisches Gericht die Frage nach der Beihilfeneigenschaft dieser gesetzlichen Regelung dem EuGH zur Vorabentscheidung vor. Der EuGH[292] verneinte die Beihilfeneigenschaft der Regelung. Sie könne zwar zu staatlichen, steuerlichen Mindereinnahmen führen, wenn die befristet eingestellten Arbeitnehmer entlassen werden. Die Gefahr von Mindereinnahmen infolge einer derartigen, arbeitsrechtlichen Regelung sei aber zu unspezifisch; sie rechtfertige nicht die Anwendung der Beihilfevorschriften.

– *Maribel*

In Belgien waren zwei beschäftigungspolitische Programme aufgelegt worden, wonach Unternehmen in bestimmten Wirtschaftszweigen verringerte Beiträge zur Sozialversicherung zahlen mussten. Mit dem Argument, diese branchenspezifisch zugeschnittene Beitragsverringerung führe zu einem spezifischen Vorteil der begünstigten Unternehmen auf Kosten des belgischen Staates, der auf Einnahmen im Sozialversicherungssystem verzichtet, bejahte der EuGH[293] den Beihilfencharakter der Maßnahme.

– *Das deutsche Stromeinspeisungsgesetz (Fall PreußenElektra)*

Nach dem deutschen Stromeinspeisungsgesetz von 1990 erhielten Erzeuger von Strom aus erneuerbaren Energiequellen wie Sonne, Wind und Wasser eine Mindestvergütung von den Netzbetreibern, die zur Abnahme dieses Stroms und zur Vermischung mit Strom aus fossilen Energiequellen verpflichtet waren. Bezahlt wurde diese Maßnahme durch den Stromverbraucher, der sich dem Kauf von Strom aus erneuerbaren Energiequellen nicht entziehen konnte. Letztlich sollte eine Erhöhung des Anteils von Strom aus erneuerbaren Energiequellen am abgesetzten Strom erreicht werden, eine umwelt- und gesundheitspolitische Zielsetzung. Auf Vorlage des LG Kiel erklärte der EuGH[294] 2001 in einer Vorabentscheidung, dass die Festpreisregelungen und Kaufpflichten weder eine genehmigungsbedürftige Beihilfen nach Art. 87 EG noch eine Verletzung der Warenverkehrsfreiheit des Art. 28 EG (vgl. oben) darstellten. Die Klage war pikant, weil PreußenElektra als Konzernobergesellschaft ihre Tochter Schleswag auf Rückzahlung der Einspeisungsvergütung verklagte.

---

292 EuGH Slg. 1998 I-2629, verb. Rs. C-52-54/97 – Viscido/Ente Poste Italiane
293 EuGH Slg. 1999, I-3671 = EuZW 1999, 534, Rs. C-75/97 – Maribel a und b
294 EuGH ZUR 2001, 259 m. Anm. Nagel, Rs. C-379/98 – PreußenElektra

Das Urteil des Europäischen Gerichtshofs vom 13. März 2001 (Rs. C-379/98) stellt klar, dass eine Festpreisregelung keine staatliche Beihilfe ist, weil der Staat kein Vermögensopfer bringt. Der EuGH behält ausdrücklich seine Rechtsprechung bei, die er zuvor in einer Reihe von Urteilen entwickelt hat.[295] Er schließt sich nicht dem ausschließlich wettbewerbspolitischen Blick der Kommission an, die eine starke Einengung der Wirtschaftspolitik der EG-Mitgliedstaaten dadurch erreichen will, dass sie begünstigende Wirkungen bei Unternehmen als Umgehungstatbestände in den Begriff »staatliche Beihilfen« aufnehmen will. Er fällt nicht auf die konstruierte Klage der Preußen-Elektra gegen ihre Tochter herein, bei der es nicht um die Kontrolle staatlicher Subventionen, sondern um die Ausschaltung oder zumindest Eindämmung von unliebsamen Konkurrenten geht.

Der EuGH hätte aber noch einen Schritt weiter gehen können: Meiner Meinung nach scheidet die Anwendung des Beihilfenrechts von vorneherein aus. Seit der Ratifikation der Vertragsänderung von Amsterdam durch alle Mitgliedstaaten im Jahre 1999 gilt Artikel 6 EG. Es heißt dort:

> »Die Erfordernisse des Umweltschutzes müssen bei der Festlegung und Durchführung der in Artikel 3 genannten Gemeinschaftspolitiken und Maßnahmen insbesondere zur Förderung einer nachhaltigen Entwicklung einbezogen werden.«

Die Querschnittsnorm des Artikels 6 EG gilt insbesondere auch für die Wettbewerbspolitik, deren Teil die Kontrolle staatlicher Beihilfen ist. Umweltpolitik ist nicht mehr als Einschränkung der Wettbewerbspolitik aufzufassen, wie dies in früheren Urteilen des Europäischen Gerichtshofs vor der Vertragsänderung von Amsterdam implizit unterstellt wurde, Umweltpolitik ist vielmehr mit der Wettbewerbspolitik abzugleichen. Bei diesem Abgleich »unter Gleichrangigen« ist zu fragen, ob die Festsetzung von Kaufpflichten, die zu einer Erhöhung des Anteils erneuerbarer Energien an der Stromerzeugung führen soll, überhaupt terminologisch als Beihilfe eingeordnet werden kann. Ziel des Stromeinspeisungsgesetzes war und des Erneuerbare-Energien-Gesetzes ist keineswegs eine Förderung bestimmter Unternehmen. Die Ziele können genauso gut, ja vielleicht sogar besser erfüllt werden, wenn die großen stromerzeugenden Unternehmen in den Bereich der erneuerbaren Energien investieren und damit selbst in den Genuss der Einspeisungsvergütung kommen. Als Ergebnisse der EuGH-Rechtsprechung sind festzuhalten: Der Begriff der staatlichen Beihilfe ist weit auszulegen. Darunter fallen nicht nur Subventionen im engeren Sinne, sondern auch Zuwendungen durch öffent-

---

295 Vgl. EuGH Slg. 1978, 25, Rs. 82/77 – van Tiggele; Slg. 1982, 3580, verb. Rs. 213-215/81 – Norddeutsches Vieh- und Fleischkontor; Slg. 1993, I-887, verb. Rs. 72 u. 73/91 – Sloman Neptun; Slg. 1993, I-6185, Rs. C-189/91 – Kirsammer-Hack; Slg. 1998, I-2629, verb. Rs. C-52-54/97 – Viscido/Ente Poste Italiane; Slg. 1998, I-7907, Rs. C-200/97 – Ecotrade; Slg. 1999, I-3735, Rs. C-295/97 – Piaggio

liche Unternehmen oder indirekte Zuwendungen. Sie müssen aber mit einem staatlichen Vermögensopfer verbunden sein.[296] Keine staatlichen Beihilfen sind Maßnahmen, die innerhalb der Wirtschaft selbst finanziert werden, z. B. Kaufpflichten und Mindesteinspeisungsvergütungen für Strom, der aus Erneuerbaren Energien gewonnen wird.[297]

b)   Ausnahmen nach Art. 87 Abs. 2 EG

Nach Art. 87 Abs. 2 sind bestimmte staatliche Beihilfen von vornherein vom Anwendungsbereich der Beihilfenkontrolle ausgenommen:
a)   Beihilfen sozialer Art an einzelne Verbraucher, wenn sie ohne Diskriminierung nach der Herkunft der Waren gewährt werden.
b)   Beihilfen zur Beseitigung von Schäden, die durch Naturkatastrophen oder sonstige außergewöhnliche Ereignisse entstanden sind.
c)   Beihilfen für die Wirtschaft bestimmter durch die Teilung Deutschlands betroffener Gebiete der Bundesrepublik Deutschland, soweit sie zum Ausgleich der durch die Teilung verursachten wirtschaftlichen Nachteile erforderlich sind.

–   Sächsische Beihilfen an VW (1996)

Auf den Ausgleich der durch die Teilung Deutschlands verursachten wirtschaftlichen Nachteile hat sich der sächsische Ministerpräsident Biedenkopf zur Rechtfertigung von Subventionen an die Volkswagen AG berufen. Die Kommission[298] hatte 1996 von Sachsen die Rückforderung von 91 Mio. DM an Beihilfen verlangt, die das Land bereits an VW ausgezahlt hatte. Sachsen verneinte nach Art. 87 Abs. 2 c EG die Untersagungskompetenz der EG-Kommission. Die Kommission hingegen legte die Vorschrift eng aus. Sie erfasse nur die *unmittelbaren* Teilungsfolgen, nicht die durch die Aufhebung der Teilung nach 1989 verursachten wirtschaftlichen Nachteile. Von einer unmittelbaren Teilungsfolge könne man im Jahre 1996 nicht mehr sprechen. Der Rechtsstreit um die Kommissionsentscheidung wurde vom EuG I[299] erstinstanzlich zu Lasten des deutschen Ausnahmebegehrens entschieden. Der Begriff »Teilungsfolgen« dürfe von der Kommission im Rahmen ihres Ermessens so restriktiv ausgelegt werden, dass er nicht die wirtschaftlichen Schwie-

---

296 Vgl. EuGH EuZW 1998, 473, verb. Rs. C-52-54/97 – Viscido/Ente Poste Italiane, und EuGH Slg. 1998, I-7907 – Ecotrade
297 Vgl. schon Schlussantrag des Generalanwalts Jacobs in dem Verfahren PreussenElektra AG-Schleswag AG, Rs. C-379/98 vom 26. 10. 2000, und Nagel, die Vereinbarkeit des Gesetzes für den Vorrang Erneuerbarer Energien (EEG) mit dem Beihilferecht der EG, ZNER 2000, 100-111 m. w. N.
298 Komm. ABlEG L 308/46 vom 29. 11. 1996 – Sächsische VW-Beihilfen
299 EuG I, EuZW 2000, 115, Rs. 132/96

rigkeiten infolge der Aufhebung der Teilung erfasse. Für diese Interpretation der Kommission bieten aber m. E. weder der Wortlaut, noch der Sinn und Zweck der Norm, der die Eingliederung der ehemaligen DDR in den EG-Wirtschaftsraum umfasst, einen Anhaltspunkt. Die letztinstanzliche Entscheidung des EuGH steht noch aus.

c) *Genehmigungsmöglichkeiten nach Art. 87 Abs. 3 EG*

Nach Art. 87 Abs. 3 EG können bestimmte Beihilfen als mit dem Gemeinsamen Markt vereinbar angesehen werden.

a)   Beihilfen zur Förderung der wirtschaftlichen Entwicklung von Gebieten mit niedriger Lebenshaltung oder erheblicher Unterbeschäftigung.

b)   Beihilfen für Vorhaben von europaweitem Interesse oder zur Behebung einer beträchtlichen Störung im Wirtschaftsleben eines Mitgliedstaats.

c)   Gewisse Beihilfen für Wirtschaftszweige oder -gebiete, die dem gemeinsamen europäischen Interesse nicht zuwiderlaufen.

d)   Beihilfe zur Förderung der Kultur und der Erhaltung des kulturellen Erbes, soweit sie die Handels- und Wettbewerbsbedingungen nicht dem gemeinsamen europäischen Interesse zuwider beeinträchtigen (seit 1992).

e)   Sonstige Beihilfen, die der Rat auf Vorschlag der Kommission mit qualifizierter Mehrheit bestimmt.

–   *Beihilfe an Philip Morris (1980)*

Die Kommission hatte eine zum Bau einer Zigarettenfabrik an Philip Morris gewährte niederländische Beihilfe von ca. 6 Mio. Gulden beanstandet, weil kein Rechtfertigungsgrund nach Art. 87 EG einschlägig sei. Die Gesellschaft klagte vor dem EuGH mit dem Argument, dass die angebliche Wettbewerbsbeschränkung nicht spürbar sei, weil sich die Beihilfe auf den Gestehungspreis der Zigaretten nur mit 0,11 % auswirke. Außerdem werde durch die Investition eine erhebliche regionale Unterbeschäftigung verringert (vgl. Art. 87 Abs. 3 a).

Der EuGH wies die Klage ab[300]. Bei der Kontrolle von staatlichen Beihilfen komme es nicht auf die tatsächliche Spürbarkeit einer Wettbewerbsbeschränkung am Markt, sondern darauf an, ob sich die Stellung eines Unternehmens im Verhältnis zu seinen Wettbewerbern verbessert. Auch habe die Kommission im Rahmen von Art. 87 Abs. 3 a ohne Ermessensfehler entschieden. Die Kriterien für die Unterbeschäftigung seien nicht im nationalen, sondern im europäischen Vergleich zu prüfen. In den Niederlanden herrsche keine Unter-

---

300 EuGH Slg. 1980, 2671, Rs. 730/79

beschäftigung, auch sei keine beträchtliche wirtschaftliche Störung (Art. 87 Abs. 3 b) zu beheben.

– *Beihilfen an Iberia und Air France (1996)*

Die Kommission ließ im Jahre 1996 unter Berufung auf Art. 87 Abs. 3 EG eine umfangreiche Kapitalzufuhr Spaniens an die Fluggesellschaft *Iberia* unbeanstandet, dies, obwohl die Gesellschaft schon 1992 eine beträchtliche Kapitalzufuhr erhalten hatte. Die Kommission verneinte den Charakter der Beihilfe mit dem Argument, auch ein privater Investor hätte sich wie der spanische Staat verhalten[301]. Hier wurde nicht nur ohne Not der Beihilfebegriff eingeengt und ein falsches Signal für Parallelfälle gesetzt, sondern auch eine politische Glaubwürdigkeitslücke aufgerissen, wenn man diesen Fall mit dem sächsischen Beihilfefall aus dem gleichen Jahr vergleicht, in dem sich die Beteiligten auf den Wortlaut einer Ausnahmeregelung berufen konnten.
Die Position der Kommission wird nicht glaubwürdiger, wenn man ihre ebenfalls 1996 getroffene Entscheidung im Fall *Air France* zum Vergleich heranzieht. Hier genehmigte die Kommission die Auszahlung der letzten Rate einer französischen Beihilfe von 5 Mrd. FF an diese Gesellschaft, obwohl ein Teil der Auflagen, welche die Kommission für diese Beilage gemacht hatte, nicht erfüllt worden waren[302]. Die Kommission setzte sich hier dem Verdacht aus, mit zweierlei Maß zu messen. Auf eine Konkurrentenklage anderer Fluggesellschaften erklärte das EuG I die Entscheidung zu Recht für nichtig.[303] Ein privater Investor hätte, so das Gericht, diese Rate nicht mehr ausgezahlt.

– *Beihilfen für den deutschen Steinkohlebergbau (2000)*

Die deutschen Beihilfen für den Steinkohlebergbau sind seit Jahren ein strittiges Thema in Brüssel. Im September 2000 verweigerte die Kommission erstmals die Genehmigung von Kohlesubventionen des Bundes für 2000, solange Deutschland die Wirtschaftlichkeit des einheimischen Kohlebergbaus nicht präziser nachweise. Der prozentuale Anteil der Stilllegungsbeihilfen sei zu gering; eine Rationalisierungswirkung werde nicht deutlich.

– *Gewährträgerhaftung bei deutschen Sparkassen*

Die Kommission bemängelt seit Jahren, dass es eine bürgschaftsähnliche Gewährträgerhaftung der öffentlichen Hand für die deutschen Sparkassen und

---

301 Komm. vom 31. 1. 1996, ABlEG L 104/25 vom 27. 4. 1996 – Iberia
302 Vgl. den Bericht in der FAZ vom 23. 7. 1996, S. 13
303 Vgl. EuG I, Slg. 1998, II-2405, Rs. T 371/94 und T 394/94

Landesbanken gibt. Es gelang nicht, durch ein entsprechendes Protokoll zum EG-Vertrag diese Praxis rechtlich abzusichern. Unter der Drohung eines Beihilfenkontrollverfahrens verhandeln die Betroffenen und die Bundesregierung derzeit mit der Kommission, ohne dass derzeit eine konsensuale Lösung absehbar wäre.

d) Verfahren

Durch die Vertragsänderung von Amsterdam wurde sichergestellt, dass die Kommission Herrin des Beihilfeverfahrens von Anfang an ist. Nach Art. 88 EG müssen die Mitgliedstaaten alle Beihilfevorhaben bei der Kommission anmelden, die für die Kontrolle zuständig ist. Nach Art. 88 Abs. 1 EG überprüft die Kommission fortlaufend die Beihilfeentscheidungen der einzelnen Mitgliedstaaten. Diese müssen ihr die Umgestaltung bestehender und die Einführung neuer Beihilfen mitteilen (Art. 88 Abs. 3 EG). Der Kommission wächst damit eine enorme wirtschaftspolitische Macht zu. Sie kann von sich aus einen Mitgliedstaat auffordern, eine gesetzgeberische Maßnahme als Beihilfevorhaben zu »notifizieren«. Er muss dann mit der Umsetzung der Maßnahme warten, bis die Kommission das Beihilfeverfahren abgeschlossen hat.
Eine positive Entscheidung der Kommission über ein Beihilfevorhaben kann mit Bedingungen und Auflagen verknüpft werden, deren Einhaltung überwacht wird. Eine negative Entscheidung kann Fristen zur Aufhebung oder Umgestaltung der Beihilfe setzen. Beachtet der Mitgliedstaat die Kommissionsentscheidung nicht, kann diese nach Art. 88 Abs. 2 EG unmittelbar ein Vertragsverletzungsverfahren in Gang setzen. Um eine gewisse Rechtssicherheit zu gewähren, hat der Rat 1999 eine Verfahrensverordnung[304] verabschiedet, welche die Kommission an gewisse Fristen bindet. Rechtswidrig erhaltene Beihilfen müssen zurückgezahlt werden. Ein Unternehmen, das derartige, nicht notifizierte Beihilfen erhalten hat, kann sich gegen die Aufforderung zur Rückzahlung grundsätzlich nicht auf Vertrauensschutz berufen.[305] Ausnahmen sind nach dem Grundsatz der Verhältnismäßigkeit denkbar. Ungeklärt sind Fälle, in denen die Kommission einen vom EuGH abweichenden Rechtsstandpunkt vertritt. Wer soll das Risiko tragen, dass der EuGH seine Rechtsprechung ändert? Wenn die Kommission von der gefestigten Rechtsprechung des EuGH zum Beihilfenbegriff abweichen und z. B. Umgehungstatbestände als staatliche Beihilfen erfassen will, ist sie m. E. verpflichtet, eine Vorabentscheidung des EuGH über das »ob« der staatlichen Beihilfe einzuholen. Insofern ist in entsprechender Anwendung von Art. 88 Abs. 2 und 3 EG eine Lücke auszufüllen. Der Betroffene kann gegen die Kommissionsent-

---

304 VO 659/1999 des Rates vom 22. 3. 1999, ABlEG L 83 v. 27. 3. 1999
305 EuGH Slg. 1990, I-3437, Rs. C-5/89 – BUG-Alutechnik

scheidung im Wege der Nichtigkeitsklage vor dem EuGH klagen. Das Gericht überprüft, ob die Kommission rechtmäßig gehandelt, auch, ob sie ihr Ermessen ordnungsgemäß ausgeübt hat. Betroffener ist sowohl das begünstigte Unternehmen als auch der Mitgliedstaat, der die Beihilfe gewährt hat. Es gibt ebenso wie im Wettbewerbsrecht das Institut der Konkurrentenklage (vgl. Art. 230 Abs. 4 EG).

Um ihre Entscheidungen über Beihilfen berechenbarer zu machen und um Anregungen für eine sinnvolle Beihilfenpraxis zu geben, veröffentlicht die Kommission Richtlinien über den Gemeinschaftsrahmen für Beihilfen in bestimmten Bereichen, so für Forschung und Entwicklung[306], für den Umweltschutz[307], für die Förderung von kleinen und mittleren Unternehmen[308] sowie für Rettungs- und Umstrukturierungsmaßnahmen[309]. Die Interpretation ihrer beihilferechtlichen Kontrollbefugnisse ist zum Teil sehr extensiv; so nimmt die Kommission im Rahmen ihres zweiten Umweltrahmens[310] z. B. eine Kontrollbefugnis über die Energiepolitik der Mitgliedstaaten in Anspruch, die ihr m. E. nicht zukommt.

Seit 1989 veröffentlicht die Kommission die Berichte über Beihilfen. Trotzdem ist das Verhalten der Mitgliedstaaten in diesem Bereich noch wenig transparent. Die Fähigkeit und die Neigung einiger Mitgliedstaaten zu einer korrekten Berichterstattung sind gering. In den USA wären derart weitgehende Eingriffe der Bundesregierung in die wirtschaftpolitischen Kompetenzen der Einzelstaaten, wie sie nach dem EG-Beihilfenrecht ständige Praxis sind, undenkbar, weil diese sich derartige Verletzungen ihrer Souveränität (in einem Bundesstaat!) nicht gefallen lassen würden; in den USA gibt es keine Politik der Begrenzung von staatlichen Wirtschaftshilfen, auch keine Berichts- und Veröffentlichungspflichten.[311]

e) *Weiterführende Hinweise*

Ciresa, Beihilfenkontrolle und Wettbewerbspolitik in der EG, Köln et al. 1993.; *Färber*, Binnenmarktgerechte Subventionspolitik in der Europäischen Union: Strukturen, Normen und Defizite, Frankfurt a. M. und New York 1995; *Hoischen*, Die Beihilferegelung in Artikel 92 EWGV, Köln et al. 1989; *Immenga/Mestmäcker*, EG-Wettbewerbsrecht, Bd. II, 1997; *Lehner, Meiklejohn* und *Reichenbach,* Fairer Wettbewerb im Binnenmarkt: Die Beihilfepolitik der Europäischen Gemeinschaft, in: Europäische Wirtschaft 1991, Nr. 48, S.7 ff.; *Nagel*, Die Vereinbarkeit des Gesetzes für den Vorrang Erneuerbarer Energien (EEG) mit dem Beihilfenrecht der EG, ZNER 2000,

306 ABlEG 1986 C-83/2
307 Erster Rahmen ABlEG 1994 C-72/3, gültig bis 31. 12. 2000, Zweiter Rahmen ABlEG 2001 C-37/3, gültig bis 31. 12. 2007
308 ABlEG 1992 C-213/2
309 ABlEG 1994 C-368/12
310 ABlEG 2001 C-37, 3 ff., 7 ff.
311 Vgl. Bermann/Goebel/Davey/Fox, European Community Law, St. Paul, USA, 1993, S. 887

100-111; *Rosenstock,* Die Kontrolle und Harmonisierung nationaler Beihilfen durch die Kommission der Europäischen Gemeinschaften, Frankfurt am Main et al. 1995.

6. Das Verbot der Diskriminierung bei der Vergabe öffentlicher Aufträge

Aufträge der öffentlichen Hand werden immer noch ganz überwiegend an Unternehmen innerhalb der jeweiligen Mitgliedstaaten vergeben. Anbieter aus anderen Mitgliedstaaten werden offen oder verdeckt diskriminiert. Aus wohlfahrtsökonomischer Sicht werden hier Schäden angerichtet bzw. gesamtwirtschaftliche Vorteile nicht wahrgenommen. Aus der Waren- und Dienstleistungsfreiheit ergibt sich ein Gebot an die öffentliche Hand, potentielle Bewerber zumindest korrekt zu informieren. Aus dem Rechtsgedanken, für alle Unternehmen ein »ebenes Spielfeld« innerhalb des gemeinsamen Binnenmarkts zu schaffen, rechtfertigen sich gemeinschaftsrechtliche Vorgaben für die Vergabeverfahren in den Mitgliedstaaten. Schon im Jahre 1971 wurde unter dem Leitbild »Information und Gleichbehandlung« die sogenannte Baukoordinierungsrichtlinie[312] verabschiedet. Es folgte 1977 die Lieferkoordinierungsrichtlinie[313], 1990 die Sektorenrichtlinie[314] für die Sektoren Wasser-, Energie- und Telekommunikationswirtschaft und schließlich 1992 die Dienstleistungsrichtlinie[315]. Eine Anpassung dieser Richtlinien an das General Procurement Agreement (GPA)wurde 1997[316] notwendig. Um die betroffenen Anbieter mit dem erforderlichen Rechtsschutz zu versorgen, wurden 1989 die Rechtsmittelrichtlinie[317] und 1992 die Sektorenrechtsmittelrichtlinie[318] verabschiedet.

Die Umsetzung der Richtlinien in Deutschland verlief anfangs unbefriedigend. Eine Änderung des Haushaltsgrundsätzegesetzes aus dem Jahre 1993 erwies sich als lückenhaft, da keine subjektiven Rechte der Bieter auf Überprüfung der Vergabeentscheidungen vorgesehen waren, wie der EuGH[319] dies verlangt. Erst als die Bundesrepublik Deutschland auf Klage der EG-Kommission durch den EuGH[320] wegen Vertragsverletzung verurteilt und von den

---

312 Richtlinie 71/305, ABlEG L 185/5 vom 18. 6. 1971, zuletzt neu gefasst durch Richtlinie 93/37, ABlEG L 199/54 vom 9. 8. 1993
313 Richtlinie 77/62, ABlEG L 13/1 vom 15. 1. 1977; zuletzt neu gefasst durch Richtlinie 93/36, ABlEG L 199/1 vom 9. 8. 1993
314 Richtlinie 90/531, ABlEG L 297/1 v. 29. 10. 1990; zuletzt in der Fassung der Richtlinie 93/38, ABlEG L 199/84 vom 9. 8. 1993, welche die Dienstleistungsverträge einbezieht
315 Richtlinie 92/50, ABlEG L 209/1 vom 24. 7. 1992
316 Richtlinie 97/52, ABlEG L 328/1 vom 28. 11. 1997 und 98/4, ABlEG L 101/1 vom 1. 4. 1998
317 Richtlinie 89/665, ABlEG L 395/33 vom 30. 12. 1989
318 Richtlinie 92/13, ABlEG L 76/14 vom 23. 3. 1992
319 EuGH Slg. 1995, I-2303, Urteil vom 11. 8. 1995, Rs. C-433/93 = EuZW 1995, 637
320 EuGH Slg. 1996, I-2423, Urteil vom 2. 5. 1996, Rs. C-253/95 = EuZW 1996, 575

USA mit handelspolitischen Sanktionen bedroht worden war, wurde das Vergaberecht angemessen gesetzlich geregelt, und zwar im neu gefassten Gesetz gegen Wettbewerbsbeschränkungen von 1998 (vgl. unten).

Am Vergaberecht wird häufig kritisiert, dass die sogenannten Schwellenwerte zu niedrig angesetzt seien und die Behörden auch in Bagatellfällen zu umfangreichen, zeitraubenden und kostenträchtigen Ausschreibungen verpflichtet seien. Bei dieser Kritik wird meist übersehen, dass erhebliche Einsparungen winken und die Betätigung von gesetzwidrigen Submissionskartellen (vgl. unten) erschwert wird.

7. Ausnahmebereiche

a) Landwirtschaft, Fischerei

Die Grundprinzipien der europäischen Landwirtschafts- und Fischereipolitik sind in den Art. 32 ff. EG geregelt. Es handelt sich um eine gemeinsame, supranationale Politik, die bei Abschluss des EWG-Vertrages auf Druck Frankreichs nach planwirtschaftlichen Gesichtspunkten als Gegengewicht zum freien Warenverkehr eingeführt wurde. Nach Art. 32 Abs. 1 EG sind die landwirtschaftlichen Erzeugnisse einschließlich der Fischerei und die damit unmittelbar im Zusammenhang stehenden Erzeugnisse der ersten Verarbeitungsstufe erfasst. Nach Art. 33 Abs. 1 EG ist es Ziel der Landwirtschaftspolitik, die Produktivität der Landwirtschaft zu steigern, der landwirtschaftlichen Bevölkerung eine angemessene Lebenshaltung zu sichern, die Märkte und die Versorgung zu stabilisieren und angemessene Verbraucherpreise zu gewährleisten. Dieses Ziel wird durch die Bildung von Gemeinsamen Marktorganisationen (GMOen) verfolgt. Es geht dort vor allem um die Festsetzung von Orientierungspreisen, mit denen sich die EG von der übrigen Welt abschottet. So genießt die Landwirtschaft mit ihren Marktordnungen einen Sonderstatus. Gegenwärtig bestehen 23 Marktordnungen, die 95 % der landwirtschaftlichen Produktion abdecken. Ausgenommen sind derzeit Wolle, Seide, Holz und Kartoffeln. Nach wie vor absorbiert die landwirtschaftliche Marktregulierung den Großteil der Regulierungen der EG und vor allem auch der EG-Haushaltsmittel. Es gibt ca. 1000 Durchführungsverordnungen der ersten Stufe, mehrere tausend Durchführungsverordnungen der zweiten Stufe, Tausende von Kommissionsentscheidungen und mehr als 500 EuGH-Entscheidungen[321].

An sich gelten nach Art. 32 Abs. 2 EG die übrigen Vorschriften des EG, darunter die Marktfreiheiten und das Wettbewerbsrecht, auch für die Landwirt-

---

321 Vgl. Kilian, Europäisches Wirtschaftsrecht, 1996, S. 312

schaft, soweit nicht in Art. 33 ff. EG etwas anderes bestimmt ist. Es gibt auch ein Agrarkartellrecht, das durch die VO 26 aus dem Jahre 1962[322] geregelt ist. Die VO tritt aber hinter die GMO zurück; auch enthält sie weitere Ausnahmen von Art. 82 EG.

Der EuGH hat in seiner Entscheidung im Bananenstreit[323] (vgl. unten) aber die Chance nicht genutzt, in der EG-Landwirtschaftspolitik wenigstens die Mitberücksichtigung marktwirtschaftlicher und wettbewerbspolitischer Grundsätze zu verlangen, obwohl der allgemeine Grundsatz in Art. 3 g EG (»Ein System, das den Wettbewerb innerhalb des Binnenmarkts vor Verfälschungen schützt«) dies ermöglicht hätte.

Die einzelnen Mittel der europäischen Landwirtschaftspolitik sind in Art. 34 bis 36 EG geregelt. Darunter können Qualitätsstandards, Beihilfen und vollständige Preissysteme fallen. Am wichtigsten sind die Preisregelungen und die Bestimmungen für den Handel mit Drittstaaten. Die Preisregelungen sollen das Preisniveau innerhalb der Gemeinschaft angleichen und die Einkommen der Landwirte sichern. Die Kommission, die für die Landwirtschaftspolitik zuständig ist, hat in Deutschland die Bundesanstalt für landwirtschaftliche Marktordnung (BALM) mit dem Verwaltungsvollzug betraut. Es gibt zahlreiche Ausschüsse und Inspektionsbüros, etwa für Veterinär- und Pflanzenschutzkontrollen in Dublin. Für Getreide wird beispielsweise folgender Mechanismus verwendet: Zu Beginn eines jeden Erntejahres wird ein Richtpreis als Orientierung festgesetzt. Er ist die Bezugsgröße für den Schwellenpreis, d. h. den Mindestpreis, zu dem das Produkt aus Drittländern eingeführt werden darf. Liegt der Importpreis unter dem Schwellenpreis, so wird in Höhe der Differenz eine Abschöpfung erhoben. Um das Preisniveau zu stabilisieren, wird darüber hinaus ein Interventionspreis festgelegt, zu dem bestimmte Interventionsstellen in den Mitgliedstaaten die landwirtschaftlichen Erzeugnisse aufkaufen. Der Interventionspreis muss unter dem Richtpreis liegen. Hinzu kommen die Ausfuhrerstattungen, die als Exportförderung gezahlt werden, wenn die Preise auf dem Weltmarkt niedriger als in der EG sind, was in aller Regel der Fall ist. Die Finanzierung übernimmt der Europäische Ausgleichs- und Garantiefonds für die Landwirtschaft (EAGFL). Aus diesem Fonds werden auch die Auswirkungen von Währungsschwankungen zwischen den Mitgliedstaaten ausgeglichen.

Dieses ausdifferenzierte System hat zu gigantischen Überschüssen (z. B. die Butter- und Schweineberge), zu Missbräuchen und Korruptionsskandalen sowie zu Qualitätsverschlechterungen bis hin zu Gesundheitsgefährdungen der Verbraucher geführt. Dazu kommt eine allgemeine Preisaufblähung, die

---

322 VO Nr. 26/1962 vom 4. 4. 1962, ABlEG 1962/993, geändert durch VO 49 vom 29. 6. 1962, ABlEG 1962/1571
323 EuGH Slg. 1994, I-4973, Rs. C 280/93

vielen Verbrauchern in der Bundesrepublik freilich erst dadurch besonders bewusst wurde, dass die EG-Landwirtschaftspolitik 1993 zu einer plötzlichen und drastischen Verteuerung von Bananen führte.

— *Der Bananenfall*

1992 wurde die Bundesrepublik durch die Ratsmehrheit gezwungen, ihre innerhalb der EG privilegierte Position im Bananenimport aufzugeben. Sie hatte 1957 im EWG-Vertrag eine Ausnahme (»Bananenprotokoll«) durchgesetzt, wonach sie unter bestimmten Voraussetzungen zollfrei Bananen aus Mittel- und Südamerika importieren durfte. Im Zuge der Vollendung des Binnenmarkts wurde 1992 dieses Privileg aufgehoben und gegen die Stimme Deutschlands eine Verordnung zum Schutz der zollfrei gehandelten, aber teuren EG-Bananen aus Spanien, Portugal und Griechenland geschaffen. Darüber hinaus wurden bestimmte Bananenexportländer bevorzugt, andere diskriminiert: Während die im Lomé-Abkommen mit der EG assoziierten sog. AKP-Staaten (Afrika, Karibik, Pazifik) 857 000 t pro Jahr zollfrei exportieren durften, mussten Exporteure aus Drittstaaten für ein Kontingent von 2 Mio. t einen Zoll von 100 ECU pro Tonne und für die übersteigenden Mengen einen Zoll von 850 ECU pro Tonne zahlen. Die Durchsetzung der Verordnung führte zu einem absurden Verwaltungsaufwand, vor allem in Form von Erzeugerorganisationen, Beihilferegelungen, Überprüfung von Erzeugerhöchstmengen und Importkontingenten. In Deutschland wurden hierauf insbesondere die sog. Dollarbananen aus dem mittelamerikanischen Raum drastisch verteuert[324]. Der EuGH wies die von Deutschland nach Art. 230 Abs. 1 EG erhobene Klage ab[325]. Der starke Preisanstieg in Deutschland wurde vom EuGH ignoriert, obwohl das Ziel des Art. 33 Abs. 1 e EG, für die Belieferung der Verbraucher zu angemessenen Preisen Sorge zu tragen, offensichtlich verfehlt worden war. Der EuGH half sich mit dem Kunstgriff, dass bei der Kontrolle, was angemessen sei, nicht auf die Preise in Deutschland, sondern auf die im gesamten Binnenmarkt abzustellen sei. Dies trifft die Besonderheit des Falles nicht, denn das Ausnahmeprotokoll, das durch die Bananenverordnung beseitigt worden war, hatte nur für Deutschland gegolten. Der EuGH verneinte ferner einen Verstoß gegen das GATT (vgl. unten), dessen Vorschriften er nicht für unmittelbar bindend hielt. Grundrechtsprobleme wurden vom EuGH fast vollständig ignoriert. Das EuGH-Urteil stieß in Deutschland auf breite Ablehnung. Nach dem neuen GATT/WTO-Abkommen von 1994 wurde ein Verfahren gegen die EU durchgeführt (vgl. unten). Eine Einigung mit den betroffenen Exporteuren von Dollarbananen wird für 2001 erwartet.

324 VO des Rates 404/93 v. 13. 2. 1993, ABlEG L 47/1, zuletzt geändert durch VO 875/96, ABlEG L 118/1
325 EuGH Slg. 1994, I-4973, Rs. C-280/93

In der Öffentlichkeit stand und steht weniger die juristische Angreifbarkeit des Urteils als die politische Kritik an der Bananenverordnung im Vordergrund. Neben der Preisaufblähung steht die Gefährdung der Gesundheit der Verbraucher im Zentrum der öffentlichen Aufmerksamkeit. Die politische Kritik erhält Nahrung: Der Missbrauch von Dünger und die Verwendung chemischer Präparate bei der Tieraufzucht führten zu Skandalen im Zusammenhang mit dem in Großbritannien entstandenen Rinderwahnsinn, der auf die Verwendung von Tiermehl als Futter für Rinder zurückgeht. Dieser Skandal wurde freilich nicht durch die EG verursacht, sondern »lediglich« durch ihre Organe vertuscht. Insofern fehlt es oft an einer Differenzierung der Kritik und an der notwendigen Unterstützung für reformwillige Kräfte. Nach dem durch mangelnde behördliche Kontrollen verursachten Ausbruch der Maul- und Klauenseuche in Großbritannien wurde im Frühjahr 2001 deutlich, dass eine vollständige Neuausrichtung der Landwirtschaftspolitik unvermeidlich ist. Die Geschichte der Versuche, diese Neuausrichtung durchzusetzen, ist lang und reich an Fehlschlägen.

Im Juni 1992 beschloss der Rat eine *Grundsatzreform*, die vor allem zu einem allmählichen Abbau der hohen Preise und zu einer Reduktion der Überschüsse führen soll. Die Landwirte sollen durch Beihilfen zu einem Abbau von Kapazitäten veranlasst werden. Die Erfolgsaussichten dieser Politik sind aber ungewiss, solange die Funktionsweise von Preisen und Märkten wie bisher weitgehend aufgehoben bleibt. Eine gewisse Wahrscheinlichkeit von Veränderungen gründet sich auf dem Beitritt der EG im Jahre 1994 zum neuen Welthandelsabkommen GATT und zur gemeinsamen Organisation WTO. Eine für 2000 und danach angestrebte weitere Grundsatzreform scheiterte im März 1999 vor allem am Widerstand Frankreichs. Es gelang zwar, die Ausgaben zu begrenzen, aber paradoxerweise auf Kosten der Reform. Folgemaßnahmen sind notwendig. Die bisherige Struktur ist aber bis 2006 festgeschrieben. Konflikte, auch im Zusammenhang mit dem Beitritt der neuen Mitgliedstaaten, sind vorprogrammiert. Vielleicht gelingt es, die GATT-widrigen Bestimmungen der EG-Landwirtschaftspolitik über die rechtlichen Mechanismen anzugehen, welche GATT und WTO bereitstellen (vgl. unten). Letztlich führt kein Weg an einer Umstellung auf eine ökologisch verantwortliche, nachhaltige Landwirtschaft vorbei.

Die Einführung einer *gemeinsamen Fischereipolitik* (»blaues Europa«) nach Art. 3 e EG bereitet der EG besondere Schwierigkeiten. Sie soll für eine 200-Meilen-Zone um die Küstenlinien der EG-Mitgliedstaaten mit einer Vorbehaltszone zugunsten des jeweiligen Anrainerstaats von 12 Meilen gelten. Zugunsten von Spanien und Portugal gelten noch bis zum Jahr 2003 Übergangsregelungen. Die Höhe und die Verteilung der Beihilfen sind stets umstritten. Die Maßnahmen zum Erhalt der Fischbestände (Gesamtfangmengen, Fangquoten, geschützte Laichplätze etc.) werden immer wieder unterlaufen.

Von Drittstaaten wird der Vorwurf der »Festung Europa« erhoben, weil die EG keinen freien Zugang zu »ihren« Fischgründen gewährt. Allerdings werden von der EG bilaterale Abkommen, vor allem mit Staaten der Dritten Welt, abgeschlossen. Die EG ist Mitglied der UN-Seerechtskonvention von 1982 (Gerichtshof in Hamburg).

Weiterführende Hinweise

Barents, The Agricultural Law of the EEC, Deventer/Boston 1994; *Eiden,* Die Agrarmarktordnungen der EG, DVBl. 1988, 1087 ff.;*Grimm,* Agrarrecht, 1995; *Manservisi,* Die gemeinsame Marktorganisation für Bananen, EuZW 1994, 209 ff.; *Trotman,* Agricultural Policy Management, a Lesson in Unaccountability, CMLRev. 32 (1995), 1385 ff.; *Winkler* in *Immenga/Mestmäcker,* EG-Wettbewerbsrecht, Bd. 2, Abschn XIV, 1997.

b) Verkehr

Die Verkehrspolitik war lange Zeit ein Ausnahmebereich, in dem die Wettbewerbsnormen der EG nicht galten. Ein Ausnahmebereich ist der Verkehr, weil nach Art. 51 Abs. 1 EG das Verkehrsrecht der Dienstleistungsfreiheit vorgeht. In den Art. 70-80 EG sind umfassende verkehrspolitische Zuständigkeiten der Gemeinschaft enthalten. Daraus folgt aber nicht, dass der Verkehr auch vom EG-Wettbewerbsrecht ausgenommen ist. Für den Bahn-, Straßen- und Binnenschifffahrtverkehr gilt an sich Art. 81 EG[326]. Ausnahmen können aber zugelassen werden, wenn dies der Qualitätsverbesserung dient, Marktschwankungen ausgleicht, die Produktivität der Unternehmen steigert oder zum technischen oder wirtschaftlichen Fortschritt beiträgt[327]. Darunter lässt sich praktisch alles subsumieren. Jeder Mitgliedstaat »wachte« folglich über die Sonderrechte »seiner« Unternehmen. Fluglinien und Flughäfen wurden von den Staaten fernab von jeder wettbewerbspolitischen Zielsetzung betrieben. Der Güterfernverkehr auf den Straßen war z. B. in Deutschland durch eine Kontingentierungspolitik sehr restriktiv geregelt. Auch der Schiffsverkehr war zum Teil stark reglementiert. Schließlich erhob das Parlament gegen den Rat eine Untätigkeitsklage. Der EuGH[328] gab der Klage 1983 in einer aufsehenerregenden Entscheidung zum Teil statt. Erst danach ging es mit der gemeinsamen Verkehrspolitik voran. Als förderlich erwies es sich, dass nach Maastricht nur noch die qualifizierte Mehrheit im Rat erforderlich war, wenn es um Harmonisierungsmaßnahmen nach Art. 95 EG ging.

Rechtsgrundlage für die Verkehrspolitik ist zuerst Art. 74 EG, der die Gemeinsamkeit der Verkehrspolitik in den Vordergrund rückt, ohne inhaltliche

---

326 Vgl. VO 1017/68, ABlEG 1968 L 175/1
327 Vgl. Art. 5 der VO
328 EuGH Slg. 1983, 1513, Rs. 13/83

Ziele vorzugeben. Nach Art. 73 EG sind staatliche Beihilfen erlaubt, die entweder der Koordinierung des Verkehrs oder der Leistungsabgeltung bestimmter öffentlicher Dienste dienen.[329] Nach Art. 76 EG verboten sind Beihilfen wie staatliche festgesetzte Frachttarife und Beförderungsbedingungen, die der Unterstützung oder dem Schutz von Unternehmen dienen. Die Kommission kann Ausnahmen zulassen. Für den Binnenverkehr ist nach wie vor die VO 1017/68[330] über die Anwendung der Wettbewerbsregeln auf dem Gebiet des Eisenbahn-, Straßen und- Binnenschiffsverkehrs bedeutsam. Für den Luftverkehr und die Seeschifffahrt gelten eigene Regelungen.

– *Luftverkehr*

Der Abbau von Regulierungen des *Luftverkehrs* erfolgte nach der Verabschiedung einer Richtlinie im Jahre 1983[331] in mehreren sog. Maßnahmepaketen: Nach dem ersten Paket vom 14. 12. 1987[332] und dem zweiten vom 24. 7. 1990 folgte ein drittes vom 23. 7. 1992[333]. Beim dritten und wichtigsten ging es um Betriebsgenehmigungen von Flugunternehmen, deren Zugang zum Streckennetz innerhalb der EU, die Flugpreise, die Frachtraten und die Anwendung der EU-Wettbewerbsregeln. Man kann heute von einer weitgehenden Liberalisierung des Luftverkehrs innerhalb der EU sprechen. Insbesondere wurde auch der Subventionswettbewerb der EU-Mitgliedstaaten, der zu einer Bevorzugung der jeweiligen nationalen Fluggesellschaften führte, über die bereits erwähnte Kontrolle von Beihilfen (vgl. oben) abgebaut.

– *Straßenverkehr*

Beim *Straßenverkehr* ist der Streit um *Straßenbenutzungsgebühren* besonders zu beachten. Er führte 1992 zu einer Entscheidung des EuGH[334] über die in Deutschland erhobene Schwerverkehrsabgabe. Der EuGH verbot die gleichzeitige Einführung dieser Abgabe für ausländische und inländische Straßentransportunternehmen und Senkung der Steuerbelastung für inländische Transportunternehmen. Dies verstoße gegen eine aus Art. 72 EG folgende Stillhalteverpflichtung, wonach die Wettbewerbsbedingungen nicht zugunsten der inländischen und zu Lasten der Wettbewerber aus anderen EG-Mit-

---

329 Vgl. hierzu VO 1107/70; danach sind Beihilfen im Eisenbahn-, Straßen- und Binnenschifffahrtsverkehr erlaubt; die VO wurde 1982 durch die VO 1658/82 auf den kombinierten Verkehr ausgedehnt.
330 VO 1017/68 vom 19. 7. 1968, ABlEG L 175/1
331 Richtlinie 83/416 vom 25. 7. 1983, ABlEG 1983 L 237/19; geändert durch Richtlinie ABlEG 1986 L 152/87
332 VO Nr. 3975/87 v. 14. 12. 1987, ABlEG L 374/1 und VO Nr. 3976/87 v. 14. 12. 1987, ABlEG L 374/9
333 VO Nr. 2407/92 v. 23. 7. 1992 ABlEG 1992 L 240/1
334 EuGH Slg. 1992, I-3141, Rs. C-195/90 – deutsche Schwerverkehrsabgabe

gliedsstaaten verschlechtert werden dürften. Der EuGH folgert demnach aus Art. 72 EG ein *absolutes Verschlechterungsverbot*. Eine Ausnahme hiervon muss der Rat einstimmig beschließen.

In der Vergangenheit heftig umstritten war das sog. *Kabotageverbot*, das den Marktzugang für nicht gebietsansässige Verkehrsunternehmen zum Binnenverkehr vereitelte, weil diese auf dem Rückweg von einem Transport keine Fracht mitnehmen durften. Dieses Verbot wurde zum 1. 7. 1998 beseitigt[335].

Nach wie vor streng reguliert ist der *öffentliche Personennahverkehr* (ÖPNV) auf der Straße. Tarifregulierungen sind von der Gemeinsamen Marktordnung für den grenzüberschreitenden Busverkehr in der VO 684/92[336] ausgenommen; dies gilt »erst recht« für den innerstaatlichen Verkehr. Was den öffentlichen Personennahverkehr anbelangt, hat die Kommission am 26. 7. 2000[337] einen Verordnungsentwurf vorgelegt, der die Vergabe von öffentlichen Dienstleistungsaufträgen nicht nur auf Schiene und Straße, sondern auch auf den Binnenschifffahrtswegen regeln soll. Es ist zum einen fraglich, ob die EG hier überhaupt eine wettbewerbsrechtliche Regelungskompetenz besitzt. Der Handel zwischen den Mitgliedstaaten ist kaum betroffen. Auch sieht seit der Vertragsänderung von Amsterdam Art. 16 EG vor, dass die Dienste von allgemeinem wirtschaftlichen Interesse, zu denen der ÖPNV gehört, so gestaltet sind, dass sie ihren Aufgaben nachkommen können; dies spricht von vornherein gegen eine Einbeziehung in das Wettbewerbsregime. Nach dem Verordnungsentwurf würden die ÖPNV-Dienstleistungen zum andern mittelfristig abgebaut, weil sie nur teilweise gewinnorientiert am Markt betrieben werden könnten. Auch dies würde Art. 16 EG widersprechen, weil die Aufgaben nicht mehr erfüllt werden könnten.

– *Transeuropäische Netze*

Im Vertrag von Maastricht wurde ein neuer Titel »Transeuropäische Netze« in den EG eingefügt. In den Art. 154-156 EG wird die Schaffung eines transeuropäischen Netzes in den Bereichen der Verkehrs-, Telekommunikations- und Energieinfrastruktur zur Gemeinschaftsaufgabe erklärt. Die Gemeinschaft stellt nach Art. 155 EG Leitlinien auf. Zur Verwirklichung der verkehrspolitischen Ziele soll auch der Kohäsionsfonds beitragen (Art. 155 Abs. 1 EG). Bisher scheiterten konkrete Projekte meist an der Finanzierungsfrage. Auf der Regierungskonferenz von Köln wurde im Juni 1999 ein Projekt für den Verkehrsbereich verabschiedet.

---

335 Vgl. VO 881/92 des Rates vom 26. 3. 1992, ABlEG L 95/1
336 VO 684/92, ABlEG vom 16. 3. 1992, ABlEG L 74/1
337 KOM (2000) 7 endg.

Weiterführende Hinweise

Basedow in *Immenga/Mestmäcker,* EG-Wettbewerbsrecht, Bd. 2, Abschn. XV, 1997; *Ebenroth/Fischer/Sorck,* Vereinbarkeit des Straßenbenutzungsgebührengesetzes mit dem EWGV, BB 1990, 2125 ff.; *Heselhaus,* Gemeinschaftsrechtliche Vorgaben für Straßenbenutzungsgebühren für den Schwerverkehr, EuZW 1993, 311 ff.; *Wenglorz,* Die Deregulierung des Linienluftverkehrs im Europäischen Binnenmarkt, 1992

c)   Versicherungen

Auch der Versicherungsbereich, der an sich voll dem EG-Wettbewerbsrecht unterliegt, war lange Zeit durch nationale Besonderheiten gekennzeichnet. Zum Teil waren staatliche Monopolversicherungen als Pflichtversicherer tätig. Seit 1992 gibt es die Gruppenfreistellungsverordnung für die Versicherungswirtschaft[338]. Danach sind Vereinbarungen in vier Bereichen vom Kartellverbot des Art. 81 Abs. 1 EG freigestellt:

– Berechnung der Durchschnittskosten für die Deckung der Risiken (Nettoprämien),
– Muster für allgemeine Versicherungsbedingungen,
– gemeinsame Deckung für bestimmte Arten von Risiken,
– Prüfung und Anerkennung in Sicherheitsvorkehrungen.

Da im Übrigen das EG-Wettbewerbsrecht anzuwenden ist, dürften die Besonderheiten der Versicherungswirtschaft nach und nach verschwinden[339].

Weiterführende Hinweise

Fahr, Die Umsetzung der Versicherungsrichtlinien der dritten Generation in deutsches Recht, Versicherungsrecht 1992, 1033 ff.; *Ottow,* An Internal Insurance Market before the Turn of the Century? CMLRev 1992, 511; *W.-H. Roth,* Die Vollendung des europäischen Binnenmarktes für Versicherungen, NJW 1993, 3028 ff.; *Weiser,* Der Binnenmarkt für Versicherungen, EuZW 1993, 24 ff.; *H. Müller,* Versicherungsbinnenmarkt, 1995, 3 ff.

d)   Monopole nach Art. 86 EG

Nach Art. 86 Abs. 2 EG gelten die Art. 81 ff. EG für Unternehmen wie Post und Bahn, die mit der Erbringung von Dienstleistungen von allgemeinem wirtschaftlichem Interesse betraut sind, unter dem Vorbehalt, dass durch die

---

338 Vgl. VO 3932/92, ABlEG 1992 L 398/7; vgl. hierzu die Kommentierung von Veelken in: Immenga/Mestmäcker, EG-Wettbewerbsrecht, Bd. 1
339 Vgl. im Einzelnen Kahlenberg, die EG-Gruppenfreistellungsverordnung für die Versicherungswirtschaft, WuW 1994, 985 ff.

Anwendung der Verbotsbestimmungen nicht die Erfüllung ihrer Aufgaben rechtlich oder tatsächlich verhindert werden darf. Dieser Vorbehalt steht wiederum unter dem Vorbehalt, dass durch das Ausmaß der Beeinträchtigung des Handelsverkehrs nicht das Gemeinschaftsinteresse verletzt werden darf.[340]

– *RTT gegen INNO*

Der Abbau der Monopole in diesen Bereichen wurde 1991 durch eine EuGH-Entscheidung eingeleitet. Der EuGH hatte über eine Klage der belgischen Telefongesellschaft *RTT* gegen die Einzelhandelskette *INNO* zu entscheiden, bei der es um die Frage ging, ob INNO Telefongeräte ohne die vorgeschriebene Bestätigung ihrer Eignung für den Netzanschluss vertreiben durfte. RTT war Inhaber des Netzmonopols und des Monopols auf die Zulassung der Telefongeräte. Der EuGH[341] erklärte das Netzmonopol nach Art. 86 Abs. 2 EG für zulässig, da es sich um eine Dienstleistung von allgemeinem Interesse handle. Unzulässig sei hingegen das Monopol auf Herstellung und Vertrieb der Telefongeräte, da diese Aufgaben ebenso gut durch Private erfüllt werden könnten. Dies ergebe sich aus Art. 86 Abs. 1 i. V. mit Art. 82 EG. Die technische Normung und die Zulassung der Telefongeräte mussten einer unabhängigen Einrichtung übertragen werden.

In Deutschland wurden die Monopole für Post, Telefon und Fernsehen in mehreren Schritten beseitigt, und es wurde ein *einheitliches Telekommunikationsrecht* (vgl. unten) geschaffen. Ausgehend vom Monopol der Bundespost für den Brief- und Telefondienst wurde zuerst durch die Postreform I von 1989[342] die Aufspaltung der Bundespost in die drei Bereiche Post, Bank und Telekom als öffentliche Unternehmen eingeleitet. Im Rahmen der Postreform II wurden im Postneuordnungsgesetz von 1994[343] diese drei Teilbereiche in Aktiengesellschaften überführt. Eine Bundesaufsichtsbehörde hatte aber nach wie vor zu gewährleisten, dass die Post flächendeckend angemessene und ausreichende Dienstleistungen zur Verfügung stellt. Ende 1997 wurde schließlich die Postreform III verabschiedet, wonach die Post noch für eine Übergangszeit ein Monopol bei Standardbriefen bis 100g Gewicht behält. Der Bereich der Telekommunikation ist heute bereits weitgehend dereguliert (vgl. unten). Das Telekommunikationsgesetz vom 1. 8. 1996 unterwirft in Deutschland die marktbeherrschenden Unternehmen im Bereich der Telekommunikation einer

---

340 Auf der Regierungskonferenz von Amsterdam wurde Art. 16 neu in den EG-Vertrag eingefügt. Danach müssen sich die Mitgliedstaaten um die Funktionsfähigkeit ihrer Dienste im allgemeinen wirtschaftlichen Interesse kümmern.
341 EuGH Slg. 1991-I, 5941, Rs. C-18/88 – RTT/INNO
342 Poststrukturgesetz vom 8. 6. 1989, BGBl. I, 1026
343 Vgl. die kurze Darstellung in Nagel, Wirtschaftsrecht III, Unternehmens- und Konzernrecht, 1994, S. 250 ff.

speziellen Wettbewerbsaufsicht. Diese wird durch eine spezielle Regulierungsbehörde wahrgenommen, nicht durch das Bundeskartellamt[344]. Diese Regelung wäre ohne die Deregulierungsnormen im europäischen Recht undenkbar.

Die Ausstrahlung von Rundfunk- und Fernsehprogrammen im Wege der Verleihung von Monopolen an öffentliche Einrichtungen, öffentliche oder private Unternehmen ist nach Art. 49 EG zulässig. Werden jedoch Sendungen aus anderen Mitgliedstaaten diskriminiert, so ist eine besondere Rechtfertigung notwendig. Nach Art. 55 i. V. mit Art. 46 EG sind ausdrückliche Rechtferigungsgründe wie die öffentliche Ordnung notwendig. Hinzu kann der Schutz des geistigen Eigentums, der Verbraucher, des geistig-kulturellen Erbes oder der Arbeitnehmer kommen. Zwar handelt es sich bei Rundfunk- und Fernsehsendungen nicht um Handel nach Art. 31 EG, dennoch werden für derartige Dienstleistungen die gleichen Kriterien verwendet.[345]

– *Veronica Omroep*

Im Fall *Veronica Omroep* akzeptierte der EuGH[346] die Weigerung einer niederländischen Behörde, einem niederländischen Rundfunk- und Fernsehsender die Genehmigung für Sendungen von Luxemburg aus zu erteilen. Durch die Sitzverlegung sei der Sender nicht zu einem ausländischen Sender geworden. Die Behörde könne ferner Regeln für die pluralistische Ausrichtung der inländischen Sender aufstellen.

Weiterführende Hinweise

Heinemann, Grenzen staatlicher Monopole im EG-Vertrag, 1996; *Immenga/Mestmäkker,* EG- Wettbewerbsrecht, Bd. 2, Abschn. XII, 1997.

e)   *Kohle, Stahl und Atomenergie*

Der Energiebereich wurde 1951 zum Ausgangspunkt für die europäische Einigung, als im Montanunionvertrag ein supranationales Recht für Kohle und Stahl vereinbart wurde (vgl. oben). In § 1 des Vertrages, der auch EGKS-Vertrag (Europäische Gemeinschaft für Kohle und Stahl) genannt wird, sind die Ziele umschrieben, für diesen Bereich einen Gemeinsamen Markt zu

---

344 Vgl. Hiltl/Großmann, Grundfragen des neuen deutschen Telekommunikationsrechts, BB 1996, 169
345 Vgl. zum Vermittlungsmonopol der Bundesanstalt für Arbeit bei Führungskräften EuGH Slg. 1991, I-1979, Rs. C 41/90 – Höfner
346 EuGH Slg. 1993, I-513, Rs. C-148/91 = EuZW 1993, 251 – Veronica Omroep

schaffen. Das Schwergewicht der Kompetenzen liegt nach Art. 17 ff. des Vertrages bei der »Hohen Behörde«, jetzt der Kommission. Sie kann Rechtsakte mit unmittelbarer Wirkung für die betroffenen Unternehmen erlassen. Der (sehr interventionistische) EGKS-Vertrag enthält Regelungen für Produktionskrisen (Art. 57 ff.), Preisregelungen (Art. 60 ff.) ein eingeschränktes Kartellverbot (Art. 65 ff.) und eine Kontrolle von Unternehmenszusammenschlüssen (Art. 66). Der Vertrag, der 1952 in Kraft trat, sowie die in Anwendung dieses Vertrages verabschiedeten Regelungen werden am 23. Juli 2002 auslaufen. Der Bereich von Kohle und Stahl wird dann in den allgemeinen Anwendungsbereich des EG und damit auch von Art. 81 ff. fallen.

Im Jahre 1958 trat zugleich mit der Europäischen Wirtschaftsgemeinschaft (EWG) die Europäische Atomgemeinschaft (EURATOM) in Kraft. Der zugrundeliegende Vertrag setzt sich die friedliche Nutzung der Kernenergie zum Ziel. Es wird eine Reihe von gemeinsamen Einrichtungen zu diesem Zweck geschaffen. Der Bereich ist sehr stark staatlich reglementiert. Auch die Sicherheitsfrage, d. h. vor allem Strahlenschutz und Reaktorsicherheit, ist eine Aufgabe der Gemeinschaft. Alle besonderen spaltbaren Stoffe im Bereich der Gemeinschaft sind deren Eigentum (Art. 86 EURATOM-Vertrag). Gemeint ist zivilrechtliches Eigentum. Private erhalten lediglich Nutzungs- und Verbrauchsrechte (Art. 87). Gemeinsam betrieben wird auch die Kernforschung (Art. 4 ff.). Die Kommission kann sich an Investitionen finanziell beteiligen (Art. 70 ff.).

f)   Sonstige Ausnahmebereiche?

Bereichsausnahmen kennt der EG nur für die Landwirtschaft und den Verkehr. Die Energieversorgungsunternehmen (Gas, Wasser, Elektrizität), die in Europa vielfach als öffentliche Unternehmen betrieben werden, genießen keine Ausnahme vom EG-Wettbewerbsrecht. Dies gilt unabhängig davon, ob nach dem Kartellrecht des EG-Mitgliedstaats eine Bereichsausnahme vorliegt, ob für die Wirtschaftstätigkeit eine behördliche Erlaubnis notwendig ist oder ob eine besondere staatliche Wirtschaftsaufsicht dem Kartellrecht vorgeht. Besondere Vereinbarungen zwischen Branchen wie z. B. der »Jahrhundertvertrag«, der die deutschen Elektrizitätsunternehmen zur Abnahme einheimischer Steinkohle verpflichtet, unterliegen dem EG-Recht. Auch Konzessions- und Durchleitungsverträge von Versorgungsunternehmen unterliegen, wenn das Erfordernis der Zwischenstaatlichkeit erfüllt ist, dem EG-Wettbewerbsrecht. Obwohl die Anwendbarkeit des EG-Wettbewerbsrechts hier eindeutig ist, bedarf es nach wie vor gemeinschaftsrechtlicher Interventionen zum Abbau von Monopolen. Durch Richtlinien wurden Rahmenbedingungen des gemeinsamen Binnenmarktes für Elektrizität und Gas festge-

legt.[347] Hierauf liberalisierte der deutsche Gesetzgeber im Energiewirtschaftsgesetz von 1998 die Stromversorgung; entsprechende Ausnahmebereiche des
deutschen Gesetzes gegen Wettbewerbsbeschränkungen (vgl. unten) für die
Energiewirtschaft wurden beseitigt.[348]

Banken und sonstige Kreditinstitute genießen ebenfalls keine Ausnahmestel-
lung. Sie unterliegen voll dem EG-Wettbewerbsrecht. Dasselbe gilt bei den
Verwertungsgesellschaften für intellektuelle Eigentumsrechte wie der GEMA
oder der VG Wort in Deutschland.

Staatliche Handelsmonopole lässt der EG-Vertrag nach Art. 31 EG nur zu,
wenn jede Diskriminierung in den Versorgungs- und Abnahmebedingungen
ausgeschlossen ist. Waren aus anderen Mitgliedstaaten dürfen gegenüber einheimischen Waren weder rechtlich noch tatsächlich benachteiligt werden.[349]

8. Nationales Kartellrecht der Bundesrepublik Deutschland und Ge-
meinschaftsrecht

a) Geschichte der deutschen Kartellrechtsgesetzgebung

Schon in der Weimarer Republik gab es eine erste, rudimentäre Gesetzgebung
zum Schutz gegen Wettbewerbsbeschränkungen. Nach 1945 führten die Alli-
ierten ein Recht der Dekartellierung und Entflechtung ein. Dieses Recht
wurde, nachdem schon 1951 ein erster Entwurf vorgelegt worden war,
schließlich im Jahre 1957 durch das Gesetz gegen Wettbewerbsbeschränkungen (GWB) abgelöst, das 1958 in Kraft trat. Es enthielt ein Kartellverbot und
ein Verbot kartellrechtlicher Austauschverträge, eine Missbrauchsaufsicht
über marktbeherrschende Unternehmen und umfangreiche Verfahrensregeln.
1973 wurde das Gesetz um eine Fusionskontrolle über marktbeherrschende
Unternehmen ergänzt; die Preisbindung wurde grundsätzlich für unzulässig
erklärt. 1976 wurde die Fusionskontrolle für Presseunternehmen ausgeweitet.
1980 wurden u. a. Fusionskontrolle und Diskriminierungsverbot verstärkt.
1989 wurden u. a. das Diskriminierungsverbot geändert und die Ausnahmebereiche eingeschränkt. 1998 wurde das Gesetz völlig neu gefasst und in einigen
Punkten auch inhaltlich erheblich abgeändert. Ziel des Gesetzgebers war, die
Regelungen an das europäische Gemeinschaftsrecht anzugleichen. Mit dem
Gesetz verknüpft wurde eine Regelung des Beihilfenrechts, eine Materie, die

---

347 Vgl. z. B. die Elektrizitätsbinnenmarktrichtlinie 96/92 vom 19. 12. 1996, ABlEG L 27/20
     vom 30. 1. 1997 und die Gasbinnenmarktrichtlinie 98/30 vom 11. 5. 1998, ABlEG L 204/1
     vom 22. 6. 1998
348 Zum Änderungsbedarf im Kommunalrecht, das z.T. noch lokale Beschränkungen und Sub-
     sidiaritätsklauseln zu Lasten der öffentlichen Energieversorger beinhaltet, vgl. *Nagel*,
     Gemeindeordnung als Hürde?, Baden-Baden 1999
349 EuGH Slg. 1997, I-5909, Rs. C-189/95 – schwedisches Alkoholmonopol/Franzén

nur lose mit dem Wettbewerbsrecht verknüpft ist und hier nicht weiter kommentiert werden soll. In das Gesetz aufgenommen wurde ferner eine Ausnahme vom Kartellverbot für den Sport (§ 31 GWB), die allgemein kritisiert wurde und auch nicht mit der Aufgabe der Förderung des Amateursports gerechtfertigt werden kann. Das neu gefasste, insbesondere auch neu nummerierte GWB trat am 1. 1. 1999 in Kraft.

b) Kartellverbot und Ausnahmen

aa)   § 1 GWB: Begriff und Anwendungsbereich

Kartellvereinbarungen und aufeinander abgestimmte Verhaltensweisen, die geeignet sind, die Erzeugung oder die Marktverhältnisse für den Verkehr mit Waren oder gewerblichen Leistungen durch Beschränkungen des Wettbewerbs zu beeinflussen (Kartelle), sind nach § 1 GWB unwirksam. Das GWB hat sich für das Verbotsprinzip entschieden, eine Abkehr von dem schwächeren Missbrauchsprinzip der Weimarer Zeit. Die Wettbewerbsbeschränkung muss spürbar sein. Nach § 1 GWB sind auch sogenannte Frühstückskartelle und sonstige aufeinander abgestimmte Verhaltensweisen verboten (§ 25 Abs. 1 GWB-alt). In § 1 GWB sind nur die sog. horizontalen Kartelle angesprochen, d. h. Vereinbarungen zu einem gemeinsamen Zweck auf der gleichen Wirtschaftsstufe, nicht hingegen die sog. Vertikalverträge, d. h. Austauschverträge zwischen Unternehmen auf verschiedenen Wirtschaftsstufen (vgl. unten).

Als Grundnorm für horizontale wettbewerbsbeschränkende Vereinbarungen wurde § 1 GWB schon vor der Neufassung des Jahres 1998 nicht mehr nach der Gegenstandstheorie (die Wettbewerbsbeschränkung muss Gegenstand der Vereinbarung sein), auch nicht nach der reinen Folgetheorie, sondern nach der sogenannten eingeschränkten Folgetheorie (Zwecktheorie) ausgelegt. Das heißt, die Wettbewerbsbeschränkung muss objektiv voraussehbare Folge des Vertrages gewesen sein. Nicht vorherzusehende Folgen sind hierbei ausgeklammert[350]. Heute gilt die reine Folgetheorie, allerdings mit einer Einschränkung: Die Vereinbarung muss geeignet zur Beeinflussung der Wettbewerbsverhältnisse sein, und die Gefährdung des Wettbewerbs muss spürbar sein (Einschränkung der Folgetheorie).

Klassische Kartelle sind das Preiskartell und das Quotenkartell. Unter das Kartellverbot fallen auch identifizierende Preismeldestellen und Torsosyndikate. Kartellvereinbarungen, die gegen § 1 GWB verstoßen, sind nach § 134 BGB nichtig. Die Beteiligten handeln ordnungswidrig und können mit einer

---

350 Vgl. BGH WuW/E BGH 1367 ff. – Zementverkaufsstelle Niedersachsen

Geldbuße bis zu einer Million DM, darüber hinaus bis zur dreifachen Höhe des Mehrerlöses (§ 81 Abs. 1 Nr. 1 und Abs. 2 GWB) belegt werden.

bb) Ausnahmen und Einschränkungen

Durch die Neufassung des GWB von 1998 wurden einige Ausnahmen vom Kartellverbot gestrichen, und zwar die Rabatt-, Ausfuhr- und Einfuhrkartelle. In Anlehnung an die Einzelfreistellungen des Art. 81 Abs. 3 EG wurden nach Art. 7 Abs. 1 Vereinbarungen vom Kartellverbot ausgenommen, die unter angemessener Beteiligung der Verbraucher an dem entstehenden Gewinn zu einer Verbesserung der Entwicklung, Erzeugung, Verteilung, Beschaffung, Rücknahme oder Entsorgung von Waren oder Dienstleistungen beitragen. Ausnahmen vom Kartellverbot werden wirksam, wenn sie ordnungsgemäß angemeldet sind. Die Durchbrechung des Kartellverbots wird damit gerechtfertigt, dass die Wettbewerbsbeschränkung oder die Rückwirkung auf die Inlandsmärkte gering sind. Im Einzelnen unterscheidet man zwischen Anmelde- bzw. Widerspruchskartellen, die wirksam werden, wenn die Kartellbehörde nicht innerhalb einer bestimmten Frist nach der Anmeldung widerspricht, und Freistellungskartellen, die erst bei einer speziellen Freistellung der Kartellbehörde wirksam werden.

– *Anmelde- (Widerspruchs-)kartelle*

Hierzu gehören Normen- und Typenkartelle (§ 2 Abs. 1 GWB), Konditionenkartelle (§ 2 Abs. 2 GWB), d. h. Kartelle die sich nicht auf Preise oder Preisbestandteile, sondern nur auf sonstige Vertragsbestandteile (Konditionen) beziehen, und Spezialisierungskartelle (§ 3 GWB). Sie werden wirksam, wenn sie angemeldet werden und das Bundeskartellamt nicht binnen drei Monaten widerspricht (§ 9 Abs. 1 und 3 GWB). Dasselbe gilt für einen Teil der Mittelstandskartelle, und zwar nach § 4 Abs. 1 GWB für Kartelle, die der Rationalisierung wirtschaftlicher Vorgänge dienen und die Wettbewerbsfähigkeit kleiner und mittlerer Unternehmen verbessern, wenn dadurch der Wettbewerb auf dem Markt nicht wesentlich beeinträchtigt wird. Einkaufskooperationen als ein anderer Teil der Mittelstandskartelle müssen zwar nach § 4 Abs. 2 GWB angemeldet werden, bedürfen aber keiner Freistellung.

– *Freistellungskartelle*

Die in § 5 bis 8 GWB angeführten Kartelle werden erst mit der kartellbehördlichen Freistellung nach § 10 GWB wirksam. Die Behörde ist nicht an die Einhaltung einer bestimmten Frist gebunden. Die Freistellung ist befristet zu erteilen; die Frist soll in der Regel fünf Jahre nicht überschreiten und kann an Bedingungen und Auflagen gekoppelt sein (§ 10 Abs. 4 GWB).

Zu den Freistellungskartellen zählen die Rationalisierungskartelle nach § 5 GWB, die Strukturkrisenkartelle nach § 6 GWB und die bereits erwähnten, an Art. 81 Abs. 3 EG orientierten sonstigen Kartelle in § 7 Abs. 1 GWB. Für die in § 7 Abs. 2 GWB angeführten Rationalisierungskartelle gilt die zusätzliche Freistellungsmöglichkeit des § 7 Abs. 1 GWB nicht.

Wirksame Kartelle mussten früher schriftlich vereinbart werden (§ 34 GWB-alt). Dieses Erfordernis ist seit 1998 entfallen. Damit entfällt auch die Möglichkeit, dass nicht vertragstreue Kartellmitglieder sich wegen nicht vollständiger Regelung von kartellrechtsneutralen Vertragsdetails auf die Nichtigkeit des gesamten Kartellvertrages berufen.[351] Zulässige Kartelle unterliegen einer Missbrauchsaufsicht (§12 GWB). Ein Missbrauch ist insbesondere anzunehmen, wenn ein Kartell seine Macht dazu einsetzt, Außenseiter zu bekämpfen oder weitere Märkte zu monopolisieren.

Die wichtigsten Ausnahmen vom Kartellverbot waren bisher, wenn man die Tätigkeitsberichte des Bundeskartellamts auswertet, die Kooperationserleichterungen für kleine und mittlere Unternehmen (Mittelstandskartelle) nach § 5 b GWB-alt, die Konditionenkartelle nach § 2 GWB-alt, die Spezialisierungskartelle nach § 5 a GWB-alt und die Exportkartelle nach § 6 GWB-alt. Die letzte Ausnahme ist 1998 weggefallen.

cc)   Fälle zu § 1 und den Ausnahmen

–   *Teerfarben*[352]

Der BGH verneinte hier eine Kartellvereinbarung, weil die Annahme des »Vertragsangebots« nicht nachgewiesen werden könne. Der Gesetzgeber antwortete mit § 25 Abs. 1 in der GWB-Novelle von 1973 (jetzt in § 1 GWB erfasst), wonach auch die aufeinander abgestimmten Verhaltensweisen erfasst und mit den horizontalen Wettbewerbsbeschränkungen des § 1 GWB gleichgesetzt wurden.

–   *Aluminiumtuben*[353]

Ein Marktinformationsvertrag mit einer sogenannten identifizierenden Preismeldestelle wurde als Kartellvereinbarung und damit als Verstoß gegen das

---

351 Vgl. Bechtold, GWB, Einführung, Rz. 23
352 BGHSt 24, 54 = WuW/E BGH 1147; vgl. auch EuGH Slg. 1971, 619 ff. – Farbstoffe
353 KG WuW/E OLG 1253, S. 218 – Aluminiumtuben

Kartellverbot des § 1 GWB gewertet. Spätestens hier wurde von der Rechtsprechung die Gegenstandstheorie zugunsten der eingeschränkten Folgetheorie aufgegeben.

– *Zementverkaufsstelle in Niedersachsen*[354]

Ein sogenanntes Torsosyndikat der Zementhersteller Niedersachsens, d. h. eine gemeinsame Verkaufsstelle, der gegenüber keine Andienungspflicht bestand, die den Herstellern aber eine Meistbegünstigungsklausel gewährte, wurde als gegen § 1 GWB verstoßend gewertet. Auch hier wurde die Gegenstandstheorie aufgegeben.

– *Vermarktung von Europapokalspielen durch den DFB*[355]

Ende 1997 untersagte der BGH die zentrale Vermarktung von Fernsehübertragungsrechten an Europapokalheimspielen deutscher Vereine durch den DFB als Verstoß gegen das Kartellverbot des § 1 GWB. Die Vereine wurden zu Recht als im wirtschaftlichen Wettbewerb stehende Unternehmen behandelt[356]. Die Vereinbarung wurde als Kartell angesehen. Die Sportlobby reagierte mit dem im Ergebnis erfolgreichen Kampf um die Freistellung vom Kartellverbot in § 31 GWB-neu.

dd)   Verbot sonstiger (vertikaler) Verträge

Wettbewerbsbeschränkende Verträge, die keinen gemeinsamen Zweck haben, insbesondere Austauschverträge, unterliegen dem Verbot des § 14 GWB. Derartige Verträge sind verboten und damit nach § 134 BGB nichtig, soweit sie einen Vertragsbeteiligten in der Freiheit der Gestaltung von Preisen oder Geschäftsbedingungen bei solchen Verträgen beschränken, die er mit Dritten über die gelieferten Waren, über andere Waren oder über gewerbliche Leistungen abschließt (§ 14 GWB).

– *Preisbindungen und unverbindliche Preisempfehlungen*

Preisbindungen für Verlagserzeugnisse sind, wenn sie schriftlich abgefasst werden, nach § 15 GWB zulässig, unterliegen jedoch einer Missbrauchsaufsicht (§ 16 GWB). Ansonsten besteht ein Verbot der Preisbindung auch für Markenwaren seit der Novelle von 1973. Unverbindliche Preisempfehlungen

---

354 KG WuW/E OLG 1487 – Zementverkaufsstelle Niedersachsen, m. Anm. Möschel, S. 216
355 BGHZ 137, 277 – Europapokalspiele
356 Vgl. auch allgemein KG WuW/E OLG 5565 = WRP 1996, 547 – Fernsehübertragungsrechte

für Markenwaren sind nach § 23 GWB zulässig, unterliegen jedoch einer Missbrauchsaufsicht in § 23 Abs. 3.

Im Fall *Preisbindung für CD-ROM*[357] erklärte der BGH die Preisbindung für die CD-ROM-Version einer juristischen Fachzeitschrift für zulässig. Es handle sich um ein Verlagserzeugnis. Dieser Begriff sei nicht auf Bücher und gedruckte Zeitschriften begrenzt, sondern umfasse auch neuartige Produkte wie CD-ROM, wenn und soweit durch sie herkömmliche Verlagserzeugnisse substituiert würden. Die Entscheidung ist problematisch, da eine Ausnahmevorschrift nicht eng, sondern weit ausgelegt wird.

Der neue § 15 GWB befasst sich mit Preisbindungen für Verlagserzeugnisse im Inland. Er arbeitet die EuGH-Rechtsprechung zur zwischenstaatlichen Preisbindung auf und lässt einen Schutz gegen Umgehungen der innerstaatlichen Preisbindung zu (§ 15 Abs. 1 S. 3 GWB). Die Grenzziehung zum Missbrauch eine solchen Privilegs ist allerdings problematisch.

– Ausschließlichkeitsbindungen

Bezieht sich ein Vertragsinhalt nicht auf Preise, sondern auf sonstige Geschäftsverbindungen, so sind zu unterscheiden:

- Vertriebs- oder Bezugsbindungen, bei denen Absatzsysteme durch Ausschließlichkeitsbindungen abgesichert werden,
- ausschließliche Bezugsbindungen,
- Koppelungsabreden zu Lasten eines Vertragsbeteiligten und
- Verwendungsbeschränkungen.

Nach § 16 kann die Kartellbehörde in diesen Fällen im Wege der Missbrauchsaufsicht Vereinbarungen für unwirksam erklären und die Anwendung neuer, gleichartiger Bindungen verbieten, wenn und soweit durch das Ausmaß solcher Beschränkungen der Wettbewerb auf dem Markt für diese oder andere Waren oder gewerbliche Leistungen wesentlich beeinträchtigt wird. Es bleibt abzuwarten, ob § 16 mit Leben gefüllt wird, obwohl er sich nur unwesentlich von § 18 GWB-alt unterscheidet, der in der Praxis kaum bedeutsam war.

In der bereits erwähnten Entscheidung *VW-Identteile* hat der BGH[358] die Anwendung des § 18 GWB-alt (Verwendungsbeschränkungen) gegenüber der von § 26 Abs. 2 GWB-alt (Verbot der unbilligen Behinderung) nachrangig behandelt. Dies dürfte auch für das Verhältnis von § 16 GWB-neu zu § 20 GWB-neu (Diskriminierungsverbot) gelten.

---

357 Vgl. BGHZ 135, 74 – Preisbindung für CD-ROM
358 BGHZ 81, 322 = WuW/ E BKartA 1781, OLG 2247, BGH 1829

– Lizenzverträge

Verträge über Patente, Gebrauchsmuster, Sortenschutzrechte, Betriebsgeheimnisse und Pflanzenzüchtungen (§ 17 GWB) sind unwirksam, soweit sie den Bewerbern oder Lizenznehmern Beschränkungen auferlegen, die über den Inhalt des Schutzrechts hinausgehen. Die wirtschaftliche Verwertung der durch das Patent bzw. Gebrauchsmuster erlangten Monopolstellung wird gewährleistet. Vertragliche Bindungen, die durch das Interesse an der Leistungsverwertung nicht gerechtfertigt sind, sollen jedoch nicht zulässig sein. Die Erlaubnis wird nach § 17 Abs. 3 GWB durch die Kartellbehörde erteilt.

c) Missbrauchsverbot

Das *Missbrauchsverbot* des § 19 Abs. 1 GWB setzt Marktbeherrschung (§ 19 Abs. 2 GWB) und deren missbräuchliche Ausnutzung (§ 19 Abs. 4 GWB) voraus. Bis 1998 gab es nur eine Missbrauchsaufsicht: Soweit *marktbeherrschende* Unternehmen ihre Marktposition *missbräuchlich* ausnutzten, konnte das Bundeskartellamt dieses Verhalten nach § 22 Abs. 4 und 5 GWB-alt untersagen. Ein Verstoß gegen eine Missbrauchsverfügung war eine Ordnungswidrigkeit, die mit einer Geldbuße geahndet werden konnte. Die Vorschrift war, da sie kein Verbot enthielt, kein Schutzgesetz, auf das sich ein geschädigtes Unternehmen berufen konnte. 1998 wurde der Missbrauchstatbestand dadurch erheblich verschärft, dass er in ein unmittelbar wirkendes Verbot umgewandelt wurde. Er stellt jetzt ein Schutzgesetz dar, auf dessen Verletzung eine Schadensersatzklage gegründet werden kann.
Das Missbrauchsverbot setzt nach § 19 Abs. 1 und 2 GWB *Marktbeherrschung* voraus, d. h., dass entweder die zusammengeschlossenen Unternehmen keinem wesentlichen Wettbewerb ausgesetzt sind (§ 19 Abs. 2 Satz 1 Nr. 1 GWB) oder dass sie eine im Verhältnis zu ihren Wettbewerbern überragende Marktstellung erlangen oder verstärken (§ 19 Abs. 2 Satz 1 Nr. 2 GWB). Nach § 19 Abs. 2 Satz 2 GWB sind auch mehrere Unternehmen marktbeherrschend, soweit zwischen ihnen im Innenverhältnis kein wesentlicher Wettbewerb besteht und sie nach außen marktbeherrschend sind (marktbeherrschendes Oligopol). Für die Fusionskontrolle galt bis 1998 neben der allgemeinen Marktbeherrschungsvermutung ein besonderer Vermutungstatbestand nach § 23a GWB, durch die man Großfusionen verhindern und das Eindringen von Großunternehmen in mittelständisch strukturierte Märkte unterbinden wollte. Dies Vermutungen gelten jetzt auch für das Missbrauchsverbot.
Es ist noch nicht geklärt, ob der Marktbeherrschungsbegriff des GWB weiter geht oder enger gefasst ist als der des EG-Rechts. Art. 82 EG spricht von einer »beherrschenden Stellung im Gemeinsamen Markt oder in einem wesentli-

chen Teil desselben«. Art. 2 Abs. 3 der EG-Fusionskontrollverordnung spricht von einer »beherrschenden Stellung, durch die wirksamer Wettbewerb im Gemeinsamen Markt oder in einem wesentlichen Teil desselben erheblich behindert wird«. Die Formulierungen sind also sehr ähnlich. Für das EG-Recht gilt auch der »partenaire obligatoire« als Marktbeherrscher (vgl. oben), für das GWB hat sich diese Sicht noch nicht durchgesetzt.

Die Marktbeherrschung muss *missbräuchlich* ausgenutzt werden. Hierbei handelt es sich um einen unbestimmten, auslegungsbedürftigen Rechtsbegriff. Der Gesetzgeber führt hierzu Beispielsfälle in § 19 Abs. 4 GWB auf:
- eine sachlich nicht gerechtfertigte Beeinträchtigung von Konkurrenten (Nr. 1)
- eine Ausbeutung im Bezug auf Preise oder Geschäftsbedingungen (Nr. 2)
- eine Diskriminierung (Nr. 3)
- eine Verweigerung des Netzzugangs (Nr. 4, 1998 neu eingefügt).

Das Bundeskartellamt hat bisher kaum Missbrauchsverfügungen erlassen, da Marktbeherrschung und Missbrauch nur schwer nachzuweisen sind. Fast völlig gescheitert ist die Missbrauchsaufsicht über Preise, da das Bundeskartellamt hier im Gegensatz zur Rechtsprechung des EuGH immer noch das sogenannte Vergleichsmarktkonzept verwendet, ein Konzept, das im Einzelfall einen umständlichen Nachweis der faktischen Wettbewerbssituation erfordert. Da § 22 Abs. 4 GWB (alt) von der Rechtsprechung nicht als Schutzgesetz betrachtet wurde, konnten Private nicht gegen missbräuchliches Verhalten von marktbeherrschenden Unternehmen klagen. Insofern blieb die deutsche Missbrauchsaufsicht in ihrer Reichweite weit hinter dem Missbrauchverbot des europäischen Gemeinschaftsrechts zurück. Die jetzige Fassung des § 19 Abs. 4 GWB beseitigt diese Schutzlücke. Als unmittelbar wirksame Verbotsnorm ist das deutsche Missbrauchsverbot ebenso wie das gemeinschaftsrechtliche des Art. 82 EG ein Schutzgesetz. Schadensersatzansprüche sind nach § 33 GWB möglich.

aa)   Ausbeutung

Gescheitert ist die bisherige Missbrauchsaufsicht über Preise. Bundeskartellamt, Kammergericht und Bundesgerichtshof orientieren sich hier am sogenannten Vergleichsmarktkonzept. Es wird versucht, einen Markt zu finden, mit dem der beherrschte Markt verglichen werden soll. Durch einen derartigen Vergleich soll festgestellt werden, ob das kritisierte Unternehmen seine beherrschende Stellung missbräuchlich ausgenutzt hat. Bereits im Jahre 1974 hob das Kammergericht eine Verfügung des Bundeskartellamts auf, in der es eine gleichförmige Benzinpreiserhöhung der großen Mineralölkonzernuntersagt hatte[359]. Im gleichen Jahr erließ das Amt eine Missbrauchsverfügung gegen das Schweizer Unternehmen Hoffmann-La Roche. Es verlangte, dass die Herstellerabgabepreise für Valium um 40 % und für Librium um 35 % gesenkt würden. Es stellte einen internationalen Preisvergleich mit den anderen EG-Mitgliedstaaten an und betrachtete die deutschen Preise als erheblich über den Preisen liegend, welche sich bei wesentlichem Wettbewerb gebildet hätten. So lagen beispielsweise die deutschen Valiumpreise um rund 50 % über denen in Frankreich und Italien; sie betrugen das Dreifache der Preise in Großbritannien, die im Übrigen kurz vor der Missbrauchsverfügung weiter abgesenkt worden waren. Das Verfahren zog sich sehr in die Länge. Zuerst erkannte das Kammergericht an, dass Hoffmann-La Roche eine überragende Marktstellung gehabt habe[360]. Der Bundesgerichtshof erkannte diese Entscheidung zwar an, entwickelte aber ein Schema zur Entwicklung der Missbrauchsgrenze nach dem Vergleichsmarktkonzept, wonach er im Jahre 1980 die Missbrauchsverfügung des Bundeskartellamts aufhob. Dieses Vergleichsmarktkonzept gewährt dem angegriffenen Unternehmen einen Zuschlag für Strukturunterschiede zwischen Vergleichsmarkt und untersuchtem Markt (einschließlich Währungsdifferenzen), einen weiteren Zuschlag für altrenommierte Unternehmen und schließlich noch einen Zuschlag für Forschungsleistungen. Wird der so korrigierte Preis verglichen, schlägt der BGH noch einen »Erheblichkeitszuschlag« auf. Erst wenn der Preis trotz dieser Zuschläge über dem auf dem Vergleichsmarkt liegt, ist eine Missbrauchsverfügung zulässig. Dieser Ansatz führte zum Scheitern des Vergleichsmarktkonzepts. Im Anschluss an diese Entscheidung konnte das Bundeskartellamt kein Missbrauchsverfahren über Preise mehr erfolgreich durchführen. Es bleibt abzuwarten, ob die Rechtsprechung nach der Novelle von 1998 das Vergleichsmarktkonzept aufgibt und sich der Rechtsprechung des EuGH zu Art. 82 EG (vgl. oben) anschließt.

bb) Behinderung

– *Meto-Handpreisauszeichner*

Das Unternehmen Meto war wegen eines Patents Monopolist für Handpreisauszeichner in Einzelhandelsgeschäften geworden. Mit dem Gerät ist es möglich, Etiketten zur Preisauszeichnung gleichzeitig auf die Ware zu kleben und mit dem Preis zu bedrucken. Nach Ablauf des Monopols verlangte Meto von seinen Vertragspartnern unter anderem, dass sie auch die zur Benutzung des

359 KG WuW/E OLG 1467
360 Vgl. im Einzelnen die Falldarstellungen bei Ingo Schmidt, Wettbewerbspolitik und Kartellrecht, 6. Auflage 1999, S. 303 ff.

Geräts notwendigen Papieretiketten von Meto bezögen. Die Etiketten anderer Unternehmen waren jedoch erheblich preiswerter. Das Kammergericht[361] sah in diesem Verhalten ein sachwidriges Koppelungsgeschäft; es sah das Verhalten als missbräuchlich an.

– *Effem-Kitekat*

Im Jahre 1980 ging das Bundeskartellamt gegen die Effem AG, eine Tochtergesellschaft des US-Konzerns Mars, wegen eines Rabattsystems für Tierfertignahrung vor. Effem gewährte seinen Abnehmern einen gestaffelten Jahresumsatzbonus. Dabei bildete nicht die jeweilige Höhe der Einzelaufträge, sondern der innerhalb eines Jahres erzielte Gesamtumsatz die Grundlage für die Bonusvergütung. Fraglich war, ob das Rabattsystem den Missbrauch einer marktbeherrschenden Stellung darstellte. Effem hatte einen Marktanteil für Katzen – und Hundefertigfutter von etwa 70 %. Das Kammergericht[362] bejahte sowohl die Marktbeherrschung als auch den Missbrauch. Es handele sich hier um einen Treuerabatt, dessen Gewährung voraussetzt, dass ein Kunde seinen Gesamtbedarf oder einen wesentlichen Teil hiervon ausschließlich bei dem Unternehmen mit der marktbeherrschenden Stellung deckt. Damit würden dem Abnehmer sowohl die Wahl zwischen mehreren Bezugsquellen erschwert, als auch anderen Herstellern der Zugang zum Markt verwehrt. Im Unterschied zum auftragsbezogenen Mengenrabatt diene der Treuerabatt dazu, eine wirtschaftliche Bezugsbindung des Abnehmers herbeizuführen. Solche Praktiken eines Unternehmens in beherrschender Stellung dienten zur Verstärkung beziehungsweise Absicherung dieser Stellung durch einen nicht auf Leistung gegründeten Wettbewerb.

cc)   Diskriminierung

– *Sportartikelmesse*

Im Fall *Sportartikelmesse* sah der BGH in zwei Entscheidungen[363] die Verweigerung des Zugangs zu einer Sportartikelmesse ohne sachlichen Grund als Missbrauch an. Der Veranstalter der Messe sei für den Zeitpunkt der Messe marktbeherrschend. Er dürfe nicht ein Unternehmen ohne rechtfertigenden Grund von der Teilnahme ausschließen.

361 KG WuW/E OLG 995
362 KG WuW/E OLG 2403
363 BGHZ 52, 65 = WuW/E BGH 1027

– *Berliner Stromeinspeisungsfall*

Im Fall *BEWAG/RWE* untersagte das Bundeskartellamt im Jahre 1999[364] die missbräuchliche Verweigerung des Netzzugangs gegenüber dem RWE durch die Berliner BEWAG. Damit war klargestellt, dass die Kartellbehörde eine wettbewerbsrechtliche Kontrolle des Netzzugangs in der Versorgungswirtschaft in Anspruch nimmt und sich nicht mit der Tatsache begnügt, dass eine (mehr technische) Kontrolle nach dem Energiewirtschaftsgesetz von 1998 stattfindet.

d) Diskriminierungsverbot, Boykott

aa) Begriff und Reichweite des Diskriminierungsverbots

Marktbeherrschende und marktstarke Unternehmen dürfen nach § 20 Abs. 1 GWB (bis 1998: § 26 Abs. 2 GWB) anderen Unternehmen in einem Geschäftsverkehr, der gleichartigen Unternehmen üblicherweise zugänglich ist, weder unmittelbar noch mittelbar unbillig behindern oder diskriminieren. Die Vorschrift galt ursprünglich nur für marktbeherrschende Unternehmen, preisbindende Unternehmen und in zulässigen Kartellen verbundene Unternehmen. Nach der Aufhebung der Preisbindung wurde sie in der Novelle von 1973 auch auf sogenannte marktstarke oder relativ marktmächtige Unternehmen ausgeweitet. Gemeint sind solche Unternehmen, von denen Anbieter oder Nachfrager in der Weise abhängig sind, dass ausreichende und zumutbare Möglichkeiten, auf andere Unternehmen auszuweichen, nicht bestehen (§ 20 Abs. 2 GWB, bis 1998: § 26 Abs. 2 Satz 2 GWB). Marktbeherrschende und marktstarke Unternehmen dürfen seit der Novelle von 1980 ihre Marktstellung ferner nicht dazu ausnutzen, andere Unternehmen zu sachlich nicht gerechtfertigten Vorzugsbedingungen zu veranlassen (§ 20 Abs. 3 GWB, bis 1998: § 26 Abs. 3 GWB). Im Rahmen des objektiven Untersagungsverfahrens wurde das Behinderungsverbot ausgeweitet. 1989 wurde der Kreis der geschützten Unternehmen auf kleine und mittlere Unternehmen beschränkt. Schließlich dürfen seit 1989 überlegene Unternehmen kleine und mittlere Unternehmen als Wettbewerber nicht mehr unbillig behindern (§ 20 Abs. 4 GWB, bis 1998: § 26 Abs. 4 GWB). Diese Vorschrift haben keine Parallelen im EG-Recht. Sie erweitern den Anwendungsbereich der Missbrauchsaufsicht, der ansonsten hinter dem des gemeinschaftsrechtlichen Missbrauchsverbots zurückbleibt.

Das Diskriminierungsverbot wird von der Rechtsprechung als Schutzgesetz betrachtet, d. h. der Betroffene kann gegen das diskriminierende Unterneh-

---

364 BKartA B 8 99/99, WuW/E DE-V 149 – BEWAG/RWE

men auf Schadensersatz oder Unterlassung klagen (§ 33 GWB). Es bedeutet marktbeherrschenden und marktstarken Anbietern oder Nachfragern gegenüber ein Willkürverbot und ein eingeschränktes Gleichbehandlungsgebot. Durch die privatrechtlichen Klagemöglichkeiten wurde der Anwendungsbereich des Diskriminierungsverbots erheblich ausgeweitet.

Durch die Neufassung des GWB von 1998 wurde in § 20 Abs. 4 ein Satz 2 neu eingefügt, wonach ein nicht nur gelegentlicher Verkauf unter Einstandspreis eine unbillige Behinderung darstellt, es sei denn, dies ist sachlich gerechtfertigt.

bb) Fälle

Die bis 1998 entschiedenen Fälle befassen sich hauptsächlich mit den Strategien von Markenartikelherstellern, bestimmte Händler von der Belieferung auszuschließen. Hinzu kommen andere Fälle der Nichtbelieferung und der Diskriminierung. Da die Kontrolle der sogenannten relativen Marktmacht ursprünglich geschaffen worden war, um eine Umgehung des Verbots der Preisbindung durch die Novelle von 1973 zu verhindern, richtete sich die Anwendung der Norm zuerst gegen Markenartikelhersteller, die selektive Vertriebssysteme oder ähnliche Absatztechniken zum Schutz ihrer Hochpreispolitik eingerichtet hatten. Bekannte Fälle, die überwiegend zugunsten der Nachfrager, d. h. der Handelsunternehmen, entschieden wurden, sind:

– *Rossignol*

Im Fall Rossignol bejahte der BGH[365] schon 1975 die marktanteilsbedingte Abhängigkeit von Händlern gegenüber dem Skihersteller Rossignol. Allerdings sei Rossignol nicht verpflichtet, Preisschleuderei zu dulden.

– *Allkauf/Nordmende*

Im Jahre 1979 entschied der BGH den Fall Allkauf/Nordmende[366]. Ein SB-Verbrauchermarkt, der Fachabteilungen für Unterhaltungselektronik unterhielt, hatte die Firma Nordmende auf Weiterbelieferung verklagt. Allkauf hatte unter anderem beantragt festzustellen, dass Nordmende verpflichtet sei, alle Nordmende-Erzeugnissen zu den gleichen Konditionen zu liefern, die Einzelhändlern eingeräumt würden. Strittig war, ob Allkauf von Nordmende abhängig, d. h. ohne ausreichende und zumutbare Ausweichmöglichkeiten sei. Der BGH bejahte die Abhängigkeit damit, dass auf dem Markt für Unter-

---

365 BGH WuW/E BGH 1391
366 WuW/E BGH 1567

haltungselektronik ein Händlersortiment von mehreren Markenherstellern Voraussetzung für die Wettbewerbsfähigkeit sei. Bei größeren Fachgeschäften umfasse dieses Sortiment 9-10 Marken. Zu diesen Marken gehöre auch Nordmende.

– *Fassbierpflegekette*

Im Fall Fassbierpflegekette wurde nach langem Prozessverlauf im Ergebnis zugunsten einer Brauerei entschieden, die sich geweigert hatte, einen Großmarkt mit Markenbier zu beliefern, das in Fässern abgefüllt war. Die Begründung der Brauerei war, dass sie eine »Pflegekette« als Organisation verlange, die der Großmarkt nicht aufgebaut habe; daher sei die Qualität des Fassbiers nicht gesichert[367]. Bei der Marktabgrenzung wurde in der letzten Gerichtsentscheidung der Gastronomiemarkt, für den langfristige Bierlieferungsverträge abgeschlossen werden, vom Markt für Einzelhandelsgeschäfte und Verbrauchermärkte getrennt.

– *Nachfragemacht*

Neuerdings steht die Nachfragemacht, insbesondere auch die des Einzelhandels, stärker im Blickpunkt der Bemühungen der Kartellbehörden. Die Kartellnovelle von 1980 verstärkte die Eingriffsmöglichkeiten der Kartellbehörden. Dennoch gibt es bisher kaum Entscheidungen zur Korrektur der Nachfragemacht, wenn man von *Metro-Eintrittsvergütung*[368] absieht. Vor allem griff der frühere § 37 a Abs. 3 GWB, der zum Schutze kleiner und mittlerer Unternehmen konzipiert war, deshalb nicht, weil er eine Eignung zur wesentlichen Beeinflussung der Marktverhältnisse und zur nachhaltigen Beeinträchtigung des Wettbewerbs verlangte. Dies wurde durch die Novelle von 1989 geändert. Auf diese beiden Tatbestandselemente wird seither verzichtet. Der Schutz der Norm kann von betroffenen Unternehmen durchgesetzt werden, da die Norm als Schutzgesetz nach § 33 GWB behandelt wird.
Eine wesentliche Schwächung des jetzigen § 20 Abs. 2 GWB (früher § 26 Abs. 2 Satz 2 GWB), der die relative Marktmacht angeht, ist durch die Novelle von 1989 entstanden. Der Schutz der Norm wird seither auf kleine und mittlere Unternehmen beschränkt. Damit sind Großunternehmen, auch wenn sie der relativen Marktmacht von Handelsketten oder Lieferanten nichts oder wenig entgegenzusetzen haben, vom Schutz des Diskriminierungsverbots ausgenommen. Eine Stärkung der Position der Kartellbehörden ergibt

---

367 WuW/E OLG 1857 (Frankfurt/M.), BGH NJW 1979, 107 (beide für Großmarkt); im Ergebnis aber zugunsten der Brauerei WuW/E OLG 2575 (Frankfurt/M.)
368 WuW/E BKartA 2092

sich aus der Tatsache, dass von ihnen nach § 50 GWB das EG-Kartellrecht zu beachten ist. Dies wirkt insofern mittelbar auf die Interpretation von § 20 Abs. 1 GWB ein, weil die Unbilligkeit einer Behinderung jetzt stets dann bejaht werden kann, wenn die behindernde Vertragsbestimmung gegen Art. 81 EG verstößt[369].

In der Entscheidung *VW-Identteile*[370] setzte sich der BGH letztinstanzlich über das Argument der VW-Händler hinweg, sie würden durch VW unbillig behindert, weil sie nur sogenannte VW-Ersatzteile und nicht ähnliche oder gleichwertige Teile durch andere Hersteller beziehen und verwenden durften. Der BGH sah einen Zusammenhang zwischen dem Erstausstattungsmarkt und dem Ersatzteilmarkt. VW dürfe die Produktqualität dadurch sichern, dass es die Verwendung von Originalersatzteilen und sogenannten geprüften Identteilen vorschrieb. Die Entscheidung erscheint problematisch. Sie dürfte durch die Gruppenfreistellungsverordnung der EG zum Kfz-Vertrieb (vgl. oben) überholt sein.

1995 hielt der BGH[371] fest, dass ein Automobilhersteller die Verträge mit seinen *Kfz-Händlern* ordentlich kündigen könne, ohne sie unbillig zu behindern, auch wenn er gegenüber den von ihm abhängigen Händlern marktbeherrschend sei. Etwas anderes gelte nur, wenn er für den Neuabschluss eines Vertrages einem Kontrahierungszwang unterläge.

– *Verkauf unter Einstandspreis*

Im Herbst 2000 ging das Bundeskartellamt[372] gegen die großen Lebensmittelketten *Wal-Mart, Aldi-Nord und Lidl* wegen Verkaufs unter Einstandspreis vor. Es stützte erstmals eine Untersagungsverfügung auf § 20 Abs. 4 S. 2 GWB in der Fassung von 1998. Bestimmte Grundnahrungsmittel seien nicht nur vorübergehend unter Einstandspreis verkauft worden.

cc) Boykott

Unternehmen dürfen einander nicht zu Liefer- oder Bezugssperren auffordern, um bestimmte Wettbewerber unbillig zu beeinträchtigen (§ 21, früher § 26 Abs. 1 GWB). Bisher wurden relativ wenig Fälle zum Boykott entschieden. Der Boykott wird als Tatbestand relativ selten herangezogen, da es hier um ein kompliziertes Dreiecksverhältnis zwischen dem Verrufer (der einen anderen zur Sperre auffordert), dem Adressaten (der sperrt) und dem Gesperrten geht. A muss den B auffordern, an den C nicht zu liefern oder von C nicht

369 Vgl. BGH NJW 1993, 1944 – Herstellerleasing; EuZW 1993, 295 – Fremdleasingboykott
370 BGHZ 81, 322 = WuW/E BGH 1829, 246
371 BGH NJW-RR 1995, 1260 = WuW/E BGH 2983 – Kfz-Händler
372 BKartA B9, 74, 84 und 85/00

zu beziehen. Demgegenüber werden die direkte Lieferverweigerung und die direkte Diskriminierung bei Preisen oder Konditionen durch § 20 Abs. 2 GWB erfasst. Eine Liefer- und Bezugssperre, die Dienstleistungen von Handelsvertretern betraf, sah der BGH[373] als unter das Boykottverbot fallend an.

e) Fusionskontrolle

Durch die Novelle von 1998 ist die Zusammenschlusskontrolle (Fusionskontrolle), die bisher je nach Umsatzgröße der beteiligten Unternehmen zum Teil vorbeugend, zum Teil nachfolgend gewesen war, auf die vorbeugende Fusionskontrolle konzentriert worden. Zusammenschlussvorhaben sind anzuzeigen, wenn bestimmte Größenschwellen überschritten sind. Das Bundeskartellamt als oberste Kartellbehörde kann ein Zusammenschlussvorhaben untersagen, wenn zu erwarten ist, dass eine marktbeherrschende Stellung entsteht oder verstärkt wird (§ 36 Abs. 1 GWB), es sei denn die beteiligten Unternehmen weisen nach, dass durch den Zusammenschluss auch Verbesserungen der Wettbewerbsbedingungen eintreten und dass diese die Nachteile der Marktbeherrschung überwiegen (sogenannte Abwägungsklausel). Entgegen der Untersagung des Bundeskartellamtes kann der Bundesminister für Wirtschaft nach § 42 GWB auf Antrag die Erlaubnis zum Zusammenschluss erteilen (Ministererlaubnis).

aa) Zusammenschluss

Nach § 37 Abs. 1 GWB gelten als Zusammenschluss ein Vermögenserwerb (Nr. 1), ein Erwerb von 25 % oder 50 % der Anteile (Nr. 3) oder sonstige Verbindungen, die einen beherrschenden Einfluss eines Unternehmens ermöglichen (Nr. 4). Durch die Novelle von 1998 ist der Kontrollerwerb (Nr. 2), der an die gemeinschaftsrechtliche Fusionskontrolle anknüpft, hinzugekommen. Der Anwendungsbereich der Fusionskontrolle wurde dadurch nicht erweitert.

1998 wurden die Umsatzschwellen der nun ausschließlich präventiven Fusionskontrolle neu gefasst: Nach § 35 Abs. 1 GWB müssen die beteiligten Unternehmen weltweit Umsatzerlöse von jährlich mehr als einer Milliarde DM und mindestens ein beteiligtes Unternehmen Umsatzerlöse von mehr als 50 Millionen DM im Inland erzielt haben. Kleinunternehmen von weniger als 20 Millionen DM Jahresumsatz sind ebenso ausgenommen wie Bagatellmärkte, auf denen seit fünf Jahren weniger als 30 Millionen DM umgesetzt werden.

---

373 BGH WuW/E BGH 3006 – Sperre bei Handelsvertretern

bb) Marktbeherrschung

Die Prognose des Entstehens oder der Beherrschung einer marktbeherrschenden Stellung setzt wie beim Missbrauchsverbot die Bejahung von Marktbeherrschung voraus (vgl. § 19 Abs. 1 und 2 GWB). Es gelten auch die Vermutungstatbestände in § 19 Abs. 3 GWB (vgl. oben).

cc) Ministererlaubnis

Der Bundesminister für Wirtschaft erteilt die Erlaubnis zum Zusammenschluss, wenn im Einzelfalle die Wettbewerbsbeschränkung von gesamtwirtschaftlichen Vorteilen des Zusammenschlusses aufgewogen wird oder dieser durch ein überragendes Interesse der Allgemeinheit gerechtfertigt ist. Diese Entscheidung hängt von einer gerichtlich nicht überprüfbaren Bewertung ab; der Minister entscheidet politisch. Die Ministererlaubnis kann vor oder nach Erschöpfung des Rechtsweges beantragt werden. Sie kann mit Auflagen versehen werden, die sich jedoch nicht auf eine laufende Verhaltenskontrolle der Unternehmen erstrecken dürfen (§ 42 GWB). Gegen die Untersagung des Zusammenschlusses sind die Beschwerde beim Kammergericht und die Rechtsbeschwerde beim Bundesgerichtshof zulässig.

dd) Fälle

– *VEBA – Gelsenberg*

Im Jahre 1994 erwarb der Bund von der Rheinisch-Westfälischen Elektrizitätswerk AG (RWE) eine Beteiligung von 48,3 % des Grundkapitals der Gelsenberg AG, so dass die Bundesrepublik Deutschland unter Berücksichtigung des Zukaufs weiterer Aktien der Gelsenberg AG zu einer Beteiligung von 51,3 % gekommen wäre. Das Bundeskartellamt[374] sah darin einen Unternehmenszusammenschluss, bei dem auf einer Reihe von Märkten marktbeherrschende Stellungen entstehen oder verstärkt würden (Märkte für Elektrizität, Handel mit festen Brennstoffen, Binnenschifffahrt und zwei chemische Produkte). Das Bundeskartellamt befasste sich nicht mit der Frage, ob die deutsche Verhandlungsposition als Nachfrage auf dem internationalen Rohölmarkt durch diesen Zusammenschluss verbessert würde, da dies im Rahmen des GWB nicht zu prüfen sei.
Der Bundeswirtschaftsminister genehmigte den Zusammenschluss[375]. Durch den Zusammenschluss werde die Energieversorgung gesichert, woran die All-

---

374 WuW/E BKart A 1457 ff.
375 WuW/BWM 147

gemeinheit ein überragendes Interesse habe. Da das entstehende Unternehmen im Weltmaßstab nur zu den mittleren Unternehmen zähle, werde die marktwirtschaftliche Ordnung durch den Zusammenschluss nicht gefährdet.

- *Lufthansa – f.i.r.s.t. Reisebüro*

Im Jahre 1982 entschied das Bundeskartellamt, dass die Lufthansa nicht durch eine Tochtergesellschaft 50 % der Anteile an der First-Reisebüro GmbH & Co. KG erwerben dürfe. Durch den Zusammenschluss, der zu einer Verflechtung mit der Touristik Union International (TUI) geführt hätte, wäre die marktbeherrschende Stellung der Lufthansa einschließlich der mit ihr verbundenen Unternehmen als Anbieter von Flugleistungen für Pauschaltouristikflüge verstärkt worden. Das Kammergericht in Berlin bestätigte 1982 die Untersagung[376]. Darauf wurde der Zusammenschluss aufgelöst.

- *Daimler-Benz/MBB*

Im Jahre 1989 erwarb die Daimler-Benz AG eine Mehrheitsbeteiligung an der Messerschmidt-Bölkow-Blohm AG. Im Daimler-Benz Konzern sollte der Bereich der Luftfahrt in einer eigenen Unterkonzernspitze gebündelt werden, zu der die MBB hinzugenommen werden sollte. Das Bundeskartellamt[377] untersagte den Zusammenschluss, da im Bereich der Wehrtechnik auf den Märkten für Wehrelektronik und bei bestimmten militärischen Fluggeräten marktbeherrschende Stellungen entstehen und auf den Märkten für Militärflugzeuge, Hubschrauber, Lenkwaffen sowie Triebwerke marktbeherrschende Stellungen verstärkt würden. Hinzu kam die Verstärkung marktbeherrschender Stellungen im Bereich leichter und schwerer Lastkraftwagen und das Entstehen marktbeherrschender Stellungen auf den Märkten für Raumfahrttechnik sowie für Weltraum und Trägersysteme. Brisant war insbesondere der Bereich der Wehrtechnik, da hier das Bundesverteidigungsministerium für die Verhandlungen jeweils einen sogenannten Systemführer beauftragt. Es war zu erwarten, dass Daimler-Benz eine Monopolstellung als Systemführer erlangen würde.
Der Bundeswirtschaftsminister erteilte eine Ausnahmeerlaubnis[378], nachdem die Monopolkommission in einem Gutachten mehrheitlich zu dieser Ausnahmeerlaubnis geraten hatte. Der Kommissionsvorsitzende Immenga, der überstimmt worden war, trat hierauf zurück. Die Kommissionsmehrheit sah aller-

---

376 KG WuW/E OLG 2849 ff.
377 WuW/E BKartA 2335
378 WuW/BWM 191

204

dings erhebliche Wettbewerbsbeschränkungen bei Lenkwaffen und Drohnen, bei den Triebwerken für militärische Flugzeuge und Hubschrauber sowie bei der Ausrüstung mit Wehrelektronik. Der Bundeswirtschaftsminister erteilte die Ausnahmeerlaubnis mit geringfügigen Auflagen, die von der Monopolkommission angeregt worden waren. In der Öffentlichkeit war die Entscheidung äußerst umstritten.

ee) Aufwand und Ertrag der Fusionskontrolle nach dem GWB

In den wenigsten Fällen wurden bisher Fusionen untersagt oder aufgelöst. Auch wenn man bedenkt, dass die Fusionskontrolle ihre Wirkung bereits im Vorfeld entfaltet und die Unternehmen vor noch größer dimensionierten Zusammenschlüssen abhält[379], ergibt sich dennoch ein Missverhältnis von Aufwand und Ertrag. Seit 1992 ist zu berücksichtigen, dass die EG-Fusionskontrolle in Kraft ist. Dadurch verringert sich die Zahl der in Deutschland kontrollpflichtigen Zusammenschlüsse. Die Statistik[380] sieht bis 31. 12. 1999 wie folgt aus:

Vollzogene Zusammenschlüsse (§ 23 GWB) bzw. nach 1998 Vorhaben angezeigt, in Klammern neue Bundesländer bis 1994:

73	34		86	802	
74	294		87	887	
75	445		88	1159	
76	453		89	1414	
77	554		90	1548	(121)
78	558		91	2007	(784)
79	602		92	1743	(521)
80	635		93	1514	(334)
81	618		94	1564	(319)
82	603		95	1530	
83	506		96	1434	
84	575		97	1751	
85	709		98	1888	
			99	1182	

Insgesamt: 27 009

---

379 Vgl. VEBA-BP (1979) WuW/E BKartA 1719 ff. und BWM 165 ff.; (nicht untersagt), Sachs-GKN (1978) WuW/E BKartA 1625 ff.; WuW/E OLG 1745 ff; BGHZ 70, 102 ff. = WuW/E BGH, 1501 ff. (untersagt)
380 TB-BKartA 1997/98, BT-Drs. 14/1139, S. 10, 167 ff.; Hauptgutachten XIII der Monopolkommission, 2000, S. 304 f.

Vollzogene Zusammenschlüsse oder Zusammenschlussvorhaben untersagt:
129
a) rechtskräftig bzw. für erledigt erklärt 74
b) endgültig gerichtlich aufgehoben 22
c) vom Bundeskartellamt zurückgenommen 17
d) Beschwerde anhängig 5
e) Rechtsbeschwerde anhängig 5
f) vom Bundeswirtschaftsminister genehmigt 6

Die Zahl der Unternehmenszusammenschlüsse steigt seit 1973 an. Einen zeitweilig dramatischen Anstieg brachte die Wiedervereinigung von 1990. Nachträgliche Entflechtungen von Zusammenschlüssen waren im Berichtszeitraum nicht generell zulässig, wurden aber angeordnet, wenn Auflagen nicht beachtet oder Zusagen nicht eingehalten wurden.

ff) Monopolkommission

Der gesetzliche Auftrag der Monopolkommission ist nach § 44 GWB die Beurteilung des jeweiligen Standes der Unternehmenskonzentration in der Bundesrepublik Deutschland sowie deren absehbarer Entwicklung. Die Kommission nimmt zu allgemeinen wettbewerbspolitischen Fragen Stellung. Sie erstellt alle zwei Jahre ein Hauptgutachten für Regierung und Parlament. Darüber hinaus erstellt sie Sondergutachten nach eigenem Ermessen. Seit 1980 muss bei jedem Ministererlaubnisverfahren eine Stellungnahme der Monopolkommission eingeholt werden. Die politische Bedeutung der Monopolkommission hat dadurch gelitten, dass sie im Jahre 1989 die Erlaubnis der Fusion Daimler-Benz/MBB empfahl.

f) Vergaberecht

Die Vorgaben mehrerer EG-Vergaberichtlinien (vgl. oben) wurden, nachdem der EuGH[381] eine Vertragsverletzung Deutschlands wegen unzureichender Umsetzung festgestellt hatte, 1998 im Gesetz gegen Wettbewerbsbeschränkungen in deutsches Recht umgesetzt. Die Grundnorm des deutschen Vergaberechts ist § 97 GWB. In Absatz 1 stellt der Gesetzgeber den Gedanken des Wettbewerbs und der Transparenz in den Vordergrund. In Absatz 2 ist der Grundsatz der Gleichbehandlung festgehalten, in Absatz 3 ein Schutz mittelständischer Interessen, in Absatz 5 der Grundsatz, dass der Zuschlag auf das wirtschaftlichste Angebot erteilt wird. Nach Absatz 6 kann die Bundesregierung durch Rechtsverordnung mit Zustimmung des Bundesrats nähere Ver-

---

381 EuGH Slg. 1996, I-2423, Urteil vom 2. 5. 1996, Rs. C-253/95 = EuZW 1996, 575

fahrensbestimmungen treffen (vgl. auch § 127 GWB). Dies ist durch die neue Vergabeverordnung geschehen, die Ende 2000 verabschiedet wurde. Die Vergabeverordnung stellt die Verbindung zwischen dem GWB und den jeweiligen Verdingungsordnungen her.[382] Nach Absatz 7 haben die Unternehmen einen Anspruch darauf, dass der Auftraggeber die Bestimmungen über das Vergabeverfahren einhält. Für die Nachprüfung der Vergabe sind nach § 104 GWB die Vergabekammern des Bundes und der Länder zuständig. Das GWB regelt auch das dort einzuhaltende Verfahren (§§ 102-118 GWB) und das Beschwerdeverfahren (§§ 119-124 GWB. Wer als Antragsteller oder Beschwerdeführer rechtsmissbräuchlich handelt, macht sich nach § 125 GWB schadensersatzpflichtig. Der Auftraggeber haftet bei Verstoß gegen ein Schutzgesetz nach § 126 GWB auf den Ersatz des Vertrauensschadens.

g) *Ausnahmebereiche*

Die Ausnahmebereiche des GWB für die Versorgungswirtschaft (außer Wasser) wurden 1998 beseitigt, die für den Verkehr erheblich eingeschränkt. Damit ist eine Annäherung an das Gemeinschaftsrecht vollzogen. Nach wie vor gibt es eine mehr oder minder weitgehende Freistellung für die Landwirtschaft (§ 28 GWB), die Kredit- und Versicherungswirtschaft (§ 29 GWB) und Urheberrechtsverwertungsgesellschaften (§ 30 GWB). Hinzugekommen ist 1998 auf Druck seiner Lobby der Sport (§ 31 GWB).

h) *Kartellverfahren*

Die Kartellbehörden können ihre umfangreichen Auskunfts- und Prüfungsrechte (§ 54 ff., 59 GWB) mit den Mitteln des Verwaltungszwangs und des Ordnungswidrigkeitenrechts durchsetzen. Sie führen ihre Verfahren von Amts wegen durch. Das Bundeskartellamt hatte seinen Sitz früher in Berlin; es zog 1999 nach Bonn um. Die Rechtsmittel gegen Entscheidungen des Bundeskartellamts sind die Beschwerde vor dem zuständigen Oberlandesgericht, früher dem Berliner Kammergericht, seit 1999 dem OLG Düsseldorf, und die Rechtsbeschwerde vor dem Bundesgerichtshof. Klagt eine Privatperson gegen eine andere, etwa auf Schadensersatz wegen einer nach § 26 Abs. 2 GWB geltendgemachten Diskriminierung, so ist erstinstanzlich das Landgericht zuständig, Berufungsinstanz ist das Oberlandesgericht, Revisioninstanz ist der BGH. Diese Zuständigkeit gilt seit der Novelle von 1989 auch bei Zivilrechtsstreitigkeiten, bei denen ein Verstoß gegen Art. 81 und 82 EG geltendgemacht wird.

---

382 Vgl. Höfler/Bert, Die neue Vergabeverordnung, NJW 2000, 3310

i) Perspektiven

Ziel des Gesetzgebers war es, mit der 6. GWB-Novelle von 1998 das nationale und das europäische Recht zu harmonisieren. Dies ist beim Kartellverbot kaum versucht worden, beim Missbrauchsverbot im Wesentlichen gelungen, bei der Fusionskontrolle aber unterblieben, aus ordoliberaler Sicht wohlweislich unterblieben. Nach wie vor gilt in Deutschland schon der Erwerb eines Anteils von 25 % als Zusammenschluss, in der EG-Verordnung 4064/89 erst der Erwerb der Kontrolle. Das deutsche Kartellverbot hat seine charakteristische Zweiteilung in horizontale und vertikale Vereinbarungen beibehalten. Dadurch konnte vermieden werden, das Instrument der Gruppenfreistellungsverordnungen zu übernehmen, das die Kommission selbst inzwischen beseitigen will. Lässt man die nicht zu rechtfertigende Ausnahme für den Sport außer Acht, so kann man von einer Teilkonvergenz des deutschen und des europäischen Wettbewerbsrechts sprechen[383]. Der Vorzug des deutschen Kartellrechts besteht nach wie vor in der relativen Eigenständigkeit des Bundeskartellamts gegenüber der Bundesregierung; sie ermöglicht seine Resistenz gegenüber Pressionen. Diese Resistenz ist insbesondere auch im Vergaberecht notwendig, das (systemwidrig) in das GWB eingefügt wurde. Dieses Vorbild einer eigenständigen Behörde legt die Schaffung eines Europäischen Kartellamts nahe.

k) Weiterführende Hinweise

Bechtold, Gesetz gegen Wettbewerbsbeschränkungen, 2. Aufl. 1999; *Bühner,* Erfolg von Unternehmenszusammenschlüssen in der Bundesrepublik Deutschland, 1990; *Cox u. a. (Hrsg.),* Handbuch des Wettbewerbs, 1981; *Emmerich,* Kartellrecht, 8. Aufl., München 1999; *Immenga/Mestmäcker,* Gesetz gegen Wettbewerbsbeschränkungen: Kommentar, 3. Aufl., München 2001; *Langen/Bunte,* Kommentar zum deutschen und europäischen Kartellrecht, 8. Aufl. 1998; *Monopolkommission,* Tätigkeitsberichte (Hauptgutachten) I-XIII, 1976-2000; *Schmidt, Ingo,* Wettbewerbspolitik und Kartellrecht, 6. Aufl. 1999; *Schwintowski,* Der Zugang zu wesentlichen Einrichtungen, WuW 1999, 842; *v.Wallenberg,* Kartellrecht unter Berücksichtigung des europäischen Rechts, 1997; *Weyer,* Konkurrierende Anwendung des Art. 81 EG durch Kommission und nationale Gerichte; *Zinsmeister,* Die dezentrale Anwendung des EG-Wettbewerbsrechts durch die nationalen Wettbewerbsbehörden in der Praxis, WuW 1999, 115 ff.

---

383 Vgl. van den Bergh/Camesasca, Die 6. GWB-Novelle unter dem Gesichtspunkt des Subsidiaritätsprinzips: Teilkonvergenz mit dem europäischen Recht, WuW 1998, 1147-1162

8. Zusammenwirken des EG-Wettbewerbsrechts mit dem Wettbewerbs- und Kartellrecht der anderen EG-Mitgliedstaaten

Nicht nur in Deutschland gibt es eine wettbewerbs- und kartellrechtliche Tradition, auf die das EG-Wettbewerbsrecht sich auswirkt. Eine solche Tradition gibt es auch in Großbritannien. Hier sind schon nach der *Restraint of Trade Doctrine* des Common Law wettbewerbsbeschränkende Verträge gerichtlich nicht durchsetzbar[384]. Praktische Bedeutung erlangten aber erst die Kodifikationen beginnend im Jahre 1948 mit dem Monopolies and Restricive Practices (Inquiry and Control) Act. Wettbewerbsbeschränkungen wurden auf ihre Vereinbarkeit mit dem öffentlichen Interesse hin überprüft. Von den Gesetzen der folgenden Jahre erlangten vor allem der Fair Trading Act (FTA) von 1973 mit einer Fusionskontrolle, der Restrictive Trade Practices Act (RTPA) von 1976, der Resale Price Act (RPA) von 1976 und der Competition Act (CA) von 1980 Bedeutung.[385] 1998 wurden der Restrictive Trade Practices Act von 1976 und der Resale Prices Act von 1976 aufgehoben. Der Competition Act von 1998 passte das britische Wettbewerbsrecht an das der EG an. Er trat am 1. 3. 2000 in Kraft.[386] Der Fair Trading Act von 1973 blieb im Wesentlichen erhalten. Die Konvergenz mit dem europäischen Gemeinschaftsrecht wird daran deutlich, dass das Kartellverbot des Art. 81 EG und das Missbrauchsverbot des Art. 82 EG weitgehend übernommen wurden. Entscheidungskriterium der Verbotsentscheidungen ist das Wettbewerbsprinzip, nicht mehr das öffentlichen Interesse. Dieses letzte Kriterium ist aber nach wie vor für die britische Fusionskontrolle maßgeblich.[387]

In Frankreich war noch lange nach dem Zweiten Weltkrieg die Tradition des Merkantilismus und der Planification vorherrschend, bis in den achtziger Jahren ein neues Kartellrecht eingeführt wurde. Fußend auf einem Gesetz zur Verbesserung des Wettbewerbs vom 30. 12. 1985[388] wurde am 1. 12. 1987 eine Verordnung über die Preis- und Wettbewerbsfreiheit[389] erlassen. Hier sind das eigentliche Wettbewerbsrecht (Kartellrecht) und das Unlauterkeitsrecht (In Deutschland im Gesetz gegen den unlauteren Wettbewerb – UWG – geregelt) zusammengefasst. Frankreich verlässt vorsichtig seinen merkantilistischen Kurs. Die Industriepolitik und die Politik der Stärkung der interna-

384 Vgl. Korah, Competition Law of Britain, 1975, S. 1 ff.
385 Vgl. Allan/Hogan, Competition Laws of United Kingdom and Republic of Ireland, 1993; Ebenroth/Durach, Das Wettbewerbsrecht Großbritanniens im Markt der Europäischen Union, 2000
386 Vgl. Mehta/Dahl, Das neue Kartellrecht in Großbritannien, WuW 2000, 1074-1085; vgl. auch Davis, The first six months with the new English Competition Act, EuZW 2000, 609 ff., 1995; Ingo Schmidt, Wettbewerbspolitik und Kartellrecht, 6. Aufl. 1999, S. 183-192 mit den Änderungen von 1998
387 Zu den Einzelheiten vgl. Mehta/Dahl, Davis und Ingo Schmidt, a.a.O.
388 J.O. v. 30. 12. 1985, S. 1513
389 Vo Nr. 86-1243, Text in WuW 1988, 38-48

tionalen Wettbewerbsfähigkeit der französischen Unternehmen genießen aber nach wie vor gegenüber einem Schutz der Wettbewerber und des Wettbewerbs als Institution Vorrang.[390]

In Spanien gilt seit 1999 eine Reform des Gesetzes zum Schutze des Wettbewerbs von 1989[391], das sich sehr stark an die Systematik von Art. 81 und 82 EG anlehnt. Das Gesetz wurde 1999 insbesondere im Bereich der Fusionskontrolle verschärft. Hintergrund ist der Beitritt Spaniens zur Währungsunion. Seit 1990 gibt es auch in Italien ein Kartellgesetz[392], das sich ebenfalls stark an Art. 81 und 82 EG orientiert. Österreich novellierte sein Kartellgesetz von 1988 schon im Jahre 1993[393], um den Beitritt zur EG durch eine Anpassung an Art. 81 und 82 EG sowie die Fusionskontrollregeln zu beschleunigen und die Nachfragemacht kartellrechtlich zu erfassen.[394] Im Vergleich zu anderen Mitgliedstaaten ist Österreich aber kartellrechtlich noch im Hintertreffen. Hieran hat auch eine weitere, bescheidene Novelle von 2000 nichts geändert.[395] Auch die übrigen EG-Mitgliedstaaten[396] passen ihr nationales Kartellrecht an die politischen Vorgaben des EG-Wettbewerbsrechts an. 1997 führten z. B. die Niederlande ein Wettbewerbsgesetz ein. In Finnland sieht das dortige Gesetz gegen Wettbewerbsbeschränkungen seit 1992 ein Verbot der horizontalen Kartelle, ein Missbrauchsverbot und seit einer Novelle von 1998 auch eine Fusionskontrolle nach dem Vorbild des Gemeinschaftsrechts vor.[397] Obwohl die Schweiz nicht Mitglied der EG ist, hat sie ihr Kartellgesetz im Jahre 1995 neu gefasst und das wettbewerbspolitische Leitbild des EG-Vertrages übernommen. Neben einer Verschärfung der Missbrauchsaufsicht über Kartelle bedeutet dies vor allem die Einführung einer präventiven Fusionskontrolle.[398]

Es gibt aber (noch) erhebliche Unterschiede zwischen dem EG-Recht und dem Recht der Mitgliedstaaten. Daraus folgen Konkurrenzen. Soweit ein Vorgang keine zwischenstaatliche Dimension besitzt, gilt nach wie vor das Kartellrecht des jeweiligen Mitgliedstaats. Wenn sich die Anwendungsbereiche des nationalen Wettbewerbs und Kartellrechts mit dem Gemeinschaftsrecht

390 Eine übersichtliche Darstellung gibt auch Ingo Schmidt, Wettbewerbpolitik und Kartellrecht, S. 193-200.
391 Gesetz Nr. 16 vom 17. 7. 1989, B. o. Nr. 170 v. 18. 7. 1989, S. 3932 ff., deutsche Übersetzung in WuW 1992, 619; Real Decreto Ley 6/1999 vom 17. 4. 1999, dazu Brokelmann, Die Reform des spanischen Wettbewerbsrechts, WuW 2000, 365 ff.
392 Legge Antitrust Gesetz Nr. 287 vom 10. 10. 1990, G. U. Nr. 240, Übersetzung in WuW 1991, 302 ff.
393 Österreichisches Kartellgesetz vom 19. 10. 1988, BGBl. Nr. 600/1988; Novelle vom 13. 10. 1993, BGBl. Nr. 693/1993
394 Vgl. Ingo Schmidt, Wettbewerbspolitik und Kartellrecht, S. 202-211
395 Vgl. Thurnher, Kartellrecht 2000 – Der österreichische Weg, WuW 1999, 1080 ff.
396 Vgl. die Nachweise bei Immenga/Mestmäcker, EG-Wettbewerbsrecht, Bd. 1, S. 41 ff.
397 Vgl. Schulze Steinen, Einführung der Fusionskontrolle im finnischen Gesetz gegen Wettbewerbsbeschränkungen, EuZW 1999, 303
398 Vgl. Ingo Schmidt, Wettbewerbspolitik und Kartellrecht, S. 213-222

überschneiden, genießt das Gemeinschaftsrecht Anwendungsvorrang (vgl. oben). Mit dieser Grundentscheidung sind jedoch die vielfältigen Fallkonstellationen noch nicht erfasst, in denen sich beide Rechtsbereiche nur teilweise überschneiden. Da der Rat von der Ermächtigung in Art. 87 Abs. 2 EG, die es ihm erlaubt, das Verhältnis zwischen Gemeinschaftsrecht und nationalem Wettbewerbsrecht festzulegen, bisher noch keinen Gebrauch gemacht hat, wenn man von der Fusionskontrollverordnung absieht, muss die Problematik der Überschneidung beider Rechtsbereiche durch die Rechtsprechung des EuGH geklärt werden.

Ein Beispiel für die Konkurrenz von Gemeinschaftsrecht und deutschem Kartellrecht sind die Bierlieferungsverträge, die bislang fast ausschließlich nach deutschem Zivilrecht überprüft wurden und bei besonders langer Vertragsdauer und besonders drückenden Vertragsbedingungen für sittenwidrig (§ 138 BGB) und nichtig erklärt wurden. Nach der sogenannten *Bündeltheorie* des EuGH, die im Fall *Henninger – Delimitis*[399] entwickelt wurde, können auch rein nationale Netze von Bierlieferungsverträgen unter den Anwendungsbereich des Gemeinschaftsrechts fallen, wenn sie den Marktzutritt von Brauereien aus anderen EG-Mitgliedstaaten versperren und zu einer spürbaren Wettbewerbsbeschränkung im Gemeinsamen Markt oder in einem wesentlichen Teil desselben führen. Es kann im Ausnahmefall eine Situation eintreten, dass ein und derselbe Bierlieferungsvertrag zuerst nach nationalem Recht sanktioniert wird und dass zu einem späteren Zeitpunkt die Anwendbarkeit des Gemeinschaftsrechts bejaht wird. Wenn beide Wettbewerbsordnungen, die nationale und die europäische, für den Sachverhalt ein Verbot aussprechen und Bußgelder verhängen, besteht die Gefahr einer »Doppelbestrafung«. Der EuGH hat hierzu festgestellt, dass die frühere Sanktionsentscheidung bei der Bemessung der später zu verhängenden Sanktion zu berücksichtigen ist, d. h. in der Praxis, dass Geldbußen aufeinander anzurechnen sind.[400]

Hinzu kommt, dass auch die nationalen Gerichte die gemeinschaftsrechtlichen Vorschriften anzuwenden haben. Zweifelsfragen sind durch Vorabentscheidung des EuGH zu klären. Bestehen jedoch keine Zweifel an der Anwendbarkeit der gemeinschaftsrechtlichen Vorschriften, so können die nationalen Gerichte unmittelbar durchentscheiden und beispielsweise eine wettbewerbsbeschränkende Vereinbarung nach Art. 81 Abs. 1 EG für unwirksam erklären oder den Missbrauch einer beherrschenden Stellung nach Art. 82 EG verbieten.

Soweit die Kommission als Verwaltungsbehörde der EG handelt und durch Untersagungen oder Zwangsgelder in den Handlungsspielraum der Unternehmen eingreift, können gegen diese Entscheidungen nicht die nationalen Ge-

---

399 EuGH Slg. 1991, 1-935, Rs. C-234/89 – Henninger/Delimitis
400 EuGH Slg. 1969, 1, Rs. 14/68 – Walt Wilhelm

richte, sondern nur das Europäische Gericht erster Instanz und der EuGH angerufen werden.

Weiterführende Hinweise

Basedow, Von der deutschen zur europäischen Wirtschaftsverfassung, 1992; *Bunte,* Das Verhältnis von deutschem zu europäischem Kartellrecht, in: Wirtschaft und Wettbewerb 39 (1989), S. 7 ff.; *Everling,* Die Mitwirkung nationaler Behörden in der EG-Wettbewerbspraxis, in: Wirtschaft und Wettbewerb 43 (1993), S. 709 ff.; *Immenga/ Mestmäcker,* EG-Wettbewerbsrecht, Bd. 1, 1997, FKVO-B-; *Raybould/Firth,* Law of Monopolies, Competition Law and Practice in the USA, EEC, Germany ans the UK, London 1991; *Schmidt, Ingo/Binder,* Wettbewerbspolitik im internationalen Vergleich: Die Erfassung wettbewerbsbeschränkender Strategien in Deutschland, England, Frankreich, den USA und der EG, 1996; *Schmidt, Ingo*, Wettbewerbspolitik und Kartellrecht, 6. Aufl. 1999; *Zuleeg,* Der Rang des europäischen im Verhältnis zum nationalen Wettbewerbsrecht, in: Europarecht 25 (1990), S. 123 ff.; *Wolf,* Zum Verhältnis von europäischen und deutschem Wettbewerbsrecht, in: EuZW 1994, S. 233 ff.

9. Wettbewerbspolitik als Teil der Wirtschaftspolitik

Die Wettbewerbspolitik ist nur ein Teil der staatlichen Wirtschaftspolitik. In der Vergangenheit sind Konflikte vor allem mit der Industriepolitik der EG und der Mitgliedstaaten aufgetreten. Durch den Vertrag von Maastricht wurde das Ziel, die Wettbewerbsfähigkeit der Industrie der Gemeinschaft zu stärken, in Art. 3 Abs. 1 EG aufgenommen. Außerdem wurde in Art. 130 (jetzt: 157) EG ein Titel über Industriepolitik in den Vertrag aufgenommen. Zwar dürfen industriepolitische Maßnahmen nach Art. 157 Abs. 3 EG nicht zu Wettbewerbsverzerrungen führen. Dennoch ergeben sich Koordinationsprobleme mit der Wettbewerbspolitik. Die Wirtschaftspolitik der Europäischen Gemeinschaft ist widersprüchlich. Einerseits erklärt die EG Marktwirtschaft und Wettbewerb zu tragenden Prinzipien. Andererseits wird Industrie- und Strukturpolitik betrieben, wobei offene Konflikte zu den Erfordernissen der Wettbewerbspolitik entstehen können. Hinzu kommen konjunkturpolitische Erfordernisse, die ebenfalls häufig zu einer wettbewerbswidrigen Praxis insbesondere im Bereich der staatlichen Subventionierung führen. Wettbewerbs-, konjunktur- und strukturpolitische Maßnahmen wirken beispielsweise gegeneinander, wenn man die Errichtung von Arbeitsplätzen in strukturschwachen Gebieten fördert und gleichzeitig mit hohem Geldaufwand die Unternehmen subventioniert, die bereits in den Ballungsgebieten konzentriert sind. Derartige Subventionen werden häufig in der Forschungs- und Innovationsförderung verteilt, bei der die Großunternehmen am durchsetzungsfähigsten sind. Im Gegensatz zur Forschungs- und Strukturpolitik, die sich an inhaltlichen

Zielsetzungen orientieren, verfolgt die Wettbewerbspolitik »prozessuale« Ziele, da sie den Wettbewerb als wirtschaftspolitisch wünschenswerte Interaktion bewahren oder wiederherstellen will. Gegenwärtig werden die Zielkonflikte überwiegend zu Gunsten der inhaltlichen Politik gelöst, d. h. die Wettbewerbspolitik tritt hinter die Struktur- und Forschungsförderung zurück.

Bei der Wettbewerbspolitik geht es in erster Linie um die Kontrolle wirtschaftlicher Macht. Es ist zumindest zweifelhaft, ob die bisher praktizierte EG-Wettbewerbspolitik eine effektive Kontrolle wirtschaftlicher Macht entwickelt hat. Andererseits hat sie ein relativ kompliziertes System zum Schutz des EG-Bürgers gegenüber der Staatsmacht entwickelt. Es ist paradox, dass den marktmächtigen Großunternehmen als juristischen Personen in formaler Gleichsetzung mit natürlichen Personen derselbe Rechtsschutz gegenüber staatlichen Kontrollen gewährt wird, obwohl damit der Staat seiner Mittel zum Schutz der schwächeren Teilnehmer im Wirtschaftsprozess beraubt wird. Nicht nur im EG-Wettbewerbsrecht, sondern z. B. auch bei der Durchsetzung der Marktfreiheiten des Gemeinschaftsrechts können paradoxe Situationen entstehen. Die formale Gleichheit vor der staatlichen Eingriffsverwaltung dient de facto oft der Aufrechterhaltung der materiellen Ungleichheit im Wirtschaftsprozess. Damit kann aber letztlich die materielle Realisierung des Rechtsstaats verhindert werden.[401]

Zu kontrollieren ist wirtschaftliche Macht nicht nur im Interesse der Konkurrenten, Lieferanten und Abnehmer, sondern vor allem auch im Interesse der Verbraucher. Der Verbraucher wird nicht am besten durch ein verabsolutiertes Wettbewerbspostulat, sondern durch eine Bändigung der mit der Unternehmensgröße und wirtschaftlichen Stellung am Markt verbundenen wirtschaftlichen Macht geschützt. Diese Macht äußert sich neben der Preissetzungsmacht auch als Kapitalkraft, die zur Verdrängung von Konkurrenten genutzt werden kann, die bisher im Interesse der Verbraucher nützliche Wettbewerbsfunktionen erfüllt haben. Wirtschaftliche Macht äußert sich ferner als Informationsvorsprung, der schon wegen der Möglichkeit der Zurückhaltung von verbraucherrelevanten Informationen manipulativ auf die Kaufentscheidung dieses Personenkreises wirken kann.

Neben der rein ökonomischen gibt es auch eine allgemein gesellschaftspolitische Zielsetzung, die mit der Kontrolle wirtschaftlicher Macht verfolgt wird. Zum einen gibt es innerhalb des Unternehmens abhängig Beschäftigte. Ihre Interessen müssen im Rahmen der Tarifpolitik und der Mitbestimmung von innen gegenüber der Unternehmensführung geltend gemacht werden. Zum

---

401 Vgl. Arndt, Irrwege der politischen Ökonomie, München 1979, S. 166-167; Nagel, Fusion und Fusionskontrolle in: Cox/Jens/Markert (Hrsg.), Handbuch des Wettbewerbs, München 1981, S. 331, 336

anderen gibt es auch solche Interessen und Bedürfnisse, die sich nicht in Form von zahlungskräftiger Nachfrage am Markt äußern können. Würde eine Wirtschafts- und Gesellschaftsordnung allein oder primär von Rentabilitäts- und Marktdenken bestimmt, dann wäre ein systematischer Mangel bei der Befriedigung dieser nicht am Markt zu äußernden Bedürfnisse geradezu vorprogrammiert. Insofern ist die Wettbewerbspolitik in die allgemeine Wirtschafts- und Gesellschaftspolitik einzubeziehen. In diesem Rahmen ist auch der Missstand abzubauen, dass im Gesellschaftsrecht und im Steuerrecht immer noch Hindernisse für den Wettbewerb enthalten sind, die der Gesetzgeber bis heute nicht abgebaut hat. Ziel sollte sein, die Wettbewerbspolitik zusammen mit der Struktur- und Konjunkturpolitik als Teil einer allgemeinen Gesellschaftspolitik zu betrachten und weiter zu entwickeln, welche ökonomische Macht auch als gesellschaftspolitisches Problem begreift und die Aufgabe in Angriff nimmt, dieses Problem zu bewältigen.

Gegenwärtig ist ein zuerst schleichender, inzwischen aber galoppierender wettbewerbspolitischer Wandel in der Kommission zu beobachten, der unter Leon Brittan eingeleitet und unter Monti beschleunigt wurde. Das ursprüngliche, ordoliberale Konzept der Kartellpolitik als Schutz der Wettbewerber und des Wettbewerbs als wirtschaftspolitische »Entmachtungsinstitution« wird mehr und mehr zugunsten des Chicago-Konzepts aufgegeben, das sich im Wesentlichen auf ein Offenhalten der Märkte beschränkt und offensichtliche Monopole beseitigen will, aber im Übrigen auf die Selbstheilungskräfte der Märkte vertraut und daher die Kartellaufsicht reduzieren will. Dieser Glaube ist nicht gerechtfertigt, wie die empirische Beobachtung der Märkte und ihrer internationalen Vermachtung beweist. Im Unterschied zu ihrem Attentismus gegenüber privater Wirtschaftsmacht verfolgt die neue Wettbewerbspolitik der Kommission akribisch alle öffentlichen Unternehmen mit dem Ziel ihrer Privatisierung. Hierbei wird auf die Besonderheiten der Märkte wenig Rücksicht genommen, etwa darauf, ob ein Wegfall oder eine Beseitigung natürlicher Monopole wie in der Telekommunikation als realistische Perspektive zu akzeptieren ist oder wie in der Versorgungswirtschaft und im schienengebundenen Verkehr zu Marktversagen führt. Die zum Teil katastrophalen Ergebnisse der britischen Deregulierungspolitik (British Railways!) werden kaum zur Kenntnis genommen. Der Konflikt mit anderen Generaldirektionen ist manifest, insbesondere seit der Einfügung von Art. 16 EG durch die Regierungskonferenz von Amsterdam, der die öffentlichen Versorgungsunternehmen schützen soll.

Weiterführende Hinweise

Basedow, Weltkartellrecht, 1998; *Berthold/Hilpert,* Wettbewerbspolitik, Industriepolitik und Handelspolitik in der EU, in *Ohr* (Hrsg.), Europäische Integration, 1996,

S. 77 ff.; *Brittan,* Die künftige Wettbewerbspolitik der EG, in: Wirtschaft und Wettbewerb 42 (1992), S. 209 ff.; *Cox/Jens/Markert (Hg.),* Handbuch des Wettbewerbs, 1981; *Ehlermann,* Industriepolitik aus europäischer Sicht, in: *Oberender, Peter* (Hg.), Industriepolitik im Widerstreit mit der Wettbewerbspolitik, 1994, S. 107 ff.; *Freytag,* Die strategische Handels- und Industriepolitik der EG: Eine politökonomische Analyse, 1995; *Immenga,* Wettbewerbspolitik contra Industriepolitik nach Maastricht, EuZW 1994, 14; *Marchipont,* La stratégie industrielle de la communauté pendant et après l'achèvement du marché unique, RevMC 1990, 117; *Miert, Karel van,* Die Wettbewerbspolitik der neuen Kommission, in: Wirtschaft und Wettbewerb 45 (1995), S. 553 ff.; *Miert, Karel van*, Die Zukunft der Wettbewerbspolitik in der EU, 1997; *Nagel*, Die öffentlichen Unternehmen im Wettbewerb, Kommunalrecht und Europäisches Gemeinschaftsrecht, ZögU 2000, 448-442.

IV. Umweltschutz

1. Kompetenzen und Regelungsbereiche der EG im Umweltrecht

Durch die Einheitliche Europäische Akte von 1987 wurde eine umweltpolitische Kompetenz der Gemeinschaft im EWG-Vertrag (Art. 284r ff.) geschaffen. Durch den Vertrag von Maastricht wurde diese Kompetenz noch erweitert und in den Artikeln 130 r – 130 t (alt) des EG-Vertrages geregelt. Das Einstimmigkeitsprinzip wurde auf besonders wichtige Maßnahmen beschränkt (Artikel 130 s Abs. 2 EG); dazu gehören die Raumordnung, die Bodennutzung, die Energieversorgung und die Besteuerung. Ansonsten gilt seit Maastricht ein Prinzip der qualifizierten Mehrheit, das sich als durchaus praktikabel erwiesen hat. Außerdem wurde in Art. 5 EG das sogenannte Subsidiaritätsprinzip eingeführt, das den Gesetzgebungsvorrang der Mitgliedstaaten sichern soll, aber auf genaue Festlegungen verzichtet.

Durch den Vertrag von Amsterdam wurde im Jahre 1997 das Prinzip der qualifizierten Mehrheit in einigen Bereichen ausgedehnt. Durch Art. 6 EG (neu) werden die Querschnittsprinzipien Umweltschutz und nachhaltige Entwicklung im Europäischen Gemeinschaftsrecht verankert. Die Erfordernisse des Umweltschutzes müssen bei der Festlegung und Durchführung der Gemeinschaftspolitiken und -maßnahmen insbesondere zur Förderung einer nachhaltigen Entwicklung einbezogen werden.

In dem Titel, der sich mit der Umwelt befasst, ergeben sich folgende Änderungen: Nach Art. 175 EG (neu), der Art. 130s EG (alt) systematisch entspricht, wird das Erfordernis der qualifizierten Mehrheit im Rat für solche Umweltmaßnahmen eingeführt, die nicht einem besonderen Katalog des Art. 175 Abs. 2 (neu) unterliegen, für den Einstimmigkeit vorgesehen ist.

Nach Art. 174 EG (neu), der im Wesentlichen Art. 130r Abs. 1 EG (alt) entspricht, hat die Umweltpolitik der Gemeinschaft zum Ziel,

– die Umwelt zu erhalten, zu schützen und ihre Qualität zu verbessern,
– zum Schutz der menschlichen Gesundheit beizutragen,
– eine umsichtige und rationale Verwendung der natürlichen Ressourcen zu gewährleisten und
– Maßnahmen auf internationaler Ebene zur Bewältigung regionaler und globaler Umweltprobleme zu fördern.

Nach Art. 174 Abs. 2 EG (neu), der im Wesentlichen Art. 130r Abs. 2 EG (alt) entspricht, gelten folgende *Prinzipien:*

Nach dem *Vorsorgeprinzip* müssen bereits bei der Entwicklung eines Produkts, dessen Wirkungen auf die Umwelt von der Beschaffung bis zur Entsorgung geprüft werden.

Nach dem *Ursprungsprinzip* sind Umweltbeeinträchtigungen nach Möglichkeit an ihrem Ursprung zu korrigieren, damit nicht später an den Symptomen kuriert werden muss.

Nach dem *Verursacherprinzip* muss derjenige, welcher die Umwelt verschmutzt oder schädigt, für die Schäden und die ökologischen Folgekosten aufkommen.

Nach dem *Querschnittsprinzip* sind die Erfordernisse des Umweltschutzes schon bisher bei der Festlegung und Durchführung anderer Gemeinschaftspolitiken obligatorisch mit einzubeziehen.

Das Umweltrecht der EG umfasst heute vor allem vier Regelungsbereiche: Standards für Anlagen, Produktstandards, Qualitätsnormen für die Umweltmedien Luft, Wasser und Boden sowie Verfahrensnormen.

Beispielhaft dafür, wie Standards der EG für Anlagen aussehen, ist die Richtlinie 88/609 des Rates[402] aus dem Jahre 1988, die sich mit der Begrenzung der Schadstoffemissionen von Großfeuerungsanlagen in die Luft befasst. Hinzu kommt, die IVU-Richtlinie aus dem Jahre 1996, die sich mit der integrierten Vermeidung und Verminderung der Umweltverschmutzung befasst[403] und auf die unten gesondert eingegangen wird.

Produktbezogene Regulierungen der EG werden häufig als Binnenmarktrichtlinien nach Art. 95 EG verabschiedet. Schon vor der Einfügung des Art. 95 EG in die Römischen Verträge gab es umweltpolitische Richtlinien. Bekannt geworden ist die Richtlinie des Rats zur Angleichung der Rechtsvorschriften der Mitgliedstaaten über den zulässigen Geräuschpegel und die Auspuffvorrichtung von Kraftfahrzeugen[404] aus dem Jahre 1970 und ihre Novellierung im Jahre 1992, um die es heftige Auseinandersetzungen zwischen dem Rat und dem Parlament gab.

Qualitätsstandards für das Wasser finden sich schon in der sog. Trinkwasserrichtlinie aus dem Jahre 1975[405], die den Vorläufer für viele wasserrechtliche und sonstige Richtlinien darstellt und auch der IVU-Richtlinie historisch zugrundeliegt.

Schließlich ist auf die Richtlinie über die Umweltverträglichkeitsprüfung bei bestimmten öffentlichen und privaten Projekten[406] aus dem Jahre 1985 hin-

---

402 Richtlinie 88/609 vom 24. 11. 1988, ABlEG 1988 L 336/1
403 Richtlinie 96/61 des Rates vom 24. 9. 1996, ABlEG vom 10. 10. 1996 L 257/26
404 Richtlinie 70/157 vom 6. 2. 1970, ABlEG 1970 L 42/16, zuletzt geändert durch ABlEG 1992 L 371/1
405 Richtlinie des Rates 74/440 vom 16. 6. 1975 über die Qualitätsanforderungen an Oberflächenwasser für die Trinkwassergewinnung, ABlEG 1975 L 194/34
406 Richtlinie 85/337 vom 27. 6. 1985, ABlEG 1985 L 175/40

zuweisen, die das Verfahren bei größeren Bauprojekten erheblich im Sinne des Umweltschutzes beeinflusste.

2. Rechtsprechung

a) *Vor der Verankerung der umweltrechtlichen Kompetenzen im EG-Vertrag*

Im Jahre 1991 entschied der EuGH über eine Klage der EG-Kommission gegen die Bundesrepublik Deutschland, in der es um den Lebensraum der *Säbelschnäbler* im niedersächsischen Wattenmeer ging. Sie waren durch die Richtlinie über die Erhaltung der wildlebenden Vogelarten[407] geschützt, die nach Art. 235 (alt) des EWG-Vertrages erlassen worden war, noch ehe die umweltrechtlichen Kompetenzen der Art. 130 r-t im EG-Vertrag verankert worden waren. Der Bundesrepublik wurde ein Verstoß gegen die aus der Richtlinie folgende Verpflichtung zum Schutz dieser Vogelart vorgeworfen, weil sie in der Leybucht, die zum Naturschutzpark Wattenmeer gehört, Bauarbeiten zugelassen hatte, durch die der Bestand der Säbelschnäbler bedroht wurde. Der EuGH[408] gab der Klage insoweit statt, als die Bundesrepublik verpflichtet wurde, die Säbelschnäbler zu schützen. Nach deutschem Recht wäre dies schwierig gewesen, jedenfalls dort, wo die Verbandsklage im Naturschutzrecht nicht zugelassen ist, wie z. B. damals auch in Niedersachsen, dem Land, in dem die Leybucht liegt. Das Vertragsverletzungsverfahren, durch das die Kommission nach Art. 226 EG die Einhaltung von Richtlinien sicherstellen kann, erfordert kein subjektives Recht einzelner Betroffener. Es reicht, wenn die Nichteinhaltung von Verpflichtungen durch die Mitgliedstaaten gerügt wird. Im Ergebnis erklärte der EuGH jedoch, dass der Schutz von Leib und Leben der Deichbewohner, dem die Bauarbeiten gegolten hatten, gegenüber den Zielen des Naturschutzes vorrangig sei. Inzwischen wurden übrigens zwei Schifffahrtswege quer durch die Leybucht stillgelegt, so dass es den Säbelschnäblern dort wieder besser geht.

In Art. 308 EG steht, dass der Rat einstimmig auf Vorschlag der Kommission nach Anhörung des Parlaments geeignete Vorschriften auf Gebieten verabschieden kann, auf denen ein Tätigwerden der Gemeinschaft erforderlich erscheint, um im Rahmen des Gemeinsamen Marktes eines dieser Ziele zu verwirklichen. Die Befugnisse für das Tätigwerden müssen im EG-Vertrag nicht vorgesehen sein. Der Rat besitzt also die sogenannte Kompetenzkompetenz, d. h. er kann sich (allerdings nur einstimmig) weitere Normierungskompetenzen zueignen und damit über den Rahmen des Vertrages hinausgehen. Dies

---

407 Richtlinie 79/409 des Rates vom 2. 4. 1979 ABlEG Nr. L 103/1
408 EuGH v. 28. 2. 1991, Slg.I-883, Rs. C 57/89

hat er auch in einer Reihe von anderen Fällen getan, z. B. bei der Verabschiedung der Produkthaftungsrichtlinie im Jahre 1985, durch welche er einheitliche Wettbewerbsbedingungen im Bereich des zivilen Haftungsrechts sicherstellen wollte. Die Befugnis des Art. 308 EG steht allerdings heute unter dem Vorbehalt des Subsidaritätsprinzips nach Art. 5 EG.

b) Kompetenzkonflikt zwischen Umweltschutz und Binnenmarktpolitik

– Titandioxid

Im *Fall Titandioxid* befasste sich der EuGH 1991 mit umweltpolitisch relevanten Konkurrenzen der Rechtssetzungskompetenz. Nach Art. 175 EG ist die Gemeinschaft ermächtigt, einstimmig Verordnungen und Richtlinien sowie sonstige Entscheidungen mit umweltpolitischer Zielsetzung zu verabschieden. Diese Ermächtigungsgrundlage steht in Konkurrenz zu Art. 94 und 95 EG, den Ermächtigungsgrundlagen für die Rechtsangleichung im Zusammenhang mit der Einführung des gemeinsamen Binnenmarktes. Viele Maßnahmen dienen sowohl der Herstellung des gemeinsamen Binnenmarkts als auch dem Umweltschutz. Die Kommission könnte sich auf Art. 95 EG berufen und dadurch eine Beschlussfassung mit qualifizierter Mehrheit im Rat herbeiführen. Sie könnte sich aber auch auf Art. 174 und 175 EG berufen, dann wäre eine einstimmige Verabschiedung im Rat notwendig. Nach Art. 175 EG wird das Parlament nur angehört, nach Art. 95 EG gilt das Verfahren der Zusammenarbeit (Art. 251 EG). Bei der sogenannten Titandioxid-Richtlinie berief sich die Kommission auf Art. 95 EG, während der Rat Art. 175 EG für einschlägig ansah.

Auf eine entsprechende Klage der Kommission erklärte der EuGH Art. 175 EG für die richtige Ermächtigungsgrundlage[409]. Danach dürfen EG-Mitgliedstaaten nicht daran gehindert werden, strengere Schutzvorschriften als die Gemeinschaft zu erlassen, wenn dies durch wichtige Erfordernisse i.S. von Art. 30 EG, etwa in Bezug auf den Schutz der Arbeitsumwelt oder den Umweltschutz, gerechtfertigt ist und kein Mittel zur willkürlichen Diskriminierung sowie keine verschleierte Beschränkung des Handels zwischen den Mitgliedstaaten darstellt. Das Gericht stellt fest, dass die Merkmale beider Ermächtigungsgrundlagen erfüllt sind. Nach Art. 95 oder 175 EG darf die Kommission, so der EuGH, nicht aus eigener Machtvollkommenheit eine Kompetenznorm auswählen, ihre Wahl ist vielmehr gerichtlich überprüfbar. Im Rahmen der Rechtsangleichung nach Art. 95 Abs. 4 EG ist zwar der Grundsatz des bestmöglichen Umweltschutzes zu beachten, er findet aber keinen so deutlichen Ausdruck wie in Art.176. Denn nach Art. 95 Abs. 4 hat die Kommis-

---

409   EuGH Slg. 1991, I-2867, Rs. C 300/89 – Titandioxid

sion ein Prüfungsrecht und eine Prüfungspflicht, wenn ihr ein Mitgliedstaat mitteilt, dass er einen höheren Umweltstandard als die EG-Norm einführen oder beibehalten wolle. In Art. 176 EG wird ihr der Sachverhalt, dass ein Mitgliedstaat eine verstärkte Schutzmaßnahme beibehalten oder ergreifen wolle, nur mitgeteilt (Notifikation). Der Notifizierung kommt aber konstitutive Bedeutung für die Wirksamkeit der schärferen nationalen Regelung zu[410], obwohl sie nicht mit einer Prüfungskompetenz der Kommission verbunden ist. Gegen eine Kommissionsentscheidung nach Art. 95 Abs. 4 kann ein Mitgliedstaat klagen, nicht jedoch gegen eine Notifikation nach Art.175. Der höhere Umweltstandard des einzelnen Mitgliedstaates ist also nach Art. 175 stärker geschützt. Andererseits ist nur nach Art. 95 eine echte Mitwirkung des Parlaments gesichert. Festzuhalten bleibt, dass sich der EuGH in diesem Konflikt für die Kompetenzgrundlage entschieden hat, welcher der *Schwerpunkt* der Regelung zuzuordnen ist, im Fall Titandioxid ist das Art. 95 EG. Eine Regelung lässt sich demnach nicht allein deswegen auf Art. 94, 95 EG stützen, weil sie *nebenbei* auch eine Harmonisierung der Wettbewerbsbedingungen innerhalb der Gemeinschaft bewirkt. Diese Position erscheint vertretbar, bei der Entscheidung des einzelnen Falles wird der EuGH aber vielfältig kritisiert.[411] An diesem Schwerpunktprinzip hat der EuGH z. B. auch bei der Überprüfung der Abfallrichtlinie[412] im Jahre 1993 festgehalten.

– *PCP*

Im Zusammenhang mit Art. 95 Abs. 4 EG ist insbesondere auch der Fall *PCP* bedeutsam. Als Deutschland sein Verbot des Holzschutzmittels Pentachlorphenol (PCP) trotz einer milderen EG-Richtlinie beibehalten wollte, gestand die Kommission im Juni 1992 diese Möglichkeit des nationalen Alleingangs nach Art. 95 Abs. 4 zu. Sie berief sich hierbei auf den Umweltschutz. Bisher handelte es sich bei den Ausnahmen nach Art. 30 EG überwiegend um Bestimmungen zum Schutz der Gewässer, der Böden, der Fauna oder der Flora, die nicht mit den wettbewerbspolitischen Zielsetzungen der EG kollidieren können. Die Kommission akzeptierte den Umweltschutz auch im Fall PCP als Eingriffsgrundlage.
Fraglich ist im Rahmen von Art. 95 Abs. 4 EG, wie weit die Freiheit der Mitgliedstaaten zu nationalen Alleingängen reicht, durch die der Umweltschutz gegenüber den EG-Normen verstärkt wird. Auf eine Klage Frankreichs im Fall PCP erklärte der Europäische Gerichtshof[413] die Kommissionsentschei-

---

410 Vgl. auch Herdegen, Europarecht, 1997, S. 261
411 Vgl. statt aller Zuleeg, Umweltschutz in der Rechtsprechung des Europäischen Gerichtshofs, NJW 1993, 31, 33 m. w. N.
412 EuGH Slg. 1993, I-939 = EuZW 1993, 290
413 EuGH Slg. 1994, I-1841 = NJW 1994, 3341 ff.

dung für nichtig, da sie ohne Begründung ergangen sei. Die Kommission müsse die in Art. 95 Abs. 4 EG vorgeschriebene Abwägung zwischen Umweltschutz und Binnenmarktfreiheit vornehmen. Dies hat sie inzwischen getan. Das deutsche Verbot von PCP wurde erneut bestätigt, diesmal mit der erforderlichen Begründung. Aus der Entscheidung im Fall PCP[414] folgt eine eher umweltfreundliche Linie der Kommission zu Art. 95 EG, wonach die Mitgliedstaaten gegenüber der EG-Regelung schärfere Umweltschutzvorschriften beibehalten oder neu einführen können. Auch wenn also der erste Prozess aus der Sicht der Bundesregierung wegen fehlender Begründung der Kommissionsentscheidung verloren ging, könnte sich dennoch eine Praxis entwickeln, wonach bei zukünftigen Umweltrichtlinien der EG Spielräume für weitergehende nationale Regelungen offengehalten werden.

Wie groß die Abgrenzungsschwierigkeiten zwischen dem Rechtssetzungsweg nach Art. 95 EG und dem nach Art. 175 EG sind, belegen die Vorgehensweisen von Kommission und Rat im Bereich FCKW und Halogene einerseits und Gentechnik andererseits: Die VO 3322/88 über die Zurückdrängung von FCKW und Halonen[415] wurde auf Art. 175 EG gestützt, ebenso die EG-»Systemrichtlinie« über die Anwendung genetisch veränderter Mikroorganismen in geschlossenen Systemen[416]. Die EG-»Freisetzungsrichtlinie« über die absichtliche Freisetzung genetisch veränderter Organismen in die Umwelt[417] wurde hingegen auf Art. 95 EG gestützt. Hier stand der Binnenmarktgedanke im Vordergrund. Richtig wäre wohl Art. 175 EG gewesen, da der Schwerpunkt der Richtlinie wegen der durch die Freisetzung drohenden Gefahren im Umweltbereich liegt.

c) *Mangelhafte Umsetzung von Umweltschutzrichtlinien*

In anderen Vertragsverletzungsverfahren war die Kommission gegen die Bundesrepublik Deutschland deshalb erfolgreich, weil Deutschland einige Umweltschutzrichtlinien nur durch Verwaltungsvorschriften, nicht aber durch Gesetze oder Rechtsverordnungen in nationales Recht umgesetzt hatte. Der EuGH ließ es bei der Umsetzung der *Richtlinie über den Schutz des Grundwassers* nicht genügen, dass die Bundesrepublik diese im Wasserhaushaltsgesetz, im Abfallbeseitigungsgesetz sowie in anderen Gesetzen, Erlassen und Verwaltungsvorschriften nur unvollständig umgesetzt hatte[418]. Entscheidend war hier, dass die Vorschriften der Richtlinie nach der Interpre-

---

414 A.a.O., Tz. 23 ff.
415 ABlEG 1988 L 291/1; vgl. jetzt VO 594/91 zum Schutz der Ozonschicht, ABlEG 1991 L 67/1 und danach VO 3093/94, ABlEG 1994 L 333, 1 ff.
416 Richtlinie 90/219, ABlEG 1990 L 117/1
417 Richtlinie 90/220, ABlEG 1990 L 117/15
418 EuGH Slg. 1991, 825, Rs. C-131/88

tation des EuGH darauf abzielten, Rechte und Pflichten der Einzelnen zu begründen. Es bleibt abzuwarten, inwieweit es der Bundesrepublik gelingen wird, die neue Wasserrahmenrichtlinie 2000/60/EG (ABlEG L 327 v. 22. 12. 2000, S. 1-73) angemessen umzusetzen.

In zwei weiteren Vertragsverletzungsverfahren gegen die Bundesrepublik Deutschland stand die »*Technische Anleitung zur Reinhaltung der Luft (TA Luft)*« auf dem Prüfstand, eine Verwaltungsvorschrift, die auf § 48 des Bundesimmissionsschutzgesetzes (BImSchG) geschützt wird. Die TA Luft übernimmt, ja verschärft die von zwei Richtlinien der Gemeinschaft vorgeschriebenen Grenzwerte für die Luftverschmutzung, zum einen die der Richtlinie zum Bleigehalt, zum andern die der Richtlinie zum Gehalt an Schwefeldioxid und Schwebestaub in der Luft. Die TA Luft bindet als Verwaltungsvorschrift nur die Umweltverwaltung, begründet aber keine subjektiven Rechte für Bürger. In beiden Verfahren hielt der Gerichtshof die TA Luft für unzureichend, um die Richtlinien in innerstaatliches Recht umzusetzen. Die Betroffenen müssen in der Lage sein, sich auf zwingende Vorschriften zu berufen, um Gefahren für ihre Gesundheit abwehren zu können. Im Übrigen ist es geboten, die Grenzwerte in einer Vorschrift festzulegen, deren Verbindlichkeit unbestreitbar ist, damit alle, deren Tätigkeiten Immissionen zur Folge haben können, genau wissen, welche Verpflichtungen sie haben. Die Grenzwerte für die Luftverschmutzung, die in der TA Luft festgehalten sind, haben nach der Meinung des EuGH keinen unbestritten zwingenden Charakter. Ihr Anwendungsbereich ist beschränkt. Der Einzelne weiß also nicht genau, welche Rechte und Pflichten er hat. Die Umsetzung der Richtlinien ist nicht mit der erforderlichen Konkretheit, Bestimmtheit und Klarheit erfolgt; die Rechtssicherheit ist nicht gewährleistet; die Bundesrepublik hat daher den Vertrag verletzt.[419] Der EuGH lässt unberücksichtigt, dass der deutsche Umweltschutz in der Praxis über die von der EG festgelegten Grenzwerte hinausgeht.

d)   *Konflikt zwischen Warenverkehrsfreiheit und Umweltschutz*

In der Rechtsprechung des EuGH zur Warenverkehrsfreiheit und zur Dienstleistungsfreiheit ist der Umweltschutz schon seit längerem als »zwingendes Erfordernis« anerkannt, das eine Beschränkung dieser Freiheiten rechtfertigen kann. In der Praxis war bisher vor allem umstritten, wie weit dieser Rechtfertigungsgrund reicht. Neuerdings lehnt der EuGH eine Verletzung der Warenverkehrsfreiheit ab, wenn gemeinschaftsrechtlich normierte Umweltzielsetzungen verfolgt werden.

---

419 EuGH Slg. 1991, I-2567, Rs. C 361/88 – Schwefeldioxid und Schwebestaub; Slg. 1991, I-2607, Rs. C 59/89 – Blei

Im Streit über die *dänische Regelung für Getränkepfandflaschen* erkannte der EuGH zwar den Umweltschutz als zwingendes Erfordernis an, um ein Pfand- und Rücknahmesystem für Leergut von Flaschen zu rechtfertigen, auch wenn dadurch die Einführung von Waren aus anderen Mitgliedstaaten behindert und der Zugang neuer Wettbewerber zum dänischen Markt erschwert werden[420]. Er hielt die Regelung allerdings für unverhältnismäßig und daher rechtswidrig, weil die verwendeten Flaschentypen durch die dänischen Behörden genehmigt werden mussten und die Bereitschaft des Händlers zur Wiederverwertung nicht berücksichtigt wurde. Außerdem wurde es als ein Verstoß gegen Art. 28 EG angesehen, dass die Menge von Bier und Erfrischungsgetränken, die in nicht zugelassener Verpackung in den Handel gebracht werden dürfen, für Importware auf 3000 Hektoliter pro Hersteller und Jahr begrenzt wurden.

In der Entscheidung »*Abfall in Wallonien*« war über ein belgisches Gesetz zu entscheiden, das den Transport und die Lagerung von gefährlichen Abfällen aus anderen Mitgliedstaaten in Wallonien verbot. Die Kommission war in ihrer Vertragsverletzungsklage der Auffassung, dies verstoße gegen den Grundsatz des freien Warenverkehrs und die Richtlinie 84/631 über die grenzüberschreitende Verbringung von Abfällen. Der Europäische Gerichtshof[421] erkannte entgegen der Auffassung der Kommission einen Vorrang des Umweltschutzes gegenüber den Vorschriften über den freien Warenverkehr an. Die Diskriminierung sei durch zwingende Erfordernisse des Umweltschutzes gerechtfertigt.

Schon nicht mehr als Rechtfertigungsgrund, sondern aus tatbestandsausschließendes Merkmal prüfte der EuGH den Umweltschutz in der *Preußen-Elektra-Entscheidung* vom 13. 3. 2001 (vgl. oben S. 169). Nach dem deutschen Stromeinspeisungsgesetz von 1990 waren die Netzbetreiber verpflichtet, den Erzeugern von Strom aus Erneuerbaren Energien Festpreise zu zahlen und den Strom abzunehmen. Auf Grund einer 1998 eingeführten Klausel konnte die Schleswag einen Teil der hierbei entstandenen Kosten an ihre Muttergesellschaft, die Preußenelektra, weiterreichen. Diese klagte auf Rückzahlung; das LG Kiel legte dem EuGH die Frage der Beihilfeneigenschaft und der Verletzung der Warenverkehrsfreiheit zur Vorabentscheidung vor (vgl. oben). Der EuGH verneinte die Beihilfeneigenschaft, weil der Staat keine Vermögensmittel einsetzte. Er verneinte auch den Verstoß gegen die Warenverkehrsfreiheit des Art. 28 EG, aber nicht, wie erwartet worden war, weil die gesetzgeberische Maßnahme durch umweltpolitische Zielsetzungen nach Art. 30 EG gerechtfertigt sei, sondern weil beim gegenwärtigen, den Warenverkehr mit Strom kaum ermöglichenden Stand der Liberalisierung des

---

420 EuGH Slg. 1988, 4607, Rs. 302/86 – Dänische Pfandflaschen
421 EuGH v. 9. 7. 1992, Slg. 1992, I-4431, Rs. C-2/90 – Abfall in Wallonien

Strommarktes eine Verletzung der Warenverkehrsfreiheit schon tatbestandsmäßig ausscheide. Der EuGH verwies in diesem Zusammenhang vor allem auf die Verpflichtung der Gemeinschaft im sog. Kyoto-Protokoll, den Ausstoß an Treibhausgasen einzuschränken, und auf die rechtliche Festlegung in Art. 8 der Elektrizitätsbinnenmarktrichtlinie, den Erneuerbaren Energien den Vorrang einzuräumen sowie bis zu 15 % des Elektrizitätsverbrauchs aus einheimischen Energiequellen zu decken.

Nur kurz erwähnt der EuGH die Grundnorm des Umweltschutzes in Art. 6 EG, die in Amsterdam vereinbart wurde. Hier geht der EuGH m. E. (noch) nicht weit genug. Seit dem 1. Mai 1999, dem Inkrafttreten der EG-Vertragsänderungen von Amsterdam, ist die Warenverkehrsfreiheit im Lichte von Art. 6 neu zu interpretieren. Solange sich die EG nicht auf ein einheitliches Regime zur Förderung der Erzeugung von Strom aus erneuerbaren Energien geeinigt hat, ist Umweltschutz in diesem Bereich nicht anders möglich als durch eine Nicht-Förderung des Stromhandels mit Ökostrom aus anderen Mitgliedsstaaten. Dies gilt insbesondere auch, wenn der Gesetzgeber sich für ein System der Kaufpflichten und Festpreise entscheidet. Würde man die Mitgliedsstaaten, welche mit dem Umweltschutz vorangehen, zur unterschiedslosen Behandlung aller Erzeuger von Strom aus erneuerbaren Energien verpflichten, dann würde jede umweltpolitische Initiative in diese Richtung vereitelt, da niemand die Trittbrettfahrer aus anderen Mitgliedstaaten auf Kosten seiner Verbraucher begünstigen will. Kein Land wäre bereit, die umweltpolitischen Unterlassungen anderer EG-Mitgliedsstaaten dadurch zu honorieren, dass es gewissermaßen an deren Stelle mit Hilfe von Kaufpflichten und Festpreisregelungen Umweltpolitik betriebe.

3. Europäisches und deutsches Umweltrecht am Beispiel der IVU-Richtlinie

Am 24. 9. 1996 beschloss der Rat einstimmig die EG-Richtlinie über die integrierte Vermeidung und Verminderung der Umweltverschmutzung (IVU-Richtlinie)[422]. In der Richtlinie werden für den Betrieb von Industrieanlagen materielle Grundpflichten und Anforderungen an das Genehmigungsverfahren festgelegt, damit die Umweltverschmutzung in der Luft, im Boden und im Wasser durch ein koordiniertes Vorgehen verringert oder vermieden werden kann. Die EG-Richtlinie befasst sich mit materiellen Grundpflichten und Anforderungen an das Genehmigungsverfahren für den Betrieb bestimmter Industrieanlagen. Es geht um die integrierte Vermeidung und Verminderung der Freisetzung von Stoffen, Erschütterungen, Wärme oder Lärm in Luft,

---

422 Richtlinie 96/61, ABlEG 1996 L 257/26

Wasser und Boden unter Einbeziehung der Abfallwirtschaft, außerdem um die Einhaltung der Umweltqualitätsnormen sowie um eine regelmäßige Überprüfung und gegebenenfalls Anpassung der Genehmigungsauflagen. Hinzu kommen Anforderungen an das Verfahrensrecht: Die Öffentlichkeit muss beteiligt werden, wenn Neuanlagen errichtet werden. Die Richtlinie stützt sich auf Art. 175 EG. Weitergehende Regelungen von Mitgliedstaaten sind zulässig, sie müssen der Kommission nur nach Art. 176 EG mitgeteilt werden.

Der integrierte Ansatz der Richtlinie soll die Entscheidungen über Emissionen in Luft, Wasser und Boden zusammenfassen. Der Gedanke der Vermeidung von Umweltverschmutzungen steht im Vordergrund. Nach Art. 3 Abs. 1 EG treffen die Mitgliedstaaten die erforderlichen Vorkehrungen, damit die zuständigen Behörden sich vergewissern, dass die Anlagen jeweils so betrieben werden, dass

– alle geeigneten Vorsorgemaßnahmen gegen Umweltverschmutzungen, insbesondere durch den Einsatz der besten verfügbaren Techniken getroffen werden,

– keine erheblichen Umweltverschmutzungen verursacht werden,

– das Entstehen von Abfällen vermieden wird, Abfälle verwertet oder beseitigt werden,

– Energie effizient verwendet wird,

– die notwendigen Maßnahmen ergriffen werden, um Unfälle zu verhüten und deren Folgen zu begrenzen.

In Art. 2 Nr. 7 der Richtlinie werden Umweltqualitätsnormen definiert, die in jedem Falle einzuhalten sind, auch wenn damit strengere Auflagen als die Anwendung der besten verfügbaren Techniken verbunden sind (Art. 24).

Gegenwärtig wird das Umweltverträglichkeitsgesetz beraten, das u. a. die IVU-Richtlinie umsetzen soll.[423] Bei der Umsetzung der Richtlinie sind in Deutschland nicht unbeträchtliche Probleme zu erwarten. Ausgangspunkt ist, dass es in Deutschland seit 1974 ein Bundesimmissionsschutzgesetz gibt. Nach § 3 Abs. 6 BImSchG ist jeweils der Stand der Technik zu beachten. Bei der Bestimmung des Standes der Technik sind nach § 3 Abs. 6 BImSchG insbesondere vergleichbare Verfahren, Einrichtungen oder Betriebsweisen heranzuziehen, die mit Erfolg im Betrieb erprobt worden sind. Die Richtlinie geht erheblich weiter, indem sie den Einsatz der besten verfügbaren Techniken verlangt. Hinzu kommt, dass die Verfahren über die Auswirkungen auf Luft, Wasser und Boden vereinheitlicht werden müssen (integrierter Ansatz). Schließlich muss die Öffentlichkeit im EG-Ausland beteiligt werden. Auch ist

---

423 Vgl. Dolde, Die EG-Richtlinie über die integrierte Vermeidung und Verminderung der Umweltverschmutzung – Auswirkungen auf das deutsche Umweltrecht, NVwZ 1997, 313 ff., 320; Beyer, Die Umsetzung der materiellen Anforderungen der IVU-Richtlinie im Gesetzentwurf der Bundesregierung, UPR 2000, 434-438

die Genehmigung regelmäßig zu überprüfen. Insbesondere der integrierte Ansatz weist über die gegenwärtig noch getrennten Genehmigungen nach den deutschen Umweltschutzgesetzen hinaus. Dies könnte die Schaffung eines Umweltgesetzbuchs, das hierzulande seit Jahren diskutiert wird, beschleunigen.

In diesem Zusammenhang ist auch zu fragen, inwieweit die praktische Verwirklichung der umweltpolitischen Ziele durch diesen regulationspolitischen Ansatz gefördert wird, der an der Genehmigung von Anlagen ansetzt. Der Ansatz könnte jedenfalls ergänzt werden, indem man nach dem Modell der Produkthaftung in der EU eine Umwelthaftung als Gefährdungshaftung einführt, die es in Deutschland bereits seit der Verabschiedung des Umwelthaftungsgesetzes im Jahre 1990 gibt. Die EG-Kommission hat zu dem Problem im Jahre 1993 ein Grünbuch[424] vorgelegt, in dem sie sich mit den unterschiedlichen Haftungsmaßstäben und Entschädigungssystemen bei Umweltschäden befasst.

4. Der Subsidiaritätsgrundsatz

Es gibt Anzeichen dafür, dass Ökologie und Ökonomie im Binnenmarkt weniger als Gegensätze und mehr als komplementäre Bereiche gesehen werden. Unter Berufung auf den in Art. 5 EG enthaltenen Subsidiaritätsgedanken wird neuerdings einem »Umweltwettbewerb« das Wort geredet. Der Gedanke ist insofern bestechend, als das Ziel des Umweltschutzes nicht darin besteht, einheitliche Überprüfungsstandards einzuführen, sondern ein gleiches (Mindest-)Schutzniveau zu erreichen. Insofern ist der bisherige Weg, den Umweltschutz mit sehr detaillierten Regelungen abzusichern, nicht der einzig mögliche. Mehr Umweltwettbewerb wird vor allem auch von Ökonomen gefordert. Wie Anreize zu vermehrten Umweltschutzmaßnahmen gegeben und ein Unterlaufen der umweltpolitischen Zielsetzungen verhindert werden kann, ist unter ihnen aber umstritten[425].

Entscheidend ist stets der Erfolg. Dies gilt auch für den Umweltschutz. Viele sagen »Wettbewerb« und meinen »Absenkung der umweltpolitischen Standards durch Lockerung der Regeln«. Insofern ist die Berufung auf den Subsidiaritätsgrundsatz des Art. 5 EG in vielen Fällen vorgeschoben. Subsidiär ist nicht der Umweltschutz, sondern allenfalls in bestimmten Fällen eine Rechtsvorschrift, die ihn erzwingt, wenn er ohne besondere gesellschaftliche Kosten auch durch mildere Mittel, d. h. insbesondere auch, durch Wettbewerb, erreicht werden kann. Ob die Befürchtung von Winter[426] sich bewahrheitet,

---

424 Grünbuch über die Sanierung von Umweltschäden, KOM (93) 47 endg. vom 14. 5. 1993
425 Vgl. Hampicke, Ökologische Ökonomie, 1992, 263 ff. m. w. N.
426 Vgl. Winter, Subsidiarität und Deregulierung im Gemeinschaftsrecht, EuR 1996, 247-269

dass der Subsidiaritätsgrundsatz mit Vorliebe zur Verhinderung von Maßnahmen der Sozialpolitik und des Umweltschutzes herangezogen wird, bleibt abzuwarten. Jedenfalls gebietet der Subsidiaritätsgrundsatz nicht, bestehende Umweltschutznormen der Gemeinschaft restriktiv auszulegen. Zu überlegen ist aber, ob das Ziel, ein einheitliches europäisches (Mindest-)Schutzniveau zu schaffen, nicht auf dem Weg des Umweltwettbewerbs besser erreicht werden kann. Es ist möglich, durch Grenzwerte oder durch die Normierung von Pflichten ein Mindestschutzniveau zu schaffen und gleichzeitig durch ein Förderprogramm mit Anreizen aller Art die Erreichung von besseren Umweltstandards zu fördern. Damit wäre auch dem Subsidiaritätsgrundsatz Rechnung getragen.

5. Förderung von Umweltschutzmaßnahmen

Die Kommission verfolgt seit Jahren eine kombinierte Politik der Festlegung von Mindeststandards und der zusätzlichen Förderung von Umweltschutzmaßnahmen. Sie fördert den Umweltschutz nicht nur dadurch, dass sie ihn als Rechtfertigung für staatliche Beihilfen nach Art. 87 EG anerkennt (vgl. oben), sondern auch dadurch, dass sie Aktionsprogramme aufgestellt hat und noch aufstellt. Während sich die ersten beiden Aktionsprogramme aus den Jahren 1973 und 1977 noch um die Frage bemühten, welche Maßnahmen zur Behebung von akuten Umweltschäden geeignet seien, stellte das dritte Aktionsprogramm aus dem Jahre 1983 schon eine vorbeugende Strategie zur Erhaltung der Umwelt zusammen. Teil des Programms war die Verabschiedung der Richtlinie über die Umweltverträglichkeitsprüfung. Durch die Richtlinie 85/337/EWG des Rates vom 27. 6. 1985[427] wurde die Umweltverträglichkeitsprüfung als Voraussetzung der Genehmigung des Baues großer Industrie- und Infrastrukturvorhaben eingeführt.

Das vierte Aktionsprogramm von 1987 bezog die Umweltpolitik systematisch in die anderen Politikbereiche der Gemeinschaft ein, insbesondere auch in die Wirtschafts- und Sozialpolitik. Hier tauchte zum erstenmal der Vorschlag auf, eine Umweltagentur einzurichten. Er wurde erst 1993 verwirklicht. Seit 1994 gibt es auf der Grundlage der VO 1210/1990[428] eine Europäische Umweltagentur in Kopenhagen. Hinzu kommt ein eigenes Finanzierungsinstrument für die Umwelt, genannt LIFE[429]. Die Aufgaben der Umweltagentur beschränken sich gegenwärtig noch auf die Sammlung, die Auswertung und den Austausch von Informationen über die Umwelt.

---

427 ABlEG L 175/140
428 ABlEG L 120/1
429 Vgl. VO Nr. 1973/92 der Rates vom 21. 5. 1992, ABlEG 1992 L 206/1

Gestützt auf die in Art. 175 EG verankerte Kompetenz wurde 1990 die Richtlinie 313/90 über den freien Zugang von natürlichen und juristischen Personen zu Umweltinformationen der Behörden[430] verabschiedet. Durch diese Richtlinie wurde erstmals sichergestellt, dass der Bürger kein besonderes Interesse an der Umweltinformation mehr nachweisen muss, wenn er sie von der Behörde fordert. Hinzu kommen Richtlinien zur Abfallbewirtschaftung[431], die in einigen EG-Mitgliedstaaten große Verbesserungen mit sich brachten, zum Wasserrechtsrahmen[432], zur Rücknahme von Altautos und zur Umweltverträglichkeitsprüfung.

Im fünften Aktionsprogramm von 1993, das bis zum Jahre 2000 galt, wurde dann das Prinzip der »Förderung eines dauerhaften und umweltgerechten Wachstums« verankert, also der Grundsatz der nachhaltigen Entwicklung. Ziel ist bereits der integrierte Umweltschutz und der Grundsatz der Vermeidung von Abfällen. Durch eine Verordnung aus dem Jahre 1993[433] wurde ein System freiwilliger Öko-Audits eingeführt. Ein Unternehmen, das freiwillig die Umweltauswirkungen erfasst, bilanziert und die notwendigen Schritte zur Durchführung von Verbesserungsmaßnahmen einleitet, darf ein amtlich genehmigtes Umweltzeichen (Logo) führen.

Das fünfte Aktionsprogramm befasste sich auch mit dem Schutz der Bevölkerung gegen Risiken für die Gesundheit, die gerade auch mit der Einführung neuer Technologien und mit sonstigen Neuerungen verbunden sein können. Unterschiedliche Regelungskompetenzen wurden wie oben ausgeführt bei zwei Richtlinien zur Gentechnik herangezogen: Die Systemrichtlinie über die Anwendung genetisch veränderter Mikroorganismen in geschlossenen Systemen[434] wurde auf Art. 175 EG gestützt, die Freisetzungsrichtlinie über die absichtliche Freisetzung genetisch veränderter Organismen in die Umwelt[435] auf Art. 94 und 95 EG (Binnenmarkt). Schließlich wurde 1993 das bereits erwähnte Grünbuch zu Haftungsmaßstäben und Entschädigungssystemen bei Umweltschäden vorgelegt.

---

430 ABlEG L 158/56
431 Rahmenrichtlinie 156/91, ABlEG 1991 L 78/32; Richtlinie 689/91 zu giftigen und gefährlichen Abfällen, ABlEG 1991 L 377/20
432 Wasserrechtsrahmenrichtlinie 2000/60/EG, ABlEG L 327 vom 22. 12. 2000, S. 1-73
433 Verordnung Nr. 1836/93 des Rates vom 29. 6. 1993, ABlEG L 168/1; geändert durch die EMAS-Verordnung 761/2001 v. 19. 3. 2001 über die freiwillige Beteiligung von Organisationen an einem Gemeinschaftssystem für das Umweltmanagement und die Umweltbetriebsprüfung, ABlEG L 114/1 v. 24. 4. 2001
434 ABlEG 1990 L 119/1
435 ABlEG 1990 L 117/15

6. Perspektiven

Die umfangreichen Aktivitäten der EG im Umweltschutz können nicht darüber hinwegtäuschen, dass die Praxis hinter den Zielen der Regulierungen zurückbleibt. Ungelöst ist das praktische Problem, dass die EG-Kommission sich immer noch auf die Rüge von Vertragsverletzungen durch den nationalen Gesetzgeber kapriziert, wobei ihr der EuGH oft mit formalistischen Argumenten Recht gibt, während die mangelhafte Durchsetzung der umweltrechtlichen Ziele durch die Praxis einiger Mitgliedstaaten noch kaum vor dem EuGH gerügt wird. Die Umweltpolitik der EG krankt immer noch daran, dass die Kontrollbefugnisse der Brüsseler Behörden schwach ausgeprägt sind und der Einfluss der Kommission auf die nationalen Behörden, die nach der Umsetzung von Richtlinien tätig werden müssten, nicht überschätzt werden darf. Interne Konflikte innerhalb der Kommission werden häufig zu Lasten von Umweltinteressen entschieden. In Einzelfällen wie PreußenElektra kann dies durch den EuGH korrigiert werden. Das sog. Umweltbewusstsein ist in einigen Mitgliedstaaten noch nicht stark ausgeprägt, so dass auch die Durchsetzung des Umweltschutzes durch Privatpersonen, etwa im Wege von Nachbarschaftsklagen oder von Einsprüchen bei Planungsverfahren, noch nicht sehr durchschlagskräftig ist.

Van den Bergh, Faure und Lefevere[436] schlagen vor, die Kommission in einem ersten Schritt allgemeine Qualitätsstandards für die Umwelt festsetzen zu lassen, ohne den Mitgliedstaaten die genauen Verfahren vorzuschreiben, und in einem zweiten Schritt Geldbußen zu verhängen, wenn die Qualitätsstandards nach einer gewissen Zeit nicht erreicht werden. Der Vorschlag ist zwar interessant, weil er flexibler als die bisher eingeschlagenen technizistischen Lösungsversuche ist. Es besteht aber die Gefahr, dass die EG-Organe sich nicht gegen die säumigen Mitgliedstaaten durchsetzen, wenn diese ihnen nicht die notwendigen Informationen zur Verfügung stellen und sie im Verwaltungsverfahren behindern.

Gerichte, Behörden und alle Beteiligten befinden sich in einem Wettlauf gegen die Zeit. Die Umweltberichte und Aktionsprogramme zeigen die Gefahren auf, aber sie werden nicht immer ernst genommen. Auch eine Verstärkung der Kompetenzen der EG, etwa durch eine Ausweitung der Bereiche, die mit qualifizierter Mehrheit im Rat geregelt werden können, löst das Problem noch nicht. Es kommt auf die Durchsetzung der Umweltpolitik, notfalls gegen andere Politiken, an. Dagegen stehen oft mächtige Interessen, die nicht allein durch Kompetenzerweiterungen bekämpft werden können.

---

436 In: Eide/van den Bergh (ed.), Law and Economics of the Environment, Oslo 1996, S. 121-166

Eines von mehreren Instrumenten zur Verbesserung der Umweltpolitik ist möglicherweise die bereits angesprochene Einführung einer verschuldensunabhängigen Haftung für Umweltschäden nach dem Vorbild des deutschen Umwelthaftungsgesetzes aus dem Jahre 1990[437]. Durch zivilrechtliche Schadensersatzansprüche können zwar nicht alle Probleme bewältigt werden, die im Zusammenhang mit Umweltschäden entstehen. Insbesondere können nicht die sog. Distanz- und Summationsschäden ersetzt werden, bei denen sich die Kausalität eines schädigenden Ereignisses nicht nachweisen lässt[438]. Das deutsche Umwelthaftungsgesetz befasst sich aber immerhin insoweit mit dem Problem, als es die Kausalität vermutet, wenn in einer vom Gesetz erfassten Anlage ein Störfall vorgelegen hat (§ 6 Abs. 1 UHG). Bisher hat die Kommission noch keinen Richtlinienvorschlag zur zivilrechtlichen Umwelthaftung vorgelegt. Die Problematik wurde lediglich in dem erwähnten Grünbuch[439] aufgezeigt. Es regt an, einen Fonds zur Sanierung von Umweltschäden zu schaffen, eine Lösung, welche auch die (zeitlichen und räumlichen) Distanz- und Summationsschäden erfassen würde.

Die Regierungskonferenz von Amsterdam hebt den Umweltschutz in Art. 6 EG (neu) als Querschnittsbereich heraus, der bei der Festlegung und Durchführung der anderen Gemeinschaftspolitiken zu berücksichtigen ist. Diese Vertragsänderung stärkt das Gewicht des Umweltschutzes bei der Abwägung der verschiedenen Politikbereiche der EG.

7. Weiterführende Hinweise

Dolde, Die EG-Richtlinie über die integrierte Vermeidung und Verminderung der Umweltverschmutzung – Auswirkungen auf das deutsche Umweltrecht, NVwZ 1997, 313 ff.; *Eide/van den Bergh (ed.),* Law and Economics of the Environment, Oslo 1996; *Everling,* Durchführung und Umsetzung des europäischen Gemeinschaftsrechts im Bereich des Umweltschutzes unter Berücksichtigung der Rechtsprechung des EuGH, NVwZ 1995, 320 ff.; *Frenz,* Europäisches Umweltrecht, 1997; *G. Hager,* Das neue Umwelthaftungsgesetz, NJW 1991, 134 ff.; *Jarass,* Binnenmarktrichtlinien und Umweltschutzrichtlinien, EuZW 1991, 530ff.; *Köck,* Umweltschutzsichernde Betriebsorganisation als Gegenstand des Umweltrechts: Die Öko-Audit, Verordnung, JZ 1995, 643 ff.; *Krämer,* Die Rechtsprechung des Gerichtshofs der Europäischen Gemeinschaften zum Umweltrecht 1992-1994, EuGRZ 1995, 45 ff.; *G. Lübbe-Wolff (Hg.),* Der Vollzug des europäischen Umweltrechts, 1996; *Ch. Moench,* Der Einfluss des europäischen Rechts auf das deutsche Umweltrecht, Kritische Vierteljahresschrift für Gesetzgebung 1996, 214ff.; *Nagel,* Ökostrom darf durch Mindestpreise gefördert werden, ZNER 2001, 4; Neveling, Produktinnovation durch Umweltzeichen, 2000; *Purps,*

---

437 Vgl. meine Darstellung in Nagel/Eger, Wirtschaftsrecht II, 3. Aufl. 1997, S. 74 ff. und 83 ff.
438 Vgl. z. B. BGHZ 110, 350 zu den Schäden, die durch das Waldsterben entstehen.
439 Vgl. Grünbuch über die Sanierung von Umweltschäden vom 14. 5. 1993, KOM (93) 47 endg.

Umweltpolitik und Verursacherprinzip im Europäischen Gemeinschaftsrecht, 1991; *Rengeling* (Hg.), Europäisches Umweltrecht und europäische Umweltpolitik, 1988; *Roßnagel,* Lernfähiges Europarecht – am Beispiel des Europäischen Umweltrechts, NvWZ 1997, 122; *Roßnagel/Neuser (Hg.),* Reformperspektiven im Umweltrecht, 1996; *Scherer/Leydecker*, EuropäischesAbfallrecht, NvWZ 1999, 50; *Schoch*, Individualrechtsschutz im deutschen Umweltrecht unter dem Einfluss des Gemeinschaftsrechts, NVwZ 1999, 457; *Schrader*, Europäischer Umweltschutz nach den Veränderungen im Amsterdamer Vertrag, UPR 1999, 201; *Winter,* Subsidiarität und Deregulierung im Gemeinschaftsrecht, EuR 1996, 247 ff.; *Winter*, Individualrechtsschutz im deutschen Umweltrecht unter dem Einfluss des Gemeinschaftsrechts, NvWZ 1999, 467; *Zuleeg*, Umweltschutz in der Rechtsprechung des Europäischen Gerichtshofs, NJW 1993, 31.

V. Währungsunion

1. Kompetenzen der Europäischen Zentralbank und Eintrittskriterien

a) Die Herstellung der Währungsunion

Die wichtigste Neuregelung im Vertrag von Maastricht ist das Kapitel über die Wirtschafts- und Währungspolitik in den Art. 98-124 EG. In Verbindung mit dem neuen Art. 8 EG sind darin die rechtlichen Grundlagen der Währungsunion enthalten. Die Regierungskonferenz von Amsterdam hat die institutionellen und prozeduralen Vorschriften nicht verändert, wenn man von der neuen Numerierung in Art. 98-124 EG absieht.

Nach Art. 4 Abs. 2 EG übernimmt die Gemeinschaft die Aufgabe der unwiderruflichen Festlegung der Wechselkurse im Hinblick auf die Einführung einer einheitlichen Währung, sowie die Festlegung und Durchführung einer einheitlichen Geld- und Wechselkurspolitik. Dies soll vorrangig das Ziel der Preisstabilität verfolgen und darüber hinaus die allgemeine Wirtschaftspolitik in der Gemeinschaft unter Beachtung des Grundsatzes einer offenen Marktwirtschaft mit freiem Wettbewerb unterstützen.

Diese Politik baut in der historischen Entwicklung auf dem Europäischen Währungssystem (EWS) auf, das am 13. 3. 1979 eingeführt wurde und einen Wechselkursmechanismus für die teilnehmenden EG-Mitgliedstaaten (außer Griechenland, Schweden und Großbritannien) aufstellen sollte, der Wechselkursschwankungen innerhalb bestimmter Bandbreiten erlaubt. Anfangs war dies nur im Umfang von bis zu 2,25 % nach oben und unten erlaubt. Zur Bewältigung einer Krise im Herbst 1993, die zum Ausscheiden der italienischen und englischen Währung aus dem EWS-Wechselkursmechanismus führte, wurde die Bandbreite auf 15 % nach oben und unten ausgeweitet.

Das Konzept der Währungsunion wurde in einem Drei-Stufen-Plan verwirklicht, der gegen erbitterte Widerstände – insbesondere auch aus Deutschland – durchgesetzt werden konnte. Die erste Stufe begann am 1. 7. 1990. Es wurde eine intensive wirtschafts- und währungspolitische Abstimmung zwischen den Mitgliedstaaten im Hinblick auf die Wirtschafts- und Währungsunion vereinbart. Vom 1. 1. 1994 bis zum 31. 12. 1998 dauerte gemäß Art. 116 EG die zweite Stufe der Wirtschafts- und Währungsunion. In dieser Zeit wurde die Schaffung des Europäischen Systems der Zentralbanken (ESZB) vollendet, dessen Zentrum mit dem Sitz der Europäischen Zentralbank (EZB) Frankfurt/M. ist. In dieser Zeit ging es vor allem darum, dass sich alle Mitgliedstaaten um die Verbesserung ihrer öffentlichen Finanzen und um die

Erfüllung der sogenannten Konvergenzkriterien bemühten. Diese Konvergenzkriterien, die auch nach Beginn der Währungsunion zu prüfen sind, insbesondere auch für die Mitgliedstaaten, welche der Währungsunion bisher noch nicht angehören (vgl. unten), waren insbesondere in Deutschland ein zentraler Punkt um das pro und contra der Währungsunion und der Beitrittsmodalitäten.

Die Währungsunion ist bereits seit dem 1. 1. 1999 verwirklicht. Zu diesem Zeitpunkt trat die dritte Stufe in Kraft, indem die Austauschrelationen der bisherigen, nationalen Währungen festgeschrieben wurden. Dies wird in der Praxis noch nicht allen deutlich, weil die einheitlichen Banknoten erst zum 1. 1. 2002 ausgegeben werden sollen.

b) Die Konvergenzkriterien

Die Konvergenzkriterien gelten auch nach Beginn der Währungsunion als Prüfkriterien weiter, wenn es darum geht, über die Verpflichtungen aus dem Stabilitätspakt zu befinden. Die noch außenstehenden vier Mitgliedstaaten werden, wenn sie nachträglich den Beitritt zur Währungsunion beantragen, ebenso wie die elf bereits aufgenommenen Mitgliedstaaten daraufhin überprüft, ob sie auf der Grundlage von Art 121 Abs. 1 EG und nach einer näheren Spezifikation im sog. Konvergenzprotokoll[440] des Vertrages von Maastricht die folgenden *vier Stabilitäts- oder Konvergenzkriterien* erfüllen:

Erstens darf die *Geldentwertungsrate* eines Landes höchstens 1,5 Prozentpunkte über dem Durchschnitt der drei preisstabilsten Länder liegen.

Zweitens darf die *Neuverschuldung* (das Finanzierungsdefizit in der Abgrenzung der volkswirtschaftlichen Gesamtrechnung) innerhalb eines Jahres gegenüber dem Bruttoinlandsprodukt zu Marktpreisen 3 % nicht übersteigen (Neuverschuldungsquote) und muss *der staatliche Gesamtschuldenstand* gegenüber dem Bruttoinlandsprodukt zu Marktpreisen auf 60 % beschränkt werden (Schuldenstandsquote). Beides wird zusammengefasst als Kriterium der Finanzlage der öffentlichen Hand bezeichnet.

Drittens darf *der langfristige nominelle Kapitalmarktzins* 2 Prozentpunkte des Durchschnitts der drei preisstabilsten Länder nicht überschreiten.

Viertens müssen die *normalen Bandbreiten des Wechselkursmechanismus* innerhalb der letzten zwei Jahre »ohne starke Spannungen« eingehalten worden sein. Dieses letzte Kriterium ist angesichts der gegenwärtigen zulässigen Bandbreiten von 15 % unklar. Der Begriff »starke Spannungen« bezieht sich auf die alten Bandbreiten von 2,25 %, deren Wiedereinführung derzeit höchst zweifelhaft ist.

---

440 ABlEG 1992 C 191/85

Durch diese Konvergenzkriterien wurden zwar die EG-Mitgliedstaaten zur Sparsamkeit veranlasst – insofern hatten sie einen wirtschaftspolitischen Effekt –, die Kriterien haben aber keinen oder allenfalls einen sehr indirekten Bezug zur Kapitalproduktivität und zur Arbeitsproduktivität der unterschiedlichen Volkswirtschaften. Die Kriterien sind deshalb für den Erfolg der Währungsunion nicht genügend aussagekräftig. Sie erlauben keine zuverlässige Aussage über den Erfolg der Integration der Volkswirtschaften.

c) Der Kreis der Mitglieder

Schon vor dem Ende der zweiten Stufe, und zwar am 3. Mai 1998, legte der Rat in der Zusammensetzung der Staats- und Regierungschefs den Kreis der Mitgliedstaaten fest, die an der Währungsunion von Anfang an teilnehmen. Es waren elf. Griechenland wurde vorerst ausgenommen, da es die Konvergenzkriterien (noch) nicht erfüllte. Anfang 2001 wurde Griechenland als zwölftes Mitgliedsland aufgenommen, Belgien und Italien wurden von Anfang an in den Kreis der Mitglieder einbezogen, obwohl sie die zulässige Schuldenstandsquote von 60 % mit ca. 118 % erheblich verfehlt hatten. Nicht alle Mitgliedstaaten, welche die Eintrittskriterien erfüllen, mussten der Währungsunion auch beitreten. Eine vertragliche Ausnahmeklausel besteht für Großbritannien und Dänemark (vgl. oben). Eine Sonderrolle spielt Schweden. Da es dem EWS-Wechselkursmechanismus nicht angehört, brauchte es der Währungsunion zum 1. 1. 1999 nicht beizutreten, obwohl es die Konvergenzkriterien erfüllt. Damit wurde Sinn und Zweck des Vertrages verletzt. Durch die Weigerung, dem bis 1998 geltenden EWS-Mechanismus beizutreten, konnte Schweden sich selbst vom Beitritt dispensieren. Und es kann, wenn es nicht auf die Vertragsverletzung hingewiesen wird, diesen Dispens beliebig verlängern, indem es dem neuen EWS-Mechanismus, der zur Absicherung der Währungsunion und zur Ermöglichung einer Annäherung an sie für beitrittswillige Länder geschaffen wurde, nicht beitritt. Durch ein derart laxes Verhalten bei der Anwendung der Beitrittskriterien für Belgien, Italien und Schweden hat sich die Glaubwürdigkeit der Währungsunion nicht erhöht. Was die Frage neuer Beitritte in die Währungsunion anbelangt, ist die Situation unübersichtlich. Da Italien und Belgien aufgenommen wurden, obwohl sie mit einer Schuldenstandsquote von weit über 60 % die Konvergenzkriterien verfehlt hatten, ist damit zu rechnen, dass auch neue Antragsteller, selbst wenn sie die Kriterien nicht punktgenau erfüllen, die Aufnahme erreichen. Dänemark ist Mitglied des neuen EWS-Systems, kann sich aber auf eine vertragliche Ausnahmeklausel stützen. Unklar ist die Situation in Schweden, das nach wie vor keine Anstalten macht, dem neuen EWS-System beizutreten, dies aber tun müsste, um aufgenommen zu werden. Großbritannien schließlich will der Währungsunion zwar nach einer Absichtserklärung der gegenwärtigen Regierung trotz der vertraglichen Ausnahmeklausel beitreten, nicht jedoch zuvor dem neuen EWS-System. Im Falle von Beitrittsanträgen dieser Mitgliedstaaten dürfte es zu Ausnahmeregelungen kommen, die ihnen einen möglichst baldigen Eintritt ermöglichen. Sie werden schon heute an der Koordinierung der Wirtschaftspolitik beteiligt (vgl. Art. 99 EG für die Konjunkturpolitik).

d) *Die Kompetenzen der EZB und des ESZB*

Das vorrangige Ziel des »Europäischen Systems der Zentralbanken« (ESZB), das aus der Europäischen Zentralbank und den nationalen Zentralbanken besteht (Art. 107 Abs. 1 EG), ist es nach Art. 105 Abs. 1 EG, die Preisstabilität zu gewährleisten. Soweit dieses Ziel nicht beeinträchtigt wird, unterstützt das ESZB die allgemeine Wirtschaftspolitik in der Gemeinschaft, um zur Verwirklichung der in Art. 2 EG festgelegten Ziele beizutragen. Das ESZB handelt »im Einklang mit dem Grundsatz einer offenen Marktwirtschaft mit freiem Wettbewerb, wodurch ein effizienter Einsatz der Ressourcen gefördert wird«, und hält sich hierbei an die Grundsätze des Art. 4 EG.
Bereits im Juni 1998 nahm im Rahmen des ESZB die Europäische Zentralbank (EZB) ihre Tätigkeit auf, nachdem der Streit um die Person des ersten EZB-Präsidenten zwischen Frankreich und dem Rest der EU durch dessen inoffiziell erklärten Verzicht auf die Ausschöpfung der vollen Amtszeit beigelegt war. Zum 1. 1. 1999 wurden die Wechselkurse festgeschrieben. Seither ersetzt der Euro, die gemeinsame neue Währung, die bisherigen nationalen Währungen der elf Mitgliedstaaten. Alle monetären Kompetenzen sind auf die Gemeinschaft übertragen. Die Europäische Zentralbank (EZB) ist nach Art. 108 EG unabhängig und keinerlei Weisungen von seiten der EG oder den Mitgliedstaaten unterworfen. Die EZB handelt nach Art. 110 EG ebenso wie die übrigen Gemeinschaftsorgane in Form von Verordnungen, Entscheidungen, Empfehlungen und Stellungnahmen. Sie ist berechtigt, den nationalen Zentralbanken Weisungen zu erteilen. Damit diese Weisungsbefugnis auch umgesetzt werden kann, mussten die Mitgliedstaaten ihre nationalen Zentralbanken, soweit nicht schon geschehen, in die Unabhängigkeit von den jeweiligen Regierungen entlassen. Für Frankreich und Großbritannien war dies eine einschneidende politische und rechtliche Änderung.
Das wichtigste Beschlussorgan der EZB und des ESZB ist nach Art. 112 EG der EZB-Rat, der sich aus den Mitgliedern des Direktoriums der EZB (Präsident, Vizepräsident und vier weitere Mitglieder) und den Präsidenten der nationalen Zentralbanken zusammensetzt. Nach Art. 105 Abs. 1 EG und Art. 25 der Satzung des ESZB, die dem EG-Vertrag als Protokoll beigefügt wurde, legt der EZB-Rat die Geldpolitik der Gemeinschaft fest und führt sie aus. Er erteilt hierzu den nationalen Zentralbanken die erforderlichen Weisun-

gen. Weitere Aufgaben, die der EZB-Rat für das ESZB auszuführen hat, sind nach Art. 105 Abs. 1 EG die Durchführung der Devisengeschäfte im Einklang mit Art. 111 EG, die Haltung und Verwaltung der offiziellen Währungsreserven der Mitgliedstaaten und die Förderung des reibungslosen Funktionierens der Zahlungssysteme. Hinzu kommt, dass das ESZB und für ihn der EZB-Rat nach Art. 105 Abs. 5 EG zur reibungslosen Durchführung der von den zuständigen Behörden auf dem Gebiet der Aufsicht über die Kreditinstitute und der Stabilität des Finanzsystems ergriffenen Maßnahmen beiträgt.

Der EZB-Rat und das Direktorium leiten nach Art. 107 Abs. 3 EG das ESZB, das nach Art. 105 und 107 EG zwischen der EZB und den Zentralbanken der Mitgliedstaaten geschaffen wurde. Da die Nationalbanken den Weisungen der EZB unterworfen sind, befasst es sich im Wesentlichen mit der reibungslosen Durchführung der Aufgaben im Rahmen der Währungsunion. Das ESZB ist ferner als ein Mechanismus der Politikabgleichung – insbesondere auch bei der Bankenaufsicht – gedacht. Diese Politikabgleichung ist wichtig, da die EZB im Bereich der Bankenaufsicht in der Regel nur beratend tätig wird.

Das Direktorium führt nach Art. 11 Abs. 6 der ESZB-Satzung die laufenden Geschäfte der EZB. Sowohl im EZB-Rat als auch im Direktorium wird in der Regel mit einfacher Mehrheit beschlossen (Art. 24 Abs. 2 und 5 der ESZB-Satzung). Im erweiterten EZB-Rat sind auch die (noch) nicht der Währungsunion angehörenden EG-Mitgliedstaaten vertreten (Art. 123 Abs. 3 EG). Er wird zwar u. a. bei der Aufnahme neuer Mitglieder in die Währungsunion beteiligt (vgl. Art. 73 der ESZB-Satzung), hat aber kaum Entscheidungskompetenzen.

Mit ihrer wichtigsten Aufgabe, der einheitlichen Geldpolitik, verfolgt die Europäische Zentralbank das Ziel, das Verhalten der Akteure auf den Geldmärkten, den Kapitalmärkten, den Terminmärkten und den Devisenmärkten zu beeinflussen. Mittel der Beeinflussung ist hauptsächlich die Menge an Zentralbankgeld, die den Akteuren zur Verfügung gestellt wird. Im Zentrum der Geldpolitik steht die Offenmarktpolitik, d. h. der An- und Verkauf von Wertpapieren am »offenen Markt«. Die wichtigste Kennziffer der Geldpolitik ist seit 1. 1. 1999 der Satz, zu dem die EZB Wertpapierpensionsgeschäfte durchführt. Die EZB nimmt befristet Wertpapiere von den einzelnen Banken als Sicherheit »in Pension« und gibt sie anschließend wieder zurück. Als ihre Gegenleistung stellt sie innerhalb dieser Frist Zentralbankgeld zur Verfügung. Hierbei geben im sog. Standardtenderverfahren die zugelassenen Geschäftspartner der EZB, überwiegend Banken, in einem Auktionsverfahren Angebote für die Beschaffung von Geld auf 14 Tage zu einem bestimmten Zinssatz ab; die Meistbietenden erhalten den Zuschlag. Der Satz, zu dem der Zuschlag erfolgt, ist der Pensionssatz, der faktische Leitzins der EZB, der in Deutschland den früheren Diskontsatz und den Lombardsatz der Deutschen Bundesbank als Indikator des Zinsniveaus ersetzt hat. Daneben gibt es längerfristige

Refinanzierungsgeschäfte mit einer Laufzeit von bis zu drei Monaten, allmonatliche Operationen der Feinsteuerung ohne standardisierte Laufzeit und strukturelle Operationen mit und ohne standardisierte Laufzeit.

Ebenso wie bisher die deutsche Bundesbank kann die EZB nach Art. 19 der ESZB-Satzung eine Mindestreserve erheben; der Satz beträgt gegenwärtig zwei Prozent, d. h. die Banken müssen in Abhängigkeit von der Höhe der mindestreservepflichtigen Bilanzpositionen des Vormonats zu diesem Satz Mindestreserven bei der EZB unterhalten und mit dem Pensionssatz verzinsen. Nach Art. 20 der ESZB-Satzung kann der EZB-Rat neue geldpolitische Instrumente einführen, die er bei Beachtung der Ziele des ESZB für zweckmäßig erachtet.

Bei der Aufsicht der Kreditinstitute und der anderen Finanzinstitute wirkt die EZB zwar in der Regel nur beratend mit (vgl. Art. 25 der ESZB-Satzung). Sie kann aber besondere Aufgaben (z. B. der Analyse) wahrnehmen, wenn diese ihr eigens übertragen werden (vgl. Art. 105 Abs. 6 EG).

Leider fehlt eine eindeutige Kompetenzzuweisung an die EZB, in einer Finanzkrise als lender of last resort den allgemeinen Mangel an Liquidität durch »frisches Geld« zu beheben, wie dies der US-amerikanische Federal Reserve Board mehrfach mit Erfolg praktiziert hat. Auch ist bei den Institutionen der EG derzeit keine explizite Kompetenz zur Ausrufung von Bankfeiertagen und zu befristeten Börsenschließungen in Notfällen angesiedelt. Bei großzügiger Interpretation der geldpolitischen Kompetenzen sind derartige Aktivitäten der EZB vertragskonform. Andernfalls wäre die Währungsunion nur eine Schönwetterveranstaltung. Der EG-Vertrag und die Satzung des ESZB sind aber nicht eindeutig. Deshalb besteht eine geldpolitische Unsicherheit.

e) Kapital der EZB und Gewinnverteilung im ESZB

Nach Art. 26 Abs. 1 der ESZB-Satzung beträgt das Kapital der EZB bei der Aufnahme ihrer Geschäfte 5 Mrd. Euro. Der Schlüssel der Kapitalanteile der EU-Zentralbanken errechnet sich je zur Hälfte aus dem Bevölkerungsanteil und aus dem Anteil des Bruttoinlandsprodukts zu Marktpreisen (vgl. Art. 27 Abs. 1 der ESZB-Satzung). Nach dem Schlüssel, der auch die (noch) Nichtmitglieder umfasst, entfallen auf Deutschland gegenwärtig 24,4 %, auf Frankreich 16,9 %, auf Italien 15,0 % und auf Großbritannien 14,7 %. Der Schlüssel wird alle fünf Jahre der tatsächlichen Entwicklung angepasst. Nach diesem Schlüssel wird die EZB auch mit Währungsreserven ausgestattet. Der Schlüssel ist auch für Beschlüsse zur Erhöhung der Kapitalanteile maßgeblich. Da gegenwärtig drei nationale Zentralbanken (noch) nicht dem ESZB angehören, musste für sie eine Ausnahmeregelung geschaffen werden. Sie brauchen zwar ihren Kapitalanteil nicht einzuzahlen, sie nehmen auch nicht an der Gewinnverteilung teil. Sie sollen aber doch zur Deckung der Betriebskosten des ESZB beitragen. Deshalb hat der erweiterte ESZB-Rat beschlossen, dass sie 5 % ihres gezeichneten Eigenkapitals einzahlen müssen. Dies führt dazu, dass gegenwärtig 4 Mrd. Euro, d. h. 80 % des gezeichneten Kapitals von 5 Mrd. Euro, eingezahlt sind.

Die Gewinne im ESZB, insbesondere die Gewinne aus Offenmarktgeschäften, werden getrennt nach Gewinnen der EZB und der Zentralbanken der Mitgliedstaaten der Währungsunion (»monetäre Einkünfte«) erfasst. Nach Art. 33 Abs. 1 der ESZB-Satzung werden Gewinne der EZB, die 20 % der Nettogewinne nicht übersteigen dürfen, einem allgemeinen Reservefonds bis zu einer Obergrenze von 100 % des Kapitals zugeführt. Damit können eventuell anfallende Verluste ausgeglichen werden, die ansonsten aus den Gewinnen der Zentralbanken der Mitgliedstaaten zu decken wären. Der verbleibende Gewinnanteil wird an die nationalen Zentralbanken der Mitgliedstaaten der Währungsunion aufgeteilt. Der EZB-Rat hat für die Übergangszeit bis Ende 2001 den Bargeldumlauf bei der Gewinnermittlung ausgeklammert. Damit wird u. a. dem Umstand Rechnung getragen, dass die Deutsche Bundesbank insbesondere aus dem Umlauf der DM in Mittel- und Osteuropa einen erhöhten Bargeldumlauf zu refinanzieren hat. Ihr Anteil am Bargeldumlauf ist damit höher als ihr Anteil am Kapital der EZB. Also verbleiben ihr bis Ende 2001 voraussichtlich auch höhere Gewinne.

f) Der Stabilitätspakt

1997 wurde im Vertrag von Amsterdam ein **Stabilitätspakt** endgültig verabschiedet, der dafür sorgen soll, dass die gemeinsame Währungspolitik auch nach Einführung der Währungsunion mit einer soliden Finanzpolitik der Mitgliedstaaten verknüpft wird. Nach dem Pakt soll der Staatshaushalt eines Staates, der Mitglied der Währungsunion ist, ein Defizit von höchstens 3 % des Bruttoinlandsprodukts aufweisen dürfen. Abgesehen von Ausnahmefällen (außergewöhnliche Ereignisse oder ein schwerwiegender Wirtschaftsrückgang) wird ein höheres Defizit dadurch sanktioniert, dass eine unverzinsliche Einlage bei der EZB fällig wird. Besteht das Defizit nach zwei Jahren immer noch, so soll die Einlage in eine Geldbuße umgewandelt werden, die denjenigen Mitgliedstaaten der Währungsunion zugute kommt, welche das 3%-Kriterium eingehalten haben. Der Stabilitätspakt wurde 1997 auf Drängen Frankreichs mit einem Protokoll zur Beschäftigungspolitik (vgl. unten) verkoppelt, das aber keine neuen Ausgaben vorsieht.

2. Vor- und Nachteile der einheitlichen Währung

a) Interessenunterschiede

Die Befürworter der Währungsunion haben sich gegen hinhaltenden Widerstand vieler Wirtschaftswissenschaftler und einer skeptischen Bevölkerung vor allem mit zwei Argumenten durchgesetzt: Zum einen fallen die Transaktionskosten für den Geldumtausch und für die Absicherung von Termingeschäften weg, weil es in Euroland nur noch eine Währung gibt. Zum andern fällt der Druck weg, den die internationale Devisenspekulation bisher auf die Wirtschafts- und Währungspolitik der EU-Mitgliedstaaten ausgeübt hat. Die Währungsunion bringt jedoch Risiken mit sich: Zum einen besteht nach wie vor die Gefahr, dass der Euro eine Schwachwährung wird, weil die Wirtschafts- und Finanzpolitik der Teilnehmerländer nicht in der Lage ist, Defizite in den Budgets zu verringern und strukturelle Schwächen der europäischen Wirtschaft zu beseitigen. Wenn die Europäische Zentralbank gezwungen wäre, eine Euro-Schwachwährung gegen Kapitalflucht zu schützen, würde dies zu hohen Zinsen führen, die als Investitionshindernisse ins Haus stehen würden. Als zweites, mit dem ersten zusammenhängendes Argument wird vorgebracht, dass die Währungsunion nur die »Krönung« einer einheitlichen europäischen Finanz- und Wirtschaftspolitik sein könne, aber nicht vorab eingeführt werden dürfe, ehe die finanz- und wirtschaftspolitischen Fundamente eines europäischen Bundesstaats stehen. Hinter der »Krönungstheorie« verbirgt sich die Furcht vor einer Polarisierung der wirtschaftlichen Entwicklung zwischen reichen und armen Mitgliedstaaten und vor einem Unterlaufen der Geldpolitik der EZB durch die nationalen Wirtschafts- und Finanzminister.

Hinter den unterschiedlichen Argumenten stehen unterschiedliche Interessen. Die »Gewinner« im Falle einer Aufwertung des »Euro« wären die Geldvermögensbesitzer in Euroland. Ihre Geldanlagen würden im Vergleich zu Anlagen in den USA oder Japan aufgewertet. Das neue Währungsgebiet wäre nicht nur für die einheimischen Geldvermögensbesitzer vorteilhaft, es würde auch als großer »safe haven« die Anlage ausländischer Geldvermögenswerte anziehen. Die »Gewinner« im Falle einer Abwertung des »Euro« wären die Exportunternehmen, die sehr stark in der Bundesrepublik konzentriert sind. Die Exportwirtschaft erhofft sich von einer Abwertung des »Euro« einen doppelten Vorteil. Intern verbessern sich auf Grund der Stabilität des »Euro« in »Euroland« gerade die Exportchancen der deutschen Unternehmen, weil die Überbewertung der DM wegfällt. Extern verbessern sich die Aussichten der exportorientierten Unternehmen aus den Mitgliedstaaten der Währungsunion, welche bisher Hartwährungen hatten, weil wegen der niedrigen Bewertung des Euro die Exportchancen steigen. Die Nachteile auf der Importseite dürften vergleichsweise gering ausfallen, weil die Abhängigkeit des Eurolandes von

Importen vergleichsweise gering ist und Importe substituiert werden können. Nachteilig ist allerdings, dass die Abwertung die Zinsen nach oben treibt, weil sonst keine attraktiven Möglichkeiten zur Geldanlage in Euroland geboten werden können. Dies verteuert die Investitionen der Unternehmen. Wer hingegen sein Geldvermögen im Inland angelegt hat, sieht sich im Falle einer Abwertung des Euro benachteiligt. Sein Vermögen verringert sich im internationalen Vergleich. Die Erwartung derartiger Nachteile könnte zu einem Schock auf den Geld-, Kredit- und Devisenmärkten führen. Das Vertrauen in den Euro würde untergraben, der Abwertungsdruck noch verstärkt.

Eine Währungsunion ohne gemeinsame Finanz- und Wirtschaftspolitik kann rasch in große Turbulenzen geraten. Auch hierauf stellen die Vertreter der »Krönungstheorie« ab, welche eine Währungsunion erst nach oder wenigstens mit der Verwirklichung eines europäischen Bundesstaates und damit einer gemeinsamen Wirtschafts- und Finanzpolitik für sinnvoll halten. Am Beispiel der Währungsvereinheitlichung in Österreich-Ungarn nach 1867 lässt sich jedoch zeigen, dass eine gemeinsame Währung selbst in einem Staatenverbund mit wachsenden ethnischen Konflikten wie Österreich-Ungarn funktionieren kann und bis 1918 funktioniert hat.[441] Damit ist nicht die Fehlerhaftigkeit der »Krönungstheorie bewiesen, zumal sich die Situation von damals nicht einfach auf die heutige übertragen lässt, aber immerhin aufgezeigt, dass eine pauschale Krönungstheorie zur Erklärung der konkreten ökonomischen und monetären Entwicklung wie in Österreich-Ungarn nicht taugt.

b) *Wegfall des Wechselkursmechanismus und Beschäftigungsbedingungen in der EU*

Bisher wurden die weniger produktiven Volkswirtschaften der südlichen EG-Mitgliedstaaten vor den produktiveren Konkurrenten aus dem Norden dadurch geschützt, dass die Differenz der Produktivität durch ein Absinken ihrer Wechselkurse ausgeglichen wurde. Auch im EWS-System bestand ein solcher Schutz, weil die Geldmengen laufend angepasst wurden und von Zeit zu Zeit die Wechselkurse angepasst werden mussten. Dies bedeutete für die schwächeren Mitgliedstaaten, dass die Kaufkraft im Land blieb oder wieder in das Land zurückkam. Die Kaufkraft konnte also auch aus Ländern mit geringerer Produktivität nicht vollständig abfließen. Dies ändert sich mit der Währungsunion.[442] Die schwächeren Mitgliedstaaten müssen eine Austerity-Politik betreiben. Um die Staatsverschuldung abzubauen, wird z. B. ein Abbau von Sozialleistungen betrieben, wobei oft das euphemistische Wort »Umbau«

441 Vgl. Nagel/Nautz, Nationale Konflikte und monetäre Einheit, ein Plädoyer für die Währungsunion, Wien 1999, S. 75-86
442 Vgl. Gerhold, Die Kaufkraftparität als Verbindungsglied zwischen der realen und monetären Außenwirtschaft, Marburg 1999

verwendet wird, wenn gleichzeitig eine effizientere Sozialpolitik durchgesetzt werden soll. Hinzu kommt eine Arbeitsmarkt- und Sozialpolitik, welche eine Absenkung der Löhne und eine Verschlechterung der Beschäftigungsbedingungen ermutigt.

Es fragt sich, wie sich diese Austerity-Politik im Bereich der Finanzen auf die Entwicklung der europäischen Wirtschaft und der Beschäftigung auswirkt und wie insbesondere die Tarif- und Mitbestimmungspolitik betroffen sein kann. Ausgangspunkt sind starke Divergenzen zwischen den EU-Ländern und den Regionen. Es handelt sich nicht nur um Divergenzen der wirtschaftlichen Struktur und Entwicklung, sondern auch um unterschiedliche Arbeitsmarkt-, Betriebs- und Gewerkschaftsstrukturen, um unterschiedliche Strategien der Beschäftigungs- und Tarifpolitik, schließlich um unterschiedliche Systeme der Arbeits- und Mitbestimmungspolitik. Die Währungsunion reißt den Schleier der unterschiedlichen Währungszonen auf, welcher diese unterschiedlichen Strukturen bisher voneinander getrennt gehalten hat.

Diese Wirkung der Währungsunion kann zu einem Wettlauf der sozialen Sicherungssysteme und Standards nach unten führen. Es könnte gerade in den südlichen Mitgliedstaaten zu einem Sozialdumping kommen, d. h. es wird Druck auf die dortige Tarif- und Mitbestimmungs- bzw. Mitwirkungspolitik ausgeübt. Die ohnehin nicht starke Position der dortigen Gewerkschaften und betrieblichen Interessenvertretungen verschlechtert sich, Löhne und Beschäftigungsbedingungen der Arbeitnehmer verschlechtern sich ebenfalls. Dadurch wird ein Anpassungsdruck auf die Tarif- und Mitbestimmungspolitik in den sogenannten Metropolen ausgeübt. Zwar ist in den Metropolen der Anreiz zu einer austerity-Politik im Bereich der Finanzen geringer, ebenso wie hier anfänglich der Druck auf die Tarif- und Mitbestimmungspolitik geringer ist. Sie geraten aber in den Sog der austerity-Politik und der fallenden Lohnkosten in den südlichen EU-Ländern, die zu einem Fallen der Lohnstückkosten führen können. Sie sehen sich gezwungen, in der Wettbewerbssituation mit den südlichen EU-Ländern ebenfalls auf eine Senkung ihrer Lohn- und Lohnstückkosten hinzuarbeiten, was im Ergebnis zusätzlich zu einem Druck auf die dortige Tarif- und Mitbestimmungspolitik führt. Betrachtet man die teilweise schwache Stellung und jedenfalls in einigen EU-Ländern wachsende organisatorische Zersplitterung der Gewerkschaften und die (in vielen Ländern kaum vorhandenen) Mitbestimmungsrechte der Arbeitnehmervertretungen, so dürfte an den Ergebnissen, zu denen dieser Druck führt, kein Zweifel bestehen. Es kann zu einem Prozess der gegenseitigen Aufschaukelung kommen; er lässt sich an dem Beispiel des Mannes darstellen, der in einer vorderen Reihe eines Kinos aufsteht, um besser zu sehen; ihm folgen nach und nach die anderen Kinobesucher; am Schluss stehen alle; sie sehen nicht besser als vorher; der ursprüngliche Vorteil, der durch das Aufstehen erreicht wurde, ist verschwunden, d. h. die Sozialstandards sind abgesenkt.

c) Währungsunion als »Rosskur« gegen die Gefahren der Globalisierung?

Die hier zuerst dargestellte Entwicklungsperspektive analysiert die Währungsunion als Ursache für die Verschlechterungen der Arbeitsbedingungen. Andere mögliche Ursachen für die gegenwärtige hohe Arbeitslosigkeit und die vielfach zu beobachtende Verschlechterung der Beschäftigungsbedingungen sind die Internationalisierung der Produktion und der Kapitalverflechtungen, die stetig anwachsende Bedeutung der Informations- und Kommunikationstechnologien, die weltweite Expansion der Devisen- und Finanzspekulationen, ja die tendenzielle Abkoppelung der Finanz- von den Gütermärkten. Wer auf die Verwertung seiner Arbeitskraft angewiesen ist, um seinen Lebensunterhalt zu bestreiten, ist gegenüber einem Geldvermögensbesitzer im Nachteil. Arbeit lässt sich nicht so leicht transferieren wie Kapital. Arbeitsmärkte lassen sich nur sehr bedingt mit Güter- und Finanzmärkten vergleichen. Die wachsende Devisen- und Finanzspekulation ist andererseits ein wichtiger Grund für die rasche Schaffung einer europäischen Währungsunion. Fällt sie innerhalb des neu zu schaffenden Währungsgebiets weg, so kann dies die Beschäftigungsbedingungen verbessern.

Es wird deutlich, dass Währungsunion und übrige Politikfelder sich gegenseitig beeinflussen und bedingen. Man sollte sich daher von der monokausalen Analyse lösen und sich mit einem Alternativszenario beschäftigen. Danach ist die Währungsunion lediglich eine »Rosskur«, durch welche die EU-Länder zu Maßnahmen gezwungen werden, die ihnen wegen der veränderten weltpolitischen Lage und Wettbewerbssituation ohnehin nicht erspart geblieben wären. Danach ist ferner der »Umbau« des Sozialstaates in den EU-Mitgliedstaaten erforderlich, um die Anpassung an die veränderte weltpolitische Wirtschaftslage zu leisten. Die Währungsunion führt zum Wegfall des Schutzes, den der Wechselkursmechanismus bisher zugunsten der weniger produktiven Volkswirtschaften entfalten konnte. Die schwächeren Mitgliedstaaten müssen die austerity-Politik, die sie ursprünglich zur Erfüllung der Konvergenzkriterien von Maastricht eingeschlagen haben, fortführen und vielleicht noch verschärfen. Der Wettbewerb verschärft sich. Tendenziell werden innerhalb von Euroland die Metropolen gestärkt. Es geht auch um die Sicherung des Standorts Europa im internationalen, wirtschaftlichen Wettbewerb.

Ein Nachteil für Deutschland in diesem durch die Währungsunion forcierten Umbau dürfte darin liegen, dass es auf Grund seiner relativen wirtschaftlichen Stärke im Rahmen einer politischen Solidaritätsverpflichtung verstärkt die Rolle des Zahlmeisters übernehmen muss (Kohäsionsfonds, Regionalfonds, Agrarpolitik). Dies dürfte bei knapper werdenden Kassen dazu führen, dass Deutschland sich in der undankbaren Rolle des Zuchtmeisters wiederfindet. Um seine eigenen Zahlungen mittelfristig zu senken, müsste Deutschland dann versuchen, (endlich) den effizienten Einsatz der EU-Förderungsmittel durchzusetzen. Andererseits könnte ein Vorteil der Zahlmeisterrolle darin bestehen, dass politische Tauschgeschäfte zu kompensatorischen Vorteilen für deutsche Interessen führen.

d) Perspektiven

Es bietet sich daher an, die Wirtschaftspolitik zwischen den EU-Mitgliedstaaten oder zumindest in Euroland stärker zu vereinheitlichen und insbesondere zu versuchen, die skizzierte »Aufschaukelung im Kino« zu verhindern. Diese Politik müsste durch eine Sozialunion mit hohen Standards beim Arbeitsschutz, bei der Mitbestimmung bzw. Mitwirkung und bei der sozialen Sicherheit abgesichert werden. Die bisher rein monetären Konvergenzkriterien wären dann um soziale und ökologische Kriterien zu erweitern. Gleichzeitig müssten die Mittel zur sozialen Sicherung und zur Förderung im Bereich der Agrarpolitik, der Regionalpolitik und aus dem Kohäsionsfonds effizienter eingesetzt und stärker auf ihre Verwendung kontrolliert werden. Es bleibt gerade für die südlichen Mitgliedstaaten eine enorme Aufgabe, ihre Volkswirtschaften für den wachsenden Wettbewerb innerhalb Europas tauglich zu machen. Möglicherweise können einige EU-Mitgliedstaaten eine solche Last nur bewältigen, wenn ein Finanzausgleich eingeführt wird. Die Finanzmittel könnten nach einem festzulegenden Schlüssel horizontal von Land zu Land übertragen werden, wie dies z. B. in der Bundesrepublik vor der Wiedervereinigung der Fall war. Dieses Verfahren ist der Verteilung der Mittel durch die Kommission vorzuziehen, denn bei einer Verteilung durch die Kommission könnten sog. Sickereffekte entstehen. Außerdem wäre nicht genügend transparent, von welchem Mitgliedstaat die Mittel kommen. Was die Position des mit ca. 60 % weitaus größten Nettozahlers der EU, Deutschland, anbelangt, so wäre es nicht vermittelbar, wenn diese »negative Spitzenstellung« durch einen horizontalen Finanzausgleich ausgeweitet würde. Schon der derzeitige Zustand ist aus europäischer Sicht sehr problematisch. Der Finanzausgleich müsste daher zugunsten Deutschlands mit einer Finanzreform der EU, insbesondere auch im Agrarbereich, gekoppelt werden, die gegenwärtig in weiter Ferne liegt.

3. Euro und Finanzmärkte

a) Zahlungsverkehr

Seit dem 1. 1. 1999 können Unternehmen und Privatleute Überweisungen innerhalb der EG in Euro ausführen. Ein Zahlungsverkehrssystem mit dem Namen TARGET (Trans-European Automated Real-time Gross Settlement

Express Transfer) ist an die Stelle der bisherigen, zeitraubenden Clearingverfahren getreten. Eine Überweisung kann an ein und demselben Tage in der nationalen Währung oder in Euro verbucht und direkt ausgeführt werden. Dies geschieht im Wege eines Echtzeit-Bruttosystems (Real-time Gross Settlement, RTGS), bei dem Überweisungen laufend und auf Deckungsbasis rechtlich endgültig ausgeführt werden. Innerhalb des RTGS richten die nationalen Zentralbanken Elektronische Schalter für den Zahlungsverkehr ein. Zur Vereinfachung der Abrechnung gewähren sie den in Euroland ansässigen Banken zinsfreie Innertageskredite gegen Sicherheiten. Diese können auch grenzüberschreitend genutzt werden. Hinzu kommen ausgedehnte Betriebszeiten und ein Fehlen von Betragsober- bzw. untergrenzen. Es resultieren kurze Überweisungszeiten, geringe Zahlungsrisiken und ein effizienter Geldmarkt. Die Transaktionskosten für private Bürger und für Unternehmen werden über den eigentlichen Wegfall der Währungsunterschiede in Euroland hinaus weiter reduziert. Weitere Reduktionen werden folgen, weil die Banken ihre Gironetze und die Systeme der Bankleitzahlen vereinheitlichen und einen einheitlichen europäischen Zahlungsverkehr herstellen werden.[443]

b) *Geldpolitik*

Was die geldpolitische Strategie der EZB anbelangt, so bewegt sie sich gegenwärtig zwischen einer Geldmengenstrategie (monetary targeting) nach dem Vorbild der deutschen Bundesbank und einer Strategie der Inflationssteuerung (inflation targeting) nach dem Vorbild des US-amerikanischen Federal Reserve Board. Die beiden Strategien können auch miteinander verknüpft werden. Eine einheitliche Geldpolitik für Euroland leidet gegenwärtig noch darunter, dass wenig empirische Daten zur Verfügung stehen. Gegenwärtig versucht die EZB, Geldwertstabilität dadurch zu erreichen, dass sie auf einen Preisanstieg von weniger als 2 %, gemessen an einem »Harmonisierten Verbraucherpreisindex« (HVPI), hinarbeitet. Die Rate des Geldmengenwachstums (M3) soll gegenwärtig 4,5 % betragen. Derartige Zielgrößen können sich rasch ändern, insbesondere, wenn Verwerfungen in und zwischen den Volkswirtschaften der Euro-Mitgliedstaaten auftreten.

c) *Kapitalmarkt*

Die Geldpolitik der EZB beeinflusst auch den Kapitalmarkt, d. h. den Markt für langfristige Finanzierungsmittel wie Aktien und Anleihen. Da die Zinsdifferenzen zwischen den Euro-Mitgliedstaaten tendenziell wegfallen, kann es zu Konflikten zwischen Staaten mit expansiver Haushaltspolitik und entspre-

443 Vgl. insgesamt Büschgen, WM 1999, 929-940

chend erhöhtem Kapitalbedarf und anderen Staaten kommen. In der No-Bail-Out-Klausel des Art. 103 EG wird sichergestellt, dass die anderen Mitgliedstaaten nicht für die Schulden eines Mitgliedstaates haften, der seinen Finanzrahmen nicht einhalten kann. Es wird zu wechselseitigen Bonitätseinschätzungen kommen, die sich insbesondere auf credit ratings, d. h. auf den Tausch von Zinssätzen für festverzinsliche und für variabel verzinsliche Verbindlichkeiten, beziehen. Allmählich entsteht ein einziger großer Euro-Kapitalmarkt, nicht nur für Aktien, sondern auch für Anleihen. Die Umstellung der Denominationen wurde durch die Euro-VO vom 3. 5. 1998[444] vorbereitet.

In Deutschland wurde z. B. durch das Gesetz zur Einführung des Euro und das Stückaktiengesetz die Umstellung der Aktien auf den Euro dadurch erleichtert, dass die bestehenden, auf Nennwert lautenden Aktien auf nennwertlose Stückaktien umgestellt werden können. Der rechnerische Nennwert der Aktie ergibt sich aus dem Quotienten der Gesamtzahl der ausgegebenen Aktien und dem Grundkapital der AG. Eine Kapitalerhöhung oder -herabsetzung zur Glättung der Nennwerte ist nicht erforderlich. Ausdruck der Vereinheitlichung der Aktienmärkte in Euroland ist der EWU-Aktienindex Euro-STOXX, der 50 Aktienwerte der Teilnehmerländer enthält. Er wird durch einen STOXX 50 ergänzt, der auch Aktienwerte aus Großbritannien, Schweden und der Schweiz enthält. Ein weiterer Ausdruck dieser Vereinheitlichung ist die Zusammenarbeit der wichtigsten europäischen Börsen, allen voran London und Frankfurt. Für die Terminmärkte ergeben sich Integrationsperspektiven u. a. deshalb, weil im Juni 1998 von der Deutschen Terminbörse (DTB) in Frankfurt und der Zürcher SOFFEX der gemeinsame EUREX (European Exchange) gegründet wurde. Aus national gehandelten Derivaten werden Euro-Derivate.

d) Devisenmarkt

Durch den Wegfall von bisher zwölf selbständigen Währungen zugunsten des Euro werden vor allem auch die Devisenmärkte beeinflusst. In Euroland fallen Arbitrage, Kurssicherung und Währungsspekulation zwischen den bisherigen zwölf Währungen weg. Der europäische Binnenmarkt wird gegen Währungsschwankungen zwischen den Mitgliedern der Währungsunion abgesichert. Der Handel zwischen Euro, Dollar und Yen verstärkt sich. In Zukunft dürfte sich auch der Handel mit den mittel- und osteuropäischen Staaten verstärken; ihr Beitritt zum neuen EWS-System und später zum Euro erscheint möglich.

Für Interventionen an den internationalen Devisenmärkten ist teils der Rat, teils die EZB zuständig. Der Rat kann nach Art. 111 Abs. 1 EG auf Empfeh-

---

444 Vo 974/98 des Rates, ABlEG L 139/1

lung der EZB oder der Kommission nach Anhörung des Parlaments ein Wechselkurssystem gegenüber Währungen von Drittländern festlegen. Dieses System darf die Preisstabilität nicht gefährden. Ansonsten kann der Rat nur allgemeine Orientierungen zur Wechselkurspolitik aufstellen (Art. 111 Abs. 2 EG). Da die EZB dem Ziel der Preisstabilität verpflichtet ist, darf sie durch den Rat induzierte Devisenmarktinterventionen im Konfliktfall aussetzen. Das ESZB muss nicht »befürchten«, dass seine Geld- und Kreditpolitik durch Devisenmarktinterventionen nachhaltig gestört wird.[445]

4. Die Verknüpfung der Währungsunion mit der Wirtschaftsunion

a) Finanzpolitik

Die Vereinheitlichung der Geld-, Kredit-, Finanz- und Devisenmärkte ist zwar in vollem Gange. Hieraus dürfen aber keine voreiligen Schlussfolgerungen in Bezug auf den Erfolg der Währungsunion gezogen werden. Die Akteure, welche auf diesen Märkten tätig sind, können ihr Engagement kurzfristig aus dem Euro-Raum in die USA, nach Japan oder anderswohin verlagern. Der Erfolg oder Misserfolg der Geldpolitik der EZB und des Euro ist untrennbar mit dem Erfolg oder Misserfolg der Wirtschafts- und Finanzpolitik in Euroland verknüpft.

Im Vertrag von Maastricht wurde der Zusammenhang zwischen Finanzpolitik und Geldpolitik erkannt. Deshalb werden auch in den Bestimmungen zur Währungsunion die öffentlichen Finanzen angesprochen (vgl. Art. 116 Abs. 2 EG). Eines der Konvergenzkriterien ist die Finanzlage der öffentlichen Hand (vgl. Art. 121 Abs. 1 EG). Im Konvergenzprotokoll werden die Neuverschuldungsquote und der Gesamtschuldenstand als Elemente dieses Kriteriums mit 3 % bzw. 60 % des Bruttoinlandsprodukts angegeben. Als Eintrittsvoraussetzung für die Währungsunion sollen also die gesamtwirtschaftlichen Nachteile übermäßiger Haushaltsdefizite eingedämmt werden. Dies ist auch in Art. 116 Abs. 4 EG ausgedrückt. Es heißt dort, dass die Mitgliedstaaten »auch bemüht sein« müssen, übermäßige öffentliche Defizite zu vermeiden.

Mit dem Rat der Wirtschafts- und Finanzminister (ECOFIN-Rat), der nach Art. 98-104 EG die Wirtschafts-, Finanz- und Haushaltspolitik der EG koordiniert, arbeitet die EZB eng zusammen. Die besonderen Fragen der gemeinsamen Währungspolitik werden in einem kleineren Gremium der zwölf Mitgliedstaaten, genannt Euro-X-Gremium, informell erörtert. Beschlüsse fasst der ECOFIN-Rat.

---

445 Vgl. C. Köhler, Vertragliche Grundlagen der Europäischen Währungsunion, 1999, S. 93

Einer der Kernpunkte der Unabhängigkeit der EZB ist das Verbot der Kredit-
gewährung an die EG oder die EG-Mitgliedstaaten. Die Mitgliedstaaten können von der Europäischen Zentralbank keine Überziehungskredite erhalten.
Damit ist den Mitgliedstaaten erstens der Einsatz der Notenpresse zur Finanzierung ihrer Defizite verwehrt (vgl. Art. 101 und Art. 116 Abs. 3 EG). Zweitens wird ein bevorrechtigter Zugang der Gemeinschaft und der Mitgliedstaaten einschließlich ihres öffentlichen Sektors bei den Finanzinstituten verboten
(vgl. Art. 102 Abs. 1 EG). Drittens wird in der sog. No-Bail-Out-Klausel eine
Haftung der Gemeinschaft für Verbindlichkeiten der Mitgliedstaaten ebenso
wie eine gegenseitige Haftung der Mitgliedstaaten für solche Verbindlichkeiten ausgeschlossen (vgl. Art. 103 und Art. 116 Abs. 3 EG).
Die Überwachung der Haushaltsdisziplin ist Sache der EG-Kommission. Bei
der Entwicklung der Haushaltslage und der Höhe des öffentlichen Schulden-
standes soll sie »schwerwiegende Fehler« feststellen (Art. 104 Abs. 2 EG).
Sie orientiert sich hierbei an den Konvergenzkriterien. Werden die Kriterien
nicht erfüllt, so erstellt die Kommission einen Bericht 104 Abs. 3 EG). In ihm
wird auch das Verhältnis des öffentlichen Defizits zu den öffentlichen Ausgaben für Investitionen berücksichtigt; hinzu kommen weitere Faktoren, insbesondere auch die mittelfristige Finanzpolitik. Nimmt man den Stabilitätspakt
von Amsterdam hinzu, wonach bei Überschreiten der Neuverschuldungsquote von 3 % eine unverzinsliche Einlage in die EZB und bei Fortdauer der
»Verfehlung« eine Geldbuße fällig werden (vgl. oben), so wird deutlich, dass
jedenfalls nach den Vorstellungen der Regierungskonferenz von Amsterdam
der Druck auf eine solide Haushaltsführung der EG-Mitgliedstaaten auch
nach Einführung der Währungsunion nicht nachlassen soll. Fraglich ist jedoch, ob und wie Kommission und Rat die Nichtbefolgung ihrer Vorschläge
in der Praxis auch sanktionieren. Es ist bisher nicht gelungen, »Ausreißer«
wie Irland mit seinen hohen Inflationsraten und Haushaltsdefiziten in die Dis-
ziplin der Gemeinschaft einzubinden. Die derzeitige faktische Schwäche der
Kommission und des ECOFIN-Rates bzw. des Euro-X-Gremiums kommt zu
der rechtlichen Unklarheit bei den Kompetenzen der EZB hinzu, die ihr in
einer Krise nicht eindeutig die Rolle des »lender of last resort« zuweisen (vgl.
oben).

b) Steuern

Das größte Manko der EG ist, dass die Steuerpolitik jedenfalls derzeit (vgl.
unten) noch kaum vereinheitlicht ist und eine Vereinheitlichung auch in
absehbarer Zeit nicht erwartet werden kann. Was die Harmonisierung der
indirekten Steuern anbelangt, so besitzt die EG eine Regelungskompetenz
nach Art. 93 EG. Erforderlich ist aber Einstimmigkeit im Rat. Deshalb ist es
bisher lediglich gelungen, ein gemeinsames Mehrwertsteuersystem innerhalb

bestimmter Bandbreiten einzuführen (vgl. unten). Anders ist die Lage im Bereich der direkten Steuern. Eine spezielle Harmonisierungskompetenz der EG fehlt hier. Ein Handeln ist lediglich bei Einstimmigkeit nach Art. 94 und mit qualifizierter Mehrheit zur Herstellung des Binnenmarkts nach Art. 95 EG möglich. Im Jahre 2000 gelang es, sich auf ein einheitliches Konzept bei Zinserträgen zu einigen, das aber noch nicht verabschiedet ist (vgl. unten). Einkommen- und Körperschaftsteuern sind ansonsten nach wie vor Reservate der Mitgliedstaaten.

Das Argument, dass es auch in anderen Ländern mit einheitlicher Währung wie z. B. in der Schweiz keine einheitlichen Einkommen- und Körperschaftsteuern gebe, verfängt nicht. Ein Mindestmaß an Gemeinsamkeit im Bereich der direkten Steuern wäre gerade im Bereich der EG notwendig, weil hier die politische Union noch wenig entwickelt ist, die in der Schweiz bereits seit Hunderten von Jahren besteht. Gerade im Zusammenhang mit der Einführung der Währungsunion besteht die Gefahr, dass der Wettbewerb um Investoren zu einem Steuerwettbewerb nach unten gegenüber solchen Unternehmen und Konzernen führt, deren Steuerkraft groß ist. Dies bedeutet dann, dass die wegen der Beschäftigungskrise ohnehin hohen Sozialausgaben durch die Steuern derer finanziert werden müssen, die nicht mit einer Abwanderung in andere Länder drohen können, d. h. der mittelständischen Wirtschaft und der Arbeitnehmer. Es bleibt abzuwarten, ob es in der EG auf freiwilliger Basis gelingen wird, wenigstens die Verstärkung des Drucks auf eine Senkung der Unternehmenssteuern durch Steueroasen wie Belgien, Luxemburg und die britischen Kanalinseln abzuwehren.

c) *Wirtschaftlicher und sozialer Zusammenhalt*

Das Instrumentarium der Gemeinschaft zur Stärkung des wirtschaftlichen und sozialen Zusammenhalts wurde im Lauf der Jahre erheblich verstärkt. Die *Strukturfonds* und insbesondere der *Regionalfonds* wurden entwickelt. In Maastricht wurden die Bestimmungen ergänzt. Im Jahre 1993 wurde die Verordnung über Aufgaben und Effizienz der Strukturfonds und über die Koordinierung ihrer Interventionen untereinander sowie mit denen der Europäischen Entwicklungsbank und der anderen vorhandenen Finanzierungsinstrumente[446] durch eine Koordinierungsverordnung[447] erweitert. In Art. 287 (130a) Abs. 2 EG wurde festgehalten, dass der Rückstand der am stärksten benachteiligten Gebiete zu verringern ist. Die Stärkung des wirtschaftlichen Zusammenhalts wird in den Tätigkeitskatalog des Artikels 3 EG aufgenommen. Außerdem werden spezifische Aktionen außerhalb der Fonds ermöglicht

---

446 VO Nr. 2052/88 vom 24. 06. 1988, ABlEG L 185/9
447 VO Nr. 2081/93 vom 20. 07. 1993, ABlEG L 193/5

(Art. 288 (130 b) Abs. 3 EG). Schließlich wurde 1994 ein *Kohäsionsfonds* errichtet.[448] Er soll finanzielle Beiträge in den Bereichen Umwelt und Transeuropäische Netze leisten (Art. 290 (130d) Abs. 2 EG).
Die Strukturfonds der EG , also der Regionalfonds, der Sozialfonds sowie die Finanzierungsinstrumente im Bereich der Landwirtschaft und der Fischerei werden gemeinsam mit der Europäischen Investitionsbank auf inzwischen **sechs vorrangige Ziele festgelegt**:

Ziel 1: Förderung der Entwicklung und der strukturierten Anpassung der Regionen mit Entwicklungsrückstand,

Ziel 2: Umstellung der Regionen, Grenzregionen oder Teilregionen (einschl. Arbeitsmarktregionen und Verdichtungsräume), die von der rückläufigen industriellen Entwicklung schwer betroffen sind,

Ziel 3: Bekämpfung der Langzeitarbeitslosigkeit und Erleichterung der Eingliederung der Jugendlichen und der vom Ausschluss aus dem Arbeitsmarkt bedrohten Personen in das Erwerbsleben,

Ziel 4: Erleichterung der Anpassung der Arbeitskräfte an die industriellen Wandlungsprozesse und an Veränderungen der Produktionssysteme,

Ziel 5: Förderung der Entwicklung des ländlichen Raums,
a.) durch beschleunigte Anpassung der Agrarstrukturen im Rahmen der Reform der gemeinsamen Agrarpolitik,
b.) durch Erleichterung der Entwicklung und der Strukturanpassung der ländlichen Gebiete,

Ziel 6: Förderung der Entwicklung und strukturierten Anpassung von Regionen mit extrem niedriger Bevölkerungsdichte.

Das letzte Ziel wurde durch die Beitrittsakte für Schweden, Norwegen und Finnland nachträglich angefügt.

Die Aufgaben der verschiedenen Fonds überschneiden sich zwar, es lassen sich aber doch Schwerpunkte festhalten:
Der *Regionalfonds* (Europäischer Fonds für regionale Entwicklung, EFRE) finanziert gemeinsam mit den Mitgliedstaaten produktive Investitionen zur Schaffung oder Erhaltung von Arbeitsplätzen, Infrastrukturinvestitionen und Maßnahmen zur Förderung lokaler Entwicklungsinitiativen. Im Vordergrund

---

448 Vgl. VO 1164/94 vom 16. 5. 1994, ABlEG L 130/1

stehen die »Ziel-1-Gebiete«, zu denen Griechenland, Irland und Portugal sowie große Teile von Spanien und Teile anderer Mitgliedstaaten, darunter die fünf neuen Bundesländer, gehören. Der *Sozialfonds* als eigenes sozialpolitisches Instrument der Gemeinschaft (vgl. Art.146-151 EG) soll die Beschäftigungsmöglichkeiten der Arbeitskräfte im Binnenmarkt verbessern. Die Ziele 3 und 4 (vgl. oben) sollen ausschließlich durch den Sozialfonds verfolgt werden, wie dies auch Art. 146 EG entspricht. Es geht um die Bekämpfung der Langzeitarbeitslosigkeit und um die Einordnung der Jugendlichen in den Beruf, schließlich um die Anpassung der Menschen an die Veränderungen der industriellen Produktion. Die *landwirtschaftliche Strukturpolitik* wird in der Verordnung zur Verbesserung der Effizienz der Agrarstruktur aus dem Jahre 1991[449] zusammengefasst. Es geht um Beihilfen für die Stilllegung, die Extensivierung und die Umstellung in der Landwirtschaft, für Investitionen zur Modernisierung, für die regionale Förderung in benachteiligten Gebieten sowie um die Berücksichtigung des Umweltschutzes. Die Gemeinschaft beteiligt sich auch an Strukturbeihilfen der Mitgliedstaaten im Wege einer Mischfinanzierung. Im Rahmen der landwirtschaftlichen Marktordnungen (vgl. oben) werden Maßnahmen zur Flächenstilllegung durch besondere Programme aufgelegt, um die Überproduktion in der Landwirtschaft zu verringern. Auch im Bereich der *Fischerei* gibt es einen Strukturfonds, der die Bedingungen für den Einsatz des Finanzinstruments für die Ausrichtung der Fischerei festlegt[450]. Es geht auch hier um die Einschränkung von Überkapazitäten, andererseits aber auch um die Modernisierung der Flotten, die für den Fischfang eingesetzt werden.

Der *Kohäsionsfonds*, der den wirtschaftlichen und sozialen Zusammenhalt in den Bereichen Umwelt und Transeuropäische Netze fördern soll, kommt den Mitgliedstaaten zugute, deren Bruttosozialprodukt pro Kopf der Bevölkerung weniger als 90 % des Gemeinschaftsdurchschnitts beträgt. Derzeit sind dies Griechenland, Irland, Portugal und Spanien. Da die Nutznießer des Kohäsionsfonds nachweisen müssen, dass sie übermäßige öffentliche Defizite vermeiden (vgl. Art. 104 EG), kann die Vergabe der Förderungsmittel als Kontrollinstrument eingesetzt werden, wenn es um die Erfüllung der Eintrittskriterien für die Währungsunion geht. Die Empfängerländer müssen sogar ein Konvergenzprogramm zur Vermeidung eines übermäßigen öffentlichen Defizits vorlegen; stellt die Kommission fest, dass in einem Empfängerland ein übermäßiges öffentliches Defizit besteht, und wird dieses Defizit nicht innerhalb eines Jahres oder einer festgesetzten Frist behoben, so werden aus dem Kohäsionsfonds für diesen Mitgliedstaat keine neuen Vorhaben finanziert (vgl. Art. 104 Abs. 6 EG).

---

449 VO Nr. 2328/91 vom 15. 07. 1991, ABlEG L 218/1 vom 06. 08. 1991
450 VO Nr. 3699/93 vom 21. 12. 1993, ABlEG L 346/1 vom 31. 12. 1993

Die Erfolgsbilanz bei den Strukturfonds ist gemischt. Einerseits haben die Vergabemodalitäten für den Kohäsionsfonds dazu beigetragen, dass die Haushaltsdisziplin in den Empfängerstaaten verbessert wurde. Andererseits ist es der Gemeinschaft nach wie vor nicht gelungen, die Mittelvergabe angemessen zu fokussieren. Es werden immer noch zu viele Subventionen mit der Gießkanne verteilt, der Förderung mangelt es an Zielgenauigkeit. Dies gilt insbesondere auch für den Regionalfonds.

Die Konzeption und Organisation der Strukturförderung wurde im Frühjahr 1999 überarbeitet. Die Vergabe der Mittel soll stärker konzentriert werden.[451] Zielkonflikte zwischen der gemeinschaftsrechtlichen und der nationalen Förderung, die schon bisher bestanden, dürften sich in Zukunft noch verschärfen. Dies gilt insbesondere für die Förderung in Westdeutschland. Aus gesamteuropäischer Perspektive mag das eine oder andere bisherige Fördergebiet nicht mehr förderungswürdig sein. Aus nationaler und regionaler Perspektive wird dies vielfach anders gesehen.[452]

Die Fonds müssen im Zuge der Erweiterung der EU reformiert werden. Zugunsten der Beitrittsländer müssen bisherige Begünstigte eine Reduktion ihrer Quoten hinnehmen. Die Durchsetzung dieser Erkenntnis dürfte langwierig und schmerzlich sein, wie die Blockadepolitik Spaniens zeigt, die im Frühjahr 2001 offen angekündigt wurde.

d)   Die Europäische Investitionsbank

Durch den Vertrag von Maastricht wurde die Errichtung einer *Europäischen Investitionsbank (EIB)* in den EG-Vertrag eingefügt. Nach Art. 266 Satz 1 EG besitzt die EIB eigene Rechtspersönlichkeit. Ihre Mitglieder sind die EG-Mitgliedstaaten (Art. 266 Satz 2 EG). Die Bank besteht aus einem Rat der Gouverneure, einem Verwaltungsrat und einem Direktorium. Der Rat der Gouverneure, der aus Ministern der Mitgliedstaaten besteht, erlässt allgemeine Richtlinien für die Kreditpolitik und trifft Grundsatzentscheidungen. Der Verwaltungsrat entscheidet über die Gewährung von Darlehen und Bürgschaften sowie über die Aufnahme von Anleihen. Das Direktorium, bestehend aus einem Präsidenten und sechs Vizepräsidenten, führt die laufenden Geschäfte. Die Organisation ist im Einzelnen in einer Satzung geregelt, die dem EG-Vertrag als Protokoll beigefügt ist (vgl. Art. 266 Satz 3 EG).

Die EIB fördert die weniger entwickelten Gebiete der Gemeinschaft, beteiligt sich an der Modernisierung und Umstellung sowie an der Schaffung neuer Arbeitsplätze im Hinblick auf Folgen der Errichtung des Gemeinsamen Marktes, finanziert Vorhaben von gemeinsamem Interesse und leistet Entwicklungs-

---

451 Vgl. Wulf-Mathies, WSI-Mitteilungen 1999, 362-371
452 Vgl. Tetsch, WSI-Mitteilungen 1999, 371-379

hilfe in assoziierten Ländern, mit denen entsprechende Abkommen abgeschlossen wurden (vgl. Art. 267 EG).

Da die Bank keine Erwerbszwecke verfolgt, kann sie Kredite zu günstigeren Konditionen als die Geschäftsbanken herausgeben. Durch Vereinbarungen aus dem Jahre 1997 wurden der EIB zusätzliche Aufgaben im Bereich der Beschäftigungspolitik zugewiesen.

5. Weiterführende Hinweise

Apel, European Monetary Integration 1958-2002, London und New York 1998; *Binder/Walthes,* Die Kohäsionsfonds: Ein strukturpolitisches Finanzinstrument der Europäischen Union, Raumforschung und Raumordnung 1994; *Bleckmann,* Wirtschaftslenkung und Europäische Wirtschafts- und Währungsunion, 1992; *Bofinger/Collignon/Lipp* (Hg), Währungsunion oder Währungschaos? Was kommt nach der DM? 1993; *Bognar,* Europäische Währungsintegration und Außenwirtschaftsbeziehungen, 1997; *Büschgen,* Der Euro als neue Umfeldbedingung für die Finanzmarktakteure, WM 1999, 929; *Collignon,* Der EURO als Ausweg aus der Krise, WSI-Mitteilungen 1997, 310; *Collignon* (ed.), European Monetary Policy, 1997; *Endler,* Europäische Zentralbank und Preisstabilität, 1998; *Franzmeyer,* Das Konvergenzproblem, Wirtschaftspolitik im Europa von Maastricht, 1994; *Heun,* Die Europäische Zentralbank in der Europäischen Währungsunion, JZ 1998, 866; *Häde,* Die Europäische Wirtschafts- und Währungsunion, EuZW 1992, 171; *Jochimsen,* Perspektiven der Europäischen Wirtschafts- und Währungsunion, 2. Aufl. 1998; *Huffschmid,* Politische Ökonomie der Finanzmärkte, 1999; *Klodt u. a.,* Die Strukturpolitik der EG, 1992; *Köhler,* Vertragliche Grundlagen der Europäischen Währungsunion, 1999; *Krupp,* Die Koordination von Geld-, Finanz – und Einkommenspolitik als Aufgabe der Wirtschaftspolitik, Wirtschaftsdienst 1994, 208; Martenczuk, Der Europäische Rat und die Wirtschafts- und Währungsunion, EuR 1998, 151; *Nicolaysen,* Rechtsfragen der Währungsunion, 1993; *Nienhaus,* Die Europäische Wirtschafts- und Währungsunion als ordnungspolitische Herausforderung, Ordo 1994, 287; *Nölling,* Unser Geld, der Kampf um die Stabilität der Währungen in Europa, 1993; *Oatley,* Monetary Politics, Michigan Studies in International Political Economy, Ann Arbor 1997; *Ridinger,* EG – Regionalpolitik, wirtschaftlicher und sozialer Zusammenhalt in der Europäischen Gemeinschaft, 1992; *Roth,* Die Rolle der EIB bei der Entwicklung der Regionen in Europa, WSI-Mitteilungen 1994, 229; *Smits,* The European Central Bank, 1997; *Steindorff,* Währungsunion, Beitritt, Finanzausgleich und Maastricht II, EuZW 1996, 6; *Stern,* Die Konvergenzkriterien des Vertrags von Maastricht und ihre Umsetzung in der bundesstaatlichen Finanzverfassung, in: Festschrift für Everling, 1995, 1469; *Tetsch,* WSI-Mitteilungen 1999, 371-379; *Wagner,* Europäische Wirtschaftspolitik, Perspektiven einer Europäischen Wirtschafts- und Währungsunion (EWWU), 1995; Wulf-Mathies, WSI-Mitteilungen 1999, 362-371.

VI. Arbeits- und Sozialrecht

1. Kompetenzen der Gemeinschaft

Als die Europäische Wirtschaftsgemeinschaft im Jahre 1957 vertraglich vereinbart wurde, spielte das Arbeits- und Sozialrecht so gut wie keine Rolle. In den ursprünglichen Römischen Verträgen gibt es nur ganz wenige Artikel, die sich auf das Arbeits- und Sozialrecht der Mitgliedstaaten auswirken. So ist die ursprünglich in Art. 48 ff., jetzt in Art. 39 ff. EG verankerte Freizügigkeit für Arbeitnehmer zur Herstellung der Marktfreiheiten gedacht und in einen Zusammenhang mit der Freiheit des Verkehrs von Waren, Dienstleistungen und Kapital gebracht. Aus ihr folgt heute, nachdem eine Reihe von Richtlinien verabschiedet sind, ein unmittelbarer, arbeitsrechtlicher Schutz, insbesondere auch bei Bewerbungen in einem anderen Mitgliedstaat, wie oben bereits ausgeführt wurde. Hinzu kommt Art. 141 EG, der die Lohngleichheit von Mann und Frau regeln soll. Die Anwendung dieser Vorschrift durch die Rechtsprechung des EuGH und die Verabschiedung zusätzlicher Richtlinien hat im Laufe der Jahre zur Anerkennung des Grundsatzes der Gleichbehandlung von Mann und Frau im europäischen Gemeinschaftsrecht geführt.
Schon vor den Verträgen von Maastricht enthielt der EG-Vertrag weitere arbeits- und sozialrechtliche Kompetenznormen, so neben der Grundnorm des Art. 118 (alt) die Vorschriften über die Einrichtung eines Europäischen Sozialfonds in Art. 123 (alt) und über die Aufstellung von allgemeinen Grundsätzen zur Berufsausbildung in Art. 128 (alt). Die Einheitliche Europäische Akte von 1987 brachte nur geringfügige Änderungen, wenn man von dem neu eingefügten Art. 118a (jetzt 138) absieht. Danach kann der Rat mit qualifizierter Mehrheit Mindestvorschriften insbesondere zur Verbesserung der Arbeitsumwelt erlassen. Hinzu kommt Art. 118b (jetzt 139) EG, der einen sozialen Dialog auf europäischer Ebene vorsieht.
Der Vertrag von Maastricht brachte eine Ausweitung der Kompetenzen, aber nach dem Sozialprotokoll und dem damit zusammenhängenden Sozialabkommen nicht für Großbritannien. Das Abkommen galt bis zur Regierungskonferenz von Amsterdam nur für die übrigen Mitgliedstaaten, jetzt auch für Großbritannien.
Zwar scheiterte 1989 der Versuch, eine Gemeinschaftscharta der sozialen Grundrechte der Arbeitnehmer zu verabschieden, am Widerstand Großbritanniens. Schon durch die Einheitliche Europäische Akte und dann durch die Verträge von Maastricht wurde aber eine Reihe von neuen Kompetenznormen in den EG eingefügt, dies, obwohl insbesondere aus Großbritannien heftiger

Widerstand gegen eine derartige Kompetenzausweitung geleistet worden war. Der Widerstand führte in Maastricht zu der kuriosen Konstruktion, dass Großbritannien zwar die arbeits- und sozialpolitischen Kompetenzerweiterungen ablehnte, aber dennoch ein Protokoll unterzeichnete, das es den restlichen (damals 11) EG-Mitgliedstaaten gestattete, sich der Einrichtungen der Gemeinschaft zu bedienen, wenn sie von den im Protokoll enthaltenen Kompetenzen Gebrauch machen wollten. Dies taten sie denn auch in einem Sozialabkommen, das im Wesentlichen bereits die heutigen für alle Mitgliedstaaten geltenden Kompetenznormen der EG enthält. Eine derartige Richtlinie, die nach dem Protokoll für Großbritannien nicht verbindlich war, kam am 22. September 1994 zustande, die Richtlinie über die Einrichtung von Europäischen Betriebsräten[453] (vgl. unten).

Da die Labour-Regierung im Mai 1997 den Widerstand Großbritanniens gegen die Ausweitung der arbeits- und sozialrechtlichen Kompetenzen der Gemeinschaft aufgegeben hatte, konnte das Sozialabkommen auf der Regierungskonferenz von Amsterdam in den EG-Vertrag aufgenommen werden. Damit konnte die Phase des »Europa der zwei Geschwindigkeiten« in diesem Bereich beendet werden. Noch im Dezember 1997 beschloss die EG die Richtlinie über Europäische Betriebsräte (vgl. unten) neu und ermöglichte dadurch Großbritannien eine frühzeitige gesetzliche Regelung dieser Materie, ohne dass der Ratifizierungsprozess zu den Amsterdamer Vertragsänderungen abgewartet werden musste.

Die seit Maastricht für damals elf, heute für alle fünfzehn EG-Mitgliedstaaten einschließlich Großbritannien geltenden Vorschriften enthalten erhebliche Kompetenzerweiterungen und Verfahrensverbesserungen (Qualifizierte Mehrheit) zugunsten von Rat und Parlament. Nach Art. 2 Abs. 1 und 2 EG entscheidet der Rat nach dem Verfahren der Zusammenarbeit (Art. 252 EG) in folgenden Fragen:
– Verbesserung, insbesondere der Arbeitsumwelt, zum Schutz der Gesundheit und Sicherheit der Arbeitnehmer,
– Arbeitsbedingungen,
– Unterrichtung und Anhörung der Arbeitnehmer,
– Chancengleichheit von Männern und Frauen auf dem Arbeitsmarkt und Gleichbehandlung am Arbeitsplatz,
– berufliche Eingliederung der aus dem Arbeitsmarkt ausgegrenzten Personen unbeschadet Art. 257 EG.

Einstimmig beschließt der Rat hingegen in folgenden Fragen:
– soziale Sicherheit und sozialer Schutz der Arbeitnehmer,

453 Richtlinie 94/45/EG, ABlEG L 254/4 v. 30. 9. 1994

- Schutz der Arbeitnehmer bei Beendigung des Arbeitsvertrages,
- Vertretung und kollektive Wahrnehmung der Arbeitnehmer- und Arbeitgeberinteressen, einschließlich der Mitbestimmung,
- Beschäftigungsbedingungen der Staatsangehörigen dritter Länder, die sich rechtmäßig im Gebiet der Gemeinschaft aufhalten,
- finanzielle Beiträge zur Förderung der Beschäftigung und zur Schaffung von Arbeitsplätzen unbeschadet der Bestimmungen über den Sozialfonds.

Eine Ausnahme besteht für die Bereiche Arbeitsentgelt, Koalitionsrecht, Streik- und Aussperrungsrecht, die in der Verantwortung der Mitgliedstaaten verbleiben. Auch fällt auf, dass der EG keine Rechtssetzungskompetenzen im Bereich der beruflichen Bildung zukommen, die über eine Förderung (vgl. Art. 149 f. EG) hinausgehen.

Weiterführende Hinweise

Davies/Lyon-Caen/Sciarra/Simitis (ed.), European Community Labour Law, Principles and Perspectives, Liber Amicorum Lord Wedderburn, Oxford 1996; *Kliemann,* Die europäische Sozialintegration nach Maastricht, 1997; *Koenig,* Die Europäische Sozialunion als Bewährungsprobe der supranationalen Gerichtsbarkeit, EuR 1994, 175 ff.; *Krimphove,* Europäisches Arbeitsrecht, 1996; *Ress/Stein (Hg.),* Europäischer Sozialraum, 1995; *D. Schiek,* Europäisches Arbeitsrecht, 1998; *O. Schulz,* Maastricht und die Grundlagen einer europäischen Sozialpolitik; *Wank,* Arbeitsrecht nach Maastricht, RdA 1995, 10 ff.; *Wissmann,* Arbeitsrecht und Europarecht, RdA 1999, 152.

2. Gleichstellung von Mann und Frau

a) *Lohngleichheit*

Aus Art. 141 EG folgt die Lohngleichheit von Mann und Frau bei gleicher Arbeit. Bei Abschluss der Römischen Verträge gab es zwar in Frankreich und Deutschland (Art. 3 GG) den Grundsatz der Gleichbehandlung, in anderen EG-Mitgliedstaaten, insbesondere in den später hinzugekommenen Staaten Großbritannien und Irland gab es den Grundsatz jedoch nicht. Der EuGH widerstand der Versuchung, Art. 141 EG auf einen bloßen Programmsatz zu reduzieren und damit vielen praktischen Problemen aus dem Weg zu gehen. Er hielt vielmehr schon 1976 fest, dass die Vorschrift unmittelbar in das Arbeitsvertragsrecht der Mitgliedstaaten eingreife, und zwar in folgendem, berühmt gewordenen Fall[454]:

---

454 EuGH Slg. 1976, 455, Rs. 43/75 – Defrenne II

– *Defrenne II*

Die Stewardess *Gabrielle Defrenne*, die bei der belgischen Fluggesellschaft SABENA beschäftigt war, klagte, weil sie tariflich einen geringeren Lohn als ihr ebenfalls als Steward arbeitender Ehemann erhalte. Der EuGH interpretierte Art. 141 als nicht nur wettbewerbspolitische, sondern auch sozialpolitische Vorschrift, die zu den Grundlagen der Gemeinschaft zähle. Art. 141 verpflichte nicht nur die Mitgliedstaaten, sondern erzeuge auch unmittelbare Rechte bei den Bürgern. Der EuGH bejahte damit eine unmittelbare Drittwirkung, die Entscheidung wurde Ausgangspunkt für eine Fülle von weiteren Fallentscheidungen und für eine Reihe von Richtlinien, die sich auch auf die Berufsausbildung, die berufliche Weiterbildung und auf die soziale Sicherheit bezogen (vgl. unten).

– *Defrenne III*

In Ermangelung einer einschlägigen Richtlinie entschied der EuGH 1978 im Fall *Defrenne III*[455], dass aus Art. 141 nicht unmittelbar eine allgemeine Gleichstellung bei den sonstigen Arbeitsbedingungen wie z. B. beim Rentenalter folge. Eine entsprechende Richtlinie folgte aber kurz darauf. Sie bewältigte freilich nicht das Problem der unterschiedlichen Altersgrenzen für Rentenansprüche (vgl. unten).

– *Wendy Smith*

Frau *Smith* fühlte sich diskriminiert, weil ihre Arbeit im Betrieb vorher von einem besser bezahlten Mann verrichtet worden war. Der EuGH[456] stellte dazu fest, dass die unterschiedliche Entlohnung durch objektive Gründe gerechtfertigt sein müsse. Auch müsse bei der »gleichen Arbeit« nicht unbedingt auf den gleichen Betrieb abgestellt werden.

– *Mary Murphy*

Mary Murphy erhielt von ihrem Arbeitgeber ein niedrigeres Entgelt für eine im Vergleich zu den männlichen Kollegen höherwertige Arbeit. Der EuGH[457] verwarf das formale Argument, Art. 141 EG gelte nur für Fälle gleicher Arbeit und bejahte einen Verstoß mit dem »Erst-recht-Argument«, dass es sich hier um einen besonders schweren Fall der Diskriminierung handle.

---

455 EuGH Slg. 1978, 1365, Rs. 149/77 – Defrenne III; vgl. auch EuGH Slg. 1971, 445, Rs. 80/70 – Defrenne I
456 EuGH Slg. 1980, 1275, Rs. 129/79 – Wendy Smith
457 EuGH Slg. 1988, I-673, Rs. 157/86 – Mary Murphy

b) Sonstige Arbeitsbedingungen

Am 10. 11. 1975 erließ der Rat eine Richtlinie zur Anwendung des Grundsatzes des gleichen Entgelts für Männer und Frauen[458]. Am 9. 2. 1976 erließ er die noch heute sehr wichtige Richtlinie 76/207 zur Verwirklichung des Grundsatzes der Gleichbehandlung von Männern und Frauen hinsichtlich des Zugangs zur Beschäftigung, zur Berufsbildung und zum beruflichen Aufstieg sowie in Bezug auf die Arbeitsbedingungen[459]. Ende 1978 folgte die Richtlinie zur schrittweisen Verwirklichung des Grundsatzes der Gleichbehandlung von Männern und Frauen im Bereich der sozialen Sicherheit[460]. Hier ging es um Diskriminierungen bei der Renten-, Kranken-, Invaliden-, Unfall- und Arbeitslosenversicherung. Der Gerichtshof erklärte die Vorschriften später für unmittelbar anwendbar. Schließlich folgten 1986 noch zwei Richtlinien, und zwar zur Verwirklichung des Grundsatzes der Gleichbehandlung von Männern und Frauen bei den betrieblichen Systemen der sozialen Sicherheit[461] und zur Verwirklichung des Grundsatzes der Gleichbehandlung von Männern und Frauen, die eine selbständige Erwerbstätigkeit – auch in der Landwirtschaft – ausüben, sowie über den Mutterschutz[462].
Die Umsetzung in Deutschland erfolgte in unterschiedlichem Tempo und unterschiedlicher Qualität. Herausgegriffen seien einige Fälle, in denen sich der Gesetzgeber oder die Rechtsprechung durch die europarechtlichen Vorgaben zu Korrekturen veranlasst sah[463].

– Von Colson und Kamann

Besonders bedeutsam ist die Durchsetzung des gleichen Rechts auf Berufszugang im Anschluss an die Richtlinie 76/207 (vgl. oben). Dazu entschied der EuGH 1984 den Fall *von Colson und Kamann*[464]. Es handelte sich hier um zwei Sozialarbeiterinnen, die sich auf Stellen in einem Männergefängnis beworben hatten. Die Direktion teilte ihnen mit, dass die Stellen für Frauen ungeeignet seien. Nach deutschem Arbeitsrecht, d. h. nach § 611a BGB in der damaligen, nur unzureichend an die Vorgabe der Richtlinie angepassten Fas-

---

458 Richtlinie 75/117, ABlEG 1975 L 45/19
459 Richtlinie 76/207, ABlEG 1976 L 39/40
460 Richtlinie 79/7, ABlEG 1979 L 6/24
461 Richtlinie 86/378, ABlEG 1986 L 225/40
462 Richtlinie 92/85 v. 19 10. 1992, ABlEG L 348/1
463 Weitere Gleichbehandlungsrichtlinien: Richtlinie 96/34 zum Elternurlaub v. 3. 6. 1996, ABlEG L 145/4; Richtlinie 97/81 zur Teilzeitarbeit v. 15. 12. 1997, ABlEG L 14/9; Richtlinie 97/80 zur Beweislast, ABlEG L 14/6 v. 15. 12. 1997; Richtlinie 2000/78 zur Gleichbehandlung in Beschäftigung und Beruf, ABlEG L 303/16 vom 27. 11. 2000; Richtlinie zur Gleichbehandlung ohne Unterschied der Rasse oder ethnischen Herkunft 2000/43 vom 29. 6. 2000, ABlEG L 180/22
464 EuGH Slg. 1984, 1891, Rs. 14/83

sung, hätten beide als Schadensersatz nur die Schreib- und Portokosten für die Bewerbung erhalten. Der EuGH hielt in einer Vorabentscheidung fest, der Schadensersatz müsse substantiell sein, worauf das zuständige Arbeitsgericht auf zusätzliches Schmerzensgeld nach § 847 BGB erkannte (vgl. oben). Der deutsche Gesetzgeber war gezwungen, § 611a BGB anzupassen. Er sah jetzt eine Höchstgrenze von drei Monatsgehältern als Schadensersatz vor[465].

– *Dekker*

Der EuGH[466] betrachtet es 1991 im Fall *Dekker* sogar als einen Verstoß gegen die Richtlinie 76/207, wenn es ein Arbeitgeber ablehnt, die beste von mehreren Bewerberinnen einzustellen, weil sie schwanger ist. Das Gericht stellt zu Recht darauf ab, dass hier eine Diskriminierung wegen geschlechtsspezifischer Merkmale vorliege. Es komme nicht darauf an, ob durch die Diskriminierung ein Mann oder eine Frau begünstigt werde.

– *Nachtarbeit von Frauen*

Vor diesem Hintergrund ist die Entscheidung des Bundesverfassungsgerichts[467] verständlich, wonach das Verbot der Nachtarbeit von Arbeiterinnen nach Art. 3 Abs. 1 und 2 GG als Diskriminierung sowohl gegenüber den männlichen Arbeitern als auch gegenüber den angestellten Arbeiterinnen verfassungswidrig und nichtig sei. Das Geschlecht darf, wenn nicht ausnahmsweise objektive Gründe (Paradebeispiel: Besetzung einer weiblichen Rolle in einem Film) eingreifen, überhaupt nicht Anknüpfungspunkt für unterschiedliche Regelungen sein.

c) Mittelbare Diskriminierung

Schwierigkeiten bereitet es, Fälle zu entscheiden, in denen die Beschäftigung zwar nicht von Geschlechtseigenschaften abhängig gemacht wird, aber doch von solchen Umständen oder Eigenschaften, die bei einem Geschlecht (in der Regel Männern) sehr viel häufiger als beim anderen (in der Regel Frauen) vorliegen. Hier kann es zu verdeckten oder mittelbaren Diskriminierungen kommen. Das Problem taucht besonders häufig bei *Teilzeitarbeit* auf. Bekanntlich werden erheblich mehr Frauen als Männer auf Teilzeit beschäftigt. Das Verhältnis ist durchschnittlich etwa 9:1. Dass eine Benachteiligung von Teilzeitarbeitnehmern eine mittelbare Diskriminierung von Frauen darstellt,

---

465 Vgl. unten die spätere Entscheidung im Fall Draempaehl, in der auch die Nachfolgeregelung für teilweise gemeinschaftsrechtswidrig erklärt wurde
466 EuGH Slg. 1990, 3941, Rs. C 177/88 – Dekker, dazu Wißmann, DB1991, 650 ff.
467 BVerfGE 85, 191

drängt sich in vielen Fällen geradezu auf. Nachfolgend sollen drei Fälle geschildert werden:

– *Rinner-Kühn*

Im Fall *Rinner-Kühn* ging es um die Frage, ob Teilzeitarbeitnehmer von der Lohnfortzahlung im Krankheitsfall ausgenommen werden dürften. Der EuGH[468] verneinte dies unter Berufung auf Art. 141 EG. Es handle sich um eine mittelbare Diskriminierung von Frauen. Anders wäre zu entscheiden gewesen, wenn der Arbeitgeber hätte nachweisen können, dass die unterschiedliche Behandlung durch objektive Gesichtspunkte gerechtfertigt ist.

– *Nimz*

Im Fall *Nimz* kam der EuGH[469] 1991 in der Frage des beruflichen Aufstiegs von Teilzeitarbeitnehmern zu dem Ergebnis, dass Art. 141 EG verletzt sei, wenn Teilzeitarbeitnehmer für den Aufstieg in die jeweils nächsthöhere Vergütungsgruppe eine doppelt so lange Betriebszugehörigkeit wie ein Vollzeitarbeitnehmer nachweisen müssten. Der Arbeitgeber hätte nachweisen müssen, dass im Einzelfall die niedrigere Bezahlung eines Teilzeitarbeitnehmers aus objektiven Gründen, etwa wegen dessen geringerer Erfahrung und der daraus folgenden geringeren Qualität der Arbeit, gerechtfertigt sei.

– *Helmig u. a.*

Ende 1994 hatte der EuGH[470] über mehrere Vorlagen von deutschen Arbeitsgerichten zu entscheiden, die wissen wollten, ob es gegen Art. 141 EG und die Richtlinie 75/117 verstößt, wenn Teilzeitarbeitnehmer durch tarifliche Bestimmungen Überstundenzuschläge erst bei Überschreiten der tariflichen Regelarbeitszeit von vergleichbaren Vollzeitarbeitnehmern erhalten. Hätte der EuGH einen Verstoß bejaht, so hätte dies erhebliche praktische Auswirkungen auf die tarifliche Praxis in Deutschland gehabt. Der EuGH verneinte eine Verstoß, da eine Ungleichbehandlung nur dann vorliegen könne, wenn bei gleicher Stundenzahl, die auf Grund eines Arbeitsverhältnisses geleistet werde, die den Vollzeitbeschäftigten gezahlte Gesamtvergütung höher sei als die den Teilzeitbeschäftigten gezahlte. Wenn ein Teilzeitbeschäftigter eine Stunde mehr arbeitet, erhält er genauso viel Geld wie ein Vollzeitbeschäftigter, bezogen auf diese Stundenzahl.

468 EuGH Slg. 1989, 2743, Rs. 171/88 – Rinner-Kühn
469 EuGH Slg. 1991, I-297, Rs. C-184/89 – Nimz
470 EuGH Slg. 1994, 5727, verb. Rs. C 399, 409 u. 425/92; 34, 50 u. 78/93 – Helmig u. a.

Mit dieser formalen Betrachtung bringt sich der EuGH in die Schwierigkeit, dass man tarifliche Vereinbarungen, die Überstundenzuschläge für Teilzeitbeschäftigte schon bei Überschreitung der Teilzeit vorsehen, als »umgekehrte« Diskriminierung der Männer betrachten könnte, die ja ganz überwiegend vollzeitbeschäftigt sind. Richtig ist jedoch der Gedanke, dass es in die Autonomie der Tarifvertragsparteien fällt, die eine oder die andere Regelung in diesem Fall zu treffen[471].

d) Umgekehrte Diskriminierung

– Kalanke

Im Jahre 1995 entschied der EuGH[472] im Fall *Kalanke* über eine Frauenquote des Bundeslandes Bremen. Danach mussten bei der Besetzung von Beförderungsstellen des öffentlichen Dienstes Frauen bei gleicher Qualifikation ihren männlichen Mitbewerbern vorgezogen werden, wenn Frauen in dem betreffenden Bereich unterrepräsentiert waren. Der EuGH sah hierin einen Verstoß gegen Art. 141 EG, weil die Quotenregelung zu einer automatischen Bevorzugung von Frauen führe. Nun erlaubt zwar die Richtlinie 207/76 in § 2 Abs. 4, dass Maßnahmen zur Förderung der Chancengleichheit für Männer und Frauen, insbesondere durch Beseitigung der tatsächlich bestehenden Ungleichheiten ergriffen werden, die Chancen der Frauen beeinträchtigen. Dies erlaubt nach Auffassung des EuGH Fördermaßnahmen zur Verbesserung der Konkurrenzbedingungen von Frauen im Vorfeld einer Auswahlentscheidung, nicht aber Vorschriften, die ihnen bei Ernennungen oder Beförderungen absolut und unbedingt den Vorrang einräumten. Die Entscheidung wurde in der Öffentlichkeit zum Teil heftig kritisiert, weil sie das kompensatorische Element der Quotenregelungen verkenne.

– Draehmpaehl

Herr *Draehmpaehl*, der sich in Hamburg auf eine Stelle beworben hatte, die nicht geschlechtsneutral ausgeschrieben war, erhielt keine Antwort. Er klagte auf Schadensersatz in Höhe von dreieinhalb Monatsgehältern, musste aber feststellen, dass der Ersatzanspruch nicht nur nach § 611a BGB in der damaligen Fassung auf drei Monatsgehälter begrenzt war (vgl. oben), sondern dass sich die Höhe des Schadensersatzanspruchs auch reduzierte, wenn mehrere Bewerber klagen (§ 61b Abs. 2 ArbGG). Außerdem rügte er, dass die Ent-

---

471 Vgl. Asshoff/Bachner/Kunz, Europäisches Arbeitsrecht im Betrieb, 1996, S. 133 ff. m. w. N.
472 EuGH Slg. 1995, I-3051 = NJW 1995, 3109, Rs. C 450/93 – Kalanke

schädigungszahlung vom Nachweis eines Verschuldens abhängig gemacht wurde. Der EuGH[473] stellte nicht nur fest, dass drei Monate zu wenig seien, wenn der Bewerber bei einer diskriminierungsfreien Auswahl die Stelle erhalten hätte. Er erklärte es auch für unzulässig, die Voraussetzung des Verschuldens aufzustellen. Deutschland wurde durch den EuGH zum zweiten Mal gezwungen, § 611a BGB zu ändern. Die ursprüngliche Fassung der Vorschrift, die lediglich den Ersatz des Vertrauensschadens und damit praktisch nur der Portokosten vorsah, wurde 1994 geändert, nachdem der EuGH[474] bereits 1984 ihre Unvereinbarkeit mit der Richtline 207/76 festgestellt hatte und die Arbeitsgerichte sich unter Berufung auf die Richtlinie über das geschriebene deutsche Recht hinweggesetzt hatten (vgl. oben).

– *Marschall*

1997 entschied der EuGH[475] über eine Vorschrift im nordrhein-westfälischen Beamtengesetz, wonach Frauen bei gleicher Eignung, Befähigung und fachlicher Leistung bevorzugt einzustellen und zu befördern seien, »sofern nicht in der Person eines Mitbewerbers liegende Gründe überwiegen«. Herr *Marschall* hatte gegen die Bevorzugung einer Mitbewerberin geklagt. Der EuGH erhielt die Vorschrift aufrecht, da alle die Person der Bewerber betreffenden Kriterien berücksichtigt würden und der den weiblichen Bewerbern eingeräumte Vorrang entfalle, wenn eines oder mehrere dieser Kriterien zugunsten des männlichen Bewerbers überwiegen. Der EuGH hält demnach nur die automatische Bevorzugung von Frauen bei gleicher Qualifikation für gemeinschaftsrechtswidrig.

– *Kreil*

Frau *Kreil* war als Elektronikerin für den freiwilligen Dienst in einer Kampfeinheit der Bundeswehr mit der Begründung abgelehnt worden, Frauen könnten nur im Sanitäts- und Militärmusikdienst eingestellt werden. Der EuGH[476] erklärte im Jahre 2000 die Ablehnung für gemeinschaftsrechtswidrig, weil nicht durch funktionale Erwägungen zu rechtfertigen; im Übrigen sei auch gegen den Grundsatz der Verhältnismäßigkeit verstoßen worden.

473 EuGH. Slg. 1997, I-2195, Rs. C- 180/95 – Draehmpaehl, m. Anm. Oetker ZIP 1997, 798 ff.
474 EuGH Slg. 1984, 1921, 1942, Rs. 79/83 – Harz/Tradax
475 EuGH Slg. 1997, I-6363, Rs. C-409/95 – Marschall
476 EuGH Slg. 2000, I-69, Rs. 285/98 = NJW 2000, 497 – Kreil

– Schwedische Quote

Eine automatische Bevorzugung von Frauen bei der Einstellung in den öffentlichen Dienst, hier bei Bewerbungen um eine Professorenstelle, lehnte des EuGH[477] im Jahre 2000 erneut ab. Es ging um die Bevorzugung von Frauen bei der Besetzung einer Professur, auch wenn sie schlechter qualifiziert als männliche Mitbewerber sind.

Mit dieser immer mehr verfeinerten Rechtsprechung können die materiellen Diskriminierungen von Frauen zwar nicht abgestellt werden, es werden aber immer kompliziertere Begründungen »notwendig«, wenn eine Frau benachteiligt werden »soll«. Umgekehrt hat der EuGH der Bevorzugung von Frauen über starre Quotenregelungen einen Riegel vorgeschoben, er schafft einen Anreiz zur Abschaffung von pauschalen, materiellen Kriterien zugunsten von prozeduralen und solchen Regelungen, die Ausnahmen in Härtefällen zulassen. Die Entscheidung wird dem Einzelfall überlassen. Eine generelle Bevorzugung von Frauen in Verfahrensfragen ist jedoch zulässig.

Der Abbau von Diskriminierungen der Frauen soll in Zukunft dadurch erleichtert werden, dass nach einem Beschluss der Regierungskonferenz von Amsterdam ein neuer Absatz 2 in Art. 3 EG eingefügt wurde, der als Querschnittsaufgabe der Gemeinschaft die Beseitigung von Ungleichheiten und die Gleichstellung von Mann und Frau nennt (vgl. oben).

e) Weiterführende Hinweise

Däubler-Gmelin, Frauenarbeitslosigkeit, 1994; *Döse,* Frauenarbeit in Europa und Gemeinschaftsrecht, 2000; *Fuchs* (Hg.), Kommentar zum Europäischen Sozialrecht, 2. Aufl. 2000; *Krimphove,* Europäisches Arbeitsrecht, 1996; *Langenfeld,* Die Gleichbehandlung von Mann und Frau im Europäischen Gemeinschaftsrecht, 1990; *Pfarr/ Bertelsmann,* Diskriminierung im Erwerbsleben, 1989; *Schiefer,* Europäisches Arbeitsrecht, NJW 1995, 160ff.; *Schiek,* Europäisches Arbeitsrecht, 1998; *Schlachter,* Wege zur Gleichberechtigung, Vergleich des Arbeitsrechts der Bundesrepublik Deutschland und der Vereinigten Staaten, 1993.

3. Sozialer Arbeitsschutz

a) Massenentlassungen

Im Jahre 1975 beschloss die EG eine Richtlinie zur Angleichung der Rechtsvorschriften der Mitgliedstaaten über Massenentlassungen[478]. Sie stützt sich

---

477 EuGH Slg. 2000, Rs. C-407/98 – Schwedische Professorinnen
478 Richtlinie 75/129, ABlEG 1975 L 48/29

auf Art. 94 EG und verlangt lediglich einen prozeduralen Mindestschutz. Bessere Regelungen durch Gesetz oder Tarifvertrag sind möglich. Die Richtlinie schafft zwei verfahrensmäßige Sicherungen: Vor einer Massenentlassung müssen die Arbeitnehmervertreter konsultiert werden. Die Massenentlassung ist der zuständigen Behörde anzuzeigen und wird grundsätzlich erst dreißig Tage nach dieser Anzeige wirksam. Die Richtlinie zwang Deutschland nur zu verhältnismäßig geringfügigen Anpassungen des geltenden Kündigungsschutzgesetzes, in anderen EG-Mitgliedstaaten wie Großbritannien und Italien brachte die Richtlinie eine Neuerung.

Der Begriff der Massenentlassung ist in Art. 1 der Richtlinie geregelt. Danach liegt beispielsweise in einem Betrieb mit mindestens 500 Arbeitnehmern eine Massenentlassung bereits vor, wenn mindestens 30 Arbeitnehmer innerhalb von 30 Kalendertagen entlassen werden. Nach der Rechtsprechung des Bundesarbeitsgerichts[479] liegt dann auch eine Betriebsänderung als Voraussetzung für die Mitbestimmungs- und Mitwirkungsrechte des Betriebsrats – Interessenausgleich und Sozialplan – vor. In Deutschland ist das Konsultationsverfahren nach §17 Abs. 2 KSchG beim Betriebsrat konzentriert. Es spielt neben dem Verfahren bei den Verhandlungen um den Interessenausgleich und den Sozialplan kaum eine Rolle. Die Anzeigepflicht gegenüber dem Arbeitsamt ist in §17 Abs. 3 KSchG festgelegt.

1992 wurde die Richtlinie in einer Reihe von Punkten geändert[480]. Auch Aufhebungsverträge und Eigenkündigungen der Arbeitnehmer werden jetzt als Entlassungen gerechnet, wenn sie vom Arbeitgeber veranlasst sind. Die Inhalte von Information und Konsultation werden jetzt präziser gefasst. Insbesondere werden jetzt auch Konzernverflechtungen in der Weise erfasst, dass sich die Konzerntochter, welche die Entlassungen durchführt, nicht mehr dahinter verstecken kann, dass sie von der Konzernmutter nicht hinreichend informiert worden sei. Eine Schwäche der Richtlinie liegt nach wie vor darin, dass keine eindeutigen Sanktionsnormen eingefügt werden konnten.

Der EuGH[481] legt die Richtlinie weit aus. Es heißt jetzt in dem neu eingefügten Art. 5a: »Die Mitgliedstaaten sorgen dafür, dass den Arbeitnehmervertretern und/oder den Arbeitnehmern administrative und/oder gerichtliche Verfahren zur Durchsetzung der Verpflichtungen gemäß dieser Richtlinie zur Verfügung stehen.«

Daraus ergibt sich keine konkrete Verpflichtung zur Einfügung einer bestimmten Sanktionsnorm in das nationale Arbeitsrecht. Die Mitgliedstaaten sind lediglich nach Art. 10 EG verpflichtet, angemessene Sanktionsnormen zu schaffen. Der EuGH[482] lässt den Mitgliedstaaten zwar die Wahl zwischen den

---

479 BAG AP 12 zu §111 BetrVG 1972
480 Vgl. ABlEG 1992 L 245/3
481 EuGH Slg. 1995, I-4291, Rs. C 449/93 – Massenentlassungen II
482 EuGH Slg. 1994, I-2479, Rs. C 383/92 – Massenentlassungen I

einzelnen zur Verfügung stehenden Sanktionsarten, er verlangt aber, dass die Sanktionen wirksam, verhältnismäßig und abschreckend sind. Wie die Entscheidung Draehmpaehl aus dem Jahre 1997 (vgl. oben) zeigt, greift der EuGH gegen unzureichende Sanktionsnormen durch. In diesem Falle bleibt ihm aber nur das Mittel, einen Ersatzanspruch des Bürgers gegen »seinen« Mitgliedstaat anzuerkennen, der durch Schaffung einer unzureichenden Sanktionsnorm einen Schaden verursacht hat (vgl. oben). Ob der EuGH so weit gehen wird, bleibt abzuwarten.[483]

b) Betriebsübergang

Am 14. 2. 1977 verabschiedete der Rat die Richtlinie 77/187[484] zur Angleichung der Rechtsvorschriften der Mitgliedstaaten über die Wahrung von Ansprüchen der Arbeitnehmer beim Übergang von Unternehmen, Betrieben oder Betriebsteilen. Die Richtlinie ordnet den automatischen Übergang der Arbeitsverhältnisse auf den Erwerber an. Obwohl der Anpassungsbedarf in Deutschland relativ gering war, überschritt die Bundesrepublik die Anpassungsfrist und verabschiedete erst 1980 das sog. EG-Anpassungsgesetz[485] (vgl. oben). Nach Art. 3 Abs. 2 der Richtlinie gelten die kollektivrechtlichen Arbeitsbedingungen für mindestens ein Jahr weiter. Der deutsche Gesetzgeber hat hierauf § 613a Abs. 1 S. 2 in das BGB eingefügt. Danach werden die Rechtsnormen eines Tarifvertrages oder einer Betriebsvereinbarung Inhalt des neuen Arbeitsverhältnisses zwischen dem Erwerber und dem Arbeitnehmer; sie sind nicht vor Ablauf eines Jahres abdingbar[486]. Nach Art. 4 Abs. 1 der Richtlinie – umgesetzt durch § 613a Abs. 4 BGB –, darf der Betriebsübergang kein Anlass für eine Kündigung sein. Hier ist allerdings eine Veräußerung im Rahmen einer Insolvenz nicht erfasst. Dass Arbeitnehmer in Deutschland das Recht haben, den Übergang ihres Arbeitsverhältnisses auf den Erwerber durch Widerspruch zu verhindern[487], widerspricht nicht der Richtlinie; diese lässt vielmehr günstigere Regelungen der Mitgliedstaaten in Art. 7 ausdrücklich zu. Der EuGH[488] hat die Vereinbarkeit dieses Widerspruchsrechts mit der Richtlinie auf Vorlage des Bundesarbeitsgerichts[489] bestätigt.

---

483 Vgl. jetzt die Richtlinie 98/59 v. 20. 7. 1998, ABlEG L 225 v. 12. 8. 1998
484 ABlEG 1977 L 61/26
485 BGBl. I, 1308
486 Gegen die individualrechtliche Umsetzung der Richtlinie durch § 613a BGB mit Recht Däubler, Tarifvertragsrecht, 3. Aufl. 1993, S. 652 ff., der sich für eine analoge Anwendung von § 613a ausspricht, wenn das alte Unternehmen tarifgebunden ist, das neue jedoch nicht; ein Fall richtlinienkonformer Auslegung einer nationalen Umsetzungsnorm
487 Vgl. BAG DB 1984, 1403
488 EuGH Slg. 1993, I-1992, verb. Rs. C 132, 138 u. 139/91 – Katsikas
489 Vgl. BAG DB 1992, 1191

– Christel Schmidt

Große Aufregung rief in Deutschland die Entscheidung des EuGH[490] im Fall *Christel Schmidt* hervor. Frau Schmidt hatte als Reinigungskraft in der Filiale einer Sparkasse gearbeitet. Als die Sparkasse die Reinigung auf die Firma Spiegelblank übertragen hatte, kündigte sie das Arbeitsverhältnis. Frau Schmidt lehnte das Angebot der Firma Spiegelblank ab, sie zu übernehmen, und erhob gegen die Sparkasse Kündigungsschutzklage. Im Kündigungsschutzprozess wurde dem EuGH die Frage zur Vorabentscheidung vorgelegt, ob die Reinigungsaufgabe eines Betriebes auch dann ein Betriebsteil nach Art. 1 Abs. 1 der Richtlinie sei, wenn die Aufgabe bisher nur von einer einzigen Arbeitnehmerin erledigt wurde. Der EuGH bejahte dies. Da das Bundesarbeitsgericht unter einem Betriebsteil bis dato nur die technisch-organisatorische Einheit, nicht aber die Menschen verstanden hatte, die in dem Betrieb arbeiten[491], war das Verständnis für die EuGH-Entscheidung in Deutschland gering. Bei genauerer Betrachtung wird deutlich, dass es dem EuGH um die Frage geht, ob die fragliche wirtschaftliche Einheit ihre Identität wahrt. Wird ein wesentlicher Teil der Belegschaft übernommen, so sieht der EuGH darin auf jeden Fall einen Betriebsübergang. Problematisch war lediglich, ob schon eine einzige Person ausreicht, um bei einem kleineren Betrieb einen Teilübergang zu bejahen.

– Ayse Süzen

Im Fall *Ayse Süzen* revidierte der EuGH[492] seine Entscheidung aus dem Fall *Christel Schmidt*. Er stellte fest, dass beim Betriebsübergang oder Betriebsteilübergang im Produktions- oder Dienstleistungsbereich von einem Übergang i. S. der Richtlinie 77/187 nur dann gesprochen werden könne, wenn dieser Vorgang entweder mit einer Übertragung materieller oder immaterieller Betriebsmittel von dem einen auf den anderen Unternehmer oder mit der Übernahme eines nach Zahl und Sachkunde wesentlichen Teils des Personals verbunden ist. Der EuGH beharrt immerhin auf seiner Position, dass auch die Übernahme von Personen einen Betriebsteilübergang darstellen kann. Er gibt aber die unglückliche Zuspitzung auf eine einzige Person auf.
Die Diskussion um die Christel-Schmidt-Entscheidung mündete 1998 in die Verabschiedung einer neuen Richtlinie zum Betriebs- und Unternehmensübergang.[493] Die EuGH-Rechtsprechung wurde übernommen; einige Klarstellungen wurden angefügt.

490 EuGH Slg. I-1994, Rs. C 392/92 – Christel Schmidt
491 Vgl. BAG AP Nr. 24, 41 und 104 zu § 613a BGB
492 EuGH Slg. 1997, I-1289, Rs. C 13/95, dazu Heinze DB 1997, 677
493 Richtlinie 98/50, ABlEG L 201/88 vom 17. 7. 1998

c) Entsenderichtlinie

Am 16. 12. 1996 wurde die sog. Entsenderichtlinie[494] verabschiedet, die sich mit der Entsendung von Arbeitnehmern im Rahmen der Erbringung von Dienstleistungen befasst. Ihr Anwendungsbereich liegt ganz überwiegend in der Bauwirtschaft. Die Globalisierung und Internationalisierung wirkt sich hier im Unterschied zu anderen Branchen dahingehend aus, dass nicht die Produktionsstandorte ins Ausland verlagert werden, sondern die Ausländer als billige Arbeitskräfte ins Inland gebracht werden. Massive, politische Interessengegensätze hatten die Verabschiedung der Richtlinie, die eine Absicherung der inländischen Standards bezweckt, lange verzögert.

Die Richtlinie umfasst nach Art. 1 Abs. 3 nicht nur eine Entsendung durch ein Unternehmen in einen anderen Mitgliedstaat, sondern auch die konzerninterne Entsendung und die Leiharbeit. Die Mitgliedstaaten sind nach Art. 3 verpflichtet, für die entsandten Arbeitnehmer zu garantieren:
– Höchstarbeitszeiten und Mindestruhezeiten,
– bezahlten Mindestjahresurlaub,
– Mindestlohnsätze einschließlich der Überstundensätze,
– Bedingungen für die Überlassung von Arbeitskräften, insbesondere durch Leiharbeitsunternehmen,
– Sicherheit, Gesundheitsschutz und Hygiene am Arbeitsplatz,
– Schutzmaßnahmen im Zusammenhang mit den Arbeits- und Beschäftigungsbedingungen von Schwangeren und Wöchnerinnen, Kindern und Jugendlichen, Gleichbehandlung von Männern und Frauen sowie andere Nichtdiskriminierungsbestimmungen.

Die Garantie wird durch Rechts- und Verwaltungsvorschriften sichergestellt; in der Bauwirtschaft ist die Garantie auch durch für allgemeinverbindlich erklärte Tarifverträge möglich (Art. 3 Abs. 1 und Anhang).
Als Arbeitnehmer gelten nach Art. 2 Abs. 2 der Richtlinie jeweils die Personen, die nach nationalem Recht Arbeitnehmer sind. In Deutschland zählen dazu z. B. auch die Auszubildenden. Andererseits sind die Beamten ausgenommen.
Die praktische Umsetzung der Richtlinie, die bis zum 16. 12. 1999 erfolgen musste, wird durch sog. Verbindungsbüros in jedem Mitgliedstaat und durch eine Zusammenarbeit mit den jeweiligen Überwachungsbehörden sichergestellt. Nach Art. 24 muss jeder Mitgliedstaat für geeignete Verfahren sorgen. Nach Art. 25 muss eine Klage in dem Mitgliedstaat möglich sein, in dessen

494 Richtlinie 96/71 des Europäischen Parlaments und des Rats, abgedr. in EuZW 1997, 623 ff.

Hoheitsgebiet ein Arbeitnehmer entsandt wurde. Deutschland hat die Richtlinie inzwischen umgesetzt.

Gegen die Richtlinie wird der Vorwurf erhoben, sie verstoße gegen die Dienstleistungsfreiheit in Art. 49 EG[495]. Das Arbeitsgericht Wiesbaden hat den EuGH in dieser Frage um eine Vorabentscheidung ersucht.[496] In der Tat verlangt der EuGH im Fall *Säger*[497], dass Dienstleister aus anderen Mitgliedstaaten nicht nur nicht diskriminiert, sondern auch nicht durch eine sog. unterschiedslose Behandlung (vgl. oben) unzulässig behindert werden. Wer eine Dienstleistung rechtmäßig in einem Mitgliedstaat erbringt, der kann daran in einem anderen Mitgliedstaat nur gehindert werden, wenn zwingende Gründe des Allgemeinwohls dies erfordern. Von den Kritikern der Entsenderichtlinie wird aber übersehen, dass der EuGH im Fall *Guiot*[498] gerade für die Bauwirtschaft die Vermeidung von Arbeitslosigkeit und die Erhaltung der Tarifautonomie als zwingende Gründe anerkannt hat. Ganz allgemein weist *Däubler*[499] mit Recht darauf hin, dass die Rechtsprechung des EuGH[500] niemals den Versuch unternommen hat, die am Arbeitsort bestehenden Mindestarbeitsbedingungen als versteckte Benachteiligung ausländischer Anbieter zu qualifizieren. Andernfalls müsste, wenn man die Gedankenführung vom Verstoß gegen Art. 49 EG konsequent zu Ende denkt, der Einsatz von Sklaven durch ausländische Dienstleister hingenommen werden, falls Sklavenarbeit in ihren Heimatstaaten zulässig oder üblich ist. Die Kritiker der Richtlinie berufen sich zu Unrecht auf einen Vorrang der Wettbewerbsfreiheit gegenüber den anderen Zielsetzungen des Gemeinschaftsrechts. Demgegenüber ist auf die Entscheidung des EuGH im Fall *van der Elst*[501] hinzuweisen, in der betont wird, dass die Mitgliedstaaten ihre Rechtsvorschriften oder die Tarifverträge der Sozialpartner über die Mindestlöhne auf alle in ihrem Hoheitsgebiet auch nur vorübergehend unselbständig Tätigen ausdehnen und mit den geeigneten Mitteln durchsetzen dürfen.

Ebenfalls wenig überzeugend ist der Vorwurf, dass die Entsenderichtlinie die Dienstleister aus anderen EG-Mitgliedstaaten durch Beschränkung des Sozialkostenwettbewerbs unzulässig behindere, indem sie Mindestarbeitsbedingungen festlege. In den Römischen Verträgen werden Menschen nicht wie Äpfel und Birnen behandelt (wobei der Vergleich insofern unpassend ist, als der Wettbewerb bei Äpfeln und Birnen erheblich eingeschränkt wird). Der Sozialkostenwettbewerb ist vielmehr insofern eingeschränkt, als nach

---

495 Vgl. z. B. Gerken/Löwisch/Rieble, BB 1995, 2370; Steck EuZW 1994, 140; Selmayr, ZfA 1996, 635
496 ArbG Wiesbaden NZA RR 1998, 217
497 EuGH Slg. 1991, I-4221, Rs. C-76/90
498 EuGH Slg. 1996, I-1905, Rs. C-272/94 – Guiot
499 Däubler, EuZW 1997, 613, 615
500 Vgl. auch EuGH verb. Rs. C-369/96 und 376/96 – Arblade
501 EuGH EuZW 1994, 600 – van der Elst

Art. 136 EG die Lebens- und Arbeitsbedingungen der Menschen verbessert werden sollen. Das ganze Arbeitsrecht basiert auf einer Einschränkung des Sozialkostenwettbewerbs durch die Zulassung eines Kartells für die Ware Arbeitskraft. Und die Kartellbildung für Arbeitskräfte ist nach Art. 9 Abs. 3 GG und nach der Menschenrechtskonvention sogar noch grund- und menschenrechtlich abgesichert.

In Deutschland gab es seit Februar 1996 ein Arbeitnehmerentsendegesetz, das einige Elemente der Richtlinie schon vorwegnahm, in einigen Bereichen aber 1998 angepasst werden musste.[502] Die Geltung des Gesetzes war z. B. ursprünglich befristet. Diese Befristung fällt nun weg. Ende 1998 wurde außerdem geregelt, dass die Arbeitnehmer nicht nur durch einen für allgemeinverbindlich erklärten Tarifvertrag, sondern auch durch Rechtsverordnung des Bundesarbeitsministers geschützt werden können.

Deutschland hat mit den mittel- und osteuropäischen Staaten des ehemaligen Ostblocks Werkvertragsabkommen abgeschlossen[503]. Die Entsenderichtlinie berührt diese Abkommen insofern, als sie in Art. 1 Abs. 4 ein »Besserstellen« der Entsendeunternehmen aus Drittstaaten verbietet. Fraglich ist, ob Deutschland auch die erforderlichen Kontrollen bereitstellt, um ein Unterlaufen des durch die Entsenderichtlinie gewährten Schutzes zu verhindern[504].

Im Vorfeld der Aufnahme neuer EG-Mitgliedstaaten aus Mittel- und Osteuropa wird derzeit um eine Vergaberichtlinie gestritten, wonach sogenannte Tariftreueerklärungen auf Einhaltung von Tarifverträgen und sozialen Standards von solchen Unternehmen verlangt werden können, die sich um Aufträge der öffentlichen Hand bewerben. Ein Ende des Streits ist nicht abzusehen. Das Bundesverfassungsgericht hat derzeit auf Vorlage des Bundesgerichtshofs darüber zu entscheiden, ob die Tariftreueerklärungen gegen die negative Koalitionsfreiheit des Art. 9 Abs. 3 GG verstoßen.[505]

d) Befristete Arbeitsverträge und Teilzeitarbeit

In der Richtlinie 90/70 über befristete Arbeitsverträge[506], die ebenso wie die Richtlinie 97/81 über Teilzeitarbeit[507] auf eine Rahmenvereinbarung der Sozialpartner UNICE, CEEP und EGB (vgl. unten) über diese Materien zurückgeht, wird den EG-Mitgliedstaaten aufgegeben, die Teilzeitarbeit zu regeln und die Befristung von Arbeitsverhältnissen einzuschränken. Eine Befristung soll nur zulässig sein, wenn entweder

502 Vgl. im Einzelnen Däubler, EuZW 1997, 613, 616 f.
503 Vgl. dazu Mayer, BB 1993, 1428
504 Vgl. im Einzelnen Däubler EuZW 1997, 613, 617 f. m. w. N.
505 Vgl. Däubler, ZIP 2000, 681
506 Richtlinie 90/70 über befristete Arbeitsverträge, ABlEG vom 10. 7. 1999, L 175/43
507 Richtlinie 97/81 über Teilzeitarbeit, ABlEG vom 20. 1. 1998, L 14/9

– sachliche Befristungsgründe vorliegen oder
– eine Höchstdauer der aufeinander folgenden Verträge festgelegt wird oder
– die Zahl der Vertragsverlängerungen begrenzt wird.

Der deutsche Gesetzgeber hat die Vorgaben der Richtlinie zur Befristung mit Hilfe einer »Kombinationstherapie« umgesetzt, und zwar im Gesetz über Teilzeitarbeit und befristete Arbeitsverträge vom 21. 12. 2000. Die Befristung bedarf eines sachlichen Grundes, wenn der Arbeitsvertrag alleine oder nach einer dreimaligen Verlängerung über die Grenze von zwei Jahren hinausgeht. Die begründungslose Befristung ist unzulässig, wenn mit demselben Arbeitgeber zuvor ein Arbeitsverhältnis bestanden hat.[508] Eine rechtsunwirksame Befristung hat zur Folge, dass ein unbefristetes Arbeitsverhältnis besteht. Das Gesetz löst das zuvor mehrfach verlängerte Beschäftigungsförderungsgesetz von 1985 ab. Die Befristungsregelungen des Hochschulrahmengesetzes sollen ebenfalls angepasst werden.

Was die Regelung der Teilzeitarbeit anbelangt, so geht der deutsche Gesetzgeber über die relativ laxen Anforderungen der Richtlinie von 1997 hinaus und führt neben dem Diskriminierungsverbot des § 4 ein Recht auf Teilzeitarbeit ein (§ 8) ein, dem sich der Arbeitgeber aus betrieblichen Gründen widersetzen kann. Insgesamt zeigt die Abfolge von Richtlinien und Maßnahmen des deutschen Gesetzgebers, dass man relativ unverbindliche gemeinschaftsrechtliche Vorgaben auch als willkommenen Anlass zur Reform nutzen kann.

e) Sonstiges

Von den weiteren individualarbeitsrechtlichen Richtlinien der EG, die nicht schon im Zusammenhang mit der Arbeitnehmerfreizügigkeit in Art. 39 EG und der Lohngleichheit in Art. 141 EG erwähnt wurden, sind drei herauszugreifen, und zwar die sog. Insolvenzrichtlinie, die Nachweisrichtlinie und die Computerprogrammrichtlinie.

Die Richtlinie 80/987 vom 20. 10. 1980 zur Angleichung der Rechtsvorschriften der Mitgliedstaaten über den Schutz der Arbeitnehmer bei Zahlungsunfähigkeit des Arbeitgebers[509] (*Insolvenzrichtlinie*) schützt rückständige Ansprüche der Arbeitnehmer bei Zahlungsunfähigkeit des Arbeitgebers. Nach Art. 4 Abs. 2 der Richtlinie soll ein unabhängiger Garantiefonds geschaffen werden, der anstelle des insolventen Arbeitgebers einspringt. In Deutschland war eine Rechtsanpassung nicht notwendig, da es das Konkursausfallgeld nach § 141a AFG und den Insolvenzschutz bei der betrieblichen Altersversor-

---

508 Kritisch zur Vereinbarkeit des Gesetzes mit der Richtlinie Schmalenberg, NZA 2000, 582 und 1043
509 ABlEG 1980 L 283/23, geändert durch Richtlinie 87/164 vom 2. 3. 1987, ABlEG L 66/11

gung bereits gab. In anderen Ländern, beispielsweise in Italien, gab es bei der Umsetzung Probleme. In diesem Zusammenhang entschied der EuGH den Fall Francovich[510] (vgl. oben), in dem er einem Bürger einen Schadensersatzanspruch zuerkannte, wenn »sein« Mitgliedstaat eine Richtlinie nicht rechtzeitig umgesetzt hatte. Die Voraussetzungen für den Ersatzanspruch, dass Rechte eines Unionsbürgers verletzt sind, deren Inhalt hinreichend bestimmt werden kann, und dass ein Kausalzusammenhang zwischen dem Verstoß gegen das Gemeinschaftsrecht (nicht rechtzeitige Umsetzung) und dem Schaden besteht, waren bei der Insolvenzrichtlinie erfüllt.

Die Richtlinie 91/533 vom 14. 10. 1991 über die Pflicht des Arbeitgebers zur Unterrichtung des Arbeitnehmers über die für seinen Arbeitsvertrag oder sein Arbeitsverhältnis geltenden Bedingungen[511] (*Nachweisrichtlinie*) verlangt, dass der wesentliche Inhalt des Arbeitsverhältnisses schriftlich festgehalten wird und dass dieses Schriftstück dem Arbeitnehmer spätestens zwei Monate nach Arbeitsaufnahme ausgehändigt wird. Deutschland hat die Richtlinie wie so oft verspätet umgesetzt, und zwar durch das Nachweisgesetz von 1995, das die Frist auf einen Monat ansetzt. Der fehlende Besitz eines Nachweises kann im Einzelfall als Indiz für eine illegale Beschäftigung gewertet werden.

Die Richtlinie 91/250 vom 14. 5. 1991 über den *Rechtsschutz von Computerprogrammen*[512] erklärt nicht nur Computerprogramme für urheberrechtsfähig, sondern schützt auch den angestellten Programmierer. Dem Arbeitnehmer verbleiben die Persönlichkeitsrechte, z. B. das Recht auf Namhaftmachung als Urheber und der Schutz gegen Entstellung. Er muss aber hinnehmen, dass, wenn nicht arbeitsvertraglich etwas anderes vereinbart wird, der Arbeitgeber nach Art. 2 Abs. 3 der Richtlinie berechtigt ist, alle wirtschaftlichen Rechte an den im Rahmen des Arbeitsverhältnisses geschaffenen Programmen auszuüben.

f) Weiterführende Hinweise

Bieback, Rechtliche Probleme von Mindestlöhnen, insbesondere nachdem Arbeitnehmerentsendegesetz, RdA 2000, 207 ff.; *Birk*, Der Einfluss des Gemeinschaftsrechts auf die Entwicklung des Arbeitsrechts der Mitgliedstaaten, in: Lichtenberg (Hg.), Sozialpolitik in der EG, 1986, 155 ff.; *Büdenbender*, Die Erklärung der Allgemeinverbindlichkeit von Tarifverträgen nach dem Arbeitnehmerentsendegesetz, RdA 2000, 193 ff.; *Däubler*, Arbeitnehmerrechte an Computerprogrammen? AuR 1985, 169 ff.; *Däubler*, Die Entsenderichtlinie und ihre Umsetzung in das deutsche Recht, EuZW 1997, 613 ff.; *Hanau* in: Erfurter Kommentar zum Arbeitsrecht, 1998, Nachtrag 1999, Arbeitnehmer-Entsendegesetz; *Hepple*, Community Measures for the Protection of Workers against Dismissal, CMLRev 14, 1977, 489 ff.; *Koberski/Sahl/Hold*, Arbeitnehmer-

510 EuGH Slg. I-1991, 5357, 5403, verb. Rs. C 6/90 u. C 9/90 – Francovich I
511 ABlEG 1991 L 288/32
512 ABlEG 1991 L 122/42

Entsendegesetz, 1997; *Preis/Gotthardt*, Neuregelung der Teilzeitarbeit und befristeten Arbeitsverhältnisse, DB 2000, 2065-2074; *Ulber*, Arbeitnehmer-Überlassungsgesetz und Arbeitnehmer-Entsendegesetz, 1998; *Weiss*, Die europarechtliche Regelung der Massenentlassung, RdA 1992, 367 ff.; *Wissmann*, Probleme bei der Umsetzung der EG-Richtlinie über Massenentlassungen, RdA 1998, 221.

4. Arbeitsschutz und Verbesserung der Arbeitsumwelt

Der Arbeitsschutz zielt auf den umfassenden Schutz der menschlichen Gesundheit ab. Rechtsgrundlagen sind in Deutschland zum einen verfassungsrechtliche Schutzpflichten, wie die Pflicht des Staates, nach Art. 1 Abs. 1 GG das Leben und die körperliche Unversehrtheit der Menschen zu schützen. Zum andern gibt es im Europäischen Gemeinschaftsrecht eine Kompetenz für Arbeitsschutzregelungen. In Art. 138 EG heißt es, dass die Mitgliedstaaten sich bemühen, die Verbesserung insbesondere der Arbeitsumwelt zu fördern, um die Sicherheit und die Gesundheit der Arbeitnehmer zu schützen. Sie setzen sich die Harmonisierung der in diesem Bereich bestehenden Bedingungen bei gleichzeitigem Fortschritt zum Ziel. Im Sozialabkommen, dem Großbritannien erst 1997 beitrat, regelten die übrigen EG-Mitgliedstaaten in Maastricht, dass derartige Maßnahmen auch zur Verbesserung, insbesondere der Arbeitsumwelt, zum Schutz der Gesundheit und der Sicherheit der Arbeitnehmer zulässig seien. Auf dieser Grundlage können seit Maastricht mit qualifizierter Mehrheit nach dem Verfahren des Art. 252 EG Richtlinien erlassen werden. Es handelt sich um Mindestvorschriften, die schrittweise anzuwenden sind.

Nach Art. 95 EG sind zur Harmonisierung der Vorschriften bei der Herstellung des gemeinsamen Binnenmarktes Regelungen möglich, wobei von einem hohen Schutzniveau auch in den Bereichen Gesundheit und Sicherheit auszugehen ist (Abs. 3). Im Falle des Art. 138 EG geht es nur um die Schaffung eines Mindestniveaus, das von den Mitgliedstaaten zugunsten der Arbeitnehmer verbessert werden kann. Im Falle des Art. 95 EG geht es hingegen um Harmonisierung, um gleiche Wettbewerbsbedingungen herzustellen. Nach Art. 95 EG werden insbesondere europaweite technische Normen geschaffen. Entsprechende Organisationen sind CEN (Europäisches Komitee für Normung) und CENELEC (Europäisches Komitee für elektrotechnische Normung).

Von der Fülle der auf Art. 138 EG gestützten Richtlinien[513] sind die Rahmenrichtlinie 89/391[514] vom 12. 6. 1989 zur Verbesserung der Sicherheit und des

---

513 Vgl. die Aufstellung bei Buschmann in: Däubler/Kittner/Klebe, BetrVG, 5. Aufl. 1996, § 89 Rz. 13
514 ABlEG 1989 L 183/1

Gesundheitsschutzes der Arbeitnehmer bei der Arbeit und die Rahmenrichtlinie 98/24 vom 4. 4. 1998[515] hervorzuheben. Die erste Richtlinie wurde in
Deutschland mit Verspätung im Jahre 1996 durch das Arbeitsschutzgesetz
umgesetzt. Die Richtlinie entscheidet sich für den präventiven Arbeitsschutz.
Die Pflichten des Arbeitgebers orientieren sich am jeweiligen Stand von
Technik, Arbeitsmedizin und Hygiene sowie an sonstigen gesicherten arbeitswissenschaftlichen Erkenntnissen. Dieser Standard geht über die »gesicherten
arbeitswissenschaftlichen Erkenntnisse« hinaus. Die Richtlinie verlangt nach
einer Unterrichtung der Arbeitnehmer (Art. 10). Überhaupt soll der »Faktor
Mensch« bei der Arbeit berücksichtigt werden, insbesondere bei der Gestaltung der Arbeitsplätze, bei der Auswahl von Arbeitsmitteln, Arbeits- und Fer-
tigungsverfahren. Neben dem bereits genannten Informationsrecht erhalten
die Arbeitnehmer ein Leistungverweigerungsrecht (Art. 8 Abs. 4), ein Vorschlagsrecht (Art. 11 Abs. 1) und ein Anzeigerecht (Art. 11 Abs. 6). Die
zweite Richtlinie (von 1998) muss noch umgesetzt werden, u. a. durch eine
Änderung der Gefahrstoffverordnung.
Weitere Arbeitsschutzregelungen der Gemeinschaft betreffen den verhaltens-
bezogenen Arbeitsschutz, den Schutz der Arbeitsstätten und Arbeitsmittel,
den Schutz vor gefährlichen Arbeitsstoffen am Arbeitsplatz, den Schutz vor
riskanten Technologien, die Gerätesicherheit und sonstige Bereiche des
produktbezogenen Arbeitsschutzes[516]. Hinzu kommen Maßnahmen wie der
Mutterschutz[517], der Jugendarbeitsschutz[518] und der Schutz bei der Arbeits-
zeitgestaltung[519].
Problematisch ist die Anwendung von Art. 95 EG auf den Arbeitsschutz. Den
Mitgliedstaaten kann nur nach Durchlaufen eines umständlichen Verfahrens
die Aufrechterhaltung eines höheren Schutzniveaus erlaubt werden. Deshalb
wurden in Deutschland auch Bedenken gegen die sog. Maschinenschutzricht-
linie[520] geäußert, die auf Art. 95 EG gestützt worden war[521].

Weiterführende Hinweise

Bücker/Feldhoff/Kohte, Vom Arbeitsschutz zur Arbeitsumwelt, 1994; *Däubler/
Kittner/Lörcher*, Internationale Arbeits- und Sozialordnung, 2. Aufl. 1994, S. 397 ff.;
Kittner/Pieper, Arbeitsschutzrecht, 1999; Pieper/Vorath (Hg.), Handbuch Arbeits-
schutz, 2000.

---

515 Rahmenrichtlinie 98/24 vom 4. 4. 1998, ABlEG L 131/1 vom 5. 5. 1998, dazu Scheel, DB
  1999, 1654
516 Vgl. die Aufstellung bei Buschmann, a. a. O.
517 Vgl. Richtlinie 92/85 vom 19. 10. 1992, ABlEG L 348/1
518 Vgl. Richtlinie 94/33 vom 22. 6. 1994, ABlEG L 216/12
519 Vgl. Richtlinie 93/104 vom 23. 11. 1993, ABlEG L 307/18
520 Vgl. Richtlinie 89/392 vom 14. 6. 1989, ABlEG L 183/9 vom 29. 6. 1989
521 Vgl. BT-Drs. 11/2902 und Wlotzke, RdA 1992, 85

5. Kollektives Arbeitsrecht

a) *Europäische Betriebsräte*

aa) *Die Richtlinie*

Erste Überlegungen zu einem Europäischen Betriebsrat, die stark am deutschen Recht orientiert waren, sind in einem Entwurf aus dem Jahre 1970 zu einer Verordnung über ein Statut für Europäische Aktiengesellschaften[522] enthalten, der bis heute nicht zur Verwirklichung einer supranationalen Rechtsform »Europäische Aktiengesellschaft« führte. Ein zweiter Anlauf der Kommission vom 23. 10. 1980[523] war ein Entwurf für eine Richtlinie über die Unterrichtung und Anhörung der Arbeitnehmer von Unternehmen mit komplexer, insbesondere transnationaler Struktur. Er wurde nach dem hierfür verantwortlichen Kommissar Vredeling benannt und insbesondere von seiten der Unternehmer und Arbeitgeberverbände von Anfang an abgelehnt. Einen dritten, letztendlich erfolgreichen Versuch unternahm die Kommission am 15. 12. 1990 mit dem Entwurf einer Richtlinie über die Einsetzung Europäischer Betriebsräte zur Information und Konsultation der Arbeitnehmer in gemeinschaftsweit operierenden Unternehmen und Unternehmensgruppen[524]. Der Entwurf, der sich ebenso wie der Vredeling-Entwurf auf Informations- und Konsultationsrechte beschränkte, hatte ein wechselvolles Schicksal. Angesichts des Widerstands der damaligen britischen Regierung bestand keine Aussicht, zu der nach Art. 95 EG erforderlichen Einstimmigkeit im Rat zu kommen. Nachdem im Vertrag von Maastricht das Sozialprotokoll verabschiedet worden war, das eine Einigung der elf restlichen EG-Mitglieder ermöglichte, die für Großbritannien nicht verbindlich war, kam die Kommission nun schnell zum Ziel: Zuerst scheiterte der Versuch der Sozialpartner, zu einer freiwilligen Übereinkunft nach dem Abkommen über die Sozialpolitik zu kommen. Nach Einschaltung des Wirtschafts- und Sozialausschusses sowie des Parlaments beschloss dann der Rat am 18. 7. 1994 einen gemeinsamen Standpunkt. Die vom Parlament verlangten Änderungen blieben im Wesentlichen unberücksichtigt. Ergebnis war die EG-Richtlinie 94/45 vom 22. September 1994 über die Einsetzung eines Europäischen Betriebsrats oder die Schaffung eines Verfahrens zur Unterrichtung und Anhörung der Arbeitnehmer in gemeinschaftsweit operierenden Unternehmen und Unternehmens-

---

522 Vorschlag vom 30. 6. 1970, KOM (70) endg., ABlEG C 124/1; vgl. auch Vorschlag einer fünften Richtlinie hinsichtlich der Struktur der Aktiengesellschaft sowie der Befugnisse und Verpflichtungen ihrer Organe vom 9. 10. 1972, ABlEG C 131/49
523 KOM (80) 423 endg. vom 23. 10. 1980, ABlEG C 297/3 vom 15. 11. 1980
524 KOM (90) 581 endg. vom 15. 1. 1991, ABlEG C 39/10 vom 15. 2. 1991

gruppen[525]. Nach Art. 14 Abs. 1 der Richtlinie wurden die Mitgliedstaaten verpflichtet, die Umsetzung in nationales Recht innerhalb von zwei Jahren, also bis spätestens 22. 9. 1996, abzuschließen.

Die Richtlinie erfasst Unternehmen und Unternehmensgruppen (Konzerne), die mindestens 1000 Arbeitnehmer und jeweils mindestens 150 Arbeitnehmer in mindestens zwei Mitgliedstaaten beschäftigen (Art. 2). Sie enthält im Wesentlichen ein Verfahren zur Einrichtung des Konsultativgremiums »Euro-Betriebsrat«. Da die arbeitsrechtlichen Vorschriften in den Mitgliedstaaten höchst unterschiedlich sind, nimmt den größten Raum in der Richtlinie das Wahlverfahren und die Kompetenzregelung für ein »besonderes Verhandlungsgremium« ein, das mit der Konzernspitze das Verfahren und die Kompetenzverteilung zum Europäischen Betriebsrat auszuhandeln hat. Euro-Betriebsräte können dem französischen Modell folgen und gemischt mit Arbeitgeber- und Arbeitnehmervertretern besetzt sein. Sie können auch nach deutschem Modell reine Arbeitnehmervertretungen sein. Um einerseits zu verhindern, dass die Konzernspitze diese Verhandlungen verzögert oder blockiert und damit die Einrichtung des Europäischen Betriebsrats verhindert, greift nach drei Jahren automatisch ein subsidiäres Modell nach Art. 7 der Richtlinie ein, wonach »zwangsweise« Euro-Betriebsräte mit Mindestkompetenzen eingerichtet werden, die in einem Anhang zur Richtlinie niedergelegt sind. Die Charakterisierung »zwangsweise« bedeutet, dass bei einem Scheitern der Verhandlungen automatisch eine Auffanglösung greift. Es ist aber auch möglich, dass kein Antrag auf Einrichtung eines Europäischen Betriebsrats gestellt wird oder dass das besondere Verhandlungsgremium sich (befristet) mit einer Null-Lösung einverstanden erklärt.

Andererseits »belohnt« die Richtlinie in Art. 13 solche Konzerne, die bis spätestens zum 22. 9. 1996 freiwillig eine Vereinbarung über die Einrichtung eines »Euro-Betriebsrats« abschließen. Diese Vereinbarung gilt, wenn sie für alle Arbeitnehmer des Konzerns wirksam ist und eine länderübergreifende Unterrichtung und Anhörung vorsieht, auch nach Inkrafttreten des Umsetzungsgesetzes in dem betreffenden Mitgliedstaat weiter, in dem die Konzernmutter ihren Sitz hat. Fehlt eine freiwillige Vereinbarung nach Art. 13, so wird nach Art. 6 der Richtlinie zwischen dem besonderen Verhandlungsgremium und der Konzernspitze eine Vereinbarung über die Einrichtung, die Zusammensetzung und die Kompetenzen eines Europäischen Betriebsrats abgeschlossen. Scheitern die Verhandlungen, greift die »Zwangsregelung« des Art. 7. Zusammengefasst kann man die Politik der Richtlinie als eine Kombination von Zuckerbrot (Weitergeltung der freiwilligen Vereinbarung nach Art. 13) und Peitsche (Drohung mit der »zwangsweisen« Einführung von Euro-Betriebsräten nach Art. 7) bezeichnen.

---

525 ABlEG L 254/64 v. 30. 9. 1994

Die rechtlichen Sanktionen, wenn die Konzernspitze einen bestehenden Euro-Betriebsrat nicht korrekt informiert hat, sind unbestimmt. Die Richtlinie verlangt lediglich, dass die Mitgliedstaaten »geeignete Maßnahmen« für den Fall vorsehen, dass die Richtlinie nicht eingehalten wird; insbesondere haben sie dafür zu sorgen, dass Verwaltungs- und Gerichtsverfahren vorhanden sind, mit deren Hilfe die Erfüllung der Verpflichtungen durchgesetzt werden kann (Art. 11 Abs. 2). Betrachtet man jedoch die Rechtsprechung des Europäischen Gerichtshofs, wonach die Mitgliedstaaten nach Art. 10 EG verpflichtet sind, wirksame, verhältnismäßige und abschreckende Sanktionen zu verhängen, um der Richtlinie zum Erfolg zu verhelfen[526], dann kann man nicht von einer mangelnden Durchsetzbarkeit der Richtlinie sprechen. Eine Schwäche der Richtlinie liegt darin, dass sie sich »nur« auf Informations- und Konsultationsrechte der Arbeitnehmerseite bezieht. Eine weitere Schwäche ist das Fehlen eines angemessenen Minderheitenschutzes. Auch stellt die Richtlinie nicht den Schutz einzelner Arbeitnehmervertreter sicher.

bb)   Das Prinzip des »freiwilligen« Zwangs als neues Gestaltungsprinzip

Ein neuartiges Gestaltungsprinzip des europäischen Gemeinschaftsrechts ist das in Art. 13 der Richtlinie verankerte »Günstigkeitsprinzip«, das den Fortbestand von »freiwilligen Vereinbarungen« absichert, die gewisse Mindestanforderungen erfüllen. Die Ergebnisse sind bemerkenswert. Man schätzt, dass in Deutschland bereits vor Inkrafttreten des Gesetzes über Europäische Betriebsräte vom 28. 10. 1996[527] etwa 200 freiwillig gebildete Euro-Betriebsräte bestanden, davon allein 150 im Metallbereich[528]. In Großbritannien bestanden nach einer Untersuchung des Londoner Labour Research Department Anfang 1997 60 freiwillige Vereinbarungen über Euro-Betriebsräte[529] i. S. von Art. 13 der Richtlinie, obwohl diese für Großbritannien damals noch nicht verbindlich war. In der Schweiz, das weder der EG noch dem EWR angehört, bestanden 1996 28 freiwillige Euro-Betriebsräte.
Euro Betriebsräte haben sich in einem Wechselspiel von freiwilliger Einführung und normativer Regelung entwickelt. Die erste, freiwillige Phase der Einrichtung von Euro-Betriebsräten geht von Frankreich aus, und zwar während der Regierungszeit der Sozialisten von staatlichen Unternehmen, die inzwischen zum Teil privatisiert wurden. Hinzu kommen Pionierunternehmen auch aus Deutschland, in denen die Initiative zur Einrichtung von Euro-

526 Vgl. EuGH Slg. 1994 I-2479, Rs. C 383/92 – Massenentlassungen I
527 BGBl. 1996 I, S. 1548
528 Vgl. Kittner, Arbeits- und Sozialordnung, 22. Aufl. 1997, S. 688
529 Vgl. Fulton, Arbeitsbeziehungen und Europäische Betriebsräte in Großbritannien, in: Lecher (Hg.), Europäische Betriebsräte und Arbeitsbeziehungen – zur Lage und Entwicklung in Großbritannien, Frankreich und Italien, Düsseldorf 1998, S. 7 ff.

Betriebsräten oder »Euro-Foren« zum Teil vom Management ausging. In Deutschland finden sich diese Pioniere vor allem in der Chemischen Industrie, in der es seit dem 31. 8. 1990 »Gemeinsame Hinweise des Bundesarbeitgeberverbandes Chemie und der IG Chemie-Papier-Keramik über Betriebsratskontakte auf europäischer Ebene« gibt. Keine Pioniere vor 1994 gab es in Großbritannien und in der Schweiz.

In einer zweiten Phase des »freiwilligen Zwangs« wurden Euro-Betriebsräte ab 1994 eingerichtet, als die betroffenen Unternehmen bereits mit einer Umsetzung der Richtlinie in nationales Recht rechnen mussten. Es ist kein Geheimnis, dass die schweizerischen und britischen Unternehmen vor Beginn der Verhandlungen mit der Arbeitnehmerseite Rat bei landeseigenen und deutschen Experten über die Ratsamkeit der Einrichtung von Euro-Betriebsräten einholten. In Großbritannien nahmen die einrichtungswilligen Unternehmen den Wahlsieg Blairs von 1997 vorweg, der die Inhalte des Sozialprotokolls und damit die Euro-Betriebsräte übernahm. Hierauf wurde einstimmig die Richtlinie 97/74 vom 15. 12. 1997[530] verabschiedet, die die EBR-Richtlinie auf Großbritannien ausdehnte. Damit ist aber noch nicht erklärt, warum auch in der Schweiz, in der eine Verpflichtung zur Einrichtung von Europäischen Betriebsräten nicht in Sicht ist, freiwillige Vereinbarungen abgeschlossen wurden. Zum andern muss man sich fragen, warum in EG-Mitgliedstaaten wie Italien, Österreich und den Niederlanden kaum von der Möglichkeit Gebrauch gemacht wurde, nach Art. 13 der Richtlinie freiwillige Euro-Betriebsräte einzurichten. Es gibt offenbar länderspezifische Unterschiede in den Arbeitsbeziehungen, aus denen unterschiedliche Verhaltensweisen in einer Situation folgen, bei der sich einige Akteure einen Nutzen, versprechen, wenn sie Euro-Betriebsräte vereinbaren.

Mitte 2000 gab es in 584 multinationalen Unternehmen einen Europäischen Betriebsrat, davon 102 in Deutschland.[531]

cc) Die Umsetzung der Richtlinie

Die Frist zur Umsetzung der Richtlinie endete am 22. 9. 1996. Das deutsche Gesetz über Europäische Betriebsräte vom 28. 10. 1996[532] wurde demnach fast pünktlich verabschiedet. Es hält sich korrekt an das Drei-Phasen-Modell der Richtlinie, was die Weitergeltung freiwilliger Vereinbarungen (§ 41), die Modalitäten der Errichtung Europäischer Betriebsräte über ein besonderes Verhandlungsgremium (§ 8) und der zwangsweisen Errichtung Europäischer Betriebsräte kraft Gesetzes (§ 21 Abs. 1) anbelangt. Der Europäische

---

530 ABlEG L 10/22 vom 16. 1. 1998
531 Vgl. Einblick, Zeitschrift des DGB, 6/2000
532 BGBl. I 1980, 1548

Betriebsrat ist jährlich über die Entwicklung der Geschäftslage und die Perspektive des gemeinschaftsweit tätigen Unternehmens zu unterrichten und anzuhören (§ 32 Abs. 1). Die Mitglieder des Europäischen Betriebsrats werden in Deutschland je nach Struktur des inländischen Unternehmens oder Teilkonzerns durch den Betriebsrat, den Gesamtbetriebsrat oder den Konzernbetriebsrat gestellt (§ 23). Die Amtszeit beträgt vier Jahre (§ 36 Abs. 1). Eine Beteiligung von hauptamtlichen Gewerkschaftsvertretern ist nicht vorgesehen. Die Rechte des Europäischen Betriebsrats werden in Tendenzunternehmen eingeschränkt (§ 34), eine deutsche Besonderheit, deren Vereinbarkeit mit der Richtlinie (vgl. Art. 17 Abs. 3 zu vertraulichen Informationen bei Tendenzunternehmen) zumindest zweifelhaft ist. Eine andere deutsche Besonderheit ist ein Beteiligungsrecht des Vertreters der leitenden Angestellten (§ 23 Abs. 6). Es fehlt schließlich eine Regelung für Konflikte zwischen Unternehmensleitung und EBR um die Praktizierung der Richtlinienvorgaben. Die Sanktionen durch Straf- und Ordnungswidrigkeitsvorschriften (§ 45) reichen nicht aus, um die Ziele der Richtlinie zu verwirklichen.

Wie groß die Unterschiede zwischen den Mitgliedstaaten bei der Umsetzung der Richtlinie sein können, zeigt das Beispiel Italien: Hier wurde der Weg der Verhandlungen zwischen den Unternehmerverbänden CONFINDUSTRIA und ASSICREDITO (Banken und Versicherungen) einerseits und den Gewerkschaften CGIL, CISL und UIL andererseits gewählt. Ihre Vereinbarung vom 27. 11. 1996 war Grundlage für das spätere Gesetz. Danach werden die italienischen Mitglieder des Europäischen Betriebsrats zu einem Drittel von den Gewerkschaften, welche den im Unternehmen angewandten nationalen Tarifvertrag abgeschlossen haben, zu zwei Dritteln von der betrieblichen Interessenvertretung (RSU) benannt. Der Proporz auf der Arbeitnehmerseite, welcher der Zusammensetzung der betrieblichen Interessenvertretungen RSU entspricht, gibt den Gewerkschaften eine starke Stellung. Ebenso stark ist die Stellung des zentralen Managements.

Eine Verkoppelung der betrieblichen Interessenvertretungen mit den Tarifparteien ist in der Richtlinie nicht vorgesehen, aber auch nicht ausgeschlossen. Belgien ist ein Beispiel dafür, dass man die Richtlinie auch in Form eines Tarifvertrages umsetzen kann.

dd) Erste Gerichtsentscheidungen zur Richtlinie

Als die meisten freiwillig gebildeten Euro-Betriebsräte gerade ihre erste oder zweite Sitzung hinter sich hatten und die Gesetze der Mitgliedstaaten zur Umsetzung der EBR-Richtlinie noch kein Jahr alt waren, kam es zu einem spektakulären Konflikt, der zu vorerst drei Gerichtsentscheidungen, u. a. über die Frage der Anwendbarkeit der mitgliedstaatlichen Umsetzungsgesetze auf einen freiwillig gebildeten Euro-Betriebsrat, führte.

Am 27. Februar 1997 kündigte die *Renault* S. A. in Boulogne sur Seine bei Paris an, dass sie in Vilvoorde bei Brüssel ein Werk ihrer belgischen Tochtergesellschaft mit 3100 Beschäftigten zum 31. 7. 1997 stillegen werde[533]. Die Beschäftigten von *Vilvoorde* besetzen darauf »ihr« Werk. Am 7. März 1997 kam es in den belgischen und französischen Renault-Werken, teilweise auch in spanischen Werken, zum ersten »Euro-Streik«, am 11. März 1997 zu einer Demonstration von belgischen, französischen und spanischen Renault-Beschäftigten in Paris, als dort der Europäische Betriebsrat von Renault tagte. Auf die Klage eines Arbeiters in Vilvoorde vom 25. März 1997, der sich verschiedene Gewerkschaften als Streithelfer anschlossen, entschied das Arbeitsgericht Brüssel[534] am 3. April 1997 im Wege des einstweiligen Rechtsschutzes, dass Renault das ordentliche Schließungs- und Sozialplanverfahren erneut beginnen und den belgischen Ondernemingsraad (Betriebsrat) schon in der Planungsphase einer solchen, weitreichenden Maßnahme unterrichten und anhören müsse.

Am 4. April 1997 entschied das Tribunal de Grande Instance (TGI) Nanterre[535] auf eine Klage des Europäischen Betriebsrats im Wege einer einstweiligen Verfügung, dass Renault die Informations- und Konsultationrechte des Europäischen Betriebsrats nicht beachtet habe. Renault habe damit Grundrechte der Arbeitnehmer, wie sie sowohl durch das europäische Recht, als auch durch das nationale Recht anerkannt würden, missachtet. Renault wurde verpflichtet, 15 000 französische Franken an den Euro-Betriebsrat (EBR) zu zahlen. Das TGI hatte sich mit einer freiwilligen Vereinbarung von Renault und seinen Gewerkschaften vom 3. April 1993 zu befassen, mit der ein EBR gegründet wurde. Diese Vereinbarung war am 5. Mai 1995, also nach Verabschiedung der EBR-Richtlinie, »im Hinblick« auf die Umsetzung der Richtlinie in nationales Recht erneuert und erweitert worden. Da es sich um eine freiwillige Vereinbarung nach Art. 13 der Richtlinie handelt, die der gesetzlichen Umsetzung in französisches Recht vorgeht, steht das TGI vor der Frage, ob es Rechtsgrundsätze der Richtlinie für die Auslegung einer freiwilligen Vereinbarung heranziehen kann, welche dieser Richtlinie vorgehen soll. Es löst dieses Problem damit, dass es sich neben der Richtlinie auch auf die Gemeinschaftscharta der sozialen Grundrechte der Arbeitnehmer vom 8. und 9. Dezember 1989 bezieht, eine Erklärung, die mangels einer Unterschrift der britischen Regierung und einer Ratifikation des britischen Parlaments zum Zeitpunkt der Gerichtsentscheidung rechtlich nicht verbindlich war. Das TGI löst diese Schwierigkeit dadurch, dass es die Vereinbarung vom 5. Mai 1995

---

533 Die Gerichtsentscheidungen sind auszugsweise bei Höland, Mitbestimmung und Europa, 1997, S. 82-96, dokumentiert und besprochen; vgl. auch Höland EuroAS 1997, S. 68 ff.
534 Arbeitsrechtsbank van Brussel – Rep. Nr. 97/08228, belgischer Kollektivvertrag Nr. 24 vom 20. 10. 1975
535 Nr. BO: 97/00992

sinngemäß als Übernahme dessen versteht, was die Richtlinie unter Information und Konsultation versteht. Aus dem Wortlaut der Vereinbarung ergibt sich zwar für eine derartige Interpretation kein Anhaltspunkt, der Wortlaut schließt eine solche Interpretation aber auch nicht aus. Aus der Richtlinie wiederum entnimmt das TGI, dass nach Nr. 17 der Gemeinschaftscharta die sozialen Grundrechte der Arbeitnehmer, also auch ihre Unterrichtung, Anhörung und Mitwirkung, unter Berücksichtigung der Gepflogenheiten in den Mitgliedstaaten weiterentwickelt werden müssten. Die Vereinbarung verpflichte Renault zwar nur zu mindestens einer EBR-Sitzung im Jahr. Sondersitzungen aus gegebenem Anlass seien aber möglich. Unzulässig sei es in jedem Fall, am 27. Februar 1997 die Schließung von Vilvoorde bekanntzugeben und diese am 11. März 1997 auf einer EBR-Sitzung als unumstößliche Tatsache darzustellen, auf der weder ein Dialog noch ein Meinungsaustausch stattfinden könne. Renault habe die Verpflichtung verletzt, den EBR vor der Bekanntgabe der Entscheidung über die Werksschließung zu unterrichten und anzuhören.

Diese Entscheidung wurde am 7. Mai 1997 durch die Cour d'Appel für das Departement Yvelines in Versailles[536] im Wesentlichen bestätigt. Renault wurde verpflichtet, eine Sondersitzung des Europäischen Betriebsrats einzuberufen und ihm wenigstens acht Tage vor der Sitzung die für die Kenntnis der Beweggründe und der Auswirkungen der Betriebsstilllegung erforderlichen Unterlagen zu übermitteln. Renault wurde ferner verpflichtet, zusätzliche 15 000 französische Franken an den EBR zu zahlen. Die Cour d'Appel von Versailles relativiert das Erfordernis des TGI Nanterre, dass die Anhörung vorher erfolgen müsse. Es gehe nach Art. 18 der Gemeinschaftscharta und nach der EBR-Richtlinie um eine rechtzeitige Anhörung. Hierbei müssten nach Art. 2 Abs. 1 f und Art. 6 Abs. 3 der EBR-Richtlinie in Verbindung mit Art. 17 der Gemeinschaftscharta Informationen zu länderübergreifenden Angelegenheiten gegeben werden, welche erhebliche Auswirkungen auf die Interessen der Arbeitnehmer haben. Dazu gehörten Unterrichtung, Anhörung und Mitwirkung der Arbeitnehmer bei Massenentlassungen. Die Vereinbarung bei Renault vom 5. Mai 1995 sei eine vorweggenommene Anpassung an die Richtlinie. Der Dispens des Art. 13 der EBR-Richtlinie beschränke sich auf die Verfahrensvorschriften, die durch eine andere Informationsstruktur ersetzt werden könnten. Er erfasse nicht die Inhalte und die Rechtzeitigkeit der Information. Auch hier sei das Gebot zu beachten, dass Rechtsvorschriften wirksam umgesetzt werden müssten (»effet utile«). Nicht nur das französische Umsetzungsgesetz, sondern auch die Vereinbarung von Renault seien richtlinienkonform auszulegen. Im Einzelfall – und hier schwächt Versailles das Urteil des TGI Nanterre ab – sei unter Abwägung aller Umstände zu prü-

---

536 Arrêt Nr. 308 vom 7. 5. 1997, R. G. Nr. 2780/97, AuR 1997, 299

fen, ob das Gebot der Rechtzeitigkeit oder der »effet utile« eine vorherige Anhörung erfordere. Hierbei müsse der Stellenwert von Bedenken, Widersprüchen und Kritik beachtet werden, ferner das Gewicht der Beeinträchtigungen und die Vorläufigkeit oder Endgültigkeit der in Aussicht genommenen Maßnahme, schließlich der zeitliche Ablauf, der wirksame Maßnahmen oder Reaktionen, vielleicht sogar eine Abänderung der ursprünglich geplanten Maßnahme gestatte. Die Entscheidung müsse ein Mindestmaß an »souplesse« (Flexibilität), Akzeptanz und Verständnis erreichen. Dies alles sei im Fall Vilvoorde nicht gegeben. Renault habe daher seine Pflichten zur rechtzeitigen Information und Anhörung verletzt. Die Betriebsschließung sei nicht möglich, ehe diese Pflichten erfüllt seien. Das Gericht bejaht also einen Unterlassungsanspruch[537].

Beide Entscheidungen vermeiden es, bestimmte Rechtsfragen dem Europäischen Gerichtshof in Luxemburg zur Vorabentscheidung vorzulegen. Sie stellen »aus eigener Kraft« eine inhaltliche Geltung des Gemeinschaftsrechts auch in einem Fall fest, in dem nach Art. 13 der EBR-Richtlinie eigentlich ein Vorrang der autonomen Vereinbarung der Sozialpartner gelten soll. Dieser durch Art. 13 gewährte Vorrang wird auf das Verfahren der Information und Konsultation reduziert. Die beiden Entscheidungen reihen sich in eine Rechtsprechungspraxis zum Vorrang des Gemeinschaftsrechts ein, welche in Reichweite und Umfang laufend anwächst und sogar zur »richtlinienkonformen« Auslegung der nationalen Umsetzungsgesetze, ja selbst der auf sie bezogenen Kollektivverträge nach Art. 13 führt. Diese Rechtsprechung führt auch dazu, dass Umsetzungsgesetze der Mitgliedstaaten »im Lichte« der ihnen zugrundeliegenden Richtlinie zu interpretieren sind.

Bemerkenswert sind die beiden Urteile auch deshalb, weil sie »supranational« argumentieren. Französische Gerichte untersagen einem französischen Unternehmen eine Maßnahme, die dessen Tochtergesellschaft in einem anderen EG-Mitgliedstaat betrifft. Das Argument lautet, die Wirkung der Maßnahme beschränke sich nicht auf die Tochtergesellschaft, sondern habe Rückwirkungen auf das ganze europäische »Niveau« des Unternehmens Renault.

Am 29. März 2001 entschied des EuGH[538] ein Vorlageverfahren im Fall des *Bofrost-Konzerns*, der unterhalb der Leitungsebene des Konzernherrn als europaweiter Gleichordnungskonzern aufgebaut ist. Ein deutsches Unternehmen des Bofrost-Konzerns hatte seinem Betriebsrat die verlangten Informationen über die Konzernstruktur und die Zahlen der Beschäftigten verweigert; deshalb konnte der Betriebsrat keine Verhandlungen über die Bildung eines

---

537 Vgl. den Bericht in EuroAS 5/1997 S. 68 f.
538 EuGH vom 29. 3. 2001, Rs. C-62/99 – Bofrost

Euro-Betriebsrats führen. Der EuGH hielt fest, dass nach Art. 11 Abs. 1 der Richtlinie nicht nur das Leitungsunternehmen, sondern auch die anderen Konzernunternehmen zur Auskunft verpflichtet sind. Der Auskunftsanspruch der Arbeitnehmervertretungen besteht auch dann, wenn noch nicht feststeht, ob es in dem Konzern ein herrschendes Unternehmen i. S. von Art. 3 der Richtlinie gibt, an dem die Informations- und Konsultationsrechte des Euro-Betriebsrats ansetzen können. Das Konzernunternehmen muss die Informationen in dem Umfang erteilen, dass die Arbeitnehmervertretung beurteilen kann, ob sie einen Anspruch auf Verhandlungen hat, und dass sie gegebenenfalls ihren Antrag korrekt formulieren kann. Daten zur Struktur und Organisation des Konzerns muss das Konzernunternehmen zur Verfügung stellen, soweit es über sie verfügt oder sie sich beschaffen kann. Soweit Präzisierungen und Verdeutlichungen erforderlich sind, können auch hierzu die Unterlagen verlangt werden. Die Entscheidung ist zu begrüßen, da sie im Rahmen des »effet utile« der EBR-Richtlinie auch die Informations- und Konsultationsrechte zur Frage des »ob« der Einrichtung von Euro-Betriebsräten anerkennt und damit richtlinienwidrige Umgehungsstrategien blockiert.

ee)   Die weitere Entwicklung der Euro-Betriebsräte

Schon heute ergeben sich empirische Anhaltspunkte[539] dafür, dass die Verfassung von Unternehmen, in denen Euro-Betriebsräte eingerichtet wurden, weder dem Leitbild »Verfassung folgt Kosten«, wie es den Neoklassikern und den Vertretern des sog. Transaktionskostenansatzes[540] vorschwebt, noch dem Leitbild »Kosten folgen Verfassung«, wie es Gerum und Steinmann[541] vor einigen Jahren entwickelt haben, entspricht. Spieltheoretisch lassen sich die Aktivitäten der Euro-Betriebsräte nicht als ein Spiel mit zwei Spielern modellieren, auch wenn man allein vom deutschen Modell des Euro-Betriebsrats ausgeht. Denn dieses Gremium ist so heterogen, dass es allenfalls als eine Gruppe von Spielern modelliert werden kann. Dann sind die Beziehungen aber so komplex, dass sich aus dem Modell kaum verwertbare Aussagen gewinnen lassen. Angemessen erscheint hingegen eine evolutorische Sichtweise, wonach sich die Institution »Euro-Betriebsräte« einerseits im »Schat-

---

539 Vgl. Lecher/Nagel/Platzer (Hg.), Vom Informationsforum zum Akteur? Zur Konstituierung von Euro-Betriebsräten in Deutschland, Frankreich, Großbritannien und Italien, Baden-Baden 1998 mit ersten empirischen Ergebnissen
540 Vgl. Pejovich, Codetermination: A New Perspective for the West, in: ders. (Hg.), The Codetermination Movement in the West, Lexington, KY, 1978, S. 3 ff.; Jensen/Meckling, Rights and Production Functions, An Application to Labor-managed Firms and Codetermination, Journal of Business 52/1979, 469 ff.
541 Vgl. Gerum/Steinmann, Unternehmensordnung und tarifvertragliche Mitbestimmung, 1984, S. 94 ff.

ten« der Richtlinie entwickelt, andererseits die Richtlinie sich zuvor als Folge der Pionierarbeit in den Konzernen mit den ersten Euro-Betriebsräten entwickelt hat. Auch liegt mit der Verabschiedung der Richtlinie und der nationalen Umsetzungsgesetze die Institution »Euro-Betriebsräte« noch nicht fest, nicht einmal in Umrissen. Ihre wirkliche Bedeutung muss sich erst in der Praxis herausbilden, wobei es mehrere »Entwicklungspfade« gibt.

Denkbar sind »defekte« und »kooperative« Entwicklungspfade, Die kooperative Entwicklungsperspektive ergibt sich, wenn man von den Zielsetzungen derer ausgeht, welche die Richtlinie schufen, das bedeutet rechtzeitige und umfassende Information und Konsultation. Defekt ist hingegen der Euro-Betriebsrat, der vom Management zur Selbstdarstellung missbraucht wird. Defekt ist auch das Reiseprogramm, wobei Betriebsräte und ihre Frauen in Luxushotels verfrachtet und dort verwöhnt werden. Defekt ist schließlich eine »Renationalisierung«, bei der die Arbeitnehmervertreter jeweils die Interessen des nationalen Standorts in den Vordergrund stellen. Defekt ist schließlich eine Gewerkschaftsstrategie, die Repräsentanten in den Euro-Betriebsräten »kleinzuhalten« und Informationen im direkten Kontakt mit der Konzernspitze abzuholen. Kooperativ ist nicht nur eine Strategie, bei der ein Euro-Betriebsrat als supranationale Institution zur Kommunikation, gegenseitigen Information und Interessenabgleichung genutzt wird, sondern schon eine Strategie, welche den Euro-Betriebsrat zur Verbesserung der jeweiligen nationalen Kommunikation nutzt, und dies gilt auch für die Managementseite. Die jeweiligen nationalen Arbeitsbeziehungen geben unterschiedliche Anreize dafür, dass sich der eine oder andere Entwicklungspfad durchsetzt. Es ist auch denkbar, dass sich »hinter dem Rücken der Beteiligten« eine Entwicklung des Euro-Betriebsrats durchsetzt, die ursprünglich weder von der Arbeitgeber- noch von der Arbeitnehmerseite gewollt wurde. Eine Novellierung der Richtlinie, die bereits für 1999 vorgesehen war, aber bisher nicht zustande kam, kann hier Anreize geben.

b) *Sozialer Dialog*

In Art. 139 EG ist ein sozialer Dialog zwischen Arbeitgeber- und Arbeitnehmerseite in Europa vorgesehen. Die Sozialpartner auf EG-Ebene können nach dem Sozialabkommen, dem Großbritannien erst 1997 betrat, ein Rechtssetzungsvorhaben der Kommission in die eigenen Hände nehmen (Art. 3 Abs. 4). Sie dürfen dadurch den Fortgang des Verfahrens nicht um mehr als neun Monate verzögern. Dieses Verfahren wurde bei einer erfolgreichen Vereinbarung über Elternurlaub benutzt und bei der gescheiterten Vereinbarung der Sozialpartner über die Einrichtung von Europäischen Betriebsräten, die dann schließlich zur Verabschiedung der Richtlinie führte (vgl. oben). Eine Nichtigkeitsklage gegen die Vereinbarung über den Elternurlaub wurde vom

EuG[542] abgewiesen. Dass die Klägerin an dem Abkommen nicht beteiligt gewesen sei, spiele keine Rolle, solange die beteiligten Sozialpartner hinreichen repräsentativ seien. Darüber hinaus können die Sozialpartner Vereinbarungen abschließen, die entweder durch die ihnen angeschlossenen nationalen Verbände oder dadurch umgesetzt werden, dass der Rat den Inhalt der Einigung durch Beschluss »übernimmt«. Wie weit diese Befugnisse reichen, ist unklar. Insbesondere ist unklar, wie der Konflikt zum nationalen Recht der Mitgliedstaaten zu lösen sein soll, wenn die Gewerkschaften auf die Idee kommen, europäische Tarifverträge abzuschließen. Im Jahre 1997 kam es zu einer Richtlinie über Teilzeitarbeit, durch die eine Rahmenvereinbarung von UNICE, CEEP und EGB umgesetzt wurde, im Jahre 1999 zu einer Richtlinie über befristete Arbeitsverträge, durch die eine entsprechende, spätere Vereinbarung übernommen wurde (vgl. oben). Es bleibt abzuwarten, wie weit das Instrument der Sozialabkommen trägt.

c) *Europäische Tarifverträge*

Die gegenwärtige arbeitsrechtliche Diskussion kapriziert sich vielfach auf die Frage, ob Art. 139 EG, der den europäischen Sozialdialog ermöglicht (vgl. oben), auch europäische Tarifverträge zulässt. Erinnert man sich an den europaweit geltenden Rechtsgrundsatz der Vertragsfreiheit, so geht es in Wahrheit darum, welche rechtlichen Wirkungen die im Rahmen des Sozialdialogs zustandegekommenen Verträge entfalten und welche Gerichte nach welchen Rechtsvorschriften für ihre Kontrolle zuständig sind. Diese Fragen sind noch nicht geklärt. Es ist aber davon auszugehen, dass es sich hier um einen Vertragstypus des Gemeinschaftsrechts handelt, der nicht dem nationalen Recht unterliegt[543]. Für Rechtsstreitigkeiten, die sich aus der Anwendung und um die Auslegung derartiger Verträge ergeben, sind demnach nicht die nationalen Gerichte zuständig; die Zuständigkeit liegt vielmehr beim Europäischen Gerichtshof. Da eine entsprechende vertragliche Vereinbarung der EG-Mitgliedstaaten fehlt, können derartige Tarifverträge keine normative Wirkung haben, wie dies z. B. nach dem deutschen Tarifvertragsgesetz bei deutschen Tarifverträgen der Fall ist. Es handelt sich vielmehr um Verträge eigener Art nach Art. 139 EG mit lediglich schuldrechtlicher Verbindlichkeit.

Die Fragestellung ist gegenwärtig noch theoretischer Natur, da der soziale Dialog auf sektorieller Ebene sich eben erst zu entwickeln beginnt. Denkbar sind aber bereits heute koordinierende Vereinbarungen auf europäischer Ebene, durch welche Verfahren abgestimmt, nationale Tarifverträge miteinander abgeglichen und Lücken ausgefüllt werden.

---

542 EuG Slg. 1998, II-2335, Rs. T-135/96 – UEAPME
543 Vgl. Däubler, Europäische Tarifverträge nach Maastricht, EuZW 1992, 329, 331

d) Weiterführende Hinweise

Asshoff/Bachner/Kunz, Europäisches Arbeitsrecht im Betrieb, 1996; *Bachner/Niele-bock*, Gesetz über Europäische Betriebsräte, AuR 1997, 129; *Blank/Geissler/Jaeger*, Euro-Betriebsräte, 1996; *Blanke*, Europäisches Betriebsräte-Gesetz, 1999; *Däubler*, Europäische Tarifverträge nach Maastricht, EuZW 1992, 329 ff.; *Däubler*, Auf dem Weg zu einem europäischen Arbeitsrecht? in: *Krämer/Micklitz/Tonner* (Hg.), Recht und diffuse Interessen in der Europäischen Rechtsordnung, Liber amicorum Norbert Reich, 1997, S. 441 ff.; *Däubler/Kittner/Klebe*, Betriebsverfassungsgesetz, Kommentar (Mit einer Kommentierung des Gesetzes über die Europäischen Betriebsräte), 7. Aufl. 2000; *Dederer*, Durchführung von Vereinbarungen der europäischen Sozialpartner, RdA 2000, 216; *Kolvenbach*, Europäische Betriebsräte, NZA 2000, 518; *Krimphove*, Europäisches Arbeitsrecht, 1996; *Lecher/Nagel/Platzer (Hg.)*, Die Konstituierung Europäischer Betriebsräte: Vom Informationsforum zum Akteur? 1998; *Lörcher*, Anforderungen, Defizite und Durchsetzungsmöglichkeiten bei der Umsetzung der Euro-Betriebsratsrichtlinie 94/95 in innerstaatliches Recht, AuR 1996, 297; *Lorenz/Zumfelde*, Der Europäische Betriebsrat und die Schließung des Renault-Werkes in Vilvoorde/Belgien, RdA 1998, 168; *Mozet*, Vereinbarungen über Europäische Betriebsräte, DB 1997, 477; *Pitschas* (Hg.), Sozialer Dialog für Europa, 1998; *Teyssié*, Le Comité d' Entreprise Européen, 1997; *Weiss*, Die Bedeutung von Maastricht für die EG-Sozialpolitik, in: Festschrift für Gnade, 1992, 583 ff.; *Zügel*, Mitwirkung der Arbeitnehmer nach der EU-Richtlinie über die Einsetzung eines Europäischen Betriebsrats, 1995

6. Soziale Sicherung

Einen europäischen Sozialstaat gibt es (noch) nicht. Es gibt einige erste Ansätze eines europäischen Sozialrechts, etwa, wenn es um Leistungsansprüche von Wanderarbeitnehmern im Rahmen von Art. 42 EG geht. Hinzu kommen Ansprüche von Kindern dieser Wanderarbeitnehmer auf Ausbildungsförderung, die z. B. zu Leistungsansprüchen nach dem deutschen BaföG führen können (vgl. oben). Hinzu kommen Fördermöglichkeiten nach dem europäischen Sozialfonds nach Art. 146-148 EG, der die Förderung der beruflichen Verwendbarkeit sowie der örtlichen und beruflichen Mobilität der Arbeitskräfte erlaubt. Durch das Sozialabkommen von Maastricht wurde es möglich, im Rat Richtlinien zur sozialen Sicherheit (»angemessener sozialer Schutz«) zu erlassen. Hierzu ist allerdings Einstimmigkeit erforderlich. Der Aufbau eines einheitlichen europäischen Sozialversicherungssystems mit Kranken-, Unfall-, Arbeitslosen-, Renten- und Pflegeversicherung wird durch die Entscheidungen des EuGH in den Fällen Decker (Warenverkehrsfreiheit) und Kohll (Dienstleistungsfreiheit) nahegelegt. Seit der Regierungskonferenz von Amsterdam ist wenigstens für alle Mitgliedstaaten eine einheitliche Kompetenzgrundlage vorhanden, nachdem Großbritannien seinen Widerstand gegen das Sozialabkommen aufgegeben hat. Die Kommission bemüht sich um eine

Koordinierung der Systeme der sozialen Sicherung; sie hat Ende 1998 den Vorschlag einer entsprechenden Verordnung vorgelegt.[544]

Weiterführende Hinweise

Weber/Leienbach, Die Systeme der sozialen Sicherung in der Europäischen Union, 2000

7. Perspektiven einer europäischen Beschäftigungspolitik

Die Regierungskonferenz von Amsterdam verwendete einen großen Teil ihrer Arbeit auf ein beschäftigungspolitisches Kapitel, das einen ersten Ansatz zu einer europäischen Initiative gegen die Massenarbeitslosigkeit darstellt. Die neuen Artikel 125 bis 130, die in den EG eingefügt werden sollen, sind freilich nur ein erster Schritt. Die Gemeinschaft soll die beschäftigungspolitische Zusammenarbeit der Mitgliedstaaten nach Art. 127 EG (neu) fördern, mehr einstweilen nicht. Nach Art. 129 EG (neu) können Anreizmaßnahmen beschlossen werden. Nach Art. 130 EG (neu) soll ein beratender Beschäftigungsausschuss eingesetzt werden. Mit zusätzlichen finanziellen Belastungen für die Mitgliedstaaten soll dies nicht verbunden sein. Ein erster Anfang waren die Ergebnisse der Konferenz der Regierungschefs im Dezember 1997. Für die Beschäftigungspolitik wurden keine zusätzlichen Mittel bereitgestellt. Im Wesentlichen beschränkten sich die Aktivitäten auf einen Informationsaustausch und die Entwicklung einer Rechenschaftspflicht, deren Einhaltung von der Kommission gesichert werden sollte. Im Juni 1999 verständigte sich der Europäische Rat in Köln auf einen »Europäischen Beschäftigungspakt« mit einer koordinierten Beschäftigungsstrategie und einem makroökonomischen Dialog. Zusätzliche Mittel werden immer noch nicht bereitgestellt. Mögliche Spannungen zwischen Finanz- und Beschäftigungspolitik sollen aber abgebaut werden.

---

544 Vgl. KOM (1998) 779 endg. vom 21. 12. 1998

VII. Bildungs- und Forschungspolitik

Die Bildungs- und Kulturpolitik bleibt in der Kompetenz der Mitgliedstaaten. Die Gemeinschaft stellt aber Fördermittel bereit. Sie unterstützt und ergänzt damit nach Art. 151 EG die Tätigkeit der Mitgliedstaaten. Bisher hatten die Förderprogramme so fantasievolle Namen wie ARIANE (Buch und Lesen, Übersetzungen), KALEIDOSKOP (Künstlerische und kulturelle Aktivitäten) und RAPHAEL (Kulturelles Erbe). Für die Entscheidungen im Rat gilt das Einstimmigkeitsprinzip (Art. 151 Abs. 5 EG).

Die Kompetenzen der EG in der Forschungspolitik sind in Art. 163 ff. EG geregelt. Es geht um Koordination und Förderung der Politik der Mitgliedstaaten. Der enge Zusammenhang von Forschungs- und Technologiepolitik einerseits und Wirtschaftspolitik andererseits wurde schon im Montanunionvertrag gesehen. In Art. 45 des Vertrages ist die Verpflichtung der Gemeinschaft zur Förderung der technischen und wirtschaftlichen Forschung festgehalten, damit die Erzeugung und der Verbrauch von Kohle und Stahl sowie die Betriebssicherheit in diesen Industrien steigen sollten. Auch im EURATOM-Vertrag gibt es in einem eigenen Kapitel Vorschriften über Forschung und Entwicklung (Art. 7-11 EURATOM-Vertrag). In den EG-Vertrag wurde erst durch die Einheitliche Europäische Akte von 1987 ein Titel über Forschung und technologische Entwicklung eingeführt (Art. 130f-q EG). Durch den Vertrag von Maastricht wurde der Titel neu gefasst (Art. 130f-p EG). In Amsterdam wurden die Vorschriften neu nummeriert (Art. 163-173 EG). Es geht nach Art. 163 EG im Wesentlichen um die Forschungsförderung mit dem Ziel, die internationale Wettbewerbsfähigkeit der Industrie und der Wirtschaft im Allgemeinen zu steigern. Mittel zur Zielerreichung ist die Stärkung der wissenschaftlichen und technischen Grundlagen. Politische Instrumente zum Einsatz dieser Mittel sind *eigene Programme* der Gemeinschaft nach Art. 164 EG. Daneben sollen die Politiken und Programme der Mitgliedstaaten *koordiniert* werden (Art. 165 EG). Schließlich stellt die Gemeinschaft mehrjährige *Rahmenprogramme* auf (Art. 166 EG).

Die eigenen Programme der Gemeinschaft werden auch *direkte Aktion* genannt. Träger dieser Programme sind *gemeinsame Unternehmen*, die von der Gemeinschaft gegründet werden können. Hinzu kommt nach Art. 8 des EURATOM-Vertrages die Gemeinsame Forschungsstelle. Bei der *indirekten Aktion* beteiligt sich die Gemeinschaft an der Finanzierung von Projekten in den Mitgliedstaaten. Hierzu schließt sie Forschungsverträge ab. Bei der *konzertierten Aktion* fördert die Gemeinschaft die Kooperation der Forschung in den Mitgliedstaaten. Hier trägt die Gemeinschaft nur die Kosten der Koordinierung; die eigentlichen Forschungskosten werden durch die Mitgliedstaaten getragen.

Derzeit läuft das fünfte Rahmenprogramm der Gemeinschaft, das für 1998 bis 2002 geplant ist. Es soll noch stärker als die bisherigen Programme die Wettbewerbsfähigkeit der europäischen Industrie fördern. Die geförderten Projekte müssen grenzüberschreitend sein. Ziel ist es, europäische Forschungsverbünde zu schaffen.

Die Gemeinschaft unterfüttert diese Programme mit bildungs- und wissenschaftspolitischen Initiativen wie COMETT (Kooperation von Hochschulen und Unternehmen bei der technologischen Entwicklung), ERASMUS und SOKRATES (Förderung des Studiums und der studentischen Mobilität), PE-TRA (Berufsbildung und Austausch von jugendlichen Arbeitnehmern), FORCE (Berufliche Weiterbildung), LEONARDO (Berufsbildungspolitik), EUROTECNET (Technologische Aus- und Weiterbildung) und LINGUA (Sprachenprogramme).

Die Gemeinschaft unterhält ein Europäisches Hochschulinstitut in Florenz und ein Zentrum für die Förderung der Berufsbildung (Cedefop) in Thessaloniki. Sie fördert die Einrichtung von sog. Jean-Monnet-Lehrstühlen mit europäischer Ausrichtung an den Hochschulen.

Weiterführende Hinweise

Cremer, Forschungssubventionen im Lichte des EG, 1995; *Grabert*, Europäische Forschungsförderung, Forschung und Lehre 1998, S. 18-26; *Klodt u. a.*, Forschungspolitik unter EG-Kontrolle, 1988; *Teichler/Gordon/Maiworm,* Socrates Evaluation Study, 20001; *Weidenfeld/Turek*, Technopoly – Europa im globalen Wettbewerb, 1993.

VIII. Außenwirtschaftsrecht

1. Die Außenvertretung der Gemeinschaft

a) Kompetenzen

Außenkompetenzen der Gemeinschaft ergeben sich vor allem aus Art. 133 ff. EG (gemeinsame Handelspolitik, Zoll- und Handelsabkommen), Art. 302 EG (UN, internationale Organisationen, GATT), Art. 303 EG (Europarat), Art. 182 ff. EG (Assoziierung) und Art. 310 EG (Assoziierungsabkommen). Das Außenwirtschaftsrecht der Europäischen Union umfasst neben dem unmittelbaren Vertragsrecht auch sekundäres Gemeinschaftsrecht. Sind sowohl Gemeinschaftskompetenzen als auch Kompetenzen von Mitgliedstaaten betroffen, so können gemischte Verträge abgeschlossen werden (vgl. unten). Grundsätzlich können Waren frei in den Gemeinsamen Markt importiert und aus ihm exportiert werden[545]. Ausnahmen sind im Gemeinschaftsrecht geregelt. Am bedeutsamsten ist die Landwirtschaftsordnung (vgl. oben). Ansonsten können die Mitgliedstaaten Exporte durch Maßnahmen wie z. B. Exportkreditversicherungen in gewissem Umfang fördern; einer solchen Förderung sind aber durch Gemeinschaftsrecht und durch internationale Abkommen (siehe unten) Grenzen gesetzt. Die Gemeinschaft kann allerdings nach Art. 134 EG bei Marktstörungen sowie bei Verhinderung oder Verlagerung von Handelsströmen Schutzmaßnahmen ergreifen, Kontingente für einzelne Mitgliedstaaten oder für die gesamte Gemeinschaft festsetzen oder Verbote aussprechen.

Schon im Jahre 1971 hielt der EuGH fest, dass sich aus den Kompetenzen der Gemeinschaft im Binnenbereich auch eine Handlungs- und Vertretungskompetenz nach außen ergebe[546]. Er übernahm hierbei die sog. »implied powers doctrine« des US-amerikanischen Supreme Court[547], hielt allerdings fest, dass sich die ungeschriebenen Gemeinschaftskompetenzen in engen Grenzen halten müssten und dass sich deren Inanspruchnahme mit einer gewissen, inneren Logik aus ausdrücklich übertragenen Befugnissen ergeben müsse. Der wichtigste Anwendungsbereich für diese ungeschriebene Kompetenz ist bis heute die Außenkompetenz bei ausdrücklich zugewiesener Binnenkompetenz. Umstritten ist, ob der Gemeinschaft überall dort, wo sie intern zuständig ist, auch

---

545 Vgl. Anti-Dumping Grund – VO 2423/88, ABlEG 1988 L 209/1
546 Vgl. EuGH Slg. 1971, 263, Rs. 22/70 – AETR/ETRA
547 Vgl. z. B. Missouri v. Holland, 252 US 416, 40 S.Ct. 382, 64 L.Ed. 641 (1920); United States v. Curtiss-Wright Export Corp., 299 US 304, 57 S.Ct. 216, 81 L.Ed. 255 (1936); Dames and Moore v. Reagan, 453 US 654, 101 S.Ct. 2972, 69 L.Ed. 2d 918 (1981)

die Kompetenz zum Abschluss völkerrechtlicher Verträge mit Drittstaaten und internationalen Organisationen zustehen muss. Nach richtiger, vom EuGH in einem Gutachten vertretenen Auffassung folgt aus einer binnenmarktinternen nicht ohne weiteres auch eine externe Kompetenz der Gemeinschaft[548]. Wenn die Gemeinschaft von einer binnenmarktintern konkurrierenden Zuständigkeit Gebrauch macht, bedeutet dies nicht, dass ein Mitgliedstaat in diesem Bereich vom Abschluss völkerrechtlicher Vereinbarungen mit Drittstaaten ausgeschlossen ist. Es bedeutet erst recht nicht, dass existierende völkerrechtliche Verträge eines Mitgliedstaats in diesem Bereich unwirksam werden. Richtig ist es aber, dem Mitgliedstaat aus dem Grundsatz des gemeinschaftsfreundlichen Verhaltens heraus eine Verpflichtung aufzuerlegen, bestehende Kollisionen von völkerrechtlichen Verträgen mit neuen, von der Gemeinschaft abgeschlossenen Verträgen zu minimieren und keine neuen, kollidierenden Verträge mehr abzuschließen[549]. In Fällen, in denen die Gemeinschaft eine ausschließliche Zuständigkeit besitzt, ist eine Präklusionswirkung zu Lasten der Mitgliedstaaten anzuerkennen: Sie dürfen keine völkerrechtlichen Verträge mit Drittstaaten mehr abschließen. Auf dem Gebiet der Fischerei, auf dem die Gemeinschaft ausschließlich zuständig ist, hat der EuGH daher eine Zuständigkeit der Mitgliedstaaten nur noch für eine Übergangszeit anerkannt und sie schon in dieser Phase zur Beachtung des Gebots gemeinschaftsfreundlichen Verhaltens verpflichtet[550].

Das gemeinschaftsrechtliche Verfahren beim Abschluss von völkerrechtlichen Verträgen regelt Art. 300 EG. Vorbehaltlich der Zuständigkeiten der Kommission ist der Rat für den Vertragsabschluss zuständig. In der Regel beschließt der Rat mit qualifizierter Mehrheit (Art. 300 Abs. 1). Wenn für die Annahme der internen Vorschriften Einstimmigkeit erforderlich ist, gilt diese auch für völkerrechtliche Verträge; Einstimmigkeit gilt auch, wenn nach Art. 310 Verträge mit anderen Staaten oder internationale Verträge (z. B. Assoziierungsverträge) abgeschlossen werden (Art. 300 Abs. 2 S. 2). In besonderen Fällen muss das Parlament zustimmen (Art. 300 Abs. 3). Hierdurch soll insbesondere verhindert werden, dass Verträge mit erheblichen finanziellen Folgen am Parlament vorbei abgeschlossen werden oder dass seine internen Zustimmungsrechte in den Fällen umgangen werden, in denen das Verfahren der Mitentscheidung nach Art. 251 EG eingreift (vgl. oben).

Im Außenverhältnis gegenüber Drittstaaten sind zwar die Gemeinschaftskompetenzen im Verhältnis zu den Mitgliedstaaten unbestritten. Es können aber

---

548 Vgl. Gutachten des EuGH zur Frage der Kompetenzverteilung EG-Mitgliedstaaten beim Abschluß des GATT/WTO-Abkommens, Slg. 1994, I 5267, G 1/94
549 Noch weitergehend Emmert, Europarecht, 1996, S. 455/456, der eine Verpflichtung der Mitgliedstaaten zu gemeinschaftsfreundlichem Verhalten schon dann anerkennen will, wenn die Gemeinschaft ein Gebiet noch nicht besetzt hat, es aber in absehbarer Zeit tun könnte
550 Vgl. EuGH Slg. 1976, 1279, verb. Rs. 3, 4, 6/76 – Kramer

Konflikte zwischen Kommission und Rat auftreten. Der Versuch der Kommission, im Wettbewerbsrecht, in dem ihr der Rat durch Ermächtigungsverordnungen begrenzte Rechtssetzungskompetenzen z. B. zum Erlass von Gruppenfreistellungsverordnungen (vgl. oben) überlassen hat, selbständig Abkommen im Außenverhältnis abzuschließen, ist gescheitert. Den Vertrag, den die Kommission mit den USA über die Anwendung der beiderseitigen Wettbewerbsregelungen abgeschlossen hatte, erklärte der EuGH[551] wegen Kompetenzüberschreitung für gemeinschaftsrechtswidrig. Nachdem die Zustimmung des Rats nachgeholt worden war, trat der Vertrag 1996 in Kraft.

b) Anti-Dumping- und Anti-Subventionsmaßnahmen

Art. 133 Abs.1 EG eröffnet der Gemeinschaft die Kompetenz, handelspolitische Schutzmaßnahmen zu ergreifen, wenn Lieferanten aus Drittstaaten durch Dumping oder infolge von Subventionen Schäden bei Unternehmen innerhalb der Gemeinschaft verursachen. Das komplizierte Anti-Dumping-Recht der EG, das sich aus dem Anti-Dumping-Kodex des alten GATT entwickelt hat, ist in speziellen Verordnungen niedergelegt[552]. Auf der Grundlage des GATT/WTO-Abkommens im Jahre 1994 führte die Gemeinschaft neue Kontrollmaßnahmen ein[553]. Unter »Dumping« versteht man, dass Waren unter ihrem »Normalwert« auf den Markt eines anderen Landes gebracht werden. Unter »Normalwert« versteht man den Inlandsmarktpreis einer gleichartigen Ware im Ursprungsland selbst oder in einem Drittland bzw. den Preis auf Basis der Herstellungskosten, wenn sowohl im Ursprungsland als auch im Drittland unter Kosten verkauft wird. Wirtschaftlich betrachtet ist Dumping eine Mischkalkulation, bei der Exportpreise unter Kosten durch überhöhte Inlandspreise ermöglicht werden, wobei die Inlandsmärkte wiederum gegen Reimporte aus dem Ausland abgeschottet werden. In einem immer noch komplizierten Verfahren ermittelt die Gemeinschaft den »Marktpreis«. Sie untersucht, wie hoch die »Dumpingspanne«, d. h. die Differenz zwischen »Normalpreis« und Exportpreis, ist. Gegebenenfalls verhängt sie gegen die Unternehmen, welche »gedumpt« haben, im Einzelfall durch Verordnung Strafzölle (Anti-Dumping-Zölle). Dadurch sollen die Vorteile der Niedrigpreispolitik des Exporteurs aufgezehrt werden.

Ähnlich verhält sich die Gemeinschaft, wenn sie andere Verletzungen von Gemeinschaftsinteressen feststellt, etwa, dass Drittstaaten durch Subventionen Wettbewerbsverzerrungen und Schäden auf dem Gemeinsamen Markt hervorrufen. Sie verhängt dann durch Verordnung im Einzelfall einen Aus-

---

551 EuGH Slg. 1994, I-3641, Rs. C-327/91
552 Vgl. dazu Oppermann, Europarecht, 2. Aufl. 1999, S. 766 ff.
553 Vgl. VO Nr. 3283/94 und 3284/94, ABlEG 1994 L 349/1

gleichszoll[554]. Im Jahre 1994 wurde eine gesonderte Verordnung über den Schutz gegen subventionierte Einfuhren aus nicht zur EG gehörenden Ländern[555] verabschiedet. Gegen die Maßnahmen der EG ist Rechtsschutz nach den allgemeinen Vorschriften (Art. 220 ff. EG) möglich.

c) EU und Völkerrecht

Die Gemeinschaft ist Völkerrechtssubjekt, d. h. sie kann völkerrechtliche Verträge abschließen, Rechte erwerben und Verbindlichkeiten eingehen. Die Gemeinschaft ist von den meisten Staaten anerkannt. Sie unterhalten Vertretungen in Brüssel neben ihren Botschaften in den EG-Mitgliedstaaten. Die nach der Kompetenzverteilung des Art. 300 EG abgeschlossenen Verträge sind für die Organe der Gemeinschaft und die Mitgliedstaaten verbindlich. Sie stehen damit höher als das sekundäre Gemeinschaftsrecht, das durch die Gemeinschaftsorgane geändert werden kann, wenn die internen Kompetenzzuweisungen beachtet werden[556].

Im Einzelfall kann umstritten sein, ob ein völkerrechtlicher Vertrag, bei dem die Gemeinschaft Vertragspartei ist, unmittelbare Wirkung für die Bürger hat. Wenn nicht im Vertrag selbst eine Regelung über die unmittelbare Wirkung getroffen ist[557], hängt die Entscheidung davon ab, ob ein Vertrag oder eine Vertragsnorm eine eindeutige und unmittelbare Verpflichtung begründen soll, die nicht mehr von einem weiteren Akt abhängt[558].

Die Kommission vertritt die Gemeinschaft im Verkehr mit Drittstaaten. Sie gibt auch Erklärungen ab und nimmt Erklärungen entgegen. Sie führt auf der Basis eines vom Rat erteilten Mandats die Verhandlungen über Verträge, der eigentliche Vertragsabschluss ist aber in der Kompetenz des Rates (vgl. oben).

Als Völkerrechtssubjekt ist die Gemeinschaft nicht nur an die von ihr abgeschlossenen Verträge, sondern auch an das Völkergewohnheitsrecht und an die allgemeinen Grundsätze des Völkerrechts gebunden, soweit diese auf die Gemeinschaft anwendbar sind. Problematisch ist, inwieweit die allgemeinen Grundsätze des Völkerrechts die Auslegung des Gemeinschaftsrechts beeinflussen. Der EuGH hat in dieser Frage schon eine Reihe von Entscheidungen gefällt. So hat er im Fall *Zellstoff* (vgl. oben) bei der exterritorialen Anwendung des EG-Wettbewerbsrechts geprüft, ob es mit den allgemeinen Grund-

---

554 Weder durch die Strafzölle noch durch die Ausgleichszölle darf allerdings die Wirkung eintreten, dass die Importe faktisch versiegen; vgl. EuGH Slg. 1991, I-4905 und I-4939, Rs. C 24/90 und C 25/90.
555 Vgl. VO 3284/94 v. 22. 12. 1994, ABlEG vom 31. 12. 1994, L 349/23
556 Vgl. EuGH Slg. 1972, 1219, verb. Rs. 21-24/72 – Chiquita
557 Vgl. EuGH Slg. 1982, 3641, Rs. 104/81 – Kupferberg I
558 Vgl. EuGH Slg. 1987, 3719, Rs. 12/86 – Demirel

sätzen des Völkerrechts vereinbar ist, auf die Auswirkung der Wettbewerbs-beschränkung abzustellen. Er hat dies bejaht[559].

Die Mitgliedstaaten sind völkerrechtlich gegenüber den anderen Mitgliedstaa-ten insoweit eingeschränkt, als sie an die EG-Verträge gebunden sind. Aus dieser Bindung folgt z. B., dass sie bei Streitigkeiten mit anderen Mitglied-staaten die Entscheidungen der zuständigen Gemeinschaftsorgane, vor allem auch des EuGH, abwarten müssen und nicht zur Selbsthilfe greifen dürfen. So durfte Großbritannien nicht mit Exportbeschränkungen auf eine angebliche Missachtung von EG-Tierschutzbestimmungen bei der Schlachtung in Spa-nien reagieren, sondern musste den Rechtsweg einhalten[560]. Andererseits sind die Mitgliedstaaten, wenn sie rechtswidrige Verordnungen oder Beschlüsse der Gemeinschaft durchführen, nicht aus dem Gesichtspunkt der Amts- oder Staatshaftung ersatzpflichtig[561]. Es haftet allein die Gemeinschaft, und zwar nach Art. 235, 288 Abs. 2 EG.

d)   Weiterführende Hinweise

Beise/Oppermann/Sander, Grauzonen im Welthandel, 1998; *Bierwagen*, Die neue An-tidumpinggrundverordnung nach dem Abschluss der Uruguay-Runde, EuZW 1995, 231;*v. Bogandy/Nettesheim,* Strukturen des gemeinschaftlichen Außenhandelsrechts, EuZW 1993, 456; *Bourgeois,* Effects of International Agreements in European Com-munity Law: Are the Dice Cast? 82 MichLRev. 1250 (1984); *Eeckhout*, The European Internal Market and International Trade, a Legal Analysis, 1994; *Epiney*, Zur Stellung des Völkerrechts in der EG, EuZW 1999, 5; *Gilsdorf,* Die Außenkompetenzen der EG im Wandel, 1996; *Herdegen,* Die Haftung der EWG für fehlerhafte Rechtssetzungs-akte, 1983; *Pescatore*, External Relations in the Case Law of the Court of Justice of the European Communities, 16 CMLRev 615 (1979); *Woolcock*, The European acquis and Multilateral Trade Rules: Are they Compatible? JCMSt 1993, 539 ff.

2.   Europäischer Wirtschaftsraum

Mit den Ländern, die ursprünglich Mitglieder der Europäischen Freihandels-zone (EFTA) waren und nach dem Beitritt der meisten EFTA-Mitglieder zur Gemeinschaft dort noch als »Rest-EFTA« verblieben, wurde 1992 ein Vertrag über den Europäischen Wirtschaftsraum (EWR) abgeschlossen[562]. Die EWR-Mitgliedstaaten übernehmen den überwiegenden Teil des EG-Gemeinschafts-rechts, den sog. acquis communitaire. Nachdem ein Teil dieser Vertragsmit-glieder, nämlich Österreich, Schweden und Finnland, noch nachträglich der

---

559 Vgl. EuGH Slg. 1988, 5233, verb Rs. 89, 104, 114, 116, 117, 125-129/85 – Zellstoff
560 Vgl. EuGH Slg. 1996, I-2553, Rs. C-5/94 – Hedley Lomas
561 Vgl. BGHZ 125, 27 – Irak-Embargo
562 BGBl. II 1993, 267

Gemeinschaft beigetreten sind, gilt der EWR-Vertrag noch für Norwegen (hier scheiterte der EG-Beitritt), Island und Liechtenstein. Ein Sonderproblem besteht im Verhältnis zur Schweiz. Deren Beitritt zum EWR-Vertrag wurde durch ein Referendum im Dezember 1992 vom Volk missbilligt. Die Schweiz ist daher auf den (mühseligen) Abschluss von bilateralen Verträgen mit der EG angewiesen.

Im EWR gelten im Wesentlichen die Grundsätze des EG-Vertrages, insbesondere die Marktfreiheiten und das Wettbewerbsrecht. Ausgenommen sind die Landwirtschaft, die Handelspolitik, die indirekten Steuern und die Außenzölle. Die EWR-Mitglieder sind an der Beschlussfassung der EG-Organe nicht beteiligt, sie werden lediglich unverbindlich konsultiert. Sie hängen sich in den Bereichen, in denen der EWR gilt, gewissermaßen an die Rechtssetzung der EG an.

Weiterführende Hinweise

Gittermann, Das Beschlussverfahren des Abkommens über den EWR, 1998; *Streit*, Das Abkommen über den Europäischen Wirtschaftsraum, NJW 1994, 555ff.

3. Assoziierungsabkommen

a) *Die AKP-Staaten*

Mit 69 Staaten aus dem afrikanischen, karibischen und pazifischen Raum *(AKP-Staaten)* hat die Gemeinschaft mehrere Kooperationsabkommen abgeschlossen, die nach den Verhandlungsorten Jaundé und Lomé benannt wurden. Erfasst werden vor allem die ehemaligen Kolonialgebiete Frankreichs, denen die fortlaufend gewährte und aus Gemeinschaftsmitteln finanzierte Entwicklungshilfe zugute kommen soll. Zugute kommen diese Wohltaten in erster Linie französischen Exporteuren und anderen wirtschaftlich mit den AKP-Staaten verbundenen Unternehmen. Im Jahre 2000 wurde das derzeit gültige Partnerschaftsabkommen mit den AKP-Staaten ausgehandelt[563]. Es beschränkt sich nicht auf die Handels- und Entwicklungspolitik, sondern spricht auch allgemeine politische Ziele wie die Wahrung der Menschenrechte, den Rechtsstaat und die Grundsätze der Demokratie an.

Die AKP-Staaten sind darüber hinaus Teil des Allgemeinen Präferenzsystems (APS), das die Gemeinschaft Entwicklungsländern gewährt. Es handelt sich hier vor allem um Zollpräferenzen, bei denen die EG, wenn die Exporterlöse unter ein bestimmtes Niveau fallen, die Differenz ersetzt. Dies dient vor allem

---

563 KOM 2000, 804 endg.

der Absicherung der EG-Landwirtschaftspolitik (vgl. oben), verschlingt aber zusätzliche Gemeinschaftsmittel. Effektivere Formen der Entwicklungshilfe sind vorstellbar.

b) Verträge mit den MOE-Staaten

Die Gemeinschaft und die Mitgliedstaaten vereinbarten nach dem Zerfall der Sowjetunion 1993 sog. Europaabkommen mit den *mittel- und osteuropäischen Staaten (MOE-Staaten)*,vor allem mit, Bulgarien, Estland, Lettland, Litauen, Polen, Rumänien, der Slowakei, Slowenien, Tschechien und Ungarn. Ziel dieser sogenannten Europaabkommen, die mit finanziellen Hilfen verbunden sind, ist es, den Handel zu liberalisieren, die Märkte zu öffnen und zu einer Rechtsvereinheitlichung nach dem Muster der EG-Regelungen zu kommen. Ein großes Problem im Vorfeld derartiger Abkommen besteht darin, dass diese Staaten meist der EU beitreten wollen, dass aber z. B. die finanziellen Aufwendungen für die EG-Landwirtschaftspolitik bei ihrem Beitritt stark ansteigen würden. Im Zusammenhang mit Beitrittsverhandlungen steigt der Reformdruck auf die EG und die EG-Mitgliedstaaten. Einige südliche EG-Mitgliedstaaten, vor allem Spanien, sehen in den MOE-Staaten unliebsame Konkurrenten nicht nur auf den Märkten, sondern auch beim Zugang zu den EG-Fördermitteln. Diese Interessenkonflikte belasten die Beitrittsverhandlungen. Hinzu kommt die auch in Nizza nicht gebannte Gefahr, dass die Institutionen der EU aufgebläht und arbeitsunfähig werden. Der Beitritt dürfte demnach nur im Zusammenhang mit einer weiteren, grundlegenden Vertragsrevision und mit einer Reform der Landwirtschaftspolitik zu bewerkstelligen sein.

c) Andere bilaterale Verträge

Die Gemeinschaft hat eine Reihe von bilateralen Verträgen nicht nur mit der Schweiz (vgl. oben), sondern auch z. B. mit der Türkei und anderen Staaten wie Indien und den USA abgeschlossen. Ziel derartiger Abkommen kann z. B. die Entwicklungshilfe, die Förderung des Freihandels oder die Vorbereitung eines späteren Beitritts sein. Die Ziele können auch verbunden werden. Zum Teil werden in derartigen bilateralen Assoziierungsabkommen gemeinsame Einrichtungen geschaffen, die Beschlüsse mit unmittelbarer Wirkung für und gegen die Vertragsparteien fassen können[564].
Kooperations-, nicht Assoziierungsabkommen, aus denen für die EU nicht die

---

564 Vgl. die Entscheidung EuGH Slg. 1990, I-3461, Rs. C-192/89 (Sevince), welche den Assoziationsrat EG-Türkei betraf und eine unmittelbare Rechtswirkung für die Rechtsstellung türkischer Arbeitnehmer feststellte.

Verpflichtung zur Assoziierung folgt, wurden z. B. mit Südafrika[565] und dem Jemen[566] abgeschlossen.

Eines der wichtigsten Ziele von bilateralen Abkommen ist nach wie vor, die Landwirtschaftspolitik der Gemeinschaft abzusichern. Ein drastisches Beispiel dafür, wie durch derartige Abkommen, die meist eine Selbstbeschränkung von agrarischen Exportländern beinhalten, neue Folgelasten und Probleme entstehen, ist die Importbeschränkung von Maniok (Viehfutter) aus Thailand, zu der es bereits fünf EuGH-Entscheidungen gibt[567]. Positivere Beispiele sind die Abkommen über den Schutz von intellektuellen Eigentumsrechten, die teils multilateral, teils bilateral abgeschlossen wurden. Sie hängen mit dem neuen GATT/WTO-Abkommen von 1994 zusammen (vgl. unten).

d) Weiterführende Hinweise

Bermann/Herdegen/Lindseth (Hg.), Transatlantic Regulatory Cooperation, 2000; *Europäische Kommission (Hg.)*, Die EU und ihre Partnerländer im Mittelmeerraum, 1997; *Gardner*, The EFTA and the EC, 25 International Law 187 (1991); *Gutmann*, Die Assoziationsfreizügigkeit türkischer Arbeitnehmer, 2. Aufl. 1999; *Hailbronner/ Bierwagen*, Neue Entwicklungen im Außenwirtschaftsrecht der EG, NJW 1989, 1385 ff.; *Marescau (ed.)*, The Political and Legal Framework of Trade Relations between the European Community and Eastern Europe, 1989; *Schoo*, European Community's Trade Relations with Developing Countries, 1986; *Steenbergen*, The Common Commercial Policy, CMLRev 1980, 229 ff; *Wolf*, Begrenzter Erfolg der Lomé-Abkommen, 1996.

4. EU und Welthandelsordnung (WTO und GATT)

a) Das erste GATT

Nach dem Ende des Zweiten Weltkriegs und dem Scheitern einer umfassenden Welthandelsordnung in Havanna wurde 1947 das Allgemeine Zoll- und Handelsabkommen (General Agreement on Tariffs and Trade, *GATT*) abgeschlossen. Seine Grundprinzipien sind die Meistbegünstigung, d. h. die einem Vertragsstaat gewährten Handelsvergünstigungen erstrecken sich auf alle anderen Vertragsstaaten, ein Diskriminierungsverbot für Waren aus anderen Vertragsstaaten gegenüber inländischen Waren, ein Zollabbau und die Beseitigung der sog. nicht-tarifären Handelshemmnisse (tariffs-only-Maxime). Als Ausnahme vom Prinzip der Meistbegünstigung sind Zollunionen wie die EG

565 ABlEG L 341/62 v. 30. 12. 1994
566 ABlEG L 57/78 v. 15. 3. 1995
567 Vgl. Kilian, Europäisches Wirtschaftsrecht, 1996, S. 63

zulässig. Obwohl die EG keine ursprüngliche Vertragspartei war, hat sich die Gemeinschaft allgemein für an die GATT-Regeln gebunden erklärt.

b) GATT 94 und WTO

Das gesamte GATT-System wurde in der sog. Uruguay-Runde von Grund auf überarbeitet. Nach langwierigen Verhandlungen kam es 1994 zum Abschluss einer neuen GATT-Vereinbarung, die durch die Schaffung einer neuen Welthandelsorganisation (World Trade Organisation, *WTO*) abgesichert wurde. Teile von GATT 1994 sind weitreichende multilaterale Abkommen wie das Allgemeine Dienstleistungsabkommen (General Agreement on the Trade in Services, *GATS*), das Abkommen über handelsbezogene Aspekte des geistigen Eigentums (Trade Related Aspects of Intellectual Property Rights, *TRIPS*) und das Abkommen über handelsbezogene Investitionsmaßnahmen (Trade Related Investments Measures, *TRIMS*). Dazu kommt ein Abkommen über die Beilegung von Streitigkeiten zwischen den Vertragsparteien in einem schiedsgerichtsartigen Verfahren. Als Reaktion auf Vertragsverletzungen eines anderen Vertragsstaates dürfen Gegenmaßnahmen nur auf Grund einer Ermächtigung des Streitbeilegungsorgans ergriffen werden. Um die Sanktionen zu effektivieren, können nach dem Streitbeilegungsverfahren auch sektorenübergreifende Gegenmaßnahmen ergriffen werden (cross retaliation). In der *WTO* als völkerrechtlicher Institution müssen wichtige Entscheidungen einstimmig getroffen werden, andere mit Zweidrittel- oder Dreiviertelmehrheit. Organe sind die Ministerkonferenz, der Allgemeine Rat mit bereichsspezifischen Räten und ein Schiedsgericht. Vertragsparteien sind nebeneinander die Europäische Gemeinschaft und die einzelnen Mitgliedstaaten.

In einem Gutachten hat der EuGH das GATT/WTO-Abkommen, was die Kompetenzen zum Vertragsabschluss anbelangt, für ein »gemischtes Abkommen« erklärt. Für GATT 1994 und TRIMS liegt die Zuständigkeit nach Art. 133 EG bei der Gemeinschaft, für GATS und TRIPS nach Art. 300 Abs. 3 EG bei der Gemeinschaft und den Mitgliedstaaten[568]. Da Zuständigkeiten sowohl der Gemeinschaft als auch der Mitgliedstaaten bestehen, sind beide zur Zusammenarbeit verpflichtet.

Im Vergleich bringt GATT/WTO gegenüber dem alten GATT-Abkommen folgende **Verbesserungen:**
– Die WTO ist eine internationale, rechtsfähige Organisation, während das alte GATT nur ein Vertragsgeflecht ohne eigene Rechtspersönlichkeit war.
– Die WTO ist institutionell verfestigt, das alte GATT war es nicht.

---

568 Gutachten 1/94 Slg. 1994, I-5267

– Die WTO kennt bindende Vereinbarungen mit Kontrollmechanismen, beim alten GATT fehlten diese Mechanismen.

– Die WTO erstreckt sich auch auf Dienstleistungen (GATS) und geistiges Eigentum (TRIPS), das alte GATT nur auf allgemeine Zoll- und Handelsfragen.

– Der WTO-Vertragstext ist einheitlich und multilateral, im alten GATT gab es Einzelvorbehalte der Staaten.

– Im GATT/WTO-Abkommen gibt es ein verbindliches Streitbeilegungsverfahren, im alten GATT galt das Konsensprinzip.

Nach wie vor gibt es eine Reihe von **Problemen**. Sie stellen sich seit 1994 wie folgt:

– Zum Schutze wichtiger Rechtsgüter, etwa der öffentlichen Sicherheit und Ordnung, aber auch der Umwelt, der Gesundheit und der Kultur, können die WTO-Mitglieder Ausnahmen vom freien Waren- und Dienstleistungsverkehr anordnen; wegen der unklaren Formulierungen von GATS kommt es hier immer wieder zu Abgrenzungs- und Auslegungsstreitigkeiten.

– Waren, deren Importpreis unter dem Herstellungspreis im Importland oder unter dem Marktpreis im Exportland liegen, können wegen Dumpings verzollt werden.

– Nach wie vor möglich sind »freiwillige« Exportbeschränkungen wie z. B. die Exportbeschränkungen für japanische Autos; es handelt sich hierbei um eine Einschränkung des Freihandels.

– Das GATT/WTO-Abkommen konkurriert mit Verträgen über Freihandelszonen wie dem EWR-Vertrag oder dem NAFTA-Vertrag in Amerika. Mehr und mehr Regelungen werden zwischen den »Regionen« des Welthandels vereinbart werden müssen.

– Noch fehlt ein multilaterales Welt-Kartellrechtsabkommen. Die Handelsblöcke haben jeweils ihr eigenes Kartellrecht. Die EG und die USA wenden es nach dem Auswirkungsprinzip exterritorial an (vgl. oben). Allerdings ist GATT/WTO mit seinen vielen Zusatzabkommen bereits ein Ansatz zu einer Weltregelung für fairen Wettbewerb; dies gilt insbesondere für die Anti-Dumping-Regelungen, bei denen sich die Gefahr des schlichten Protektionismus verringert haben dürfte.

– Es fehlt eine Ergänzung des GATT/WTO-Abkommens um einen Abschnitt zur Bekämpfung von Sozialdumping. Noch immer gibt es Sklavenarbeit und Kinderarbeit. Noch immer werden von politischen Gefangenen Waren für den Export hergestellt. Noch immer werden den Arbeitnehmern in einer Reihe von Ländern die elementarsten Menschenrechte verweigert. Die Weltgemeinschaft muss unter derartigen Bedingungen hergestellte Waren ächten, und dies auch dann, wenn eine vollständige Durchsetzung dieser Ächtung unwahrscheinlich ist.

– Es fehlt eine Ergänzung des GATT/WTO-Abkommens um einen Abschnitt zur Bekämpfung von Öko-Dumping. Die Zerstörung der letzten Regenwälder zur Herstellung von edlen Hölzern für die Metropolen ist z. B. auch dann nicht zu rechtfertigen, wenn einige Länder den Verkauf derartiger Produkte als Chance zur Eroberung von Märkten begreifen. Öko Dumping ist keineswegs eine Spezialität südlicher und östlicher Staaten, es wird z. B. auch in den USA und in Kanada betrieben. Andererseits ist in einigen Staaten der Gefahr zu begegnen, dass protektionistische Maßnahmen mit dem Vorwand gerechtfertigt werden, es müsse Öko-Dumping bekämpft werden.

Bezogen auf **GATS, TRIPS und TRIMS** ergeben sich Probleme, andererseits auch zusätzliche Positiva:
– Die EG hat umfangreiche Ausnahmen zu GATS notifiziert, die das Prinzip der Meistbegünstigung im Dienstleistungsbereich innerhalb der Gemeinschaft betreffen und die sich mit den Beschränkungen im Verhältnis zu EG-Drittstaaten befassen.
– Umfangreiche Ausnahmen sind auch im Bildungsbereich und in ähnlichen Bereichen des öffentlichen Interesses möglich. Ist für Teile dieser Bereiche aber GATS akzeptiert, ist der Weg zurück zum öffentlichen Regime verbaut.
– Andererseits sichert TRIPS auch die Durchsetzung von Rechten des geistigen Eigentums, um die technische Innovation und die Weitergabe bzw. Verbreitung von Technologie zum Vorteil der Erzeuger und Nutzer technischen Wissens zu fördern[569].
– TRIMS dient vor allem dem Zweck, das Verbot mengenmäßiger Beschränkungen im internationalen Handel durchzusetzen. Die WTO-Mitglieder dürfen den Umfang von Ein- und Ausfuhren eines Produktionsunternehmens nicht durch zwingende Auflagen steuern. Es fragt sich, inwieweit sich die Auslegung von TRIMS der von Art. 28-30 EG zur Warenverkehrsfreiheit annähern wird.
– Die Finanzdienstleistungen und die Telekommunikationsdienste wurden erst 1997 nachträglich in den Anwendungsbereich von GATS aufgenommen. Der Erfolg bleibt abzuwarten.
– Im Zusammenhang mit der AIDS-Epidemie und Asien und Afrika sind zwar gesetzliche Ausnahmen vom gewerblichen Rechtsschutz für Medikamente möglich, aber die Pharmakonzerne gehen immer wieder gegen Staaten wie Südafrika vor, die von diesen Ausnahmen Gebrauch machen (müssen).

---

569 Vgl die Darstellung bei Kilian, a.a.O., S. 71

c) GATT-Vorschriften und Gemeinschaftsrecht

Die Regelungen des alten GATT betrachtete der EuGH zwar in ständiger Rechtsprechung als integrale Bestandteile des Gemeinschaftsrechts[570]. Dies hinderte ihn aber nicht daran, durch politische Maßnahmen bestimmte Sektoren der Gemeinschaft bevorzugt zu fördern (vgl. Art. 284 Abs. 1 und 3 EG). Außerdem hielt er die Vorschriften des GATT für so unbestimmt, dass er ihre unmittelbare Anwendbarkeit in den internen Rechtsordnungen der Vertragsparteien ablehnte[571]. Sein Argument: Die (alten) GATT-Vorschriften seien sehr flexibel, es gebe zahlreiche Ausnahmen. Der konsensuale Streitbeilegungsmechanismus sei mehr politisch als juristisch zu bewerten. Dies alles spreche gegen ihre unmittelbare Anwendbarkeit. Auch in der Entscheidung über die Bananenverordnung hielt der EuGH daran fest, dass die GATT-Vorschriften im EG-Recht grundsätzlich nicht unmittelbar anwendbar seien[572]. Eine Privatperson kann sich nach dieser Rechtsprechung nur dann auf GATT-Regeln berufen, wenn diese in sekundäres Gemeinschaftsrecht übernommen wurden oder einflossen[573].

Diese Argumente gelten, nachdem das neue GATT-Abkommen zum 1. 1. 1995 in Kraft getreten ist, m. E. nicht mehr. Die neuen Vereinbarungen sind multilateral verbindlich. Die Regelungen sind klarer als die des alten GATT. Es gibt eine Organisation, die WTO, die zur Durchsetzung der Regeln gehalten ist. Der neue Streitbeilegungsmechanismus geht vom Konsensprinzip ab und sieht empfindliche Sanktionen vor, u. a. die erwähnte cross retaliation. Auch aus der Sicht der EU besteht insofern Rechtsklarheit, als die Gemeinschaft selbst Vertragspartei und das Abkommen nach Art. 300 Abs. 7 EG für die Organe der Gemeinschaft und der Mitgliedstaaten verbindlich ist. Dennoch hat der EuGH bisher daran festgehalten, dass auch das neue GATT nicht direkt anwendbar sei[574]. Es ist aber nicht einsichtig, warum nicht Rechtsakte der Gemeinschaftsorgane auf ihre Vereinbarkeit mit dem neuen GATT überprüfbar sein sollen, wie dies auch in Art. 300 Abs. 7 EG vorgeschrieben ist. Es ist darüber hinaus nicht einsichtig, warum die Mitgliedstaaten sich im Rechtsstreit auf die neuen GATT-Normen berufen können, während dies den Bürgern dieser Staaten verwehrt sein soll. Die »direct applicability« des GATT-Rechts folgt m. E. daraus, dass sich aus dem Abkommen selbst und aus den verbundenen Abkommen GATS, TRIPS und TRIMS konkrete Rechte und

---

570 Vgl. EuGH Slg. 1972, 1219, verb. Rs. 21-24/72
571 Vgl. schon EuGH Slg. 1972, 1219, Rs. 21-24/72 – International Fruit Company
572 EuGH Slg. 1994, I-4973, Rs. C-280/93
573 Vgl. EuGH Slg. 1989, 1781, Rs. 70/87 – Fediol III
574 EuGH Slg. I 1995, 4533 = EuZW 1996, 118 – Chiquita Italia; nur in Italien geht die Praxis von der direkten Anwendbarkeit aus; vgl. auch EuGH EuZW 2000, 276, Rs. C-149/96 – Portugal/Rat; vgl. ferner die Darstellung bei Herdegen, 2001, S. 354 ff.

Verpflichtungen ableiten lassen. Insofern unterscheidet sich »GATT neu« von »GATT alt«.

Das zuständige WTO-Panel hat 1997 die GATT-Widrigkeit der Bananenverordnung festgestellt[575]. Das WTO-Streitbeilegungsgremium hat am 25. 9. 1997 die Entscheidung bestätigt[576]. Gegenwärtig ringt die EG mit den USA darum, wie sie auf diese Entscheidung antworten soll. Weitere Prozesse stehen an. Der Streit um die Verordnung wird den EuGH aller Voraussicht nach auch in Zukunft beschäftigen. Die Kommission kann ihre bislang rigide Praxis ändern und die Übergangsvorschrift des Art. 28 der Bananenverordnung dazu nutzen, um Benachteiligungen von bestimmten Importeuren zu vermeiden oder zu verringern[577]. Ein pittoreskes Intermezzo war ein Rahmenabkommen der EG mit einigen Dollarbananenstaaten, in dem sie deren Kontingente erhöhte und im Gegenzug deren GATT/WTO-Klagerechte abkaufte. Der Zustimmungsbeschluss des Rats zu diesem Akt wurde vom EuGH[578] 1998 zu Recht als Verstoß gegen das allgemeine Diskriminierungsverbot des Gemeinschaftsrechts für nichtig erklärt. Ein weiterer Hoffnungsschimmer war eine Entscheidung des EuGH ebenfalls aus dem Jahre 1998, in der er auch die krasse Benachteiligung von deutschen gegenüber britischen und französischen Bananenimporteuren als Verstoß gegen das allgemeine Diskriminierungsverbot behandelte und für nichtig erklärte[579]. Eine GATT/WTO-konforme Anpassung der Bananenverordnung soll noch im Jahre 2001 verabschiedet werden. Nach einer Übergangsfrist mit einer abgesenkten Quote für AKP-Bananen soll ab 2006 ein reines Zollregime errichtet werden.

Die Lösung derartiger Probleme dürfte in Zukunft zum Teil dadurch gelingen, dass der EuGH Gemeinschaftsrecht GATT-konform auslegt. Ist dies nicht möglich, weil das Gemeinschaftsrecht dem GATT offensichtlich widerspricht, dann kommt der EuGH m. E. nicht daran vorbei, eine im Streitbeilegungsverfahren des GATT bestätigte Entscheidung eines GATT-Panels als für das GATT-Mitglied Europäische Gemeinschaft verbindlich anzuerkennen[580]. Darüber hinaus muss – wie ausgeführt – die direkte Anwendbarkeit des neuen GATT anerkannt werden, d. h. jeder einzelne EG-Bürger muss berechtigt sein, sich gegenüber den Organen der EG auf bestätigte Entscheidungen eines GATT-Panels zu berufen.

Zum Teil tauchen im Verhältnis von Gemeinschaftsrecht und neuem GATT auch völlig neue Probleme auf, mit denen sich der EuGH bisher, d. h. unter der Geltung des alten GATT, noch nicht beschäftigen musste. Verbietet z. B.

---

575 Vgl. SZ vom 3./4. 5. 1997
576 Entscheidung abgedruckt in EuZW 1997, 722, m. Anm. von Meier, EuZW 1997, 719
577 Vgl. Pernice, EuZW 1997, 545
578 Vgl. EuGH Slg. 1998, I-973, Rs. C-122/95 – Deutschland/Rat
579 EuGH Slg. 1998, I-973, Rs. C 122/95
580 Vgl. Weber, EuZW 1997, 165, 168, und Oppermann, Europarecht, 2. Aufl. 1999, S. 782 f.

nicht TRIMS mengenmäßige Importbeschränkungen nach dem EG-Landwirtschaftsrecht?[581] Der Wortlaut von TRIMS legt dies nahe. Der EuGH müsste, um zu einem solchen Ergebnis zu kommen, allerdings seine ständige Rechtsprechung aufgeben, wonach das GATT keine Ansprüche von Privatpersonen zulässt[582], wenn sich dies nicht ausnahmsweise aus dem EG-Recht selbst ergibt.[583] Je mehr sich der rechtliche Streitschlichtungsmechanismus des neuen GATT 1994 einspielt, je ausgedehnter und juristisch griffiger die Begründungen und die Präjudizien werden, desto schwerer dürfte es dem EuGH fallen, seine bisherige Rechtsprechung, welche die unmittelbare Anwendbarkeit verneint, fortzusetzen.

Ein positives Zeichen war der Beschluss der EU-Minister vom Frühjahr 2001, wonach die 48 am wenigsten entwickelten Länder bis 2009 Zugang zu allen Produktmärkten außer den Waffenmärkten erhalten sollen.

d) Weiterführende Hinweise

Demaret/Bellis/Garcia Jimenez, Regionalism and Multilateralism after the Uruguay Round, Brüssel 1997; *Beneyto,* The EU and the WTO – Direct Effect of the New Dispute Settlement System?, EuZW 1996, 295 ff.; *Bourgeois u. a. (Hg.),* The Uruguay Round Results, 1995; *Everling,* Will Europe Slip on Bananas? The Bananas Judgement of the Court of Justice and National Courts, CMLRev. 33 (1996), 401 ff.; *Grabitz/v. Bogdandy/Nettesheim*, Europäisches Außenwirtschaftsrecht, 1994; *Hahn/ Schuster*, Zum Verstoß von gemeinschaftsrechtlichem Sekundärrecht gegen das GATT, EuR 1993, 261 ff.; *Hilf,* EG-Außenkompetenzen in Grenzen – Das Gutachten des EuGH zur Welthandelsorganisation, EuZW 1995, 7 ff.; *Jackson*, The World Trading System, MIT-Press, 1989; *Jackson,* World Trade Rules and Environmental Policies: Congruence or Conflict? Washington&Lee Law Rev. 49 (1992), 1227 ff.; *Jansen*, Die Durchführung von Entscheidungen des Streitschlichtungsorgans der Welthandelsorganisation, EuZW 2000, 577; *Oppermann*, Die Europäische Gemeinschaft und Union in der Welthandelsorganisation (WTO), RIW 1995, 919 ff.; *Ott,* GATT und WTO im Gemeinschaftsrecht, 1997; *Petersmann*, Darf die EG das Völkerrecht ignorieren? EuZW 1997, 325; *Rabe*, Ausgerechnet Bananen, NJW 1996, 1320; *Ch. Schmid*, Immer wieder Bananen: Der Status des GATT/WTO-Systems im Gemeinschaftsrecht, NJW 1998, 190; *Schroeder/Selmayr*, Die EG, das GATT und die Vollzugslehre, JZ 1998, 344; *Senti/Conlan*, WTO, 1998; *Vranes*, Principles and Emerging Problems of WTO-Cross Retaliation, EuZW 2001, 10-14; *Weber/Moos*, Rechtswirkungen von WTO-Streitbeilegungsentscheidungen im Gemeinschaftsrecht, EuZW 1999, 229.

---

581 Vgl. das Beispiel bei Kilian, a.a.O., S. 73
582 Vgl. EuGH Slg. 1972, 1219, Rs. 21-24/72 – International Fruit Company
583 EuGH Slg. 1989, 1781, Rs. 70/87 – FEDIOL III

IX. Harmonisierung des Rechts der Mitgliedstaaten durch Gemeinschaftsrecht

1. Zivilrecht und Verbraucherschutz

In den europäischen Vertragswerken ist nichts über eine Vereinheitlichung des Zivilrechts der Mitgliedstaaten ausgesagt. Gleichwohl hat die Gemeinschaft eine Reihe von Initiativen zur Rechtsvereinheitlichung ergriffen, teilweise sogar durch Verordnungen europäisches Gemeinschaftsrecht gesetzt. Maßgeblich waren meist Überlegungen, den Schutz der Bürger in bestimmten Bereichen sicherzustellen und gleichzeitig gleiche Wettbewerbsbedingungen (»a level playing field«) für die Unternehmen zu schaffen, welche durch diese Schutznormen betroffen waren. Dass einige ein einheitliches europäisches Zivilgesetzbuch anstreben und das Europäische Parlament wiederholt zu einem solchen Gesetzeswerk aufforderte, mag den politischen Hintergrund vieler Initiativen erklären. Der Logik der Gemeinschaftsverträge folgend beschränkt sich das Gemeinschaftsrecht auf grenzüberschreitende und auf solche Sachverhalte, welche durch das Aufeinandertreffen von zwei Zielen, Schutz der Bürger und Gleichheit der Wettbewerbsbedingungen im Gemeinsamen Markt, gekennzeichnet sind.

Zuerst ist die *Produkthaftungsrichtlinie* zu nennen, die aus dem Jahre 1985 stammt und an anderer Stelle eingehend analysiert wurde[584]. Die Richtlinie verpflichtet die Mitgliedstaaten zur Einführung einer verschuldensunabhängigen Gefährdungshaftung bei Schäden aus dem Gebrauch von fehlerhaften Produkten. Neben dem Hersteller haftet auch der Importeur, der das Produkt aus einem Land außerhalb der Europäischen Union eingeführt hat. Die Richtlinie lässt den Mitgliedstaaten Regelungsspielräume. Zum einen können bisherige Normen weitergelten, soweit sie nicht schwächer als die Regelungen der Richtlinie sind. Zum andern haben die Staaten Wahlmöglichkeiten. So mussten landwirtschaftliche Produkte anfangs nicht in den Geltungsbereich des Umsetzungsgesetzes einbezogen zu werden. Die Haftung für Entwicklungsrisiken kann begrenzt werden; sie kann für sog. unvermeidliche Entwicklungsfehler ausgeschlossen werden. Schließlich kann eine Haftungshöchstgrenze eingeführt werden. Von allen drei Möglichkeiten hat Deutsch-

---

584 Vgl. Richtlinie 85/374 zur Angleichung der Rechts- und Verwaltungsvorschriften der Mitgliedstaaten über die Haftung für fehlerhafte Produkte vom 25. 7. 1985, ABlEG L 210/29 vom 7. 8. 1985; dazu und zur Umsetzung durch das Produkthaftungsgesetz von 1989 in Deutschland Nagel/Eger, Wirtschaftsrecht II, 3. Aufl. 1997, S. 67-76, 123-125 und 152-156 m. w. N.

land ebenso wie die Mehrzahl der anderen EG-Mitgliedstaaten Gebrauch gemacht. Im Jahre 2000 wurde die Produkthaftung zwingend auf landwirtschaftliche Produkte ausgedehnt.

Die Richtlinie über *Haustürgeschäfte*[585] soll den Verbraucher vor übereilten und unvorbereiteten Vertragsabschlüssen schützen, wenn ihm von einem Händler außerhalb der Geschäftsräume ein Angebot unterbreitet wird. Er erhält ein Widerrufsrecht, auf das er hingewiesen werden muss. Das Recht muss er innerhalb von sieben Tagen ausüben, wenn er sich vom Vertrag lösen will.

Die Richtlinie über *Verbraucherkredite*[586] aus dem Jahre 1986 will die Informationsasymmetrien beseitigen oder abmildern, die bei Krediten von Banken an Verbraucher vertragstypisch sind. Derartige Verträge müssen daher schriftlich abgeschlossen werden und eine Angabe des effektiven Jahreszinses[587] enthalten.

Die Richtlinie über *Pauschalreisen*[588] soll ebenfalls den Verbraucher schützen, und zwar für den Fall, dass er eine Pauschalreise bucht, in der Beförderung und Unterbringung bzw. Verpflegung pauschal angeboten werden. Die Richtlinie enthält besondere Informationspflichten des Reiseveranstalters und setzt ihn einer verschärften Haftung aus. Bei Zahlungsunfähigkeit und Insolvenz des Veranstalters muss die Rückreise und die Rückerstattung zuviel gezahlter Beträge durch einen Fonds gewährleistet sein. Deutschland musste nach einem Urteil des EuGH geschädigten Urlaubern Schadensersatz leisten, weil es die Richtlinie nicht rechtzeitig umgesetzt hatte (vgl. oben).

Die Richtlinie über missbräuchliche Klauseln in *Verbraucherverträgen*[589] wendet sich gegen Vertragsklauseln, die entgegen dem Gebot von Treu und Glauben zum Nachteil des Verbrauchers ein erhebliches und ungerechtfertigtes Missverhältnis der vertraglichen Rechte und Pflichten der Vertragspartner verursachen. Daneben müssen Klauseln klar und transparent sein. Unwirksam sind Klauseln, welche diese Vorgaben nicht erfüllen, nicht nur dann, wenn sie in Allgemeinen Geschäftsbedingungen verwendet werden, sondern auch in Individualverträgen. Das deutsche AGB-Gesetz musste novelliert werden[590].

---

585 Vgl. Richtlinie 85/577 betreffend den Verbraucherschutz im Falle von außerhalb von Geschäftsräumen geschlossenen Verträgen vom 20. 12. 1985, ABlEG L 372/31 vom 31. 12. 1985, zum deutschen Umsetzungsgesetz Nagel/Eger, Wirtschaftsrecht II, 3. Aufl. 1997, S. 174

586 Vgl. Richtlinie 87/102 vom 22. 12. 1986 zur Angleichung der Rechts- und Verwaltungsvorschriften der Mitgliedstaaten über den Verbraucherkredit, ABlEG L 42/48 vom 12. 2. 1987, zur Umsetzung in Deutschland Nagel/Eger, Wirtschaftsrecht II, 3. Aufl. 1997, S. 172 f. und 258-262.

587 Vgl. die Ergänzungsrichtlinie 90/88 vom 22. 2. 1990, ABlEG L 61/14 vom 10. 3. 1990

588 Vgl. die Pauschalreiserichtlinie 90/314 vom 13. 6. 1990, ABlEG L 158/59 vom 25. 6. 1990

589 Vgl. Richtlinie 93/13 vom 5. 4. 1993, ABlEG L 95/29 vom 21. 4. 1993

590 Vgl. dazu Nagel/Eger, Wirtschaftsrecht II, 3. Aufl. 1997, S. 150 f. und 206-213

Die Richtlinie über *Time-Sharing*[591] befasst sich mit dem Erwerb von Teilnutzungsrechten an Grundstücken und greift Missstände bei Verträgen über Wohnanlagen für Touristen, Hotels und Ferienhäusern auf. Den Verkäufer treffen Informationspflichten, der Käufer erhält ein Rücktrittsrecht.

Im Jahre 1997 wurde das *Recht der grenzüberschreitenden Überweisungen* durch die Richtlinie 97/5[592] angegangen, indem der Versuch zu einer Verbesserung der Effizienz und der Transparenz gemacht wurde[593]. Ob dies schon mit dieser Richtlinie gelingen wird, erscheint ungewiss.

Schließlich wurde im Jahre 1997 die Richtlinie über den *Verbraucherschutz im Fernabsatz*[594] verabschiedet. Es geht hier in erster Linie um die modernen Formen des Distanzvertriebs, also des Teleshopping im Internet. Erfasst sind aber auch der klassische Versandhandel und der Katalogverkauf. Der Schutz wird durch Informationspflichten und Widerrufsrechte gewährleistet[595]. Es gibt eine Reihe von Ausnahmen, u. a. für Verträge über Finanzdienstleistungen (vgl. Art. 3 Abs. 1 der Richtlinie). Die Umsetzungsfähigkeit der Richtlinie leidet unter einer Reihe von unklaren Bestimmungen. Der deutsche Gesetzgeber ist seiner Umsetzungsaufgabe u. a. durch Änderungen im BGB und durch die Schaffung eines neuen Fernabsatzgesetzes nachgekommen.[596]

Nicht zum Zivilrecht, aber auch zum Verbraucherschutz ist die sog. *Novel-Food-Verordnung*[597] aus dem Jahre 1997 zu zählen. Sie enthält im Wesentlichen Aufklärungspflichten bei neuartigen Lebensmitteln und Lebensmittelzutaten, vor allem auch bei gentechnisch veränderten Lebensmitteln. Man hätte sich für das allgemein im Lebensmittelrecht geltende Missbrauchsprinzip oder für ein Verbotsprinzip mit Erlaubnisvorbehalt einigen können. Dann wären die, welche gentechnisch veränderte Lebensmittel in den Verkehr bringen wollen, beweispflichtig für die Ungefährlichkeit gewesen. Die Verordnung entscheidet sich für ein Anzeigeverfahren, in bestimmten Fällen für ein Genehmigungsverfahren. Wie die Zulassungspflicht bei Zusatzstoffen rechtfertigt sich dies aus dem Gedanken des vorbeugenden Gesundheitsschutzes. Die Verordnung ist ein erster Anfang auf diesem für das Lebensmittelrecht und für den Verbraucherschutz neuen Gebiet[598].

Den Verbraucherschutz im Kaufvertrag soll eine Richtlinie vom 25. Mai 1999 »zu bestimmten Aspekten des Verbrauchsgüterkaufs und der Garantien für

---

591 Vgl. Richtlinie 954/47 vom 26. 10. 1994, ABlEG L 280/83 vom 29. 10. 1994
592 Vgl. Richtlinie 97/5 vom 27. 1. 1997, ABlEG L 43/25 v. 14. 2. 1997
593 Vgl. Schneider, EuZW 1997, 589 ff.
594 Vgl. Richtlinie 97/7 vom 20. 5. 1997, ABlEG L 144/19 vom 4. 6. 1997, Text in NJW 1998, 212 ff.
595 Vgl. Reich, EuZW 1997, 581; Köhler, NJW 1998, 185 ff.; Martinek, NJW 1998, 207 ff.
596 Vgl. Bülow/Artz, Fernabsatzverträge und Strukturen eines Verbraucherprivatrechts im BGB, NJW 2000, 2049
597 VO 258/97 vom 27. 1. 1997, ABlEG L 31/1 vom 15. 2. 1997, abgedr. in EuZW 1997, 498 f.
598 Vgl. Streinz, EuZW 1997, 487 ff.

Verbrauchsgüter«[599] (*Verbrauchsgüterkauf*) verbessern. Es geht vor allem um einheitliche Gewährleistungsfristen. Ausgenommen sind nur die sog. Mangelfolgeschäden. Die Bundesregierung hat die Richtlinie zum Anlass genommen, das Schuldrecht komplett zu überarbeiten; gegenwärtig liegt ein Regierungsentwurf vor.[600]

Einbezogen in die Überarbeitung soll die Materie werden, welche in der sog. *Electronic Commerce-Richtlinie* vom 8. Juni 2000[601] geregelt ist. Es geht hier um den elektronischen Geschäftsverkehr im Binnenmarkt. In der Richtlinie ist das Herkunftslandprinzip durchgesetzt. Hierbei ergeben sich Probleme des internationalen Privatrechts.[602] Im Mittelpunkt stehen die Zulassungs- und Lizenzfreiheit der Anbieter und weitreichende zivil- und strafrechtliche Haftungsregelungen. Non-service-provider und reine Durchleitungsdienste, aber auch sogenanntes hosting in einem bulletin-board service sollen weitgehend haftungsfrei gestellt werden. Diese Freistellungen widersprechen zum Teil den Verpflichtungen der EU aus dem WTO/TRIPS-Abkommen (vgl. oben), die zum acquis communitaire gehören.[603] Mit der Umsetzung durch den deutschen Gesetzgeber wird im ersten Halbjahr 2001 gerechnet.[604]

Schließlich wurde am 29. Juli 2000 die Richtlinie 2000/35 über den *Zahlungsverzug* im Geschäftsverkehr verabschiedet[605], die ebenfalls in die Neuordnung des deutschen Schuldrechts einbezogen werden soll. Es geht hier im Wesentlichen auch um einheitliche Regelungen für Verzugszinsen in Europa. Der jeweils geltende Leitzins im Geschäftsverkehr wird um mindestens 7 % angehoben, wenn dreißig Tage nach Erhalt der Rechnung und der Ware bzw. Dienstleistung noch nicht gezahlt wurde.

Am 13. 12. 1999 verabschiedete die EG die *Signaturrichtlinie*.[606] Sie befasst sich erstens mit der elektronischen Signatur, die lediglich der Authentifizierung dient, zweitens mit der fortgeschrittenen elektronischen Signatur, die einen höheren Sicherheitsstandard verlangt, und drittens mit der »qualifizierten elektronischen Signatur, die auf einem qualifizierten Zertifikat beruht und mit einer sicheren »Signaturerstellungseinheit« erstellt sein muss. Der deutsche Gesetzgeber hat die Richtlinie durch die Anfang 2001 verabschiedete Novelle zum Signaturgesetz umgesetzt. Nach § 11 des Gesetzes haften die Trustcenter

---

599 Richtlinie 1999/44, ABlEG 1999 L 171/12 (Verbrauchsgüterkauf), dazu Grundmann NJW 2000, 14 ff.
600 Abrufbar unter bmj.de
601 Richtlinie 2000/31 vom 8. 6. 2000, ABlEG L178/1 vom 17. 7. 2000 – Electronic Commerce
602 Vgl. Spindler, Der Entwurf zur Umsetzung der E-Commerce-Richtlinie, ZRP 2001 – im Erscheinen
603 Vgl. Lehmann, Electronic Commerce und Verbraucherschutz in Europa, EuZW 2000, 517, 520
604 Vgl. RegE BR-Drs. 136/01 v. 16. 2. 2001
605 Richtlinie 2000/35 vom 29 .7. 2000, ABlEG L 200/35 vom 8. 8. 2000, abgedruckt in EuZW 2000, 592
606 Richtlinie 1999/93 vom 13. 12. 1999, ABlEG 2000 L 13/2

für den Schaden, der einem Dritten dadurch entsteht, dass er auf die Angaben in einem qualifizierten Zertifikat vertraut hat. Die Haftungsnorm wird mit einer Deckungsvorsorge verknüpft.

Ende 2000 wurde von der Kommission der Entwurf einer Richtlinie über den Fernabsatz im Finanzdienstleistungssektor[607] vorgelegt. Die rechtlichen Rahmenbedingungen für den Fernabsatz von Bankgeschäften, Wertpapierdienstleistungen und deren Vermittlung an Verbraucher sollen vereinheitlicht werden. Der Entwurf befasst sich u. a. mit den Informationspflichten der Dienstleister, dem Widerrufsrecht der Verbraucher, den Modalitäten der Vertragserfüllung, der Laufzeit und dem anwendbaren Recht.

Das Geflecht der Verordnungen und Richtlinien führt nach und nach zu einem einheitlichen europäischen Schuldvertragsrecht. Es bleibt abzuwarten, wann der Ruf nach einer einheitlichen Kodifikation so laut wird, dass die EU initiativ wird.

Weiterführende Hinweise

Grundmann, EG-Richtlinie und nationales Privatrecht, JZ 1996, 274 ff.; *ders.*, Europäisches Schuldvertragsrecht, NJW 2000, 14 ff.; *ders.* Privatautonomie im Binnenmarkt, JZ 2000, 1133 ff.; *Heinrichs*, Umsetzung der EG-Richtlinie über missbräuchliche Klauseln in Verbraucherverträgen durch Auslegung, NJW 1995, 153 ff.; *Hommelhoff*, Zivilrecht unter dem Einfluss europäischer Rechtsangleichung, AcP 192 (1992), 71-107; *Joerges*, Die Europäisierung des Privatrechts als Rationalisierungsprozess und als Streit der Disziplinen, ZEuP 1995, 181 ff.; *Kötz*, Europäisches Vertragsrecht I, 1996; *Müller-Graff* (Hg.), Gemeinsames Privatrecht in der Europäischen Gemeinschaft, 1993; *Lehmann*, Electronic Commerce und Verbraucherschutz in Europa, EuZW 2000, 517 ff.; *Reich*, Europäisches Verbraucherschutzrecht, 2. Aufl. 1993; *Reich*, Die neue Richtlinie 97/7 über den Verbraucherschutz bei Vertragsabschlüssen im Fernabsatz, EuZW 1997, 581 ff.; *Roth*, Die Freiheiten des EG-Vertrages und das nationale Privatrecht, ZEuP 1994, 5-33; *Schmidt-Salzer*, Transformation der EG-Richtlinie über missbräuchliche Klauseln in Verbraucherverträgen und ABG-Gesetz, BB 1995, 733 ff., 1493 ff.; *Schneider*, Die Angleichung des Rechts der grenzüberschreitenden Überweisungen, EuZW 1997, 589 ff.; *Schulze/Engel/Jones* (Hg.), Casebook Europäisches Vertragsrecht, 2000; *Schulze/Schulte-Nölke* (Hg.), Casebook Europäisches Verbraucherrecht, 1999; *Schulze/Zimmermann*, Basistexte zum Europäischen Vertragsrecht, 2000; *Wandt*, Internationale Produkthaftung, 1995; *Zuleeg*, Wege der Einwirkung des Gemeinschaftsrechts auf das Privatrecht, VersR 1995, 861 ff.

2. Handelsrecht

Das Handelsrecht als Außenrecht des Kaufmanns bzw. Unternehmens ist grundsätzlich nicht Gegenstand der Rechtsvereinheitlichung nach den Römi-

---

607 Änderungsvorschläge der Kommission zu den Richtlinien 97/7 EG und 98/28 EG, KOM 99/0385 endg. COD 99/0245, ABlEG C 177 E/21-27 v. 27. 6. 2000

schen Verträgen. Soweit es sich aber um grenzüberschreitende Sachverhalte handelt, besteht durchaus ein Bedarf an gemeinschaftsweiten Regelungen. Wenn ein Kaufmann seinen Wohnsitz in einen anderen Mitgliedstaat verlegen will, ist er durch die Niederlassungsfreiheit des Art. 43 EG geschützt (vgl. oben). Wenn eine Kapitalgesellschaft ihren Sitz verlegen will, ist dies derzeit noch nicht ohne weiteres möglich (vgl. unten). Immerhin gibt es bereits eine gemeinschaftsrechtliche Vereinheitlichung durch die Zweigniederlassungsrichtlinie vom 22. 12. 1989[608], die in Deutschland durch eine Novelle zum HGB umgesetzt wurde. Sie knüpft an dem aus Art. 43 Abs. 1 S. 2 EG folgenden Recht an, unselbständige Zweigniederlassungen, Agenturen, Betriebsstätten oder Vertriebsbüros in anderen Mitgliedstaaten zu gründen. Die Richtlinie soll für die Gesellschafter eines Unternehmens und für Dritte einen gleichwertigen Schutz in allen Mitgliedstaaten gewähren, wenn sie Zweigniederlassungen gründen. Diesem Schutz dienen Vorschriften über Publizität und Registrierung, die in Deutschland am Handelsregister ansetzen. Schon seit 1968 gibt es die Publizitätsrichtlinie (vgl. unten), die sich nicht nur an Gesellschaften wendet.

Die *Handelsvertreterrichtlinie* aus dem Jahre 1986[609] regelt den Abschluss und die Beendigung des Handelsvertretervertrages, darin insbesondere die Mindestrechte und Mindestpflichten des Handelsvertreters und sichert seinen Anspruch auf Provision und Ausgleichszahlungen nach Beendigung des Vertragsverhältnisses. Da Handelsvertreter häufig grenzüberschreitend oder für Unternehmen aus anderen EG-Mitgliedstaaten tätig sind, erscheint eine derartige Regelung sinnvoll.

Zum Teil sind zivilrechtliche Richtlinien wie die über den Electronic Commerce oder den Zahlungsverzug im Geschäftsverkehr auch handelsrechtlich bedeutsam. Ja man kann sogar sagen, dass eine (grobe) Zweiteilung zwischen Verbraucherschutzrichtlinien einerseits und zivil- und handelsrechtlichen Richtlinien andererseits erkennbar wird. Hinzu kommen drittens die weiter unten abzuhandelnden Richtlinien zur Schaffung und Kontrolle eines einheitlichen europäischen Kapitalmarkts.

Die bei weitem größte Bedeutung hat die Einigung Europas aber auf einem Gebiet des Handelsrechts, das streng genommen gar kein Recht ist. Gemeint sind die Empfehlungen und Normen von europäischen Vereinigungen, die an der Standardisierung des Handelsverkehrs arbeiten. Es gibt heute europaweit die ISO (International Standardization Organisation)- und EDIFACT (Electronic Data Interchange for Administration, Commerce and Trade)-Standards. Daneben gibt es COMPRO (Committees for the Simplification of Trade Pro-

---

608 Vgl. 11. gesellschaftsrechtliche Richtlinie 89/666 über die Offenlegung von Zweigniederlassungen, ABlEG L 395/6 vom 30. 12. 1989
609 Vgl. Richtlinie 86/653 vom 18. 12. 1986, ABlEG L 382/17 vom 31. 12. 1986

cedures in Europe). Die Kommission versucht, die Vereinheitlichungspolitik dadurch zu unterstützen, dass sie die Verfahren, mit denen die Konformität mit vorgegebenen Standards durch unabhängige europäische Normungsorganisationen wie CEN und CENELEC überprüft werden, und die Kennzeichen der Kontrolle schützt[610]. Es handelt sich hier um »weiches« Recht (soft law), dessen Nichtbeachtung ein Indiz für die Verletzung der Sorgfalt eines ordentlichen Kaufmanns (vgl. § 347 Abs. 1 HGB) darstellen kann; aus Empfehlungen können sich Handelsbräuche entwickeln (vgl. § 346 HGB)[611]. »Weiches« Recht wird dann zu »hartem« Recht.

Weiterführende Hinweise

Ankele, Das deutsche Handelsvertreterrecht nach der Umsetzung der EG-Richtlinie, DB 1989, 2211 ff.; *Europäische Kommission*, Eine neue gemeinsame Normungspolitik, 1994; *Grundmann*, Privatautonomie im Binnenmarkt, JZ 2000, 1133 ff.; *Kindler*, Neue Offenlegungspflichten für Zweigniederlassungen ausländischer Kapitalgesellschaften, NJW 1993, 3301 ff.; *Seibert*, Neuordnung des Rechts der Zweigniederlassung im HGB, DB 1993, 1705 ff.

3. Gesellschaftsrecht

a) Vorbemerkung

Die Europäische Gemeinschaft bemüht sich seit längerer Zeit, die Vorschriften der Mitgliedstaaten auf dem Gebiet des Gesellschaftsrechts anzugleichen. Die Rechtsunterschiede zwischen den Mitgliedstaaten behindern den Rechtsverkehr zu Lasten von Unternehmen, Gesellschaftern und Gläubigern. Außerdem ergeben sich Wettbewerbsverzerrungen infolge der unterschiedlichen Strenge der jeweiligen Rechtsnormen.

Der EG-Vertrag sieht in Art. 2 vor allem die Errichtung eines Gemeinsamen Marktes vor. Nach Art. 3 h EG umfasst die Tätigkeit der Gemeinschaft auch die Angleichung der innerstaatlichen Rechtsvorschriften, soweit dies für das ordnungsmäßige Funktionieren des Gemeinsamen Marktes erforderlich ist. Zu den Aufgaben der Gemeinschaft bei der Herstellung der Niederlassungsfreiheit zählt nach Art. 44 Abs. 3 g EG auch die Koordination der Schutzbestimmungen, welche den Gesellschaften i. S. von Art. 48 Abs. 2 EG im Interesse von Gesellschaftern und von Dritten vorgeschrieben sind. Der Vertrag sieht nach Art. 44 Abs. 2 in Verbindung mit Art. 249 EG das Mitentschei-

---

610 Vgl. Entscheidung des Rats 93/465 über Konformitätsbewertungsverfahren und die Verwendung des CE (certified)-Kennzeichens, ABlEG L 220 vom 30. 8. 1993
611 Vgl. Kilian, Europäisches Wirtschaftsrecht, 1996, S. 192 ff.

dungsverfahren vor, bei dem im Rat die qualifizierte Mehrheit erforderlich ist, wenn z. B. Beschränkungen bei der Errichtung von Zweigniederlassungen oder Tochtergesellschaften in einem anderen Mitgliedstaat aufgehoben werden sollen. Europäisches Gesellschaftsrecht ist hier möglich, weil es sich um die Herstellung einer Marktfreiheit, der Niederlassungsfreiheit, handelt. Nach Art. 95 EG können Maßnahmen, die zur Verwirklichung des gemeinsamen Binnenmarktes erforderlich sind, ebenfalls mit qualifizierter Mehrheit verabschiedet werden.

Eine dritte Möglichkeit, Gesellschaftsrecht als Gemeinschaftsrecht zu schaffen, eröffnet Art. 308 EG. Danach können die Mitgliedstaaten auf Vorschlag der Kommission im Rat einstimmig eine gesellschaftsrechtliche Regelung verabschieden, wenn ihnen ein Tätigwerden der Gemeinschaft erforderlich erscheint, um eines ihrer Ziele zu verwirklichen. Das Parlament wird bei diesem Verfahren nur angehört. Nach Art. 95 Abs. 2 EG gilt für die Bestimmungen über die Freizügigkeit und über die Rechte und Interessen der Arbeitnehmer allerdings Einstimmigkeit. Art. 137 Abs. 3 EG wiederholt den Grundsatz der Einstimmigkeit für die Vertretung und kollektive Wahrnehmung der Arbeitnehmer- und Arbeitgeberinteressen, einschließlich der Mitbestimmung, wobei die Themenbereiche »Arbeitsentgelt, Koalitions-, Streik- und Aussperrungsrecht« nach Abs. 6 von der Regelungskompetenz der EG ausgenommen bleiben.

Nach Art. 293 EG ist zur Anerkennung der Rechtspersönlichkeit einer Gesellschaft, wenn sie ihren Sitz in einen anderen Mitgliedstaat verlegt, auch ein multilaterales, völkerrechtliches Abkommen möglich; hier ist allerdings nicht nur Einstimmigkeit, sondern auch eine Ratifikation sämtlicher Mitgliedstaaten erforderlich. Im Jahre 1968 schlossen die damals sechs Mitgliedstaaten ein Abkommen über die gegenseitige Anerkennung von Gesellschaften und Juristischen Personen[612]. Da die Niederlande das Abkommen nicht ratifizierten, konnte es nicht in Kraft treten. Heute wird das Verfahren des Art. 293 EG tunlichst vermieden, da es sehr hohe prozedurale Hürden errichtet, bis ein derartiges Abkommen in Kraft treten kann.

b)   Ein Kernproblem: Die Mitbestimmung

Ein Beispiel für die Schwierigkeiten bei gesellschaftsrechtlichen Regelungen ist das Projekt der »Societas Europaea«, der Europäischen Aktiengesellschaft. Seit mehr als 25 Jahren bemüht sich die Kommission, ein einheitliches Aktienrecht für die EG zu schaffen. Sie legte bereits am 27. 9. 1972 den Vorschlag einer Richtlinie über die Struktur und die Mitbestimmung von Aktien-

---

612   Text in BGBl. II 1972, 369 ff.

gesellschaften[613] vor. Dieser Entwurf sollte die Vereinheitlichung der aktienrechtlichen Vorschriften über die innere Organisationsstruktur mit einer
Mitbestimmung auf Unternehmensebene nach deutschem Vorbild koppeln.
Eine einheitliche europäische Unternehmensverfassung für große Kapitalgesellschaften war aber nicht herstellbar, zum einen, weil viele Mitgliedstaaten die deutsche Unternehmensmitbestimmung nach wie vor ablehnen, zum
anderen, weil auch das Kontrollorgan »Aufsichtsrat« nur in wenigen EG-Mitgliedstaaten (Deutschland, Niederlande, Österreich) für Aktiengesellschaften
zwingend ist. Andere Mitgliedstaaten bevorzugen die sog. »board«-Lösung,
bei der um einen engeren Vorstand ein erweiterter Vorstand gruppiert wird,
der in einigen Mitgliedstaaten auch Verwaltungsrat genannt wird. Der
ursprüngliche Kommissionsvorschlag entschied sich für das deutsche Aufsichtsratsmodell. Er scheiterte am Widerstand der meisten Mitgliedstaaten
gegen den »deutschen« Aufsichtsrat und die Mitbestimmung. Ein neuer
Richtlinienvorschlag der Kommission vom 12. 08. 1983[614] sah eine Wahlmöglichkeit der Mitgliedstaaten zwischen dem Aufsichtsrats- und dem board-
Modell vor. Er scheiterte ebenfalls, vor allem wegen der Mitbestimmung.
Ein 1989 von der Kommission veröffentlichter, vollständig überarbeiteter
Verordnungsvorschlag über eine europäische Aktiengesellschaft[615] sah die fa-
kultative Einrichtung von europäischen Aktiengesellschaften vor, durch welche die nationalen aktienrechtlichen Regelungen nicht verdrängt, sondern nur
ergänzt werden sollten. In einem Richtlinienvorschlag über die Mitbestimmung in dieser europäischen Aktiengesellschaft, die dem Verordnungsentwurf beigefügt war, eröffnete die Kommission innerhalb dieses fakultativen
Modells dem jeweiligen Mitgliedstaat die Wahl zwischen drei Mitbestim-
mungstypen, der deutschen Aufsichtsratmitbestimmung, der schwedischen,
tarifvertraglich vereinbarten Mitbestimmung und einer Konsultation nach
französischem Vorbild. Da die Mitgliedstaaten nach dem Verordnungsvorschlag auch die Wahlmöglichkeit zwischen einem Aufsichtsrats- und einem
Verwaltungsratsmodell oder einer Wahlmöglichkeit der Europäischen Aktiengesellschaft zwischen beiden Modellen haben sollten, war die Vielfalt der
möglichen Regelungen vorhersehbar. Es bildete sich eine »Ablehnungsfront«
aus Großbritannien, das eine Unternehmensmitbestimmung um jeden Preis
vermeiden wollte, und Deutschland, das Abstriche von seiner im europäischen Vergleichsmaßstab sehr weitgehenden Unternehmensmitbestimmung
nicht zulassen wollte. Auch eine zweimalige Überarbeitung der Vorschläge[616]
führte nicht zu einer größeren Akzeptanz.

---

613 ABlEG C 131/49 vom 13. 12. 1972
614 ABlEG C 240/2 vom 09. 09. 1983
615 ABlEG C 263/58 vom 16. 10. 1989
616 Vgl. ABlEG C 7/4 vom 11. 01. 1991; ABlEG C 321/9 vom 12. 12. 1991

Schließlich beauftragte die Kommission eine Sachverständigengruppe unter dem Vorsitz des belgischen Politikers und Wirtschaftskapitäns Davignon, eines ehemaligen Kommissionsmitglieds, Vorschläge zur Problematik der Mitbestimmung zu unterbreiten. Der im Mai 1997 unterbreitete Vorschlag der Gruppe regt an, dass die Unternehmensverfassung der Europäischen Aktiengesellschaft jeweils von den Sozialparteien ausgehandelt werden sollte. Erst wenn es bei der Gründung einer europäischen Aktiengesellschaft zu keiner Einigung komme, solle nach dem Vorbild der Richtlinie über die europäischen Betriebsräte (vgl. oben) eine Auffanglösung eingreifen, wonach den Arbeitnehmervertretern 20 % der Sitze im Verwaltungsrat oder im Aufsichtsrat, mindestes aber 2 Sitze, zustehen sollten. Der Vorschlag bleibt bei dem Konzept der fakultativen Einführung dieser neuen Gesellschaftsform. Die Vielfalt der gesellschafts- und mitbestimmungsrechtlichen Lösungen würde sich noch erhöhen. Einerseits wird ein Minimum an Mitbestimmung garantiert. Andererseits besteht für Unternehmen in Deutschland, Österreich und in den Niederlanden ein Anreiz »auszuwandern«, d. h. den Gehalt an nationaler, gesetzlicher Mitbestimmung zu verringern, indem der Anteil der Arbeitnehmer im Aufsichtsrat oder Verwaltungsrat auf 20 % eingefroren wird. Inzwischen wurde die Auffangregelung dahin abgeändert, dass in einem komplizierten System der Schutz der stärksten bisher praktizierten Unternehmensmitbestimmung enthalten ist, wenn ein bestimmter Teil der Belegschaft betroffen ist. Nachdem die Blockade Spaniens im Rat im Zuge der Regierungskonferenz von Nizza beseitigt wurde, ist mit einer Verabschiedung von Verordnung und Richtlinie noch im Jahre 2001 zu rechnen. Der Kompromiss von Nizza besteht darin, dass eine durch Verschmelzung errichtete Europäische Aktiengesellschaft in Ländern ohne Arbeitnehmerrepräsentanz in den Unternehmensorganen ohne Auffangregelung zulässig ist, allerdings muss genauso wie in allen anderen Gründungsformen um eine Repräsentanz verhandelt werden.

In anderen Bereichen des Gesellschaftsrechts waren die Meinungsverschiedenheiten zwischen den Mitgliedstaaten der EG weniger gravierend, so dass eine Verordnung und eine Reihe von Richtlinien zur Vereinheitlichung des Gesellschaftsrechts verabschiedet werden konnten. Im Folgenden soll systematisch auf die verabschiedeten und noch nicht verabschiedeten Verordnungen und Richtlinien eingegangen werden.

c) Verordnungen und Verordnungsentwürfe

Verordnungen sind in allen Teilen der Gemeinschaft verbindlich und unmittelbar gültig (Art. 249 Abs. 2 EG). Transformationsgesetze der Mitgliedstaaten sind nicht erforderlich. Die Kommission versucht seit Jahren, supranationale Formen des Gesellschaftsrechts durch Verordnungen zu schaffen. Einziges erfolgreiches Beispiel ist bis heute die durch Verordnung eingeführte *Europäische Wirtschaftliche Interessenvereinigung (EWIV)*, die als supranationale Unternehmensform EG-weit gilt, das Problem der Unternehmensmitbestimmung allerdings dadurch ausklammert, dass sie nur Unternehmen mit bis zu 500 Beschäftigten erfasst, in denen es auch in Deutschland keine Unternehmensmitbestimmung gibt (vgl. oben).

Nicht verabschiedet wurden bislang die Verordnungsentwürfe über die Europäische Aktiengesellschaft (vgl. oben), die Europäische Genossenschaft, die Europäische Gegenseitigkeitsgesellschaft und den Europäischen Verein aus dem Jahre 1991[617].

Die geplante *Europäische Genossenschaft (EUGEN)* soll die wirtschaftlichen Zwecke ihrer Mitglieder, seien es Handwerker, Landwirte, Händler, Verbraucher oder Arbeitnehmer, fördern. Gedacht ist auch an Wohnungsbaugenossenschaften. Die Haftung der Mitglieder soll auf die Kapitalanteile beschränkt sein, sofern die Satzung nichts anderes vorsieht. Die Kontrolle des Vorstandes können die Mitgliedstaaten nach dem Aufsichtsratsmodell oder dem board-Modell regeln. Ungelöst ist die Frage der Unternehmensmitbestimmung. Deshalb ist gegenwärtig nicht mit einer Verabschiedung des Entwurfs zu rechnen.

Die geplante *Europäische Gegenseitigkeitsgesellschaft (EUGGES)* soll eine Personenvereinigung sein, welche ihren Mitgliedern gegen die Bezahlung von Beiträgen die Erfüllung von vertraglich festgelegten Verbindlichkeiten garantiert. Der Anwendungsbereich des Vorschlags geht über den des Versicherungsvereins auf Gegenseitigkeit (vgl. oben) hinaus und umfasst z. B. auch gegenseitige Hilfe im Krankheitsfall und soziale Fürsorge. Der Gesellschaft sollen nur Geschäfte mit ihren Mitgliedern erlaubt sein.

Der geplante *Europäische Verein (EUV)* soll die Mitgliedschaft von natürlichen und juristischen Personen ermöglichen und entweder der Förderung der Interessen der Mitglieder, oder sozialen Zwecken dienen. Der Vorschlag hat wenig mit einem deutschen Verein zu tun. Der Europäische Verein soll hoch organisiert sein. Er soll ein mindestens dreiköpfiges Verwaltungsorgan und eine Generalversammlung haben. Er soll zur Rechnungslegung verpflichtet und mitbestimmt sein. Die Konstruktion ist auf größere Vereine zugeschnitten.

d) Richtlinien

Im Folgenden sollen die Richtlinien, welche zu einer Rechtsangleichung im Gesellschaftsrecht geführt haben, kurz dargestellt werden. Sodann soll auf die noch offenen Probleme eingegangen werden, die im Zusammenhang mit einer

---

617 ABlEG C 99 vom 21. 4. 1992, S. 1 ff.

Sitzverlegung von Gesellschaften oder mit einer Ausgründung von Gesellschaftsteilen zwischen den EG-Mitgliedstaaten zusammenhängen.

Die *erste gesellschaftsrechtliche Richtlinie*, die sogenannte *(Register-)Publizitätsrichtlinie*[618], wurde vom Rat im Jahre 1968 angenommen. Sie dient der Erleichterung des rechtsgeschäftlichen Verkehrs mit den Kapitalgesellschaften und regelt die registerrechtliche Offenlegung bestimmter Urkunden, deren Wirkung, die Gültigkeit eingegangener Verpflichtungen durch die Vertretungsorgane der Gesellschaft sowie die Gründe und Folgen der Nichtigkeit bei der Gründung von Kapitalgesellschaften (AG, KGaA und GmbH). Die Richtlinie wurde 1969 in deutsches Recht umgesetzt[619]. Ende 1997 entschied der EuGH[620], dass daraus kein Vertrauensschutz in die Vertretungsmacht derjenigen folgt, die als vertretungsberechtigt in das Handelsregister eingetragen sind. Im Fall Marleasing[621] wurde es den Mitgliedstaaten untersagt, in ihrem Recht neben den in der Richtlinie genannten weitere Fälle der Nichtigkeit vorzusehen.

Im Jahre 1976 wurde die *zweite gesellschaftsrechtliche Richtlinie* zum Aktienrecht[622] *(Kapitalrichtlinie)* verabschiedet. Sie befasst sich mit der Gründung, dem Satzungsinhalt, der Aufbringung und Erhaltung des Grundkapitals, der Kapitalerhöhung und -herabsetzung. Bis zu diesem Zeitpunkt gab es in fünf EG-Mitgliedstaaten kein gesetzliches Mindestgrundkapital. Die EG-Richtlinie führte zur Einführung eines Grundkapitals von mindestens 25.000 ECU und einem Recht des Kapitalschutzes. Deutschland setzte die Richtlinie 1978 um[623]. Durch die Umsetzung wurde unter anderem die Pflicht zur vollständiger Erfüllung von Sacheinlagen nach spätestens fünf Jahren sowie deren obligatorische Prüfung eingeführt. Auch wurde das Gebot der Gleichbehandlung der Aktionäre in § 53a AktG verankert.

Vierzehn Jahre nach ihrer Verabschiedung wurde die zweite Richtlinie (Kapitalrichtlinie) durch eine *weitere Richtlinie im Jahre 1990* geändert[624]. Der Erwerb oder Besitz eigener Aktien der Muttergesellschaft durch die Tochtergesellschaft wurde eingeschränkt. Dies entsprach zu diesem Zeitpunkt bereits dem deutschen Rechtszustand (vgl. § 71d AktG).

Die *dritte gesellschaftsrechtliche Richtlinie (Fusionsrichtlinie)* wurde 1978 vom Rat verabschiedet[625]. Sie beinhaltet die Harmonisierung der Vorschriften

---

618 Richtlinie 68/ 151 vom 9. 3. 1968, ABlEG L 65/8 vom 14. 03. 1968
619 Durchführungsgesetz vom 15. 8. 1969, BGBl. I 1969, 1146
620 Urt. v. 16. 12. 1997, EuGH Slg. 1997, I-7211, Rs. C 104/96 – Rabobank = DB 1999, 785 m. Anm. Meilicke
621 EuGH Slg. 1990, I-4135, 4158 – Marleasing
622 Richtlinie 77/91 vom 13. 12. 1976, ABlEG L 26/1 vom 31. 1. 1977
623 BGBl. I 1978, 1595
624 Richtlinie 92/101 vom 13. 12. 1990, ABlEG L 347/64
625 Richtlinie 78/855 vom 9. 10. 1978, ABlEG L 295/36 vom 20. 10. 1978

über die Verschmelzung durch Aufnahme oder durch Neubildung sowie über fusionsähnliche Vorgänge von Aktengesellschaften. In deutsches Recht umgesetzt wurde die Richtlinie durch das Verschmelzungsrichtliniengesetz von 1982[626]. Der Schutz der Minderheitsaktionäre wurde durch einen detaillierten Inhalt des Verschmelzungsvertrages, einen obligatorischen Verschmelzungsbericht und dessen Prüfung durch unabhängige Sachverständige wesentlich verstärkt. Im Umwandlungsgesetz von 1994 wurde dieser Schutz auf eine neue Grundlage gestellt und weiter ausgedehnt (vgl. oben).

Nach langer Diskussion verabschiedete der Rat im Jahre 1978 die *vierte gesellschaftsrechtliche Richtlinie* über den Jahresabschluss von Kapitalgesellschaften *(Bilanzrichtlinie)*[627]. Sie sollte die Jahresabschlüsse der Kapitalgesellschaften in der Gemeinschaft angleichen und damit für den Bilanzleser vergleichbar machen. Für die Unternehmen führte die Richtlinie zu erheblichen Änderungen im Bereich des kaufmännischen Rechnungswesens, der Publizität und der Prüfung. Die fünf Jahre später angenommene *siebte Richtlinie über den Konzernabschluss* führte in einigen Punkten zu Änderungen der vierten Richtlinie[628]. Beide Richtlinien wurden zusammen mit der *achten Richtlinie über die Prüferbefähigung*[629] durch das Bilanzrichtliniengesetz vom 19. 12. 1985 in deutsches Recht umgesetzt[630]. Das Bilanzrichtliniengesetz führt zu einer Neugestaltung des Handelsgesetzbuches mit einer umfangreichen Berichts- und Bewertungspflicht für Kapitalgesellschaften. Der Jahresabschluss ist jetzt um einen Anhang zu erweitern und bildet mit diesem eine Einheit. Kapitalgesellschaften müssen ferner einen Lagebericht aufstellen, in dem die künftige Entwicklung des Unternehmens darzustellen ist. Lediglich kleinere Gesellschaften sind von der Veröffentlichungspflicht befreit.

Da das Bilanzrichtliniengesetz die GmbH & Co KG von den Publizitäts- und Prüfungspflichten ausnahm, verabschiedete der Rat gegen die Stimmen Deutschlands und Luxemburgs 1990 *die 19. Richtlinie*, die sogenannte *GmbH & Co KG-Richtlinie*[631]. Der Anwendungsbereich der vierten und siebten Richtlinie wurde darin auf alle offenen Handelsgesellschaften und Kommanditgesellschaften ausgedehnt, sofern deren unbeschränkt haftende Gesellschafter Kapitalgesellschaften (AG, KGaA oder GmbH) sind. Die Richtlinie wurde von Deutschland erst Anfang 2000 umgesetzt, nachdem das Land von der Kommission erfolgreich vor dem EuGH[632] verklagt worden war.

---

626 Gesetz vom 25. 10. 1982, BGBl. I 1983, 1425
627 Richtlinie 78/660 vom 25. 7. 1978, ABlEG L 222/11 vom 14. 8. 1978
628 Richtlinie 83/349 vom 16. 5. 1983, ABlEG L 193/1 vom 18. 7. 1983
629 Richtlinie 84/253 vom 11. 4. 1984, ABlEG L 126/20 vom 12. 5. 1994
630 BGBl. I 1985, 2355
631 Richtlinie 89/605 vom 8. 11. 1990, ABlEG L 317/60 vom 16. 11. 1990
632 EuGH, Urteil v. 22. 4. 1999, Rs. C-272/97

Zeitgleich mit der GmbH & Co KG-Richtlinie wurde *die 18. Richtlinie*, die sogenannte *Mittelstandsrichtlinie*[633] angenommen. Sie brachte einige bescheidene bilanzielle Erleichterungen für kleine und mittlere Kapitalgesellschaften. Diese Richtlinie ist bereits seit 1994 in deutsches Recht umgesetzt[634]. Aufgrund einer *Anpassungsrichtlinie* aus dem Jahre 1994[635] sowie der in der Mittelstandsrichtlinie vorgesehenen Anhebung wurden die Schwellenwerte für kleine und mittlere Kapitalgesellschaften, die der erleichterten Rechnungslegung und Publizität unterliegen, auf DM-Basis um ca. 35 % erhöht. Auch diese Richtlinie ist umgesetzt.

Da deutsche GmbHs ihrer Pflicht zur Offenlegung nach § 325 HGB häufig nicht nachkommen, hat die Kommission Deutschland vor dem Europäischen Gerichtshof wegen angeblich mangelhafter Umsetzung der Bilanzrichtlinien verklagt. Das in § 335 HGB vorgesehene Zwangsgeld zur Durchsetzung der Offenlegungspflichten war nach Auffassung der Kommission keine wirksame Sanktion, da die Behörden nur auf Antrag eines Gesellschafters, eines Gläubigers oder des gesamten Betriebsrats tätig werden. Deutschland wurde erfolgreich vor dem EuGH[636] verklagt und musste das Gesetz Anfang 2000 nachbessern.[637]

In Ergänzung der dritten Richtlinie über die interne Fusion nahm der Rat im Jahre 1982 *die sechste Richtlinie (Spaltungsrichtlinie)* über die Spaltung von Aktiengesellschaften an[638]. Die Richtlinie koordiniert zwar bestimmte Materien wie die Aufspaltung von Kapitalgesellschaften ohne Liquidation, stellte es den Mitgliedstaaten aber frei, die Richtlinie zu übernehmen. In Deutschland geschah dies zuerst teilweise im Jahre 1991 durch das Gesetz über die Spaltung der von der Treuhandanstalt verwalteten Unternehmen[639]. Das Umwandlungsgesetz von 1994 führte die Möglichkeit der Aufspaltung, Abspaltung oder Ausgliederung ohne Liquidation allgemein ein (vgl. §§ 123 ff. Umwandlungsgesetz).

Die bereits erwähnte *siebte gesellschaftsrechtliche Richtlinie (Konzernbilanzrichtlinie)* über den konsolidierten Abschluss wurde 1983 vom Rat angenommen. Sie ergänzt nicht nur die vierte Richtlinie durch eine Konzernrechnungslegung, sondern erfasst auch Banken und Versicherungsunternehmen,

---

633 Richtlinie 90/604 vom 8. 11. 1990, ABlEG L 317/57 vom 16. 11. 1990
634 BGBl. 1994 I, 1842
635 Richtlinie 94/8 vom 25. 03. 1994, ABlEG L 82/33 vom 25. 03. 1994
636 EuGH Slg. 1998, I-5449, Rs. C 191/95, EuZW 1998, 758
637 Das Gesetz zur Durchführung der Richtlinie des Rates zur Änderung der Bilanz- und der Konzernbilanzrichtlinie hinsichtlich ihres Anwendungsbereichs, zur Verbesserung der Offenlegung von Jahresabschlüssen und zur Änderung anderer handelsrechtlicher Bestimmungen, KapCoRiLiG
638 Richtlinie 82/891 vom 17. 12. 1982, ABlEG L 378/47 vom 31. 12. 1982
639 BGBl. I 1991, S. 854

die von der vierten Richtlinie ausgenommen worden waren. Durch die siebte Richtlinie, die im Bilanzrichtliniengesetz in deutsches Recht umgesetzt wurde, wurde z. B. der Weltabschluss eingeführt, der alle Tochterunternehmen unabhängig von ihrem Sitz in den Konzernabschluss einbezieht (§ 294 Abs. 1 HGB).

Die *achte Richtlinie über die Prüferbefähigung* aus dem Jahre 1984, die bereits erwähnt wurde, schafft europaweit gleichwertige Voraussetzungen für die Qualifikation der Abschlussprüfer und sichert damit die vierte und siebte Richtlinie ab.

Im Jahre 1989 verabschiedete der Rat die *elfte gesellschaftsrechtliche Richtlinie über die Offenlegung von Zweigniederlassungen*[640]. Danach sind AGs, KGaAs und GmbHs zur handelsrechtlichen Publizierung von bestimmten Urkunden und von Angaben über Zweigniederlassungen verpflichtet, die sie in einem anderen Mitgliedstaat errichten. Für Banken und andere Kreditinstitute wurde die achte Richtlinie ebenfalls im Jahre 1989 durch eine spezielle *Banken-Zweigniederlassungsrichtlinie* ergänzt[641]. Danach können Versicherungsunternehmen von der Pflicht zur Hinterlegung von Unterlagen der Rechnungslegung bis zu einer späteren Harmonisierung ausgenommen werden. Die elfte Richtlinie wurde 1993 in deutsches Recht transformiert[642].

Ebenfalls 1989 verabschiedete der Rat *die zwölfte gesellschaftsrechtliche Richtlinie über die Zulässigkeit der Gründung von Einpersonengesellschaften*[643]. Die nur für das GmbH-Recht zwingende Richtlinie lässt die Gründung einer Gesellschaft durch eine Person zu. Die Richtlinie wurde 1991 in deutsches Recht umgesetzt[644]. Die Einpersonen-GmbH gab es aber in Deutschland bereits seit 1980.

e) (Noch) nicht verabschiedete Richtlinien

Der **Vorschlag** einer *zehnten Richtlinie (Verschmelzungsrichtlinie)* ist noch nicht verabschiedet. Er sieht vor, dass die beteiligten Gesellschaften einen Verschmelzungsplan aufstellen, der mit je zwei Drittel der Stimmen beider Hauptversammlungen angenommen und von jeweils mindestens einem Sachverständigen geprüft werden muss. Zur Befriedigung der Gläubiger müssen angemessene Garantien bereitstehen. Die Verabschiedung der Richtlinie ist bisher daran gescheitert, dass das Mitbestimmungsproblem nicht gelöst werden konnte. Deshalb plant die Kommission, grenzüberschreitende Fusionen zunächst für mittelständische Unternehmen zuzulassen, die sich unterhalb der

---

640 Richtlinie 89/666 vom 22. 12. 1989, ABlEG L 395/36 vom 30. 12. 1989
641 Richtlinie 89/117 vom 13. 02. 1989, ABlEG L 44/40 vom 16. 2. 1989
642 BGBl. I 1993, 1282
643 Richtlinie 89/667 vom 22. 12. 1989, ABlEG L 395/40 vom 30. 12. 1989
644 BGBl. I 1992, 2206

Grenzen der deutschen Unternehmensmitbestimmung (500 Beschäftigte) bewegen.

Ebenfalls noch nicht verabschiedet ist der Entwurf der *neunten Richtlinie (Konzernrechtsrichtlinie)*, den die Kommission im Jahre 1985 vorlegte[645]. Nur Deutschland und Portugal haben ein Konzernrecht, das sich mit dem Schutz abhängiger Gesellschaften und den Gefahren der Abhängigkeit für Gläubiger und Minderheitsaktionäre befasst. Die anderen Mitgliedstaaten, die kein Konzernrecht haben, sehen gegenwärtig keinen Regelungsbedarf.

Der **Entwurf** der *dreizehnten Richtlinie (Übernahmerichtlinie),* den die Kommission 1989 vorlegte und danach mehrmals überarbeitete, befasst sich mit Übernahmeangeboten für Aktien und andere Wertpapiere. Umstritten ist gegenwärtig vor allem, ob eine strikte Neutralitätspflicht der Vorstände von Zielgesellschaften eingeführt werden soll, wogegen sich Deutschland wehrt.

Weiterführende Hinweise

Behrens, Gesellschaftsrecht, in: Dauses (Hg.), Handbuch des EG-Wirtschaftsrechts, F III; *Behrens*, Die Europäisierung des Gesellschaftsrechts, GmbHR 1993, 129-136; *Habersack*, Europäisches Gesellschaftsrecht, 1999; *Hopt,* Harmonisierung im Europäischen Gesellschaftsrecht, ZGR 1992, 265-295; *Hopt*, Europäisches Gesellschaftsrecht – Krise und neue Anläufe, ZIP 1998, 96 ff.; *Lutter*, Europäisches Unternehmensrecht, 4. Aufl. 1995; *Pfister*, Europäisches Gesellschaftsrecht, 1993; *Schwarz*, Europäisches Gesellschaftsrecht, 2000; *Wiesner*, Europäisches Gesellschaftsrecht, in: Münchener Handbuch des Gesellschaftsrechts, Band 3, GmbH, 1996, 1315-1335.

4. Kapitalmarktrecht

Das Kapitalmarktrecht legt die Rahmenbedingungen für Finanz- und Wertpapierdienstleistungen fest. Es umfasst Teile des Bank-, Börsen- und Wertpapierrechts. Die EG verfolgt seit Jahren eine Politik der Liberalisierung des Kapital- und Zahlungsverkehrs, die zur Verwirklichung der Kapitalverkehrsfreiheit in Art. 73 a EG geführt hat. Mit einer Fülle von Richtlinien hat die EG darüber hinaus die Funktionsfähigkeit der Finanzmärkte zu verbessern versucht. Die Richtlinien betreffen neben dem Gesellschaftsrecht (vgl. oben Unternehmens- und Konzernrecht) vor allem das Bank- und Börsenrecht sowie das Wertpapierrecht und hier insbesondere die Insidergeschäfte.

Das Bankrecht ist bis 1996 durch 13 Richtlinien harmonisiert und liberalisiert worden. Hervorzuheben sind drei Richtlinien: Die *Bankenniederlassungsrichtlinie* von1973[646] hob Beschränkungen der Niederlassungsfreiheit und

---

645 Kom. III/1639/83 – Konzernrechtsrichtlinie
646 Richtlinie 73/183, ABlEG L 194/1 vom 16. 7. 1973

des freien Dienstleistungsverkehrs auf. Die Tätigkeiten der Börsenmakler, Vermittler und Investmentfonds blieben ebenso wie eine Reihe von Wertpapiergeschäften vorerst ausgeklammert. Wichtig sind auch die *erste und zweite Bankenkoordinierungsrichtlinie* von 1977[647] und 1989[648]. Die erste machte die Zulassung einer Bank nur von ihrer Finanzkraft abhängig, die zweite erkannte alle wichtigen Geldgeschäfte als Finanzdienstleistungen an. Insbesondere wurde festgehalten, dass die Anerkennung eines Kreditinstituts durch einen Mitgliedstaat für die gesamte EG gilt (Prinzip der Herkunftlandskontrolle).

Zu erwähnen sind ferner die Konsolidierungsrichtlinie von 1983[649], die Bankbilanzrichtlinie von 1986[650], die Eigenmittelrichtlinie von 1989[651], die Bankenzweigniederlassungsrichtlinie von 1989[652], die Richtlinie über Solvabilitätskoeffizienten für Kreditinstitute ebenfalls von 1989[653], die »Geldwäsche-Richtlinie« von 1991[654], die Richtlinie über die Beaufsichtigung der Kreditinstitute auf konsolidierter Basis von 1992[655], die Richtlinie über die Überwachung und Kontrolle von Großkrediten ebenfalls von 1992[656], die Richtlinie über die angemessene Ausstattung von Wertpapierfirmen und Kreditinstituten mit Eigenkapital von 1993[657] und die Richtlinie über Einlagensicherungssysteme von 1994[658]; diese letzte Richtlinie verlangt, dass Einlagen in Höhe von bis zu mindestens 20 000 ECU durch ein nationales Einlagensicherungssystem gedeckt sind.

Die *Börsen- und Wertpapiergeschäfte* wurden durch neun Richtlinien geregelt. Die Börsenzulassungsrichtlinie von 1979[659] legt die Mindestvoraussetzungen für die Zulassung von Wertpapieren zur amtlichen Notierung fest. Die Börsenzulassungsprospektrichtlinie von 1980[660] verlangt angemessene Informationen im Wertpapierprospekt. Die sog. Halbjahresberichtsrichtlinie von 1982[661] verbessert den Anlegerschutz durch das Erfordernis halbjährlicher Berichte. Die Investmentrichtlinie von 1985[662] regelt die Zulassung, die Struktur, die Sondervermögensnutzung und die Informationspflichten der In-

647 Richtlinie 77/780, ABlEG L 322/30 vom 17. 12. 1977
648 Richtlinie 89/646, ABlEG L 386/14 vom 30. 12. 1989
649 Richtlinie 83/350, ABlEG L 193/18 vom 18. 7. 1983
650 Richtlinie 86/635, ABlEG L 372/1 vom 30. 21. 1986
651 Richtlinie 89/299, ABlEG L 124/16 vom 5. 5. 1989
652 Richtlinie 89/117, ABlEG L 44/40 vom 16. 2. 1989
653 Richtlinie 89/647, ABlEG L 386/14 vom 30. 12. 1989
654 Richtlinie 91/308, ABlEG L 166/77 vom 28. 6. 1991
655 Richtlinie 92/30, ABlEG L 110/52 vom 28. 4. 1992
656 Richtlinie 92/121, ABlEG L 29/1 vom 5. 2. 1993
657 Richtlinie 93/6, ABlEG L 141/1 vom 11. 6. 1993
658 Richtlinie 94/19, ABlEG L 135/5 vom 31. 5. 1994
659 Richtlinie 79/279, ABlEG L 66/21 vom 16. 3. 1979
660 Richtlinie 80/390, ABlEG L 100/1 17. 3. 1980
661 Richtlinie 82/121, ABlEG L 48/26 vom 20. 2. 1982
662 Richtlinie 85/611, ABlEG L 375/3 vom 31. 12. 1985

vestmentgesellschaften. Die Transparenzrichtlinie von 1988[663] erlegt jedem, der 10 % oder mehr Stimmrechtsanteile an einer Gesellschaft erwirbt, Pflichten zur Offenlegung auf. Die Richtlinie über Emissionsprospekte von 1989[664] befasst sich mit den Bedingungen für die Erstellung, Kontrolle und Verbreitung des Prospekts, der im Falle öffentlicher Angebote von Wertpapieren zu veröffentlichen ist. Hervorzuheben sind die Insiderrichtlinie von 1989[665], die Wertpapierdienstleistungsrichtlinie von 1993[666] und die Eigenkapitalrichtlinie von 1993[667].

Die *Insiderrichtlinie* will funktionsfähige Kapitalmärkte durch einen möglichst gleichen Informationsstand aller Anleger schaffen. Deshalb sollen Geschäfte von solchen Personen unterbunden werden, die als Anteilseigner oder wegen ihrer Stellung in den Unternehmensorganen nicht öffentlich bekannte Informationen bei Wertpapieren oder deren Emittenten selbst oder durch Dritte kommerziell ausnutzen. Das deutsche Wertpapierhandelsgesetz aus dem Jahre 1994, das die Richtlinie (verspätet) umsetzt, erfasst auch die sog. Sekundärinsider, welche die Informationen auf anderem Wege erlangen (§ 14 Abs. 2 WpHG). Als Aufsichtsbehörde fungiert das Bundesaufsichtsamt für Wertpapierhandel[668]. Dieses Gesetz als Teil des zweiten Finanzmarktförderungsgesetzes gilt als das wichtigste deutsche Gesetz zur Ordnung des Kapitalmarkts.

Die *Wertpapierdienstleistungsrichtlinie* regelt den Zugang zu den Wertpapierbörsen und -märkten für spezialisierte Dienstleistungsunternehmen. Erfasst ist insbesondere der Handel mit Derivaten, aber auch die Beratung beim Wertpapierhandel und die Verwaltung der Wertpapierdepots. Der Mitgliedstaat, welcher eines dieser Unternehmen zulässt, ist auch für die Überwachung zuständig. Stammt das Unternehmen aus einem anderen Mitgliedstaat und ist dort zugelassen, so wird im Inland nur sein Marktverhalten überwacht.

Die *Eigenkapitalrichtlinie* schreibt ein Mindestanfangskapital für Unternehmen vor, die sich mit Wertpapiergeschäften befassen. Erfasst sind neben den Kreditinstituten auch Verwalter und Berater. Vorgeschrieben sind für Investmentunternehmen 125 000 ECU, für andere Unternehmen im Wertpapierhandel 730 000 ECU. Weitere Vorgaben sind Mindesteigenmittel in Höhe von 25 % der fixen Gemeinkosten des Vorjahres. Hinzu kommen Kontrollverpflichtungen und Kalkulationsverfahren im Anhang.

---

663 Richtlinie 88/627, ABlEG L 348/62 vom 17. 12. 1988
664 Richtlinie 89/298, ABlEG L 124/8 vom 5. 5. 1989
665 Richtlinie 89/592, ABlEG L 334/30 vom 18. 11. 1989
666 Richtlinie 93/22, ABlEG L 141/27 vom 11. 6. 1993
667 Richtlinie 93/6, ABlEG L 141/1 vom 16. 11. 1993
668 Vgl. zu den Einzelheiten zur Megede in Assmann/Schütze, Handbuch des Kapitalanlagerechts, 2. Aufl. 1997, S. 504-521 m. w. N.; kurze Darstellung mit einer Einführung in die ökonomische Analyse des Insiderrechts bei Nagel, Deutsches und europäisches Gesellschaftsrecht, 2000, S. 291-295

Sowohl bei den Banken als auch bei den Wertpapierdienstleistungen außerhalb des Bankenbereichs versucht die Gemeinschaft, ein Verfahren der Gegenseitigkeit im Verhältnis zu Drittstaaten durchzusetzen. So müssen z. B. nach der Wertpapierdienstleistungsrichtlinie die Mitgliedstaaten die Zulassung von Tochterunternehmen aus Drittstaaten an die Kommission melden, damit diese Verhandlungen um die Anerkennung des Gegenseitigkeitsprinzips führen kann.

Weiterführende Hinweise

Assmann/Schütze (Hg.), Handbuch des Kapitalanlagerechts, 2. Aufl. 1997, insbes. 1. Kapitel; *Groß*, Kapitalmarktrecht, 2000; *Hopt*, Neuere Entwicklungen des europäischen und deutschen Kapitalmarktrechts, in: *Coing* u. a. (Hg.), Staat und Unternehmen aus der Sicht des Rechts, 1994, S. 195-209; *Kiel*, Internationales Kapitalanlegerschutzrecht; *Krimphove*, Das zweite Finanzmarktförderungsgesetz, JZ 1994, 23 ff.; *Kümpel*, Bank- und Kapitalmarktrecht, 1995; *Strub*, Bankdienstleistungen im Binnenmarkt, 1994; *Weber*, Deutsches Kapitalmarktrecht im Umbruch, NJW 1994, 2849 ff.

5. Gewerblicher Rechtsschutz, Urheberrecht und Lauterkeit des Wettbewerbs

Mit dem *Gewerblichen Rechtsschutz* und dem *Urheberrecht* befassen sich einerseits das EG-Wettbewerbsrecht und das Recht der Warenverkehrsfreiheit (vgl. oben), andererseits strebt die Gemeinschaft auch eine Harmonisierung der differierenden Regelungen der Mitgliedstaaten an. Die Gemeinschaftsbürger sollen intellektuelle Eigentumsrechte erwerben können, die ihnen Ausschließlichkeitsrechte an ihren geistigen Leistungen verleihen. Die EG hat insbesondere das Patentrecht für Erfindungen und das Markenrecht für Waren und Dienstleistungen vereinheitlicht. Im Bereich des Urheberrechts der Autoren besteht grundsätzlich ein einheitlicher Schutzstandard, weil alle EG-Mitgliedstaaten die Berner Übereinkunft zum Schutz von Werken der Literatur und Kunst anerkennen, wenn auch nicht alle in den jüngsten Fassungen (Paris 1971, Brüssel 1975). Hinzu kommt, dass das WTO-TRIPS-Abkommen von 1994 (vgl. oben) eine einheitliche Basis des Rechtsschutzes auch im Verhältnis zu Staaten außerhalb der Berner Übereinkunft geschaffen hat. Eine EG-Rechtsangleichung gibt es im *Geschmacksmusterrecht*. 1998 wurde eine Harmonisierungsrichtlinie verabschiedet.[669] Ferner wird eine Verordnung, durch die ein Gemeinschaftsgeschmacksmuster geschaffen werden soll, vorbereitet[670]. Ein Teil der EG-Mitgliedstaaten gehört dem Haager Abkommen über

---

669 Richtlinie 98/71 über den Schutz von Mustern und Modellen, ABlEG 1998 L 289/28
670 KOM (93) 342 endg., ABlEG C 29 vom 31. 1. 1994, abgeändert am 21.6. 1999, KOM (1999) 350 endg.

die Hinterlegung von Mustern und Modellen (Haager Musterschutzabkommen)[671] an.

Im *Gebrauchsmusterrecht* gibt es noch keine Rechtsvereinheitlichung. Ende 1997 wurde eine Richtlinie[672] verabschiedet, wonach die vergleichende Werbung zulässig sein soll, eine Änderung des Rechts zur Lauterkeit des Wettbewerbs.

a)   Patentrecht

Im Patentrecht ist es zwar noch zu keiner Harmonisierung der Vorschriften aus den Mitgliedstaaten gekommen. Es wurde aber durch die *Europäische Patentübereinkunft (EPÜ)* ein (abgeleitetes) *Europäisches Patent* geschaffen. Der EPÜ gehören alle EG-Mitgliedstaaten an, außerdem die Mitglieder des EWR. Durch die Anmeldung eines Patents beim Europäischen Patentamt in München entstehen europaweit übereinstimmende nationale Patente. Auch wenn das Prüfungsverfahren vor dem Europäischen Patentamt von den nationalen Prüfungsverfahren[673] abweicht, ist das erteilte Patent dennoch in Deutschland als deutsches Patent rechtsbeständig. Von den nationalen Gerichten dürfen nur die Nichtigkeitsgründe nach Art. 253 EPÜ berücksichtigt werden. Im Oktober 2000 wurde von acht Mitgliedstaaten, darunter auch Deutschland, eine Zusatzvereinbarung unterzeichnet, wonach sie auf die Übersetzung des in deutsch, englisch und französisch ausgestellten Patents in ihre Landessprache verzichten und dadurch die Kosten für den Antragsteller senken. Darüber hinaus wurde die Schaffung eines einheitlichen Gerichtssystems vereinbart, das in jedem Unterzeichnerstaat eine lokale Geschäftsstelle besitzt. Die Vereinbarungen müssen noch ratifiziert werden.

Wenn ein Patentinhaber sein Erzeugnis in einem Mitgliedstaat in den Verkehr bringt, in dem hierfür kein gesetzlicher Patentschutz besteht, darf er den Reimport nicht unter Berufung auf sein Patentrecht verbieten.[674]; andernfalls wäre die Warenverkehrsfreiheit des Art. 30 EG verletzt (vgl. oben). Der Patentinhaber hat es ja in der Hand, sein Produkt zuerst in einem Mitgliedstaat in den Verkehr zu bringen, in dem es durch das Patentrecht geschützt ist.

Neben dem Europäischen Patent kann ein Erfinder auch ein deutsches Patent beim Deutschen Patentamt im München oder ein sog. *PCT-Patent* nach dem Patentzusammenarbeitsvertrag (Patent Cooperation Treaty – PCT) erwerben. Dieser »dritte Weg« hat den Vorteil, dass er nicht nur zum europäischen Patent führt, sondern zugleich als Patentanmeldung für solche Staaten gilt, die

---

671 Von den 23 Mitgliedern sind 7 EG-Mitgliedstaaten, nämlich Deutschland, Belgien, Frankreich, Italien, Luxemburg, die Niederlande und Spanien.
672 Richtlinie 97/55, ABlEG L 290/18 vom 23. 10. 1997
673 Zuständige Registrierungsbehörde ist in Deutschland das Deutsche Patentamt in München
674 EuGH Slg. 1981, 2063, Rs. 187/80 – Merck

nicht zur Europäischen Patentorganisation zählen, wie insbesondere die USA und Japan.

Ein originär europäisches Patent gibt es noch nicht. Das Gemeinschaftspatentübereinkommen ist noch nicht in Kraft getreten.

b) Markenrecht

Es ist der EG gelungen, sowohl eine europäische Gemeinschaftsmarke einzuführen als auch das nationale Markenrecht der Mitgliedstaaten zu harmonisieren. Die **Gemeinschaftsmarke** ist durch die **Gemeinschaftsmarkenverordnung** aus dem Jahre 1993[675] geregelt, die durch eine Durchführungsverordnung[676] und eine Gebührenverordnung ergänzt[677] wird. Eine Gemeinschaftsmarke kann für alle Zeichen erworben werden, die sich für eine graphische Darstellung eignen, also auch für Farbkombinationen, dreidimensionale Gestaltungen, Wort- und Hörzeichen. Wenn die Marke vom Rechtsinhaber oder mit dessen Zustimmung von einem andern einmal in der Gemeinschaft in den Verkehr gebracht worden ist, ist das Recht aus der Marke erschöpft (Art. 13 Abs. 1). Die Gemeinschaftsmarke muss beim Harmonisierungsamt für den Binnenmarkt – Marken, Muster und Modelle – im spanischen Alicante registriert werden (Art. 143 Abs. 3 und 4 GMVO). Steht sie nicht in Widerspruch zu einer eingetragenen oder tatsächlich benutzten Marke in einem EG-Mitgliedstaat, so wird sie eingetragen und damit wirksam. Wegen der Möglichkeit eines solchen Widerspruchs ist die Gemeinschaftsmarke gegenüber den nationalen Marken der Mitgliedstaaten subsidiär. Verbände oder sonstige Gruppen können auch eine **Kollektivmarke** eintragen lassen, wenn die Bedingungen für die kollektive Nutzung der Marke zuvor in einer Satzung verankert wurden (Art. 65 GMVO). Das Gemeinschaftsmarkenregister wird als elektronische Datenbank geführt (vgl. Regeln 82 und 84 der DurchführungsVO).

Es ist zulässig, ein Bündel von Schutzrechten entsprechend dem **Madrider Markenabkommen**[678] zu erwerben, indem neben der europäischen Gemeinschaftsmarke eine andere Marke beim internationalen Büro der WIPO (World Intellectual Property Organisation) in Genf hinterlegt wird. Voraussetzung ist, dass der jeweilige Signatarstaat eine derartige Bündelung von Schutzrechten zulässt.

Ende 1988 wurde die **EG-Richtlinie zur Harmonisierung des Markenrechts**[679] verabschiedet. Sie verleiht dem Inhaber ein ausschließliches Recht,

---

675 VO 40/94 über die Gemeinschaftsmarke vom 20. 12. 1993, ABlEG L 11/1 vom 14. 3. 1994
676 VO 2868/95 vom 13. 12. 1995, ABlEG L 303/31 vom 15. 12. 1995
677 VO 2869/95 vom 12. 12. 1995, ABlEG L 303/33 vom 15. 12. 1995
678 Madrider Markenabkommen vom 14. 4. 1891, Stockholmer Fassung vom 14. 7. 1967, BGBl. II 1970, 391 ff.
679 Richtlinie 89/104 vom 21. 12. 1988, ABlEG L 40/1 vom 11. 2. 1989

die Benutzung der Marke durch Dritte von seiner Zustimmung abhängig zu machen. Er ist berechtigt, eine Lizenzgebühr zu verlangen. Benutzt er aber die Marke innerhalb von 5 Jahren nach der Eintragung nicht ernsthaft, so wird die Marke für verfallen erklärt. Dasselbe gilt, wenn die Marke irreführend, anstößig oder verwechslungsfähig ist.[680] Aus Art. 7 dieser Richtlinie wird der Grundsatz abgeleitet, dass der Schutz der Marke sich erschöpft, wenn eine Ware in einem Mitgliedstaat rechtmäßig in den Verkehr gebracht worden ist. Händler können demnach ein Preisgefälle zwischen Mitgliedstaaten ausnutzen, ohne dass sie wegen der Verletzung der Marke belangt werden könnten. Probleme ergeben sich u. a., wenn Arzneimittel umgepackt werden. Der Originalzustand der in der neuen Verpackung enthaltenen Ware darf nicht beeinträchtigt werden. Die neue Aufmachung darf den Ruf der Marke nicht beeinträchtigen. Der Importeur muss den Markeninhaber ausreichend informieren.[681]

In Deutschland wurde die Markenrechtsharmonisierungsrichtlinie durch das Markengesetz von 1994 umgesetzt; das Warenzeichengesetz von 1968 wurde außer Kraft gesetzt. Das Markengesetz erweitert den bisher engeren deutschen Sprachgebrauch und erfasst alle Zeichen, die sich graphisch darstellen lassen. Dazu gehören auch Hörzeichen, da sie sich in Notenschrift darstellen lassen, oder dreidimensionale Gestaltungen, da sie sich als Abbildungen darstellen lassen. Hinzu kommen Kombinationen von Wörtern und Buchstaben und farbliche Gestaltungen. Marken kann jeder anmelden, auch wenn er (noch) keinen Geschäftsbetrieb hat. Der Schutz dauert 10 Jahre. Er kann beliebig oft um jeweils weitere 10 Jahre verlängert werden: Die Registrierung ist gebührenpflichtig. Außerdem muss die Marke innerhalb von 5 Jahren auch tatsächlich benutzt werden. Unterbleibt dies, so kann der Inhaber der Marke keine Rechte geltend machen. Die ersten Erfahrungen mit dem Markengesetz deuten auf eine europarechtsfreundliche Auslegung der Vorschriften hin. Der Markenbegriff wird weit ausgelegt[682].

1998 wurde als Ergänzung die Richtlinie zur Angleichung des Schutzes von Mustern und Modellen verabschiedet.[683]

c)   Urheberrecht

Im Urheberrecht unterscheidet man das kontinentaleuropäische System, das nur den tatsächlichen Schöpfer des Werks als Inhaber des intellektuellen Eigentumsrechts anerkennt, und das angelsächsische Copyright-System, das die Schöpfung als vermarktbares Wirtschaftsgut in den Mittelpunkt des

---

680 Zur Verwechselungsgefahr EuGH Slg. 1997, I-6191 = NJW 1998, 741 – Puma
681 EuGH Slg. 1996, I-3607, verb. Rs. C-71-73/94 – Eurim-Pharm
682 Vgl. Schmieder, Erste Erfahrungen mit dem neuen Markengesetz, NJW 1997, 2908 ff.
683 Richtlinie 98/71, ABlEG 1998 L 289/28

Schutzes rückt. Im ersten Fall ist das Urheberrecht nicht übertragbar, im zweiten Fall wird die Übertragung zugelassen. Auch das kontinentaleuropäische Recht eröffnet freilich die Möglichkeit, die Ausübung des Urheberrechts einem andern zu übertragen. Dies geschieht nicht durch Vollübertragung, sondern durch Rechtspacht, also durch Lizenzverträge. In Frage kommen auch Arbeitsverträge. Da alle EG-Mitgliedstaaten die Revidierte Berner Übereinkunft (RBÜ) zum Schutz von Werken der Literatur und Kunst anerkennen, ist trotz der grundlegenden Differenzen über die Art des Schutzrechts ein sicherer Mindestschutzstandard gewährleistet. Im Dezember 1996 wurden im Rahmen der WIPO der WIPO Copyright Treaty (WCT) und der WIPO Performances and Phonograms Treaty (WPPT) unterzeichnet, Sonderabkommen zum RBÜ. Der WCT befasst sich u. a. mit Online-Übertragungen.

Darüber hinaus hat die EG Richtlinien zum Schutz von Halbleitern, Computerprogrammen, Datenbanken, Satelliten- und Kabelfernsehen verabschiedet. Die *Halbleiterschutzrichtlinie* von 1986[684] stellt Mikrochips (Halbleiter) unter einen 10-jährigen Schutz, vor allem gegen Raubkopierer. Diesen Schutz können auch Staatsangehörige von Drittstaaten beanspruchen, wenn diese den EU-Bürgern vergleichbare Rechte gewähren (Reziprozität). Dazu zählen alle Unterzeichnerstaaten des WTO-TRIPS-Abkommens. In Deutschland wurde die Richtlinie schon 1987 durch das Halbleiterschutzgesetz umgesetzt.

Die *Computerprogrammrichtlinie* von 1991[685] schützt Computerprogramme, da sie wegen ihres hohen wirtschaftlichen Werts gerne kopiert werden. In Deutschland wurde der Schutz in das Urheberrechtsgesetz eingefügt. Das Betriebssystem MS-DOS und die graphische Benutzeroberfläche Windows genießen also urheberrechtlichen Schutz; fraglich ist allerdings, ob sie vom Urheber auch in der Weise geschützt werden dürfen, dass sie nur zusammen mit einem Computer veräußert werden dürfen. Dem steht der gemeinschaftsrechtliche Erschöpfungsgrundsatz entgegen, wonach sich das Urheberrecht beim ersten Inverkehrbringen des Produkts erschöpft (vgl. oben zur Warenverkehrsfreiheit). Das Kammergericht erkannte 1997 die Möglichkeit[686] an, dass der Urheber die ausschließlichen Verbreitungsrechte, die er den Zwischenhändlern gewährt, auf die Veräußerung zusammen mit Computern beschränkt[687]. Hier wurde aber nicht beachtet, dass sich das Urheberrecht bereits mit dem Inverkehrbringen erschöpft hat, der Zwischenhändler also ein gesondertes Verbreitungsrecht nicht mehr benötigt. Deshalb entschied der BGH zugunsten der Zwischenhändler.[688]

---

684 Richtlinie 87/54 vom 16. 12. 1986, ABlEG L 24/36 vom 27. 1. 1987
685 Richtlinie 91/250, ABlEG L 122/42 vom 17. 5. 1991
686 Vgl. KG NJW 1997, 330 ff.
687 Dagegen Berger, NJW 1997, 300 ff. m. w. N.; vgl. auch die Anmerkungen von Witte, und Erben/Zahrnt zum Urteil, CR 1996, 531 ff.
688 BGH vom 7. 7. 2000

Die *Vermiet- und Verleihrichtlinie* von 1992[689] schafft neue Rechte, insbesondere im Bereich der Vervielfältigung von Filmen, Videoaufnahmen und Tonträgern. Zugunsten von öffentlichen Einrichtungen wie Bibliotheken gibt es die Möglichkeit, Ausnahmen zu schaffen. Hiervon hat auch der deutsche Gesetzgeber Gebrauch gemacht (vgl. § 45 ff. UrhG). Die *Satellit- und Kabelrichtlinie* von 1993[690] will die Stellung des Urhebers bei der grenzüberschreitenden Verbreitung ihrer Werke dadurch erleichtern, dass die Mitgliedstaaten Verträge über die öffentliche Wiedergabe von Sendungen über Satellit oder Kabel zulassen müssen. Die grenzüberschreitende Einspeisung und Weiterverbreitung von Rundfunkprogrammen wird gewährleistet. Die *Schutzdauer* wird durch eine Richtlinie von 1993[691] auf mindestens 70 Jahre nach dem Tod des Autors festgelegt.

Elektronische *Datenbanken* werden durch eine Richtlinie aus dem Jahre 1996[692] in den Schutz des Urheberrechts aufgenommen. Geschützt werden zum einen die Investitionen, zum anderen die Inhalte der Datenbank. Dieser zweigleisige Schutz stellt die Verbindung zwischen den beiden Urheberrechtssystemen der Kontinentaleuropäer und der Angelsachsen her[693]. Deutschland hat die Datenbankrichtlinie im Informations- und Kommunikationsdienste-Gesetz von 1997 umgesetzt[694]. Dieses Artikelgesetz enthält eine Reihe von Gesetzen zur Telekommunikation und fügt den Schutz von Datenbanken in das Urheberrechtsgesetz ein. Nach § 4 Abs. 2 UrhG ist ein Datenbankwerk ein Sammelwerk, dessen Elemente systematisch oder methodisch angeordnet und einzeln mit Hilfe elektronischer Mittel oder auf andere Weise zugänglich sind. Das Computerprogramm, mit dem die Datenbank geschaffen wird oder das den Zugang zu ihr ermöglicht, ist kein Bestandteil der Datenbank.

In Beratung befinden sich Richtlinien zum Folgerecht bei Kunstwerken[695] und zum Urheberrecht und verwandten Schutzrechten in der Informationsgesellschaft[696].

d) Lauterkeit des Wettbewerbs

Die Lauterkeitsrichtlinie von 1997 nahm der BGH[697] zum Anlass, den Grundgedanken, wonach vergleichende Werbung zulässig ist, im Wege der gemein-

---

689 Richtlinie 92/100, ABlEG L 346/61 vom 27. 11. 1992
690 Richtlinie 93/83, ABlEG L 248/15 vom 6. 10. 1993
691 Richtlinie 93/98, ABlEG L 290/9 vom 24. 11. 1993
692 Richtlinie 96/9, ABlEG L 77/20 vom 27. 3. 1996
693 Vgl. Wiebe, CR 1996, 198, und Kilian, Europäisches Wirtschaftsrecht, S. 274
694 Vgl. Engel-Flechsig/Maennel/Tettenborn, Das neue Informations- und Kommunikationsdienste-Gesetz, NJW 1997, 2981 ff.
695 Vgl. den Entwurf einer Richtlinie über das Folgerecht des Urhebers eines Originals eines Kunstwerks, DOK. KOM (96) 97 endg., GRUR Int. 1997, 334
696 Es kursiert ein Vorentwurf.
697 BGH BB 1998, 2225 – Festpreisangebot, und 2228 – Preisvergleichsliste II

schaftsrechtskonformen Auslegung vorab als nationales Recht bei der Auslegung des UWG anzuwenden. Auch der EuGH[698] hat sich Gedanken zum Verbraucherleitbild gemacht; es ist nicht der flüchtige, sondern der verständige Verbraucher. Der deutsche Gesetzgeber passte schließlich das UWG am 1. 9. 2000 mit dem Gesetz zur vergleichenden Werbung und zur Änderung wettbewerbsrechtlicher Vorschriften an den bereits geänderten Rechtszustand an.

Weiterführende Hinweise

Becker/Dreier (Hg.), Urheberrecht und digitale Technologie, 1994; *Bossung*, Rückführung des europäischen Patentrechts in die Europäische Union, GRUR Int. 1995, 923 ff.; *Cook*, Copyright in the European Community, EuZW 1994, 7; *Ebenroth*, Gewerblicher Rechtsschutz und europäische Warenverkehrsfreiheit, 1992; *EG-Kommission*, Gebrauchsmusterschutz im Binnenmarkt, 1995; *Ingerl/Rohnke*, Die Umsetzung der Markenrechts-Richtlinie durch das deutsche Markengesetz, NJW 1994, 1247 ff.; *Lehmann*, Der neue Europäische Rechtsschutz von Computerprogrammen, NJW 1991, 2112 ff.; *Lehmann (Hg.)*, Rechtsschutz und Verwertung von Computerprogrammen, 2. Aufl. 1993; *Michalski*, Die Neuregelung des Urheberrechtsschutzes von Computerprogrammen, DB 1993, 1961 ff.; *Nordemann u. a.*, NJW 1998, 422 ff.; *Plaß*, Die gesetzliche Neuregelung der vergleichenden Werbung, NJW 2000, 3161-3169; *Roßnagel*, Neues Recht für Multimediadienste, NVwZ 1998, 1 ff. (zur Umsetzung der Datenbankrichtlinie); *Schricker/Bastian/Dietz (Hg.)*, Konturen eines europäischen Urheberrechts, 1996

6. Telekommunikationsrecht

Das Telekommunikationsrecht umfasst heute infolge der Entwicklung der digitalen Technik sowohl das herkömmliche Rundfunk- und Fernsehrecht, als auch das Recht des Post- und Fernmeldewesens. Die neuen Informations- und Kommunikationsdienste führen zu einem einheitlichen, multimedialen Bereich der Telekommunikation, der u. a. die Computertechnik, die audiovisuellen Medien und die Unterhaltungselektronik zusammenführt. Eine Fernsehsendung kann heute Minuten später vom Server der Rundfunkanstalt abgerufen werden. Eine Tageszeitung ist elektronisch über das Internet abrufbar. Seine Bankgeschäfte und Einkäufe kann man zu hause elektronisch vom Computer aus erledigen. Die Post wird zunehmend durch Fax und e-mail verdrängt.

Die Gemeinschaft versucht, den Waren- und Dienstleistungsverkehr durch einen einheitlichen Rahmen für das multimediale Telekommunikationsrecht zu vereinheitlichen und die bestehenden Monopole abzubauen. Sie hat gegen

---

698 EuGH Slg. 1998, I-4657, Rs. C-210/96 – Gut Springenheide

Widerstände anzukämpfen. Staatliche Monopole haben sich daran gewöhnt, auf ihren geschützten Märkten wie Post und Telefondiensten konkurrenzlos schalten und walten zu können. Der Abbau der Monopole stößt auch auf den Widerstand der in diesen Bereichen Beschäftigten und der staatlichen Bürokratien, da mit dem Abbau von Arbeitsplätzen zu rechnen ist. Bei dem Kampf um den Erhalt bestehender Arbeitsplätze wird vielfach übersehen, dass auf den neuen Märkten neue Arbeitsplätze entstehen werden. Statt bestehende Arbeitsplätze in überholten Tätigkeitsfeldern zu subventionieren, sollte der Staat daher eher durch die Schaffung einheitlicher Standards die Entwicklung der neuen Märkte beschleunigen. Es ergeben sich Widerstände gegen diese Entwicklung, weil Englisch als die Sprache des Internet alle anderen Sprachen verdrängt. Es ergeben sich auch Widerstände rechtssystematischer Art, weil die traditionellen, jetzt neu zu regelnden Rechtsgebiete teils dem privaten, teils dem öffentlichen Recht angehören. Dennoch wird die Entwicklung des einheitlichen Kommunikationsmarktes in Europa nicht aufzuhalten sein, da die technischen Erfindungen bereitstehen. Eine Aufgabe der Gemeinschaft ist das Telekommunikationsrecht schon deshalb, weil sich die neuen Märkte grenzüberschreitend entwickeln.

Kompetenzgrundlagen für ein Handeln der Gemeinschaft sind zum einen die Warenverkehrsfreiheit (Art. 28-30 EG) und die Dienstleistungsfreiheit (Art. 49-55 EG), zum andern die Artikel 154-156 EG, die sich mit dem Auf- und Ausbau transeuropäischer Telekommikationsnetze befassen. Nach Art. 86 EG sind staatliche Rundfunk- und Fernsehmonopole zwar nicht verboten, die Mitgliedstaaten sind nach Art. 86 Abs. 1 aber verpflichtet, zum Abbau der staatlichen Monopole beizutragen. Hieraus leitet die Kommission die Befugnis ab, Richtlinien über die Beendigung dieser Monopole vorzulegen. Bei Regelungen für Tonträger, Filme und technische Ausrüstungen nimmt die Gemeinschaft die Warenverkehrsfreiheit in Anspruch, bei Regelungen für nicht körperliche Gegenstände die Dienstleistungsfreiheit. Bisher wurde noch keine Verordnung oder Richtlinie auf Art. 154-156 EG gestützt.

Schon 1987 wurde die *Mobilfunkrichtlinie*[699] verabschiedet, welche verlangt, dass bestimmte Frequenzbänder für den Mobilfunk bereitzustellen sind. Die Richtlinie über *Telekommunikationsendgeräte* wurde 1988 verabschiedet[700]. Sie sollte den Endgerätebereich vom Netzbereich trennen, um ihn deregulieren zu können. Später zeigte sich, dass auch der Netzbereich geöffnet werden kann. Nach der *Fernsehrichtlinie*[701] von 1989, die den Fernsehanstalten Pflichten zur Koordinierung ihrer Rechts- und Verwaltungsvorschrif-

---

699 Richtlinie 87/372 vom 25. 6. 1987 über die Frequenzbänder, die für die koordinierte Einführung eines europaweiten, öffentlichen, zellulären und digitalen terrestrischen Mobilfunkdienstes in der Gemeinschaft bereitzustellen sind, ABlEG L 196, S. 85 vom 17. 7. 1987
700 Richtlinie 88/301 vom 16. 5. 1988, ABlEG L 131/73 vom 27. 5. 1988
701 Richtlinie 89/552 vom 3. 10. 1989, ABlEG L 298/23 vom 17. 10. 1989

ten auferlegte, wurde 1990 die sog. *ONP-Richtlinie*[702] (Open Network Provision) verabschiedet, die Beschränkungen des öffentlichen Zugangs zu Telekommunikationsnetzen nur aus vier Gründen für zulässig erklärt:
- Sicherheit des Netzbetriebs
- Aufrechterhaltung der Netzintegrität
- Zusammenarbeit der Dienste, wo dies begründet ist
- Datenschutz.

Zugleich wurde die *Wettbewerbsrichtlinie für Kommunikationsdienste*[703] verabschiedet, die zur Schaffung von europaweiten Dienstleistungsmärkten in diesem Bereich beitragen soll. Es geht um
- Dienste zur Steigerung der Leistungsfähigkeit der Telekommunikation
- Informationsdienste für den Zugriff auf Datenbanken
- Datenfernverarbeitung
- Dienste zur Aufzeichnung und Weitergabe von Nachrichten
- Dienste zum Austausch von Finanz- und Handelsdaten
- Fernmeldedienste.

Die *Funkrufrichtlinie* von 1990[704] befasste sich mit der Bereitstellung von Frequenzbändern für Funkrufdienste, und die *zweite Richtlinie über Telekommunikationsendgeräte*[705] von 1991 führte zu einer weiteren Liberalisierung der Vorschriften in den Mitgliedstaaten über Endgeräte. Staatliche Monopole für die Einfuhr, Montage und Wartung von Endgeräten wurden aufgehoben. Hinzu kamen *weitere Richtlinien über digitale Kommunikation*[706], *Satellitenfernsehen*[707], *offenen Netzzugang bei Mietleitungen*[708], *CE-Kennzeichnungen*[709], *Satellitenfunkanlagen*[710] und *Satellitenkommunikation*[711]. Schließlich ist noch auf die 1995 verabschiedete Richtlinie über die Anwendung von Normen für die *Übertragung von Fernsehsignalen (HDTV-Richtlinie)*[712] hinzuweisen, die sich mit dem hochauflöslichen Fernsehen (HDTV) befasst.
Zur Ausgestaltung des Marktrahmens im Bereich der multimedialen Telekommunikation trugen auch die bereits erwähnten urheberrechtlichen Richt-

702 Richtlinie 90/387 vom 28. 6. 1990, ABlEG L 192/1 vom 24. 7. 1990
703 Richtlinie 90/388 vom 28. 6. 1990, ABlEG L 192/10 vom 24. 7. 1990, inzwischen mehrfach geändert
704 Richtlinie 90/544 vom 9. 10. 1990, ABlEG L 310/28 vom 9. 11. 1990
705 Richtlinie 91/263 vom 29. 4. 1991, ABlEG L 128/1 vom 23. 5. 1991
706 Richtlinie 91/287 vom 3. 6. 1991, ABlEG L 144/45 vom 8. 6. 1991
707 Richtlinie 92/38 vom 11. 5. 1992, ABlEG L 137/17 vom 20. 5. 1992
708 Richtlinie 92/44 vom 5. 6. 1992, ABlEG L 165/27 vom 19. 6. 1992
709 Richtlinie 93/68 vom 22. 7. 1993, ABlEG L 220/1 vom 30. 8. 1993
710 Richtlinie 93/97 vom 29. 10. 1993, ABlEG L 290/1 vom 24. 11. 1993
711 Richtlinie 94/46 vom 19. 10. 1994, ABlEG L 268/15 vom 19. 10. 1994
712 Richtlinie 95/47 vom 24. 10. 1995, ABlEG L 281/51 vom 23. 11. 1995

linien über den Rechtsschutz von Topographien von Halbleitererzeugnissen aus dem Jahre 1987, von Computerprogrammen aus dem Jahre 1991 und von Datenbanken aus dem Jahre 1996 (vgl. oben) bei. Das Informations- und Kommunikationsdienste-Gesetz aus dem Jahre 1997 enthält unter anderem das Teledienstegesetz und das Gesetz zur digitalen Signatur. Beide Gesetze sind für den Multimedia-Bereich grundlegend.

Weiterführende Hinweise

Bullinger, K. und Mestmäcker, E.-J.: Multimediadienste, 1996; *Hochstein, R.:* Teledienste, Mediendienste und Rundfunkbegriff – Anmerkungen zur praktischen Abgrenzung multimedialer Erscheinungsformen, NJW 1997, 2977-2981; *Kilian*, Europäisches Wirtschaftsrecht, 282 ff.; *Kubicek, H.* (Hg.): Daten- und Verbraucherschutz bei Telekommunikationsdienstleistungen in der EG, 1993; *Roßnagel*, Neues Recht für Multimediadienste, NVwZ 1998, 1 ff.

7. Datenschutzrecht

Durch die ungeheure Ausweitung von Datenverarbeitung und Datenübertragung in der EU wachsen auch die Gefahren, die den Bürgern durch die Verarbeitung und Übertragung ihrer personenbezogenen Daten drohen. Eine spezielle Kompetenz der EG im Datenschutz gibt es bisher noch nicht. Die Datenschutzrichtlinie aus dem Jahre 1995[713] versucht, dieses Problem auf der Basis der Ermächtigungsgrundlage von Art. 95 EG anzugehen. Darin geht es um die Herstellung eines einheitlichen Binnenmarktes, nicht um den Schutz der Privatsphäre oder um verwandte Grundrechte. Demgemäß beginnt die Richtlinie in Art. 1 Abs. 1 zwar mit der Aussage, dass die Mitgliedstaaten den Schutz der Rechte und Freiheiten und insbesondere den Schutz der Privatsphäre natürlicher Personen bei der Verarbeitung von personenbezogenen Daten zu gewährleisten hätten, sie sagt aber zugleich in Art. 1 Abs. 2, dass die Mitgliedstaaten nicht den freien Verkehr personenbezogener Daten innerhalb der EG aus Datenschutzgründen beschränken und untersagen dürfen. Damit sind z. B. die Übermittlungsvoraussetzungen des deutschen Bundesdatenschutzgesetzes auf den Export von personenbezogenen Daten in einen anderen EG-Mitgliedstaat nicht anwendbar. So kann sich z. B. ein Konzern für seine zentrale Datenverarbeitung den EG-Mitgliedstaat mit dem niedrigsten Datenschutzlevel aussuchen. Es besteht die Gefahr, dass in der EG das »langsamste Schiff« das Tempo im Geleitzug des Datenschutzes bestimmt. Hinzu kommt, dass eine Übermittlung von Daten in Drittstaaten zulässig ist, wenn

---

713 Richtlinie 95/46 vom 24. 10. 1995, ABlEG L 281/31 v. 23. 11. 1995

diese ein angemessenes Schutzniveau gewährleisten (Art. 25 Abs. 1).»Angemessen« bedeutet, dass das Niveau nicht gleich sein muss, sondern geringer sein kann. Kilian[714] weist zu Recht darauf hin, dass bei den Regelungen der Binnenmarktgedanke im Vordergrund stehe und der Persönlichkeitsschutz in den Hintergrund gedrängt werde. Andererseits verstärkt die Richtlinie in einigen Fällen den Schutz des Bürgers gegenüber dem deutschen Datenschutzrecht, insbesondere präzisiert sie die Informationsrechte der Betroffenen (vgl. Art. 10). Die Richtlinie verbietet grundsätzlich vollautomatische Entscheidungen auf Grund von personenbezogenen Daten (Art. 15). Sie lässt Ausnahmen zugunsten von Forschungsdaten zu (Art. 11 Abs. 2). Sie sieht Schadensersatzansprüche bei rechtswidriger Datenverarbeitung vor (Art. 23). Schließlich sieht sie pauschale Ausnahmen für den öffentlichen Bereich, in Sicherheits- und Verteidigungsfragen und in Bezug auf »zwingende« wirtschaftliche oder finanzielle Interessen eines Mitgliedstaats vor (Art. 13 Abs. 1). Die Reichweite dieser Ausnahmen ist bedenklich. Der Bundesgesetzgeber hat den Zeitpunkt zur Umsetzung der Datenschutzrichtlinie (Oktober 1998) ergebnislos verstreichen lassen. Die Länder Hessen, Brandenburg, Schleswig-Holstein, Nordrhein-Westfalen und Baden-Württemberg haben ihr Landesdatenschutzrecht gemeinschaftsrechtskonform novelliert. Der Gesetzgebungsprozess auf Bundesebene wird 2001 abgeschlossen.[715]

Weiterführende Hinweise

Ellger, Konvergenz oder Konflikt bei der Harmonisierung des Datenschutzes in Europa? CR 1994, 558 ff; *Kilian*, Europäisches Wirtschaftsrecht 1996, S 301-310; *Kilian*, Europäisches Datenschutz-Persönlichkeitsrecht und Binnenmarkt, in: Tinnefeld/Philipps/Heil (Hg.) Informationsgesellschaft und Rechtskultur in Europa, 1995, 98 ff; *Körner-Dammann*, Der zweite Entwurf einer EG-Datenschutzrichtlinie, RDV 1993, 14 ff; *Schierbaum*, EG-Datenschutzrichtlinie – Änderungsbedarf des BDSG, AuR 1998, 350; *Weber*, EG-Datenschutzrichtlinie, CR 1995, 297 ff.

8. Justizielle Zusammenarbeit

Die Regierungskonferenz von Amsterdam hat Art. 61 EG verabschiedet, der Maßnahmen der Gemeinschaft in den Bereichen Visa, Asyl, Einwanderung und andere Politiken in Bezug auf den freien Personenverkehr ermöglicht. In Art. 61 c) wird eine Kompetenz der Gemeinschaft im Bereich der justiziellen Zusammenarbeit eröffnet, die in Art. 65 EG näher ausgeführt wird. Dazu ge-

---

714 Kilian, Europäisches Wirtschaftsrecht, 1996, S. 306
715 Vgl. Gola, Die Entwicklung des Datenschutzrechts in den Jahren 1999/2000, NJW 2000, 3749 m. w. N.

hören nach Art. 65 lit. a EG die Verbesserung und Vereinfachung des Systems für die grenzüberschreitende Zustellung gerichtlicher und außergerichtlicher Schriftstücke, der Zusammenarbeit bei der Erhebung von Beweismitteln sowie der Anerkennung und Vollstreckung gerichtlicher und außergerichtlicher Entscheidungen in Zivil- und Handelssachen. Diese Gegenstände sind bisher zum Teil im EuGVÜ (vgl. unten) geregelt. Änderungen dieses Übereinkommens durchlaufen künftig nur noch das Normsetzungsverfahren der EG. Langwierige Ratifikationen in den einzelnen Mitgliedstaaten sind nicht mehr notwendig.

Teil der justiziellen Zusammenarbeit sind nach Art. 65 lit. b und c auch die Förderung der Vereinbarkeit der in den Mitgliedstaaten geltenden Kollisionsnormen und Vorschriften zur Vermeidung von Kompetenzkonflikten sowie die Beseitigung der Hindernisse für eine reibungslose Abwicklung von Zivilverfahren, erforderlichenfalls durch Förderung der Vereinbarkeit der in den Mitgliedstaaten geltenden zivilrechtlichen Verfahrensvorschriften. Die Formulierung »Förderung der Vereinbarkeit« ist kryptisch. Langfristig läuft sie, wenn nicht auf ein einheitliches Europäisches Zivilgesetzbuch, so doch zumindest auf eine Harmonisierung der Gesetzbücher in den Mitgliedstaaten, hinaus. Auf dem EU-Gipfel von Tampere im Oktober 1999 kam es zu einer Verständigung über die Schaffung eines europäischen Rechtsraums. Hierzu sollen Mindeststandards zum Zugang zum gerichtlichen Rechtsschutz, eine bessere Anerkennung gerichtlicher Entscheidungen und eine weitere Harmonisierung im Bereich des Zivilrechts gehören. Einige dieser Gegenstände waren bisher im EVÜ (vgl. unten) geregelt. Auch hier vereinfacht sich das Normsetzungsverfahren in Zukunft wie bei den Gegenständen des EuGVÜ. Hier eröffnen sich Perspektiven der Rechtsvereinheitlichung, die noch kaum angedacht, geschweige denn ausgeschöpft sind.

Das Verfahren der Beschlussfassung ist in Art. 67 EG bisher ziemlich kompliziert geregelt. Nach einer Übergangszeit von fünf Jahren schlägt die Kommission die Regelungen vor. Der Rat beschließt zuerst einstimmig, dass das Verfahren des Art. 251 EG anzuwenden ist. Damit gilt der Grundsatz der qualifizierten Mehrheit im Rat und der Mitentscheidung des Parlaments (vgl. oben). Nach der Vertragsänderung von Nizza soll für die justizielle Zusammenarbeit mit Ausnahme der Familienrechtssachen das Mitentscheidungsverfahren des Art. 251 EG und damit auch die qualifizierte Mehrheit im Rat maßgeblich sein.

a) *EuGVÜ*

Nach Art. 293 EG können u. a. für die gegenseitige Anerkennung und Vollstreckung richterlicher Entscheidungen und Schiedssprüche völkerrechtliche Verträge zwischen den Mitgliedstaaten abgeschlossen werden. Hiervon haben sie 1968 im *Übereinkommen über die gerichtliche Zuständigkeit und Vollstreckung gerichtlicher Entscheidungen in Zivil- und Handelssachen (EuGVÜ)* Gebrauch gemacht. Auch die Mitgliedstaaten, die nach 1968 der EG beitraten, haben das Abkommen ratifiziert. Durch das praktisch inhaltsgleiche Abkommen von *Lugano* im Jahre 1988 haben sich auch die EFTA-Staaten dem EuGVÜ-Regelungsbereich angeschlossen. Seit Amsterdam fällt die Regelungskompetenz unter Art. 65 EG (justizielle Zusammenarbeit) und damit in die EG-Rechtssetzungskompetenz. Damit werden die langwierigen Ratifizierungsverfahren in den einzelnen Mitgliedstaaten in Zukunft hinfällig. Am 29. 5. 2000 wurde die Verordnung über die Zustellung gerichtlicher und außergerichtlicher Schriftstücke in Zivil- und Handelssachen vom Rat verabschiedet. Am 22. 12. 2000 wurde die Verordnung 44/2001 über die gerichtliche Zuständigkeit und die Vollstreckung gerichtlicher Entscheidungen in Zivil- und Handelssachen (EuGVÜ) vom Rat verabschiedet. Im Wesentlichen übernimmt diese Verordnung die bisherigen Vorschriften des EuGVÜ; sogar die Nummerierungen werden beibehalten.

In den Bereichen, die das EuGVÜ regelt, also im Zivil- und Handelsrecht, genießt die Verordnung gegenüber den nationalen Gesetzen wie z. B. in Deutschland der Zivilprozessordnung, Anwendungsvorrang. Es geht u. a. um die Frage, welches Gericht für eine Klage zuständig ist und wie Entscheidungen der Gerichte vollstreckt werden können. Es gilt der Grundsatz, dass primär das Gericht am Wohnsitz des Beklagten zuständig ist. Daneben gibt es besondere Zuständigkeiten. So kann für Rechtsstreitigkeiten aus dem Betrieb einer Zweigniederlassung das Gericht angerufen werden, in dessen Bezirk die Zweigniederlassung liegt. Ausschließliche Zuständigkeiten gibt es z. B. für Patente und Marken. Geklagt wird, wo das Schutzrecht eingetragen ist. Die Vollstreckbarkeit von Entscheidungen hängt in einem raschen und kostengünstigen Exequaturverfahren nicht mehr von einer Nachprüfung der Gerichte in dem Mitgliedstaat ab, in dem vollstreckt wird. Es reicht vielmehr die Vollstreckungserklärung durch das erkennende Gericht. Rechtsstreitigkeiten über die Auslegung des EuGVÜ werden schon bisher vor dem EuGH ausgetragen. Nach der Aufnahme des EuGVÜ in die erste Säule der Römischen Verträge ist die Zuständigkeit des EuGH ohnehin gegeben. Dadurch kann sich die enorme wirtschaftliche Bedeutung des Abkommens bzw. jetzt der Verordnung entfalten.

Weiterführende Hinweise

Geimer/Schütze, Europäisches Zivilverfahrensrecht, 1997; *Kropholler*, Europäisches Zivilprozessrecht, 5. Aufl. 1996; *Schlosser*, EuGVÜ, Kommentar 1996; *Dietze/Schnichels*, Rechtsprechungsübersichten in EuZW 1999, 549 und EuZW 2000, 521; *Heß*, NJW 2000, 23.

b) EVÜ

Im Bereich des Privatrechts einigten sich die Mitgliedstaaten 1990 in Rom auf ein Übereinkommen über das auf vertragliche Schuldverhältnisse anwendbare Recht (EVÜ). Das Übereinkommen gilt heute in der konsolidierten Fassung mit zwei Protokollen von 1998.[716] Erfasst werden einige kollisionsrechtliche Aspekte des Privatrechts. Nach der Ratifikation von Art. 65 EG ergeben sich hier weiter gehende Möglichkeiten der Rechtsvereinheitlichung.

9. Visa, Kontrolle der Außengrenzen, Einwanderung

An sich fordert das Gemeinschaftsrecht eine vollständige Abschaffung der Grenzkontrollen zwischen den EG-Mitgliedstaaten. Dies war aber bisher noch nicht zu erreichen. Im Vorgriff auf eine allgemeine Regelung schlossen im Jahre 1985 Frankreich, Deutschland und die Beneluxstaaten das erste Abkommen von Schengen[717] (Schengen I) ab. Italien, Spanien, Portugal und Griechenland traten dem Abkommen später bei. Im Jahre 1990 wurde ein Durchführungsabkommen, genannt Schengen II[718], abgeschlossen. Nach den Schengener Abkommen dürfen die Binnengrenzen zwischen den Teilnehmerstaaten an jeder Stelle ohne Personenkontrollen überschritten werden. Ausnahmen aus Gründen der öffentlichen Ordnung oder der nationalen Sicherheit sind nur nach Konsultationen der Vertragsparteien und nur für einen begrenzten Zeitraum zulässig. Der Verkehr zwischen den Teilnehmerstaaten wird dem Inlandverkehr praktisch gleichgestellt. Um so wichtiger werden die Kontrollen an den Außengrenzen. Gleichzeitig wird es erforderlich, einen einheitlichen Sichtvermerk (Visum) für den kurzfristigen Aufenthalt von drei Monaten einzuführen, der für das Hoheitsgebiet aller Mitgliedstaaten gültig ist (Art. 10 Schengen II). Die Visapolitik der Vertragsstaaten soll weiter harmonisiert werden. Ebenso ist eine gemeinsame Regelung des Asylrechts erforderlich. In Schengen II wird bestimmt, dass nur eine einzige Vertragspartei für die Behandlung eines Asylantrags zuständig ist (Art. 29 Abs. 3). Schließlich ist ein Informationssystem notwendig (vgl. Art. 92-101 Schengen II). Die wirtschaftliche Bedeutung der Schengener Abkommen ist groß. Erst mit dieser letzten Stufe der Freizügigkeit ist der Binnenmarkt verwirklicht.
Da es sich um ein zwischenstaatliches Abkommen handelt, mussten die beiden Schengener Abkommen und muss jede Änderung von allen Mitgliedern ratifiziert werden. Dieses sehr mühselige Verfahren wird nach der Regie-

716 ABlEG 1998 C 27/34
717 GMBl. 1986, S. 79
718 BGBl. II 1993, 1010

rungskonferenz von Amsterdam durch Art. 61-69 EG abgelöst (vgl. oben – justizielle Zusammenarbeit). Die Verantwortlichkeit für die Personenfreizügigkeit und das Asylrecht geht jetzt auf die EG über. Dabei gilt – mit Ausnahme von Visabestimmungen – zunächst für fünf Jahre Einstimmigkeit. Danach kann durch einstimmigen Ratsbeschluss der Übergang zu Entscheidungen mit qualifizierter Mehrheiten im Rat und zur Mitentscheidung des Parlaments vollzogen werden. Im Bereich der Visapolitik erfolgt der Übergang zu diesem Modus bei Bestimmungen, die nicht mit Mehrheit entschieden werden, automatisch. Fünf Jahre lang liegt das Initiativrecht bei Kommission und Mitgliedstaaten, danach nur noch bei der Kommission. Für Großbritannien, Irland und Dänemark gelten Ausnahmen (vgl. oben). Inzwischen wurde Schengen auf ganz Skandinavien ausgeweitet.

Weiterführende Hinweise

Steenbergen (Hg.), Schengen, Internationalisation of Central Chapters of the Law of Aliens, Refugees, Privacy, Security and the Police, 1991; *Nanz*, Das Schengener Abkommen: Personenfreizügigkeit in integrationspolitischer Perspektive, Integration 1994, 92; *Bieber*, Die Abkommen von Schengen über den Abbau von Grenzkontrollen, NJW 1994, 294; *Schütz*, Europaweite Freizügigkeit ohne demokratische Kontrolle? AöR 1995, 509.

10. Steuerrecht

Für die Harmonisierung der *indirekten Steuern* besitzt die EG eine Kompetenz nach Art. 93 EG. Erforderlich ist aber, dass im Rat Einstimmigkeit erzielt wird. Von dieser Kompetenz hat die EG insbesondere im Bereich der *Umsatzsteuer* Gebrauch gemacht. So wurde 1973 durch mehrere Richtlinien ein gemeinsames Mehrwertsteuersystem eingeführt. 1977 wurde die Basis für eine einheitliche Bemessungsgrundlage geschaffen. 1992 wurden die Mehrwertsteuersätze auf eine Bandbreite festgelegt, die von den Mitgliedstaaten nicht verlassen werden darf. Der Normalsatz muss mindestens 15 % betragen. Seit 1992 steht eine weitere Reform an: Mit der Schaffung des gemeinsamen Binnenmarktes sollen Grenzkontrollen und Grenzausgleich entfallen. Die Besteuerung soll in Zukunft im Ursprungsland, nicht mehr im Bestimmungsland erfolgen. Die Steuer wird dann dem Importeur im Ursprungsland in Rechnung gestellt und von diesem im Bestimmungsland als Vorsteuer abgezogen. Verwirklicht wurde dieses System bisher aber nur bei Waren, die für den privaten Ge- und Verbrauch bestimmt sind, wobei auch hier neuwertige Fahrzeuge und Boote ausgenommen sind. Ein Privatmann kann bekanntlich keine Vorsteuer abziehen. Im Versandhandel und bei Waren, die für den kommerziellen Verbrauch bestimmt sind, gilt übergangsweise das Bestimmungslandprinzip, bis eine Einigung über das Clearingsystem erzielt wird, mit dessen Hilfe das Ursprungsland dem Bestimmungsland die erhobene Steuer erstattet. Im Bereich der *sonstigen indirekten Steuern,* vor allem der Verbrauchsteuern, gilt das Bestimmungslandprinzip. Ein eigenes Verbundsystem von Steuerlagern soll die Abschaffung von Grenzkontrollen ermöglichen[719].

Da im Bereich der *direkten Steuern* eine spezielle Harmonisierungskompetenz der EG fehlt, kann sie ihr Handeln lediglich auf eine allgemeine Vorschrift wie Art. 94 EG stützen. Ursprünglich versuchte die Kommission auch, nach dieser allgemeinen Vorschrift zu harmonisieren. Ein Beispiel ist ein Richtlinienentwurf von 1975[720], der die Harmonisierung der Körperschaftsteuersysteme und der Quellensteuern auf Dividenden zum Ziel hatte. Der Entwurf wurde 1990 zurückgezogen. Ein Vorentwurf aus dem Jahre 1984, der bei der steuerlichen Gewinnermittlung einen unbegrenzten Verlustvortrag ermöglichen sollte und von einigen Mitgliedstaaten bereits aufgegriffen worden war, wurde aufgegeben.

Seit 1990 setzt die Kommission auf den Steuerwettbewerb, der sich als Wettbewerb um Investoren und Geldanleger zu einem »race to the bottom« entwickeln kann. Nach Verwirklichung der Währungsunion kann dieses »race« dramatische Ausmaße annehmen, da unterschiedliche Steuerstrukturen nicht mehr über den Kursmechanismus der verschiedenen Währungen ausgeglichen werden können[721].

Bei privaten Einfuhren aus Drittländern gibt es Umsatzsteuerfreigrenzen. Weggefallen ist 1999 der zollfreie Einkauf in Flug- und Seehäfen bei Reisen innerhalb der EG.[722]

Ende des Jahres 2000 kam es im Ministerrat zu einer Einigung über eine Richtlinie, wonach ab 2003 stufenweise ein einheitliches System der Besteuerung von Zinserträgen geschaffen und den Steueroasen innerhalb der EU ein Ende gemacht werden soll. Damit soll ein *unfairer Steuerwettlauf* zwischen den EG-Mitgliedern vermieden bzw. beendet werden. Während einer siebenjährigen Übergangszeit soll eine Quellensteuer auf Erträge von EG-Ausländern erhoben werden, zuerst 15 %, nach drei Jahren 20 %. 75 % der Zinserträge müssen an das Heimatland des Anlegers zurücküberwiesen werden, der Rest kann von den Finanzbehörden des Anlagestaates als Verwaltungsgebühr einbehalten werden. Nach der siebenjährigen Übergangsperiode soll

---

719 Vgl. Schweitzer/Hummer, Europarecht, 5. Aufl. 1996, S. 437 ff. m. w. N.
720 Entwurf vom 1. 8. 1975, ABlEG C 253/2 vom 5. 11. 1975; dazu Saß, DStZ 1977, 50 und 61 ff.
721 Vgl. Saß, Europa 2000 – Perspektiven für die Integration der direkten Steuern, DB 1998, 34 ff.
722 Vgl. zuvor EuGH Slg. 1997, I-6315, Rs. C-408/95 – Duty-free shops

die Quellensteuer abgeschafft und ein Meldesystem eingeführt werden. Daneben wurde ein Verhaltenskodex in Bezug auf unfaire Praktiken bei der Unternehmensbesteuerung beschlossen. Erfasst sind nicht nur Rechts- und Verwaltungsvorschriften, sondern auch Verwaltungspraktiken. Schließlich kam es auch zu einer Einigung über die Aufhebung der Doppelbesteuerung von Zinsen und Zinsgebühren bei grenzüberschreitend tätigen verbundenen Unternehmen. Sämtliche Teile dieses Steuerpakets können nur gemeinsam beschlossen werden.[723] Es bleibt abzuwarten, ob die bisherigen »Bremser« Luxemburg und Großbritannien diese Einigung mit tragen werden.

Weiterführende Hinweise

Arndt, Steuerliches Diskriminierungsverbot und nicht harmonisierte Umsatzsteuer – zur Beschränkung des steuerlichen Erfindungsrechts der Mitgliedstaaten durch EG-Gemeinschaftsrecht, DStR 1989, 471; *Birkenfeld*, Die Regelung der 7. Mehrwertsteuerrichtlinie, EuZW 1994, 421; *Maublanc-Fernandez/Maublanc*, La jurisprudence communautaire relative à la TVA, RevMC 1994, 460;

---

723 Vgl. Handelsblatt vom 29. 11. 2000

X. Zusammenfassung und Ausblick

Die Währungsunion wurde zwar 1999 verwirklicht. Nach Nizza steht Europa aber erneut vor großen Herausforderungen. Die Zusammenarbeit in der EU soll vertieft, gleichzeitig soll für mindestens zwölf Staaten der Beitritt ermöglicht werden. Die Vertiefung der Zusammenarbeit kann, nachdem in Nizza ein Abbau der vielen Einstimmigkeitserfordernisse und eine Stärkung des Parlaments nur sehr eingeschränkt erreicht wurden, möglicherweise leichter über den Weg der verstärkten Zusammenarbeit einiger Kernstaaten erreicht werden. Ein Europa mit mehreren Geschwindigkeiten, wie es im Bereich der Währungsunion schon Wirklichkeit ist, führt aber zu neuen, komplizierten Koordinations- und Interessenabgleichungsproblemen. Die Kompetenzen zwischen Union und Mitgliedstaaten müssen 2004 abgegrenzt werden. Die Einstimmigkeitserfordernisse im Rat müssen abgebaut werden. Der Agrarmarkt muss reformiert werden, damit eine nachhaltige Entwicklung in den bisherigen Mitgliedstaaten gesichert und der Beitritt der Bewerberstaaten ermöglicht wird. Die Zielsetzung einer nachhaltigen Entwicklung, die gegenwärtig noch auf dem Papier steht, führt zu Konflikten mit anderen Politikbereichen. Die geringen Fortschritte bei der Einführung einer gemeinsamen Steuerpolitik reichen nicht, um das erforderliche Mindestmaß an Wirtschaftsunion neben der Währungsunion herzustellen.

Für den Entwicklungsprozess der Europäischen Union, insbesondere für die Praxis der 1999 verwirklichten Währungsunion, ergeben sich eine optimistische und eine pessimistische Variante. Die Optimisten vertrauen darauf, dass die Länder mit stabilen Finanzen als Vorbilder für die anderen wirken und dass die Finanzmärkte einen Zwang zu einer soliden Geld- und Finanzpolitik ausüben. Nach dieser Variante werden auch die Subventionen der Europäischen Union (EU) in Zukunft besser kontrolliert. Das Parlament weitet seine praktischen Befugnisse aus. Die Wirtschafts- und Finanzpolitik der EU-Staaten konvergiert. Beschäftigungspolitik und Landwirtschaftspolitik werden verbessert. Der EuGH sichert die Grundrechte. Die Korruption wird wirksam bekämpft.

Nach der pessimistischen Variante gewöhnen sich die subventionierten Staaten des Südens an das Geld aus dem Norden und korrigieren nicht ihre Haushaltsdefizite und strukturellen Schwächen. Einige EU-Mitgliedstaaten treiben – zumindest nach der Verwirklichung der Währungsunion – eine fahrlässige Finanzpolitik, da sie damit rechnen können, ohne Sanktionen davonzukommen. Die gemeinsame Währung wird eine Weichwährung. Die Agrarpolitik bleibt finanziell ein Fass ohne Boden. Der Europäische Gerichtshof sichert die

Grundrechte nur unzureichend und begibt sich in einen Dauerkonflikt mit dem deutschen Bundesverfassungsgericht. Die immer noch bestehenden vielen Einstimmigkeitserfordernisse im EG-Vertrag führen dazu, dass jeweils das langsamste Schiff das Tempo des Geleitzugs bestimmt, was zu einer Stagnation der europäischen Entwicklung führt. Neue, an sich regulierungsbedürftige Bereiche werden unter Berufung auf den Subsidiaritätsgrundsatz nicht geregelt und einem Regulierungswettlauf der Mitgliedstaaten »nach unten« überlassen; dies gilt insbesondere für die Sozialpolitik. Andere, dringend der Deregulierung bedürftige Bereiche wie z. B. die Landwirtschaft bleiben unangetastet, weil die Interessen der durch Subventionen direkt oder indirekt Begünstigten und die Schwerfälligkeit des Entscheidungsprozesses in den europäischen Institutionen als blockierende Faktoren zusammenwirken. Europa stagniert. Nach der viel apostrophierten »Fahrradtheorie« ist die Europäische Union aber einem Fahrrad vergleichbar, das, wenn es steht, umfällt.

Es ist unwahrscheinlich, dass sich eines dieser Szenarien voll verwirklichen wird. Nicht zuletzt institutionelle Sicherungen und Schranken der Römischen Verträge oder ihrer späteren Änderungen verhindern Katastrophen, aber leider auch Höhenflüge. Wahrscheinlicher ist eine andere Entwicklung: Die EG und die EU bleiben auch nach Nizza bürgerfern. Die Regierungen der EG-Mitgliedstaaten verstecken sich weiter hinter »Brüssel«. Die demokratische Kontrolle der Entscheidungen kommt auch in Zukunft zu kurz. Da die europäischen Institutionen in wesentlichen Bereichen wie z. B. in der Steuerpolitik nur unzureichende Rechtssetzungskompetenzen besitzen, schlingern sie angesichts der Globalisierung der Wirtschaft von Krise zu Krise. Das Nebeneinander von Deregulierung und Reregulierung in der Wettbewerbspolitik suggeriert Sachgesetzlichkeiten, die aus der Normenexekution von Behörden folgen, und täuscht über die Mangelhaftigkeit der politischen Entscheidungen außerhalb der durch Normen eröffneten Spielräume hinweg. Die Arbeitsbeziehungen in Europa konvergieren nicht in der Richtung und dem Umfang, wie dies erforderlich und wünschenswert erscheint. Arbeitsrechtliche Reformen, Beschäftigungs- und Sozialpolitik als Ausgleich zur Deregulierungspolitik auf den Güter- und Dienstleistungsmärkten kommen zu kurz. Die Kaprizierung auf die Herstellung von gleichen Wettbewerbschancen für Großunternehmen und Konzerne lassen Kommission und Rat als Protagonisten der Großwirtschaft erscheinen. Die Europäische Zentralbank entwickelt sich auf der Grundlage ihrer klaren geldpolitischen Kompetenzen notgedrungen zum Zuchtmeister der europäischen Wirtschaftspolitik. Die europäischen Institutionen werden nicht zu Katalysatoren für eine europäische Zivilgesellschaft. Vielmehr beäugen sich die europäischen Völker misstrauisch, wenn es um die Abwägung der Vor- und Nachteile geht, die Europa aus der Sicht der alten Nationalstaaten mit sich bringt, und wenn es um die Unterstützung der Beitrittsstaaten bei ihren Anstrengungen um die Erfüllung der mit dem Beitritt verbundenen Verpflichtungen geht.

Dass die europäische Einigung in Wahrheit, wenn die Institutionen richtig funktionieren, die Situation aller verbessern kann und dass dann nur noch die unterschiedlichen Interessen abgeglichen werden müssen, weil es nicht für alle gleich schnell vorangehen kann, ist vielen immer noch nicht genügend bewusst. Deshalb muss verhindert werden, dass einige unverbesserliche Egoisten und verkappte oder offene Nationalisten das politische Projekt Europa bei den Bürgern in Misskredit bringen oder gar zerstören. Betrachtet man die rechtlichen Grundlagen für diese Auseinandersetzung, so erscheint sie zumindest nicht aussichtslos.

Anhang

Übereinstimmungstabellen gemäß Artikel 12 des Vertrags von Amsterdam[1]

A. Vertrag über die Europäische Union

Bisherige Numerierung	Neue Numerierung
Titel I	Titel I
Artikel A	Artikel 1
Artikel B	Artikel 2
Artikel C	Artikel 3
Artikel D	Artikel 4
Artikel E	Artikel 5
Artikel F	Artikel 6
Artikel F.1*)	Artikel 7
Titel II	Titel II
Artikel G	Artikel 8
Titel III	Titel III
Artikel H	Artikel 9
Titel IV	Titel IV
Artikel I	Artikel 10
Titel V***)	Titel V
Artikel J.1	Artikel 11
Artikel J.2	Artikel 12
Artikel J.3	Artikel 13
Artikel J.4	Artikel 14
Artikel J.5	Artikel 15
Artikel J.6	Artikel 16
Artikel J.7	Artikel 17
Artikel J.8	Artikel 18
Artikcl J.9	Artikel 19
Artikel J.10	Artikel 20
Artikel J.11	Artikel 21
Artikel J.12	Artikel 22
Artikel J.13	Artikel 23
Artikel J.14	Artikel 24
Artikel J.15	Artikel 25
Artikel J.16	Artikel 26
Artikel J.17	Artikel 27
Artikel J.18	Artikel 28

*) Neuer Artikel, eingefügt durch den Vertrag von Amsterdam
**) Neuer Titel, eingefügt durch den Vertrag von Amsterdam
***) Titel, umstrukturiert durch den Vertrag von Amsterdam

1 Vgl. BT-Drs. 13/9339 S. 38-48

Bisherige Numerierung	Neue Numerierung
Titel VI***)	Titel VI
Artikel K.1	Artikel 29
Artikel K.2	Artikel 30
Artikel K.3	Artikel 31
Artikel K.4	Artikel 32
Artikel K.5	Artikel 33
Artikel K.6	Artikel 34
Artikel K.7	Artikel 35
Artikel K.8	Artikel 36
Artikel K.9	Artikel 37
Artikel K.10	Artikel 38
Artikel K.11	Artikel 39
Artikel K.12	Artikel 40
Artikel K.13	Artikel 41
Artikel K.14	Artikel 42
Titel VI a**)	Titel VII
Artikel K.15*)	Artikel 43
Artikel K.16*)	Artikel 44
Artikel K.17*)	Artikel 45
Titel VII	Titel VIII
Artikel L	Artikel 46
Artikel M	Artikel 47
Artikel N	Artikel 48
Artikel O	Artikel 49
Artikel P	Artikel 50
Artikel Q	Artikel 51
Artikel R	Artikel 52
Artikel S	Artikel 53

B. Vertrag zur Gründung der Europäischen Gemeinschaft

Bisherige Numerierung	Neue Numerierung
Erster Teil	Erster Teil
Artikel 1	Artikel 1
Artikel 2	Artikel 2
Artikel 3	Artikel 3
Artikel 3a	Artikel 4
Artikel 3b	Artikel 5
Artikel 3c*)	Artikel 6
Artikel 4	Artikel 7
Artikel 4a	Artikel 8
Artikel 4b	Artikel 9
Artikel 5	Artikel 10
Artikel 5a*)	Artikel 11

*)   Neuer Artikel, eingefügt durch den Vertrag von Amsterdam
**)   Neuer Titel, eingefügt durch den Vertrag von Amsterdam
***)   Titel, umstrukturiert durch den Vertrag von Amsterdam

Bisherige Numerierung	Neue Numerierung
Artikel 6	Artikel 12
Artikel 6a*)	Artikel 13
Artikel 7 (aufgehoben)	–
Artikel 7a	Artikel 14
Artikel 7b (aufgehoben)	–
Artikel 7c	Artikel 15
Artikel 7d*)	Artikel 16
Zweiter Teil	Zweiter Teil
Artikel 8	Artikel 17
Artikel 8a	Artikel 18
Artikel 8b	Artikel 19
Artikel 8c	Artikel 20
Artikel 8d	Artikel 21
Artikel 8e	Artikel 22
Dritter Teil	Dritter Teil
Titel I	Titel I
Artikel 9	Artikel 23
Artikel 10	Artikel 24
Artikel 11 (aufgehoben)	–
Kapitel 1	Kapitel 1
Abschnitt 1 (gestrichen)	–
Artikel 12	Artikel 25
Artikel 13 (aufgehoben)	–
Artikel 14 (aufgehoben)	–
Artikel 15 (aufgehoben)	–
Artikel 16 (aufgehoben)	–
Artikel 17 (aufgehoben)	–
Abschnitt 2 (gestrichen)	–
Artikel 18 (aufgehoben)	–
Artikel 19 (aufgehoben)	–
Artikel 20 (aufgehoben)	–
Artikel 21 (aufgehoben)	–
Artikel 22 (aufgehoben)	–
Artikel 23 (aufgehoben)	–
Artikel 24 (aufgehoben)	–
Artikel 25 (aufgehoben)	
Artikel 26 (aufgehoben)	–
Artikel 27 (aufgehoben)	–
Artikel 28	Artikel 26
Artikel 29	Artikel 27
Kapitel 2	Kapitel 2
Artikel 30	Artikel 28
Artikel 31 (aufgehoben)	–
Artikel 32 (aufgehoben)	–

*)   Neuer Artikel, eingefügt durch den Vertrag von Amsterdam
**)   Neuer Titel, eingefügt durch den Vertrag von Amsterdam
***)   Titel, umstrukturiert durch den Vertrag von Amsterdam

Bisherige Numerierung	Neue Numerierung
Artikel 33 (aufgehoben)	–
Artikel 34	Artikel 29
Artikel 35 (aufgehoben)	–
Artikel 36	Artikel 30
Artikel 37	Artikel 31
Titel II	Titel II
Artikel 38	Artikel 32
Artikel 39	Artikel 33
Artikel 40	Artikel 34
Artikel 41	Artikel 35
Artikel 42	Artikel 36
Artikel 43	Artikel 37
Artikel 44 (aufgehoben)	–
Artikel 45 (aufgehoben)	–
Artikel 46	Artikel 38
Artikel 47 (aufgehoben)	–
Titel III	Titel III
Kapitel 1	Kapitel 1
Artikel 48	Artikel 39
Artikel 49	Artikel 40
Artikel 50	Artikel 41
Artikel 51	Artikel 42
Kapitel 2	Kapitel 2
Artikel 52	Artikel 43
Artikel 53 (aufgehoben)	–
Artikel 54	Artikel 44
Artikel 55	Artikel 45
Artikel 56	Artikel 46
Artikel 57	Artikel 47
Artikel 58	Artikel 48
Kapitel 3	Kapitel 3
Artikel 59	Artikel 49
Artikel 60	Artikel 50
Artikel 61	Artikel 51
Artikel 62 (aufgehoben)	–
Artikel 63	Artikel 52
Artikel 64	Artikel 53
Artikel 65	Artikel 54
Artikel 66	Artikel 55
Kapitel 4	Kapitel 4
Artikel 67 (aufgehoben)	–
Artikel 68 (aufgehoben)	–
Artikel 69 (aufgehoben)	–
Artikel 70 (aufgehoben)	–
Artikel 71 (aufgehoben)	–

*)   Neuer Artikel, eingefügt durch den Vertrag von Amsterdam
**)   Neuer Titel, eingefügt durch den Vertrag von Amsterdam
***)   Titel, umstrukturiert durch den Vertrag von Amsterdam

Bisherige Numerierung	Neue Numerierung
Artikel 72 (aufgehoben)	–
Artikel 73 (aufgehoben)	–
Artikel 73a (aufgehoben)	–
Artikel 73b	Artikel 56
Artikel 73c	Artikel 57
Artikel 73d	Artikel 58
Artikel 73e (aufgehoben)	–
Artikel 73f	Artikel 59
Artikel 73g	Artikel 60
Artikel 73h (aufgehoben)	–
Titel III a**)	Titel IV
Artikel 73i*)	Artikel 61
Artikel 73j*)	Artikel 62
Artikel 73k*)	Artikel 63
Artikel 73l*)	Artikel 64
Artikel 73m*)	Artikel 65
Artikel 73n*)	Artikel 66
Artikel 73o*)	Artikel 67
Artikel 73p*)	Artikel 68
Artikel 73q*)	Artikel 69
Titel IV	Titel V
Artikel 74	Artikel 70
Artikel 75	Artikel 71
Artikel 76	Artikel 72
Artikel 77	Artikel 73
Artikel 78	Artikel 74
Artikel 79	Artikel 75
Artikel 80	Artikel 76
Artikel 81	Artikel 77
Artikel 82	Artikel 78
Artikel 83	Artikel 79
Artikel 84	Artikel 80
Titel V	Titel VI
Kapitel 1	Kapitel 1
Abschnitt 1	Abschnitt 1
Artikel 85	Artikel 81
Artikel 86	Artikel 82
Artikel 87	Artikel 83
Artikel 88	Artikel 84
Artikel 89	Artikel 85
Artikel 90	Artikel 86
Abschnitt 2 (gestrichen)	–
Artikel 91 (aufgehoben)	–
Abschnitt 3	Abschnitt 2
Artikel 92	Artike 87

*)   Neuer Artikel, eingefügt durch den Vertrag von Amsterdam
**)   Neuer Titel, eingefügt durch den Vertrag von Amsterdam
***)   Titel, umstrukturiert durch den Vertrag von Amsterdam

Bisherige Numerierung	Neue Numerierung
Artikel 93	Artikel 88
Artikel 94	Artikel 89
Kapitel 2	Kapitel 2
Artikel 95	Artikel 90
Artikel 96	Artikel 91
Artikel 97 (aufgehoben)	–
Artikel 98	Artikel 92
Artikel 99	Artikel 93
Kapitel 3	Kapitel 3
Artikel 100	Artikel 94
Artikel 100a	Artikel 95
Artikel 100b (aufgehoben)	–
Artikel 100c (aufgehoben)	–
Artikel 100d (aufgehoben)	–
Artikel 101	Artikel 96
Artikel 102	Artikel 97
Titel VI	Titel VII
Kapitel 1	Kapitel 1
Artikel 102a	Artikel 98
Artikel 103	Artikel 99
Artikel 103a	Artikel 100
Artikel 104	Artikel 101
Artikel 104a	Artikel 102
Artikel 104b	Artikel 103
Artikel 104c	Artikel 104
Kapitel 2	Kapitel 2
Artikel 105	Artikel 105
Artikel 105a	Artikel 106
Artikel 106	Artikel 107
Artikel 107	Artikel 108
Artikel 108	Artikel 109
Artikel 108a	Artikel 110
Artikel 109	Artikel 111
Kapitel 3	Kapitel 3
Artikel 109a	Artikel 112
Artikel 109b	Artikel 113
Artikel 109c	Artikel 114
Artikel 109d	Artikel 115
Kapitel 4	Kapitel 4
Artikel 109e	Artikel 116
Artikel 109f	Artikel 117
Artikel 109g	Artikel 118
Artikel 109 h	Artikel 119
Artikel 109i	Artikel 120
Artikel 109j	Artikel 121

*)   Neuer Artikel, eingefügt durch den Vertrag von Amsterdam
**)   Neuer Titel, eingefügt durch den Vertrag von Amsterdam
***) Titel, umstrukturiert durch den Vertrag von Amsterdam

Bisherige Numerierung	Neue Numerierung
Artikel 109k	Artikel 122
Artikel 109l	Artikel 123
Artikel 109m	Artikel 124
Titel VI a**)	Titel VIII
Artikel 109n*)	Artikel 125
Artikel 109o*)	Artikel 126
Artikel 109p*)	Artikel 127
Artikel 109Q*)	Artikel 128
Artikel 109r*)	Artikel 129
Artikel 109s*)	Artikel 130
Titel VII	Titel IX
Artikel 110	Artikel 131
Artikel 111 (aufgehoben)	–
Artikel 112	Artikel 132
Artikel 113	Artikel 133
Artikel 114 (aufgehoben)	–
Artikel 115	Artikel 134
Titel VIIa**)	Titel X
Artikel 116*)	Artikel 135
Titel VIII	Titel XI
Kapitel 1***)	Kapitel 1
Artikel 117	Artikel 136
Artikel 118	Artikel 137
Artikel 118a	Artikel 138
Artikel 118b	Artikel 139
Artikel 118c	Artikel 140
Artikel 119	Artikel 141
Artikel 119a	Artikel 142
Artikel 120	Artikel 143
Artikel 121	Artikel 144
Artikel 122	Artikel 145
Kapitel 2	Kapitel 2
Artikel 123	Artikel 146
Artikel 124	Artikel 147
Artikel 125	Artikel 148
Kapitel 3	Kapitel 3
Artikel 126	Artikel 149
Artikel 127	Artikel 150
Titel IX	Titel XII
Artikel 128	Artikel 151
Titel X	Titel XIII
Artikel 129	Artikel 152
Titel XI	Titel XIV
Artikel 129a	Artikel 153

*)   Neuer Artikel, eingefügt durch den Vertrag von Amsterdam
**)   Neuer Titel, eingefügt durch den Vertrag von Amsterdam
***) Titel, umstrukturiert durch den Vertrag von Amsterdam

Bisherige Numerierung	Neue Numerierung
Titel XII	Titel XV
Artikel 129b	Artikel 154
Artikel 129c	Artikel 155
Artikel 129d	Artikel 156
Text XIII	Text XVI
Artikel 130	Artikel 157
Titel XIV	Titel XVII
Artikel 130a	Artikel 158
Artikel 130b	Artikel 159
Artikel 130c	Artikel 160
Artikel 130d	Artikel 161
Artikel 130e	Artikel 162
Titel XV	Titel XVIII
Artikel 130f	Artikel 163
Artikel 130g	Artikel 164
Artikel 130h	Artikel 165
Artikel 130i	Artikel 166
Artikel 130j	Artikel 167
Artikel 130k	Artikel 168
Artikel 130l	Artikel 169
Artikel 130m	Artikel 170
Artikel 130n	Artikel 171
Artikel 130o	Artikel 172
Artikel 130p	Artikel 173
Artikel 130q (aufgehoben)	–
Titel XVI	Titel XIX
Artikel 130r	Artikel 174
Artikel 130s	Artikel 175
Artikel 130t	Artikel 176
Titel XVII	Titel XX
Artikel 130u	Artikel 177
Artikel 130v	Artikel 178
Artikel 130w	Artikel 179
Artikel 130x	Artikel 180
Artikel 130y	Artikel 181
Vierter Teil	Vierter Teil
Artikel 131	Artikel 182
Artikel 132	Artikel 183
Artikel 133	Artikel 184
Artikel 134	Artikel 185
Artikel 135	Artikel 186
Artikel 136	Artikel 187
Artikel 136a	Artikel 188

*)   Neuer Artikel, eingefügt durch den Vertrag von Amsterdam
**)   Neuer Titel, eingefügt durch den Vertrag von Amsterdam
***) Titel, umstrukturiert durch den Vertrag von Amsterdam

Bisherige Numerierung	Neue Numerierung
Fünfter Teil	Fünfter Teil
Titel I	Titel I
Kapitel 1	Kapitel 1
Abschnitt 1	Abschnitt 1
Artikel 137	Artikel 189
Artikel 138	Artikel 190
Artikel 138a	Artikel 191
Artikel 138b	Artikel 192
Artikel 138c	Artikel 193
Artikel 138d	Artikel 194
Artikel 138e	Artikel 195
Artikel 139	Artikel 196
Artikel 140	Artikel 197
Artikel 141	Artikel 198
Artikel 142	Artikel 199
Artikel 143	Artikel 200
Artikel 144	Artikel 201
Abschnitt 2	Abschnitt 2
Artikel 145	Artikel 202
Artikel 146	Artikel 203
Artikel 147	Artikel 204
Artikel 148	Artikel 205
Artikel 149 (aufgehoben)	–
Artikel 150	Artikel 206
Artikel 151	Artikel 207
Artikel 152	Artikel 208
Artikel 153	Artikel 209
Artikel 154	Artikel 210
Abschnitt 3	Abschnitt 3
Artikel 155	Artikel 211
Artikel 156	Artikel 212
Artikel 157	Artikel 213
Artikel 158	Artikel 214
Artikel 159	Artikel 215
Artikel 160	Artikel 216
Artikel 161	Artikel 217
Artikel 162	Artikel 218
Artikel 163	Artikel 219
Abschnitt 4	Abschnitt 4
Artikel 164	Artikel 220
Artikel 165	Artikel 221
Artikel 166	Artikel 222
Artikel 167	Artikel 223
Artikel 168	Artikel 224
Artikel 168a	Artikel 225

*)   Neuer Artikel, eingefügt durch den Vertrag von Amsterdam
**)   Neuer Titel, eingefügt durch den Vertrag von Amsterdam
***) Titel, umstrukturiert durch den Vertrag von Amsterdam

Bisherige Numerierung	Neue Numerierung
Artikel 169	Artikel 226
Artikel 170	Artikel 227
Artikel 171	Artikel 228
Artikel 172	Artikel 229
Artikel 173	Artikel 230
Artikel 174	Artikel 231
Artikel 175	Artikel 232
Artikel 176	Artikel 233
Artikel 177	Artikel 234
Artikel 178	Artikel 235
Artikel 179	Artikel 236
Artikel 180	Artikel 237
Artikel 181	Artikel 238
Artikel 182	Artikel 239
Artikel 183	Artikel 240
Artikel 184	Artikel 241
Artikel 185	Artikel 242
Artikel 186	Artikel 243
Artikel 187	Artikel 244
Artikel 188	Artikel 245
Abschnitt 5	Abschnitt 5
Artikel 188a	Artikel 246
Artikel 188b	Artikel 247
Artikel 188c	Artikel 248
Kapitel 2	Kapitel 2
Artikel 189	Artikel 249
Artikel 189a	Artikel 250
Artikel 189b	Artikel 251
Artikel 189c	Artikel 252
Artikel 190	Artikel 253
Artikel 191	Artikel 254
Artikel 191a*)	Artikel 255
Artikel 192	Artikel 256
Kapitel 3	Kapitel 3
Artikel 193	Artikel 257
Artikel 194	Artikel 258
Artikel 195	Artikel 259
Artikel 196	Artikel 260
Artikel 197	Artikel 261
Artikel 198	Artikel 262
Kapitel 4	Kapitel 4
Artikel 198a	Artikel 263
Artikel 198b	Artikel 264
Artikel 198c	Artikel 265

*)   Neuer Artikel, eingefügt durch den Vertrag von Amsterdam
**)   Neuer Titel, eingefügt durch den Vertrag von Amsterdam
***) Titel, umstrukturiert durch den Vertrag von Amsterdam

Bisherige Numerierung	Neue Numerierung
Kapitel 5 Artikel 198d Artikel 198e	Kapitel 5 Artikel 266 Artikel 267
Titel II Artikel 199 Artikel 200 (aufgehoben) Artikel 201 Artikel 201a Artikel 202 Artikel 203 Artikel 204 Artikel 205 Artikel 205a Artikel 206 Artikel 206a (aufgehoben) Artikel 207 Artikel 208 Artikel 209 Artikel 209a	Titel II Artikel 268 – Artikel 269 Artikel 270 Artikel 271 Artikel 272 Artikel 273 Artikel 274 Artikel 275 Artikel 276 – Artikel 277 Artikel 278 Artikel 279 Artikel 280
Sechster Teil Artikel 210 Artikel 211 Artikel 212*) Artikel 213 Artikel 213a*) Artikel 213b*) Artikel 214 Artikel 215 Artikel 216 Artikel 217 Artikel 218*) Artikel 219 Artikel 220 Artikel 221 Artikel 222 Artikel 223 Artikel 224 Artikel 225 Artikel 226 (aufgehoben) Artikel 227 Artikel 228 Artikel 228a Artikel 229 Artikel 230 Artikel 231	Sechster Teil Artikel 281 Artikel 282 Artikel 283 Artikel 284 Artikel 285 Artikel 286 Artikel 287 Artikel 288 Artikel 289 Artikel 290 Artikel 291 Artikel 292 Artikel 293 Artikel 294 Artikel 295 Artikel 296 Artikel 297 Artikel 298 – Artikel 299 Artikel 300 Artikel 301 Artikel 302 Artikel 303 Artikel 304

*)   Neuer Artikel, eingefügt durch den Vertrag von Amsterdam
**)   Neuer Titel, eingefügt durch den Vertrag von Amsterdam
***) Titel, umstrukturiert durch den Vertrag von Amsterdam

Bisherige Numerierung	Neue Numerierung
Artikel 232	Artikel 305
Artikel 233	Artikel 306
Artikel 234	Artikel 307
Artikel 235	Artikel 308
Artikel 236*)	Artikel 309
Artikel 237*) (aufgehoben)	–
Artikel 238	Artikel 310
Artikel 239	Artikel 311
Artikel 240	Artikel 312
Artikel 241 (aufgehoben)	–
Artikel 242 (aufgehoben)	–
Artikel 243 (aufgehoben)	–
Artikel 244 (aufgehoben)	–
Artikel 245 (aufgehoben)	–
Artikel 246 (aufgehoben)	–
Schlußbestimmungen	Schlußbestimmungen
Artikel 247	Artikel 313
Artikel 248	Artikel 314

*)   Neuer Artikel, eingefügt durch den Vertrag von Amsterdam
**)   Neuer Titel, eingefügt durch den Vertrag von Amsterdam
***) Titel, umstrukturiert durch den Vertrag von Amsterdam

Entscheidungsverzeichnis

Europäischer Gerichtshof (alphabetisch)

Fall	Slg. Jahr, Seite	Rechts-sache Nr./Jahr	NJW Jahr, Seite	EuZW Jahr, Seite	Sonstige Jahr, Seite
Abrahamsson und Anderson Schwedische Professorinnen	00, I-5539	C-407/98			
Ahlström (Zellstoff)	93, I-1307	C-89/85		93, 377	
Akzo	91, I-3359	C-62/86	92, 677 L	92, 21	
Albako	87, 2345	249/85	87, 2153		
Albako (Parfums Guerlain)	80, 2327	verb. Rs. 253/78 u. 1-3/79			
Alcan	97, I-1141	C-24/95			DÖV 99, 148 ZIP 00, 633
Alkoholmonopol, schwedisches/Franzén	97, I-5909	C-189/95		98, 55	
Alpine Investments	95, I-1141	C-384/93	95, 2541		
Angonese	00, I-4139	C-281/98	00, 3634	00, 468	RIW 00, 619 DVBl. 00, 1268 EWS 00, 402
Arbeitszeitrichtlinie	96, I-5755	C-84/94	97, 1228 L	96, 751	NZA 97, 23
Arblade	99, I-8453	verb. Rs. C-369/96 C-376/96			DB 99, 2570 DVBl. 00, 57 NWB 99, 4561 RIW 00, 137 ZIP 99, 2168
Ausfuhrzölle (Komm./Italien)	68, 633	7/68			
Bananen (Rahmenabkommen)	98, I-973	C-122/95		97, 722 98, 243	ZIP 98, 524
Bananenmarktordnung	94, I-4973	C-280/93	95, 945	94, 688	
BASF	94, I-2555	C-137/92P			
BASF (s. Farbstoffe)	71, 713	49/69			
Bauer	92, I-2797	C-166/91			
Bayer (s. Farbstoffe)	71, 745	51/69			
Becker	82, 53	8/81	82, 499		
Blázquez Rivero/El Corte Inglés	96, I-1281	C-192/94	96, 1401		

Fall	Slg. Jahr, Seite	Rechts- sache Nr./Jahr	NJW Jahr, Seite	EuZW Jahr, Seite	Sonstige Jahr, Seite
Bleiemmission	91, I-2607	C-59/89		91, 442	NVwZ 91, 868
Bleis	91, I-5627	C-4/91		92, 446	NVwZ 92, 1181
Blum-Lawrie	86, 2121	66/85	87, 1138		NVwZ 87, 41
Bocksbeutelflaschen	84, 1299	16/83	84, 1291		
Bofrost	01, I-	C-62/99		01, 275	NZA 01, 506 EU-Mag. 01, 47
Bond van Adverteerders	88, 2085	352/85	89, 2189		
Bosman	95, I-4921	C-415/93	96, 505		
Brasserie du Pecheur u. Factortame III	96, I-1029	verb. Rs. C-46/93 u. C-48/93	96, 1267		
British Telecommunication	96, I-1631	C-392/93		96, 274	NVwZ 96, 677 L
Bronner	98, I-7791	C-7/97	99, 2259		AfP 99, 111
Bronzino	90, I-531	228/88		90, 32	
Buchpreisbindung (VBVB-VBBB)	85, 1	229/83	85, 1615		
Buet	89, 1235	382/87		90, 69	
Bug-Alutechnik	90, I-3437	C-5/89		90, 481	NvWZ 90, 1161
Buitoni	79, 677	122/78			
Cartier/METRO	94, I-15	C-376/92	94, 643	94, 124	
Casagrande	74, 773	9/74			
Cassella (s. Farbstoffe)	71, 887	55/69			
Cassis de Dijon	79, 649	120/78	79, 1766		
Centrafarm I (vs Sterling Drug)	74, 1147	15/74	75, 516		
Centrafarm I (vs Winthrop)	74, 1183	16/74			
Centros	99, I-1459	C-212/97	99, 2027	99, 216	BB 99, 809 ZIP 99, 438
Chinin	70, 661 70, 733 70, 769	41/69 44/69 45/69			
Chinin	72, 1281	7/72			
Chiquita (United Brands)	78, 207	27/76	78, 2439		
Chiquita Italia	95, I-4533	C-469/93		96, 118	
Clinique Laboratoires	94, I-317	C-315/92			
Colson, von u. Kamann	84, 1891	14/83	84, 2021		NVwZ 84, 157
Consten u. Grundig	66, 321	56, 58/64	65, 1409		

Fall	Slg. Jahr, Seite	Rechts- sache Nr./Jahr	NJW Jahr, Seite	EuZW Jahr, Seite	Sonstige Jahr, Seite
Continental Can	73, 215	6/72			
Cornuaille u. Adoui	82, 1665	verb. Rs. 115/81 u. 116/81	83, 1250		
Corsten, Josef, Handwerksrolle	00, I-7919	C-58/98	01, 957	00, 763 00, 767	BB 00, 2437 DB 00, 2164 DVBl. 01, 114 EWS 00, 499 NVwZ 01, 182
Costa/ENEL	64, 1251	6/64	64, 2371		
Cotonelle (F.lli Graffione)	96, I-6039	C-313/94		97, 245	NJW/E Wettbew.R 97, 154 L
D´Urso, Vendatori u. a.	91, I-4105	C-362/89			NZA 93, 137 NVwZ 93, 874
Daihatsu	97, I-6843	C-97/96	98, 129		DB 97, 2598 ZIP 97, 1234
Daily Mail	88, 5483	81/87	89, 2186		
Dassonville	74, 837	8/74	75, 515		
Davis/Parke	68, 85	24/67	68, 1061		
Decker	98, I-1831	C-120/95	98, 1769		ZIP 98, 844 Euro AS 99, 70
Defrenne I	71, 445	80/70			
Defrenne II	76, 455	43/75	76, 2068		
Defrenne III	78, 1365	149/77	78, 2445		
Dekker	90, I-3941	C-177/88	91, 628		
Delimitis/Henninger	91, I-935	C-234/89	91, 2204 L	91, 376	
Demirel	87, 3719	12/86	88, 1442		NVwZ 88, 235
deutsche Schwerverkehrsabgabe	92, I-3141	C-195/90	92, 1949		
Di Leo	90, I-4185	C-308/89		91, 30	NVwZ 91, 155
Diamantis		C-373/97			NZG 00, 534 ZIP 00, 663 AG 00, 470 EWS 00, 552
Dillenkofer u. a. (MP-Travel Line)	96, I-4845	verb. Rs. C-178/94, C-179/94, C-188/94, C-189/94 u. C-190/94	96, 3141		EuGRZ 96, 450

Fall	Slg. Jahr, Seite	Rechts- sache Nr./Jahr	NJW Jahr, Seite	EuZW Jahr, Seite	Sonstige Jahr, Seite
Draehmpaehl	97, I-2195	C-180/95	97, 1839	97, 340	ZIP 97, 798
Duty-free-Shops	97, I-6315	C-408/95			
Ecotrade	98, I-7907	C-200/97			EWS 99, 28
El Corte Inglés/Blázquez Rivero	96, I-1281	C-192/94	96, 1401		
Elliniki Radio Tileorassi (ERT)	91, I-2925	C 260/89		91, 507	
Erstattung v. gemeinschafts- rechtswidrig erhobenen Abgaben (Srl.)	98, I-6307	verb. Rs. C-10-22/97	99, 201		EuR 99, 237 EWS 99, 63 JZ 99, 196 NVwZ 99, 169 NZG 99, 41
Estée Lauder »Lifting«	00, I-117	C-220/98	00, 1173		DB 00, 272 WRP 00, 289 EWS 00, 127 DVBl. 00, 547 RIW 00, 376 EuR 00, 251
Etikettierungsvorschriften für alkoholische Getränke (Fietie)	80, 3839	27/80	81, 1148		
ETRA/AETR	71, 263	22/70			
Eurim-Pharm	96, I-3607	verb. Rs. C-71-73/94	97, 1632		
europäische Menschenrechts- konvention, (Gutachten)	96, I-1729	G-2/94		96, 307	
F.lli Graffione (Cotonelle)	96, I-6039	C-313/94		97, 245	NJW/E Wettbew.R 97, 154 L
Factortame I	90, I-2433	C-213/89		90, 355; 578	
Factortame II	91, I-3905	C-221/89		91, 764	
Factortame III u.Brasserie du Pecheur	96, I-1029	verb. Rs. C-46/93 u. C-48/93	96, 1267		
Farbenhersteller (s. Walt Wilhelm)	69, 1	14/68	69, 1000 u. 1550L		
Farbstoffe					
ICI	71, 619	48/69			
BASF	71, 713	49/69			
Bayer	71, 745	51/69			
Geigy	71, 787	52/69			
Sandoz	71, 845	53/69	72, 1636		
Francolor	71, 851	54/69			
Cassella	71, 887	55/69			
Hoechst	71, 927	56/69			
ACNA	71, 933	57/69			

Fall	Slg. Jahr, Seite	Rechts-sache Nr./Jahr	NJW Jahr, Seite	EuZW Jahr, Seite	Sonstige Jahr, Seite
Fedetab	80, 3125	verb. Rs. 209-218/78			
Fediol III	89, 1781	70/87		90, 64	
Fietie (Etikettierungsvor-schriften für alkoholische Getränke)	80, 3839	27/80	81, 1148		
Flugtarife	89, 803	66/86			
Foster	90, I-3313	C-188/89	91, 3086		NVwZ 92, 51 L
Francolor	71, 851	54/69			
Francolor (s. Farbstoffe)	71, 851	54/69			
Francovich I	91, I-5357	verb. Rs C-6/90 u. C-9/90	92, 165	91, 758	NVwZ 92, 157 L
franz. Milch (Milchersatzstoffe)	88, 793	216/84			
Franzén/Schwedisches Alkoholmonopol	97, I-5909	C-189/95		98, 55	
Französische Buchpreisbindung	00, I-8207	C-9/99			GRUR-Int. 01, 49 NWB 00, 4439 ZIP 00, 1856
Freizügigkeit (Komm./Belgien)	80, 3881	149/79	81, 2635		
Gallatori u. a. (1 + 4 Richtlinie)	96, I-4345	verb. Rs. C-58/95 C-75/95 C-112/95 C-119/95 C-123/95 C-135/95 C-140/95 C-141/95 C-154/95 C-157/95			DB 97, 2482
GATT/WTO	91, I-4905 91, I-4939	C-24/90, C-25/90			
GATT/WTO-Abkommen (Gutachten)	94, I-5267	G-1/94	95, 2543 L	95, 210	
GB-INNO	90, I-667	C-362/88		90, 222	
GB-INNO/RTT	91, I-5941	C-18/88		92, 250	
Gebhard	95, I-4165	C 55/94	96, 579		
Geigy (s. Farbstoffe)	71, 787	52/69			
GEMA-Membran	81, 147	verb. Rs. 55 u. 57/80	81, 1143		

Fall	Slg. Jahr, Seite	Rechts-sache Nr./Jahr	NJW Jahr, Seite	EuZW Jahr, Seite	Sonstige Jahr, Seite
gemeinsame Verkehrspolitik (Komm./Rat)	85, 1513	13/83	85, 2080		
Getränkepfandflaschen (Komm./Dänemark)	88, 4607	302/86	89, 3084 L	91, 440	NVwZ 89, 849
Großkrotzenburg	95, I-2189	C-431/92			
Grundig u. Consten	66, 321	56, 58/64	65, 1409		
Grundwasserschutz (Komm./Deutschland)	91, I-825	C-131/88		91, 405	
Guiot	96, I-1905	C-272/94		96, 399	
Gut Springenheide	98, I-4657	C-210/96			
Gutachten zum GATT/WTO-Abkommen	94, I-5267	G-1/94	95, 2543 L	95, 210	
Gutachten zur europäischen Menschenrechtskonvention	96, I-1729	G-2/94		96, 307	
Handwerksrolle, Josef Corsten	00, I-7919	C-58/98	01, 957	00, 763 00, 767	BB 00, 2437 DB 00, 2164 DVBl. 01, 114 EWS 00, 499 NVwZ 01, 182
Harz/Tradax	84, 1921	79/83			
Hasselblad	84, 883	86/82			
Hauer	79, 3727	44/79	80, 505		
Hedley Lomas	96, I-2553	C-5/94		96, 435	
Helmig u. a.	94, I-5727	verb. Rs. C-399/92, C-409/92, C-425/92, C-34/93, C-50/93 u. C-78/93		95, 113	NZA 95, 218
Henn	79, 3795	34/79			
Henninger/Delimitis	91, I-935	C-234/89	91, 2204 L	91, 376	
Heylens u. a./Unectef	87, 4097	222/86	86, 657		
Hilti	94, I-667	C-53/92P		94, 316	
Hoechst	87, 1549	46/87R			
Hoechst	89, 2859	verb. Rs. 46/87 u. 227/88	89, 3080		
Hoechst (s. Farbstoffe)	71, 927	56/69			
Hoffmann-La Roche (Vitamine)	79, 461	85/76	79, 2460		
Hugin-Liptons	79, 1869	22/78	79, 2461		
Hünermund	93, I-6787	C-292/92	94, 781	94, 119	

Fall	Slg. Jahr, Seite	Rechts- sache Nr./Jahr	NJW Jahr, Seite	EuZW Jahr, Seite	Sonstige Jahr, Seite
ICI (s. Farbstoffe)	71, 619	48/69			
International Fruit Company (Chiquita)	72, 1219	verb. Rs. 21-24/72	74, 438		
IP	98, I-8597	C-2/97			EWS 99, 234 NZA 99,811
italienische Mastrinder	96, I-4373	verb. Rs. C-246/94 C-249/94		97, 126	
ITP, RTE (Magill)	95, I-743	verb. Rs. C-241/91 P u. C-242/91P		95, 339	
Jahresabschlüsse, Offenlegung v. (Komm.-Deuschland)	98, I-5449	C-191/95		98,758	DB 98, 2106 ZIP 97,1330
Jauch	01, I	C-215/99			NWB 01, 947
Josef Corsten, Handwerksrolle	00, I-7919	C-58/98	01, 957	00, 763 00, 767	BB 00, 2437 DB 00, 2164 DVBl. 01, 114 EWS 00, 499 NVwZ 01, 182
Kalanke	95, I-3051	C-450/93	95, 3109	95, 762	
Kali+Salz/MdK	98, I-1375	verb. Rs. C-68/94 u. C-30/95		98, 299	
Kamann u. Colson, von	84, 1891	14/83	84, 2021		NVwZ 84, 157
Katsikas u. a.	93, I-1992	verb. Rs. C-132/91, C-138/91 u. C 139/91			DB 93, 230
Keck u. Mithouard	93, I-6097	verb. Rs. C-268/91 u. C-267/91	94, 121		
Kirsammer-Hack	93, I-6185	C-189/91			
Klöckner	83, 1507	verb. Rs. 303/81 u. 312/81			
Klopp, Onno	84, 2971	107/83	85, 1275		
Kohll	98, I-1931	C-158/96	98, 1771		
Kolpinghuis	87, 3969	80/86			
Komm./Belgien (Freizügigkeit)	80, 3881	149/79	81, 2635		

Fall	Slg. Jahr, Seite	Rechts- sache Nr./Jahr	NJW Jahr, Seite	EuZW Jahr, Seite	Sonstige Jahr, Seite
Komm./Dänemar (Getränkepfandflaschen)	88, 4607	302/86	89, 3084 L	91, 440	NVwZ 89, 849
Komm./Deuschland (Offenlegung v. Jahresabschlüssen)	98, I-5449	C-191/95		98,758	DB 98, 2106 ZIP 97,1330
Komm./Deutschland (Grundwasserschutz)	91, I-825	C-131/88		91, 405	
Komm./Rat (gemeinsame Verkehrspolitik)	85, 1513	13/83	85, 2080		
Kramer	76, 1279	verb. Rs. 3/76, 4/76 u. 6/76	77, 999		
Kreil	00, I-69	C-285/98	00, 497		BB 00, 204 DB 00, 279 RIW 00, 220 EuR 00,97 EWS 00, 221
Kühn-Rinner	89, 2743	171/88			NZA 90, 437
Kündigungsschutz	00, I-7505	C-322/98			RIW 00, 870
Kupferberg I	82, 3641	104/81	83, 508		
Laara	99. I-6067	C-124/97			EWS 99, 467 DVBl. 00, 111 RIW 00, 133
Lair	88, 3161	39/86	88, 2165		
Lawrie-Blum	86, 2121	66/85	87, 1138		NVwZ 87, 41
Leonesio	72, 287	93/71	72, 1639		
LiftingEstée (Lauder)	00, I	C-220/98	00, 1173		DB 00, 272 WRP 00, 289 EWS 00, 127 DVBl. 00, 547 RIW 00, 376 EuR 00, 251
LKW-Blockaden	97, I-6959	C-265/95		98, 84	NJWE-VHR 98, 118L ZIP 97, 2211
Lucazeau (Sacem)	89, 2811	verb. Rs. 110/88, 241/ 88 u. 242/88		90, 515	
Magill (ITP, RTE)	95, I-743	C-241/91 u. C-242/91P		95, 339	
Maissaatgut	82, 2015	258/78	82, 1929		
Maribel a und b	99, I-3671	C-75/97		99. 534	SGb 00, 415
Marleasing	90, I-4135	C-106/89			DB 99, 785

Fall	Slg. Jahr, Seite	Rechts-sache Nr./Jahr	NJW Jahr, Seite	EuZW Jahr, Seite	Sonstige Jahr, Seite
Marschall	97, I-6363	C-409/95	97, 3429		ZIP 97, 1145
Mars-Riegel	95, I-1923	C-470/93	95, 3243		
Martinez	89, 689	133/88			
Maschinenbau Ulm	66, 281	56/65	66, 1585		
Massenentlassungen I	94, I-2479	C-383/92			
Massenentlassungen II	95, I-4291	C-449/93		96, 181	NZA 96, 305
Mastrinder, italienische	96, I-4373	verb. Rs. C-246/94 C-249/94		97, 126	
Mc Menamin	92, I-6393	C-119/91			
MdK/Kali+Salz	98, I-1375	verb. Rs. C-68/94 u. C-30/95		98, 299	
Membran-GEMA	81, 147	verb. Rs. 55 u. 57/80	81, 1143		
Menschenrechtskonvention, europäische (Gutachten)	96, I-1729	G-2/94		96, 307	
Merck	81, 2063	187/80	81, 2633		
METRO/Cartier	94, I-15	C-376/92	94, 643	94, 124	
METRO/SABA	77, 1875	26/76	78/830		
METRO/SABA	86, 3021	75/84	88, 1444		
Michelin (NBIM)	83, 3461	322/81			
Milchersatzstoffe (franz. Milch)	88, 793	216/84			
Miller Schallplatten	78, 131	19/77			
Mithouard u. Keck	93, I-6097	verb. Rs. C-268/91 u. C-267/91	94, 121		
MP-Travel Line (Dillenkofer u. a.)	96, I-4845	verb. Rs. C-178/94, C-179/94, C 188/94, C-189/94 u. C-190/94	96, 3141		EuGRZ 96, 450
Murphy, Mary	88, 673	157/86			
Nachtbackverbot (Oebel)	81, 1993	155/80	81, 1885		
National Panasonic	80, 2033	136/79	81, 513		
NBIM (Michelin)	83, 3461	322/81			
Nichtumsetzung der Publizitätsrichtlinie	99, I-2177	C-272/97		99, 446	EWS 99, 217 NZG 99, 536 RIW 99, 546 ZIP 99, 923
Nichtumsetzung einer Richtlinie, Vergaberecht	95, I-2303	C-433/93		95, 637	

Fall	Slg. Jahr, Seite	Rechts- sache Nr./Jahr	NJW Jahr, Seite	EuZW Jahr, Seite	Sonstige Jahr, Seite
Nichtumsetzung einer Richtlinie, Vergaberecht	96, I-2423	C-253/95		96, 575	
Nimz	91, I-297	C-184/89	91, 2007 L	91, 287	NVwZ 91, 461
Nold	74, 491	4/73	75, 518		
Norddeutsches Vieh- und Fleischkontor	82, 3580	verb. Rs. 213-215/81			
Oebel (Nachtbackverbot)	81, 1993	155/80	81, 1885		
Offenlegung v. Jahres- abschlüssen (Komm./Deuschland)	98, I-5449	C-191/95		98,758	DB 98, 2106 ZIP 97,1330
Omroep, Veronica	93, I-487	C-148/91		93, 251	
Orkem	89, 3283	C-374/87		91, 412	
Outokumpu	98, I-1777	C-213/96		99, 86	
Parfums Guerlain (Albako)	80, 2327	verb. Rs. 253/78 u. 1-3/79			
Parke/Davis	68, 85	24/67	68, 1061		
PCP	94, I-1829	C-41/93	94, 3341	94, 405	NVwZ 94, 885
Pecastaing	80, 691	98/79	80, 2630		
Philipp Morris	80, 2671	730/79	81, 1152		
Philipp Morris	87, 4487	verb. Rs. 142/84 u. 156/84	88, 3083		
Piaggio	99, I-3735	C-295/97		99, 530	EuR 99, 547 EWS 00, 316
Pioneer	83, 1825	verb. Rs. 100-103/80			
Plaumann	63, 214	25/62			
Portugal/Rat	00, I-8395	C-149/96		00, 276	EWS 00, 119 EuR 00, 62
Prais	78, 1597	5/78			
Pronuptia	86, 353	161/84	86, 1415		
Publishers	95, I-23	C-360/92	92, 1210 L	95, 180	
Puma	97, I-6191	C-251/95	98, 741		DB 98, 210
Punto Casa	94, I-2355	verb. Rs. C-69/93 u. C-258/93	94, 2141		
Rabobank	97, I-7211	C-104/96		98, 92	
Rahmenabkommen über Bananen	98, I-973	C-122/95		97, 722 98, 243	ZIP 98, 524
Ratti	79, 1629	148/78	79, 1764		

Fall	Slg. Jahr, Seite	Rechts- sache Nr./Jahr	NJW Jahr, Seite	EuZW Jahr, Seite	Sonstige Jahr, Seite
Rechtsanwälte	00, I-9131	C-168/98	01, 137	00, 751	DB 00, 2320 DVBl. 01, 59 EWS 01, 75
Reinheitsgebot für Bier	87, 1227	178/84	87, 1133		
Remailing	00, I-825	C-147/97	00, 2261		BB 00, 588 DB 00, 569 EWS 00, 167 WRP 00, 378 RIW 00, 454 WuW 00, 295
Remia	85, 2545	42/84			
Reyners	74, 631	2/74	75, 513		
Rinner-Kühn	89, 2743	171/88			NZA 90, 437
RTE, ITP (Magill)	95, I-743	verb. Rs. C-241/91 P u. C-242/91 P		95, 339	
RTT/GB-INNO	91, I-5941	C-18/88		92, 250	
SABA/METRO	77, 1875	26/76	78/830		
SABA/METRO	86, 3021	75/84	88, 1444		
Säbelschnäbler	91, I-883	C-57/89		91, 317	
Sacem (Lucazeau)	89, 2811	verb. Rs. 110/88, 241/ 88 u. 242/88		90, 515	
Säger	91, I-4221	C-76/90	91, 2693	91, 542	
Sandoz (s. Farbstoffe)	71, 845	53/69	72, 1636		
Sanz de Lera	95, I-4821	verb. Rs. C-163/94, C-165/94 u. C-250/95		96, 192 L	
Schindler	94, I-1039	C-275/92	94, 2013	94, 311	
Schmidt, Christel	94, I-1311	C-392/92	94, 2343		NZA 94, 545
Schuerer	80, 1845	107/79			
Schumacker	95, I-225	C-279/93	95, 1207	95, 177	
Schwedische Professorinnen Abrahamsson und Anderson	00, I-5539	C-407/98			
Schwedische Werbeverbote für Alkohol	01, I-	C-405/98			
Schwedisches Alkoholmono- pol/Franzén	97, I-5909	C-189/95		98, 55	
Schwefeldioxid und Schwe- bestaub	91, I-2567	C-361/88	91, 3087 L 92, 1815	91, 440	NVwZ 91, 866
Schwerverkehrsabgabe, deutsche	92, I-3141	C-195/90	92, 1949		
Sevince	90, I-3461	C-192/89		90, 479	

Fall	Slg. Jahr, Seite	Rechts- sache Nr./Jahr	NJW Jahr, Seite	EuZW Jahr, Seite	Sonstige Jahr, Seite
Simmenthal II	78, 629	106/77	78, 1741		
Sloman Neptun	93, I-887	verb. Rs. 72 u. 73/91			
Smith, Wendy	80, 1275	129/79	80, 2014		
St. Gobain	99, I-6161	C-307/97			RIW 99, 978 EWS 00, 18 IWB 99, 1008
Sterling Drug vs Centrafarm (Centrafarm I)	74, 1147	15/74	75, 516		
Stichting	85, 3831	verb. Rs. 240-242/82, 261/82, 262/ 82, 268/82 u. 269/82			
Stromeinspeisungsgesetz	01, I-	C-379/98			EWS 99, 79 ZIP 01, 535
Süzen, Ayse	97, I-1289	C-13/95	97, 2039	97, 244	NZA 97, 433 DB 97, 628 u. 677
Sydconsult/VAG	97, I-3123	C-41/96	97, 2667		DB 97, 1919 ZIP 97, 1978
Tabakwerbeverbot/Tabak- richtlinie	00, I-8419	C-376/98		01, 694	JZ 01, 32
Testa, Maggio, Vitale	80, 1979	verb. Rs. 41/ 79, 121/79 u. 796/79			
Tetra Pak II	96, I-5951	C-333/94			
Titanoxid	91, I-2867	C-300/89		91, 473	NVwZ 92, 157L
Torfaen	90, I-3851	C-145/88	91, 626		
Tournier	89, 2521	395/87		90, 518	
Unectef/Heylens u. a.	87, 4097	222/86	86, 657		
United Brands (Chiquita)	78, 207	27/76	78, 2439		
VAG/Sydconsult	97, I-3123	C-41/96	97, 2667		DB 97, 1919 ZIP 97, 1978
van der Elst	94, I-3803	C-43/93		94, 600	
van Duyn	74, 1337	41/74	75, 2165 L		
van Gend en Loos	63, 1	26/62	63, 974		
van Tiggele	78, 25	82/77			
Variola Spa	73, 981	34/73			
VBVB-VBBB (Buchpreisbindung)	85, 1	229/83	85, 1615		
Vendatori, D'Urso u. a.	91, I-4105	C-362/89			NZA 93, 137 NVwZ 93, 874

Fall	Slg. Jahr, Seite	Rechts- sache Nr./Jahr	NJW Jahr, Seite	EuZW Jahr, Seite	Sonstige Jahr, Seite
Vergaberecht, Nichtum- setzung einer Richtlinie	95, I-2303	C-433/93		95, 637	
Vergaberecht, Nichtum- setzung einer Richtlinie	96, I-2423	C-253/95		96, 575	
Vermittlungsmonopol der BfA	91, I-1979	C-41/90			
Viscido/Ente Poste Italiane	98 I-2629	C-52-54/97		98, 473	RIW 99, 138
Vitale, Maggio, Testa	80, 1979	verb. Rs. 41/ 79, 121/79 u. 796/79			
Vitamine (Hoffmann-La Roche)	79, 461	85/76	79, 2460		
Walt Wilhelm (s. Farbenhersteller)	69, 1	14/68	69, 1000 u. 1550L		
Wettbewerbsrecht (Abkom- men zw. USA u. EG)	94, I-3641	C-327/91		94, 566	
Windsurfing International	86, 611	193/83			
Winthrop vs Centrafarm (Centrafarm I)	74, 1183	16/74			
WTO/GATT	91, I-4905 91, I-4939	C-24/90, C-25/90			
WTO/GATT-Abkommen (Gutachten)	94, I-5267	G-1/94	95, 2543 L	95, 210	
Zellstoff (Ahlström u. a.)	88, 5193	verb. Rs. 89/85, 104/ 85, 114/85, 116/85, 117/85 u. 125-129/85	88, 3086		
Zellstoff (Ahlström)	93, I-1307	C-89/85		93, 377	
Zementhändler	72, 977	8/72			
Zinkbleche	84, 1679	verb. Rs. 29/ 83 u. 30/83			
Zoja	74, 223	verb. Rs. 6/73 u. 7/73			
Zuckerfall	75, 1663	verb. Rs. 40/ 73, 48/73, 50/73, 54-56/73, 111/73, 113/ 73 u. 114/73			
Zwangsgeld 1	00, I-5047	C-387/97			DVBl. 00, 1270

Europäischer Gerichtshof (chronologisch)

Fall	Slg. Jahr, Seite	Rechts- sache Nr./Jahr	NJW Jahr, Seite	EuZW Jahr, Seite	Sonstige Jahr, Seite
van Gend en Loos	63, 1	26/62	63, 974		
Plaumann	63, 214	25/62			
Costa/ENEL	64, 1251	6/64	64, 2371		
Maschinenbau Ulm	66, 281	56/65	66, 1585		
Grundig u. Consten	66, 321	56, 58/64	65, 1409		
Parke/Davis	68, 85	24/67	68, 1061		
Ausfuhrzölle (Komm./Italien)	68, 633	7/68			
Walt Wilhelm (s. Farbenhersteller)	69, 1	14/68	69, 1000 u. 1550L		
Chinin	70, 661	41/69			
	70, 733	44/69			
	70, 769	45/69			
AETR/ETRA	71, 263	22/70			
Defrenne I	71, 445	80/70			
Farbstoffe					
ICI	71, 619	48/69			
BASF	71, 713	49/69			
Bayer	71, 745	51/69			
Geigy	71, 787	52/69			
Sandoz	71, 845	53/69	72, 1636		
Francolor	71, 851	54/69			
Cassella	71, 887	55/69			
Hoechst	71, 927	56/69			
ACNA	71, 933	57/69			
Leonesio	72, 287	93/71	72, 1639		
Zementhändler	72, 977	8/72			
International Fruit Company (Chiquita)	72, 1219	verb. Rs. 21-24/72	74, 438		
Chinin	72, 1281	7/72			
Continental Can	73, 215	6/72			
Variola Spa.	73, 981	34/73			
Zoja	74, 223	verb. Rs. 6/ 73 u. 7/73			
Nold	74, 491	4/73	75, 518		
Reyners	74, 631	2/74	75, 513		
Casagrande	74, 773	9/74			
Dassonville	74, 837	8/74	75, 515		
Centrafarm I (vs. Sterling Drug)	74, 1147	15/74	75, 516		
Centrafarm I (vs. Winthrop)	74, 1183	16/74			
van Duyn	74, 1337	41/74	75, 2165 L		

Fall	Slg. Jahr, Seite	Rechts- sache Nr./Jahr	NJW Jahr, Seite	EuZW Jahr, Seite	Sonstige Jahr, Seite
Zuckerfall	75, 1663	verb. Rs. 40/ 73, 48/73, 50/73, 54-56/73, 111/73, 113/ 73 u. 114/73			
Defrenne II	76, 455	43/75	76, 2068		
Kramer	76, 1279	verb. Rs. 3/76, 4/76 u. 6/76	77, 999		
METRO/SABA	77, 1875	26/76	78/830		
van Tiggele	78, 25	82/77			
Miller Schallplatten	78, 131	19/77			
United Brands (Chiquita)	78, 207	27/76	78, 2439		
Simmenthal II	78, 629	106/77	78, 1741		
Defrenne III	78, 1365	149/77	78, 2445		
A.B.G.	78, 1513	77/77	78, 2444		
Prais	78, 1597	5/78			
Vitamine (Hoffmann-La Roche)	79, 461	85/76	79, 2460		
Cassis de Dijon	79, 649	120/78	79, 1766		
Buitoni	79, 677	122/78			
Ratti	79, 1629	148/78	79, 1764		
Hugin-Liptons	79, 1869	22/78	79, 2461		
Hauer	79, 3727	44/79	80, 505		
Henn	79, 3795	34/79			
Pecastaing	80, 691	98/79	80, 2630		
Wendy Smith	80, 1275	129/79	80, 2014		
Schuerer	80, 1845	107/79			
Testa, Maggio, Vitale	80, 1979	verb. Rs. 41/ 79, 121/79 u. 796/79			
National Panasonic	80, 2033	136/79	81, 513		
Albako (Parfums Guerlain)	80, 2327	verb. Rs. 253/78 u. 1-3/79			
Philipp Morris	80, 2671	730/79	81, 1152		
Fedetab	80, 3125	verb. Rs. 209-218/78			
Fietie (Etikettierungs- vorschriften für alkoholische Getränke)	80, 3839	27/80	81, 1148		
Freizügigkeit (Komm./Belgien)	80, 3881	149/79	81, 2635		

Fall	Slg. Jahr, Seite	Rechts- sache Nr./Jahr	NJW Jahr, Seite	EuZW Jahr, Seite	Sonstige Jahr, Seite
Komm./Belgien (Freizügigkeit)	80, 3881	149/79	81, 2635		
Membran-GEMA	81, 147	verb. Rs. 55 u. 57/80	81, 1143		
Oebel (Nachtbackverbot)	81, 1993	155/80	81, 1885		
Merck	81, 2063	187/80	81, 2633		
Becker	82, 53	8/81	82, 499		
Adoui u. Cornuaille	82, 1665	verb. Rs. 115/81 u. 116/81	83, 1250		
Maissaatgut	82, 2015	258/78	82, 1929		
Norddeutsches Vieh- und Fleischkontor	82, 3580	verb. Rs. 213-215/81			
Kupferberg I	82, 3641	104/81	83, 508		
Klöckner	83, 1507	verb. Rs. 303/81 u. 312/81			
Pioneer	83, 1825	verb. Rs. 100-103/80			
AEG-Telefunken	83, 3151	107/82	84, 1281		
Michelin (NBIM)	83, 3461	322/81			
Hasselblad	84, 883	86/82			
Bocksbeutelflaschen	84, 1299	16/83	84, 1291		
Zinkbleche	84, 1679	verb. Rs. 29/83 u. 30/83			
von Colson u. Kamann	84, 1891	14/83	84, 2021		NVwZ 84, 157
Harz/Tradax	84, 1921	79/83			
Onno Klopp	84, 2971	107/83	85, 1275		
Buchpreisbindung (VBVB-VBBB)	85, 1	229/83	85, 1615		
gemeinsame Verkehrspolitik	85, 1513	13/83	85, 2080		
Remia	85, 2545	42/84			
Stichting	85, 3831	verb. Rs. 240-242/82, 261/82, 262/ 82, 268/82 u. 269/82			
Pronuptia.	86, 353	161/84	86, 1415		
Windsurfing International	86, 611	193/83			
Lawrie-Blum	86, 2121	66/85	87, 1138		NVwZ 87, 41
METRO/SABA	86, 3021	75/84	88, 1444		

Fall	Slg. Jahr, Seite	Rechts- sache Nr./Jahr	NJW Jahr, Seite	EuZW Jahr, Seite	Sonstige Jahr, Seite
Reinheitsgebot für Bier	87, 1227	178/84	87, 1133		
Hoechst	87, 1549	46/87R			
Albako	87, 2345	249/85	87, 2153		
Demirel	87, 3719	12/86	88, 1442		NVwZ 88, 235
Kolpinghuis	87, 3969	80/86			
Unectef/Heylens u. a.	87, 4097	222/86	86, 657		
Philipp Morris	87, 4487	verb. Rs. 142/84 u. 156/84	88, 3083		
Mary Murphy	88, 673	157/86			
franz. Milch (Milchersatzstoffe)	88, 793	216/84			
Bond van Adverteerders	88, 2085	352/85	89, 2189		
Lair	88, 3161	39/86	88, 2165		
3-Glocken/Italienische Teigwaren	88, 4233	407/85			
Getränkepfandflaschen (Komm./Dänemark)	88, 4607	302/86	89, 3084 L	91, 440	NVwZ 89, 849
Zellstoff (Ahlström u. a.)	88, 5193	verb. Rs. 89/85, 104/ 85, 114/85, 116/85, 117/85 u. 125-129/85	88, 3086		
Daily Mail	88, 5483	81/87	89, 2186		
Martinez	89, 689	133/88			
Flugtarife	89, 803	66/86			
Buet	89, 1235	382/87		90, 69	
Fediol III	89, 1781	70/87		90, 64	
Tournier	89, 2521	395/87		90, 518	
Rinner-Kühn	89, 2743	171/88			NZA 90, 437
Lucazeau (Sacem)	89, 2811	verb. Rs. 110/88, 241/88 u. 242/88		90, 515	
Hoechst	89, 2859	verb. Rs. 46/87 u. 227/88	89, 3080		
Orkem	89, 3283	C-374/87		91, 412	
Bronzino	90, I-531	228/88		90, 32	
GB-INNO	90, I-667	C-362/88		90, 222	
Factortame I	90, I-2433	C-213/89		90, 355; 578	
Foster	90, I-3313	C-188/89	91, 3086		NVwZ 92, 51L

Fall	Slg. Jahr, Seite	Rechtssache Nr./Jahr	NJW Jahr, Seite	EuZW Jahr, Seite	Sonstige Jahr, Seite
Bug-Alutechnik	90, I-3437	C-5/89		90, 481	NvWZ 90, 1161
Sevince	90, I-3461	C-192/89		90, 479	
Torfaen	90, I-3851	C-145/88	91, 626		
Dekker	90, I-3941	C-177/88	91, 628		
Marleasing	90, I-4135	C-106/89			DB 99, 785
Di Leo	90, I-4185	C-308/89		91, 30	NVwZ 91, 155
Nimz	91, I-297	C-184/89	91, 2007 L	91, 287	NVwZ 91, 461
Grundwasserschutz (Komm./Deutschland)	91, I-825	C-131/88		91, 405	
Säbelschnäbler	91, I-883	C-57/89		91, 317	
Henninger/Delimitis	91, I-935	C-234/89	91, 2204 L	91, 376	
Vermittlungsmonopol der BfA	91, I-1979	C-41/90			
Schwefeldioxid u. Schwebestaub	91, I-2567	C-361/88	91, 3087 L 92, 1815	91, 440	NVwZ 91, 866
Bleiemmission	91, I-2607	C-59/89		91, 442	NVwZ 91, 868
Titanoxid	91, I-2867	C-300/89		91, 473	NVwZ 92, 157L
Elliniki Radio Tileorassi (ERT)	91, I-2925	C 260/89		91, 507	
Akzo	91, I-3359	C-62/86	92, 677 L	92, 21	
Factortame II	91, I-3905	C-221/89		91, 764	
D´Urso, Vendatori u. a.	91, I-4105	C-362/89			NZA 93, 137 NVwZ 93, 874
Säger	91, I-4221	C-76/90	91, 2693	91, 542	
GATT/WTO	91, I-4905 91, I-4939	C-24/90, C-25/90			
Francovich I	91, I-5357	verb. Rs. C-6/90 u. 9/90	92, 165	91, 758	NVwZ 92, 157L
Bleis	91, I-5627	C-4/91		92, 446	NVwZ 92, 1181
RTT/GB-INNO	91, I-5941	C-18/88		92, 250	
Bauer	92, I-2797	C-166/91			
deutsche Schwerverkehrsabgabe	92, I-3141	C-195/90	92, 1949		
Abfalltourismus	92, I-4431	C-2/90		92, 577	NVwZ 92, 871
Mc Menamin	92, I-6393	C-119/91			

Fall	Slg. Jahr, Seite	Rechtssache Nr./Jahr	NJW Jahr, Seite	EuZW Jahr, Seite	Sonstige Jahr, Seite
Veronica Omroep	93, I-487	C-148/91		93, 251	
Sloman Neptun	93, I-887	verb. Rs. 72 u. 73/91			
Abfallrichtlinie	93, I-939	C-155/91	93, 3188 L	93, 290	NVwZ 93, 872
Zellstoff (Ahlström)	93, I-1307	C-89/85		93, 377	
Katsikas u. a.	93, I-1992	verb. Rs. C-132/91, C-138/91 u. C-139/91			DB 93, 230
Keck u. Mithouard	93, I-6097	verb. Rs. C-268/91 u. C-267/91	94, 121		
Kirsammer-Hack	93, I-6185	C-189/91			
Hünermund	93, I-6787	C-292/92	94, 781	94, 119	
METRO/Cartier	94, I-15	C-376/92	94,, 643	94, 124	
Clinique Laboratoires	94, I-317	C-315/92			
Hilti	94, I-667	C-53/92P		94, 316	
Schindler	94, I-1039	C-275/92	94, 2013	94, 311	
Christel Schmidt	94, I-1311	C-392/92	94, 2343		NZA 94, 545
PCP	94, I-1829	C-41/93	94, 3341	94, 405	NVwZ 94, 885
Punto Casa	94, I-2355	verb. Rs. C-69/93 u. C-258/93	94, 2141		
Massenentlassungen I	94, I-2479	C-383/92			
BASF	94, I-2555	C-137/92P			
Wettbewerbsrecht (Abkommen zw. USA u. EG)	94, I-3641	C-327/91		94, 566	
van der Elst	94, I-3803	C-43/93		94, 600	
Banancnmarktordnung	94, I-4973	C-280/93	95, 945	94, 688	
GATT/WTO-Abkommen (Gutachten)	94, I-5267	G-1/94	95, 2543 L	95, 210	
Helmig u. a.	94, I-5727	verb. Rs. C-399/92, C-409/92, C-425/92, C-34/93, C-50/93 u. C-78/93		95, 113	NZA 95, 218
Publishers	95, I-23	C-360/92	92, 1210 L	95, 180	
Schumacker	95, I-225	C-279/93	95, 1207	95, 177	
Magill (ITP, RTE)	95, I-743	verb. Rs. C-241/91P u. C-242/91P		95, 339	

Fall	Slg. Jahr, Seite	Rechts- sache Nr./Jahr	NJW Jahr, Seite	EuZW Jahr, Seite	Sonstige Jahr, Seite
Alpine Investments	95, I-1141	C-384/93	95, 2541		
Mars-Riegel	95, I-1923	C-470/93	95, 3243		
Großkrotzenburg	95, I-2189	C-431/92			
Vergaberecht, Nichtumset- zung einer Richtlinie	95, I-2303	C-433/93		95, 637	
Kalanke	95, I-3051	C-450/93	95, 3109	95, 762	
Gebhard	95, I-4165	C 55/94	96, 579		
Massenentlassungen II	95, I-4291	C-449/93		96, 181	NZA 96, 305
Chiquita Italia	95, I-4533	C-469/93		96, 118	
Sanz de Lera	95, I-4821	verb. Rs. C-163/94, C-165/94 u. C-250/95		96, 192 L	
Bosman	95, I-4921	C-415/93	96, 505		
Brasserie du Pecheur u. Factortame III	96, I-1029	verb. Rs. C-46/93 u. C-48/93	96, 1267		
El Corte Inglés/Blázquez Rivero	96, I-1281	C-192/94	96, 1401		
British Telecommunikation	96, I-1631	C-392/93		96, 274	NVwZ 96, 677L
Menschenrechtskonvention, europäische (Gutachten)	96, I-1729	G-2/94		96, 307	
Guiot	96, I-1905	C-272/94		96, 399	
Vergaberecht, Nichtum- setzung einer Richtlinie	96, I-2423	C-253/95		96, 575	
Hedley Lomas	96, I-2553	C-5/94		96, 435	
Eurim-Pharm	96, I-3607	verb. Rs. C-71-73/94	97, 1632		
1 + 4 Richtlinie (Gallatori u. a.)	96, I-4345	verb. Rs. C-58/95 C-75/95 C-112/95 C-119/95 C-123/95 C-135/95 C-140/95 C-141/95 C-154/95 C-157/95			DB 97, 2482
italienische Mastrinder	96, I-4373	verb. Rs. C-246/94 C-249/94		97, 126	

Fall	Slg. Jahr, Seite	Rechts-sache Nr./Jahr	NJW Jahr, Seite	EuZW Jahr, Seite	Sonstige Jahr, Seite
MP-Travel Line (Dillenkofer u. a.)	96, I-4845	verb. Rs. C-178/94, C-179/94, C-188/94, C-189/94 u. C-190/94	96, 3141		EuGRZ 96, 450
Arbeitszeitrichtlinie	96, I-5755	C-84/94	97, 1228 L	96, 751	NZA 97, 23
Tetra Pak II	96, I-5951	C-333/94			
Cotonelle (F.lli Graffione)	96, I-6039	C-313/94		97, 245	NJW/E Wettbew.R 97, 154L
Alcan	97, I-1141	C-24/95			DÖV 99, 148 ZIP 00, 633
Ayse Süzen	97, I-1289	C-13/95	97, 2039	97, 244	NZA 97, 433 DB 97, 628 u. 677
Draehmpaehl	97, I-2195	C-180/95	97, 1839	97, 340	ZIP 97, 798
VAG/Sydconsult	97, I-3123	C-41/96	97, 2667		DB 97, 1919 ZIP 97, 1978
Schwedisches Alkoholmonopol/Franzén	97, I-5909	C-189/95		98, 55	
Puma	97, I-6191	C-251/95	98, 741		DB 98, 210
Duty-Free-shops	97, I-6315	C-408/95			
Marschall	97, I-6363	C-409/95	97, 3429		ZIP 97, 1145
Daihatsu	97, I-6843	C-97/96	98, 129		DB 97, 2598 ZIP 97, 1234
LKW-Blockaden	97, I-6959	C-265/95		98, 84	NJWE-VHR 98, 118L ZIP 97, 2211
Rabobank	97, I-7211	C-104/96		98, 92	
Rahmenabkommen über Bananen	98, I-973	C-122/95		97, 722 98, 243	ZIP 98, 524
Kali+Salz/MdK	98, I-1375	C-68/94 u. C-30/95		98, 299	
Outokumpu	98, I-1777	C-213/96		99, 86	
Decker	98, I-1831	C-120/95	98, 1769		ZIP 98, 844 Euro AS 99, 70
Kohll	98, I-1931	C-158/96	98, 1771		
Viscido/Ente Poste Italiane	98, I-2629	C-52-54/97		98, 473	RIW 99, 138
Gut Springenheide	98, I-4657	C-210/96			
Offenlegung v. Jahresabschlüssen (Komm./Deuschland)	98, I-5449	C-191/95		98,758	DB 98, 2106 ZIP 97,1330

Fall	Slg. Jahr, Seite	Rechts- sache Nr./Jahr	NJW Jahr, Seite	EuZW Jahr, Seite	Sonstige Jahr, Seite
Erstattung v. gemeinschafts- rechtswidrig erhobenen Abgaben (Srl.)	98, I-6307	verb. Rs. C-10-22/97	99, 201		EuR 99, 237 EWS 99, 63 JZ 99, 196 NVwZ 99, 169 NZG 99, 41
Bronner	98, I-7791	C-7/97	99, 2259		AfP 99, 111
Ecotrade	98, I-7907	C-200/97			EWS 99, 28
IP	98, I-8597	C-2/97			EWS 99, 234 NZA 99,811
Centros	99, I-1459	C-212/97	99, 2027	99, 216	BB 99, 809 ZIP 99, 438
Nichtumsetzung der Publizitätsrichtlinie	99, I-2177	C-272/97		99, 446	EWS 99, 217 NZG 99, 536 RIW 99, 546 ZIP 99, 923
Maribel a und b	99, I-3671	C-75/97		99. 534	SGb 00, 415
Piaggio	99, I-3735	C-295/97		99, 530	EuR 99, 547 EWS 00, 316
Laara	99. I-6067	C-124/97			EWS 99, 467 DVBl. 00, 111 RIW 00, 133
St. Gobain	99, I-6161	C-307/97			RIW 99, 978 EWS 00, 18 IWB 99, 1008
Portugal/Rat	99, I-8395	C-149/96		00, 276	EWS 00, 119 EuR 00, 62
Arblade	99, I-8453	verb. Rs. C-369/96 C-376/96			DB 99, 2570 DVBl. 00, 57 NWB 99, 4561 RIW 00, 137 ZIP 99, 2168
Kreil	00, I-69	C-285/98	00, 497		BB 00, 204 DB 00, 279 RIW 00, 220 EuR 00,97 EWS 00, 221
Estée Lauder »Lifting«	00, I-117	C-220/98	00, 1173		DB 00, 272 WRP 00, 289 EWS 00, 127 DVBl. 00, 547 RIW 00, 376 EuR 00, 251

Fall	Slg. Jahr, Seite	Rechts- sache Nr./Jahr	NJW Jahr, Seite	EuZW Jahr, Seite	Sonstige Jahr, Seite
Remailing	00, I-825	C-147/97	00, 2261		BB 00, 588 DB 00, 569 EWS 00, 167 WRP 00, 378 RIW 00, 454 WuW 00, 295
Diamantis	00, I-1705	C-373/97			NZG 00, 534 ZIP 00, 663 AG 00, 470 EWS 00, 552
Angonese	00, I-4139	C-281/98	00, 3634	00, 468	RIW 00, 619 DVBl. 00, 1268 EWS 00, 402
Zwangsgeld 1	00, I-5047	C-387/97			DVBl. 00, 1270
Schwedische Professorinnen Abrahamsson und Anderson	00, I-5539	C-407/98			
Kündigungsschutz	00, I-7505	C-322/98			RIW 00, 870
Josef Corsten, Handwerksrolle	00, I-7919	C-58/98	01, 957	00, 763 00, 767	BB 00, 2437 DB 00, 2164 DVBl. 01, 114 EWS 00, 499 NVwZ 01, 182
Französische Buchpreisbindung	00, I-8207	C-9/99			GRUR-Int. 01, 49 NWB 00, 4439 ZIP 00, 1856
Tabakwerbeverbot/ Tabakrichtlinie	00, I-8419	C-376/98		01, 694	JZ 01, 32
Rechtsanwälte	00, I-9131	C-168/98	01, 137	00, 751	DB 00, 2320 DVBl. 01, 59 EWS 01, 75
Bofrost	01, I-	C-62/99		01, 275	NZA 01, 506 EU-Mag. 01, 47
Jauch	01, I-	C-215/99			NWB 01, 947
Schwedische Alkoholwerbeverbote	01, I-	C-405/98			
Stromeinspeisungsgesetz	01, I-	C-379/98			EWS 99, 79 ZIP 01, 535

Europäisches Gericht erster Instanz (alphabetisch)

Fall	EuG Slg. Jahr, Seite	Rechtssache Nr./Jahr	Zeitschriften
ADALAT	00, II-3383	T-41/96	WuW 00, 1253 EWS 01, 121
British Airways u. British Midlands	98, II-2405	verb. Rs. T-371/94 u. T-394/94	
Dunlop-Slazenger	94, II-441	T-43/92	
Fiat Agri	94, II-905	T-34/92	
Gencor-Lonrho	99, II-753	T-102/96	WuW 99, 775
Herlitz	94, II-531	T-66/92	EuZW 1994, 664
John Deere	94, II-957	T-35/92	
Kesko Oy	99; II-3775	T-22/97	
Langnese	95, II-1533	T-7/93	EuZW 96, 49
Masterfoods	98, II-2641	T-65/98	NJW 01, 1265
Matra	94, II-595	T-17/93	EuZW 95, 115
Parker	94, II-549	T-77/92	EuZW 94, 666
Publishers	92, II-1995	T 66/89	
RJB Mining	01, II-	T-156/98	
RTE u. Magill TV	91, II-485	T-69/89	
Sachsen/Komminssion, VW-Beihilfen	99, II-3663	verb. Rs. T-132 u. T-143/96	EuZW 00, 115 ZIP 00, 91
Schöller	95, II-1611	T-9/93	
Tetra Pak	94, II-755	T-83/91	
UEAPME	98, II-2335	T-135/96	
VW-Vertriebssystem	00, II-611	T-62/98	DB 00, 1553 WuW 00, 782

Europäisches Gericht erster Instanz (chronologisch)

Fall	EuG Slg. Jahr, Seite	Rechtssache Nr./Jahr	Zeitschriften
RTE u. Magill TV	91, II-485	T-69/89	
Publishers	92, II-1995	T 66/89	
Dunlop-Slazenger	94, II-441	T-43/92	
Herlitz	94, II-531	T-66/92	EuZW 94, 664
Parker	94, II-549	T-77/92	EuZW 94, 666
Matra	94, II-595	T-17/93	EuZW 95, 115
Tetra Pak	94, II-755	T-83/91	
Fiat Agri	94, II-905	T-34/92	
John Deere	94, II-957	T-35/92	
Langnese	95, II-1533	T-7/93	EuZW 96, 49
Schöller	95, II-1611	T-9/93	
UEAPME	98, II-2335	T-135/96	
British Airways u. British Midlands	98, II-2405	verb. Rs. T-371/94 u. T-394/94	
Masterfoods	98, II-2641	T-65/98	NJW 01, 1265
Gencor-Lonrho	99, II-753	T-102/96	WuW 99, 775
Kesko Oy	99, II-3775	T-22/97	
Sachsen/Komminssion, VW-Beihilfen	99, II-3663	verb. Rs. T-132 u. T-143/96	EuZW 00, 115 ZIP 00, 91
VW-Vertriebssystem	00, II-611	T-62/98	DB 00, 1553 WuW 00, 782
ADALAT	00, II-3383	T-41/96	WuW 00, 1253 EWS 01, 121
RJB Mining	01, II-	T-156/98	

Andere Gerichte (alphabetisch)

Fall	Gericht	AZ	Datum	Amtl. Veröff.	Zeitschriften
Allkauf/Nordmende	BGH	KZR 1/78	17.01.79	BGHZ 73, 239	NJW 79, 2152 BB 79, 797
Aluminiumtuben	OLG KG	Kart. B 20/71	24.03.72		WuW/E OLG 1253
Anteilserwerb (Stadtwerke Garbsen)	BGH	KVR 21/96	15.07.97		BB 98, 123 DB 98, 127 NJW 98, 2444 WuW 98, 178 = WuW/E DE-R 32
Bananenimporteur I	BVerfG	2 BvR 2689/94	25.01.95		NJW 95, 950 JZ 95, 352 EuZW 95, 126
Bananenimporteur II	BVerfG	2 BvL 1/97	07.06.00		EuZW 00, 702 NJW 00, 3124 ZIP 00, 1456
Bananenmarktordnung	VG Frankfurt/M	1 E 798/95	24.10.97		NJW 97, 1256L EuZW 1997, 182 NVwZ 97, 515 L
Bananenverordnung	VGH Kassel	8 TG 292/95	09.02.95		EuZW 1995, 222
Bananenverordnung	BVerfG	2 BvR 760/95	26.04.95	BVerfGE 92, 262	NJW 95, 3310L DtZ 95, 323
Bananenverordnung	FG Hamburg	IV 119/95	19.05.95		EuZW 1995, 413
Bananenverordnung	BFH	VII B 225/95	09.01.96		NJW 96, 1367 EuZW 96, 126
Begriff der Massenentlassung	BAG	1-AZR 516/81	02.08.72		BAG AP 12 zu §111 BetrVG 1972 NJW 84, 1781
Benzinpreiserhöhung, gleichförmige	OLG KG	Kart. 2 4/74	14.05.74		WuW/E OLG 1467
Bockhorner Klinkerfall	BGH	KRB 2/65	27.01.66	BGHSt 21, 18	NJW 66, 842
CD-ROM-Preisbindung	BGH	KVR 39/95	11.03.97		NJW 97, 1911 WuW 97, 624
Dames and Moore v. Reagan	US S.Ct.	453 US 654	02.07.81		101 S.Ct. 2972, 69 L.Ed. 2d 918
Diskriminierung	BAG	8 AZR 447/87	14.03.89	BAGE 61, 209	
Effem-Kitekat	OLG KG	Kart. 32/79	12.11.80		WuW/E OLG 2403
Einspeisungsvergütung	BGH	KZR 5/94	04.04.95		NJW-RR 95, 1381 WuW/E BGH 2999

Fall	Gericht	AZ	Datum	Amtl. Veröff.	Zeitschriften
Europapokalspiele, Vermarktung	BGH	KVR 7/96	11.12.97		
f.i.r.s.t. – Lufthansa	OLG	Kart. 42/81	08.12.82		WuW/E OLG 2849
Fassbierpflegekette	OLG	6U Kart. 124/76	02.06.77		WuW/E OLG 1852
Fassbierpflegekette	BGH	KZR 17/77	18.09.78	BGHZ 81, 322	NJW 79, 107 WuW/E BGH 1530
Fernsehübertragungs- rechte	OLG KG	Kart. 21/94	08.11.95		WuW/E OLG 5565 WRP 1996, 547
Fremdleasingboykott	BGH	KZR 20/91	93		NJW 93, 1972L EuZW 1993, 295 DB 93, 979
Gasdurchleitung	BGH	KVL 29/93	15.11.95	BGHZ 128, 17	NJW 95, 2718
GKN-Sachs	OLG	Kart. 51/76	01.12.76		WuW/E OLG 1745
GKN-Sachs (KFZ-Kupplungen)	BGH	KVR 4/77	21.02.78	BGHZ 70, 102	NJW 78, 1320 WuW/E BGH 1501
gleichförmige Benzin- preiserhöhung	OLG KG	Kart. 24/74	14.05.74		WuW/E OLG 1467
Guerra u.a.	EGMR	116/1996/ 735/932	19.02.98		NVwZ 99, 57
Harz/Tradax	ArbG Hamm	4-Ca 1076/82	06.09.84		DB 1984, 2700
Herstellerleasing	BGH	KVR 25/91	19.01.93		NJW 93, 1944L DB 93, 1083 BB 93, 962
Irak-Embargo	BGH	III ZR 42/92	27.01.94	BGHZ 125, 27	
KFZ-Kupplungen (Sachs-GKN)	BGH	KVR 4/77	21.02.78	BGHZ 70, 102	NJW 78, 1320 WuW/E BGH 1501
KFZ-Vertragshändler	BGH	KZR 33/93	21.02.95		NJW-RR 95, 1260 WuW/E BGH 2983
Kitekat-Effem	OLG KG	Kart. 32/79	12.11.80		WuW/E OLG 2403
Lufthansa – f.i.r.s.t.	OLG	Kart. 42/81	08.12.82		WuW/E OLG 2849
Maastrichturteil	BVerfG	2 BvR 2134/92	12.10.93	BVerfGE 89, 155	NJW 93, 3047 NVwZ 94, 53 L

Fall	Gericht	AZ	Datum	Amtl. Veröff.	Zeitschriften
Mannesmann, Montan-mitbestimmung	BVerfG	1 BvL 2/91	02.03.99	BVerfGE 99, 367	ZIP 99, 410
Massenentlassung (Begriff)	BAG	1-AZR 516/81	02.08.72		BAG AP 12 zu §111 BetrVG 1972 NJW 84, 1781
Meto-Handpreisaus-zeichner	OLG	Kart. V 34/67	18.02.69		WuW/E OLG 995
Missouri v. Holland	US S.Ct.	252 US 416	19.04.20		40 S.Ct. 382, 64 L. Ed. 641
Nachtarbeit von Arbeiterinnen	BVerfG	1 BvR 1025/82, 1 BvL 16/83 u. 10/91	28.01.92	BVerfGE 85, 191	NJW 92, 964 DB 1992, 377, EuZW 92, 319, NZA 92, 270
Niemitz	EGMR		16.12.92	Ser. A 256, 23	NJW 93, 718
Nordmende/Allkauf	BGH	KZR 1/78	17.01.79	BGHZ 73, 239	NJW 79, 2152 BB 79, 797
OEM-Versionen, Software	BGH	I ZR 244/97	06.07.00		CR 00, 651 MMR 00, 749 NJW 00, 3571 ZAP 00, 1343 ZUM 00, 1079
Preisbindung für CD-ROM	BGH	KVR 39/95	11.03.97		NJW 97, 1911 WuW 97, 624
Preisvergleichsliste II	BGH	I ZR 2/96	23.04.98		BB 98, 2228
Reagan vs.Dames and Moore	US S.Ct.	453 US 654	02.07.81		101 S.Ct. 2972, 69 L.Ed. 2d 918
Renault Vilvoorde	Arbeits rechtsbank Brussel	Rep. Nr. 97/08228	03.04.97		
Renault Vilvoorde	TGI	BO: 7/00992	04.04.97		EuroAS 5/98, 68
Renault Vilvoorde	Cour d'Appel	R. G. Nr. 2780/97	07.05.97	Arret Nr. 308	
Rolling Stones	BGH	I ZR 31/92	21.04.94	BGHZ 125, 382	NJW 94, 2607 NJW-RR 94, 1436 L
Rossignol	BGH	KZR 1/75	20.11.75		WuW/E BGH 1391
Sachs-GKN	OLG	Kart. 51/76	01.12.76		WuW/E OLG 1745
Sachs-GKN (KFZ-Kupplungen)	BGH	KVR 4/77	21.02.78	BGHZ 70, 102	NJW 78, 1320 WuW/E BGH 1501

Fall	Gericht	AZ	Datum	Amtl. Veröff.	Zeitschriften
Software, OEM-Versionen	BGH	I ZR 244/97	06.07.00		CR 00, 651 MMR 00, 749 NJW 00, 3571 ZAP 00, 1343 ZUM 00, 1079
Solange I	BVerfG	2 BvL 52/51	29.05.74	BVerfGE 37, 271	NJW 74, 1697 NJW 74, 2176L
Solange II	BVerfG	2 BvR 197/83	22.10.86	BVerfGE 73, 339	NJW 87, 578
Sperre bei Handels- vertretern	BGH	KRB 8/95	05.07.95		WuW/E BGH 3006
Sportartikelmesse II	BGH	KVR 6/68	03.03.69	BGHZ 52, 65	NJW 69, 1716 WuW/E BGH 1027
Stadtwerke Garbsen (Anteilserwerb)	BGH	KVR 21/96	15.07.97		BB 98, 123 DB 98, 127 NJW 98, 2444 WuW 98, 178 = WuW/E DE-R 32
Stromeinspeisung	BGH	KZR 10/91	06.10.92	BGHZ 119, 335	NJW 93, 396
Tabakkennzeichnungs- verordnung	BVerfG	2 BvR 1915/91	22.01.97	BVerfGE 95, 173	EuZW 1997, 734 u. 705
Teerfarbenfall	BGH	KRB 1/70	17.12.70	BGHST 24, 54	NJW 71, 474
Testpreisangebot	BGH	I ZR 211/95	05.02.98		BB 98, 2225 WRP 98, 718
Tradax/Harz	ArbG Hamm	4-Ca 1076/82	06.09.84		DB 1984, 2700
Übergang der Arbeits- verhältnisse bei Betriebsübergang	BAG	5-AZR 123/82	15.02.84		DB 1984, 1403 NZA 84, 32
Übergang der Arbeits- verhältnisse bei Betriebsübergang	BAG	2-AZR 449/91	21.05.92		DB 1992, 1191 EuZW 92, 739
United States v. Curtiss- Wright Export Corp	US S.Ct.	299 US 304	12.12.36		57 S.Ct. 216, 81 L.Ed. 255
Vermarktung von Europapokalspielen	BGH	KVR 7/96	11.12.97		
Vorlagepflicht	BVerfG	1 BvR 1036/99	09.01.01		NJW 01, 1267 ZIP 01, 350
VW-Identteile	BGH	KVR 8/80	22.09.81	BGHZ 81, 322	NJW 82, 46 WuW/ E BGH 1829
Zementverkaufsstelle Niedersachsen	OLG KG	Kart. 2/74	21.06.74		WuW/E OLG 1487

Andere Gerichte (chronologisch)

Fall	Gericht	AZ	Datum	Amtl. Veröff.	Zeitschriften
Missouri v. Holland	US S.Ct.	252 US 416	19.04.20		40 S.Ct. 382, 64 L. Ed. 641
United States v. Curtiss-Wright Export Corp	US S.Ct.	299 US 304	12.12.36		57 S.Ct. 216, 81 L. Ed. 255
Bockhorner Klinkerfall	BGH	KRB 2/65	27.01.66	BGHSt 21, 18	NJW 66, 842
Meto-Handpreisauszeichner	OLG	Kart. V 34/67	18.02.69		WuW/E OLG 995
Sportartikelmesse II	BGH	KVR 6/68	03.03.69	BGHZ 52, 65	NJW 69, 1716 WuW/E BGH 1027
Teerfarbenfall	BGH	KRB 1/70	17.12.70	BGHSt 24, 54	NJW 71, 474
Aluminiumtuben	OLG KG	Kart. B 20/71	24.03.72		WuW/E OLG 1253
Begriff der Massenentlassung	BAG	1-AZR 516/81	02.08.72		BAG AP 12 zu §111 BetrVG 1972 NJW 84, 1781
gleichförmige Benzinpreis-erhöhung	OLG KG	Kart. 24/74	14.05.74		WuW/E OLG 1467
Solange I	BVerfG	2 BvL 52/51	29.05.74	BVerfGE 37, 271	NJW 74, 1697 NJW 74, 2176L
Zementverkaufsstelle Niedersachsen	OLG KG	Kart. 2/74	21.06.74		WuW/E OLG 1487
Rossignol	BGH	KZR 1/75	20.11.75		WuW/E BGH 1391
Sachs-GKN	OLG	Kart. 51/76	01.12.76		WuW/E OLG 1745
Faßbierpflegekette	OLG	6U Kart. 124/76	02.06.77		WuW/E OLG 1852
Sachs-GKN (KFZ Kupplungen)	BGH	KVR 4/77	21.02.78	BGHZ 70, 102	NJW 78, 1320 WuW/E BGH 1501
Faßbierpflegekette	BGH	KZR 17/77	18.09.78	BGHZ 81, 322	NJW 79, 107 WuW/E BGH 1530
Allkauf/Nordmende	BGH	KZR 1/78	17.01.79	BGHZ 73, 239	NJW 79, 2152 BB 79, 797
Effem-Kitekat	OLG KG	Kart. 32/79	12.11.80		WuW/E OLG 2403
Dames and Moore v. Reagan	US S.Ct.	453 US 654	02.07.81		101 S.Ct. 2972, 69 L.Ed. 2d 918

Fall	Gericht	AZ	Datum	Amtl. Veröff.	Zeitschriften
VW-Identteile	BGH	KVR 8/80	22.09.81	BGHZ 81, 322	NJW 82, 46 WuW/ E BGH 1829
Lufthansa – f.i.r.s.t.	OLG	Kart. 42/81	08.12.82		WuW/E OLG 2849
Übergang der Arbeits- verhältnisse bei Betriebsübergang	BAG	5-AZR 123/82	15.02.84		DB 1984, 1403 NZA 84, 32
Harz/Tradax	ArbG Hamm	4-Ca 1076/82	06.09.84		DB 1984, 2700
Solange II	BVerfG	2 BvR 197/83	22.10.86	BVerfGE 73, 339	NJW 87, 578
Diskriminierung	BAG	8 AZR 447/87	14.03.89	BAGE 61, 209	
Nachtarbeit von Arbeiterinnen	BVerfG	1 BvR 1025/82, 1 BvL 16/83 u. 10/91	28.01.92	BVerfGE 85, 191	NJW 92, 964 DB 1992, 377, EuZW 92, 319, NZA 92, 270
Übergang der Arbeits- verhältnisse bei Betriebsübergang	BAG	2-AZR 449/91	21.05.92		DB 1992, 1191 EuZW 92, 739
Stromeinspeisung	BGH	KZR 10/91	06.10.92	BGHZ 119, 335	NJW 93, 396
Niemitz	EGMR		16.12.92	Ser. A 256, 23	NJW 93, 718
Herstellerleasing	BGH	KVR 25/91	19.01.93		NJW 93, 1944L DB 93, 1083 BB 93, 962
Fremdleasingboykott	BGH	KZR 20/91	19.01.93		NJW 93, 1672L EuZW 93, 295 DB 93, 979
Maastrichturteil	BVerfG	2 BvR 2134/92	12.10.93	BVerfGE 89, 155	NJW 93, 3047 NVwZ 94, 53 L
Irak-Embargo	BGH	III ZR 42/92	27.01.94	BGHZ 125, 27	
Rolling Stones	BGH	I ZR 31/92	21.04.94	BGHZ 125, 382	NJW 94, 2607 NJW-RR 94, 1436L
Bananenimporteur I	BVerfG	2 BvR 2689/94	25.01.95		NJW 95, 950 JZ 95, 352 EuZW 95, 126
Bananenverordnung	VGH Kassel	8 TG 292/95	09.02.95		EuZW 1995, 222
KFZ-Vertragshändler	BGH	KZR 33/93	21.02.95		NJW-RR 95, 1260 WuW/E BGH 2983

Fall	Gericht	AZ	Datum	Amtl. Veröff.	Zeitschriften
Einspeisungsvergütung	BGH	KZR 5/94	04.04.95		NJW-RR 95, 1381 WuW/E BGH 2999
Bananenverordnung	BVerfG	2 BvR 760/95	26.04.95	BVerfGE 92, 262	NJW 95, 3310L DtZ 95, 323
Bananenverordnung	FG Hamburg	IV 119/95	19.05.95		EuZW 1995, 413
Sperre bei Handels- vertretern	BGH	KRB 8/95	05.07.95		WuW/E BGH 3006
Fernsehübertragungs- rechte	OLG KG	Kart. 21/94	08.11.95		WuW/E OLG 5565 WRP 1996, 547
Gasdurchleitung	BGH	KVL 29/93	15.11.95	BGHZ 128, 17	NJW 95, 2718
Bananenverordnung	BFH	VII B 225/95	09.01.96		NJW 96, 1367 EuZW 96, 126
Tabakkennzeichnungs- verordnung	BVerfG	2 BvR 1915/91	22.01.97	BVerfGE 95, 173	EuZW 1997, 734 u. 705
Preisbindung für CD-ROM	BGH	KVR 39/95	11.03.97		NJW 97, 1911 WuW 97, 624
Renault Vilvoorde	Arbeits rechtsbank Brussel	Rep. Nr. 97/08228	03.04.97		
Renault Vilvoorde	TGI	BO: 7/00992	04.04.97		EuroAS 5/98, 68
Renault Vilvoorde	Cour d'Appel	R. G. Nr. 2780/97	07.05.97	Arret Nr. 308	
Stadtwerke Garbsen (Anteilserwerb)	BGH	KVR 21/96	15.07.97		BB 98, 123 DB 98, 127 NJW 98, 2444 WuW 98, 178 = WuW/E DE-R 32
Bananenmarktordnung	VG Frank- furt/M	1 E 798/95	24.10.97		NJW 97, 1256L EuZW 1997, 182 NVwZ 97, 515 L
Vermarktung von Europa-pokalspielen	BGH	KVR 7/96	11.12.97		
Testpreisangebot	BGH	I ZR 211/95	05.02.98		BB 98, 2225 WRP 98, 718
Guerra u.a.	EGMR	116/1996/ 735/932	19.02.98		NVwZ 99, 57
Preisvergleichsliste II	BGH	I ZR 2/96	23.04.98		BB 98, 2228
Mannesmann, Montan- mitbestimmung	BVerfG	1 BvL 2/91	02.03.99	BVerfGE 99, 367	ZIP 99, 410
Bananenimporteur II	BVerfG	2 BvL 1/97	07.06.00		EuZW 00, 702 NJW 00, 3124 ZIP 00, 1456

Fall	Gericht	AZ	Datum	Amtl. Veröff.	Zeitschriften
OEM-Versionen, Software	BGH	I ZR 244/97	06.07.00		CR 00, 651 MMR 00, 749 NJW 00, 3571 ZAP 00, 1343 ZUM 00, 1079
Vorlagepflicht	BVerfG	1 BvR 1036/99	09.01.01		NJW 01, 1267 ZIP 01, 350

EG Behörden (alphabetisch)

Fall	Datum	AblEG Nummer, Datum, Seite	Zeitschriften
ADALAT	10.01.96	L 201, 09.08.96, 1	
Aérospatiale-Alenia/de Havilland Air France	02.10.91	L 334, 05.12.91, 42	EuZW 91, 675
Bertelsmann/Kirch (Premiere)	27.05.98	L 53, 27.02.99, 1	WuW 98, 1072 WuW/E EU-V 222
BMW-Vertriebssystem	14.05.75	L 29,. 03.02.75, 1	
Bosch/Varta	31.07.91	L 320, 22.11.91, 26	
BP-Kemi	05.09.79	L 286, 14.11.79, 32	
CE-Kennzeichnung (Ratsentscheidung)	22.07.93	L 220, 30.08.93, 23	
Consten u. Grundig	20.10.64	L 161, 23.10.64, 22	
Continental Can	09.12.71	L 7, 08.01.72, 25	
Daimler Benz/Kässbohrer	14.02.95	L 211, 06.09.95, 1	
de Havilland/Aérospatiale-Alenia	02.10.91	L 334, 91, 42	EuZW 91, 675
Eigenfinanzierung (Ratsbeschluß)	24.06.88	L 185, 15.07.88, 24	
ENI u. Montedison	04.12.86	L 5, 07.01.87, 13	
Fedetab	20.07.78	L 224, 15.08.78, 29	
Ford-Vertriebssystem	16.11.83	L 327, 24.11.83, 31	
GEMA	02.06.71	L 134, 20.06.71, 15	
GEMA	06.07.72	L 166, 24.07.72, 22	
Gencor-Lonrho	24.04.96	C 314, 25.11.95, 14 C 347, 28.12.95, 18	WuW 96, 579
Grundig u. Consten	20.10.64	L 161, 23.10.64, 22	
Hasselblad	02.12.81	L 161, 12.06.82, 18	
Holland Media Groep (HMG)	20.09.96	L 134, 05.06.96, 32	
Iberia	31.01.96	L 104, 27.04.96, 25	
Intergroup	14.05.75	L 212, 09.08.75, 4	
Kali+Salz/MdK	14.12.93	L 186, 27.07.94, 38	
Kässbohrer/Daimler Benz	14.02.95	L 211, 06.09.95, 1	
Kemi-BP	05.09.79	L 286, 14.11.79, 32	
Kesko/Tuko	17.02.97	L 174, 02.07.97, 47	WuW 98, 32
Kirch/Bertelsmann (Premiere)	27.05.98	L 53, 27.02.99, 1	WuW 98, 1072 WuW/E EU-V 222
Krisenkartell bei Kunstfasern	04.07.84	L 207, 02.08.84, 17	
Lonrho-Gencor	24.04.96	C 314, 25.11.95, 14 C 347, 28.12.95, 18	WuW 96, 579
MCI Worldcom-Sprint	28.06.00		EU-magazin 00, 48
MdK/Kali+Salz	14.12.93	L 186, 27.07.94, 38	
METRO-SABA	21.12.83	L 376, 31.12.83, 41	
Michelin (NBIM)	07.10.81	L 353, 09.12.81, 33	
Miller Schallplatten	01.12.76	L 357, 29.12.76, 40	

Fall	Datum	AblEG Nummer, Datum, Seite	Zeitschriften
Montedison u. ENI	04.12.86	L 5, 07.01.87, 13	
MSG Media-Service	09.11.94	L 364, 21.12.94, 1	EuZW 95, 2
NBIM (Michelin)	07.10.81	L 353, 09.12.81, 33	
Nestlé/Perrier	22.07.92	L 356, 05.12.92, 1	
Nordic Satellite Distribution (NSD)	19.07.95	L 53, 02.03.95, 20	WuW/E EV 2343
Omega	28.10.70	L 242, 05.11.70, 22	
Perrier/Nestlé	22.07.92	L 356, 05.12.92, 1	
Pioneer	14.12.79	L 60, 05.03.80, 21	
Premiere (Bertelsmann/Kirch)	27.05.98	L 53, 27.02.99, 1	WuW 98, 1072 WuW/E EU-V 222
Rank-Sopelem	20.12.74	L 29, 03.02.75, 20	
SABA-METRO	21.12.83	L 376, 31.12.83, 41	
Saint-Gobain/Wacker-Chemie	04.12.97	L 247, 10.09.97, 1	WuW 98, 33
Scania-Volvo	15.03.00	L 143, 29.05.01, 74	WuW 00, 391
Sopelem-Rank	20.12.74	L 29, 03.02.75, 20	
Stichting	15.07.82	L 232, 06.08.82, 1	
Tetrapak II	24.07.91	L 72, 18.03.92, 1	
Tuko/Kesko	17.02.97	L 174, 02.07.97, 47	WuW 98, 32
United Brands	17.12.75	L 95, 09.04.76, 1	
Varta/Bosch	31.07.91	L 320, 22.11.91, 26	
VBVB – VBBB	25.11.81	L 54 25.02.82, 36	
Vimpoltu	13.07.83	L 200, 23.7. 83, 44	
Vitamine	09.06.76	L 223, 16.08.76, 27	
Vodafone Airtouch/Mannesmann	12.04.00	C 141, 19.05.00, 19	WuW 00, 611, WuW 01, 157
Volvo-Scania	15.03.00	L 143, 29.05.01, 74	WuW 00, 391
VW-Autopreise	28.01.98	L 124, 25.04.98, 60	WuW 98, 630 = WuW/E EU-V 50
VW-Beihilfen	26.06.96	L 308, 29.11.96, 46	
Wacker-Chemie/Saint-Gobain	04.12.97	L 247, 10.09.97, 1	WuW 98, 33
Wand- u. Bodenfliesen	29.12.70	L 10, 13.01.71, 15	
Zementhändler	16.12.71	L 13, 17.01.72, 34	
Zinkbleche	14.12.82	L 362, 23.12.82, 40	
Zuckerfall	02.01.73	L 140, 26.05.73, 73	

EG Behörden (chronologisch)

Fall	Datum	AblEG Nummer, Datum, Seite	Zeitschriften
Grundig u. Consten	20.10.64	L 161, 23.10.64, 22	
Omega	28.10.70	L 242, 05.11.70, 22	
Wand- u. Bodenfliesen	29.12.70	L 10, 13.01.71, 15	
GEMA	02.06.71	L 134, 20.06.71, 15	
Continental Can	09.12.71	L 7, 08.01.72, 25	
Zementhändler	16.12.71	L 13, 17.01.72, 34	
GEMA	06.07.72	L 166, 24.07.72, 22	
Zuckerfall	02.01.73	L 140, 26.05.73, 73	
Rank-Sopelem	20.12.74	L 29, 03.02.75, 20	
BMW-Vertriebssystem	14.05.75	L 29,. 03.02.75, 1	
Intergroup	14.05.75	L 212, 09.08.75, 4	
United Brands	17.12.75	L 95, 09.04.76, 1	
Vitamine	09.06.76	L 223, 16.08.76, 27	
Miller Schallplatten	01.12.76	L 357, 29.12.76, 40	
Fedetab	20.07.78	L 224, 15.08.78, 29	
BP –Kemi	05.09.79	L 286, 14.11.79, 32	
Pioneer	14.12.79	L 60, 05.03.80, 21	
Michelin (NBIM)	07.10.81	L 353, 09.12.81, 33	
VBVB – VBBB	25.11.81	L 54 25.02.82, 36	
Hasselblad	02.12.81	L 161, 12.06.82, 18	
Stichting	15.07.82	L 232, 06.08.82, 1	
Zinkbleche	14.12.82	L 362, 23.12.82, 40	
Vimpoltu	13.07.83	L 200, 23.7. 83, 44	
Ford-Vertriebssystem	16.11.83	L 327, 24.11.83, 31	
METRO-SABA	21.12.83	L 376, 31.12.83, 41	
Krisenkartell bei Kunstfasern	04.07.84	L 207, 02.08.84, 17	
ENI u. Montedison	04.12.86	L 5, 07.01.87, 13	
Eigenfinanzierung (Ratsbeschl.)	24.06.88	L 185, 15.07.88, 24	
Tetrapak II	24.07.91	L 72, 18.03.92, 1	
Varta/Bosch	31.07.91	L 320, 22.11.91, 26	
Aérospatiale-Alenia/de Havilland	02.10.91	L 334, 05.12.91, 42	EuZW 91, 675
Nestlé/Perrier	22.07.92	L 356, 05.12.92, 1	
CE-Kennzeichnung (Ratsentscheidung)	22.07.93	L 220, 30.08.93, 23	
Kali+Salz/MdK	14.12.93	L 186, 27.07.94, 38	
MSG Media-Service	09.11.94	L 364, 21.12.94, 1	EuZW 95, 2
Daimler Benz/Kässbohrer	14.02.95	L 211, 06.09.95, 1	
Nordic Satellite Distribution (NSD)	19.07.95	L 53, 02.03.96, 20	WuW/E EV 2343
ADALAT	10.01.96	L 201, 09.08.96, 1	
Iberia	31.01.96	L 104, 27.04.96, 25	

Fall	Datum	AblEG Nummer, Datum, Seite	Zeitschriften
Gencor-Lonrho	24.04.96	C 314, 25.11.95, 14 C 347, 28.12.95, 18	WuW 96, 579
– VW-Beihilfen	26.06.96	L 308, 29.11.96, 46	
Holland Media Groep (HMG)	20.09.96	L 134, 05.06.96, 32	
Kesko/Tuko	17.02.97	L 174, 02.07.97, 47	WuW 98, 32
Saint-Gobain/Wacker-Chemie	04.12.97	L 247, 10.09.97, 1	WuW 98, 33
VW-Autopreise	28.01.98	L 124, 25.04.98, 60	WuW 98, 630
Premiere (Bertelsmann/Kirch)	27.05.98	L 53, 27.02.99, 1	WuW 98, 1072
Volvo-Scania	15.03.00	L 143, 29.05.01, 74	WuW 00, 391
Vodafone Airtouch/Mannesmann	12.04.00	C 141, 19.05.00, 19	WuW 00, 611, WuW 01, 157
MCI Worldcom-Sprint	28.06.00		EU-magazin 00, 48

Andere Behörden (alphabetisch)

Fall	Behörde	Datum	Aktenzeichen	Zeitschriften
Benzinpreise (DEA, u. a.)	BKartA	09.08.00	B9 77/00	
Bewag/RWE	BKartA	30.08.99	B8-40100-T-99/99	
Daimler-Benz/MBB	BkartA	17.04.89	B7-350000-U-137/88	WuW/E BKartA 2335
Daimler-Benz/MBB	BWM	06.09.89	I B6-220840/93	WuW/BWM 191
DEA, u. a. (Benzinpreise)	BKartA	09.08.00	B9 77/00	
Metro-Eintritts- vergütung	BkartA	17.10.83	B9-711068-V1006/80	WuW/E BKartA 2092
Sachs-GKN	BkartA	12.05.76	B7-320000-U-67/75	WuW/E BKartA 1625 WuW 76, 609
VEBA-BP	BkartA	27.09.78	B8-822000-U-92/78	WuW/E BKartA 1719
VEBA-BP	BWM	05.03.79	I B6-220840/15	WuW/BWM 165
VEBA-Gelsenberg	BkartA	07.01.74	B8-221000-ZU-33/73	WuW/E Bkart A 1457
VEBA-Gelsenberg	BWM	01.02.74	I B5-810607	WuW/BWM 147
Verkauf unter Ein- standspreis (WalMart, Lidl u. Aldi-Nord)	BKartA	01.09.00	B9 74/00, B9 84/00, B9 85/00	WuW 00, 1130
VW-Identteile	BkartA	21.03.79	B7-333000- RTV-84/76	WuW/ EBKartA 1781
WalMart, Lidl u. Aldi-Nord (Verkauf unter Einstandspreis)	BKartA	01.09.00	B9 74/00, B9 84/00, B9 85/00	WuW 00, 1130

Andere Behörden (chronologisch)

Fall	Behörde	Datum	Aktenzeichen	Zeitschriften
VEBA-Gelsenberg	BkartA	07.01.74	B8-221000-ZU-33/73	WuW/E Bkart A 1457
VEBA-Gelsenberg	BWM	01.02.74	I B5-810607	WuW/BWM 147
Sachs-GKN	BkartA	12.05.76	B7-320000-U-67/75	WuW/E BKartA 1625 WuW 76, 609
VEBA-BP	BkartA	27.09.78	B8-822000-U-92/78	WuW/E BKartA 1719
VEBA-BP	BWM	05.03.79	I B6-220840/15	WuW/BWM 165
VW-Identteile	BkartA	21.03.79	B7-333000-RTV-84/76	WuW/ EBKartA 1781
Metro-Eintritts-vergütung	BkartA	17.10.83	B9-711068-V1006/80	WuW/E BKartA 2092
Daimler-Benz/MBB	BkartA	17.04.89	B7-350000-U-137/88	WuW/E BKartA 2335
Daimler-Benz/MBB	BWM	06.09.89	I B6-220840/93	WuW/BWM 191
Bewag/RWE	BKartA	30.08.99	B8-40100-T-99/99	
DEA, u. a. (Benzinpreise)	BKartA	09.08.00	B9 77/00	
WalMart, Lidl u. Aldi-Nord (Verkauf unter Einstandspreis)	BKartA	01.09.00	B9 74/00, B9 84/00, B9 85/00	WuW 00, 1130

Stichwortverzeichnis

Europarecht

Textausgabe mit einer Einführung von Prof. Dr. Hans-Joachim Glaesner
13. Auflage. Stand: 1.3.2001

Die Neuauflage enthält die Grundlagentexte der Europäischen Union nach dem Stand vom 1. März 2001. Der Unionsvertrag wird vorangestellt. Anschließend werden die drei Verträge zur Gründung der Europäischen Gemeinschaften in der jeweils aktuellen Fassung und in konsolidierter Form wiedergegeben. Nach den Gründungsverträgen ist der Vertrag von Amsterdam abgedruckt. Neben weiteren Texten mit Vertragscharakter (z.B. der Satzung des EuGH) enthält die Sammlung Texte des »Sekundärrechtes« von besonderer Bedeutung, unter anderem die neue Charta der Grundrechte, die Verordnung über die Amtssprachen der EG und die Beschlüsse über den Sitz der Organe, den Beschluß zur Einführung allgemeiner unmittelbarer Wahlen der Abgeordneten des Europäischen Parlamentes sowie den Beschluß des Rates über das System der Eigenmittel der Europäischen Gemeinschaften. Abgerundet wird die Textsammlung durch die Aufnahme nationalen Rechts der Bundesrepublik Deutschland zur Europäischen Union. Zur leichteren Handhabung sind sämtliche Texte mit redaktionellen Überschriften versehen.

2001, 637 S., brosch., 24,– DM, 22,– sFr, ISBN 3-7890-7104-8

 **NOMOS Verlagsgesellschaft**
76520 Baden-Baden

Ulrich Fastenrath/Maike Müller-Gerbes

Europarecht

Grundlagen und Schwerpunkte

In Rechtspraxis und universitärer Lehre nimmt die Bedeutung des Europarechts zu, das teils unmittelbar gilt, teils bei Auslegung und Anwendung des nationalen Rechts zu beachten ist.

Jeder Jurist muß sich deshalb mit Aufbau und Organen der Europäischen Union, den europarechtlichen Grundfreiheiten (Freizügigkeit, Niederlassungs- und Dienstleistungsfreiheit) und Verboten (Kartelle, staatliche Subventionen), Erlaß und Wirkung des Gemeinschaftsrechts, dem europäischen Rechtsschutz sowie dem Verhältnis von Europarecht zum nationalen Recht auskennen.

Das Kurzlehrbuch verschafft dem Studierenden, aber auch dem nicht mit dem Europarecht vertrauten Praktiker einen auf das Wesentliche konzentrierten Überblick auf aktuellem Stand. Praktisch wichtige Bereiche werden vertieft behandelt. Beispiele aus der Rechtsprechung des Europäischen Gerichtshofs veranschaulichen den Stoff. Hinweise auf EU-Datenbanken sowie gerade für den Praktiker interessante Hinweise zu den Verfahren vor dem EuGH runden das Buch ab.

Der Verfasser ist Professor an der Technischen Universität Dresden; die Zweitverfasserin war seine Assistentin und zwischenzeitlich bei der Europäischen Kommission tätig.

2000, 264 S., brosch., 29,– DM, 26,– sFr, ISBN 3-7890-6778-4
(RECHT – Kompakt)

 **NOMOS Verlagsgesellschaft**
76520 Baden-Baden